조선총독부 도시계획 기록의 이해
-평가분석서-

한국국가기록연구원 엮음

우리나라의 근대 도시계획사를 연구하는 데에 조선총독부 기록은 매우 중요한 위치를 차지한다. 이 평가분석서는 조선총독부가 생산 수집한 도시계획 관련 기록에 대한 상세한 내용 설명은 물론 그러한 기록들이 생산된 역사적·사회적 맥락을 체계적으로 정리하여 제공하고 있다. 특히 일반적인 기록학적 평가방법론을 적용하기 어려운 역사기록물과 관련하여, 기록의 가치를 재조명하기 위한 평가 방법론을 제안하고 이러한 방법론에 입각하여 기록시리즈 평가와 기록철 및 건별 기술을 제공하고 있다는 특징을 갖는다. 이런 점에서 이 평가분석서는 근대 도시계획의 과정을 입체적으로 이해하는데 유용한 도구가 될 것임을 믿어 의심치 않는다.

한국국가기록연구원 엮음.

2008. 4 발행

이 연구는 2004년 한국학술진흥재단이 지원한 기초학문육성 인문사회분야 연구과제 (KRF-2004-073-AS2006)에 의해 수행되었음을 밝힙니다.

진리탐구

일제시기 도시계획사는 한국 근현대 100년을 관통하는 의미를 지닌다. 근대 시기에 시작된 도시화와 그 계획과정은 현대 도시의 모습에 상당한 영향을 미치고 있으며, 한편 도시의 형성과정을 추적하는 데에 중요한 열쇠가 되기 때문이다. 한국국가기록연구원에서는 2004년부터 2년에 걸쳐 한국학술진흥재단의 지원을 받아 『일제시기 도시계획 공문서에 대한 기록학적 평가』에 대한 연구를 실시하였다.

물론 도시계획사 분야에서는 90년대에 들어 근대 도시계획의 형성 및 일제시기 도시계획에 관한 연구가 활발하게 진행되어 왔다. 기존의 연구 성과를 통하여 일본을 통한 근대적 도시계획의 수용, 서울 및 주요 지방도시에서 시행된 도시계획의 내용, 일제시기 도시계획의 무단적·독단적 특성 등에 대한 대체적인 윤곽이 밝혀졌다. 그러나 기존의 연구가 법령집이나 관찬자료집 등 제한적인 자료에 기초하여 이루어져 도시계획 관련 법령과 도시계획안에 대한 평면적인 분석에 머물렀다는 한계를 지니는 것이 사실이다.

    도시계획 관련 공문서들은 관찬자료집 같이 식민 통치자의 이해관계에 적합하게 취사선택된 2차 자료가 아니라 도시계획과 토목 업무를 담당하는 조직체계를 통하여 도시계획의 입안, 토지 수용 및 토지구획·용지조성, 각종 토목공사의 시행 등이 이루어지는 과정을 보여주는 1차 자료이기 때문에 더욱 사료로서의 가치가 크다. 이러한 자료들의 존재함에도 불구하고 이들 사료가 연구에 활용되지 못하고 있는 것은 결국 넓게는 기록사료의 과학적 관리, 좁게는 그 존재 개요에 대한 파악 및 소개, 그리고 나아가서는 사료의 가치 평가를 토대로 한 적극적인 제공 활동이 이뤄지지 못했기 때문이라고 할 수 있다.

    이러한 문제의식에 기초하여 본 연구는 일제시기 도시계획 관련 공문서를 기록학적으로 평가, 분석하여 기록사료의 균형적 이용과 역사해석의 객관성을 보장하는 토대를 세우는 데에 목적을 두었다. 이를 위해 우선 기록사료의 가치를 평가하고 평가의 결과를 사료 이용자들에게 제공하는 방법론을 개발하고자 하였으며, 그러한 방법론을 실제 조선총독부 도시계획 공문서에 적용하여 이 평가분석서를 발간하게 되었다. 이 평가분석서는 조선총독부가 생산 수집한 도시계획 관련 기록에 대한 상세한 내용 설명은 물론 그러한 기록들이 생산된 역사적·사회적 맥락을 체계적으로 정리하여 제공하고 있다. 특히 일반적인 기록학적 평가방법론을 적용하기 어려운 역사기록물과 관련하여, 기록의 가치를 재조명하기 위한 평가 방법론을 제안하고 이러한 방법론에 입각하여 기록시리즈 평가와 기록철 및 건별 기술을 제공하고 있다는 특징을 갖는다. 이런 점에서 이 평가분석서는 근대 도시계획의 과정을 입체적으로 이해하는데 유용한 도구가 될 것이다.

  이 책이 나오기까지 많은 분들의 지원이 있었다. 우선 지난 2년 동안 이 과제를 지원해 준 한국학술진흥재단에 감사드린다. 또한 문서 열람과 복사에 협조해준 국가기록원과 상업성이 낮은 출판물을 흔쾌히 맡아준 도서출판 진리탐구의 조현수 사장에게도 고마움을 전한다. 끝으로 연구책임을 맡아 수고를 아끼지 않은 곽건홍 박사, 공문서 해제 및 입력 작업에 애써준 김명훈·소현숙·염복규·현문수와 평가서의 구조 개발에 머리를 맞대고 논의해준 연구진에게 고마움을 표한다. 특히 평가분석 작업을 진두지휘한 이송순 박사와 이론적 체계를 세워준 이상민 박사에게 심심한 감사를 드린다.

  이 평가분석서가 역사기록의 평가 작업에 방법론적 모형을 제시할 뿐만 아니라, 일제시기 도시계획의 이론과 실제, 계획과 실행에 걸친 전 과정을 조망함으로써 일제시기 도시계획사 연구에 기여할 수 있기를 희망한다.

2008년 4월
한국국가기록연구원 원장

김 학 준

목차

발간사

서문

서문

　이 총독부 도시계획 기록 평가서는 한국학술진흥재단이 지원한 총독부 도시계획 기록을 현대 평가방법론을 적용하여 표본 평가한 결과물이다. 총독부 기록은 식민지 통치를 증거하는 얼마 되지 않는 소수의 기록으로서 특정 연대 이전의 기록을 역사기록으로 보존하는 평가 관행으로 볼 때에도 당연히 역사기록으로 보존되어야 하는 기록이다.

　기록을 평가할 때에는 거시적 평가와 미시적 평가를 수행할 수 있다. 총독부 도시계획 기록 평가 프로젝트는 거시적 평가 접근방식과 미시적 평가방식을 함께 채택했다. 거시적 평가는 대상 기록의 전체 시리즈와 그 맥락과 배경을 조사 분석하고, 그 기록이 당대 사회의 대표적인 도큐멘테이션인가 분석하는 것이다. 미시적 기록 분석은 개별 기록의 역사적 보존가치를 평가하고 기록의 내용을 분석하는 것이다. 미시적 기록 평가는 보존기록으로 남은 사료의 성질과 이용에 관한 기록학적인 이해를 심화시킬 수 있다.

　이 총독부 도시계획 기록 평가 프로젝트의 결과물에는 총독부 도시계획 기록에 대한 주요 상세 내용은 물론 역사적 사회적 맥락이 정리되어 있어 관련 분야 연구자들에게 유용한 정보를 제공해줄 수 있을 것이다. 특히, 기록을 소장하고 있는 보존기록관에서의 인적 자원의 부족으로 인해 일제 식민지 기록의 상세한 내용 검토와 세부 목록 작성이 곤란한 현실에서 이러한 평가 작업은 단순한 가치 평가 작업에 그치는 것이 아니라 미 정리된 기록을 정리하여 손쉽게 이용할 수 있게 하는 기본적인 보존기록 정리 작업(archival processing)을 수행하는 것이 된다. 이는 총독부 기록 같이 기록학적 평가가 수행되지도 않고 기록관리 원칙에 의한 기술(description)이 작성되지도 않은 역사 기록의 경우, 반드시 필요한 작업이다. 실질적으로 총독부 도시계획 기록의 평가 프로젝트는 기록시리즈의 평가와 기록철의 분석 작업에 앞서서 그 사전 작업으로 평가론의 종합 연구, 총독부 조직과 기능에 대한 연구, 그리고 총독부 시가지계획에 대한 연구를 수행했다. 이들 연구는 총독부 도시계획 기록 생산의 배경과 맥락, 조직 위계와 업무 중요성에 따른 평가 가치의 부여에 관한 근거를 제공하여 기록시리즈 및 기록철건 평가/분석 업무에 기여한 연구 성과로 평가될 수 있다.

총독부 도시계획 기록의 평가 작업은 평가보고서를 기록시리즈의 역사적 생산 배경을 분석 기술하고 기록시리즈, 기록철·기록건 별로 기록의 주요 내용을 작성하는 방식으로 수행되었다. 이것은 미정리된 기록을 정리하는 작업의 성격을 강하게 띠었으며 기록철 안에 포함된 다수의 문건과 첨부 문건을 파악하여 주요 내용을 정리하는 작업이 되었다. 이 평가 프로젝트는 총독부 도시계획사업의 역사적 배경 연구를 기록의 생산맥락 연구로 수행하고, 기록의 내용 분석과 사료적 정보 가치를 평가했고, 그 결과로 기록시리즈의 평가 기술과 자세한 기록철·건 목록과 첨부문서의 목록이 작성된 기술서(descriptive documents)가 '평가서'(appraisal report)의 형태로 산출되었다.

이 평가서 기술 프로젝트는 학제간 협동으로 수행되었다. 기록 생산의 역사적 배경에 대한 연구와 기록철·건의 분석과 평가는 일본어와 일본식 한자 초서로 된 기록의 내용을 이해할 수 있는 역사학적 훈련을 받은 전문가들이 수행했으며, 그 분석 내용을 기초로 하여 현대 평가론의 방법론과 원칙을 이해하는 기록전문가들이 기록 시리즈의 평가서를 작성하고 국제기술표준(ISAD(G))에 따라 평가 기술서를 작성했다.

이 도시계획 기록 평가 작업은 초기에 총독부 기록의 임의 표본 평가를 통해 사료적 가치를 평가할 수 있는 평가모형을 개발하고, 객관적 평가지표를 추출하고, 당시 기록관리 체제에서 반드시 생산되었고 또 영구보존으로 분류되었을 공문서의 유형과 종류를 추론 및 검증하고자 했다. 그러나 실제적으로는 총독부 기능이나 조직에 대한 시론적 연구와 기존 일제시대 도시계획 연구 성과에 기반하여, 기록의 역사적 생산 배경의 기술과 역사적 정보 가치의 평가에 치중했다. 정보가치의 평가에 있어서 객관적 평가지표를 추출하는 일은 쉽지 않다. 그동안에 전문기록관리기관에서 논의된 일반적인 영구 보존기록 선별기준을 적용했다.

총독부 기록이 영구 보존기록이 되는 기준은 그 기록이 식민지의 주요한 사회·경제·환경 이슈에 관련한 식민지 정부의 심의, 결정, 행위의 증거를 제공하

거나, 총독부의 사업과 행위가 식민지의 개인, 지역사회, 자연적이거나 인위적인
환경에 영향을 끼친 중요한 효과에 대한 증거를 제공하는지 여부가 평가 기준이
되었다.

우리가 소장하고 있는 일제 식민통치기록에 관한 한 우선적으로 필요한 것은
기록 자체의 내용 분석과 이용 가능한 목록의 작성이다. 이 프로젝트에서 수행한
방식으로 모든 일제 통치기록의 세부목록을 작성하기는 현실적으로 어렵다. 작
성 가능하고 이용성이 높은 기록을 선별하여 목록을 우선 작성하는 것이 차선책
이다. 이 도시계획 기록 재평가 프로젝트를 위해서 시도된 기초적인 제도적 사회
적 배경 분석과 조직 기능 분석 작업은 이러한 작업이 평가의 기초 작업으로서
반드시 필요하다는 것을 일깨워 주었다.

총독부 기록의 경우 기록 자체의 보존 가치의 평가보다는 그 기록에 대한 맥락
의 분석과 내용의 분석이 먼저 필요하다. 맥락과 출처를 상실한 상태이기 쉬운
총독부 기록을 정확히 이해하고 이용할 수 있게 하는 전제 작업이기 때문이다.
기록의 내용 정보를 파악하고 국제기술표준에 준하는 기술항목을 작성하는 일은
이용자의 기록 이용을 촉진시킨다. 기록의 맥락 정보를 재구성하는 작업은 조직
의 중요한 역사를 재구성하는 작업과 일맥상통한다. 사실 무작위 표본 평가의
성격을 띤 이 도시계획기록 평가 프로젝트는 도시계획과 관련된 총독부 부서와
지방행정기관의 조직의 기능과 활동 내용을 어느 정도까지 재구성해주는 작업이

될 수 있었다. 이러한 작업을 통해 조선총독부의 식민지 도시화 정책과 지방행정의 실체를 더욱 밝혀내고 이해할 수 있게 되기를 기대할 수 있다.

이 책은 도시계획학, 역사학, 기록학 분야 연구자들이 협력하여 수행한 연구결과물이며, 이러한 의미 있는 프로젝트를 지원해준 한국학술진흥재단에 깊은 감사를 표한다. 마지막으로 프로젝트 전 기간에 걸쳐 실질적으로 도시계획 기록 평가 작업을 지휘해 온 이송순 박사의 노고가 없었다면 이 작업이 성공리에 완성될 수 없었을 것이라는 점을 밝힌다.

2008. 4
한국국가기록연구원
일제시기 도시계획 공문서 평가 연구팀

I. 조선총독부 도시계획 기록 평가의 이론적 쟁점과 평가방법론

1.1 서론

지난 20여 년간 서구 기록학계에서는 기록의 평가에 관한 논의가 활발하게 진행되었다. 평가에 관한 논의는 기록의 본질, 가치 평가의 속성과 본질, 영속적 보존 가치에 관한 정의, 평가의 목적, 평가의 기준 등에 관한 주제를 포함한다.[1] 리차드 콕스가 말한 것처럼 이러한 여러 평가의 이론은 "완전히 개발된 이론 자체가 아니라 평가론을 위한 자료"로 인식될 수 있다.[2] 이러한 논의에서 영구보존할 기록의 가치가 무엇인가라는 기록학적 질문 뿐 아니라, 왜 기록의 가치를 평가해야 하고, 누가 어떻게 기록의 가치를 평가해야 하는가에 대한 실천적인 질문이 제기되었다. 그리고 그런 실천적인 질문에 대한 답이 명쾌하게 제시된 것만은 아니었다. 그럼에도 불구하고 20세기 보존기록관리의 역사를 살펴보면 어쨌든 기록은 아키비스트에 의해 꾸준히 평가되어 왔다. 영국에서는 젠킨슨이 주장한 대로 기록생산자가 선별하여 남겨 놓은 기록을 그리그보고서의 지침에 따라 25년 후

---

1) 오항녕이 편집 번역한 『기록학의 평가론』은 이러한 평가 논의를 전반적으로 상세하게 소개하고 있다. 본고에서 논의하는 여러 가지 평가의 쟁점을 제대로 이해하기 위해서는 먼저 이 책을 비롯한 기존의 평가론 관련 논고를 숙독할 필요가 있다. 오항녕 편역, 『기록학의 평가론』, 진리탐구, 2005; 이승억, 「기록 평가선별 결정 분석에 관한 연구」『기록학연구』 제12호, 2005; ICA/International Records Management Trust, *Building Records Appraisal Systems*, 남희숙 역, 『기록물평가시스템』, 진리탐구, 2002; 이상민, 「영구보존기록의 선별과 가치평가」『기록보존』 제14호, 2002; 김익한, 「불균형 잔존 행정기록의 평가방법 시론 - 조선총독부 공문서의 평가절차론 수립을 위하여」『기록학연구』 제13호, 2006

2) Cox, Richard, "The Documentation Strategy and Archival Appraisal Principles: A Different Perspective," *Archivaria* 38, 1994, 『기록학의 평가론』, 331쪽

에 아키비스트가 영구보존해야 할 기록을 선별하도록 했다. 미국에서는 쉘렌버그의 가치론에 의해 아키비스트가 영구 보존기록을 선별했다. 아키비스트의 보존기록 평가 선별 권한은 법령으로 주어졌다. 공리주의적 평가론을 따라 기록의 이용성이라는 기준으로 보존기록을 선별한 것도 역시 같은 아키비스트들이었다. 독일에서는 역사학 연구경험을 가진 아키비스트의 "직관"과 "경험"에 의해 기록을 선별하던가 쌍테-로어의 방식으로 기관의 기능을 분석하고 그 위상에 따라 기록의 가치를 결정하기도 했다. 한스 붐스가 주장한대로 기록의 평가 기준으로써 당대의 중요한 가치 부여와 "공공의 여론"에 대해 파악하는 일도 역시 아키비스트의 몫이었다.

그러나 역사상의 모든 시대에 아키비스트가 활동하고, 기록의 가치를 평가를 한 것은 아니나. 그래서 어느 나라나 아키비스트의 기록학적인 평가를 거치시 않은 공공 역사기록을 소장하고 있기 마련이다. 국가기록원이 소장하고 있는 일제 식민지시기에 생산된 '총독부 기록'은 그러한 평가를 거치지 않은 기록이다. 조선총독부 도시계획관련 기록은 우리나라에 남아 있는 일제시기 통치기록 중의 일부이다. 즉, 당대 사회의 전체상을 표상하는 전체 기록이 존재하지 않은 가운데 생산 출처는 있되 그 생산 맥락과 보존과 관리의 연속성(chain of custody)이 상실된 기록들이다.

필자가 참여한 총독부 도시계획 기록 평가 프로젝트는 당초에 총독부 기록의 임의 표본 평가를 통해 "조선총독부 공문서의 사료적 가치를 평가할 수 있는 평가모형을 개발하고, 조선총독부 공문서에 관한 객관적 평가지표를 추출"하고 "조선총독부 도시계획 공문서군의 평가와 선별을 통해 당시 기록관리체제에서 반드시 생산되었고 또 영구보존으로 분류되었을 공문서의 유형과 종류를 추론 및 검증"하고자 했다.[3) 즉, 도시계획 기록 평가를 통해 조선총독부 기록의 평가 방식 및 평가 기준을 도출하는 것이었다. 이것은 실제로 기록학적 평가와 정리를 거치지 않고 보존기록관에서 보존되고 있는 역사기록의 재평가 작업을 통하여 역으로 조선 총독부 기록의 평가/재평가 방식 및 평가/재평가 기준을 찾아보고 기록을 이용할 수 있게 정리하려고 한 작업이었다고 할 수 있다.

필자는 본고에서 도시계획 기록을 포함한 일제식민지 역사기록을 '평가' 혹은 '재평가'하는 이론적인 제문제를 검토하고, 이러한 종류의 기록에 대한 평가 작업의 이론적인 틀을 구축하기 위해 무작위 표본으로 선택된 총독부 도시계획 기록에 대해 여러 가지 평가론을 적용시켜 보았다. 총독부 도시계획 기록의 평가 혹은 재평가 작업은 제대로 된 평가과정을 거치지 않고 영구기록으로 지정되어 보존되고 있는 과거의 기록을 기존의 여러 평가 이론을 적용하여 재평가해보는 작업

---

3) 한국국가기록연구원, 2004년도 한국학술진흥재단 기초학문 인문사회분야지원사업 연구과제 "일제시기 도시계획관련 공문서에 관한 기록학적 평가" 제1차년도 연구계획서 및 중간보고서. 이 프로젝트를 통해 기록 평가에 관한 서구의 여러 가지 논의들이 정리되었고, 기록 생산기관의 조직 및 기능 분석 등 총독부 기록에 대한 평가 이론의 적용이 시도되었다. 대표적인 연구 결과물은 이승일, 「총독부 공문서의 기록학적 평가」『기록학연구』제12호, 2005, 179-235쪽; 이송순, 「조선총독부 도시계획의 정책 변화와 조직 구성」2005년 4월 "일제시기 도시계획관련 공문서에 관한 기록학적 평가"1차 발표회; 이송순, 「일제하 조선 총독부 시가지계획 관련 공문서의 유형 분류와 평가」2006년 7월 "일제시기 도시계획관련 공문서에 관한 기록학적 평가" 중간 발표회. 여기서 조선총독부 기록이라 함은 총독부 기록과 일제 지방행정기록을 총칭한다.

이었다. 이러한 작업은 그 기록을 미시적으로 분석하여 기록의 내용과 성격을 잘 이해할 수 있게 지침을 만들어 제공하며, 총독부 도시계획 기록 같은 역사적인 잔존 기록을 평가하기 위한 방법론을 모색할 수 있게 했다. 이 평가/재평가 작업이 이러한 작업에 투입되는 자원을 정당화시킬 수 있을 만큼 과연 의미 있고 성공적인 결과를 가져왔는지도 검토해야 할 부분이다.

1.2. 조선총독부 기록과 도시계획기록 평가/재평가의 이론적 쟁점

일제식민지 역사기록을 '평가'하는 문제를 검토하고, 이러한 종류의 기록에 대한 평가 작업의 이론석인 틀을 구축하기 위해 실제 평가 작업을 수행할 때 작용될 수 있는 평가의 이론적 쟁점 중에서 필자가 중요하다고 생각하는 주제는 다음과 같다.

- 기록의 본원적 가치와 총독부 기록의 문제
- 총독부 기록 평가와 정보가치 평가론의 적용
- 소장 기록 재평가 이론에 의한 총독부 기록의 평가
- 총독부 기록에 대한 현대 평가이론의 적용성: 특히, '기능기반 분석 평가'와 '도큐멘테이션 전략'의 적용 문제
- 일제 식민지 기록의 내재적(실물적) 가치 문제
- 중앙행정기록, 지방행정기록, 민간기록의 상대적 가치 및 사회적 표상으로서의 대표성
- 도시계획 기록의 보존기록으로서의 가치 평가

먼저 총독부 도시계획 기록에 대한 현대 평가론 적용과 분석을 이해하기 쉽
도록 총독부 도시계획 기록의 일반적인 특성을 열거해 본다.4)

- 조선 총독부와 일제 지방행정기관에서 생산 접수된 기록으로서 총
  독부 전체 기록의 일부이며, 생산 당시에 영구 보존기록으로 지정되
  기는 했지만, 역사적으로 잔존하게 된 기록이다.
- 관련 부처의 기능과의 연관성을 잘 알 수 없을 정도로 조선총독부
  조직과 기능에 대한 분석이 부족하다.
- 일제시기에 조선총독부 내무국 토목과에서 생산되거나 접수된 "공
  문서"이다. 생산조직, 즉 출처가 명확하다.
- 다른 일제시기 기록과 마찬가지로 생산조직에서 생산된 전체 기록이
  남아 있는 것이 아니다. 다만 일부 기록이지만 비교적 많은 분량이
  남아 있는 기록이다(국가기록원 전체 소장량 3만 여권 중 10분의 1정
  도).
- 대부분 생산 시점에 당시 보존기간 선별 기준에 의해 갑종, 즉 영구
  보존문서로 책정되었다. 단 갑종 문서의 기준은 당시 보존기간표에
  의해서도 엄밀하게 제공되지 않으며 기록의 가치평가에 의한 영구
  보존 결정이 아니다.
- 도시계획, 시구개정에 관한 공문서는 일본에서도 영구 보존기록이

---

4) 일제 총독부 기록과 도시계획 기록의 특징을 정리하고 분류한 이승일과 이송순
   의 선행 연구를 보라. 기록 생산 맥락정보로서 조선총독부의 조직, 직제, 공문
   서 생산 통계를 세밀하게 제시하고 있다. 이승일, 「조선총독부 공문서의 기록
   학적평가: 조선총독부 도시계획 관련 공문서군을 중심으로」『기록학연구』제
   12호, 2005; 이송순, 「일제하 조선총독부 시가지계획 관련 공문서의 유형 분류
   와 평가」2006년 7월 "일제시기 도시계획관련 공문서에 관한 기록학적 평가"
   중간 발표회

며 대부분 일본 국립공문서관에 보존되어 있다.

- 법적 근거가 되는 '시구개정 훈령' '조선시가지계획령' 등은 관보에 있거나 일본 '내각 총리부'의 '공문서류'에 분류 소장되어 있다.5)
- 경성 평양 부산 등 주요 도시에 시구개정 등 시가지계획령에 의한 집행 관련 기록으로서 정책기록이 아니다. 정책 과정을 알 수 있는 국장회의 토목회의 등의 기록은 남아 있지 않다.
- 이 분야에 관한 정책기록은 소장 기록 중에 남아 있지 않으며, 후에 도시계획에 관해 편집 출간된 일제의 간행물을 통해 그 전모를 알 수 있다.6)
- 기록의 다수가 도면으로 구성되어 있으며, 많은 도면이 색채로 그려져 있어 흑백 마이크로필름만으로 이용하기 곤란하다.
- 도시계획 집행에 관한 기록은 예산의 수립 집행에 관한 기록과 도시계획의 기술적인 문제에 관한 기록으로서, 기록을 제대로 이해하려면 예산 분야와 도시계획 분야에 관한 전문성이 요구된다.
- 고어체 일본어로 작성되어 있어 내용을 파악하기 위해서는 식민지시대 역사적 배경을 이해할 수 있는 학문적인 훈련과 어학 훈련이 필요하다. 목록을 작성하고 주요 내용을 기술해야만, 즉 보존기록 정리과정을 수행해야만, 이 외국어로 된 기록을 쉽게 이용하게 할 수

---

5) 일본 국립공문서관의 출처주의 소장기록물 분류체제에 의한 것이다.
6) 이송순은 위의 글에서 "시가지계획위원회 문서는 시가지계획위원회가 정책 결정 기능을 가지고 있지는 않았으나 정책을 검토·자문하는 역할을 했으며, 그 검토 사안이 조선총독에 의해 대부분 그대로 정책으로 결정되었다는 점에서 위원회에 제출되어 편철된 문서들(회의록, 제출의안, 답신서 등)은 시가지계획의 가장 중요한 정책 내용을 담고 있다."라고 하고 있으나 이것이 총독부 시가지계획 정책 결정권자들에 의해 생산된 정책 기록이라고 하기는 어렵다. 정책 기록이 부존하는 가운데 정책을 알려주는 중요 기록자료라고 할 수 있다.

있다.

- 이 도시계획 기록이 전체 식민지 통치기록의 대표성을 갖는 것은 아니다. 즉 토목과의 기록이 식민지 통치의 중요 핵심 정책과 집행 내용을 보여 주는 것은 아니다.
- 조선총독부 통치 조직에서 내무국이나 토목과의 조직내 위상이 반드시 높다고 볼 수 없으며 조직 위계에 따라서 기록의 가치를 평가한다면 식민지 통치 기록으로서의 중요성이 매우 높다고는 할 수 없다.
- 일정 시기 이전의 역사 기록, 혹은 다른 일제 통치기록과 마찬가지로 기록물 자체로서 그 가치를 가지고 있다. 즉, 실물 가치 혹은 내재적 가치를 가지고 있다.

1.3 기록의 본원적 가치와 총독부 기록의 문제

기록의 본원적 가치와 그것의 평가에 관해서는 젠킨슨의 기록의 성질에 관한 고전적 정의를 둘러싸고 루치애나 듀란티와 프랭크 볼스, 마크 그린이 논쟁을 통해 환기시킨 바 있다.[7] 듀란티는 기록이 가치가 있다고 하는 것은 기록이 '영속적 기억'과 '공적 신뢰'를 제공하기 때문이라고 했다. 두 가지 개념 모두 기록이 과거의 사실을 보존하는 신뢰성 있는 존재라는 것을 의미한다. 현대적으로 표현

---

7) Boles, Frank and Mark Green, "Et Tu Schellenberg? Thoughts on the Dagger of American Appraisal Theory," *American Archivist* 59 (Summer 1996); Duranti, Luciana, "The Concept of Appraisal and Archival Theory," *American Archivist* 57 (Spring 1994). 두 편 다 『기록학의 평가론』(2005)에 번역되어 있다. 볼스와 그린의 논문 제목은 "너도 셀렌버그파냐? 미국 평가론을 찌르는 비수에 대한 고찰"이라는 것이 나을 것 같다. 여기서 "미국 평가 이론을 찌르는 비수"란 미국의 평가 이론과 평가 실무를 이론적으로 부정한 루치애나 듀란티의 비판적 논지를 가리킨다.

하면 기록의 진본성(authenticity)과 불변성(integrity)으로 인해 그 기록이 보존될 가치가 있게 되고 그 기록을 영속적으로 보존하게 된다. 가치가 부여될 수 있는 보존기록의 성질은 이미 젠킨슨이 제시했다. 첫째가 기록의 불편부당성이다. 기록은 당대의 업무과정 중에 생산되었고 그 업무 수행의 증거가 된다. 이 기록은 어떤 의도를 가지고 후손들에게 어떠한 정보를 말해주기 위해 편향적으로 생산된 기록이 아니라는 것이다. 둘째가 기록의 신뢰성이다. 기록은 생산과 관리의 연속성 속에서 보존되고 그로 인해 공적인 증거로서 신뢰성을 갖는다. 셋째, 기록의 자연성이다. 기록은 실용적인 목적으로 조직에서 자연적으로 생산 축적된 것이라는 생각이다. 넷째가 기록의 상호연관성이다. 젠킨슨은 기록의 중요성이 보존되는 자신 및 타 조직의 기록과 관련되어 있으며 그 관계에 달려있다고 생각했다.[8]

듀란티가 젠킨슨이 정의한 보존기록의 성질을 원론적으로 받아들인 반면, 미국의 평가 이론가들은 '영속적 기억'과 '공적 신뢰'를 현대적으로 해석하고 젠킨슨이 정의한 보존기록의 성질을 반드시 현대 기록의 속성이라고 인정하지는 않았다. 현대 미국에서의 평가 실무를 반영하고 있고 또 역으로 평가 실무에 영향을 주는 이러한 이론적 인식은 영구 보존되어야 할 기록이 무엇인가를 질문해야 하고 그 기준을 수립해야 하는 아키비스트에게 중요한 기준을 제공한다. 젠킨슨의 기준에 의하면 보존기록의 속성이 결핍된 기록이 미국 평가론자의 기준에 의하면 영구 보존기록이 될 수 있기 때문이다. 현대에는 '영속적 기억'이 중요 기록의 텍스트의 출판 보급과 정보공개 자유언론 등의 보편적 활용체계로 보장된다. 볼스와 그린은 기록의 불편부당성은 기록이 업무 과정에서 생산되었고 업무상의 이유로 보관되었다는 것을 지적하는 것이며 기록은 왜곡될 수 있고 후대를 의식

---

8) Duranti, Luciana, "The Concept of Appraisal and Archival Theory," 『기록학의 평가론』, 285~288쪽

한 의식적인 기록 생산이 있을 수 있으므로 미국은 기록의 불편부당성의 개념을 받아들이지 않았다고 주장한다. "편견 없는 기록이란 없다"는 것이다. 기록의 진본성도 "기록의 연속된 관할권이 통제되는 과정의 공적 신뢰성을 보장"하는 것을 의미하지, 기록 자체가 독자적으로 기록이 말하는 증거의 사실성을 증명한다는 것을 의미하지 않는다. 그런 의미에서의 기록의 진본성이란 기록의 본질적인 요건은 아니다. 기록은 또한 자연적으로 축적되는 것만은 아니다. 미국에서 기록의 상호관련성은 풍부한 기록 중에서 가지치기를 하여 과도한 기록을 제거함으로써 더욱 명료하게 되는 것이었다. 따라서 "불편부당성, 진본성, 자연성, 상호연관성(정합성)"은 보존기록의 본질적인 속성이 아니다. 그리고 이 기록의 속성에 따라 영구 보존기록을 선별 평가할 수 없다는 결론이 자연스럽게 나오게 된다.9)

　젠킨슨-듀란티와 볼스-그린의 기록의 속성 개념을 총독부 기록[일제 지방행정 기록 포함] 분석에 적용하면 몇 가지 유용한 결론을 얻을 수 있다. 우선 도시계획 기록을 비롯한 총독부 기록이 우리에게 '영속적 기억'과 '공적 신뢰'를 제공하는가라는 질문을 제기해 본다. 듀란티의 의미이던 볼스-그린의 의미이던 남아있는 총독부 기록은 일본의 식민지 지배라는 과거의 사실을 보존하는 어느 정도 '신뢰성' 있는 존재라고 볼 수 있지만 '불편부당성'을 가진 기록은 아니다. 그러나 그 총독부 기록이 자신의 진본성과 불변성으로 인해 보존될 가치가 있게 되고 영속적으로 보존하게 된 것은 아니다. 총독부 기록이 식민통치의 업무 과정에서 생산되었고 업무상의 이유로 보관되었다는 것이 이 기록이 과거의 식민 통치의 진실을 객관적으로 또는 전체적으로 말해주는 것을 보장하지는 않는다. 총독부 기록은 총독부 관리에 의해 역사적 진실이 왜곡될 수 있었고[불편부당성의 훼손] 후대를 의식하여 의식적으로 기록을 생산하거나 폐기했을 수도 있고 모든 기록이

---

9) Boles, Frank and Mark Green, "Et Tu Schellenberg? Thoughts on the Dagger of American Appraisal Theory," 『기록학의 평가론』, 313~322쪽

자연적으로 축적되지도 않았다. 허위 기록의 의도적인 생산은 흔치 않았을 지라도 의식적인 기록의 폐기는 도처에서 자행된 것으로 보인다. 많은 기록이 의도적으로 폐기되었으며, 단편적으로 남아 있는 기록은 그 상호관련성을 찾기 어렵다. 조선 총독부의 중요한 조직의 중요한 정책 기록이 대부분 폐기/유실되었다는 사실은 특히 기록의 '상호연관성'에 의한 가치 부여와 당대 사회적 표상의 도큐멘테이션으로서의 가치 부여를 불가능하게 한다. 이것은 또한 어느 특정 분야의 도큐멘테이션을 하기 위해 총독부의 관련된 조직과 기능을 찾아 관련성이 있는 기록을 찾으려는 노력이 단지 희망사항에 지나지 않을 수도 있음을 시사해준다.

총독부 기록은 기록이 생산된 이후 누가 어디서 어떻게 기록을 관리했는지 '관리권의 연속성'(chain of custody)이 없다.10) 그런 의미에서 이 총독부 기록은 '공적인 신뢰'를 그다지 보장하지 않는다. 예를 들어, 총독부 기록 중에 상낭수를 차지하고 열람 빈도수가 높은 지적원도/임야원도가 어떻게 내용의 위변조 없이 그 불변성을 유지했는지 그 누구도 확인할 수 없고 보장할 수도 없다. 지적도가 법원에서 법적인 증거력을 상실하기 전에는 일제시대에 소유했던 토지를 찾기 위한 기초 자료로서 무수히 열람 활용되었었다는 사실은 그 기록의 불변성을 더욱 의심케 한다. 심지어 변조된 것으로 의심되는 기록이 있을 수 도 있는데 이러한 기록을 왜곡된 활용-토지재산 환수 및 토지 사기-의 가능성에 방치했다는 것을 의미한다.

물론 총독부 기록은 기본적으로 식민통치의 업무 과정에서 생산되었고 업무상의 이유로 보관되었었기 때문에 식민 통치의 실상을 말해주는 중요한 역사적 증거 기록으로서의 속성을 가지고 있다고 볼 수 있다. 편찬된 식민통치 사료집이나

---

10) 대부분의 총독부 기록은 중앙 및 지방행정기관에 보존되어 오다가 1980년대부터 구 정부기록보존소로 이관되기 시작했다. 그러나 이것이 총독부 기록의 '관리권의 연속성'을 보장하는 것은 아니다. 실제로 총독부 기록이 정부기록보존소로 이관되기 전에 어떻게 관리되었는지를 알 수 있는 관리기록은 없다.

조선일보 동아일보와 일부 잡지류의 영인본이나 마이크로필름 외에도 원체 식민지시대에 관한 원사료가 희귀한 실정이었다. 그렇기 때문에 이 기록이 영속적 가치를 가졌는가에 대한 어떠한 구체적인 가치 평가도 없었으면서도 국가기록원에서 영구 보존기록으로 보존하고 있었던 것이다. 의식하고 있지는 않았지만 우리는 볼스와 그린이 분석한 기록의 속성에 대한 개념, 즉 "불편부당성, 진본성, 자연성, 상호연관성(정합성)은 보존기록의 본질적인 속성이 아니다"라는 전제하에 보존기록을 수집 보존하고 있었지만 총독부기록의 보존기록 속성으로서의 진본성에 대해서는 의문을 품고 있지 않았다. 그럼에도 불구하고 총독부의 기록을 마치 일제시대의 통치와 침탈의 실상을 증거해 줄 수 있는 신뢰성 있는 기록으로 인식한다면 이것은 보존기록의 속성에 대한 젠킨슨류의 교조적인 이해에서 비롯된 것이다. 원론적으로 본다면 현재 남아 있는 총독부 기록이 모두 고비용을 들여 종이기록 원본을 역사적으로 보존되어야 할 가치가 있는 기록은 아닐 수도 있다. 총 분량이 많지 않으므로 기록관에 보존된 역사 기록이지만 현대 아키비스트의 재평가를 거치면 그대로 폐기하거나 원본을 파기해도 무방한 기록이 일부 존재할 수도 있을 것이다. 그러나 이것은 기록의 속성을 중심으로 소장 기록의 가치를 분석했을 때의 가정이다. 총독부 기록은 오래전에 생산된 기록으로서의 기록의 희귀성, 고기록이 가질 수 있는 실물적(내재적) 가치, 식민지시대라는 특수한 역사적 경험의 면모를 전해주는 (왜곡되었을지도 모르는) 정보적 가치 등 다른 가치평가 접근 방식에 의해 원본까지 잘 보존해야할 영구 보존기록으로 평가될 수도 있을 것이다.

1.4 총독부 기록의 평가/재평가와 정보가치 평가론의 적용

듀란티는 "평가의 가장 중요한 목적은 영원히 보존될 기록을 찾아내는 일"이라고 했다. 수많은 기록 중에 그 일부만을 영구 보존기록으로 결정하는 이유는 그 일부만이 영속적으로 보존할 만한 가치가 있고, 모든 기록을 보존할 자원과 필요성이 없기 때문이다. 기록이 영구 보존될만한 가치를 가지는지 여부는 주로 그것이 역사적 사료[역사적인 증거 기록]로서의 가치를 가지고 있는지 여부에 따라 결정된다. 셸렌버그가 지적한 것처럼 기록은 그 기록이 생산될 당시와는 다른 목적으로, 즉 역사 사료의 기능으로 인해 지속적인 가치를 가진다. 이것은 '지속적인 가치'에 대한 평가이다. 지속적인 가치는 셸렌버그가 중시했던 '조직과 활동의 증거'로서의 지속적인 보존가치도 있겠지만 궁극적으로는 미래에 역사 사료로서 활용될 지속적인 가치이다. 역사적 연구의 필요에 의한 열람 활용에 대한 현재의 요청의 빈도와 미래의 요청 예측이 중요한 결정 요소가 되는 것이다.11)

평가가 기록의 생애주기 중에서 초기에 행해질 때는 기록의 정보적 가치를 평가하는 것이 어려울 수 있다. 정보적 가치가 기록 자체의 내용으로부터 나오고, 그 미래 활용의 빈도를 예측하기 어렵기 때문이다. 기록 시리즈의 생애주기에서 보면 초기에는 그런 기록이 많지 않을 수 있고 정보적 가치가 잘 드러나지 않을 것이다. 그러나 총독부 기록 같이 오랜 기간 동안 평가되지 않고 정리되지 않은 기록으로 존재하고 있고, 사료로 주로 활용되고 있는 기록은 그 정보적 가치를 평가하는 것이 상대적으로 더 쉽다.12)

---

11) 셸렌버그는 기록을 우선적으로 이용하는 미래 이용자층에 대해 명백하게 언급했다. 정보가치의 중요성을 평가하는데 있어서 고려해야할 미래의 이용 가치를 언급한 절에서 그는 역사가, 사회과학자, 족보학자, 지방역사 연구자(향토사가), 고서취급자를 언급했다. Schellenberg, "The Appraisal of Modern Public Records," *National Archives Bulletin* 8, 1956, Daniels, Maygene and Timothy Walsh ed., *A Modern Archives Reader: Basic Readings on Archival Theory and Practice*, 1984, p.66; 이상민, 「영구보존문서의 선별과 가치평가」, 105쪽

12) 같은 글, 108쪽

　총독부 기록 중에 정보가치가 높은 기록은 정책, 방법론, 절차의 개발에 관련된 기록일 것이다. 그러나 현존하는 총독부 기록은 이미 확정된 식민 정책의 일상적인 적용과 시행을 다루는 기록이 대부분을 차지하며 당대 총독부 부서내에서도 계속적인 활용 가치가 많지 않았을 기록일 가능성이 높다. 그러나 이 기록들은 대부분 '조선총독부 처무규정'이라는 당대의 기록관리 법규에 따라 생산 당시에 영구 기록(갑종)으로 결정된 기록들이다. 물론 이러한 결정은 아키비스트의 평가 과정을 거친 것이 아니고 문서의 생산자들이 "영구보존할 필요가 있다고 인정"될 때 문서 생산자들이 내린 결정이다.13) 당시의 매우 추상적이고 자의적인 영구 보존기록 선별 기준에 따라 기록 생산자에 의해 영구 기록으로 남게 된 것이다. 총독부 업무 담당자들이 인식하고 있지는 않았지만 이것은 젠킨슨의 선별 평가 원칙을 따른 것이다.

　식민지시대 당대의 영구기록 선별 기준은 오늘날 정보가치를 측정하는 일반적인 기준과는 사뭇 다르고 실무 지침이 있었던 것으로 보이지도 않는다. 당시 영구 기록의 선별 기준은 "장래 예규 징증"이 되거나 "역사의 징고"가 될 기록등 추상적이고 상식적인 기준이었다. 총독부 문서관리 부서는 거기에다가 "유별편찬" 규정에 따른 기록의 종류별 유형 분류를 보존기간에 연동시켰다.14) 총독부 기록의 종류별 유형 분류는 출처 조직과 업무 주제를 결합한 형태이고 오늘날 보존기간의 주요 단위가 되는 기록시리즈[혹은 기록 클래스(class)]를 가리키지는 않는다.15) 이 유형 분류는 출처주의를 포기하고 업무기능을 기반으로 기록 시리즈를

---

13) 이경용, 「조선총독부의 기록관리제도」『기록학연구』제10호, 2004, 249~250쪽
14) 같은 글, 251~268쪽
15) 영국 호주 등에서는 업무 기능 분류틀(Business Functions Scheme) 안에서 기록 시리즈(records series, records class) 별로 보유 기간(retention period)을 지정하고 영구 보존기록을 선별한다. 미국에서는 기록군을 구성하는 하나의 출처 안에서 기록 시리즈별로 보유 기간을 지정하고 영구 보존기록을 선별한다.

분류한 호주의 연방기록시리즈(CRS) 개념과도 다르다. 오늘날 한 조직의 평가정책이나 지침에서 볼 수 있는 '2차적 정보가치'의 존재 여부와 중요성 판별, '정보의 유일성', '정보와 기록물의 형태', '실제적인 또는 잠재적인 사용자의 수에 따른 정보의 중요성', 내재적(실물적) 가치, 나아가 당대 사회적 표상으로서의 기록의 도큐멘테이션과 대표성 등이 고려되지 않았음은 물론이다.

국가기록원이 소장하고 있는 총독부 기록을 현재의 시점에서 가치론적 접근방식으로 평가할 때 '생산자에 대한 기록의 가치'는 별로 고려되지 않는다. 다음으로 총독부 기록이 포함하고 있는 내용이 "생산기관의 기원, 조직, 정책, 기능, 절차와 활동의 증거를 제공"하여 식민통치 기구의 실상을 알려주는가에 따라 그 가치를 평가할 수 있다. 중앙과 지방에서 총독부 행정기관이 집행한 각종 식민지 침탈 정책이나 '내선일체' 혹은 '전시동원' 정책의 구체적인 내용과 의도를 알려주는 정보가 포함된 경우 역사적 사료 가치가 높게 평가될 것이다. 그리고 일제시대 중요한 사건이나 사회적, 정치적, 인구통계적, 경제적 경향 또는 개인에 대해 정보를 포함하고 있다면 연구자를 위한 가치가 있다고 평가될 수 있다.16)

총독부 기록과 같은 과거의 기록은 이와 같이 역사적 연구 가치를 기준으로 한 평가 방식으로 재평가를 하는 것이 바람직하다. 이러한 기록의 정보가치 평가 방식이 상대적으로 의미 있는 결과를 산출할 수 있다. 남아있는 생존 기록 자체만으로 전체 총독부 기록이 표상할 수 있는 사회상을 도큐멘테이션 하는 것이 불가능하다. 개별 기록군이나 기록 시리즈의 정보가치 평가 방식의 취약점은 그것이 대량 생산되는 현대의 정보 생산 유통추세에 맞지 않는다는 것이었다. 총독부 기록은 비교적 적은 분량만이 남아있다. 이 점 역시 이러한 정보가치 평가 방식이 총독부 기록의 평가에 유용하다는 것을 뒷받침한다. 정보가치의 평가에서 중요한

---

16) 이상민, 「영구보존문서의 선별과 가치평가」, 108쪽

또 다른 이슈는 미래에 유용하게 이용할 정보가 무엇일 것인가 하는 미래의 활용에 대한 예측 문제이다. 이점은 소장 기록의 재평가 문제를 논의하는 다음 절에서 검토한다.

1.5 소장 기록의 재평가 이론에 의한 총독부 기록의 평가·재평가

영구 보존기록으로 이미 평가되어 보존되고 있는 기록의 "재평가"는 여러 가지 이론적 쟁점을 제기하며, 그 "재평가" 작업 자체에 여러 가지 함의가 있다. 보존기록 관리에서 평가의 목적은 영구 보존기록의 선별이다. 그리고 일반적으로 기록 관리 업무에서 평가는 예산이나 보존시설의 역량 등 매우 현실적인 고려사항이 작용한다. 보통 재평가는 소장 기록 중에 가치 평가가 제대로 이루어지지 않은 채 기록이 이관되었거나, 보존시설의 부족으로 일정한 분량의 기록을 폐기 처리 해야만 할 때 수행된다. 일찍이 미국 국가기록관리처의 레오나드 래포트는 보존 가치가 없는 기록을 공공기록관에 보존해서는 안 된다고 주장했다. 공공기록관에 보존가치가 없는 기록을 보존하는 것은 예산을 낭비하는 직무 유기이며 필립 바우어가 말한 것처럼 공공의 이익에 반하는 것이다. 래포트는 보존가치가 없는 기록이 기록관에 보존되는 이유로서 첫째, 원래 평가가 잘못되었거나, 둘째, 평가 없이 이관되었기 때문이라고 했다.17)

기록의 재평가에 관한 래포트의 주장은 총독부 기록의 재평가에서 고려할 중요한 시사점들이 있다. 우선 재평가에도 평가자의 주관성이 작용한다는 점이다. 래포트는 기록의 평가가 잘못될 수 있는 가장 큰 이유가 정보가치의 "중요성"에 대

---

17) Rapport, Leonard, "No Grandfather Clause: Reappraising Accessioned Records," *American Archivist* 44, 1981, 『기록학의 평가론』, 63~64쪽

해 아키비스트 혹은 평가자가 주관적인 판단을 내리기 때문이라고 생각했다. 즉 얼마나 중요해야 중요한 것으로 결정할 것인지에 대해 평가자의 주관적인 판단이 가장 크게 작용한다는 것이다. 테리 쿡도 기록의 사회적 맥락과 문화적 지배에 관한 관련성을 인정하여 아키비스트가 자신의 사회적 가치관 및 문화적 가치를 평가 과정에 이입시킨다고 주장했다.18) 평가에는 물론 사회적 동의나 관습적 동의가 끼어들 수는 있다. 붐스가 말하는 "공공의 여론"이나 학계의 주요 관심사가 중요성의 평가에 반영될 수는 있다. 쉘렌버그가 말한 증거적 가치는 조직의 기능과 활동에 대한 증거적 가치를 말하는데 이러한 증거적 가치는 사실 어떤 조직의 어떤 기록에서도 어느 정도는 찾아볼 수 있는 것이다. 역사가는 모든 기록에서 그러한 증거적 가치를 찾아 볼 수 있다. 그러한 역사가의 시각에서 평가를 수행한다면 결과적으로 폐기할 기록은 그다지 많지 않게 된다.

총독부 기록에 대한 가치 재평가작업도 이러한 정보가치 평가 방식의 한계를 벗어날 수 없다. 즉 평가자의 주관적 판단이 크게 작용할 수 있고, 그러한 이유로 인해 평가의 기준이 정밀하게 협의 조정되고 집단적으로 수행되는 평가가 아니라면 기록에 대한 평가 결과가 들쭉날쭉하기 마련이다. 단지 이 기록들이 잘 정리되고 목록이 제공되면 이 기록에 대한 역사가의 이용이 증대될 것이라는 예측이 있을 뿐이다. 그러한 예측도 현재의 일제 식민지 시대에 관한 역사 연구 추세에 대한 정확한 이해가 있어야 일단 가능한 것이다. 그러나 래포트는 기록의 미래 이용에 관한 "타당한 예상"에 대해 대단히 회의적이다.19)

그리하여 역사적 기록의 정보 가치의 평가는 더욱 더 협소하고 소극적인 평가

---

18) Cook, Terry, "Mind Over Matter: Toward a New Theory of Archival Appraisal," Barbara Craig ed., *The Archival Imagination: Essays in Honour of Hugh A. Taylor*, Association of Canadian Archivists: Ottawa, 1992

19) Rapport, Leonard, "No Grandfather Clause: Reappraising Accessioned Records," 『기록학의 평가론』, 75쪽

가 되게 된다. 이러한 소극적인 평가를 방지하기 위해서는 해당 기록에 정통한 전문 역사가 그룹의 집단적인 검토와 분석이 필요하다. 그동안 국가기록원은 소장 총독부기록에 대한 미래 이용에 관한 예측을 기반으로 소장 총독부 기록에 대한 잠재적인 이용을 활성화시키기 위해 '경무' '외사' '법무' 등 출처/주제별로 해제 작업을 진행했다. 해제 작업을 실제로 수행한 역사 연구자들을 조직화하여 집단적인 검토와 분석을 통해 총독부 기록의 미래의 이용에 관한 "타당한 예상"을 최소한이나마 도출해 낼 수 있을 것이다. 그러한 전문가 집단의 예상은 역으로 소장 기록의 재평가에 결정적인 영향을 줄 수 있다.

반면에 마크 그린 같은 미국의 공리주의자들은 "이용이라는 요소가 평가/재평가의 전제"라고 믿었다. 즉 그들은 "이용도가 낮고 규모가 큰 시리즈는 보존하지 않는다"라는 관점을 기본 전제로 갖고 있다.[20] 총독부 기록은 그동안 제대로 정리가 안돼서 그런 것인지 역사적 사료로서의 이용이 극히 저조했다. 그래서 기존의 통계를 기준으로 "기록의 활용"이라는 요소를 평가에 적용하는 것은 큰 의미가 없다. 총독부 기록이 80년대부터 이관되었다면 이미 20년 이상 경과되었는데 필자가 알기로 총독부 기록의 해제집이 발견되고 세부목록이 제공되기 시작한 것은 2000년이 지나고 나서 부터이다.[21] 생산된 지 60년이 지난 3만여 권의 역사

---

20) Green, Mark, "The Surest Proof: An Utilitarian Approach to Appraisal," *Archivaria*, no. 45, 1998, 『기록학의 평가론』, 93~156쪽

21) 국가기록원이 소장하고 있는 총독부 기록은 문서류 약 3만2천권 정도이고 지적원도/임야원도 등 도면이 약 94만매이다. 모두 마이크로필름으로 촬영되어 있다. 해제작업은 2000년부터 시작되어 현재 출처/주제별로 6권이 간행되었다. 전체 소장 총독부 기록 중에서 세부목록이 제공되는 기록이 얼마나 되는지는 알 수 없으나 일부 기록의 문건 목록이 온라인으로 제공되고 있다. 그러나 계층별 기술이 되어있지 않은 국가기록원의 검색 체제로 인해 소장 기록철 목록을 검토한 후에 기록철 별로 문건을 찾아볼 수 있게 되어 있지 않아서 이용에 매우 불편하다. 조선총독부의 조직 기능 분석 미비로 인해 출처, 즉 생산기관으로도 검색되지 않는다. 생산기관명에 내무국 토목과를 입력한다면 아무런 검색 결과도 얻을 수 없다. 총독부 기록에는 한 문건에도 수많은 첨부문서가 있는데

기록이 오랜 기간 동안 기술 정리 되지 않은 채 사실상 방치되어 왔었던 것이다.

예전에는 역사 연구자들이 정부기록보존소의 기록을 열람하는 자체가 매우 어려운 일이었다. 당연히 이러한 총독부 기록의 정리되지 않은 상태와 기록에 대한 접근제한은 역사기록의 활용을 심각하게 저해했다. 기록관리기관이 필요한 인적 물적 자원을 확보하지 못하고 있을 때 이것은 다소 일반적인 현상이다.

1992년 앤 고든이 작성한 미국의 기록유산 활용에 관한 보고서는 기록의 활용에 대한 최대의 장벽이 연구자가 기록관을 방문할 수 없었다는 것과 기록이 기술 정리되지 않아서 열람할 수 없었다는 사실이라고 지적했다.22) 총독부 기록의 해제집이 나오기 시작한 2000년 이후 발간된 해제집이 다룬 출처/주제의 기록에 대한 학술 열람이 추가로 얼마나 더 있었는지 아무런 통계도 없다. 총독부 기록을 제대로 재평가하기 위해서 공리주의적 접근방식에 따른 향후 역사적 활용에 대한 타당한 예상이라는 작업을 하기에 앞서 사실상 기록을 이용될 수 있게 기본적인 정리 기술 작업이 먼저 필요한 상황이다. 한편 재평가를 통해 기술 작업의 여부나 우선순위를 정하는 것이 합리적일 수도 있다. 이 경우 역시 역사적 정보 가치에 대한 평가를 총독부 기록 중에서 "기록 시리즈별로 평가하여"(총독부 기록은 기록 시리즈별 분류가 되어 있지 않다) 기록 활용을 위한 기술 작업을 순차적으로 수행하는 것이 타당할 것이다.

재평가 작업은 실제로 소장기록의 분량을 감축시킨다. 총독부기록의 경우, 보존시설의 부족으로 일정한 분량의 기록을 폐기 처리해야만 할 때 총독부 기록을 평가하여 그 폐기를 고려하지는 않을 것이다. 다음 절에 논의할 기록의 내재적(실

국가기록원 DB에서 검색된 문건 '세부목록'에도 첨부 문서의 목록은 제공되지 않고 있다. 도시계획 기록 평가 프로젝트에서는 샘플로 선별한 기록철의 기록철별 문건목록을 작성하고 문건별 첨부 문서의 목록을 작성했다.

22) Green, Mark, "The Surest Proof: An Utilitarian Approach to Appraisal," 『기록학의 평가론』, 132~133쪽

물적) 가치 때문이다. 재평가에 의한 폐기의 사례로서 래포트는 미국 국가기록관리처가 소장하고 있던 전시 '임금조정위원회'의 기록을 예를 든다. 이관 시점에 평가할 당시 서가길이 700피트였던 기록이 재검토를 거쳐 175피트로 줄어들었고 그 후 20년 후에는 다시 24피트까지 감소했다. 래포트는 그것마저도 분량을 반으로 줄일 수 있다고 생각했다.23) 이 사례가 암시하는 것은 단지 '폐기여부를 검토하기 위한 재평가'라는 이슈보다는 시간의 흐름과 상황의 변화에 따른 평가 기준의 변화와 보존가치에 대한 사람들의 인식 변화와 관련된 이슈가 평가에 작용한다는 점이다. 향후 50년, 100년 후에도 총독부 기록이 오늘날과 같은 역사기록으로서의 비중을 차지할 것인가에 대한 문제의식이 있을 수 있다. 호주 국가기록관은 1940~70년대까지 약 30년간 적절한 보존 가치의 평가 없이 연방기록을 수집했고 오늘날 소장 기록물의 가치를 재평가하는 작업을 대규모로 수행하고 있다. 1998년부터 소장기록물 가치 재평가 작업 시작하여 서가길이 500Km의 기록물을 2005년 현재 350Km로 줄여 무려 150Km(30%)를 감축했다. 이 중에는 한시보존 기록물이 다수 포함되어 있다. 2005년도의 연례보고서에 따르면 호주 국가기록관은 2002~3년간 22.8 km, 2003~4년간 8.1km, 2004~5년간 8.2 km 서가길이에 해당하는 기록을 재평가 하기위해 검토했다. 이것은 전체 기록 소장량의 10%를 재평가한 것이다.24) 총독부 기록 같이 분량이 많지도 않은 "고기록"의 경우 일부러 기록의 분량을 줄이기 위해 재평가하지는 않을 것이다. 그래도 약 3만권에 달하는 총독부 기록의 보존비용은 94만매에 달하는 도면의 보존비용을 제외하고도 지난 60년간 180억 원이 소요된 것으로 추정된다.25) 그러므로 보존되고 있는 총

---

23) Rapport, Leonard, "No Grandfather Clause: Reappraising Accessioned Records," 『기록학의 평가론』, 72~73쪽
24) National Archives of Australia, *Annual Report 2004-05*, 2005, p.23
25) 국가기록원의 연간 예산과 소장 기록의 분량을 계산하여 현재 화폐가치로 기록 1권당 보존비용이 연간 약 1만원이 든다고 추정했다. 94만매의 일제시대 도

독부 기록이 단지 역사 기록으로서 그만한 장기적 보존을 요하는 정보적 가치를 가지고 있는지 평가할 필요는 있다.

소장 기록의 재평가 작업에서는 '비용-이익 분석파'에 동조하는 데이비드 베어먼이 제기한 위기관리(risk management) 방식을 적용할 수도 있다. 위기관리 분석은 그 기록이 없다면 얼마만큼의 문화적, 권리적, 재정적 손실이 발생할 것인가에 대한 분석을 기초로 기록의 보존 여부와 보유기간을 결정하는 것을 말한다. 그러나 여기에도 현실적인 측정의 문제는 있다. 기록이 없음으로 발생하는 조직의 재정적 손실을 추정하는 일이 상대적으로 가능할 수도 있는 반면에 문화적 권리적 손실에 대한 측정을 하기는 매우 어렵기 때문이다. 총독부 기록 같은 역사적 기록에 대해 '위기관리' 평가 접근 방식을 취하는 것은 적절하지 않게 보인다.

1.6 기능 기반 평가와 도큐멘테이션 전략의 적용

현대의 기록 평가에 나타난 중요한 변화는 기능에 기반한 평가 방식이 도입된 것이다. 가치에 근거한 평가의 대안으로서 기능적 평가 혹은 또한 거시적 평가 방식이 제안되었다. "기능적 평가란 조직의 기능이 기록화되었는지 판단하고, 어떤 사무실이나 개인이 그들의 기능을 수행하면서 기록을 생산하였는지를 확인하고, 그 기능을 가장 완전하고 간결하게 문서화한 기록을 선별함으로써 기록의 영속적 가치를 감정하는 과정"이다. 기능적 접근방식은 기록 자체보다는 기관의 기능과 구조에 일차적으로 초점을 맞춤으로써 아키비스트의 편견을 최소화하도록 기획되었다. 기능적 접근방식은 기록물이 담고 있는 정보가 아니라, 기록물 출처

면의 보존비용은 이보다 훨씬 더 많을 수도 있다. 보다 정확한 비용 통계를 위해서는 기록의 평가 정리 기술 이용에 드는 인건 비용과 보존비용(보존서고 건축비, 보존처리 비용, 보존환경 유지 비용, 보존 전문인력 인건비를 포함한 기록보존 비용)에 보존기록의 분량을 대비하여 계산되어야 할 것이다.

의 중요성, 기록물의 생산 목적에 일차적 강조를 두고 있다. 요약하자면 기능적 평가는 기록을 생산한 기관의 기능과 구조에 초점을 둔다.26)

가치에 근거한 전통적인 평가 방식은 20세기 후반에 들어와서 영속적 가치를 가진 기록을 감정해내는 효과적인 방식이 아니라고 인식되기 시작했다. 마이클 쿡은 그가 대표 저술한 ICA/ITRMT의 공공기관을 위한 훈련교재 『기록물 평가 시스템』에서 다음과 같은 이유를 들었다. 첫째, 아무리 객관적이거나 견문이 넓은 아키비스트라도 모든 기록의 잠재적인 이용자와 기록 이용을 예측하기는 불가능했다. 둘째, 20세기 후반 이후 기록이 생산되는 양이 너무 많아져서 아키비스트들이 잠재적 가치를 가지는 정보를 감정하기 위해 기록철이나 문건별로 모든 기록을 조사할 수는 없는 현실이 되었다. 셋째, 가치에 근거한 접근 방식은 기록의 주제를 중시하여 기록 출처(기록생산의 조직적, 기능적 맥락)의 중요성을 경시하는 경향이 있었다. 넷째, 어떤 기록이 장기간 또는 영구적 토대 속에서 보존되어야 하는지를 결정하는데 있어서 아키비스트의 관심과 편견이 너무나 많이 작용함으로써, 아키비스트의 관심과는 다른 관심을 가진 사람들에 의한 연구에 손상을 줄 수 있다는 우려가 있었다는 것이다.27)

첫 번째 이유인 '이용의 예측'에 대해서는 재평가에 관한 절에서 검토했다. 총독부 기록의 경우는 잘 정리된 목록과 기술이 작성되어 있으면 사료로서의 활용이 증대되리라고 쉽게 예상된다. 단, 이것은 향후에 식민지시대에 대한 역사 연구가 활발하게 추진되어야 한다는 것을 전제로 한다. 한국사의 연구 자체가 침체되거나 전문연구 인력이 감소한다면 이 기록의 활용이 증대될 수 없다. 이 경우 재평가는 내용의 분석과 첨부 문서의 목록 작성 등 평가 기술 작업에 치중하게 된

---

26) ICA/IRMT, *Building Records Appraisal Systems*, 남희숙 역, 『기록물 평가시스템』, 54쪽
27) 같은 책, 53쪽

다. 기록 생산량의 증대로 인해 현실적인 조사 평가가 불가능하다는 두 번째 이유는 총독부 기록 같이 한정된 분량으로 잔존하고 있는 기록군에는 별로 해당되지 않는다. 아키비스트의 주관성에 대한 네 번째 이유도 이미 재평가에 관한 절에서 논의했으나 다시 한번 강조하면 다음과 같다. 아키비스트에게 끼치는 당대의 사회적 배경과 공공의 여론의 영향을 인정하면서 아키비스트의 전문적 식견과 풍부한 경험에 대한 신뢰와 존중, 평가자 한 개인의 판단이 아닌 집단적 평가 협의 방식의 채택으로 선별 평가 결정에 있어서의 아키비스트의 주관성을 최소화하는 것으로 좁혀갈 수 있다. 앞에서 말했듯이 기록 자체보다는 기관의 기능과 구조에 초점을 맞춘 기능적 접근방식으로 아키비스트의 편견을 최소화할 수 있다고 보는 견해가 있다. 이 절에서는 세 번째 이유, 즉, 기록생산의 조직적, 기능적 맥락의 중요성의 분석에 의한 평가 수행의 필요성을 총독부 기록에 적용하는 문제를 검토해 본다. 아울러 다큐멘테이션 전략이 총독부 기록의 평가에 어떻게 적용될 수 있고 어떠한 성과를 가져올 수 있는지 검토해 본다.

도큐멘테이션 전략에 의한 평가 접근 방식은 기능적(거시적) 분석과 마찬가지로 쉘렌버그식의 기록의 개별 가치 중심적 평가방식을 기피한다. 도큐멘테이션 전략은 "현재 지속되고 있는 이슈, 활동, 기능, 주제 등이 적절하게 기록으로 생산되는 것을 보장하기 위해 수립한 계획"을 말한다. 이에 따라 생산되어야 할 기능과 활동이 분석되고 생산할 기록을 결정한다. 기록 선별은 복합적이고 상호연관된 다변적인 기관에서의, 상호관련된 복합적인 기능을 가진 기록이 생산되고 영구 보존기록으로 지정되는 방식으로 선별된다. 도큐멘테이션 전략과 거시적 접근 방식 사이에는 미묘한 차이가 있다. 거시적 접근 방식은 사회의 이해에 가장 중요한 조직, 기능을 식별하려고 노력한다. 이 거시적 접근 방식에서는 출처가 가장 중요하다. 거시적 기능분석은 이미 결정된 권한과 기록생산 주체에 대한 구조 기능 분석을 통해 기록을 평가한다. 반면에 도큐멘테이션 전략 접근 방식은 현재나 미래의 가능한 동향 (예측되는 이용의 동향이나 주제)에 초점을 맞춘다. 그러나 거시적 접근 방식은 미래의 유용성을 "추측"하는 것을 거부한다.28)

김익한 교수는 총독부 불균형 잔존 행정기록의 평가 방법론으로서 "당대의 정책·제도 변화에 대한 컨텍스트를 파악하고, 이를 수행한 조직의 핵심기능을 종합하여 거시 평가의 틀을 만들고, 여기에 현존 문서를 배치하는 도큐멘테이션 과정, 이 과정에서 가치가 높은 기능과 관련된 기록이 소수라는 점, 즉 기록의 재현성이 불완전한 것을 보충하기 위한 다른 역사적 자료의 적극적 이용과 적극적인 기록 수집 방안을 함께 강구할 필요가 있다"고 주장했다.29) 이것은 잔존 기록을 통한 "역(逆) 도큐멘테이션 전략"이라고 말할 수 있다. 다만 이러한 거시평가의 틀을 만들기 위해서는 "당대의 정책·제도 변화에 대한 컨텍스트를 파악하고, 이를 수행한 조직의 핵심기능을 종합"하는 선행 연구가 필요하다.

이런 맥락에서 총독부 도시계획 기록 평가 프로젝트를 통해 총독부의 도시계획("시가지계획") 제도에 관한 연구가 수행되었고, 도큐멘테이션 전략과 거시적 기능분석 방법론을 적용하여 총독부 기록 생산과 도시계획사업의 사회적 컨텍스트를 연구하고 총독부 조직 기능을 분석하여 그 조직 기능 위계에 따른 가치를 부여하려고 했다.30) 특히, 이승일은 거시적 기능 분석과 도큐멘테이션 전략을 총독부

---

28) Walters, Tyler O., "Contemporary Archival Appraisal Methods and Preservation Decision-Making," *American Archivist* 59, 1996, p.333. 도큐멘테이션 전략은 리차드 콕스나 헬렌 사무엘스가 주창했다. Cox, Richard, "The Documentation Strategy and Archival Appraisal Principles: A Different Perspective," *Archivaria* 38, 1994; Samuels, Helen Willa, "Who control the Past," *American Archivist* 49, 1986. 두 편 다 『기록학의 평가론』에 번역되어 있다.

29) 김익한, 「불균형 잔존 행정기록의 평가방법 시론 - 조선총독부 공문서의 평가 절차론 수립을 위하여」『기록학연구』13호, 2006, 196쪽.

30) 이명규, 「일본 본국과 조선총독부의 도시계획 비교연구: 도시계획법령을 중심으로」, 한국국가기록연구원 심포지엄 겸 기초학문 육성과제 중간발표회, 2005; 이명규, 「한국과 일본에서의 시구개정의 비교분석에 관한 연구」, 한국국가기

도시계획 기록의 평가에 적용하려고 시도했다.31) 이승일은 총독부 연구 보존기록의 "기록의 선별 배경으로서의 사회적 컨텍스트"와 "기록의 선별 요건으로서의 [총독부] 조직 및 기능의 가치 서열화"를 규명하려고 했다. 이승일은 도시계획 기록이 해당되는 토목 문서군의 문서량이 많다고 하여 "해당 기관의 기능 및 활동의 다양성"을 의미하며 그것을 이 기록군을 생산한 내무국 토목과의 기능 및 조직의 중요성을 판단하는 근거로 삼고 있다. 그러나 이러한 추론은 의문의 여지가 있다. 그러한 추론의 근거가 폐기를 면한 잔존한 기록을 대상으로 한 불완전한 통계라는 점과 '정책의 집행 기록'의 분량이 역사 연구에 그 보다 더욱 중요할 수 있는 '정책 결정 기록'보다 훨씬 많다는 상식에 비추어서 이 기록군에 대해 "조직 및 기능의 가치 서열화"를 하는데 그 기본 전제가 잘못되어 있다고 보인다. 역주에서 무리가 있을 수 있다고 말하면서도 그러한 전제를 조직 기능의 가치서열화 작업의 논조에는 그대로 적용하고 있는 것은 잘못이다.32)

한편 이승일은 역사 연구의 최근 동향을 조사하여 독립운동과 민족운동, 식민 정책과 지배기구에 관한 연구가 많은 상황을 파악했다. 그런데 "식민지 조선의 도시화가 [역사 연구의] 대표적 주제로 부각된 것은 아니라고" 하면서 "이와 같은 연구 경향을 ["한국 역사학계의 특수성에 따른 결과로 볼 수 있기 때문에"] 곧 바로 기록의 가치와 연결시킬 필요는 없다"라고 단정한다. 식민지시대 역사 연구의 대표적 주제가 아닌 식민지 도시화 관련 기록을 평가하고 정리하는 작업이 "균형 잡힌 역사학 구성을 위한 기초자료의 정리와 보존의 측면에서 기록학의 임무가 중시될 필요가 있다는 것을 보여주는 것"이라고 주장한다.33) 필자는

록연구원 기초학문 육성과제 2차년도 발표회, 2006; 이승일, 「총독부 공문서의 기록학적 평가」, 『기록학연구』 12호, 2005
31) 이승일, 같은 글, 특히 197~232쪽
32) 같은 글, 201쪽
33) 같은 글, 204쪽

일제 식민지시대 전공자는 아니지만 우리나라의 근대사 연구 동향이 "한국 역사 학계의 특수성"에 의해 결정되고 있다고 보지는 않는다. 이러한 역사 연구 동향 은 오히려 식민지를 경험한 국가의 역사에 보편적으로 나타나는 현상이다. 기록 학의 임무가 그러한 보편적인 역사 연구 동향을 부정하는 것도 아니고, 그러한 동향의 영향에서 벗어나는 것도 아니다. 사회사 연구가 증대되면서 식민지 일상 생활과 식민지 도시 형성에 관한 연구가 나오고 있는 것은 사실이지만, 이 또한 식민지 역사의 한 부분을 연구하는 것이며, 일제 식민지배하의 한국인의 삶과 삶의 조건에 관한 역사 연구이다. 오히려 식민지시대 도시화·공업화 문제는 식 민주의 역사 연구의 중요한 부분이다. 일제의 식민정책과 지배기구에 관한 연구 의 일환이다. 한편 식민지 도시화의 연구는 식민지 근대화론을 검토할 수 있는 연구이기도 하다. 일본의 연구자들이 조선과 대만의 식민지 도시화 연구에 관심 을 갖는 이유는 그들이 "식민지 근대화론"을 믿고 강화하려 하기 때문이다.

기록이 가진 행정적 중요성에 대한 당대 기록생산자의 평가에 따라 당대의 중 요한 역사적 사회 현상을 가늠할 수 없다는 것은 역사연구의 상식이다. 기록에 대한 훈련을 받은 역사가라면 식민지 기록에 대해 젠킨슨이 말한 기록 생산의 선의성과 "불편부당성"을 믿지 않는다. 역사 기록의 중요성에 대한 인식은 역사 적 연구의 관심에서 나오고, 그러한 관심의 배경에 후대 사회의 정치적 사회적 요소가 작용하는 것은 당연하다. 다만 당대에 왜 도시계획 기록이 영구 보존기록 이 되었는가라는 질문에 대한 답으로 당대에 식민지 행정관료들이 시가지계획 사업의 기록을 중요하게 인식했다고 당시의 행정적 가치의 평가를 지적하는 것 은 옳다. 이러한 분석은 역사 연구에도 도움이 된다. 그러나 어떤 기록을 당대에 기록생산자가 중요하게 인식했다고 하는 것은 당대에 그것을 생산한 조직 기능 의 중요성을 어느 정도 말해줄 수 있지만 전체 조직에서 보는 조직기능의 중요성 을 말해주지는 않는다. 그리고 이러한 요소는 역사 보존기록 가치의 재평가의 기준으로 적용하기 보다는 기술에 들어 갈 기록의 배경 정보로 유용하다. 그런 의미에서 이승일이 제시한 "1930년대 식민지 조선에서의 도시계획과 사회적 컨텍스트"의 설명은 매우 유용하다.34)

총독부 기관 및 기능의 위계에 따라 기록의 가치를 서열화하려는 이승일의 시도는 캐나다의 기능 평가 방식에 따른 것이다. 도시계획 평가 프로젝트에 참가한 연구자들에 의한 총독부 조직 구조에 관한 연구는 일정한 성과인 동시에 해당 기록의 평가를 하기 위한 기초 작업이 된다. 그러나 이러한 연구도 자원과 시간의 제약으로 어느 한 시점에서의 총독부 조직 구조에 대한 연구가 될 수밖에 없는 취약점이 있다. 이승일은 총독부 내무국 토목과의 기관 위상 및 기능의 위계를 중간 조직 "B"로 분류했다. 거기에는 "인원 및 예산 규모가 큰 조직"이라는 근거가 제공되있다. 이승일이 적용한 총독부 기구의 "조직위계 결성 요소"와 "기능 서열 결정 요소"는 상당히 흥미롭다. "조직위계 결정 요소"에는 각 결정 요소의 범주가 구체적일 뿐 아니라 그 범주에 해당되는 조직 부서를 예시했다. 아쉬운 것은 이러한 조직 위계 재구성의 근거가 될 수 있는 연구 근거가 제시되지 않고 있다는 점이다.35) 그러나 이러한 결정 요소에 비단 당대 총독부 행정관료가 가졌던 중요도 인식 뿐 아니라 후대의 역사 연구에 필요한 중요도에 대한 인식을 반영시켜 세련된 "서열 결정 요소"를 작성할 수 있다면 총독부 기록 전체의 재평가작업 뿐 아니라 정부 수립 이후 행정 조직의 조직 및 기능 서열 분석에도 적용할 수 있을 것으로 보인다. 이러한 연구는 도시계획 기록 평가 프로젝트의 필수적인 기초 작업이며 소중한 연구 성과이다. 한편 총독부 도시계획 기록의 평가 자체만을 통해서는 기록생산 주체의 조직과 기능을 전반적으로 분석하여 역으로 그 맥

---

34) 같은 글, 208~213쪽
35) 같은 글, 218쪽, 2233~224쪽. 별다른 주석이 없는 것으로 보아 이승일이 직접 고안한 것으로 보인다.

락과 배경을 보존가치 판단의 근거로 삼고, 식민지 사회의 전체 대표상을 재구축
하는 "역(逆)도큐멘테이션" 전략을 적용하는 것은 무리라고 생각한다.

1.7 식민지 기록으로서의 특성에 의한 평가

일제 식민지 통치기록은 모두 영구 보존기록으로 평가해야 할 것인가? 행정기
관의 지하서고나 헌 책방에서 썩고 있다가 어느 날 우연히 발견되는 조선총독부
에서 생산한 기록은 모두 영구 보존기록이 될 수 있는가? 필자의 판단은 "그렇
다"이다. 대부분의 국가기록관은 어느 일정 시기 이전에 생산된 기록을 그 희소
한 존재 가치와 그것이 가지고 있을 수 있는 내재적 가치로 인해 영구 보존기록으
로 인정하고 있다. 대개 그 국가의 특정한 의미가 있는 역사적 시기를 기준점으로
하여 그 이전에 생산된 기록, 특히 공공기록은 영구 보존기록으로 지정하고 있으
며, 특정한 시기를 법령으로 못 박고 있는 경우가 대부분이다. 쉘렌버그에 따르면
독일은 1700년, 영국은 1750년, 프랑스는 1830년, 미국과 이탈리아는 1861년이 영
구 보존기록으로 결정되는 시점이다. 기록에 있어서 나이가 존중되는 방식의 표
현이다.[36)

우리가 더 절실하게 필요한 것은 총독부 식민지 기록 자체의 보존 가치의 평가
문제라기보다는 그 기록에 대한 맥락의 분석과 내용의 분석이다. 맥락과 출처를
잃은 상태이기 쉬운 일제시기 기록을 정확히 이해하고 이용할 수 있게 하기 위해
서 기록에 대한 맥락의 분석과 기록 내용의 분석이 먼저 수행되어야 할 작업이다.
기록학에서 말하는 기록의 "맥락정보"와 "배경정보"의 재구축 작업이 수행되어
야 하는 것이다. 식민통치 기록의 특성상 이러한 작업은 역사적 훈련과 시대적

---

36) Schellenberg, Theodore, "The Appraisal of Modern Public Records," *A Modern Archives Reader: Basic Readings on Archival Theory and Practice*, p.64.

배경에 관한 전문적 지식이 있어야만 가능하다는 것은 두말할 나위 없다. 그러나 그 전문 작업자들이 기록관리와 기술 및 평가에 관한 숙련된 지식과 실무적 경험이 부족하다면 역으로 역시 기록의 "맥락정보"와 "배경정보"의 재구축 작업이 또 다른 의미에서 부실해 질 수 밖에 없다. 역사 연구의 당파적 시각에 의해 기술정보가 편향될 수도 있다.

한편 현존하는 식민지 기록이 우리가 일본의 조선 침략과 지배의 실상을 이해하는데 있어서 일본 본국의 기록과 비교하여 무슨 차이 혹은 차별성이 있는가를 밝혀야 할 필요성이 있다. 이것은 그 기록이 일제 식민통치의 실상을 밝히거나 이해하는데 얼마나 중요한 기록인가를 판단하는 것에 달려 있다. "폭도에 관한 편책"이 "경성시구개정에 관한 건" 보다 일제의 조선 침략의 실상과 일제 침략에 대한 조신인의 저항을 이해하는네 너 중요한 기록이라는 데에는 이견이 없을 것이다. 일본의 관련 기록과 이 도시계획기록을 직접적인 연관성은 파악되지 않았지만 이명규의 제도적 배경 연구는 식민지에서의 정책 수립 및 시행과 공통점과 차이점이 "제도적 배경"과 맥락을 이해할 수 있는 단서를 제공했다.

그런데 우리는 일본에 일제 식민통치의 실상을 밝혀줄 어떤 다른 기록이 얼마나 더 많이 있는지 알지 못한다. 일본은 일본의 대아시아 관계, 특히 식민지 지배에 관한 기록을 '아시아역사자료센터'(JACAR)시스템을 통해 기록목록과 이미지를 온라인으로 제공하고 있다.37) 이 역사자료 포탈에서 제공되는 기록의 내용을 훑어보면 일본 식민지 지배의 "긍정적인" 부분-"식민지 근대화"나 "일본의 선의"-을 증거해 주는 기록이 주류를 이루는 것처럼 보인다. 이것은 역사기록의 헤게모니를 통해 일본 중심의 역사관을 전파하려고 하는 또 다른 일본판 "동북공

---

37) '아시아역사자료센터'는 2001년 설립되었다. 일본 국립공문서관, 외교사료관 등 일본의 보존기록관이 소장하고 있는 역사 자료의 목록과 기록 이미지를 인터넷을 통해 이용할 수 있게 해준다. 이 웹사이트는 일어, 영어, 중국어, 한국어로 제공된다. http://www.jacar.go.jp/index.html

정"이 아닌지 의심스럽다.

식민지기록의 사료로서의 중요성의 판단은 이것은 현재 수행되고 있는 역사적 식민지 시대 연구의 경향과 역사학의 "유행"에 따라, 시대에 따라 달라진다. 식민 지시대에 관한 역사적 연구의 사조는 그동안 변해왔고 앞으로도 변하기 마련이다. 식민지 수탈론이나 친일 행위 및 친일파 재산 관련 연구가 작금에 집중적으로 연구되는 추세이지만 수십년 후에 어떠한 주제가 더 연구의 집중적인 대상이 될지 알 수 없다. 다만 확실한 것은 현재의 관심과 사료적 중요성의 판단에 따라 미정리된 역사 보존기록의 정리 우선순위도 결정된다는 사실이다. 향후 식민지 시대의 사회사와 도시변천사를 연구하는데 있어 일제 도시계획기록은 중요한 사료가 될 수 있다. 그러나 도시계획 기록의 평가와 정리작업이 단지 사회사와 도시변천사를 연구하는데 일조하기 위한 것은 아니다. 그것은 단지 이 평가/재평가 프로젝트 작업의 부수적인 결과일 뿐이다. 앞서 언급한 기록의 미래 이용의 예측에 관한 주제는 아키비스트가 기록관리의 원칙에 따라 정리되지 않은 기록을 정리할 때 어떠한 기록부터 정리해야 할 것인가라는 매우 중요한 이론적, 실무적 원칙의 문제를 제기한다.

총독부 도시계획 기록의 평가에서는 중앙행정 기록과 지방행정 기록, 그리고 관련 민간기록 간의 연관성의 파악과 그에 따라 상대적인 가치를 평가하여 가치를 부여하려는 시도가 포함되었다. 또한 국가기록원 소장 도시계획 기록이 당대 식민지 사회의 도시화 "근대화" 부분을 도큐멘테이션하는 대표적인 사회적 표상으로서의 기록이 될 수 있을지를 판명하려고 했다. 그리고 이렇게 도시계획 기록에 적용하는 방식을 전체 총독부 기록에 적용할 수 있는지 검토하려고 시도했다. 도시계획 기록의 평가는 중앙의 식민통치와 지방차원의 식민 통치의 연관관계를 어느 정도 규명해 주었다. 정책 기록이 결핍된 가운데 시가지계획 집행 기록의 분석을 통해 중앙과 지방간의 업무 절차와 지시체계 등이 기록의 형식과 내용

속에서 나타나는 것을 파악했고 이것은 평가 내용의 일부로 기술되었다.

시가지계획의 실행을 둘러싸고 지방 행정기관을 일방적으로 지시 감독하는 총독부 중앙행정기관의 특성이 나타나고, 시가지계획위원회의 행정기록과 회의록을 통해 사회적 이슈와 식민지 지방 주민의 대응 등을 파악할 수 있다는 것이 밝혀졌다. 시가지계획위원회 기록을 통해 총독부 중앙행정기관의 일방적인 정책 결정과 지방에 대한 집행 지시와 사업 우선권 및 예산 배당, 지역사회의 내부 문제, 중앙에서 내려 온 시가지 계획에 대해 지역 주민이 낸 의견과 구체적으로 취한 행동의 내용이 파악될 수 있을 것으로 보인다. 이 기록의 연구를 통해 식민지 중앙행정과 지방행정의 관계와 그러한 식민행정체계의 특성과 효율성, 그리고 식민지 피지배층의 대응을 규명할 수 있을 것이다. 따라서 식민통치체계를 이해하는데 중요한 하나의 주제가 이 도시계획 기록의 평가 작업으로 그 규명의 단서를 제공해 주었다고 할 수 있다.

조선총독부라는 중앙의 식민통치기관의 정책이 비록 원래 생산되었을 고차원의 정책 기록이 없는 상황일지라도 집행과정에 관한 미시적인 도시계획 기록의 분석 작업을 통해 식민지의 부분적인 사회상과 해당 지역에서의 식민통치의 측면을 규명할 수 있게 해 줄 수 있다. 식민지 지방행정에 관한 기록이 다수 존재하는 경찰, 노동, 문화 부분에서도 미시적인 집행 기록 중에 중요한 총독부 중앙의 정책을 파악할 수 있게 하는 기록이 다수 있을 수 있음을 유추할 수 있다. 이를 통해 여러 가지 역사적인 사실을 새롭게 확인하거나 그에 따른 새로운 해석이 가능할 수 있다는 평가를 내릴 수 있다. 도시계획 기록 재평가 프로젝트를 위해서 시도된 기초적인 제도적 사회적 배경 분석과 조직 기능 분석 작업은 이 평가 프로젝트 결과물로서의 세부목록의 기술과 기록 내용의 소개라는 기본적인 정보 제공 이외에도 분명 긍정적인 의의가 있다.

1.8 일제 식민지 기록의 내재적(실물적) 가치 문제

총독부 기록은 대부분 유일한 기록이다. 우리는 기록의 속성으로 증거성과 유일성을 든다. 총독부 기록의 유일성은 기록생산의 과정에서 비롯된 유일성과 우연히 남아 있게 된 기록이라는 희귀성을 모두 가리킨다. 여기서 "유일한" 기록은 모두 "중요한" 기록인가라는 문제가 제기된다. 일본 식민지 통치와 침탈을 더 잘 증거해 줄 수 있는 중요하지만(혹은 중요할 거라고 생각하지만) 없어진 총독부 기록이 더 많이 존재했었을 수 있다. 지금은 유일하다고 하지만 어디선가 다량으로 혹은 더 완전한 형태로 새로운 기록이 발견되어 현재의 총독부 기록보다 더 "중요한" 정보를 제공해 줄 수도 있다.

기록이 실물적(내재적) 가치를 가지려면 다음과 같은 경우에 해당되어야 할 것이다. 즉, 1. 의미 있는 기록 생산의 경우에 해당되거나 또는 중요한 사례로서 연구 대상이 되는 물리적 형태를 가진 기록, 2. 미학적 또는 예술적 가치가 있는 기록, 3. 독특하거나 신기한 형태의 기록, 4. 오래되어서 독특한 성질을 나타내는 기록, 5. 전시 가치가 있는 기록, 6. 진본성, 생산연대, 저자, 기타 성질이 의문시되어 중요한 기록이고 물리적 검사를 통해 판별될 수 있는 기록, 7. 역사적으로 중요하거나 유명한 인물, 장소, 사물, 사건과 직접 관련됐기 때문에 대중의 관심을 끄는 기록, 8. 기관의 법률적 기초를 수립했거나 지속시키는 증거기록으로서 중요성을 갖는 기록, 9. 고위급 정책 결정의 증거기록으로서 중요성을 갖는 기록 등이다. 본원적 가치 혹은 실물적 가치에 관한 이러한 개념은 북미에서 평가 원론서 역할을 한 제랄드 햄의 책 『보존기록과 매뉴스크립트의 선별과 평가』에 잘 정리되어 있다.[38]

---

38) Ham, Gerald, *Selecting and Appraising Archives and Manuscripts*, Society of American Archivist: Chicago, 1993, p.60

위에 열거된 실물적 가치 평가 요소 중에 총독부 기록은 일본의 식민지 통치에 대한 증거 기록으로서, 전시 가치가 있거나 역사적 주제를 다루는 방송 프로그램에서 실물 기록을 시각적으로 제공하여 프로그램의 효과를 높이는 가치가 있다. 총독부 기록 중에는 서명이나 필사 등 "미학적" 가치 요소를 담고 있는 기록도 있다. 이것은 "의미 있는 기록 생산의 경우에 해당"되기도 한다. 특히 행형기록 등은 역사적으로 중요한 인물 장소 사건 등에 관해서 인상 깊은 시각적인 이미지를 제공하므로 실물 기록으로 보존 활용하는 것이 필요하다. 실제로 많은 총독부 기록이 역사적 주제를 다룬 방송에 이용되고 있다. 총독부 기록 중에서도 도시계획 기록은 그 이용을 위해서 원본을 보존해야 하는 실물적 가치가 있는 기록이다.

도시계획 기록에는 많은 재색 노년이 있다. 흑백으로 된 마이크로필름으로는 도면을 이용하기 어려울 정도로 도면에는 채색 부분이 많이 있다. 총독부 기록 도면은 또 특이한 지질로 된 도면 크기의 기록상자에 담겨져 눕혀서 보존되고 있다. 이 기록상자는 수십 년이 지났어도 내부의 도면기록을 잘 보호하고 있다. 이것은 보존과학 측면에서 연구될 수 있는 대상이다. 도면기록을 보존하고 있던 대전의 보존서고에 누수가 발생하여 스프링클러가 터진 것처럼 물이 보존서고 천장에서부터 뿌려졌을 때, 이 기록상자들은 훌륭하게 내부의 도면기록을 보호했다. 이런 기록상자와 더불어 총독부 도면들은 실물로 보존할 충분한 가치를 갖는다.

1.9 "영구 보존기록"으로서의 도시계획 기록 : 당대와 현대의 평가 비교

도시계획 기록('시가지계획'기록)은 이미 일제시대에 영구 보존기록으로 결정된 기록이다. 물론 당시의 문서보존기간책정 법령에 의한 결정이지 오늘날 현대적인 평가이론에 의해 평가된 기록은 아니다. 일제 도시계획 기록은 조선총독부의 문서관리제도에 의해 영구기록(갑종)으로 책정되어 보존된 기록이 대부분이다. 조선총독부는 보존문서를 종별로 구분하여(보존종별제) 그 중 갑종을 영구로 하였다. 1911년 반포된 조선총독부 처무규정에 나타난 갑종 문서의 책정기준은 대단히 포괄적인 "영구보존할 필요가 있다고 인정되는 문서"였다.39) 1913년의 '부군처무규정준칙(府郡處務規程準則)에 따르면 영구 문서의 기준은 "1. 부군에서 발한 훈령 통첩 중 예규로 삼을 만한 서류, 2 허용의 지령과 관련된 각종 품청, 청원 등으로 영속적인 성질을 갖는 사건에 관한 서류, 3. 역사의 징고(微考)로 해야 할 서류, 4. 제종의 대장원부류, 5. 전 각호 외에 영구 참조의 필요가 있다고 인정되는 서류"였다.40) 영구 문서의 책정 기준 중에는 "역사의 징고가 될 만한 서류"라는 기준이 있다. 1930년의 함경북도의 문서편찬 보존종별 구분을 보면 도시계획과 토지 수용에 관한 예규 문서 종류는 갑종이고, 도로개수, 도로용지, 도시계획 관련 서류는 갑/을/병종으로 결정할 수 있게 하여 업무 담당자가 주관적으로 판단할 수 있게 했다.41)

그러나 이 도시계획 기록을 왜 영구기록으로 책정해야 하는지는 기록에 나와 있지 않다. 도시계획 기록 뿐 아니라 갑종으로 책정된 총독부 기록이 왜 그렇게 결정되었는지는 기록상으로 알 수 없다. 당시에는 오늘날과 같은 조직의 업무기능 분석, 업무분류 설명이나 평가서를 작성하는 과정이 없었다. 단지 예규나 규정에 제시된 기준을 적용하여 결정할 뿐이었다. 오늘날 쉽게 찾아 볼 수 있는 단순한 업무 설명이나 업무의 중요도 및 생산되는 기록의 중요성과 보존 사유에 대한

---

39) 박성진, 「조선총독부의 공문서 보존기간 책정기준과 가치평가」, 정부기록보존소 『기록보존』 제 15호, 2002년, 17쪽
40) 같은 글, 18쪽
41) 같은 글, 21쪽

설명이 없으므로 가치 평가 과정을 거쳤다고 보기는 어렵다.

　조선총독부의 도시계획 기록의 "갑종" 책정은 일본에서의 도시계획기록의 "갑종" 책정에 따른 것이라고 추정할 수도 있다. 일본 국립공문서관이 소장하고 있는 도시계획에 관한 기록을 검색하면 '내각총리부' - '태정관·내각관계' - '제1류 공문잡편' 분류에 "소화 5년-도시계획" 항목으로 5권의 기록이 검색되고 한 권에 십 여건의 문건이 검색된다. "시구개정(市區改正)"으로 검색하면 444건의 기록이 검색된다. 아래에 '도시계획'으로 검색된 건에 대한 웹상 기술 사례를 제시한다. 기록건에 관한 기술은 건명, 계층, 청구 번호, 건명 번호, 작성 부국(생산기관), 연월일(생산 시기), 내용상세, 마이크로필름 사항(릴 번호와 기록 이미지 시작점)으로 구성되어 있다. 이 건별 기술에는 첨부문서의 목록이 없다. 이 첨부문서 목록작성 작업은 인력과 시간을 요하는 작업이라 기술을 작성할 때 업무 우선순위에서 배제된 것으로 보인다. 한편 소장 기록이 원래 영구 보존기록이었는지를 보여주는 항목도 없다. 아마도 기록 시리즈 기술 계층에서 영구기록이라는 평가 사항이 이미 제시되었기 때문으로 보인다.

件名	京都都市計畵區域変更決定ノ件
階層	■公文書> ■ *內閣·總理府> ■太政官·內閣關係> ■第一類 公文雜纂> ■公文雜纂·昭和５年>■公文雜纂·昭和五年·第二十六卷·都市計畵―
請求番号	本館-2A -014-00·纂01907100
件名番号	001
作成部局	內閣
年月日	昭和5年01月14日

内容詳細	京都都市計畫區域変更理由書 曩に京都都市計畫區域決定に際し宇治郡山科町及醍醐村は發展の情勢甚た微弱なりし爲之を都市計畫區域に編入するの必要なきものと認められたりしか其の後山科方面の發展頗る顯著にして山科町に於ては大正１０年末より昭和３年末の７ヶ年間に約６３パーセントの人口増加を示し居る狀況なるを以て之か發展の趨勢、地勢及行政區劃等を參酌し山科町、醍醐村を加へ本案の通り変更せむとするものなり
	リール番号：049900、開始コマ：0019

이로써 일본에서도 도시계획 기록이 모두 영구 보존기록으로 보존되고 있다는 것을 알 수 있다.

전세계적으로 이와 같은 도시계획 기록을 영구 보존기록으로 결정하는지 알아보기 위해 외국의 경우를 제한적으로 조사해보았다. 현대 지방정부의 기록보존(보유)기간표(records retention schedules) 혹은 기록처분권(records disposal authority)을 조사하거나 보존기록관이 소장하고 있는 소장 기록의 목록조사를 통해 도시계획 기록의 영구 보존기록 여부를 알 수 있다.

런던시 보존기록관(Corporation of London Records Office)은 1067년부터 2004년 까지 생산된 948 종류의 기록시리즈를 소장하고 있다. 런던시 보존기록관의 소장기록물은 모두 인터넷으로 검색이 가능하다. 검색화면에서 "city planning" 혹은 "town planning"으로 검색하면 1910년대에 생산된 도시계획 기록이 100여종 검색된다. 웹에서 제시되는 기록물 종별 기술 내용은 다음과 같은 유형으로 제시된다. 기술 내역은 참고번호, 이전의 참고번호, 제목, 생산시기, 이관 출처와 시기, 범위와 내용으로 구성된다. 검색된 전체 기록철에 관해 '범위와 내용' 정보가 제공된다. 특히, 도면의 색상과 축척율에 관한 정보가 제공되고 있다.

"Reference: COL/PL/01/165/A/001

Former Reference: 165.A.1

Town Planning: City of London

Creation dates: n.d. [c. 1928]

Immediate Source of Acquisition

Rec'd from City Engineer, Jan 1975

Scope and Content

(403) General plan of the City of London, 1914, with area of City lying below the level of +18.00 O.D. shaded pink. Scale 1/2760"[42])

영국기록관리자협회가 제정한 '지방정부 [기록] 보존기간 책정 가이드라인'에는 도시계획 기록 관련 내용이 있다. 이 가이드라인 제3부의 "계획과 이용(Planning and Use)"와 "인프라 구조와 수송(Infrastructure and Transport)"항목의 내용이 도시계획과 도로개정 등에 유사한 기능이다. 이 가이드라인은 도시계획의 계획 수립, 자문 획득 및 의견 조회, 조정, 개발 절차 관리 등의 업무기능에서 생산된 기록을 영구보존할 것을 권고하고 있다.[43] 서호주 지방정부의 일반기록처리권을 보면 도시계획은 영속적으로 진행되는 기능으로 분류되며 도시계획 시구개정 업무에서 생산되는 기록종류를 상당히 세분화하여 보존기간을 정하고 있다. 도시개발과 구획 지정에 관한 계획 및 증거 기록은 영구기록으로서 마지막 업무 조치 후 2~5년 이내에 보존기록관으로 이관하도록 되어있고, 집행에 관한

---

42) Corporation of London Records Office, http://www.cityoflondon.gov.uk/ Corporation/leisure_heritage/libraries_archives_museums_galleries/lma/lma.htm
43) The Records Management Society of Great Britain, *Retention Guidelines for Local Governments*, 2003

한시기록은 마지막 조치 후 6년~30년 후에 폐기하도록 규정하고 있다.44)

일본, 영국, 호주에서 도시계획 기록이 대체적으로 영구기록으로 평가 분류되고 있다는 것을 살펴보았다. 그렇다면 현대의 영구 보존기록의 평가기준이나 범주에 비추어 총독부 도시계획 기록의 영구 보존기록 결정 여부의 적절성은 어떠한지 검토해 본다. 최근 개정된 미국의 영구 보존기록 평가 정책의 범주에 따르면 영구 보존기록은 시민 권리를 증거하는 기록, 정부 공무원의 업무행위를 증거하는 기록 및 국가 경험을 증거하는 기록의 범주가 있다. 이 범주에 준하면 도시계획 기록은 두 번째 범주인 "정부기관의 기본적인 조직 구조, 조직의 변천, 기관의 핵심 사명과 관련된 정책과 업무과정, 기관의 핵심적인 정책결정과 행동을 증거하는 기록" 중에 "기관의 행동을 증거하는 기록"이다. 도시계획 기록의 일부는 일제 식민지 "정부가 개인, 지역사회 혹은 인위적이거나 자연적인 환경에 영향을 끼친 행위를 증거하는 기록" 그리고 "국가의 역사, 국민, 그리고 환경을 이해하는 데 필수적인 기록"의 범주에 속하는 기록으로서 영구 보존기록으로 보존될 수 있다.

미국 국가보존기록관리처의 평가 기준을 따른다면 총독부 기록은 "[식민지의] 주요한 사회·경제·환경 이슈에 관련한 [식민지] 정부의 심의, 결정, 행위의 증거를 제공하는 기록, [식민지] 정부의 사업과 행위가 [식민지의] 개인, 지역사회, 자연적이거나 인위적인 환경에 영향을 끼친 중요한 효과에 대한 증거를 제공하는 기록"이 될 수 있을 것이다.45) 이러한 보존가치 평가 기준에 따라 도시계획 기록은 현대의 기록 평가 기준에 의해서도 영구 보존기록으로 평가되고 있다는

---

44) State Records Office of Western Australia, *General Disposal Authority for Local Government Records: RD 99004*, 1999

45) 미국 국가보존기록관리처, "국가보존기록관리처 전략 지침: 평가정책" 2003.10. 당시 조선총독부가 조선이라는 식민지를 통치한 실질적인 정부이므로 총독부 기록 중에 이러한 평가 기준에 해당되면 영구 보존기록으로 평가될 수 있다.

것을 알 수 있다. 단 주의할 점은, 도시계획의 집행 기록의 경우 그 규모와 사건의 중요성에 따라 영구 보존기록 여부가 세분되어서 평가될 수 있다는 점이다. 이것은 어떠한 하나의 업무 기능이 보다 세분화되어야 영구보존 여부를 결정할 수 있다는 기능 평가에 있어서의 주의할 점을 시사해 주는 것이라 할 수 있다.

한편 도시계획 기록은 역사적 도면과 사진을 많이 포함하고 있다. 사진기록은 그 구체적인 과거의 실물 이미지를 통해 그 시대의 사회상을 직접적으로 전달한다. 반면에 도면은 역사가에게 무엇을 말해주는가? 과거의 도면으로 과거의 사회상, 더 엄밀하게 말하면 과거 사회상의 지리적 배경을 재구성할 수 있을 것인가? 분명히 도면은 도시 행정가와 설계사에게 분명하게 구조의 변화와 새로운 구상을 보여주는 확실한 의미를 전달한다. 도면 기록은 역사가에게나 도시계획 연구자들에게 시간을 초월하여 그러한 재구성을 어느 정도 허용할 것으로 보인다. 그러기 위해서는 도면에 대한 정보의 기술이 필요하고, 도면을 이해할 수 있는 능력을 배양해야 할 것으로 보인다.

도면은 어느 정도까지 역사가에게 사회의 지리적 조건과 물리적 조건의 변천의 결과로서의 인간사회의 변천상을 전달해 줄 수 있을 것이다. 아직은 기록학적으로 도면의 정리와 평가, 활용에 관한 논의가 심도 있게 축적되어 있는 것처럼 보이지는 않는다. 일제 도시계획기록 도면으로 역사가는 조선 민중의 삶의 조건으로서의 지리적, 사회적 배경의 변천을 추적할 수 있을 가능성이 있다. 그러한 방식으로 전통사회의 해체와 식민사회의 재구성을 주장하거나, 칼 폴라니 같이 "거대한 변혁(Great Transformation)"의 이론을 증명할 수 있을 것인가 혹은 아날학파의 "랑게 듀레"를 통계가 아닌 도면 기록으로 증거할 수 있을 것인가? 이것은 한번 시도할 가치가 있는 시도라고 보여 진다.

1.10 결론: 총독부 기록과 도시계획 기록의 평가 방법론

이 글에서 필자는 총독부 도시계획 기록을 포함한 일제 식민지시기 역사기록을 어떻게 평가하는 것이 바람직할 것인가 하는 문제의식을 가지고, 이러한 기록에 대해서 여러 가지 평가론을 적용시켜 검토해 보았다. 그럼으로써 상대적으로 유용하고 실제적인 평가 방법론을 도출해 보려고 시도했다. 도시계획 기록을 포함한 총독부 기록은 기록학적인 평가 과정을 거치지 않은 당대의 보존기간표에 의해 영구기록으로 결정되어 현재까지 보존되고 있는 기록으로서, 기록을 생산한 조직의 위상과 기능이 명확하게 규명되어 있지 않으며, 기록 생산의 맥락이 대체적으로 불분명하고, 전체 기록이 남아있지 않으며, 그 일부가 우연히 살아남아 보존되기에 이른 것들이다.

총독부 기록과 도시계획 기록에 적용시켜본 현대 평가론의 쟁점은 기록의 본원적 가치에 대한 논쟁, 쉘렌버그의 역사기록에 대한 정보가치 평가론, 미래의 이용가치와 경제성의 논리에 기반한 소장 기록 재평가 이론의 유용성, 기능 기반 평가와 도큐멘테이션 전략, 특정한 역사적 시기의 식민지 기록으로서의 특성에 의한 평가, 일제 식민지 기록의 내재적 가치, 당대와 현대의 기록처분권에서 도시계획기록의 "영구보존기록"으로의 평가결정 등이었다.

본원적 가치 논쟁에 비추어보면 총독부와 도시계획 기록은 오늘날의 대부분의 공공기록과 마찬가지로 진본성과 객관성을 보장받는 기록은 아니다. 생산자의 기록 생산 의도와 진본성을 비판적으로 검토해야 역사적 사료로서 사용될 수 있는 기록이다. 소장기록 재평가론은 경제성 및 효율성의 관점에서 평가를 거치지 않은 기록을 계속해서 더 보존할 필요가 있는가를 판별하는 데는 유용하지만 식민지 기록 같은 유일성과 희귀성이 있는 기록에는 적용하는 것이 부적절하다. 붐스의 사회 표상화 평가 이론, 즉 기록의 평가 및 선별 준거를 기록의 내적 특성이 아닌 기록이 생산된 사회적 과정과 그 사회를 대표하는 정도에서 찾아야 한다는 접근방식이나 도큐멘테이션 전략, 즉, 당대의 대표적 지표를 선별하고, 개별기관의 범위를 넘어서는 전 사회적 차원의 기록을 평가 선별하고 수집하는 접근 방식이 과거 역사기록인 총독부 기록이나 도시계획 기록의 평가에 있어서 실질적으로 유용한 평가틀이 되지는 못했다.

총독부기록은 식민지 통치를 증거하는 얼마 되지 않는 소수의 기록으로서 특정 연대 이전의 기록을 역사기록으로 보존하는 평가 관행으로 볼 때에도 당연히 보존되어야 하는 기록이다. 역사기록으로 결정되는 기년도가 법제화되어 있지는 않지만 관행적으로 보존된 것이 그런 인식을 반영한다고도 볼 수 있다. 총독부 도시계획 기록은 색채로 된 도면과 과거의 도시와 가로의 사진 등 실물로 보존해야 할 가치가 있는 것으로 판명되었고 디지털화를 한다고 하더라도 원본을 보존해야 할 필요가 있는 기록으로 평가된다.

기록을 평가할 때에는 거시적 평가와 미시적 평가를 수행할 수 있다. 거시적 평가는 대상 기록의 전체 시리즈와 그 맥락과 배경을 조사 분석하고, 그 기록이 당대 사회의 대표적인 도큐멘테이션인가 분석하는 것이다. 필자가 작업 후기에 참여했던 총독부 도시계획 기록 평가 프로젝트는 당초 거시적 평가 접근방식을 더 고려한 것으로 보인다. 한편 미시적 기록 분석은 보존기록으로 남은 사료의 성질과 이용에 관한 기록학적인 이해를 심화시킬 수 있다. 또한 작업의 결과로 검토된 총독부 도시계획 기록의 주요 상세 내용과 맥락이 정리되어 이용자에게 연구 편의를 제공할 수 있다. 특히, 기록을 소장하고 있는 보존기록관에서의 인적 자원의 부족으로 인해 일제 식민지 기록의 상세한 내용 검토와 세부 목록 작성이 곤란한 현실에서 이러한 평가 작업은 단순한 가치 평가 작업에 그치는 것이 아니라 미정리된 기록을 정리하여 손쉽게 이용할 수 있게 하는 기본적인 보존기록 정리작업(archival processing)을 수행하는 것이 된다. 이것은 총독부 기록 같이 기록학적 평가가 수행되지도 않고 기록관리 원칙에 의한 기술(description)이 작성되지도 않은 역사 기록의 관리와 이용에 필요한 필수적인 가공 작업이다. 실질적으로 총독부 도시계획 기록의 평가 프로젝트는 개별 기록철건의 평가 작업에 앞서 사전 작업으로 평가론의 종합 연구, 총독부 조직과 기능에 대한 연구, 그리고 총독부 시가지계획에 대한 연구가 수행되었는데, 이들 연구는 총독부 도시계획 기록 생산의 배경과 맥락, 조직 위계와 업무 중요성에 따른 평가 가치의 부여에 관한 근거를 제공하여 철건 평가/분석 업무에 기여한 연구 성과로 평가될 수 있다.

총독부 도시계획 기록의 평가 작업은 이러한 작업은 명백히 그 한계를 노정하는 동시에 일정한 성과를 창출했다. 평가 작업은 평가보고서를 철건 항목별로 작성하는 방식으로 수행되었다. 이것은 미정리된 기록을 정리하는 작업의 성격을 강하게 띠었으며 기록철 안에 포함된 다수의 문건과 첨부 문건을 파악하여 주요 내용을 정리하는 작업이 위주가 되었다. 결과적으로 본 프로젝트에서 추진된 평가 작업은 총독부 도시계획 기록의 내용 분석과 사료적 정보 가치의 평가, 그리고 기술(description) 작업을 위주로 진행되었고 그 결과 자세한 철건 목록과 첨부문서의 목록이 작성된 기술서가 "평가서"의 형태로 산출되었다. 실제 평가자들이 일본어와 일본식 한자 초서로 된 기록의 내용을 이해할 수 있는 역사학적 훈련을 받은 전문가들이기는 했지만 기록학의 평가의 제이론을 심층적으로 적용할 수 있는 훈련을 받은 사람들이 아니었다는 점에서 현대 평가론의 요체가 적용된 평가틀을 구축하기가 어려웠을 것이라고 본다. 설혹 이론에서 도출된 일제시기 도시계획 기록의 평가 방법론이 주어졌다 하더라도 전문가가 아니라면 그것을 도시계획 기록의 평가에 제대로 적용할 수 없었을 것으로 생각된다.

초기에 시도된 총독부 도시계획 기록 평가 작업은 총독부 기록의 임의 표본 평가를 통해 "사료적 가치를 평가할 수 있는 평가모형을 개발하고," "객관적 평가지표를 추출"하고 "당시 기록관리체제에서 반드시 생산되었고 또 영구보존으로 분류되었을 공문서의 유형과 종류를 추론 및 검증"하고자 했다. 그러나 실제적으로는 총독부 기능이나 조직에 대한 시론적 연구와 기존 일제시대 도시계획 연구 성과에 기반하여 역사적 정보 가치의 평가에 치중했다. 정보가치의 평가에 있어서 객관적 평가 지표를 추출하는 일은 쉽지 않다. 다만 그동안에 전문기록관리기관에서 논의된 일반적인 영구 보존기록 선별기준이 적용되었을 뿐이다. 예를 들면, 총독부 기록이 영구 보존기록이 되는 기준은 그 기록이 식민지의 주요한 사회·경제·환경 이슈에 관련한 식민지 정부의 심의, 결정, 행위의 증거를 제공하거나, 총독부의 사업과 행위가 식민지의 개인, 지역사회, 자연적이거나 인위적인 환경에 영향을 끼친 중요한 효과에 대한 증거를 제공하는지 여부가 평가 기준이 되었다. 한편 "당시 기록관리체제에서 반드시 생산되었고 또 영구보존으로 분류되었을 공문서의 유형과 종류를 추론하고 검증하는" 과제는 시론적인 시도에 그치고 말았다. 존재하지 않는 기록 유형과 종류를 잔존 기록과 기능 연구에 의해 추론하는 작업은 한정된 연구 자원과 아직 저급한 연구 수준으로 인해 그 효율성과 효과성을 기대하기 어렵다.

생산 당시에 영구기록으로 결정되었기는 하지만 대량 폐기와 장기간의 방치된 상태를 거쳤다는 점에서, 총독부 기록의 사례에서 우리는 우연히 생존한 역사기록의 경우를 보고 있는데, 추가 수집을 위한 도큐멘테이션 전략이 과연 필요할 것인가? 우선 조선총독부의 조직 구조와 기능 평가 분석이 철저하게 수행되기가 쉽지 않다. 아직 그 연구 수준도 미미하다. 제한적인 것이기는 하지만 기왕에 시도된 조선총독부의 조직 구조와 기능 평가 분석에 의해 전체 일제식민 통치기구의 기록생산의 범위, 즉 도큐멘테이션에 관한 추정은 가능하지만 그것이 체계적인 일제 식민지 통치기록의 수집전략으로 연결될 수 있을지는 의문이다. 우리가 소장하고 있는 일제 식민통치기록에 관한 한 우선적으로 필요한 것은 기록 자체의 내용 분석과 이용 가능한 목록의 작성이다. 이 프로젝트에서 수행한 방식으로 모든 일제 통치기록의 세부목록을 작성하기는 현실적으로 어렵다. 작성 가능하고 이용성이 높은 기록을 선별하여 목록을 우선 작성하는 것이 차선책이다. 그 또한 재평가 작업을 요하는 일이다.

국가기록원이 소장한 일제 도시계획기록은 그 기준이 모호하기는 했지만 이미 조선총독부에서 기능을 기반으로 한 평가로 영구보존으로 결정된 기록들이다. 다만 그 기능이 세분화되지 않은 기능분류이었기 때문에 현재 보존되고 있는 도시계획기록이 영구 보존기록으로서의 성질을 가지고 있지 않다고 의심할 수도 있다. 현대의 기능기반 평가는 기록의 생산시기 이전부터 "기록연속성(continuum)" 관리 개념에 의해 수행된다. 그러나 이미 오래전에 생산되어서 보존기록이 된 기록에 대해 기능 기반 평가 분류를 역으로 시도할 필요성은 그다지 없는 것처럼 보인다. 우리의 경우는 총독부 기록이 일부 남아 있게 되어서 잘 알려지지 않았던 그 일부 조직의 기능과 활동을 역으로 알려주게 되었다고 할 수도 있다. 그러나 도시계획 기록 재평가 프로젝트를 위해서 시도된 기초적인 제도적 사회적 배경 분석과 조직 기능 분석 작업은 이러한 작업이 평가의 기초 작업으로서 반드시 필요하다는 것을 일깨워 주었다.

총독부 도시계획 기록의 평가는 결과적으로 거시적·기능적 분석론 등 발전된 현대 평가론의 검토와 부분적인 적용에도 불구하고 셸렌버그식의 역사적 기록의 정보 가치의 평가 방식을 중심으로 추진되었다. 역사적 기록이 갖는 정보 가치의 미시적 평가 방식 위주로 평가작업이 수행되었다. 그러나 이를 통해 동시에 총독부와 일제 지방행정기관의 조직의 기능과 활동 내용을 어느 정도까지 재구성할 수 있었다. 맥락 정보를 상실한 보존기록의 맥락 정보 및 배경 정보를 최대한 재구축하여, 전체 총독부 기록의 평가를 효과적으로 수행할 수 있을 것이다. 도시계획 평가 프로젝트를 통해 수행된 이승일, 이송순, 염복규의 연구는 이 기록의 맥

락 정보를 일정한 정도 재구축했다.46)

　필자는 본론 부분에서 총독부 기록의 경우 기록 자체의 보존 가치의 평가보다는 그 기록에 대한 맥락의 분석과 내용의 분석이 먼저 필요하다고 강조했다. 맥락과 출처를 상실한 상태이기 쉬운 총독부 기록을 정확히 이해하고 이용할 수 있게 하는 전제 작업이기 때문이다. 기록의 내용 정보를 파악하고 국제기술표준에 준하는 기술항목을 작성하는 일은 이용자의 기록 이용을 촉진시킨다. 기록의 맥락 정보를 재구성하는 작업은 조직의 중요한 역사를 재구성하는 작업과 일맥상통한다. 사실 무작위 표본 평가의 성격을 띤 이 도시계획 기록 평가 프로젝트는 도시계획과 관련된 총독부 부서와 지방행정기관의 조직의 기능과 활동 내용을 어느 정도까지 재구성해주는 작업이 될 수 있다. 이러한 작업을 통해 조선총독부의 식민지 도시화 정책과 지방행정의 실체를 더욱 밝혀내고 이해할 수 있게 되기를 기대할 수 있다.

---

46) 본 종합 평가서의 「제2편 총독부 도시계획 관련 기록의 역사적 생산 배경과 유형별 기록시리즈의 평가」를 보라.

II. 총독부 도시계획 기록의 생산 맥락과 유형별 기록 시리즈의 평가

2.1 도시계획 기록의 다계층 기술과 평가 : 평가 모델과 평가 방법

국가기록원 소장 총독부 도시계획 관련 기록에 대한 기록학적 평가는 도시계획 관련 기록 중 일부를 선택하여 그것을 미시적으로 분석함으로써, 기록의 내용과 성격을 규명하고 이를 통해 이러한 기록의 이용을 촉진시키기 위한 바람직한 방법을 찾아보는 것이다.

본 평가서에서는 평가 대상으로 선정한 도시계획관련 기록을 "조선총독부 내무국 기록"이라는 하나의 기록군(퐁) 안에 속한 기록으로 결정하고, 토목과에서 주로 생산한 4개의 주제별(유형별) 기록 시리즈(records series)로 나누어 평가했다. 즉 동일출처로 된 주요 기록 시리즈를 재구성했다. 이러한 평가 작업에는 표준화된 기록물 기술 요소를 선정하여 작성했고, 역사적 가치의 평가요소를 객관화·표준화하기 위해 생산 맥락, 사회적 맥락, 조직과 기능의 분석 및 서열화를 포함한 일종의 평가 모델을 적용했다. 이 평가 모델 안에서는 (1) 기록의 기능적 특성(생산 목적과 생산 맥락), (2) 정보 내용의 분석, (3) 미래 이용 및 접근성에 대한 평가, (4) 보존비용을 고려한 이 기록의 보존이 가져다 줄 이익의 검토 등이 전부 혹은 일부 포함되었다. 특히 내용 분석을 통한 평가모델에서는 (1) 기록물 속에 도큐멘테이션 되는 주제가 얼마나 중요한 가에 대한 평가와, (2) 기록물이 그 주제를 얼마나 잘 도큐멘테이션 하는가를 검토했다. 이러한 평가 모델에서는 기록철 단위나 기록건 단위 보다는 각 기록 시리즈를 중점적으로 평가 기술하는 것이 바람직하며, 현실적으로 유용하다. 이 4개의 주요 기록시리즈는 현존 총독부 도시계획

관련 기록 중 내무국 토목과에서 생산한 기록으로,

1) 시구개정사업 기록 시리즈
2) 시가지계획사업 기록 시리즈
3) 기타 도시계획 관련 기록 시리즈
4) 토지수용 기록 시리즈 이다.

　이 4개의 기록 시리즈는 모두 조선총독부 내무부 토목과(혹은 그 계승 기관 및 명칭 변경 기관)에서 생산된 기록 시리즈이다. 즉, 동일한 생산출처를 가지고 있다. 그 외에 예결산 관련 기록 시리즈와 토목공사지 관련 기록 시리즈도 중요한 기록이지만, 예결산기록은 정책맥락과 연결되지 않으면 그 자제 분석만으로는 충분한 의미를 찾기 어려운 점이 있다. 토목공사지 기록은 조선총독부 토목사업을 일목요연하게 살펴볼 수 있는 자료이지만, 이는 정책 보고서 내지 2차 정리 자료의 성격이 강해 별도로 검토할 필요가 있다. 예결산 관련 기록 시리즈와 토목공사지 관련 기록 시리즈는 계층별 기록시리즈 평가와 기록철 평가 작업 대상에서 제외했다.

　본 평가서의 구성은 일단 조선총독부 내무국 기록을 하나의 기록군(퐁)으로 결정한 후에 기록시리즈-기록철-기록건으로 4단계 계층적 기술 방식을 따랐으며, ICA국제기술표준 ISAD(G)에서 제시된 7개 영역 26개 항목 중에 작성이 가능한 항목을 기술하고 국제기술표준 구조 안에서 평가 내용을 작성했다. 본 평가 작업에서 검토된 4개의 "기록 시리즈"는 조선총독부 내무국 토목과에서 생산한 모든 기록이 속하는 "조선총독부 내무국 기록군" 혹은 "조선총독부 내무국 퐁"에 속하는 기록이다.

　ISAD(G) 국제기술표준에서 정한 계층적 기술 방식과 평가론의 조직 · 기능 평가 방식에 따르면 이 기록군/퐁에 공통적인 기술 항목을 작성하는 것이 가능하고, 하나의 평가 분석을 제시하는 것이 가능하다. 한편 이 "조선총독부 내무국 기록군 (퐁)"은 국가기록원 소장 기록의 분류체제에서 하나의 조선총독부기록군(퐁)으로 분류될 수도 있다. 그 경우에는 내무국이 생산한 기록 전체가 하나의 "조선총독부 내무(국) 기록 시리즈"가 될 수도 있는데 여기에서 주제별로 분류한 4개의 "기록 시리즈"는 4개의 "서브(sub) 기록 시리즈"로 계층 분류할 수 있으므로 계층적 분류는 그대로 유지되고 평가의 내용이 큰 차이는 없을 것이다. "조선총독부 내무 국 기록군(퐁)" 기록의 기술 항목과 기능기반 평가는 그에 속한 4개의 기록 시리 즈에 공통으로 적용된다.

2.1.1 기록시리즈 기술 · 평가 항목과 기록시리즈별 기록철 목록

기록시리즈 평가서에는 기록시리즈별 평가대상 기록철의 주요 특성과 역사적 배경과 생산 맥락, 기록철 목록에 관한 정보가 제공된다. 앞에서 제시한 평가 모델 중, 기록시리즈에 대하여 기록의 기능적 특성(생산 목적과 생산 맥락)과 정보 내 용의 분석, 그리고 미래 이용 및 접근성에 대해 전부 혹은 부분적으로 평가했다. 내용 분석 평가모델에 따라 기록물 속에 도큐멘테이션 되는 주제가 얼마나 중요 한 가와 기록물이 그 주제를 얼마나 잘 도큐멘테이션 하는가를 평가하려고 했다. 평가 대상이 되는 기록시리즈가 4개이므로 본 평가서에서는 총 4개의 기록시리즈 평가기술서가 제공된다. 4개의 기록시리즈의 생산배경 설명과 기록철 목록이 기 록시리즈 평가서에 해당된다.

각 유형/주제별 평가대상 기록 시리즈 안에서 기록철 목록은 기록철명 / 생산 년도 / 생산기관 / 분류 / 관리기호 순으로 정리했다. 여기에 기술되는 기본 항목 은 현재 국가기록원에서 정리한 기술방식을 그대로 따른 것이다. 이는 국가기록원 홈페이지에서 문서를 검색할 때 기준이 되기 때문에 국가기록원 목록의 기술 대로 일단 정리한 것이다.

(예)

기록철명	생산년도	생산기관	분류	관리기호
경성 시구개수 용지관계	1927-1928	내무부 토목과	토목	CJA0013228
경성 시구개수공사	1930-1930	내무부 토목과	토목	CJA0013571
경성 시구개정 도로용지관계	1926-1926	내무부 토목과	토목	CJA0013080

"조선총독부 내무국 기록군(퐁)"에 속하는 4개의 기록시리즈의 기술항목과 평가 사항은 내무국 기록군(퐁)에 대한 기술항목과 평가와 공통적인 부분이 존재하고, 이 기록시리즈에 속한 기록철의 기술항목과 평가 사항은 기록 시리즈에 대한 기술항목, 기능특성 및 내용에 대한 평가와 공통적인 부분이 존재한다.

2.1.2 기록철 기술·평가 항목과 기록건 목록

기록철 단위의 평가서에는 기록철의 식별 정보, 기록생산의 종합적인 맥락 정보와 주요 내용정보, 첨부 문건에 나타난 기록의 주요 내용 정보에 대한 정보적 가치 평가, 가능한 경우 기록철이 나타낼 수 있는 도큐멘테이션의 특징과 사회적 표상에 관한 평가정보를 제공했다. 그러한 평가 정보는 그 기록철에 속한 모든 기록건에 공통으로 해당된다.

개별 기록철의 편철 건 목록은 먼저 철에 대한 정보로서 기록철명 / 생산년도 / 생산기관 / 보존기간 / 관리기호를 정리했다. 기록철명은 총독부 기록생산기관에서 당시 부여한 철명(원철명)과 이후 국가기록원에서 정리하며 부여한 철명(정리철명)을 모두 명시했다. 생산년도는 앞의 철 목록과는 달리 문서를 직접 분

석·검토하는 과정에서 기안·결재일을 기준으로 한 실제 생산년도로 수정 표기했
다. 생산기관은 모두 내무국 토목과 문서이지만, 관제 개정으로 1941년 내무국이
사정국(司政局)으로, 다시 1943년에는 광공국(鑛工局)으로 변경·통합된 상황에 맞
춰 문서 생산당시의 생산기관명을 표기했다. 보존기간은 당시 "갑종(영구보존)"
으로 결정된 기록이 거의 대부분이고, 간혹 준영구 기록도 존재한다.

　기록철 평가서에 포함되는 기록건 목록에는 건명 / 결재(발송)일 / 기안(발신)
부서 / 첨부문서의 수를 정리했다. 하나의 기록철에 편철되어 있는 건(Item)을 편
철순서에 따라 일련번호로 정리했다. "건명"은 내무부 토목과 및 각 행정기관에
서 기안한 기록건의 제목이다. 결재(발송)일, 기안부서도 문서에 명시된 것을 정리
했다. 또한 각 기록건에 첨부된 문서의 수를 기입했다.

(예)

<table>
<tr><td rowspan="2">기록철명</td><td>원철명</td><td colspan="4">昭和2,3년도 경성시구개수용지관계</td></tr>
<tr><td>정리철명</td><td colspan="4">경성 시구개수용지 관계 (1927, 1928)</td></tr>
<tr><td>생산년도</td><td colspan="5">1927-1929년</td></tr>
<tr><td>생산기관</td><td colspan="5">내무국 토목과</td></tr>
<tr><td>보존기간</td><td colspan="5">갑종(영구)</td></tr>
<tr><td>소장기호</td><td colspan="5">CJA0013228</td></tr>
<tr><td colspan="6">기록건</td></tr>
<tr><td>일련
번호</td><td>건명</td><td>결재(발송)일</td><td>기안(발신)부서</td><td>첨부
문서</td></tr>
<tr><td>1</td><td>소화2년도 경성시구개정용지 매수에 관한 건</td><td>1927-12-19</td><td>내무국 토목과
도로계</td><td>10건</td></tr>
<tr><td>2</td><td>소화3년도 경성시구개정용지 매수에 관한 건</td><td>1928-06-30</td><td>내무국 토목과
도로계</td><td>3건</td></tr>
<tr><td>3</td><td>소화4년도 경성시구개정용지 매수에 관한 건</td><td>1929-02-20</td><td>내무국 토목과
도로계</td><td>4건</td></tr>
</table>

2.1.3 기록건 평가기술 항목과 기록건별 내용 분석서

건별 내용 분석서는 건 단위 문서의 내용을 데이터화 한 것으로 건명 / 문서번호 / 기안부서(발신자) / 중간결재 / 최종결재(수신자) / 기안일자 / 결제일자 / 시행일자 / 첨부문서명 / 문서내용에 대한 분석으로 이루어졌다.

"건명"은 기록건 제목이고, "문서번호"는 각 문서에 부여된 원래 번호로서 일례로 "土 제272호"의 경우 토목과에서 생산된 272호 문서라는 뜻이다. 기안부서와 중간결재라인, 최종결재까지 문서에 나타난 모든 사항을 정리했다. 문서의 종류에 따라 기안·결재문서가 아닌 발신자·수신자만으로 구성된 기록건의 경우는 그에 준하여 정리했다. 기록건 생산일에 대해서는 기안일자·결재일자·시행일자를 모두 정리했고, 역시 발수신 문서의 경우 문서 섭수와 발송일자를 정리했다.

기록건 평가서에서는 해당 기록건에 첨부되어 있는 첨부문서의 제목과 내용을 "첨부문서" 항목에 상세히 정리했다. 특히 도시계획 관련 정책 시행에 필요한 공사 관련 조서나 견적서, 조사표, 도면 등 첨부되어 있는 모든 기록에 대한 내용을 정리했다. 이것은 기존의 목록이 단지 철명, 건명 단위만 정리했던 것에 비해 기록건과 첨부문서의 구체적 내용을 알 수 있는 중요한 부분이라 할 수 있다. "문서내용"에서는 첨부문서를 포함한 건별 문서전체 내용이 어떠한 정책 맥락을 가지고 있으며, 어떤 정보나 가치를 가지고 있는가를 정리했다. 이는 기록의 효과적인 이용을 위한 가이드가 될 것이다.

(예)

기록건명	소화2년도 경성시구개정용지 매수에 관한 건		
문서번호	土 제272호		
기안부서 (발신자)	내무국 토목과 도로계	기안일자	1927-??-02 (월 판독불명)
중간결재	재무국장, 사계과장		
최종결재 (수신자)		결재일자(접수일자)	1927-12-19
		시행일자(발송일자)	1927-12-19
첨부문서	1. 경성시구개정 총독부의원-중앙시험소 도로용지 및 지장물건조서 2. 토지가격사정표 3. 경성시가 총독부의원-중앙시험소 토지 매매 시가 및 기타 조사 대조표 4. 경성시구개정 용지 매수 예산 조서 5. 경성시구개정 총독부의원-중앙시험소 도로개수공사용지(1/600) 6. 경성시구개정 광화문 중앙시험소 내 총독부의원-중앙시험소 실측종단면도(종 1/100, 횡 1/500) 7. 총독부의원-중앙시험소 실측평면도 (1/300) 8. 경성시가 조선총독부의원-중앙시험소 도로개수공사 용지도(1/600) 9. 총독부병원-중앙시험소 횡단면도(1/100) 10. 총독부병원前通取付 횡단면도 (1/100)		
문서내용	1번 첨부문서는 1927년 현재 원남동, 연건동 등지의 도로상황에 관한 정보 제공. 2번 첨부문서는 1927년 현재 원남동, 연건동 등지의 도로부지의 지번, 매수 예정 단가, 식산은행 평정단가 등에 관한 정보 제공. 3번 첨부문서는 1927년 현재 원남동, 연건동 등지의 도로부지의 등기가격, 대부가격, 과세가격 등의 정보 제공. 5번, 7번, 8번 첨부문서는 1927년 현재 원남동, 연건동 등지의 도로부지의 지번, 지목 등을 통해 당시 도시경관 이미지에 대한 정보 제공. 9번, 10번 첨부문서는 지도의 내용은 거의 가치가 없으나, 작도주체로 '내무국 경성토목출장소'가 표기되어 있음에 따라 이 시기 경성시구개수에서 경성토목출장소의 역할을 파악할 수 있는 정보가 되고 있음.		

2.2 조선총독부 내무국 기록군(퐁)의 평가 : ISAD(G)에 따른 기술 항목과 기능 평가

국제기술표준 ISAD(G)에 따라 내무국 기록군(퐁)의 평가·기술서를 작성하면 다음과 같다.

§3.1 [ISAD(G) 기술표준의 고유 코드 번호이다] 식별 영역

§3.1.1 참고 코드

ISO 3166에 따른 국가 코드는 KR, 보존기록관인 국가기록원의 코드는 미정, 당해 기록군(퐁)의 관리번호는 미정

§3.1.2 제목

"조선총독부 내무국 기록군(퐁)"

§3.1.3 생산일

1010년~1945년, (대량 생산(생존) 시기) 소장 기록의 많은 부분이 1928년~1941년 생산된 기록들이다.

§3.1.4 기술 계층

기록군(퐁)(국가기록원 소장 총독부기록이 하나의 기록군으로 결정된다면 이 기록군(퐁)은 서브 기록군(서브퐁)이 된다)

§3.1.5 범위와 분량

조선총독부 총독부 지방행정기관에서 생산접수된 기록 중에 현재(2006년)까지 국가기록원에 보존되고 있는 3만 천여권의 기록 중 일부임. 총독부 문서고에서 이관된 이 내무국 기록은 모두 총독부 중앙행정기관의 기록들인데, 이 기록물의 4/5는 수리조합, 토목, 토지개량, 임정, 지방행정, 광무 관련 기록들이다. 총독부 이관 기록물 14,127권 가운데 내무국 기록은 '위생' 174권,

'지방행정' 1,339권, '건축 회계 세무' 184권이며, '수리조합'(3,712권)과 '토목'(3,286권), 토지개량 (1,575권) 관련 기록물이 전체의 절반을 훨씬 넘는 8,573권이다. 하위 기록 시리즈 중에 토목과가 생산접수한 시구개정사업 기록 시리즈, 시가지계획사업 기록 시리즈, 기타 도시계획 관련 기록 시리즈, 토지수용 기록 시리즈가 있다. 총독부 내무국 타 과에서 생산되고 보존되고 있는 기록 시리즈는 아직 분류·결정되지 않았다.

§3.2 맥락 영역

§3.2.1 생산자명

조선총독부 내무국(1910년부터 1919년까지는 내무부, 그 이후 내무국, 사정국, 혹은 총독 관방)

§3.2.2 기관사

일제는 합방 직후 「조선총독부관제」(칙령 제354호, 1910.9.30)를 공포하여 일제의 조선 식민통치기구로서 조선총독부를 설치했다. 조선 총독과 정무총감 아래 중앙관서로는 총독관방, 총무부, 내무부, 탁지부, 농상공부, 사법부(1관방 5부)가, 그리고 소속관서로는 각도를 비롯하여 중추원, 경무총감부, 재판소, 철도국, 전매국, 임시토지조사국 등이 설치되었다. 1910년 9월 내무부(내무부장관) 기구는 내무부 직속의 서무과, 그리고 지방국(지방과, 토목과, 위생과)과 학무국(학무과, 편집과)으로 구성되어 있었다. 도시계획을 포함한 토목관련 사무를 관장하는 부서로서 내무부 산하에 지방국 토목과를 설치했다. 지방국 토목과는 ① 도로, 하천, 항만, 사방 및 수리, ② 수면 매립 및 사용, ③ 직할 토목공사 및 지방토목공사 감독, ④ 토지수용, ⑤ 상수 및 하수 업무를 관장했다. 이후 1912년 3월 27일 총독부는 내무부 지방국 토목과와 위생과를 지방국 제1과, 제2과로 개편하는 부서개편을 단행했으며, 1915년 5월 1일에는 내무부 지방국 자체를 폐지하고, 이를 내무국 제1과와 제2과로 나누었다. 당시 사무분장표에 따르면, 내무국 제1과는 ① 도·부·군·면 행정 ② 지방비 ③ 부군 임시은사금 ④ 신사 및 사원 ⑤ 종교 및 향사 ⑥ 병사(兵事) ⑦ 지리 지적 등의 업무를 담당하고 제2과는 ① 지방단체 및 공공조합 ② 부동산 증명 ③ 구휼 및 자선 ④ 조선총독부 의원 및 도자혜의원 ⑤ 제생원 사무 등을 담당했다. 1919년 8월 대대적인 조직개편 과정에서 내무부가 내무국으로 명칭이 변경되었다. 총독부는 1919년 8월 내무국에 속했던 학무국을 총독부 직할의 학무국으로 승격시켜 조선총독부 관제를 1관방 6국(내무, 재무, 식산, 법무, 학무, 1924년 철도국 신설) 체제로 개편하였다. 1921년 7월 27일 1915년에 설치된 내무국 제1과와 제2과는 각각 지방과와 사회과로 개편되었다. 지방과는 ① 도·부·군·도(島)·면 행정 ②도지방비, 학교조합 및 학교비 ③ 임시은사금 ④ 병사 ⑤ 국내 타과의 주관에 속하지 않는 사무를 담당하고, 사회과는 ① 구휼 및 자선 ② 사회사업 ③ 지방개량 ④ 향교재산 관리 ⑤ 수리조합 사무 등을 담당했다. 1921년 현재 총독부 내무국은 지방과, 사회과, 토목과, 건축과, 토목과로 조직되어 있고, 토목과는 ① 도로, 하천, 항만, 운하, 사방용지, 수리, 상수, 하수 등 ② 수면매립 및 사용 ③ 도시계획 ④ 지방토목 공사 ⑤ 토지 수용 ⑥ 토목회의 ⑦ 지형도 조제 ⑧ 관유재산 업무를 담당했다. 1925년 1월 10일 지방과 업무 중 신사(神社) 사무가 추가되고, 또 1926년 6월 14일에는 사회과 업무 중 수리조합 업무가 1924년 12월 새로 생긴 토지개량부로 넘겨졌다. 총독부 내무국에는 1936년 10월 사회과가 신설되었다. 사회과 업무는 ①진휼 및 구휼 ② 이재 구조 ③ 아동보호 ④ 노동 보호 ⑤ 실업구제 및 방지 ⑥ 제생원 및 감화원 ⑦ 기타의 사회사업 등이었다. 사회과 업무는 이후로도 계속 증가하여, 1939년 2월에는 사회과는 ① 구호 및 구료 ② 이재 구조 ③ 모성 및 아동 보호 ④ 공익 질옥, 주택공급, 개선 기타 사회복리 시설 ⑤ 군사

부조 기타 군사 원호 ⑥ 노동보호 ⑦ 직업소개 기타 노동 수급 ⑧ 실업의 구제 및 방지 ⑨ 국민 등록 ⑩ 제생원 및 감화원 ⑪ 기타 사회사업 등을 관장하였다. 사회과의 사무가 늘어나자 1941년 3월 사회과의 업무를 나누기 위해 노무과를 신설하고, ① 직업소개소 기타 노무의 수급 조정 ② 실업 대책 ③ 노동력의 보지, 증강 ④ 노동조건 ⑤ 노동보호 ⑥ 국민직업능력의 등록 및 국민 징용 ⑦ 기타 노무 업무를 관장하게 했다. 총독부는 1941년 11월 19일 내무국과 외사부를 사정국과 후생국으로 통폐합하였다. 이처럼 내무국 자체를 해체한 것은 내무국 사무의 비중이 줄었기 때문이 아니라 내무국 기구 자체를 지방사회를 총동원하기 위한 중심조직으로 재편하기 위해서였던 것으로 보인다. 사정국에는 국민총력과, 지방과, 토목과, 외무과, 척무과가 두어졌으며, 후생국에는 사회과, 노무과, 위생과, 보건과가 설치되었다. 1942년 11월 사정국은 지방과, 외무과, 사회과, 노무과, 토목과, 지방관리양성소로 조직되었으며, 토목과는 ①도로, 하천, 항만, 운하, 사방용지, 수리, 상수, 하수, 광장, 공원 등 ② 수면매립 및 사용 ③ 도시계획 ④ 지방토목공사의 감독 ⑤ 토지 수용 ⑥ 토목회의 ⑦ 지형도 조제 업무를 담당했다.

§3.2.3 기록관리사

총독부 문서고에 보관되어 있다가 (구) 총무처 정부기록보존소로 총독부 중앙행정기구 소장(생산) 기록(경무, 외사, 내무, 법무, 학무, 식산등)14,070권이 이관된 기록이다. 이 기록은 그 이관기록의 일부이다. 중앙행정기관에서 보존하고 있다가 정부기록보 존소로 이관된 총독부 기록 10,057권 중의 일부가 추가되었다. 이 기록은 1970년대에 정부기록보존소에 서 마이크로필름으로 촬영되었으며, 1998년 이후(구)기록보존소의 기록관리 통합시스템에 의해 기록철-건 정보가 전산으로 입력되고 디지털 이미지로 전환되어 광디스크로도 수록되었다. 종이기록 원본, 마이크로필름 사본, 디지털 사본 3중으로 보존되고 있다.

§3.2.4 수집이관 출처

총독부 문서고, (구) 총무처 등 중앙행정기관

§3.3 내용 및 구조 영역

§3.3.1 범위와 내용

해당 기술 단위의 시기, 지리 배경, 기록형태, 주제, 행정과정이 요약 정보 제공

§3.3.2 평가 폐기 보존기간 정보

당시 문서보존기간표에 따라 갑종(영구기록)으로 결정된 기록이 다수이다.

§3.3.3 추가 축적

극소수의 기록이 추가로 수집 이관될 수 있겠지만 대량으로 관련 기록이 새롭게 발견되기는 극히 어렵다.

§3.3.4 정리체제

생산기관에서 편철한 대로 원래의 기록철-기록건 체제를 유지하고 있으며, 국제기술표준에 따라 기술이 작성되지 않은 상태이다. 광매체 보존을 위해 국 가기록원의"통합기록물관리시스템"에 일부 기록철 정보와 기록건 정보가 정리되어 있으며 첨부문서의 목록은 작성되지 않은 상태이다. (구)정부기록보존소에서 기록철 목록집을 작성했다. "경무" "외사" "이제 · 사계 · 상공 · 노무" "법무" "건축 · 회계 · 세무 · 위생" 등 다른 분야의 총독부 기록은 해제집이 출간되었으나 내무국 기록은 아직 해제집이 발간되지 않았다. 내무국"지방행정" 기록의 해제집이 곧 출간될 예정이다.

§3.4 접근이용 조건과 사용 영역

사용 영역의 제한이 없는 공개 기록. 개인 신분이나 사생활 정보를 제외하고는 공개 가능

§3.4.1 열람허용조건

열람 가능한 공개 기록으로서 열람 혹은 복제 비용을 지불하고 기록을 열람하거나 복제할 수 있음

§3.4.2 복사조건

마이크로필름 복사본으로 복사하거나 마이크로필름 출력기를 사용하여 사본을 출력할 수 있다. 디지털화된 이미지 전자기록을 복사할 수 있다.

§3.4.3 언어와 글꼴

고어체 일어 및 한자로 쓰여진 기록이다. 필기체와 인쇄본이 혼합되어 있다.

§3.4.4 물리적 성질과 기술적 요구사항

오래된 산성지와 한지로 된 기록을 포함한다. 훼손 상태가 심각하여 즉각적인 복원을 요하는 기록이 있으며, 잉크가 퇴색하여 알아보기 어려운 기록이 다수 있다. 도면 및 사진 기록이 다수 포함되어 있다.

§3.4.5 검색보조도구(목록)

정부기록보존소에서 발간한 『정부기록보존문서목록』 제1집(1974)(② 일제시대문서: 총독부문서고 이관문서, 해방후 중앙행정기관 및 지방행정기관 이관문서 목록); 『정부기록보존문서목록』 제2집(1975)(<총독부문서고 문서 중 제1집 누락분> 광무, 토지개량, 수리조합, 경금속, 산금, 연료, 상공 분야 기록 목록); 『정부기록보존문서』 총괄목록 2집(1981)(② 일제문서: 내무, 재무, 법무, 문교, 농림, 상공, 건설, 문화공보, 과학기술, 기타 관련 중앙행정기관 이관문서 목록)이 있다. 국가기록원에서 내무국 "지방행정" 기록의 해제집이 곧 출간될 예정이다. 한국국가기록연구원이 편찬한 『조선총독부공문서 종합목록집』(한울아카데미, 2005)이 있다. 대분류 15개 항목 중 '내무' 항목의 목록이 21-264쪽에 있다. 내무의 중분류는 지방, 사회, 토목 등 3개 항목이다.

§3.5 관련 자료 영역

국사편찬위원회 등에 총독부 기록이 소장되어 있다. 일본의 우방문고에 전직 총독부 관리들이 생산한 기록 혹은 자료집이 다수 소장되어 있으며, 국가기록원이 이를 수집 정리하고 있다.

§3.5.1 원본의 존재와 위치

원본은 국가기록원의 대전 서고에 보존, 원본의 이용은 원칙적으로 제한되고 있으며 마이크로필름 사본 및 디지털 이미지 이용이 가능하다.

§3.5.2 복사본의 존재와 위치

마이크로 필름으로 촬영하여 사본 3부가 있다(국가기록원 서울사무소, 대전서고, 부산 서고).

§3.5.3 관련된 기술 단위

내무국 기록 중 일부 기록 시리즈에 대한 기술이 본 평가서에서 제공된다.

§3.5.4 출간 정보

§3.6 참고부기 영역

§3.6.1 참고 부기

국가기록원 통합기록관리시스템을 통해 주제 및 출처 텍스트로 기록철-건 검색이 가능하며, 건 단위로 본문내용 디지털 이미지를 제공받을 수 있다.

§3.7 기술통제 영역

§3.7.1 아키비스트 노트

상기 기술은 한국국가기록연구원 책임연구원 이상민이 작성했다.

§3.7.2 규칙/협정

본 기술문은 ISAD(G) 규칙에 의해 작성되었다.

§3.7.3 기술작성일

2006년 7월

2.3 총독부 도시계획 기록의 생산 맥락과 사회적 맥락에 의한 평가

　　일제시기 도시계획 관련 기록을 평가할 때 그 정책적·사회적 맥락은 기록생산의 배경정보로서 그 기록에 대해 매우 중요한 평가의 내용이 된다. 또한 그 자체가 기록의 가치를 평가하는 기준이 된다. 그러므로 총독부가 추진한 도시계획 정책(시구개정사업과 시가지계획사업)의 내용과 그 역사적 배경과 의의를 살펴볼 필요가 있다. 일제시기 조선총독부의 도시계획은 크게 2시기 내지 3시기로 구분하고 있다. 대부분의 연구는 다음과 같은 2시기로 구분하고 있다. 즉, 1) 시구개정사업기(1910년대~1930년대) 2) 시가지계획사업기(1920년대~1940년대)로 크게 구분한다. 이는 시구개정에 대한 훈령과 「조선시가지계획령」이라는 법률 및 정책에 따른 구분이다. 그러나 1920년대 '도시계획령' 제정 움직임과 함께 진행된 도시계획운동에 주목하여 3시기로 구분하는 경우에는, 1) 시구개정시기(1910년대) 2) '도시계획운동'기(특히 1920년대, 도시계획령 제정의 계획 구상 시기) 3) 시가지계획시기(1930년대 이후)로 나누고 있다.[1] 다음으로 제도·법령에 의해 체계적으로 이루어지지는 않았으나 도시부의 개조를 위해 부분적으로 필요에 따라 진행된 도로·상하수도·기타 사회기반 시설 관련 사업에 대한 기록도 도시계획이라는 범주에서 살펴볼 수 있다. 이 외에 도시계획사업을 포함한 일제시기 토목사업의 선결조건이었던 토지수용 문제, 도시계획을 포함한 토목사업 전반에 대한 예결산 기록, 토목사업의 전초부서였던 토목출장소와 토목과에서 자신들의 사업을 정리·편집한 '토목공사지' 관련 기록도 관련 기록으로 파악하고 그 평가 대상에 포함시켰다.

---

1) 金基虎, 「일제시대 초기의 도시계획에 대한 연구-경성부 시구개정을 중심으로」 『서울학연구』 6호, 1995.

2.3.1 시구개정(市區改正)사업의 역사적 배경과 『시구개정사업 기록 시리즈』

 일제는 1905년 강제로 '을사조약'을 체결한 이후 조선의 외교권을 박탈하고 통감부를 설치하여 실질적인 식민지배에 돌입했고, 결국 1910년 무력을 바탕으로 조선을 완전히 '합방'시켰다. 이렇게 성립된 조선총독부는 조선에 대한 통치기구 정비와 치안 확보가 급선무였다. 따라서 총독부는 강력한 '무단통치'와 경제적 통치기반을 마련하는 것에 주력했다. 그러나 조선 식민통치의 중심지이자 상징이 되어야 하는 경성과 일본인들이 이미 상당수 진출해 있던 개항장, 지방 중요 도시에 대한 개량은 무작정 미룰 수 있는 사안이 아니었다.

 개항 이후 조선정부는 서구의 근대적 기술 및 제도, 시설 등을 목도하기 시작했고, 대한제국 성립 이후 광무개혁을 추진하는 과정에서 한성부의 '도시개조사업'은 治道事業을 중심으로 활발히 이루어졌다. 이로 말미암아 漢城府는 "東京의 도로들이 미치지 못한 정도의 好道路"를 갖추게 되었을 뿐 아니라 "동아시아에서 가장 불결한 도시"라는 불명예에서 벗어나 "가장 청결한 도시로 탈바꿈"해 갔다.2)

 대한제국의 한성부 중심의 도시개조사업의 연장선 상에서 총독부는 경성 및 지방 중요도시에 대한 부분적인 도시개조를 추진했다. 그것은 조선총독부가 각도 장관에게 「시가지 시구개정 또는 확장의 경우 稟何方法의 건」(訓令 제9호, 1912.10.7)을 발포3)함으로써 시작되었다. 그 내용은 다음과 같은 매우 간단한 것이었지만 1934년 「조선시가지계획령」이 공포되기까지 조선의 유일한 도시계획

---

2) 韓哲昊, 「대한제국 초기 한성부 도시개조사업과 그 의의-'친미'개화파의 치도사업을 중심으로-」『鄕土서울』59, 1999. 109-110쪽.
3) 朝鮮總督府官報(이하 관보) 제56호, 1912년 10월 7일자.

법규였다.

"지방에 있어서 樞要한 시가지의 시구개정 또는 확장을 하려 할 때에는 그 계획설명서 및 圖面을 첨부하여 미리 인가를 받을 것. 다만 일부의 輕易한 변경은 그러하지 아니한다."

'市區改正'4)은 1888년 일본에서 「東京市區改正條例」가 공포되어 이미 시행되고 있던 도시개량 방법이었다. 일본에서 도시계획은 1880년 東京府知事 松田道之의 동경개조 방침인 「東京中央市區劃定之問題」라는 문서를 府會에 발표함으로서 표면화되었다. 이후 원로원의 군비 증강 우선 원칙에 따른 반대에도 불구하고 일본 정부는 1888년 8월 17일 「東京市區改正條例」를 勅令 제62호로 강행 공포했다.5) 이를 계기로 일본의 도시계획은 시작되었고, 1919년 4월 「도시계획법」이 발포될 때까지 「東京市區改正條例」는 약 30여년간 도시계획에 대한 법령으로 효력을 가졌다.

　일본에서 시행된 '시구개정'은 1889년 동경시구개정위원회에서 議定된 '東京市區改正設計(설계)' 및 1902년 의결된 '東京市區改正新設計(신설계)'에 의해 이루어졌다. 30여년간 계속된 동경시구개정사업은 上水道事業을 시작으로 시가철도 부설에 따른 도로사업을 마지막으로 했다고 평가할 수 있다.6)

　이러한 경험을 가지고 있는 일제는 조선에서의 시구개정을 어떠한 방향으로 추

---

4) 시구개정이란 용어는 '시가지 개량'이란 의미를 갖는다. '市區'는 '시가지의 구획'이라는 의미로서, 시구개정은 市區를 바르게 고치는 것(改正)으로서 새로운 시가지를 만드는 것이라기보다 이미 있는 '시구'를 개량한다는 것이다.

5) 石田賴房, 『日本近代都市計劃の百年』, 自治体研究社, 1987, 55-64쪽.

6) 동경시구개정사업은 3시기로 나누어 볼 수 있다. 1) 상수도사업기(1889-1899) 2) 시가철도사업기(1900-1910) 3) 하수도사업기(1911-1918) 1, 2기 사업에 비해 3기의 하수도 및 공원사업은 큰 성과를 거두지 못했다 (위의 책, 85쪽).

진했는가를 검토한다.

총독부는 시구개정 관련 훈령을 발포하기 전에 「土地收用令」(制令제3호, 1911.4.17)을 공포하여 향후 발생할 수 있는 재산권 문제에 대한 조치를 마련했다.7) 또한 「道路規則」(府令 제51호, 1911.4.17)과 「道路修築標準」(訓令 제37호, 1911.4.17)을 공포8)하여 도로개수에 대한 기술적, 법적 조치를 마련했다. 이것은 시구개정사업을 위한 사전 조치였다. 1912년 시구개정에 관한 훈령을 발포한 후에는 곧이어 '경성시구개수예정노선' 31개 노선을 발표했다 (총독부고시 제78호, 1912.11.6).9)

이러한 조선총독부의 시구개정사업은 원활하고 효율적인 식민통치를 위한 기반 구축과 식민지배의 합리화, 즉 근대적 문명화의 성과를 보여주는 전시효과를 주목적으로 했다. 먼저 식민통치의 중심지인 京城은 일제 식민통치의 선전장이어야 했다. 가장 가시적인 성과를 보일 수 있는 것은 넓고 반듯하게 뻗은 도로를 통해 보여 질 수 있었다. 따라서 경성의 시구개정사업은 '치도사업'의 연장선에서 도로개수 사업을 중심으로 이루어졌다. 시구개정에 관한 훈령이 발포된 후 바로 '경성시구개수예정노선'이 발표된 것은 이 때문이었다. 또한 급속하게 가시적인 효과를 봐야 할 필요성이 있어 재원은 100% 國費 부담이었다.10) 도로 개수는 창덕궁과 종묘를 절단하여 돈화문 앞에서 이화동에 이르는 도로를 신설하는 등의 예외가 있기는 했으나 거의 기존 도로를 따라 노선의 직선화, 小幅 확장, 주요도로

---

7) 관보 제186호, 1911년 4월 17일자.
8) 관보 제186호, 1911년 4월 17일자. 「도로규칙」 제1조에서 "도로를 4종으로 분류했다. 1등도로, 2등도로, 3등도로, 등외도로". 제7조 시가도로에서는 "시가도로는 별도로 정하는 경우 외에는 위의 표준에 의할 것".
9) 이후 31개 노선은 5차례의 개정을 거쳐 47개 노선이 되었다. 47개 계획노선은 朝鮮總督府, 『朝鮮土木事業誌(下)』, 1019-1021쪽 참고.
10) 제1기 공사(1913-1918)는 년 30-41만 원, 제2기 공사(1919-1928)는 년 14만7천-42만5천 원의 예산이 투입되었다. 1929년부터는 국고보조사업으로 경성부에서 시행하였다 (朝鮮總督府, 『朝鮮土木事業誌(下)』, 1036-1037쪽).

의 車步道 구분, 교통량이 많은 구간에는 다마카담 또는 아스팔트 공법으로 路面
을 포장했다.11)

　총독부의 시구개정사업을 통해 외형적인 변화와 편리함이 어느 정도는 이루어
졌지만, 조선의 역사적 전통과 주민들의 이해관계는 고려될 여지가 없었다. 일단
京城의 경우 첫째, 조선왕조의 수도였던 漢城府를 총독부가 자리잡고 있는 京城
으로 대체하기 위해 조선왕조의 상징인 궁궐(특히 덕수궁, 경희궁, 종묘) 및 성문
에 대한 의도적인 훼손이 이루어졌다. 또한 식민통치의 위엄과 치안확보라는 목
적도 포함되었다.12)

　둘째, 도심을 총독부 및 일본인 주거지 중심으로 이동시켰다. 즉 경복궁(총독부
위치)을 중심으로 한 통치중심과 경성부청, 조선은행 및 本町(현 충무로)을 중심
으로 한 상업중심을 만들었다. 시구개정이라는 간접적인 방법에 의해 일본인들이
서울의 중요 토지를 소유토록 한 것이다.13)

　이것은 지방도시 시구개정사업에서 더욱 두드러졌다. 1912년 시구개정 훈령에
따라 많은 지역에서 시구개정 사업에 착수하려 하자 총독부는 "인가를 받지 않고
공사에 착수하는 것 또는 인가신청 서류의 不完備" 등의 사례가 있다면서 1914년
「地方市區改正에 관한 건」(정무총감통첩 제369호, 1914.10.12)을 각도 장관에게

---

11) 孫禎睦, 『日帝强占期 都市計劃硏究』, 일지사, 1990, 105쪽. 손정목은 일제하 경
　　성 시가지 내의 도심부에 관한 계획사업은 이 시구개수가 처음이자 마지막이었
　　다고 지적한다. 즉 경성의 도심부는 1928년경의 시구개수사업으로 마무리되었
　　다. 이후 「조선시가지계획령」은 변두리 지역의 토지구획정리사업이 실시되었을
　　뿐이라는 것이다.
12) 황금정 광장 중심의 방사형 가로망 구성은 남산 및 총독부의 위엄을 살리고자
　　한 것이었고, 황토현 광장 중심의 방사가로망은 총독부건물의 경복궁내 이전을
　　염두에 둔 계획이었다 (金基虎, 앞의 논문, 57쪽). 또한 경성시구개수사업이 중
　　심 가로의 노폭 확장과 직선화에 주안점을 두었던 것은 조선인들의 무력저항에
　　대응하기 위한 치안대책의 의미도 있었다 (孫禎睦, 위의 책, 106쪽).
13) 金基虎, 위의 논문, 58-59쪽.

시달했다.14)

1913년부터 1930년대 초까지 시구개정사업을 실시한 지방도시는 대구·부산·진남포·평양·신의주부의 5개 府와 전주·진해·진주·해주·겸이포·함흥의 6개 面이었다.15) 이러한 지방도시의 시구개정이 가능했던 것은 1913년 「府制」(제령 제7호, 1913.10.30) 시행과 1917년 「面制」(제령 제1호 1917.6.9)에 의한 指定面制度16) 실시 때문이었다. 府制에 의해 府는 조례를 제정 실시하고 독자적인 예산을 수립할 수 있었다. 起債, 一時借入金, 繼續費에 특별회계까지 설치할 수 있어 시구개정과 같은 토목사업을 실시할 수 있는 자체 재정이 가능했다. 指定面 역시 일반 郡, 面과는 달리 재정차관(起債)를 할 수 있도록 하여 독자적인 시구개정사업이 가능했다.

특히 1914년 「地方市區改正에 판한 건」으로 시구개정에 대한 재원 확보 여부가 총독부 인가의 가장 중요 사항이었으므로 일본인들이 많이 거주하고 있는 府와 指定面 지역 중심의 시구개정이 이루어질 수밖에 없었다. 따라서 지방도시의 시구개정은 "순전히 일본인들의 번영, 일본인 시가지의 번영을 위해 계획되었고, 일본인들은 새롭게 要地가 될 곳을 미리 알게 됨으로써 시구개정 전후의 시세 차익과 상권 장악으로 땅 짚고 헤엄치는 식의 치부를 할 수 있었다"17)고 평가할 수 있다.

---

14) 관보 제659호, 1914년 10월 12일자, "사업 시행 전에 다음 사항을 구비하여 인가 신청할 것 1.사업주체 2.공사용지 처리방법 3.工費槪算設計書 4.財源 조사 등".

15) 朝鮮總督府, 『朝鮮土木事業誌(下)』, 1047-1104쪽.

16) 指定面은 面지역 중 市況이 발달하고, 다수의 韓·日人이 집단 거주하여 그 상황이 府에 가까운 면을 골라 지정했다.

17) 孫禎睦, 앞의 책, 113쪽.

2.3.2 『시구개정사업 기록시리즈』에 대한 표준 평가 기술서와 기록철 목록

국제기술표준 ISAD(G)에 따라 『시구개정사업 기록시리즈』의 평가기술서를 작성하면 다음과 같다.

§3.1 [ISAD(G) 기술표준의 고유 코드 번호이다] 식별 영역

§3.1.1 참고 코드

ISO 3166에 따른 국가 코드는 KR, 보존기록관인 국가기록원의 코드는 미정, 당해 기록군(퐁)의 관리번호는 미정

§3.1.2 제목

조선총독부 내무국 기록군(퐁) 『시구개정 기록 시리즈』

§3.1.3 생산일

1010년~1945년, (대량 생산(생존) 시기) 소장 기록의 많은 부분이 1928년~1941년 생산된 기록들이다.

§3.1.4 기술 계층

기록 시리즈

§3.1.5 범위와 분량

조선총독부 총독부 지방행정기관에서 생산접수된 기록 중에 현재(2006년)까지 국가기록원에 보존되고 있는 3만 천여권의 기록 중 일부임. 총독부 문서고에서 이관된 이 내무국 기록은 모두 총독부 중앙행정기관의 기록들인데, 이 기록물의 4/5는 수리조합, 토목, 토지개량, 임정, 지방행정, 광무 관련 기록들이다. 총독부 이관 기록물 14,127권 가운데 내무국 기록은 '위생' 174권, '지방행정' 1,339권, '건축 회계 세무' 184권이며, '수리조합'(3,712권)과 '토

목'(3,286권), 토지개량 (1,575권) 관련 기록물이 전체의 절반을 훨씬 넘는 8,573권이다. 하위 기록 시리즈 중에 토목과가 생산접수한 시구개정사업 기록 시리즈, 시가지계획사업 기록 시리즈, 기타 도시계획 관련 기록 시리즈, 토지수용 기록 시리즈가 있다. 총독부 내무국 타 과에서 생산되고 보존되고 있는 기록 시리즈는 아직 분류·결정되지 않았다.

§3.2 맥락 영역

§3.2.1 생산자명

조선총독부 내무국(1910년부터 1919년까지는 내무부, 그 이후 내무국, 사정국, 혹은 총독 관방)

§3.2.2 기관사

일제는 합방 직후 「조신총독부관제」(칙령 제354호, 1910.9.30)를 공포하여 일제의 조선 식민통치기구로서 조선총독부를 설치했다. 조선 총독과 정무총감 아래 중앙관서로는 총독관방, 총무부, 내무부, 탁지부, 농상공부, 사법부(1관방 5부)가, 그리고 소속관서로는 각도를 비롯하여 중추원, 경무총감부, 재판소, 철도국, 전매국, 임시토지조사국 등이 설치되었다. 1910년 9월 내무부(내무부장관) 기구는 내무부 직속의 서무과, 그리고 지방국(지방과, 토목과, 위생과)과 학무국(학무과, 편집과)으로 구성되어 있었다. 도시계획을 포함한 토목관련 사무를 관장하는 부서로서 내무부 산하에 지방국 토목과를 설치했다. 지방국 토목과는 ① 도로, 하천, 항만, 사방 및 수리, ② 수면 매립 및 사용, ③ 직할 토목공사 및 지방토목공사 감독, ④ 토지수용, ⑤ 상수 및 하수 업무를 관장했다. 이후 1912년 3월 27일 총독부는 내무부 지방국 토목과와 위생과를 지방국 제1과, 제2과로 개편하는 부서개편을 단행했으며, 1915년 5월 1일에는 내무부 지방국 자체를 폐지하고, 이를 내무국 제1과와 제2과로 나누었다. 당시 사무분장표에 따르면, 내무국 제1과는 ① 도·

부·군·면 행정 ② 지방비 ③ 부군 임시은사금 ④ 신사 및 사원 ⑤ 종교 및 향사 ⑥ 병사(兵事) ⑦ 지리 지적 등의 업무를 담당하고 제2과는 ① 지방 단체 및 공공조합 ② 부동산 증명 ③ 구휼 및 자선 ④ 조선총독부 의원 및 도자혜의원 ⑤ 제생원 사무 등을 담당했다. 1919년 8월 대대적인 조직개편 과정에서 내무부가 내무국으로 명칭이 변경되었다. 총독부는 1919년 8월 내무국에 속했던 학무국을 총독부 직할의 학무국으로 승격시켜 조선총독부 관제를 1관방 6국(내무, 재무, 식산, 법무, 학무, 1924년 철도국 신설) 체제로 개편하였다. 1921년 7월 27일 1915년에 설치된 내무국 제1과와 제2과는 각각 지방과와 사회과로 개편되었다. 지방과는 ① 도·부·군·도(島)·면 행정 ② 도지방비, 학교조합 및 학교비 ③ 임시은사금 ④ 병사 ⑤ 국내 타과의 주관에 속하지 않는 사무를 담당하고, 사회과는 ① 구휼 및 자선 ② 사회사업 ③ 지방개량 ④ 향교재산 관리 ⑤ 수리조합 사무 등을 담당했다. 1921년 현재 총독부 내무국은 지방과, 사회과, 토목과, 건축과, 토목과로 조직되어 있고, 토목과는 ① 도로, 하천, 항만, 운하, 사방용지, 수리, 상수, 하수 등 ② 수면매립 및 사용 ③ 도시계획 ④ 지방토목 공사 ⑤ 토지 수용 ⑥ 토목회의 ⑦ 지형도 조제 ⑧ 관유재산 업무를 담당했다. 1925년 1월 10일 지방과 업무 중 신사(神社) 사무가 추가되고, 또 1926년 6월 14일에는 사회과 업무 중 수리조합 업무가 1924년 12월 새로 생긴 토지개량부로 넘겨졌다. 총독부 내무국에는 1936년 10월 사회과가 신설되었다. 사회과 업무는 ①진휼 및 구휼 ② 이재 구조 ③ 아동보호 ④ 노동 보호 ⑤ 실업구제 및 방지 ⑥ 제생원 및 감화원 ⑦ 기타의 사회사업 등이었다. 사회과 업무는 이후로도 계속 증가하여, 1939년 2월에는 사회과는 ① 구호 및 구료 ② 이재 구조 ③ 모성 및 아동 보호 ④ 공익 질옥, 주택공급, 개선 기타 사회복리 시설 ⑤ 군사 부조 기타 군사 원호 ⑥ 노동보호 ⑦ 직업소개 기타 노동 수급 ⑧ 실업의 구제 및 방지 ⑨ 국민 등록 ⑩ 제생원 및 감화원 ⑪ 기타 사회사업 등을 관장하였다. 사회과의 사무가 늘어나자 1941년 3월 사회과의 업무를 나누기 위해 노무과를 신설하고, ① 직업소개소 기타 노무의 수급 조정 ② 실업 대책 ③ 노동력의 보지, 증강 ④ 노동조건 ⑤ 노동보호 ⑥ 국민직업능력의 등록 및 국민 징용 ⑦ 기타 노무 업무를 관장하게 했다. 총독부는 1941년 11월 19일 내무국과 외사부를 사정국과 후생국으로 통폐합하였다. 이처럼 내무국 자체를 해체한 것은 내무국 사무의 비중이 줄었기 때문이 아니라 내무국 기구 자체를 지방사회를 총동원하기 위한 중심조직으로 재편하기 위해서였던 것으로 보인다. 사정국에는 국민총력과, 지방과, 토목과, 외무과, 척무과가 두어졌으며, 후생국에는 사회과, 노무과, 위생과, 보건과가 설치되었다. 1942년 11월 사정국은 지방과, 외무과, 사회과, 노무과, 토목과, 지방관리양성소로 조직되었으며, 토목과는 ①도로, 하천, 항만, 운하, 사방용지, 수리, 상수, 하수, 광장, 공원 등 ② 수면매립 및 사용 ③ 도시계획 ④ 지방토목공사의 감독 ⑤ 토지 수용 ⑥ 토목회의 ⑦ 지형도 조제 업무를 담당했다.

§3.2.3 기록관리사

총독부 문서고에 보관되어 있다가 (구) 총무처 정부기록보존소로 총독부 중앙행정기구 소장(생산) 기록(경무, 외사, 내무, 법무, 학무, 식산 등) 14,070권이 이관되었을 때 이관된 기록이다. 이 기록은 그 이관기록의 일부이다. 중앙행정기관에서 보존하고 있다가 정부기록보존소로 이관된 총독부 기록 10,057권 중의 일부가 추가되었다. 이 기록은 1970년대에 정부기록보존소에서 마이크로필름으로 촬영되었으며, 1998년 이후 (구) 정부기록보존소의 기록관리통합시스템에 의해 기록철-건 정보가 전산으로 입력되고 디지털 이미지로 전환되어 광디스크로도 수록되었다. 종이기록 원본, 마이크로필름 사본, 디지널사본 3중으로 보존되고 있다.

§3.2.4 수집이관 출처

총독부 문서고, (구) 총무처 등 중앙행정기관

§3.3 내용 및 구조 영역

§3.3.1 범위와 내용

해당 기술 단위의 시기, 지리 배경, 기록형태, 주제, 행정과정이 요약 정보 제공

§3.3.2 평가 폐기 보존기간 정보

당시 문서보존기간표에 따라 갑종(영구기록)으로 결정된 기록이 다수이다.

§3.3.3 추가 축적

극소수의 기록이 추가로 수집 이관될 수 있겠지만 대량으로 관련 기록이 새롭게 발견되기는 극히 어렵다.

§3.3.4 정리체제

생산기관에서 편철한 대로 원래의 기록철-기록건 체제를 유지하고 있으며, 국제기술표준에 따라 기술이 작성되지 않은 상태이다. 광매체 보존을 위해 국가기록원의 "통합기록물관리시스템"에 일부 기록철 정보와 기록건 정보가 정리되어 있으며 첨부문서의 목록은 작성되지 않은 상태이다. (구)정부기록보존소에서 기록철 목록집을 작성했다. "경무" "외사" "이제·사계·상공·노무" "법무" "건축·회계·세무·위생" 등 다른 분야의 총독부 기록은 해제집이 출간되었으나 내무국 기록은 아직 해제집이 발간되지 않았다. 내무국 "지방행정" 기록의 해제집이 곧 출간될 예정이다.

§3.4 접근이용 조건과 사용 영역

사용 영역의 제한이 없는 공개 기록. 개인 신분이나 사생활 정보를 제외하고는 공개 가능

§3.4.1 열람허용조건

열람 가능한 공개 기록으로서 열람 혹은 복제 비용을 지불하고 기록을 열람하

거나 복제할 수 있음

§3.4.2 복사조건

마이크로필름 복사본으로 복사하거나 마이크로필름 출력기를 사용하여 사본을 출력할 수 있다. 디지털화된 이미지 전자기록을 복사할 수 있다.

§3.4.3 언어와 글꼴

고어체 일어 및 한자로 쓰여진 기록이다. 필기체와 인쇄본이 혼합되어 있다.

§3.4.4 물리적 성질과 기술적 요구사항

오래된 산성지와 한지로 된 기록을 포함한다. 훼손 상태가 심각하여 즉각적인 복원을 요하는 기록이 있으며, 잉크가 퇴색하여 알아보기 어려운 기록이 다수 있다. 도면 및 사진 기록이 다수 포함되어 있다.

§3.4.5 검색보조도구(목록)

정부기록보존소에서 발간한 『정부기록보존문서목록』 제1집(1974)(② 일제시대문서: 총독부문서고 이관문서, 해방후 중앙행정기관 및 지방행정기관 이관문서 목록); 『정부기록보존문서목록』 제2집(1975)(<총독부문서고 문서 중 제1집 누락분> 광무, 토지개량, 수리조합, 경금속, 산금, 연료, 상공 분야 기록 목록); 『정부기록보존문서』 총괄목록 2집(1981)(② 일제문서: 내무, 재무, 범무, 문교, 농림, 상공, 건설, 문화공보, 과학기술, 기타 관련 중앙행정기관 이관문서 목록)이 있다. 국가기록원에서 내무국 "지방행정" 기록의 해제집이 곧 출간될 예정이다. 한국국가기록연구원이 편찬한 『조선총독부공문서 종합목록집』(한울아카데미, 2005)이 있다. 대분류 15개 항목 중 '내무' 항목의 목록이 21-264쪽에 있다. 내무의 중분류는 지방, 사회, 토목 등 3개 항목이다.

§3.5 관련 자료 영역

국사편찬위원회 등에 총독부 기록이 소장되어 있다. 일본의 우방문고에 전직 총독부 관리들이 생산한 기록 혹은 자료집이 다수 소장되어 있으며, 국가기록원이 이를 수집 정리하고 있다.

§3.5.1 원본의 존재와 위치

원본은 국가기록원의 대전 서고에 보존, 원본의 이용은 원칙적으로 제한되고 있으며 마이크로필름 사본 및 디지털 이미지 이용이 가능하다.

§3.5.2 복사본의 존재와 위치

마이크로 필름으로 촬영하여 사본 3부가 있다(국가기록원 서울사무소, 대전서고, 부산 서고).

§3.5.3 관련된 기술 단위

내무국 기록 중 일부 기록 시리즈에 대한 기술이 본 평가서에서 제공된다.

§3.5.4 출간 정보

§3.6 참고부기 영역

§3.6.1 참고 부기

국가기록원 통합기록관리시스템을 통해 주제 및 출처 텍스트로 기록철-건 검색이 가능하며, 건 단위로 본문내용 디지털 이미지를 제공받을 수 있다.

§3.7 기술통제 영역

§3.7.1 아키비스트 노트

상기 기술은 한국국가기록연구원 책임연구원 이상민이 작성했다.

§3.7.2 규칙/협정

본 기술문은 ISAD(G) 규칙에 의해 작성되었다.

§3.7.3 기술작성일

2006년 7월

기록철명	생산년도	생산기관	분류	관리번호
경성 시구개수 용지관계	1927-1928	내무부 토목과	토목	CJA0013228
경성 시구개수공사	1930-1930	내무부 토목과	토목	CJA0013571
경성 시구개수공사 국고보조서류	1931-1931	내무부 토목과	토목	CJA0013803
경성 시구개수공사 국고보조서류	1931-1931	내무부 토목과	토목	CJA0013804
경성 시구개수공사 준공인가	1930-1930	내무부 토목과	토목	CJA0013570
경성 시구개정 광화문에서 내자동간 일부 도로 개수공사	1928-1928	내무부 토목과	토목	CJA0013136
경성 시구개정 도로용지관계	1926-1926	내무부 토목과	토목	CJA0013080
경성 시구개정 병원전에서 중앙시험소간 도로개수공사	1928-1928	내무부 토목과	토목	CJA0013137
경성 시구개정 종로5정목에서중앙시험소까지 부근도로개수	1928-1928	내무부 토목과	토목	CJA0013135
경성 시구개정 중앙시험소 혜회동간 일부 개수공사	1929-1929	내무부 토목과	토목	CJA0013296
경성 시구개정관계	1923-1923	내무부 토목과	토목	CJA0012926
국고보조 경성 시가도로공사	1929-1929	내무부 토목과	토목	CJA0013404
시가관계 잡건철(각도)	1933-1935	내무부 토목과	토목	CJA0014777
제2차궁민구제 통영 시구개정도로축조공사 국고보조 및 실시인가서류	1934-1934	내무부 토목과	토목	CJA0014701
진남포 시구개정 및 교량하수수축 국고보조공사(제2호)	1927-1938	내무부 토목과 행정계	토목	CJA0015466
진남포 시구개정 및 교량하수 수축공사	1927-1938	내무부 토목과 행정계	토목	CJA0015467
통영 시구개정 국고보조 및설계인가서류	1934-1934	내무부 토목과	토목	CJA0014700
평양 시가도로 국고보조공사준공인가	1923-1927	내무부 토목과	토목	CJA0013074
평양 시가도로공사 국고보조	1923-1927	내무부 토목과	토목	CJA0013072
평양 시가도로공사 국고보조	1923-1927	내무부 토목과	토목	CJA0013073
평양 제2기 시구개수공사	1928-1929	내무부 토목과	토목	CJA0013414
평양 제2기 시구개정공사	1930-1931	내무부 토목과	토목	CJA0013785
평양 제2기 시구개정공사(팔천대정선)	1929-1930	내무부 토목과	토목	CJA0013542
평양 제2기 시구개정관계	1927-1927	내무부 토목과	토목	CJA0013077
평양 제2기 시구개정관계서류	1927-1932	내무부 토목과	토목	CJA0014041
평양 제2기 시구개정관계서류	1932-1932	내무부 토목과	토목	CJA0014038
하수 시구개정 국고보조품신	1929-1929	내무부 토목과	토목	CJA0013405

2.3.3 1930년대~1940년대 조선 시가지계획사업: 『시가지계획사업 기록 시리즈』의 역사적 · 사회적 생산 맥락과 평가

1934년 식민지 조선의 본격적인 도시계획 법령인 『조선시가지계획령』(제령 제18호, 1934.6.20, 이하 시가지계획령)이 발포되었다. 시가지계획령18) 발포에 대해 총독부 당국은 "합방 이래 문화가 급격히 진보하고, 기성시가지의 통제되지 않는 팽창, 돌연한 신시가지의 출현 등이 있어 지금 도시시설에 관한 근본제도를 확립하여 그 지도표준을 정하지 않으면 안된다"19) 라는 입장을 밝혔다. 그러면 1930년대는 1920년대 『조선도시계획령』 제정이 좌절되었던 상황과 식민지 조선의 현실에서 어떠한 변화와 차이가 생겼는가.

첫째, 일제는 1920년대 후반 세계대공황으로 인한 경제적 어려움과 외교적 고립을 돌파하기 위해 적극적인 대륙침략정책으로 전환했다. 만주침략으로 새로운 식민지를 얻게 된 일본은 '日鮮滿 엔블록체제'를 실현하기 위해 '北鮮루트'20)를 개척하고자 했다. 이를 위해 조선에 거점 도시가 필요했고, 그곳이 北鮮 3항-나진, 청진, 웅기-이었다. 이 중 북선루트의 종단기착항으로 가장 먼저 결정된 곳은 나진이었다. 1932년 나진항 개발이 발표되면서 폭발적인 인구 증가와 지가 상승 등 심각한 문제가 발생했다. 이에 총독부는 나진뿐만 아니라 앞으로의 도시 개발에

---

18) 『조선시가지계획령』은 일본의 『도시계획법』을 母法으로 하면서도 법령 명칭을 '시가지계획령' 이라 한 것에 대해서 총독부는 "『도시계획법』은 기성 도시의 개량을 목표로 하였지만, 『시가지계획령』은 기성시가의 확장과 신시가의 창작에 중점을 두었기 때문"(牛島省三(총독부 내무국장), 「朝鮮市街地計劃令の發布に就て」, 『朝鮮』1934년 7월호, 92쪽)이라고 했다. 그러나 손정목은 이상의 이유 외에 "일본 정치의 군부 장악과 관련해 본국과 식민지의 위계질서를 표현하기 위해 도시-시가지로 구분"한 점도 있다고 보았다 (孫禎睦, 앞의 책, 184-186쪽).
19) 牛島省三, 「朝鮮市街地計劃令の發布に就て」, 『朝鮮』1934년 7월호, 92쪽.
20) '북선루트'는 일본과 만주(나아가 중국본토)를 연결하는 최단코스로서 '일본(니가타)-동해-북선 3항(나진,청진,웅기)-북선철도-길회철도'로 연결되는 것이다.

서 이전의 비밀스런 방식으로는 불가능하고 재정부담을 최소화하고 개발 목적을 달성하기 위해서는 '도시계획 법령의 제정과 같은 근본책'이 불가피하다는 점을 인식했다. 총독부는 시가지계획령 발포에 이어 가장 먼저 '나진시가지계획'을 고시했다(<표 2> 참고).

둘째, 일제의 대륙침략정책과 맞물려 1931년 조선 총독으로 부임한 宇垣一成은 '조선공업화' 정책을 추진했다.21) 총독부는 우선 일본 독점자본의 투자환경을 조성하기 위해 전기(전력)사업이나 '北鮮 開拓' 등을 추진했고, 공업화의 중심지로서 도시 발달을 통제22)할 필요가 있었다. <표 2>의 시가지계획 적용도시 43개 중 공업지구가 조성된 곳은 하는 경성, 성진, 청진, 대구, 신의주, 인천, 평양, 진남포, 해주, 楊市, 다사도, 경인, 保山, 마산, 순천, 삼척·묵호의 16개 지역이었다.

셋째, 1937년 중일전쟁 이후 일제는 군국주의파시즘을 바탕으로 전시국가통제체제로 전환했다. 도시계획에 있어서도 1930년대 초반 일본에 도입된 '지방계획론'23)이 중일전쟁 이후 "국책을 위한 수단으로서의 도시계획" 즉 '국토계획' 이라는 관점으로 전환되었다. 일본에서 1940년 9월 24일 국토계획의 지침이 되는 「국

---

21) 宇垣一成의 '조선공업화'정책은 더 이상 확대 발전이 불가능해진 일본본국의 대자본을 적극 유치하여 조선의 '공업화'를 추진함으로써 식민통치의 안정과 총력전(침략전쟁)을 대비한 일본 블록권 내의 공업력 확대라는 목적이 합치된 것이었다.

22) "공업의 발흥은 필연적으로 도시의 팽창을 초래하고, 신흥공업도시를 출현시키는 것으로, 그것을 무통제 그대로 방치할 때는 지가의 폭등을 가져오고 장래 공업용지 및 주택지의 획득을 곤란하게 하여 공장 진출을 현저히 저해 할뿐만 아니라 건전한 도시의 발전을 기할 수 없다" (민족문제연구소 편, 「昭和18年 제84회 제국의회설명답변 자료(鑛工)」『일제하 전시체제기 정책사료총서』 제21권, 255쪽).

23) 서구 도시계획사에서 '지방계획'이라는 개념은 제1차 세계대전 이후 도시가 급격하게 팽창하면서 도시문제는 도시 내부의 개조만으로는 해결할 수 없다는 인식하에 대두되었다. 1930년대 이후 이것은 국가주도의 대규모 국토개발을 위주로 하는 '국토계획론'으로 발전했다 (김철수, 『都市計劃史』, 技文堂, 1999, 269-271쪽).

토계획설정요강」이 각의를 통과했고, 10월 30일 「조선총독부국토계획위원회 규정」이 발표되었다.24) 이처럼 시가지계획령은 단순한 도시 및 지역개발을 넘어 한반도의 병참기지화를 위한 것으로 전환되었다.25)

시가지계획령은 총칙, 지역·지구지정 및 건축물 등 제한, 토지구획정리의 전문 3장 50조로 구성되었다. 시가지계획령은 일본의 「도시계획법」과 「시가지건축물법」을 하나로 묶었고, 관동대지진 후의 특별도시계획법(1923)의 내용도 포함되었다.26) 이러한 시가지계획령은 다음과 같은 특징을 갖고 있었다.

첫째, 법령 명칭에서도 언급한 바와 같이 기성시가의 개량보다 기성시가의 확장 및 신시가지의 창설에 주안점을 두었다. 둘째, 시가지계획에 대한 결정 및 집행권을 총독에게 귀속시키고 법적 지위를 갖는 심의, 자문기관을 설치하지 않았다. 일본 「도시계획법」에서는 도시계획위원회(중앙, 지방) 설치를 법적으로 규정했으나, 조선에서는 일단 내훈으로 총독부 내에 시가지계획위원회를 설치했다. 셋째, 토지구획정리사업에 대해 일본에서는 조합 시행을 원칙으로 했음에도 조선은 국가 시행(행정 주도)을 분명히 규정하여 시행과정에서 토지소유자들의 사적 이해를 최대한 차단하고자 했다.27) 그럼에도 토지구획정리사업 비용은 철저히 수익

---

24) 관보 제4132호, 1940년 10월 30일자, 「조선총독부국토계획위원회규정」(훈령 제60호, 1940.10.30). 총독 직속으로 국토계획에 관한 조사 심의기구로서 정무총감을 위원장으로 한다.

25) 1940년 鈴木武雄(경성제대 교수)은 조선의 도시계획은 국토계획적 성격을 가져야 하고 그 목적은 대륙병참기지 구축이어야 한다고 주장했다 (鈴木武雄, 「朝鮮に於ける都市計劃と國土計劃」『朝鮮』 1940년 2월호).

26) 越澤明(이명규 역), 앞의 논문, 222쪽.

27) 염복규, 「1930~40년대 京城市街地計劃의 전개와 성격」 서울대 국사학과 석사학위논문, 2000, 15쪽. 조합 시행을 인정하지 않았던 이유에 대해 총독부는 "1) 지주에 의해 사전에 계획을 작성하는데 비용이 들며 경험도 없다. 內地에 있는 부재지주(회사 등)가 많고 동의도 하지 않으며 조선인은 경험도 없다 2) 도로, 공원,시장 등 다른 계획사업과 상응해 행정청 시행으로 하는 것이 유리하다"고 했다 (越澤明(이명규 역), 앞의 논문, 223쪽).

자부담 원칙이었다. 이것은 「조선도시계획령」이 재원 확보 문제로 좌절되었을 때 제기되었던 문제였는데, 결국 강력한 행정권력을 바탕으로 시행되었다.28)

시가지계획령은 <표 2>와 같이 1934년 나진을 시작으로 1945년 8월까지 43개 도시에 적용(그 중 길주, 고원은 準用)되었다. 그 내용은 대부분 계획구역, 가로망, 토지구획정리가 하나의 세트로 거의 동시에 결정되었다. 그 중 핵심적인 것은 토지구획정리였다. 토지구획정리는 '토지의 매수 없이 관계지역의 지주로부터 토지를 공출게 하여 도로용지 등을 취득하려는 값싼 도시개조수법' 또는 '값싼 공공시설 정비수법'이었다.29)

시가지계획령은 1938년 「시행규칙」 개정과 1940년 시가지계획령 개정이 이루어졌다. 1938년 「시행규칙 개정」(府令 제193호, 1938.9.21)에서는 제1조 제1호의 '一團의 주택경영'을 '一團의 주택지경영, 一團의 공업용지조성'으로 개정했다. 군수공업화에 따라 공업용지 조성이 필요했던 것이다. 이에 따라 楊市, 다사도, 京仁, 保山, 순천, 마산, 삼척·묵호 지역에 공업단지를 조성하도록 했다. 1940년에는 시가지계획령 개정이 있었다.30) 제1조의 '교통, 위생, 보안, 경제 등에 관한 중요시설 계획'에 '防空'을 추가했다. 이제 시가지계획령은 "국토계획에 따라 공업입지를 기초하고 또 防空的 관점에 입각한 새로운 견지에서 도시계획을 수립"31)

---

28) 시가지계획령 하 모든 구획정리사업은 수익자부담금으로 공사비가 전액 충당되었는데, 나진부에서는 이와 별도로 토지증가세제도를 채택했다.
29) 孫禎睦, 앞의 책, 254쪽. 일본에서 토지구획정리사업이 도시계획의 주된 방법으로 자리잡은 것은 1923년 관동대진재 이후 帝都復興事業부터였다. 특히 나고야의 토지구획정리는 가장 대표적이었고, 총독부의 今井田 정무총감은 이를 주도했던 나고야市 토목과장 출신 岡崎文太郎을 초빙해서 시가지계획령의 초안을 작성했다.
30) 관보 제4173호, 1940년 12월 18일자, 「조선시가지계획령개정」(제령 제41호, 1940.12.18)
31) 민족문제연구소 편, 「昭和18年 제84회 제국의회설명답변 자료(鑛工)」「일제하 전시체제기 정책사료총서」 제21권, 255쪽.

하는 것으로 바뀐 것이다. 전쟁의 확대로 일본 본토뿐만 아니라 한반도, 만주지역
까지도 공습이 확대될 우려가 커지면서 '綠地地域. 風致地域, 公園'을 정하여 防空
및 疏開에 대비하자는 것이었다. 이에 1943년 시가지계획위원회에서는 기존 계획
도시에도 녹지나 공원지역을 설정하는 계획안을 추가하고, 새로 지정된 지역도
이에 준하기로 했다.

[표 2] 시가지계획령 적용 도시 및 시가지계획 결정사항

도시명	적용년월일	구역면적(㎡)	계획인구	계획결정사항	비고
나진	1934.11.20	106,300,000	300,000	가로,구획정리,공업,住商工 각지역	
경성	1936.3.26	135,664,000	1,100,000	가로,구획정리,공원,주택,풍치,住工商 각지역	1회,2회,4회
성진	1936.4.20	60,540,000	160,000	가로,구획정리,주택, 공업	1회,6회, 44.1.8 구역확장, 공원,녹지,풍치지구
청진	1936.3.26	13,386,000	750,000	가로,구획정리,운하,주택,공업,공업지구,방화지구	1회, 41.4.28 구역확장
대구	1937.3.23	67,277,000	350,000	가로, 구획정리, 주택, 공업	3회
목포	1937.3.23	15,138,000	140,000	가로, 구획정리	3회
부산	1937.3.23	84,156,000	400,000	가로, 구획정리	3회,6회, 44.1.8 공원,녹지, 풍치지구
신의주	1937.3.23	51,900,000	250,000	가로, 구획정리, 주택, 공업	3회,4회, 39.11.7 구역확장
인천	1937.4.12	27,578,000	200,000	가로, 구획정리,주택, 공업	3회,5회,6회
평양	1937.4.30	110,985,000	500,000	가로, 구획정리, 주택, 공업	3회,6회, 40.1.17 구역확장 41.1.8 공원,녹지,풍치지구
함흥	1937.4.30	17,134,000	110,000	가로, 구획정리	3회
나남	1938.2.16	45,550,000	150,000	1941.4.28 청진시가지계획구역 편입	
원산	1938.5.7	34,981,000	130,000	가로, 구획정리, 주택	
전주	1938.5.9	19,756,000	100,000	가로, 구획정리	
군산	1938.5.9	27,633,000	130,000	가로, 구획정리	
춘천	1938.5.9	9,734,000	40,000	가로, 구획정리	
대전	1938.5.12	34,426,000	110,000	가로, 구획정리	
개성	1938.11.11	30,402,000	110,000	가로, 구획정리	
진남포	1939.6.17	18,513,000	120,000	가로, 구획정리, 주택, 공업	

도시명	적용년월일	구역면적(㎡)	계획인구	계획결정사항	비고
청주	1939.10.31	18,292,000	60,000	가로, 구획정리	4회
부여	1939.10.31	44,240,000	70,000	가로, 구획정리	4회
광주	1939.10.31	34,905,000	150,000	가로, 구획정리	4회
해주	1939.10.31	46,600,000	100,000	가로, 구획정리, 주택, 공업	4회
흥남	1939.10.31	69,590,000	200,000	가로, 구획정리, 주택	4회
楊市	1939.11.6	70,400,000	150,000	공업, 주택	4회
다사도	1939.11.7	100,800,000	320,000	가로, 공업, 주택	4회,6회
京仁	1940.1.19	350,590,000	1,000,000	구획정리, 주택, 공업	5회,6회, 44.1.8 구역축소
강릉	1940.12.10	6,540,000	57,000	가로, 공업, 주택	
진주	1941.1.27	20,250,000	80,000	가로, 구획정리	
안동	1941.1.28	34,200,000	78,000	가로, 구획정리	
홍원	1941.1.28	24,850,000	160,000	가로, 구획정리	
여수	1941.1.29	24,980,000	80,000	가로, 구획정리	
제천	1941.2.19	5,360,000	50,000	가로, 구획정리	
保山	1941.4.5	53,100,000	200,000	공업, 주택, 녹지, 구획정리	6회
순천	1941.4.12	50,920,000	60,000	가로, 구획정리, 공업	
마산	1941.4.19	42,287,000	80,000	가로, 구획정리, 공업	
삼척, 묵호	1941.4.26	95,070,000	300,000	가로, 구획정리, 공업, 주택	
단천	1941.4.26	45,180,000	250,000	가로, 구획정리	
만포	1942.7.8	4,000,000	60,000	가로, 구획정리	
수원	1944.8.10	29,390,000	100,000	가로, 구획정리, 공원, 녹지 및 풍치지구	6회
삼천포	1944.8.10	36,350,000	100,000	가로, 구획정리, 녹지	6회
길주	1940.10.21			건축규칙 일부만 적용	
고원	1941.6.23			건축규칙 일부만 적용	

출전: 孫禎睦, 『日帝强占期 都市計劃硏究』, 일지사, 1990, 198-199쪽 ; 92)의 공문서

참고:1) 짙게 표시한 도시와 비고의 회수(1회)는 시가지계획위원회에서 검토한 것

2) 길주, 고원은 종합적인 시가지계획이 실시된 것이 아니라 건축규칙 일부만 적용하는 準用도시

2.3.4 『시가지계획사업 기록 시리즈』 평가 기술서와 기록철 목록

국제기술표준 ISAD(G)에 따라 『시가지계획사업 기록 시리즈』의 기술·평가서를 작성하면 다음과 같다.

§3.1 [ISAD(G) 기술표준의 고유 코드 번호이다] 식별 영역

§3.1.1 참고 코드

ISO 3166에 따른 국가 코드는 KR, 보존기록관인 국가기록원의 코드는 미정, 당해 기록군(퐁)의 관리번호는 미정

§3.1.2 제목

조선총독부 내무국 기록군(퐁) 『시가지계획사업 기록 시리즈』

§3.1.3 생산일

1010년~1945년, (대량 생산(생존) 시기) 소장 기록의 많은 부분이 1928년~1941년 생산된 기록들이다.

§3.1.4 기술 계층

기록 시리즈

§3.1.5 범위와 분량

조선총독부 총독부 지방행정기관에서 생산접수된 기록 중에 현재(2006년)까지 국가기록원에 보존되고 있는 3만 천여권의 기록 중 일부임. 총독부 문서고에서 이관된 이 내무국 기록은 모두 총독부 중앙행정기관의 기록들인데, 이 기록물의 4/5는 수리조합, 토목, 토지개량, 임정, 지방행정, 광무 관련 기록들이다. 총독부 이관 기록물 14,127권 가운데 내무국 기록은 '위생' 174권, '지방행정' 1,339권, '건축 회계 세무' 184권이며, '수리조합'(3,712권)과 '토

목'(3,286권), 토지개량 (1,575권) 관련 기록물이 전체의 절반을 훨씬 넘는 8,573권이다. 하위 기록 시리즈 중에 토목과가 생산접수한 시구개정사업 기록 시리즈, 시가지계획사업 기록 시리즈, 기타 도시계획 관련 기록 시리즈, 토지수용 기록 시리즈가 있다. 총독부 내무국 타 과에서 생산되고 보존되고 있는 기록 시리즈는 아직 분류·결정되지 않았다.

§3.2 맥락 영역

§3.2.1 생산자명

조선총독부 내무국(1910년부터 1919년까지는 내무부, 그 이후 내무국, 사정국, 혹은 총독 관방)

§3.2.2 기관사

일제는 합방 직후 「조선종독부관제」(칙령 제354호, 1910.9.30)를 공포하여 일제의 조선 식민통치기구로서 조선총독부를 설치했다. 조선 총독과 정무총감 아래 중앙관서로는 총독관방, 총무부, 내무부, 탁지부, 농상공부, 사법부(1관방 5부)가, 그리고 소속관서로는 각도를 비롯하여 중추원, 경무총감부, 재판소, 철도국, 전매국, 임시토지조사국 등이 설치되었다. 1910년 9월 내무부(내무부장관) 기구는 내무부 직속의 서무과, 그리고 지방국(지방과, 토목과, 위생과)과 학무국(학무과, 편집과)으로 구성되어 있었다. 도시계획을 포함한 토목관련 사무를 관장하는 부서로서 내무부 산하에 지방국 토목과를 설치했다. 지방국 토목과는 ① 도로, 하천, 항만, 사방 및 수리, ② 수면 매립 및 사용, ③ 직할 토목공사 및 지방토목공사 감독, ④ 토지수용, ⑤ 상수 및 하수 업무를 관장했다. 이후 1912년 3월 27일 총독부는 내무부 지방국 토목과와 위생과를 지방국 제1과, 제2과로 개편하는 부서개편을 단행했으며, 1915년 5월 1일에는 내무부 지방국 자체를 폐지하고, 이를 내무국 제1과와 제2과로 나누었다. 당시 사무분장표에 따르면, 내무국 제1과는 ① 도·

부·군·면 행정 ② 지방비 ③ 부군 임시은사금 ④ 신사 및 사원 ⑤ 종교 및 향사 ⑥ 병사(兵事) ⑦ 지리 지적 등의 업무를 담당하고 제2과는 ① 지방 단체 및 공공조합 ② 부동산 증명 ③ 구휼 및 자선 ④ 조선총독부 의원 및 도자혜의원 ⑤ 제생원 사무 등을 담당했다. 1919년 8월 대대적인 조직개편 과정에서 내무부가 내무국으로 명칭이 변경되었다. 총독부는 1919년 8월 내무국에 속했던 학무국을 총독부 직할의 학무국으로 승격시켜 조선총독부 관제를 1관방 6국(내무, 재무, 식산, 법무, 학무, 1924년 철도국 신설) 체제로 개편하였다. 1921년 7월 27일 1915년에 설치된 내무국 제1과와 제2과는 각각 지방과와 사회과로 개편되었다. 지방과는 ① 도·부·군·도(島)·면 행정 ② 도지방비, 학교조합 및 학교비 ③ 임시은사금 ④ 병사 ⑤ 국내 타과의 주관에 속하지 않는 사무를 담당하고, 사회과는 ① 구휼 및 자선 ② 사회사업 ③ 지방개량 ④ 향교재산 관리 ⑤ 수리조합 사무 등을 담당했다. 1921년 현재 총독부 내무국은 지방과, 사회과, 토목과, 건축과, 토목과로 조직되어 있고, 토목과는 ① 도로, 하천, 항만, 운하, 사방용지, 수리, 상수, 하수 등 ② 수면매립 및 사용 ③ 도시계획 ④ 지방토목 공사 ⑤ 토지 수용 ⑥ 토목회의 ⑦ 지형도 조제 ⑧ 관유재산 업무를 담당했다. 1925년 1월 10일 지방과 업무 중 신사(神社) 사무가 추가되고, 또 1926년 6월 14일에는 사회과 업무 중 수리조합 업무가 1924년 12월 새로 생긴 토지개량부로 넘겨졌다. 총독부 내무국에는 1936년 10월 사회과가 신설되었다. 사회과 업무는 ①진휼 및 구휼 ② 이재 구조 ③ 아동보호 ④ 노동 보호 ⑤ 실업구제 및 방지 ⑥ 제생원 및 감화원 ⑦ 기타의 사회사업 등이었다. 사회과 업무는 이후로도 계속 증가하여, 1939년 2월에는 사회과는 ① 구호 및 구료 ② 이재 구조 ③ 모성 및 아동 보호 ④ 공익 질옥, 주택공급, 개선 기타 사회복리 시설 ⑤ 군사부조 기타 군사 원호 ⑥ 노동보호 ⑦ 직업소개 기타 노동 수급 ⑧ 실업의 구제 및 방지 ⑨ 국민 등록 ⑩ 제생원 및 감화원 ⑪ 기타 사회사업 등을 관장하였다. 사회과의 사무가 늘어나자 1941년 3월 사회과의 업무를 나누기 위해 노무과를 신설하고, ① 직업소개소 기타 노무의 수급 조정 ② 실업 대책 ③ 노동력의 보지, 증강 ④ 노동조건 ⑤ 노동보호 ⑥ 국민직업능력의 등록 및 국민 징용 ⑦ 기타 노무 업무를 관장하게 했다. 총독부는 1941년 11월 19일 내무국과 외사부를 사정국과 후생국으로 통폐합하였다. 이처럼 내무국 자체를 해체한 것은 내무국 사무의 비중이 줄었기 때문이 아니라 내무국 기구 자체를 지방사회를 총동원하기 위한 중심조직으로 재편하기 위해서였던 것으로 보인다. 사정국에는 국민총력과, 지방과, 토목과, 외무과, 척무과가 두어졌으며, 후생국에는 사회과, 노무과, 위생과, 보건과가 설치되었다. 1942년 11월 사정국은 지방과, 외무과, 사회과, 노무과, 토목과, 지방관리양성소로 조직되었으며, 토목과는 ①도로, 하천, 항만, 운하, 사방용지, 수리, 상수, 하수, 광장, 공원 등 ② 수면매립 및 사용 ③ 도시계획 ④ 지방토목공사의 감독 ⑤ 토지 수용 ⑥ 토목회의 ⑦ 지형도 조제 업무를 담당했다.

§3.2.3 기록관리사

총독부 문서고에 보관되어 있다가 (구) 총무처 정부기록보존소로 총독부 중앙행정기구 소장(생산) 기록(경무, 외사, 내무, 법무, 학무, 식산 등) 14,070권이 이관되었을 때 이관된 기록이다. 이 기록은 그 이관기록의 일부이다. 중앙행정기관에서 보존하고 있다가 정부기록보존소로 이관된 총독부 기록 10,057권 중의 일부가 추가되었다. 이 기록은 1970년대에 정부기록보존소에서 마이크로필름으로 촬영되었으며, 1998년 이후 (구) 정부기록보존소의 기록관리통합시스템에 의해 기록철-건 정보가 전산으로 입력되고 디지털 이미지로 전환되어 광디스크로도 수록되었다. 종이기록 원본, 마이크로필름 사본, 디지널 사본 3중으로 보존되고 있다.

§3.2.4 수집이관 출처

총독부 문서고, (구) 총무처 등 중앙행정기관

§3.3 내용 및 구조 영역

§3.3.1 범위와 내용

해당 기술 단위의 시기, 지리 배경, 기록형태, 주제, 행정과정이 요약 정보 제공

§3.3.2 평가 폐기 보존기간 정보

당시 문서보존기간표에 따라 갑종(영구기록)으로 결정된 기록이 다수이다.

§3.3.3 추가 축적

극소수의 기록이 추가로 수집 이관될 수 있겠지만 대량으로 관련 기록이 새롭게 발견되기는 극히 어렵다.

§3.3.4 정리체제

생산기관에서 편철한 대로 원래의 기록철-기록건 체제를 유지하고 있으며, 국제기술표준에 따라 기술이 작성되지 않은 상태이다. 광매체 보존을 위해 국가기록원의 "통합기록물관리시스템"에 일부 기록철 정보와 기록건 정보가 정리되어 있으며 첨부문서의 목록은 작성되지 않은 상태이다. (구)정부기록보존소에서 기록철 목록집을 작성했다. "경무" "외사" "이제·사계·상공·노무" "법무" "건축·회계·세무·위생" 등 다른 분야의 총독부 기록은 해제집이 출간되었으나 내무국 기록은 아직 해제집이 발간되지 않았다. 내무국 "지방행정" 기록의 해제집이 곧 출간될 예정이다.

§3.4 접근이용 조건과 사용 영역

사용 영역의 제한이 없는 공개 기록. 개인 신분이나 사생활 정보를 제외하고는 공개 가능.

§3.4.1 열람허용조건

열람 가능한 공개 기록으로서 열람 혹은 복제 비용을 지불하고 기록을 열람하

거나 복제할 수 있음

§3.4.2 복사조건

마이크로필름 복사본으로 복사하거나 마이크로필름 출력기를 사용하여 사본을 출력할 수 있다. 디지털화된 이미지 전자기록을 복사할 수 있다.

§3.4.3 언어와 글꼴

고어체 일어 및 한자로 쓰여진 기록이다. 필기체와 인쇄본이 혼합되어 있다.

§3.4.4 물리적 성질과 기술적 요구사항

오래된 산성지와 한지로 된 기록을 포함한다. 훼손 상태가 심각하여 즉각적인 복원을 요하는 기록이 있으며, 잉크가 퇴색하여 알아보기 어려운 기록이 다수 있다. 도면 및 사진 기록이 다수 포함되어 있다.

§3.4.5 검색보조도구(목록)

정부기록보존소에서 발간한 『정부기록보존문서목록』 제1집(1974)(② 일제시대문서: 총독부문서고 이관문서, 해방후 중앙행정기관 및 지방행정기관 이관문서 목록); 『정부기록보존문서목록』 제2집(1975)(<총독부문서고 문서 중 제1집 누락분> 광무, 토지개량, 수리조합, 경금속, 산금, 연료, 상공 분야 기록 목록); 『정부기록보존문서』 총괄목록 2집(1981)(② 일제문서: 내무, 재무, 법무, 문교, 농림, 상공, 건설, 문화공보, 과학기술, 기타 관련 중앙 행정기관 이관문서 목록)이 있다. 국가기록원에서 내무국 "지방행정" 기록의 해제집이 곧 출간될 예정이다. 한국국가기록연구원이 편찬한 『조선총독부공문서 종합목록집』(한울아카데미, 2005)이 있다. 대분류 15개 항목 중 '내무' 항목의 목록이 21-264쪽에 있다. 내무의 중분류는 지방, 사회, 토목 등 3개 항목이다.

§3.5 관련 자료 영역

국사편찬위원회 등에 총독부 기록이 소장되어 있다. 일본의 우방문고에 전직 총독부 관리들이 생산한 기록 혹은 자료집이 다수 소장되어 있으며, 국가기록원이 이를 수집 정리하고 있다.

§3.5.1 원본의 존재와 위치

원본은 국가기록원의 대전 서고에 보존, 원본의 이용은 원칙적으로 제한되고 있으며 마이크로필름 사본 및 디지털 이미지 이용이 가능하다.

§3.5.2 복사본의 존재와 위치

마이크로 필름으로 촬영하여 사본 3부가 있다(국가기록원 서울사무소, 대전서고, 부산 서고).

§3.5.3 관련된 기술 단위

내무국 기록 중 일부 기록 시리즈에 대한 기술이 본 평가서에서 제공된다.

§3.5.4 출간 정보

§3.6 참고부기 영역

§3.6.1 참고 부기

국가기록원 통합기록관리시스템을 통해 주제 및 출처 텍스트로 기록철-건 검색이 가능하며, 건 단위로 본문내용 디지털 이미지를 제공받을 수 있다.

§3.7 기술통제 영역

§3.7.1 아키비스트 노트

상기 기술은 한국국가기록연구원 책임연구원 이상민이 작성했다.

§3.7.2 규칙/협정

본 기술문은 ISAD(G) 규칙에 의해 작성되었다.

§3.7.3 기술작성일

2006년 7월

국가기록원 소장 『시가지계획 기록 시리즈』의 기록철 목록은 다음과 같다.

[표 3] 『시가지계획 기록 시리즈』 기록철 목록

기록철명	생산년도	생산기관	분류	관리기호
강릉 시가지계획사업 재해부흥토지구획정리공사(강원도)	1943-1945	내무부 토목과	토목	CJA0016073
강릉 춘천 도시계획결정	1940-1940	내무부 토목과	토목	CJA0022590
경성 신시가지계획 및 토지구획정리결정 관계철	1936-1936	내무부 토목과	토목(건설), 부처통계	CJA0022534
국고보조 대구 시가도로 및 하수공사 준공인가의 건	1937-1941	내무부 토목과	토목	CJA0015414
국고보조 부산 시가도로 재해복구공사	1937-1941	내무부 토목과	토목	CJA0015796
국고보조 부여 시가도로공사 준공인가(충남)	1940-1944	내무부 토목과	토목	CJA0016015
군산 도시계획결정	1938 1938	내무부 토목과	토목	CJA0022554
나진 시가도로공사	1934-1941	내무부 토목과 행정계	토목	CJA0014739
다사도 시가지계획 토지구획정리 실시계획인가의 건 (평안북도)	1945-1945	내무부 토목과	토목	CJA0016081
대구 시가지사업 제1토지구획정리 실시계획인가의 건 (경상북도)	1945-1945	내무부 토목과	토목	CJA0016094
대구 시가지계획사업 제1토지구획정리 실시계획인가의 건 (경상북도)	1940-1940	내무부 토목과	토목	CJA0016095
대구 시가지계획 제3토지구획정리실시계획 인가의 건 (경상북도)	1945-1945	내무부 토목과	토목	CJA0016096
대구시가지계획 일단공업용지 조성에 따른 일단주택지 경영사업 준공기한 연장의 건? (경상북도)	1945-1945	내무부 토목과	토목	CJA0016097
대구시가지계획 일단주택지 경영사업실시 계획 인가의 건 (경상북도)	1945-1945	내무부 토목과	토목	CJA0016098
대구부 시가지공사	1928-1942	내무부 토목과	각도(경북)	CJA0019919
시가지조사서(대구)	1935-1935	내무부 토목과	각도 (경북대구)	CJA0019907
시가지조사서	1940-1940	내무부 토목과	각도(경북)	CJA0019915

기록철명	생산년도	생산기관	분류	관리기호
시가지조사서	1937-1942	내무부 토목과	각도(경북)	CJA0019918
대전 도시계획결정	1938-1938	내무부 토목과	토목	CJA0022553
대전시가지계획사업 제1토지구획정리실시 계획 인가의 건(충청남도)	1945-1945	내무부 토목과	토목	CJA0016077
대전시가지계획사업 제1토지구획정리공사 (충청남도)	1941-1945	내무부 토목과	토목	CJA0016078
목포 도시계획결정	1937-1937	내무부 토목과	토목	CJA0022543
보산 시가지계획 제1토지구획정리 실시계 획의 건(평안남도)	1945-1945	내무부 토목과	토목	CJA0016076
부산 도시계획결정	1936-1944	내무부 토목과	토목	CJA0022542
부여 시가지계획 제1구 토지구획정리공사 (충청남도)	1943-1945	내무부 토목과	토목	CJA0016074
도시계획결정 지적고시관계 (충남 부여군)	1939-1939	내무부 토목과	각도(충남)	CJA0020020
신의주 시가지계획사업 토지구획정리실시 계획 인가의 건	1938-1941	내무부 토목과	토목	CJA0015791
신의주 시가지계획 토지구획정리 실시계획 변경인가 신청에 관한 건	1938-1943	내무부 토목과	토목	CJA0015790
원산 시가지계획사업 제1토지구획정리실시 계획 인가의 건 (함경남도)	1945-1945	내무부 토목과	토목	CJA0016082
인천 시가지계획 일단공업용지 조성에 따 른 일단주택지경영사업실시계획 인가의 건	1945-1945	내무부 토목과	토목	CJA0016086
인천 시가지계획 일단공업용지 조성에 따 른 일단주택지매각가격 승인의 건	1945-1945	내무부 토목과	토목	CJA0016087
인천부 대화토지구획정리지구실시 시행도 로 및 부대공사 설계도	1945-1945	내무부 토목과	토목	CJA0016088
제천 시가지계획사업 재해부흥 토지구획정 리 실시계획 인가의 건 (충청북도)	1941-1945	내무부 토목과	토목	CJA0016093
진주시가지계획사업 봉산토지구획정리공사 에 관한 건 (경상남도)	1942-1945	내무부 토목과	토목	CJA0016072
시가지 가로 및 세도 확정승인 신청 (진주부)	1941-1941	내무부 토목과	각도(경남)	CJA0019952

기록철명	생산년도	생산기관	분류	관리기호
청진시가지계획사업 제2토지구획정리실시계획 인가의 건 (함경북도)	1945-1945	내무부 토목과	토목	CJA0016083
청진 시가지계획사업 제2토지구획정리 환지예정지 지정에관한 건 (함경북도)	1938-1939	내무부 토목과	토목	CJA0016084
청진 시가지계획사업 제3토지구획정리공사 준공기한 연기의 건 (함경북도)	1945-1945	내무부 토목과	토목	CJA0016085
춘천 시가지계획사업 제1토지구획정리공사 (강원도)	1939-1945	내무부 토목과	토목	CJA0016075
평양 시가지계획사업 제1토지구획정리 실시계획 인가의 건 (평안남도)	1938-1938	내무부 토목과	토목	CJA0016090
평양 시가지계획사업 제2토지구획정리 실시계획 인가의 건 (평안남도)	1945-1945	내무부 토목과	토목	CJA0016089
평양 시가지계획 일단주택지경영사업 실시계획 인가의 건 (평안남도)	1945-1945	내무부 토목과	토목	CJA0016091
평양 시가지계획 일단공업용지 조성사업 실시계획 인가의건 (평안남도)	1945-1945	내무부 토목과	토목	CJA0016092
함흥 시가지계획사업 재해부흥 토지구획정리 (함경남도)	1945-1945	내무부 토목과	토목	CJA0016100
함흥 시가지계획(건축부지조성가로 토지구획정리)사업 실시계획변경 건 (함경남도)	1945-1945	내무부 토목과	토목	CJA0016101
함흥 시가지계획 가로사업에 따른 동건축부지 조성사업 (함경남도)	1945-1945	내무부 토목과	토목	CJA0016102
함흥 시가지계획사업 제1구 토지구획정리 실시계획 인가의 건 (함경남도)	1945-1945	내무부 토목과	토목	CJA0016099
함흥 시가지계획사업 제2구 토지구획정리 (함경남도)	1945-1945	내무부 토목과	토목	CJA0016104
함흥 시가지계획사업 제3구 토지구획정리 (함경남도)	1945-1945	내무부 토목과	토목	CJA0016103
함흥 시가지계획사업 제3구 토지구획정리 (환지예정지 지정조서) (함경남도)	1945-1945	내무부 토목과	토목	CJA0016105
함흥 시가지계획사업 제4구 토지구획정리 (함경남도)	1945-1945	내무부 토목과	토목	CJA0016106
함흥 시가지계획 토지구획정리 환지예정지 지정의 건 (제4구)	1942-1942	내무부 토목과	토목	CJA0016116

기록철명	생산년도	생산기관	분류	관리기호
해주 시가지계획사업 제1토지구획정리실시계획 인가의 건 (황해도)	1945-1945	내무부 토목과	토목	CJA0016079
해주 시가지계획사업 제2토지구획정리실시계획 인가의 건 (황해도)	1945-1945	내무부 토목과	토목	CJA0016080
제2회 시가지계획위원회 관계서철	1936-1936	내무부 토목과	토목	CJA0015032
제3회 시가지계획위원회 관계서철	1937-1937	내무부 토목과	토목	CJA0014430
제4회 시가지계획위원회 관계철 (소화14년7월3일) (각도)	1939-1939	내무부 토목과	토목	CJA0015672
제4회 시가지계획위원회서류(소화14년7월) (각도)	1939-1939	내무부 토목과	토목	CJA0015674
제4회 시가지계획위원회서류 (2책의1) (경성,청주)	1939-1939	내무부 토목과	토목	CJA0015671
제4회 시가지계획위원회 관계철(소화14년7월3일) (각도)	1939-1939	내무부 토목과	토목	CJA0015673
제5회 시가지계획위원회관계철 (경인,인천)	1939-1939	내무부 토목과	토목	CJA0015675

2.3.5 1920년대초 「조선도시계획령」 제정 구상: 『기타 도시계획사업 기록 시리즈』의 역사적 배경과 평가

일제시기 도시계획은 1910년대 시구개정 사업 중심의 도시개조사업과 1934년 시가지계획령 제정으로 시작된 시가지계획사업이 근간을 이루었지만, 1920년대 「도시계획령」 제정을 둘러싼 재조선 일본인과 총독부의 도시계획 구상도 살펴볼 필요가 있다.

일본 내무성은 1918년 7월 도시계획조사위원회를 조직하여,[32] 도시계획법과 건축물법의 原案을 심의 검토했다. 1918년 12월 24일 兩法의 原案이 결정되었고, 1919년 4월 「都市計劃法」(법률 제36호 1919.4.4)과 「市街地建築物法」(법률 제37호, 1919.4.4)이 공포되었다.[33]

이러한 일본 내의 움직임에 맞추어 1921년 조선에 진출해 있던 일본인들 -총독부와 경성부의 관리, 경성의 상공인- 이 중심이 되어 반관반민단체로 '경성도시계획연구회'(연구회)를 결성했다.[34] 연구회는 결성 초기 활발하게 활동을 전개하여 도시계획제도에 관한 희망사항을 정리하여 경성부와 총독부에 건의하기도 했다.[35]

도시계획에 대한 관심은 지방도시에서도 커져갔다. 원산은 1921년 「원산도시계획실명서(현황조사서 포함)」를 발간했다. 도시세획을 위한 조사사항으로 "1.도면 제작 2.구역결정 3.지역결정 4.항만 5.철도 6.도로 7.위생 8.보안 9.공공적 시설물 10.사회적 시설물 11.財源 12.경제"를 선정했다.[36] 이것은 단순히 도로 개수나 상하수도 정비에 그치지 않고 도시의 전반적 개조와 재배치, 주변지역과의 연결, 재원 조달 문제까지 고려하는 종합적인 대책이었다.[37] 대구에서도 1922년 「大邱都市計劃槪要」을 발행했고,[38] 1923년 1월 30일 대구부도시계획위원회가 개최되었

---

32) 도시계획조사위원회(조사회)는 관료, 학자, 전문가들이 모여 구성되었는데, 특히 오사카시 시구개정에 적극 참여하였던 關一과 片岡安, 당시 도시계획과장이었던 池田宏, 佐野利器이 중심이 되었다. 조사회의 초대 회장은 당시 신임 내무대신 水野鍊太郞으로 그는 1919년 조선 정무총감으로 부임했고, 1921년 '경성도시계획연구회' 창립에 주도적인 역할을 했다.
33) 石田賴房, 앞의 책, 114쪽.
34) 경성도시계획연구회의 결성 및 성격, 조직 구성에 대해서는 박세훈, 「1920년대 경성도시계획의 성격 :「경성도시계획연구회」와 '도시계획운동'」「서울학연구」 15, 2000 참고.
35) 「東亞日報」 1921년 12월 24일 「京城都市計劃希望事項」
36) 元山府廳, 「元山都市計劃說明書」, 1921, 3-5쪽.
37) 「元山都市計劃說明書」에 대한 자세한 분석은 孫禎睦, 앞의 책, 121-125쪽 참고.

다. 여기서는 위원회 조사부 규정[39]을 심의 의결했다. 이를 통해 대구 도시계획을 추진하기 위한 조사 작업에 착수했다.[40]

1920년대 초반 조선 도시계획에 대한 활발한 논의는 총독부의 「조선도시계획령」 제정 구상으로 나타났다. 1922년 12월 총독부의 도시계획령 초안이 완성되었다.[41] 「조선도시계획령」 초안은 일본의 「都市計劃法」에 준하지만, 조선의 현실에 맞춰 그 기준을 느슨하거나 융통성 있게 할 것이며, 대상 지역은 경성, 부산, 평양, 대구의 4대 도시를 우선한다는 것이었다. 아직 도시가 매우 발달되었거나 인구 규모가 큰 것은 아니지만, 이런 상태에서 도시계획을 실시하는 것이 비용도 적게 들고 효율적이라는 판단이었다.[42]

그러나 「조선도시계획령」은 조선총독부에서 심의 의결하여 成案하였지만, 결국 일본 본국에서 "朝鮮 民度에 비추어 시기상조"라는 논의에 따라[43] 공포되지 못했다. 그렇다면 모자란 '조선 민도'는 무엇이었는가. 핵심은 財源 문제였다. 근대 국가에서 정책이 현실화되기 위해서는 법적 뒷받침과 재원(재정) 확보가 필요하다. 하지만 식민지 조선의 도시계획 비용을 국고 보조(일본정부 부담)에 의한다는 것은 불가능했다.[44] 그렇다고 조선에서는 일본과 같이 수익자 부담에 따른 특

---

38) 孫禎睦, 앞의 책, 126-135쪽 참고.

39) '조사부 규정' : 제1조 대구부 도시계획위원회의 조사부를 설치하고 부를 支部로 나누어 각부에 부장 1명, 이사 2명을 두고 각 부에서 그를 互選한다. 제2조 각부에서는 조사 연구할 사항에 관해 서류로 작성하고 그것을 회장에 보고, 회장은 보고에 대해 조사위원회를 소집하여 附議 결정한다. 제3조 각부의 담임 사항은 다음과 같다, 제1부 구역, 제2부 교통, 제3부 위생 및 보안, 제4부 교육, 제5부 사회적 시설, 제6부 재원 (「大邱都市計劃 實現」『朝鮮と建築』2-2 (1923.2), 49-50쪽).

40) 대구부 조사계획위원회의 도시계획안 결정과 그 문제점에 대해서는 孫禎睦, 앞의 책, 137-141쪽 참고.

41) 『東亞日報』 1922년 12월 12일 「都市計劃令 草案」

42) 「朝鮮都市計劃令」『朝鮮と建築』2-2 (1923.2), 48-49쪽.

43) 大藏省管理局, 『日本人の海外活動に關する歷史的調査』 朝鮮編 第8分冊, 130쪽.

별세 부과를 통한 재원 조달은 한계가 있었다. 1920년대까지 조선 도시지역의 산업시설은 미비했고, 그에 따라 도시민의 富 역시 일천한 수준이었다.45)

결국 법령제정은 실패로 끝났지만 도시계획에 대한 구상과 조사가 이루어졌다. '경성, 평양, 부산, 대구 4대도시의 도시계획 현상조사 총람'과 '도시계획 조사요항 및 양식표준' 그에 따라 조사된 '경성도시계획 현상조사서'가 남아있다.46) 도시계획 현상조사 항목은 총 20항목으로 1)구역결정 2)지역결정 3)철도 4)노면전차 5)도로 6)수운 7)보건 8)공원 9)상수도 10)하수도 11)묘지 12)屠場 13)오물 14)피병원 15)유곽 16)보안 17)공공적·사회적 시설 18)경제 19)재원 20)전등·전력 및 가스 이다. 시구개정사업이 도로개수에 그쳤던 것에 비해 도시 생활 및 주변 환경 전반에 걸친 광범한 조사를 꾀하고 있다. 이것은 1934년 이후 실시된 시가지계획이 구역, 가로, 토지구획정리만으로 진행되었던 것과도 차별성을 갖는다.

2.3.6 『기타 도시계획사업 기록 시리즈』에 대한 표준 기술평가 작성과 기록철 목록

국제기술표준 ISAD(G)에 따라 『기타 도시계획사업 기록 시리즈』의 평가기술서를 작성하면 다음과 같다.

§3.1 [ISAD(G) 기술표준의 고유 코드 번호이다] 식별 영역

---

44) 경성도시계획연구회 有賀光豊위원장과 간부들이 湯村 정무총감에게 국고보조를 요청하자 "사업은 찬성하나 그런 큰 사업에 막대한 국고 보조를 하기는 어렵다"라고 답변했다 (『東亞日報』 1926년 8월 20일, 「國庫補助至難」).
45) "1925년 현재 경성부내 조선인 48,000호 중 35,000호는 세금을 풍족히 낼 수 없는 빈민계급" 이었다 (『東亞日報』 1926년 6월 24일, 「確立된 都市計劃으로 慘運이 切迫한 朝鮮人」).
46) 국가기록원 소장 공문서 「도시계획 현장조사(1925)」(CJA0012942).

§3.1.1 참고 코드

ISO 3166에 따른 국가 코드는 KR, 보존기록관인 국가기록원의 코드는 미정, 당해 기록군(퐁)의 관리번호는 미정

§3.1.2 제목

조선총독부 내무국 기록군(퐁) 『기타 도시계획사업 기록 시리즈』

§3.1.3 생산일

1010년~1945년, (대량 생산(생존) 시기) 소장 기록의 많은 부분이 1928년~1941년 생산된 기록들이다.

§3.1.4 기술 계층

기록 시리즈

§3.1.5 범위와 분량

조선총독부 총독부 지방행정기관에서 생산접수된 기록 중에 현재(2006년)까지 국가기록원에 보존되고 있는 3만 천여권의 기록 중 일부임. 총독부 문서고에서 이관된 이 내무국 기록은 모두 총독부 중앙행정기관의 기록들인데, 이 기록물의 4/5는 수리조합, 토목, 토지개량, 임정, 지방행정, 광무 관련 기록들이다. 총독부 이관 기록물 14,127권 가운데 내무국 기록은 '위생' 174권, '지방행정' 1,339권, '건축 회계 세무' 184권이며, '수리조합'(3,712권)과 '토목'(3,286권), 토지개량 (1,575권) 관련 기록물이 전체의 절반을 훨씬 넘는 8,573권이다. 하위 기록 시리즈 중에 토목과가 생산접수한 시구개정사업 기록 시리즈, 시가지계획사업 기록 시리즈, 기타 도시계획 관련 기록 시리즈, 토지수용 기록 시리즈가 있다. 총독부 내무국 타 과에서 생산되고 보존되고 있는 기록 시리즈는 아직 분류·결정되지 않았다.

§3.2 맥락 영역

§3.2.1 생산자명

조선총독부 내무국(1910년부터 1919년까지는 내무부, 그 이후 내무국, 사정국, 혹은 총독 관방)

§3.2.2 기관사

일제는 합방 직후 「조선총독부관제」(칙령 제354호, 1910.9.30)를 공포하여 일제의 조선 식민통치기구로서 조선총독부를 설치했다. 조선 총독과 정무총감 아래 중앙관서로는 총독관방, 총무부, 내무부, 탁지부, 농상공부, 사법부(1관방 5부)가, 그리고 소속관서로는 각도를 비롯하여 중추원, 경무총감부, 재판소, 철도국, 전매국, 임시토지조사국 등이 설치되었다. 1910년 9월 내무부(내무부장관) 기구는 내무부 직속의 서무과, 그리고 지방국(지방과, 토목과, 위생과)과 학무국(학무과, 편집과)으로 구성되어 있었다. 도시계획을 포함한 토목관련 사무를 관장하는 부서로서 내무부 산하에 지방국 토목과를 설치했다. 지방국 토목과는 ① 도로, 하천, 항만, 사방 및 수리, ② 수면 매립 및 사용, ③ 직할 토목공사 및 지방토목공사 감독, ④ 토지수용, ⑤ 상수 및 하수 업무를 관장했다. 이후 1912년 3월 27일 총독부는 내무부 지방국 토목과와 위생과를 지방국 제1과, 제2과로 개편하는 부서개편을 단행했으며, 1915년 5월 1일에는 내무부 지방국 자체를 폐지하고, 이를 내무국 제1과와 제2과로 나누었다. 당시 사무분장표에 따르면, 내무국 제1과는 ① 도·부·군·면 행정 ② 지방비 ③ 부군 임시은사금 ④ 신사 및 사원 ⑤ 종교 및 향사 ⑥ 병사(兵事) ⑦ 지리 지적 등의 업무를 담당하고 제2과는 ① 지방단체 및 공공조합 ② 부동산 증명 ③ 구휼 및 자선 ④ 조선총독부 의원 및 도자혜의원 ⑤ 제생원 사무 등을 담당했다. 1919년 8월 대대적인 조직개편 과정에서 내무부가 내무국으로 명칭이 변경되었다. 총독부는 1919년 8월 내무국에 속했던 학무국을 총독부 직할의 학무국으로 승격시켜 조선총독부 관제를 1관방 6국(내무, 재무, 식산, 법무, 학무, 1924년 철도국 신설) 체제로 개편하였다. 1921년 7월 27일 1915년에 설치된 내무국 제1과와 제2과는 각각 지방과와 사회과로 개편되었다. 지방과는 ① 도·부·군·도(島)·면 행정 ② 도지방비, 학교조합 및 학교비 ③ 임시은사금 ④ 병사 ⑤ 국내 타과의 주관에 속하지 않는 사무를 담당하고, 사회과는 ① 구휼 및 자선 ② 사회사업 ③ 지방개량 ④ 향교재산 관리 ⑤ 수리조합 사무 등을 담당했다. 1921년 현재 총독부 내무국은 지방과, 사회과, 토목과, 건축과, 토목과로 조직되어 있고, 토목과는 ① 도로, 하천, 항만, 운하, 사방용지, 수리, 상수, 하수 등 ② 수면매립 및 사용 ③ 도시계획 ④ 지방토목 공사 ⑤ 토지 수용 ⑥ 토목회의 ⑦ 지형도 조제 ⑧ 관유재산 업무를 담당했다. 1925년 1월 10일 지방과 업무 중 신사(神社) 사무가 추가되고, 또 1926년 6월 14일에는 사회과 업무 중 수리조합 업무가 1924년 12월 새로 생긴 토지개량부로 넘겨졌다. 총독부 내무국에는 1936년 10월 사회과가 신설되었다. 사회과 업무는 ①진휼 및 구휼 ② 이재 구조 ③ 아동보호 ④ 노동 보호 ⑤ 실업구제 및 방지 ⑥ 제생원 및 감화원 ⑦ 기타의 사회사업 등이었다. 사회과 업무는 이후로도 계속 증가하여, 1939년 2월에는 사회과는 ① 구호 및 구료 ② 이재 구조 ③ 모성 및 아동 보호 ④ 공익 질옥, 주택공급, 개선 기타 사회복리 시설 ⑤ 군사부조 기타 군사 원호 ⑥ 노동보호 ⑦ 직업소개 기타 노동 수급 ⑧ 실업의 구제 및 방지 ⑨ 국민 등록 ⑩ 제생원 및 감화원 ⑪ 기타 사회사업 등을 관장하였다. 사회과의 사무가 늘어나자 1941년 3월 사회과의 업무를 나누기 위해 노무과를 신설하고, ① 직업소개소 기타 노무의 수급 조정 ② 실업 대책 ③ 노동력의 보지, 증강 ④ 노동조건 ⑤ 노동보호 ⑥ 국민직업능력의 등록 및 국민 징용 ⑦ 기타 노무 업무를 관장하게 했다. 총독부는 1941년 11월 19일 내무국과 외사부를 사정국과 후생국으로 통폐합하였다. 이처럼 내무국 자체를 해체한 것은 내무국 사무의 비중이 줄었기 때문이 아니라 내무국 기구 자체를 지방사회를 총동원하기 위한 중심조직으로 재편하기 위해서였던 것으로 보인다. 사정국에는 국민총력과, 지방과, 토목과, 외무과, 척무과가 두어졌으며, 후생국에는 사회과, 노무과, 위생과, 보건과가 설치되었다. 1942년 11월 사정국은 지방과, 외무과, 사회과, 노무과, 토목과, 지방관리양성소로 조직되었으며, 토목과는 ①도로, 하천, 항만, 운하, 사방용지, 수리, 상수, 하수, 광장, 공원 등 ② 수면매립 및 사용 ③ 도시계획 ④ 지방토목공사의 감독 ⑤ 토지 수용 ⑥ 토목회의 ⑦ 지형도 조제 업무를 담당했다.

§3.2.3 기록관리사

총독부 문서고에 보관되어 있다가 (구) 총무처 정부기록보존소로 총독부 중앙행정기구 소장(생산) 기록(경무, 외사, 내무, 법무, 학무, 식산 등) 14,070권이 이관되었을 때 이관된 기록이나. 이 기록은 그 이관기록의 일부이다. 중앙행정기관에서 보존하고 있다가 정부기록보존소로 이관된 총독부 기록 10,057권 중의 일부가 추가되었다. 이 기록은 1970년대에 정부기록보존소에서 마이크로필름으로 촬영되었으며, 1998년 이후 (구) 정부기록보존소의 기록관리통합시스템에 의해 기록철-건 정보가 전산으로 입력되고 디지털 이미지로 전환되어 광디스크로도 수록되었다. 종이기록 원본, 마이크로필름 사본, 디지널 사본 3중으로 보존되고 있다.

§3.2.4 수집이관 출처

총독부 문서고, (구) 총무처 등 중앙행정기관

§3.3 내용 및 구조 영역

§3.3.1 범위와 내용

해당 기술 단위의 시기, 지리 배경, 기록형태, 주제, 행정과정이 요약 정보 제공

§3.3.2 평가 폐기 보존기간 정보

당시 문서보존기간표에 따라 갑종(영구기록)으로 결정된 기록이 다수이다.

§3.3.3 추가 축적

극소수의 기록이 추가로 수집 이관될 수 있겠지만 대량으로 관련 기록이 새롭게 발견되기는 극히 어렵다.

§3.3.4 정리체제

생산기관에서 편철한 대로 원래의 기록철-기록건 체제를 유지하고 있으며, 국제기술표준에 따라 기술이 작성되지 않은 상태이다. 광매체 보존을 위해 국가기록원의 "통합기록물관리시스템"에 일부 기록철 정보와 기록건 정보가 정리되어 있으며 첨부문서의 목록은 작성되지 않은 상태이다. (구)정부기록보존소에서 기록철 목록집을 작성했다. "경무" "외사" "이제·사계·상공·노무" "법무" "건축·회계·세무·위생" 등 다른 분야의 총독부 기록은 해제집이 출간되었으나 내무국 기록은 아직 해제집이 발간되지 않았다. 내무국 "지방행정" 기록의 해제집이 곧 출간될 예정이다.

§3.4 접근이용 조건과 사용 영역

사용 영역의 제한이 없는 공개 기록. 개인 신분이나 사생활 정보를 제외하고는 공개 가능

§3.4.1 열람허용조건

열람 가능한 공개 기록으로서 열람 혹은 복제 비용을 지불하고 기록을 열람하거나 복제할 수 있음

§3.4.2 복사조건

마이크로필름 복사본으로 복사하거나 마이크로필름 출력기를 사용하여 사본을 출력할 수 있다. 디지털화된 이미지 전자기록을 복사할 수 있다.

§3.4.3 언어와 글꼴

고어체 일어 및 한자로 쓰여진 기록이다. 필기체와 인쇄본이 혼합되어 있다.

§3.4.4 물리적 성질과 기술적 요구사항

오래된 산성지와 한지로 된 기록을 포함한다. 훼손 상태가 심각하여 즉각적인 복원을 요하는 기록이 있으며, 잉크가 퇴색하여 알아보기 어려운 기록이 다수 있다. 도면 및 사진 기록이 다수 포함되어 있다.

§3.4.5 검색보조도구(목록)

정부기록보존소에서 발간한 『정부기록보존문서목록』 제1집(1974)(② 일제시대문서: 총독부문서고 이관문서, 해방후 중앙행정기관 및 지방행정기관 이관문서 목록); 『정부기록보존문서목록』 제2집(1975)(<총독부문서고 문서 중 제1집 누락분> 광무, 토지개량, 수리조합, 경금속, 산금, 연료, 상공 분야 기록 목록); 『정부기록보존문서』 총괄목록 2집(1981)(② 일제문서: 내무, 재무, 범무, 문교, 농림, 상공, 건설, 문화공보, 과학기술, 기타 관련 중앙 행정기관 이관문서 목톡)이 있나. 국가기록원에서 내무국 "지방행정" 기록의 해제집이 곧 출간될 예정이다. 한국국가기록연구원이 편찬한 『조선총독부공문서 종합목록집』 (한울아카데미, 2005)이 있다. 대분류 15개 항목 중 '내무' 항목의 목록이 21-264쪽에 있다. 내무의 중분류는 지방, 사회, 토목 등 3개 항목이다.

§3.5 관련 자료 영역

국사편찬위원회 등에 총독부 기록이 소장되어 있다. 일본의 우방문고에 전직 총독부 관리들이 생산한 기록 혹은 자료집이 다수 소장되어 있으며, 국가기록원이 이를 수집 정리하고 있다.

§3.5.1 원본의 존재와 위치

원본은 국가기록원의 대전 서고에 보존, 원본의 이용은 원칙적으로 제한되고 있으며 마이크로필름 사본 및 디지털 이미지 이용이 가능하다.

§3.5.2 복사본의 존재와 위치

마이크로 필름으로 촬영하여 사본 3부가 있다(국가기록원 서울사무소, 대전서고, 부산 서고).

§3.5.3 관련된 기술 단위

내무국 기록 중 일부 기록 시리즈에 대한 기술이 본 평가서에서 제공된다.

§3.5.4 출간 정보

§3.6 참고부기 영역

§3.6.1 참고 부기

국가기록원 통합기록관리시스템을 통해 주제 및 출처 텍스트로 기록철-건 검색이 가능하며, 건 단위로 본문내용 디지털 이미지를 제공받을 수 있다.

§3.7 기술통제 영역

§3.7.1 아키비스트 노트

상기 기술은 한국국가기록연구원 책임연구원 이상민이 작성했다.

§3.7.2 규칙/협정

본 기술문은 ISAD(G) 규칙에 의해 작성되었다.

§3.7.3 기술작성일

2006년 7월

앞에서 살펴본 시구개정사업과 시가지계획사업에 포함되지 않지만, 『기타 도시계획사업 기록 시리즈』 즉, 도시지역의 도로, 상하수도, 공공시설 등 기사 사회기반시설에 대한 국가기록원 소장 총독부 기록철 목록은 다음과 같다.

[표 4] 『기타 도시계획사업 기록 시리즈』 기록철 목록

기록철명	생산년도	생산기관	분류	관리기호
강경 수도 재해복구공사 국고보조관계서류	1930-1931	내무부 토목과	토목	CJA0013636
강경 수도부설 및 국고보조관계서류	1922-1924	내무부 토목과	토목	CJA0012934

기록철명	생산년도	생산기관	분류	관리기호
강경 하수공사 (행정계)	1937-1941	내무부 토목과	토목	CJA0015804
강경수도 국고보조공사????	1922-1924	내무부 토목과	토목	CJA0012933
강릉 방수공사 (강릉면)	1929-1929	내무부 토목과	토목	CJA0013024
개성 제2기 지파리천 개수공사 계획(국고보조) (개성부)	1926-1931	내무부 토목과	토목	CJA0013639
개성 제2기 지파리천 개수공사 국고보조관계서류	1926-1931	내무부 토목과	토목	CJA0013641
개성 제2기 지파리천 개수공사 국고보조관계서류	1926-1931	내무부 토목과	토목	CJA0013642
개성 제2기 지파리천 개수공사 국고보조관계서류	1926-1931	내무부 토목과	토목	CJA0013637
개성 제2기 지파리천 개수공사 국고보조관계서류	1926-1931	내무부 토목과	토목	CJA0013643
개성 제2기 지파리천 개수공사 국고보조관계서류	1926-1931	내무부 토목과	토목	CJA0013638
개성 제2기 지파리천 개수공사 국고보조관계서류	1926-1931	내무부 토목과	토목	CJA0013640
경성부근도로공사 실시설계서	1942-1942	내무부 토목과	토목	CJA0015956
경성부근도로공사 실시설계서 (경기도)	1942-1942	내무부 토목과	토목	CJA0015964
경성-인천간 도로공사 실시설계서	1940-1942	내무부 토목과	토목	CJA0015965
경성 제1기 하수개수공사 실시계획도	1924-1924	내무부 토목과	토목	CJA0012928
경성 제1기 하수개수공사 실시설계도	1923-1923	내무부 토목과	토목	CJA0012919
경성 제1기 하수개수공사 실시설계서	1923-1923	내무부 토목과	토목	CJA0012918
경성 제1기 하수개수공사 준공인가 관계도	1922-1922	내무부 토목과	토목	CJA0012912
경성 제1기 하수개수공사 준공인가 관계도면	1924-1924	내무부 토목과	토목	CJA0012929
경성 제1기 하수개수공사 착수보고 공정표 및 조서	1918-1925	내무부 토목과	토목	CJA0012947
경성 제1기 하수개수공사 추가 및 연도변경 관계서류	1918-1925	내무부 토목과	토목	CJA0012945
경성 제1기 하수개수공사 출래형조서	1922-1925	내무부 토목과	토목	CJA0012948
경성 제1기 하수정수공사 준공인가 및 출래형조서	1918-1925	내무부 토목과	토목	CJA0012949

기록철명	생산년도	생산기관	분류	관리기호
경성 제2기 하수개수 국고보조 관계서류	1925-1931	내무부 토목과	토목	CJA0013670
경성 제2기 하수개수 국고보조 관계서류	1929-1931	내무부 토목과	토목	CJA0013667
경성 제2기 하수개수 국고보조 관계서류	1930-1931	내무부 토목과	토목	CJA0013668
경성 제2기 하수개수 국고보조 관계서류	1931-1931	내무부 토목과	토목	CJA0013669
경성 제2기 하수개수 국고보조공사	1927-1927	내무부 토목과	토목	CJA0013075
경성 제2기 하수개수 국고보조공사	1928-1929	내무부 토목과	토목	CJA0013406
경성 제2기 하수개수 국고보조공사 관계서류	1926-1926	내무부 토목과	토목	CJA0012965
경성 제2기 하수개수공사 국고보조공사	1925-1925	내무부 토목과	토목	CJA0012943
경성 제2기 하수개수공사 정산조서 출래형조서	1929-1929	내무부 토목과	토목	CJA0013671
경성 제2기 하수개수공사 출래형조서	1931-1931	내무부 토목과	토목	CJA0013672
경성 제2기하수개수 국고보조공사 소화2년도 실시계획승인	1927-1928	내무부 토목과	토목	CJA0013213
경성 제3기 하수개수공사 국고보조 및 실시 설계변경 및 준공인가서류	1933-1936	내무부 토목과	토목	CJA0015106
경성 제3기 하수개수공사 국고보조 및 실시 설계변경 및 준공인가서류	1933-1936	내무부 토목과	토목	CJA0015107
경성 제3기 하수개수공사 국고보조 및 실시 설계변경 및 준공인가서류	1933-1936	내무부 토목과	토목	CJA0015108
경성 제3기 하수개수공사 국고보조 및 실시 설계변경 및 준공인가서류	1933-1936	내무부 토목과	토목	CJA0015109
경성 하수개수공사	1921-1921	내무부 토목과	토목	CJA0012909
경성 하수개수공사	1921-1921	내무부 토목과	토목	CJA0012910
경성 하수개수공사	1922-1922	내무부 토목과	토목	CJA0012911
경성 하수개수공사	1922-1922	내무부 토목과	토목	CJA0012913
경성 하수개수공사실시설계서	1922-1922	내무부 토목과	토목	CJA0012914
경성 하수개수공사실시설계서	1924-1924	내무부 토목과	토목	CJA0012936
경성부 간선도로 개수공사 (국고보조)	1930-1930	내무부 토목과	토목	CJA0013547
경성부 간선도로 개수공사 국고보조	1930-1930	내무부 토목과	토목	CJA0013548
경성부 간선도로 개수공사 국고보조서	1925-1930	내무부 토목과	토목	CJA0013546

기록철명	생산년도	생산기관	분류	관리기호
경성부내 도로교량 및 하수재해복구공사 국고보조관계서류	1926-1927	내무부 토목과	토목	CJA0013059
경성수도 국고보조관계서류	1926-1927	내무부 토목과	토목	CJA0013058
경성수도 국고보조서류 (설계도면)	1928-1936	내무부 토목과	토목	CJA0014987
경성수도 국고보조서류????	1928-1936	내무부 토목과	토목	CJA0014986
경성수도 국고보조서류????	1928-1936	내무부 토목과	토목	CJA0014985
경성수도 독도수원지공사 관계서류	1930-1931	내무부 토목과	토목	CJA0013635
경성수도 독도수원지보수공사시행서류	1931-1935	내무부 토목과	토목	CJA0014782
경성수도 독도수원지취수공사	1933-1935	내무부 토목과	토목	CJA0014757
경성수도 배수관증설공사의 건 보고	1929-1929	내무부 토목과	토목	CJA0013315
경성인천노량진상수도공사	1929-1929	내무부 토목과	토목	CJA0013399
경수 수도 국고보조서류	1931-1935	내무부 토목과	토목	CJA0014754
경주 수도 국고보조서류	1931-1935	내무부 토목과	토목	CJA0014755
경주 수도 국고보조서류	1931-1935	내무부 토목과	토목	CJA0014756
공동묘지도면	1915-1915	내무부 토목과 (경북)내무부	각도	CJA0019893
공설운동장 공사관계	1936-1936	내무부 토목과 (경상북도대구부) 내무부	각도	CJA0019908
공원 관계서류	1939-1939	내무부 토목과 (인천시) 내무부	각도	CJA0020014
공주 수도개량공사 시행의 건 비보조공사	1940-1940	내무부 토목과	토목	CJA0015739
공주 수도부설 및 국고보조	1921-1925	내무부 토목과	토목	CJA0012941
광주 수도확장공사 관계서류	1924-1926	내무부 토목과	토목	CJA0012955
광주 수도확장공사 국고보조	1936-1936	내무부 토목과	토목	CJA0015229
광주 시가지개측 관계서류	1928-1931	내무부 토목과	세무	CJA0003985
광주 하수개수공사	1926-1928	내무부 토목과	토목	CJA0013149
광주 하수개수공사	1926-1928	내무부 토목과	토목	CJA0013150
구용산배수공사 관계서류	1921-1923	내무부 토목과	토목	CJA0012922

기록철명	생산년도	생산기관	분류	관리기호
구용산배수공사 관계서류	1921-1923	내무부 토목과	토목	CJA0012923
구용산배수공사 국고보조 관계서류	1921-1925	내무부 토목과	토목	CJA0012944
구용산배수공사 일반평면도	1922-1923	내무부 토목과	토목	CJA0012920
구용산배수공사 일반평면도	1921-1923	내무부 토목과	토목	CJA0012921
구용산배수공사 준공인가도	1921-1923	내무부 토목과	토목	CJA0012924
구용산배수공사 준공인가도	1923-1923	내무부 토목과	토목	CJA0012925
구포 방수문(통로) 신설공사 (외2건) (초량)	1933-1933	내무부 토목과	토목	CJA0014334
구포 배수로공사(외1건)(초량)	1935-1936	내무부 토목과	토목	CJA0015049
국고보조 강계 수도부설인가	1934-1936	내무부 토목과	토목	CJA0015580
국고보조 강계 수도부설인가	1939-1939	내무부 토목과	토목	CJA0015581
국고보조 경성 제1기 하수개수공사 실시설계서 (경기도)	1924-1924	내무부 토목과	토목	CJA0016118
국고보조 경성방공도로 개수공사비 보조품신 외 10건	1937-1940	내무부 토목과	토목	CJA0015701
국고보조 경성부 간선도로 개수공사	1924-1930	내무부 토목과	토목	CJA0013549
국고보조 광주 수도확장공사	1937-1942	내무부 토목과	토목	CJA0015437
국고보조 광주 수도확장공사 설계변경	1938-1942	내무부 토목과	토목	CJA0015564
국고보조 광주 수도확장공사 설계변경 및 첨부도면	1938-1942	내무부 토목과	토목	CJA0015557
국고보조 광주 수도확장공사 준공인가 건	1936-1938	내무부 토목과	토목	CJA0015560
국고보조 궁민구제 개성 수도 공사 준공인가의 건	1939-1939	내무부 토목과	토목	CJA0015640
국고보조 궁민구제사업 신의주 수도확장공사 준공인가의 건 (평안북도)	1939-1939	내무부 토목과	토목	CJA0015637
국고보조 김해 하수공사	1937-1942	내무부 토목과	토목	CJA0015436
국고보조 김해 하수공사	1938-1942	내무부 토목과	토목	CJA0015562
국고보조 나남 수도공사 준공인가 건 (함경북도)	1938-1942	내무부 토목과	토목	CJA0015542
국고보조 나남 수도신설공사 경정설계서	1937-1937	내무부 토목과	토목	CJA0015412
국고보조 나남수도 배수관 부설인가	1937-1937	내무부 토목과	토목	CJA0015411

기록철명	생산년도	생산기관	분류	관리기호
국고보조 나남수도공사 준공인가의 건	1937-1942	내무부 토목과	토목	CJA0015413
국고보조 논산수도 부설인가 및 국고보조의 건(기1)	1931-1937	내무부 토목과	토목	CJA0015245
국고보조 대구 도로 및 하수공사	1938-1938	내무부 토목과	토목	CJA0015543
국고보조 대구 제3기 시가도로 및 하수개수공사	1928-1939	내무부 토목과	토목	CJA0015579
국고보조 대구하수공사????	1933-1938	내무부 토목과	토목	CJA0015465
국고보조 대전 도로 및 하수공사	1937-1940	내무부 토목과	토목	CJA0015686
국고보조 목포 수도확장공사	1934-1939	내무부 토목과	토목	CJA0015582
국고보조 목포 수도확장공사 시행인가 (기의4)	1939-1939	내무부 토목과	토목	CJA0015585
국고보조 목포 수도확장공사 시행인가 (변경설계도) (기의3)	1934-1939	내무부 토목과	토목	CJA0015584
국고보조 목포 수도확장공사 시행인가 (원설계도) (기의2)	1934-1939	내무부 토목과	토목	CJA0015583
국고보조 목포 수도확장공사 시행인가 (전라남도)	1939-1939	내무부 토목과	토목	CJA0015586
국고보조 박천 수도 부설인가	1936-1938	내무부 토목과	토목	CJA0015483
국고보조 박천 수도 부설인가 및 준공인가	1938-1938	내무부 토목과	토목	CJA0015484
국고보조 부산 도로포장 및 개수공사	1934-1941	내무부 토목과	토목	CJA0015799
국고보조 부산 도로포장 및 개수공사	1934-1941	내무부 토목과	토목	CJA0015801
국고보조 부산 도로포장 및 개수공사	1934-1941	내무부 토목과	토목	CJA0015798
국고보조 부산 도로포장 및 개수공사	1934-1941	내무부 토목과	토목	CJA0015800
국고보조 부산 수도 배수관 증설공사 시행인가	1935-1938	내무부 토목과	토목	CJA0015482
국고보조 부산 하수 재해복구공사	1937-1941	내무부 토목과	토목	CJA0015792
국고보조 부산 하수공사	1937-1941	내무부 토목과	토목	CJA0015794
국고보조 부산 하수공사	1937-1941	내무부 토목과	토목	CJA0015795
국고보조 상수도건	1930-1930	내무부 토목과	토목	CJA0013491
국고보조 상수도공사	1928-1929	내무부 토목과	토목	CJA0013376
국고보조 상수도공사	1931-1931	내무부 토목과	토목	CJA0013600

기록철명	생산년도	생산기관	분류	관리기호
국고보조 선천 수도 부설인가	1934-1938	내무부 토목과	토목	CJA0015480
국고보조 선천 수도 부설인가 및 준공인가	1938-1938	내무부 토목과	토목	CJA0015481
국고보조 소화13년도 청진도로 및 하수공사 준공인가(함북)	1938-1944	내무부 토목과	토목	CJA0016014
국고보조 순천 수도 부설인가	1931-1938	내무부 토목과	토목	CJA0015473
국고보조 순천 수도 부설인가	1935-1938	내무부 토목과	토목	CJA0015474
국고보조 시가도로 및 하수공사(각도)	1937-1937	내무부 토목과	토목	CJA0015329
국고보조 안동 수도공사	1937-1942	내무부 토목과	토목	CJA0015540
국고보조 안주 수도 부설인가	1934-1938	내무부 토목과	토목	CJA0015479
국고보조 연안 수도시설공사	1933-1938	내무부 토목과	토목	CJA0015475
국고보조 영천 수도공사	1936-1938	내무부 토목과	토목	CJA0015525
국고보조 완도 수도확장공사	1935-1936	내무부 토목과	토목	CJA0015201
국고보조 웅기 하수 및 도로공사실시 설계인가 관계도면(함경북도)	1930-1932	내무부 토목과	토목	CJA0016187
국고보조 장항 수도 부설인가	1937-1938	내무부 토목과	토목	CJA0015561
국고보조 장항 수도 부설인가	1937-1939	내무부 토목과	토목	CJA0015558
국고보조 장항 수도공사 준공인가건	1937-1938	내무부 토목과	토목	CJA0015559
국고보조 전주 시가정리공사	1938-1942	내무부 토목과	토목	CJA0015563
국고보조 제1차궁민구제 밀양수도공사 준공인가의 건(경상남도)	1939-1939	내무부 토목과	토목	CJA0015636
국고보조 제1차궁민구제 진주하수공사	1931-1938	내무부 토목과	토목	CJA0015462
국고보조 제1차궁민구제 청진부내 하수 및 도로정리공사	1931-1939	내무부 토목과	토목	CJA0015589
국고보조 제1차궁민구제사업 삼천포 수도 준공인가의 건	1940-1940	내무부 토목과	토목	CJA0015718
국고보조 제2차 궁민구제 대구 시가간선도로공사	1934-1940	내무부 토목과	토목	CJA0015698
국고보조 제2차궁민구제 완도수도확장공사 준공인가의 건	1939-1939	내무부 토목과	토목	CJA0015641
국고보조 제2차궁민구제 통천수도공사 준	1939-1942	내무부 토목과	토목	CJA0015638

기록철명	생산년도	생산기관	분류	관리기호
공인가의 건				
국고보조 제2차궁민구제사업 단천수도공사?	1934-1940	내무부 토목과	토목	CJA0015716
국고보조 제2차궁민구제사업 황주 수도공사	1935-1939	내무부 토목과	토목	CJA0015634
국고보조 제3차 궁민구제 대구 시가간선도로공사	1935-1940	내무부 토목과	토목	CJA0015700
국고보조 제3차궁민구제 광주하수확장공사 실시설계 및 준공인가	1935-1938	내무부 토목과	토목	CJA0015463
국고보조 제3차궁민구제 웅기수도공사	1935-1937	내무부 토목과	토목	CJA0015407
국고보조 제3차궁민구제 웅기수도공사 준공인가의 건	1939-1939	내무부 토목과	토목	CJA0015639
국고보조 제3차궁민구제 함흥제2기 하수개수공사 및 준공인가의 건 (함경남도)	1935-1939	내무부 토목과	토목	CJA0015588
국고보조 제3차궁민구제 함흥제2기 하수개수공사 및 준공인가의 건 (함경남도)	1935-1939	내무부 토목과	토목	CJA0015587
국고보조 제3차궁민구제사업 단천 수도공사	1935-1940	내무부 토목과	토목	CJA0015717
국고보조 조치원수도 부설인가 및 준공인가	1938-1938	내무부 토목과	토목	CJA0015477
국고보조 조치원수도부설인가	1934-1938	내무부 토목과	토목	CJA0015476
국고보조 중화 수도 부설공사 준공인가의 건 (평남)	1936-1936	내무부 토목과	토목	CJA0015228
국고보조 지방진흥사업 대구도로 및 하수공사	1936-1940	내무부 토목과	토목	CJA0015696
국고보조 지방진흥토목사업 김제 수도공사 준공인가의 건	1941-1941	내무부 토목과	토목	CJA0015803
국고보조 지방진흥토목사업 영천 수도공사 준공인가의 건	1940-1940	내무부 토목과	토목	CJA0015720
국고보조 지방진흥토목사업 천안 수도공사 준공인가의 건	1940-1940	내무부 토목과	토목	CJA0015719
국고보조 지방진흥토목사업 혜산 수도공사 준공인가의 건	1940-1940	내무부 토목과	토목	CJA0015721
국고보조 포항 수도확장공사 시행인가	1931-1938	내무부 토목과	토목	CJA0015485
국고보조 하수공사	1923-1929	내무부 토목과	토목	CJA0013375

기록철명	생산년도	생산기관	분류	관리기호
국고보조 하수공사	1923-1929	내무부 토목과	토목	CJA0013374
국고보조 해주 수도확장공사	1934-1936	내무부 토목과	토목	CJA0015200
국고보조 해주 수도확장공사 준공인가의 건 (황해도)	1939-1939	내무부 토목과	토목	CJA0015635
국고보조 혜산 수도공사	1936-1938	내무부 토목과	토목	CJA0015523
국고보조공사 (하수)	1923-1929	내무부 토목과	토목	CJA0013370
국고보조공사 (하수)	1925-1926	내무부 토목과	토목	CJA0013371
국고보조공사 (하수)	1926-1929	내무부 토목과	토목	CJA0013373
국고보조공사 (하수)	1926-1926	내무부 토목과	토목	CJA0013372
국고보조공사 (하수)	1927-1930	내무부 토목과	토목	CJA0013529
군산 수도부설공사	1928-1928	내무부 토목과	토목	CJA0013231
군산 진주 마산 상수도공사	1933-1935	내무부 토목과	토목	CJA0016137
궁민구제 진주 하수 국고보조공사(제1호) (토목과행정계)	1931-1938	내무부 토목과	토목	CJA0015461
김제 수도 국고보조공사	1937-1941	내무부 토목과	토목	CJA0015802
김천 수도공사	1925-1929	내무부 토목과	토목	CJA0013252
김천 수도확장 국고보조서류	1931-1932	내무부 토목과	토목	CJA0014007
나남 수도공사 국고보조건(함경북도)	1938-1938	내무부 토목과	토목	CJA0015541
나진 수도 국고보조	1937-1941	내무부 토목과	토목	CJA0015817
나진 수도 국고보조	1938-1941	내무부 토목과	토목	CJA0015818
나진 수도부설의 건철	1935-1935	내무부 토목과	토목	CJA0014939
논산 수도 부설인가 및 국고보조건	1937-1937	내무부 토목과	토목	CJA0015246
대구 시가도로 및 하수도개수? 공사 국고 보조서류	1923-1927	내무부 토목과	토목	CJA0013067
대구 제2기시가도로 및 하수개수 국고보조 준공인가부도	1923-1927	내무부 토목과	토목	CJA0013071
대구 제3기 시가도로 및 하수개수공사	1928-1939	내무부 토목과 행정계	토목	CJA0015578
대구 하수 국고보조공사 (토목과행정계)	1933-1938	내무부 토목과	토목	CJA0015464
대구도로 및 하수공사(행정계)	1937-1938	내무부 토목과	토목	CJA0015416

기록철명	생산년도	생산기관	분류	관리기호
대구부내 도로 재해복구공사 국고보조	1925-1926	내무부 토목과	토목	CJA0012960
대구비행장노선 설계원도	1940-1940	내무부 토목과 (경북도로관리사업소) 내무부	각도	CJA0020046
대구시가 1호 4호 5호 7호선도로 및 하수도 개수공사 출래형조서	1931-1932	내무부 토목과	각도 (경북)	CJA0019905
대동강 개수공사 설계서철	1930-1931	내무부 토목과	토목	CJA0013775
대동강 개수공사 실시설계서(토목과)	1939-1939	내무부 토목과	토목	CJA0015665
대동강 보통강 합류점부근 개수공사 준공 인가관계서	1937-1937	내무부 토목과	토목	CJA0015406
대동강 제1구 방수벽 축조공사 변경설계도	1931-1932	내무부 토목과	토목	CJA0014069
대동강 제1구 축제공사 (평양)	1933-1933	내무부 토목과	토목	CJA0014192
대동강 제1구 축제공사 변경 설계 (평양)	1933-1933	내무부 토목과	토목	CJA0014193
대동강 제2구 방수벽축조공사 (평양)	1932-1933	내무부 토목과	토목	CJA0014183
대동강 제2구 방수벽축조공사 계획 변경설계도(2책지내1) (제2회-1)	1932-1933	내무부 토목과	토목	CJA0014187
대동강 제2구 방수벽축조공사 변경설계도(제1회-1)(제2책내1)	1932-1933	내무부 토목과	토목	CJA0014185
대동강 제2구 방수벽축조공사 변경설계도(제1회-2)(2책내2)	1932-1933	내무부 토목과	토목	CJA0014186
대동강 제2구 방수벽축조공사 설계도	1932-1932	내무부 토목과	토목	CJA0014184
대동강 제2구 방수벽축조공사계획 변경설계도(제2회-2) (2책지내2)	1932-1933	내무부 토목과	토목	CJA0014188
대동강 제2구 축제공사(외3건)	1934-1934	내무부 토목과	토목	CJA0015057
대동강 제2구방수벽 축조공사 변경설계도 ?	1931-1932	내무부 토목과	토목	CJA0014068
대동강 진정부근 호안공사	1930-1931	내무부 토목과	토목	CJA0013776
대동강 평양좌안 방수 선교리수문공사 설계서	1931-1933	내무부 토목과	토목	CJA0014360
대동강 평양좌안 방수 선교리수문공사 설계서	1931-1933	내무부 토목과	토목	CJA0014361
대동강 평양좌안 방수 수문공사 설계서철	1931-1932	내무부 토목과	토목	CJA0014122
대동강 평양좌안 방수공사(부대공사 설계서)	1931-1932	내무부 토목과	토목	CJA0014123

기록철명	생산년도	생산기관	분류	관리기호
대동강 평양좌안방수공사 준공인가관계서 (평안남도)	1932-1937	내무부 토목과	토목	CJA0015401
대전 수도부설인가 및 국고보조서류	1931-1933	내무부 토목과	토목	CJA0014137
대전 수도부설인가 및 국고보조서류	1931-1933	내무부 토목과	토목	CJA0014134
대전 수도부설인가 및 국고보조서류	1931-1933	내무부 토목과	토목	CJA0014135
대전 수도부설인가 및 국고보조서류	1931-1933	내무부 토목과	토목	CJA0014136
대전 치수 및 하수개수공사 설계변경서	1926-1931	내무부 토목과	토목	CJA0013806
대전 치수 및 하수개수공사 시행 및 국고보조서류	1926-1931?	내무부 토목과	토목	CJA0013805
도시 하수공사 (각도)	1933-1935	내무부 토목과	토목	CJA0016138
도시계획 현장조사	1925-1925	내무부 토목과	토목	CJA0012942
도시계획서철	1927-1929	내무부 토목과	토목	CJA0013424
도시하수 국고보조품신서	1932-1932	내무부 토목과	토목	CJA0013666
도시하수 제국의회 설명자료(각도)	1930-1935	내무부 토목과	토목	CJA0016147
독도방수 제2구 축제 기타공사	1935-1935	내무부 토목과	토목	CJA0014928
독도방수 제3공구 축제공사(외2건) (경성)	1934-1936	내무부 토목과	토목	CJA0015033
독도방수 제5공구 축제공사(경성)	1934-1938	내무부 토목과	토목	CJA0015451
독도제1-2구 축제보강공사(외3건) (경성)	1938-1938	내무부 토목과	토목	CJA0015498
독도제2공구 호안공사 (경성)	1937-1937	내무부 토목과	토목	CJA0015305
독도제4공구 5공구 호안공사설계서 (경성)	1939-1939	내무부 토목과	토목	CJA0015619
동래 수도확장공사 시행인가(국고보조)	1934-1938	내무부 토목과	토목	CJA0015478
마산 공업용 수도조사	1938-1938	내무부 토목과	토목	CJA0015532
마산 상수도공사 국고보조	1927-1932	내무부 토목과	토목	CJA0013859
마산 수도공사 국고보조서류	1930-1931	내무부 토목과	토목	CJA0013858
마산시가 도로공사	1937-1941	내무부 토목과 행정계	토목	CJA0015415
마산시가 도로공사	1938-1941	내무부 토목과 행정계	토목	CJA0015545
마포방수 고지배수 제1공구 공사 (경성)	1932-1935	내무부 토목과	토목	CJA0014788

기록철명	생산년도	생산기관	분류	관리기호
마포방수 제1공구 축제 기타공사 (경성)	1930-1932	내무부 토목과	토목	CJA0014091
목포 수도 제2수원지 및 옥의지배수지 폐지인가	1940-1940	내무부 토목과	토목	CJA0015741
목포 수도 확장공사 국고보조관계서류	1926-1927	내무부 토목과	토목	CJA0013060
목포 하수공사 국고보조관계서류	1930-1932	내무부 토목과	토목	CJA0014049
목포 하수공사 국고보조관계서류	1930-1932	내무부 토목과	토목	CJA0014047
목포 하수공사 국고보조관계서류	1930-1932	내무부 토목과	토목	CJA0014048
목포 하수공사 국고보조관계서류	1930-1932	내무부 토목과	토목	CJA0014046
밀양읍 시가지조성공사계획	1938-1943	내무부 토목과	각도 (경남)	CJA0019953
부산 도로포장 및 개수공사	1934-1941	내무부 토목과	토목	CJA0015797
부산 수도 범어시수원지 확장공사	1937-1938	내무부 토목과	토목	CJA0015537
부산 수도확장공사 국고보조관계서류	1923-1929	내무부 토목과	토목	CJA0013251
부산 수도확장공사 국고보조관계서류	1923-1929	내무부 토목과	토목	CJA0013250
부산 수도확장공사 국고보조서류	1926-1933	내무부 토목과	토목	CJA0014157
부산 수도확장공사 국고보조서류	1926-1933	내무부 토목과	토목	CJA0014162
부산 수도확장공사 국고보조서류	1926-1933	내무부 토목과	토목	CJA0014156
부산 수도확장공사 국고보조서류	1926-1933	내무부 토목과	토목	CJA0014161
부산 수도확장공사 국고보조서류	1926-1933	내무부 토목과	토목	CJA0014163
부산 수도확장공사 국고보조서류	1931-1933	내무부 토목과	토목	CJA0014159
부산 수도확장공사 국고보조서류	1931-1933	내무부 토목과	토목	CJA0014155
부산 수도확장공사 국고보조서류	1931-1933	내무부 토목과	토목	CJA0014160
부산 수도확장공사 국고보조서류	1931-1933	내무부 토목과	토목	CJA0014158
부산 하수 국고보조공사 시설실시 설계서류	1930-1935	내무부 토목과	토목	CJA0014749
부산 하수 국고보조공사 시설실시 설계준공인가서류	1930-1935	내무부 토목과	토목	CJA0014751
부산 하수 국고보조공사 시설실시 설계준공인가서류	1930-1935	내무부 토목과	토목	CJA0014752

기록철명	생산년도	생산기관	분류	관리기호
부산 하수 국고보조공사 시설실시 설계준공인가서류	1930-1935	내무부 토목과	토목	CJA0014753
부산 하수 국고보조공사 시설실시 설계준공인가서류	1930-1935	내무부 토목과	토목	CJA0014750
사천 수도부설공사 시행1건	1936-1937	내무부 토목과	토목	CJA0015279
상수도 국고보조 품신 채택분 관계철	1933-1933	내무부 토목과	토목	CJA0014197
상수도 국고보조 품신 채택분 관계철	1933-1933	내무부 토목과	토목	CJA0014196
상수도 국고보조공사서류	1928-1932	내무부 토목과	토목	CJA0013881
상수도 국고보조공사서류	1931-1932	내무부 토목과	토목	CJA0013873
상수도 국고보조공사서류	1932-1932	내무부 토목과	토목	CJA0013883
상수도 국고보조관계서류	1928-1928	내무부 토목과	토목	CJA0013156
상수도 국고보조관계서류	1930-1930	내무부 토목과	토목	CJA0013492
상수도 국고보조서류	1929-1935	내무부 토목과	토목	CJA0014766
상수도 국고보조서류	1929-1935	내무부 토목과	토목	CJA0014768
상수도 국고보조서류	1929-1935	내무부 토목과	토목	CJA0014767
상수도 국고보조서류	1934-1934	내무부 토목과	토목	CJA0014466
상수도 국고보조서류	1934-1935	내무부 토목과	토목	CJA0014769
상수도 국고보조품신철	1935-1935	내무부 토목과	토목	CJA0014785
상수도 자원조사서	1929-1929	내무부 토목과	토목	CJA0013428
상수도 자원조사서	1930-1930	내무부 토목과	토목	CJA0013569
상수도 자원조사서	1930-1932	내무부 토목과	토목	CJA0014092
상수도 자원조사서	1933-1933	내무부 토목과	토목	CJA0014298
상수도 자원조사서 (각도)	1938-1938	내무부 토목과	토목	CJA0015514
상수도 자원조사서(경성부외 7건)	1937-1937	내무부 토목과	토목	CJA0015398
상수도 잡건철	1924-1928	내무부 토목과	토목	CJA0013232
상수도 잡건철	1924-1932	내무부 토목과	토목	CJA0013862
상수도 진정서류	1924-1932	내무부 토목과	토목	CJA0014080

기록철명	생산년도	생산기관	분류	관리기호
상수도공사	1928-1929	내무부 토목과	토목	CJA0013377
상수도공사	1929-1929	내무부 토목과	토목	CJA0013330
상수도공사서류	1932-1935	내무부 토목과	토목	CJA0014765
상수도공작물 변경증설건	1931-1932	내무부 토목과	토목	CJA0013849
상수도관계서류	1929-1929	내무부 토목과	토목	CJA0013254
상수도자원조사서(내무국 토목과)	1931-1931	내무부 토목과	토목	CJA0013791
상수도협의회	1926-1927	내무부 토목과	토목	CJA0013082
선내 각수도 수질시험성적보고(각도)	1940-1940	내무부 토목과	토목	CJA0015749
성진 수도확장공사 실시설계	1940-1940	내무부 토목과	토목	CJA0015743
성진 수도확장공사(함경북도)	1936-1941	내무부 토목과	토목	CJA0015904
성진 하수 및 도로공사 (토목과행정계)	1938-1941	내무부 토목과	토목	CJA0015544
소화8년 이후 도시 하수 국고보조품신서 (행정계) (각도)	1932-1933	내무부 토목과	토목	CJA0016119
수도 공작물증설공사 시행1건(함남, 경남, 경기)	1935-1937	내무부 토목과	토목	CJA0015278
수도 부설공사 (강원도)	1938-1939	내무부 토목과	토목	CJA0015647
수도 잡건철 (각도)	1932-1934	내무부 토목과	토목	CJA0014702
수도공사 시행인가건 (각도)	1937-1938	내무부 토목과	토목	CJA0015281
수도통계표 (각도)	1935-1935	내무부 토목과	토목	CJA0016139
수도통계표 (각도)	1936-1937	내무부 토목과	토목	CJA0015443
수도통계표 (각도)(행정계도시)	1941-1941	내무부 토목과	토목	CJA0016178
순천 수도 배수관개량공사 시행인가	1937-1937	내무부 토목과	토목	CJA0015280
시가도로 개량공사 실행 인가서류 (경남,충남)	1935-1937	내무부 토목과	토목	CJA0015270
시가도로 및 하수 관계서류	1923-1927	내무부 토목과	토목	CJA0013068
시가도로 및 하수 관계서류	1923-1927	내무부 토목과	토목	CJA0013069
시가도로 및 하수 관계서류	1923-1927	내무부 토목과	토목	CJA0013070
시가도로 및 하수 국고보조 품신채택 관계철 (각도)	1934-1934	내무부 토목과	토목	CJA0014681

기록철명	생산년도	생산기관	분류	관리기호
시가도로 및 하수 국고보조 품신채택 관계철 (각도)	1934-1934	내무부 토목과	토목	CJA0014682
시가도로 및 하수 국고보조서류 (각도)	1935-1935	내무부 토목과	토목	CJA0014868
시가도로 및 하수 국고보조서류 (각도)	1935-1935	내무부 토목과	토목	CJA0014869
시가도로 및 하수 국고보조서류 (각도)	1934-1937	내무부 토목과	토목	CJA0014867
시가도로 및 하수 국고보조서류 (각도)	1936-1936	내무부 토목과	토목	CJA0015030
시가도로 및 하수 국고보조서류 (개성부)	1933-1936	내무부 토목과	토목	CJA0015031
시가도로 및 하수 국고보조서류 (전북)	1927-1937	내무부 토목과	토목	CJA0015250
시가도로 및 하수 국고보조품신 채택 관계철(각도)	1934-1934	내무부 토목과	토목	CJA0014681
시가도로 및 하수 국고보조품신 채택 관계철(각도)	1934-1934	내무부 토목과	토목	CJA0014682
시가도로 및 하수공사 국고보조서류	1934-1934	내무부 토목과	토목	CJA0014470
시가도로 및 하수공사 국고보조서류	1934-1934	내무부 토목과	토목	CJA0014471
시가도로 및 하수관계서류	1923-1927	내무부 토목과	토목	CJA0013068
시가도로 및 하수관계서류	1923-1927	내무부 토목과	토목	CJA0013069
시가도로 및 하수관계서류	1923-1927	내무부 토목과	토목	CJA0013070
시가도로 및 하수도 개수공사인가관계	1924-1931	내무부 토목과	토목	CJA0013608
시가도로 및 하수도 관계서류	1932-1932	내무부 토목과	토목	CJA0013885
시가도로 및 하수도 관계서류	1932-1932	내무부 토목과	토목	CJA0013886
시가도로 하수 국고보조서류	1934-1934	내무부 토목과	토목	CJA0014602
시가도로공사 실행인가 및 국고보조서류 (경남 통영)	1935-1935	내무부 토목과	토목	CJA0014913
시가도로공사 실행인가 및 국고보조서류 (경남 통영)	1935-1935	내무부 토목과	토목	CJA0014914
시가지 조성관계(경남 통영군)	1922-1922	내무부 토목과	각도 (경남)	CJA0019928
시국응급시설 전주방수공사(국고보조준공인가) (전주읍)	1932-1939	내무부 토목과	토목	CJA0015598
신경성 비행장연락도로 (2구) 토반축조공사	1939-1940	내무부 토목과	토목	CJA0015757

기록철명	생산년도	생산기관	분류	관리기호
신경성 비행장연락도로 제1공구 복구공사	1941-1941	내무부 토목과	토목	CJA0015810
신경성 비행장연락도로 제1공구 암거 기타 축조공사설계서(경성)	1939-1939	내무부 토목과	토목	CJA0015618
신경성 비행장연락도로 제2공구 로반축조 공사(변경) (경성)? (토목과)	1938-1938	내무부 토목과	토목	CJA0015527
신고산수도부설공사 인가서류	1932-1932	내무부 토목과	토목	CJA0014008
신선대부근 전등설비공사 설계서	1940-1940	내무부 토목과 (내무국부산토목 출장소건설부)	토목	CJA0022600
신용산방수공사 관계서류	1925-1925	내무부 토목과	토목	CJA0012937
신의주 군산 고흥 목포 상수도공사	1929-1930	내무부 토목과	토목	CJA0013452
신의주 수도 배수관확장공사(공작물사용승인)	1937-1940	내무부 토목과	토목	CJA0015744
신의주 수도확징공사	1926-1928	내무부 토목과	토목	CJA0013148
신의주 수도확장공사국고보조	1926-1928	내무부 토목과	토목	CJA0013147
신의주 시가정리 및 방수공사	1923-1928	내무부 토목과	토목	CJA0013195
신의주 시가정리 및 방수공사	1926-1926	내무부 토목과	토목	CJA0013197
신의주 시가정리 및 방수공사 (신 의주부)	1923-1928	내무부 토목과	토목	CJA0013200
신의주 시가정리 및 방수공사 (신의주부)	1923-1928	내무부 토목과	토목	CJA0013201
신의주 시가정리 및 방수공사 (신의주부) (2회 변경)	1923-1928	내무부 토목과	토목	CJA0013199
신의주 시가정리 및 방수공사? (1회변경)	1926-1926	내무부 토목과	토목	CJA0013198
신의주 시가정리 및 방수공사? 관계서류	1923-1928	내무부 토목과	토목	CJA0013203
신의주 시가정리 및 방수공사? 관계서류	1923-1928	내무부 토목과	토목	CJA0013196
신의주 시가정리 및 방수공사? 내 방수공사 준공도	1923-1928	내무부 토목과	토목	CJA0013208
신의주 시가정리 및 방수공사? 내 방수공사 준공도	1923-1928	내무부 토목과	토목	CJA0013209
신의주 시가정리 및 방수공사? 시설 설계 인가	1923-1928	내무부 토목과	토목	CJA0013202
신의주 시가정리 및 방수공사? 준공인가 및 잔품처리	1926-1928	내무부 토목과	토목	CJA0013207

기록철명	생산년도	생산기관	분류	관리기호
신의주 시가정리 및 방수공사? 중 제1 제2 수문 설계변경	1926-1928	내무부 토목과	토목	CJA0013205
신의주 시가정리 및 방수공사? 중 제1 제2 수문 실시설계인가	1923-1928	내무부 토목과	토목	CJA0013204
신의주 시가정리 및 방수공사? 중 제3수문 실시설계인가	1923-1928	내무부 토목과	토목	CJA0013206
신의주 시가지정리 및 방수공? 사 시행인가	1923-1928	내무부 토목과	토목	CJA0013194
신의주방수제 재해복구공사 국고보조 및 준공인가서류	1936-1937	내무부 토목과	토목	CJA0015102
신의주부 간선도로 국고보조공사관계서류	1931-1933	내무부 토목과	토목	CJA0014133
신의주부 시가도로개수 국고? 보조공사 준공관계서류	1925-1925	내무부 토목과	토목	CJA0012950
여수 경성 목포 수도확장공사	1928-1928	내무부 토목과	토목	CJA0013157
영등포방수 제1제2공구 축제기타공사	1926-1929	내무부 토목과	토목	CJA0013341
영등포방수 제2공구 축제공사 변경설계서	1928-1928	내무부 토목과	토목	CJA0013186
영등포방수 제3공구 제4공구 축제공사 (경성)	1930-1935	내무부 토목과	토목	CJA0014787
영등포방수시촌 제3수문 및 제3공구 수문 신설공사서류(경성)	1930-1933	내무부 토목과	토목	CJA0014297
영등포방수제 재해복구 공사관계	1925-1925	내무부 토목과	토목	CJA0012938
영등포제4공구 축제추가공사(외1건) (경성)	1935-1936	내무부 토목과	토목	CJA0015014
영흥 수도 국고보조공사 실시설계서	1931-1935	내무부 토목과	토목	CJA0014759
영흥 수도 국고보조서류	1931-1935	내무부 토목과	토목	CJA0014758
완도 상수도부설공사 관계서류	1929-1929	내무부 토목과	토목	CJA0013316
용산방수 소조천하류 수문기타공사관계	1926-1927	내무부 토목과	토목	CJA0012988
용산방수 신용산저지 배수공사 관계서류	1927-1927	내무부 토목과	토목	CJA0012982
용산방수 욱천 개수관계	1928-1931	내무부 토목과	토목	CJA0013616
용산방수 욱천 제1공구 축제기타공사 관계서류	1926-1927	내무부 토목과	토목	CJA0012983
용산방수 욱천 제2공구 축제 기타공사도면	1927-1927	내무부 토목과	토목	CJA0013087
용산방수 욱천 제2구 축제 기타공사	1927-1927	내무부 토목과	토목	CJA0013181

기록철명	생산년도	생산기관	분류	관리기호
용산방수 제2호수문 지선배수공사 용산서빙고 일부 이설 축제공사	1927-1927	내무부 토목과	토목	CJA0012987
울산 수도 부설인가	1933-1936	내무부 토목과	토목	CJA0014980
울산하수 및 도로공사(행정계)	1937-1942	내무부 토목과	토목	CJA0015417
웅기 시가계획관계	1927-1928	내무부 토목과	토목	CJA0013227
웅기 하수 및 도로공사 준공인가서류	1930-1932	내무부 토목과	토목	CJA0014088
원산 수도공작물 증설공사	1936-1938	내무부 토목과	토목	CJA0015533
원산 하수 국고보조 관계서류	1927-1932	내무부 토목과	토목	CJA0014044
원산 하수 국고보조 관계서류	1927-1932	내무부 토목과	토목	CJA0014043
원산 하수 국고보조 관계서류	1927-1932	내무부 토목과	토목	CJA0014039
원산 하수 국고보조 관계서류	1927-1932	내무부 토목과	토목	CJA0014042
원산 하수 국고보조공사	1927-1932	내무부 토목과	토목	CJA0014040
이리 수도 국고보조서류	1931-1936	내무부 토목과	토목	CJA0014982
이리 수도 국고보조서류	1931-1936	내무부 토목과	토목	CJA0014984
이리 수도 국고보조서류???	1931-1936	내무부 토목과	토목	CJA0014983
인구의 도시집중방지관계	1936-1936	내무부 토목과	지방행정	CJA0003141
인천 수도수원지 제방승상공사 국고보조	1927-1927	내무부 토목과	토목	CJA0013014
장전 수도 배수관증설공사	1941-1941	내무부 토목과	토목	CJA0015815
장항 수도부설인가	1937-1937	내무부 토목과	토목	CJA0015276
재령 수도공사 국고보조서류	1930-1933	내무부 토목과	토목	CJA0014154
재해복구 마산 시가도로공사	1937-1941	내무부 토목과	토목	CJA0015793
재해복구 오로도로 및 하수공사 (행정계도시) (함경남도)	1939-1942	내무부 토목과	토목	CJA0015650
재해복구 전주부 시가도로공사	1936-1938	내무부 토목과 행정계	토목	CJA0015468
전선 명수도 평면도 및 사진철(각도)	1936-1936	내무부 토목과	토목	CJA0014988
전주 하수공사 국고보조관계서류	1927-1932	내무부 토목과	토목	CJA0014050
제1차 궁민구제 여수 시가도로공사 시행인가 및 국고보조서류	1932-1932	내무부 토목과	토목	CJA0014129

기록철명	생산년도	생산기관	분류	관리기호
제1차 궁민구제 여수 시가도로공사 시행인가 및 국고보조서류	1931-1932	내무부 토목과	토목	CJA0014130
제1차 궁민구제 여수 시가도로공사 시행인가 및 국고보조서류	1932-1932	내무부 토목과	토목	CJA0014129
제2차 궁민구제 대구 시가간선도로 국고보조공사	1934-1940	내무부 토목과	토목	CJA0015697
제2차 궁민구제 신의주 시가 정리공사 국고보조 및 실시 설계인가서류	1934-1934	내무부 토목과	토목	CJA0014709
제2차궁민구제 광주 하수도 국고보조 및 실시설계서류	1934-1934	내무부 토목과	토목	CJA0014704
제2차궁민구제 광주 하수도확장공사 국고보조 및 실시설계서류	1934-1934	내무부 토목과	토목	CJA0014703
제2차궁민구제 나남 하수공사국고보조 및 실시 설계인가의 건	1934-1938	내무부 토목과	토목	CJA0014705
제2차궁민구제 하수 및 도로국고보조 및 실시 설계인가서류	1934-1942	내무부 토목과	토목	CJA0014744
제3기 대구 시가도로 및 하수도개수공사 (NO1) (행정계)	1928-1939	내무부 토목과	토목	CJA0015577
제3차 궁민구제 신의주 시가정리공사 국고보조 및 실행?? 인가서류	1935-1935	내무부 토목과	토목	CJA0014930
제3차궁민구제 평양 하수 및 도로 시행인가 국고보조	1935-1935	내무부 토목과	토목	CJA0014972
조치원 수도부설인가 국고보조 품신철	1925-1927	내무부 토목과	토목	CJA0013081
지방진흥토목사업 김제 수도부설 및 국고보조 (도면별) (토목과)	1936-1938	내무부 토목과	토목	CJA0015524
지방진흥토목사업 대구 시가도로 및 하수공사	1936-1940	내무부 토목과	토목	CJA0015695
지방진흥토목사업 벽동 수도 부설공사(평안북도) (토목과)	1936-1942	내무부 토목과	토목	CJA0015905
지방진흥토목사업 천안 수도공사 (도면별)	1936-1936	내무부 토목과	토목	CJA0015202
진남포수도공사 비준공명세서	1912-1914	내무부 토목과	토목	CJA0013364
진주 수도확장공사 국고보조관계서류(도시)	1926-1929	내무부 토목과	토목	CJA0013253
진주 수도확장공사(경상남도)	1929-1932	내무부 토목과	토목	CJA0016122
진주시가정리공사(국고보조)	1926-1927	내무부 토목과	토목	CJA0013061
진주시가지개측 관계서류	1932-1932	내무부 토목과	세무	CJA0003994

기록철명	생산년도	생산기관	분류	관리기호
진해시가 제등만잔교계단 부취설기타공사	1921-1921	부산축항사무소 건설부	토목, 부처 통계	CJA0022656
천안 수도부설공사 인가서류 (충청남도)	1935-1935	내무부 토목과	토목	CJA0014912
천안수도 양수설비변경인가서	1940-1940	내무부 토목과	토목	CJA0015740
철원 수도 부설인가 및 국고보조서류	1937-1937	내무부 토목과	토목	CJA0015274
철원 수도 부설인가 및 국고보조의 건 (강원도)	1931-1937	내무부 토목과	토목	CJA0015273
철원 수도부설인가 및 국고보조서류	1937-1937	내무부 토목과	토목	CJA0015275
청주 수도 재해복구공사(국고보조)	1930-1932	내무부 토목과	토목	CJA0013861
청주 수도확장공사 준공인가건	1941-1941	내무부 토목과	토목	CJA0015812
청진 도로 및 하수공사 (함북)	1937-1944	내무부 토목과	토목	CJA0016016
청진 상수도 제4차 확장공사 국고보조서류	1932-1932	내무부 토목과	토목	CJA0013860
청진 수도 국고보조 및 확장공사관계서류	1917-1924	내무부 토목과	토목	CJA0012935
청진 수도 제4차 확장공사	1929-1932	내무부 토목과	토목	CJA0014431
청진 수도 확장공사	1936-1940	내무부 토목과	토목	CJA0015742
청진 수도 확장공사	1937-1941	내무부 토목과	토목	CJA0015814
청진도로 및 하수공사 (함북)	1937-1944	내무부 토목과	토목	CJA0016016
청진부내 도로교량 재해복구공사서류	1925-1926	내무부 토목과	토목	CJA0012961
춘천 수도 부설인가 및 국고보조 관계서류	1923-1928	내무부 토목과	토목	CJA0012931
춘천 수도 설계변경 및 국고보조관계	1923-1924	내무부 토목과	토목	CJA0012932
통영 수도 부설인가 및 국고 보조건	1933-1937	내무부 토목과	토목	CJA0015248
통영 수도 부설인가 및 국고보조건	1933-1937	내무부 토목과	토목	CJA0015247
통영 수도저수지 준설공사(경상남도)	1939-1939	내무부 토목과	토목	CJA0015646
통천 수도 부설인가 및 국고보조서류	1934-1935	내무부 토목과	토목	CJA0014954
통천 수도 양수기변경	1937-1939	내무부 토목과	토목	CJA0015536
평강 수도 관계서류	1925-1925	내무부 토목과	토목	CJA0012946
평강 수도 부설 및 국고보조서류	1925-1933	내무부 토목과	토목	CJA0014152

기록철명	생산년도	생산기관	분류	관리기호
평강 수도 부설 및 국고보조서류	1925-1933	내무부 토목과	토목	CJA0014153
평강 수도공사	1937-1938	내무부 토목과	토목	CJA0015535
평양 수도 공작물 증설	1934-1936	내무부 토목과	토목	CJA0015277
평양 수도 수원지 확장공사	1924-1929	내무부 토목과	토목	CJA0013395
평양하수공사 국고보조 및 실시 설계변경 및 준공인가서류	1933-1936	내무부 토목과	토목	CJA0015110
평양하수공사 국고보조 및 실시 설계변경 및 준공인가서류	1933-1936	내무부 토목과	토목	CJA0015111
평양하수공사 국고보조 및 실시 설계변경 및 준공인가서류	1933-1936	내무부 토목과	토목	CJA0015112
포항 수도 부설공사 국고보조관계서류	1923-1928	내무부 토목과	토목	CJA0012956
포항 시가지계획현황조사서	1941-1941	내무부 토목과	각도 (경북)	CJA0020066
하동읍 시가지조성공사계획	1938-1938	내무부 토목과	각도 (경남)	CJA0019949
하수 국고보조 관계서류	1930-1932	내무부 토목과	토목	CJA0014089
하수 국고보조서류	1931-1933	내무부 토목과	토목	CJA0014396
하수 국고보조서류	1931-1933	내무부 토목과	토목	CJA0014397
하수 국고보조서류 (충청남도)	1931-1937	내무부 토목과	토목	CJA0015251
하수 시구개정 국고보조품신	1929-1929	내무부 토목과	토목	CJA0013405
하수공사 국고보조서류	1935-1935	내무부 토목과	토목	CJA0014916
하수공사 국고보조서류(전라남도)	1935-1935	내무부 토목과	토목	CJA0014915
하수도 국고보조서류	1931-1933	내무부 토목과	토목	CJA0014398
하수용지 권리증서철	1917-1944	내무부 토목과	각도 (서울시)	CJA0019992
하수용지 권리증서철	1918-1931	내무부 토목과	각도 (서울시)	CJA0019967
하수용지 권리증서철	1919-1938	내무부 토목과	각도 (서울시)	CJA0019972
하수용지 권리증서철	1919-1941	내무부 토목과	각도 (경성부)	CJA0019974
하수용지 권리증서철	1919-1944	내무부 토목과	각도 (서울시)	CJA0019991

기록철명	생산년도	생산기관	분류	관리기호
하수용지 권리증서철 (경성부남부)	1919-1938	내무부 토목과	각도 (서울시)	CJA0019973
하수용지 권리증서철 (하수)	1918-1942	내무부 토목과	각도 (서울시)	CJA0019979
한강개수 공사비 장안평우안 제2공구 축제 공사 설계변경서(토목과) (준공)	1935-1938	내무부 토목과	토목	CJA0015549
한강개수 김포방수 제3공구축제 기타공사	1931-1935	내무부 토목과	토목	CJA0014783
한강개수 김포방수 제6 제7 제9 제10 호안 공사 (경성)	1934-1935	내무부 토목과	토목	CJA0014827
한강개수 김포방수 호안공사 관계서류	1928-1931	내무부 토목과	토목	CJA0013657
한강개수 김포수문 기타공사	1932-1934	내무부 토목과	토목	CJA0014491
한강개수 독도방수 제2공구 부대공사설계 서	1936-1937	내무부 토목과	토목	CJA0015337
한강개수 독도방수 제2공구 축제기타공사 설계서 (경성)	1935-1938	내무부 토목과	토목	CJA0015452
한강개수 독도방수 제4구 축제공사설계서 (이산포하류 일산제)	1935-1937	내무부 토목과	토목	CJA0015342
한강개수 마포방수 수문설계서 (경성)	1930-1931	내무부 토목과	토목	CJA0014078
한강개수 마포방수 제2공구 축제 기타추가 공사 실시설계서(경성)	1934-1937	내무부 토목과	토목	CJA0015303
한강개수 마포방수 제2공구 축제공사(경 성)	1933-1933	내무부 토목과	토목	CJA0015256
한강개수 마포방수고지 배수 제1공구 철도 횡단 암거신설공사 외 3건(경성)	1933-1933	내무부 토목과	토목	CJA0014323
한강개수 부평방수 제승상 기타공사	1930-1934	내무부 토목과	토목	CJA0014494
한강개수 양동 방수제제 수문승상공사	1932-1934	내무부 토목과	토목	CJA0014492
한강개수 양천 방수제승상공사 (외2건) (경 성)	1931-1936	내무부 토목과	토목	CJA0015013
한강개수 용산방수 배수 즉통실 신설공사 (경성)	1931-1932	내무부 토목과	토목	CJA0014077
한강개수 용산방수 제2공구 축제 기타공사	1928-1929	내무부 토목과	토목	CJA0013388
한강개수 용산방수 한강교 상류 축제 기타 공사	1927-1928	내무부 토목과	토목	CJA0013182
한강개수 장안평 우안 제2구 축제공사 설 계서(토목과)	1935-1938	내무부 토목과	토목	CJA0015553

기록철명	생산년도	생산기관	분류	관리기호
한강개수 장안평 제1공구 우안축제공사 설계서 (양동제 독도 묵호강 영등포 용흥강)	1936-1937	내무부 토목과	토목	CJA0015340
한강개수 장안평 제3공구 우안축제공사 설계서철(토목과)(경성)	1935-1938	내무부 토목과	토목	CJA0015551
한강개수공사 설계서 양동제저수호안공사 마포방수고지 배수로공사 답십리배수문 신설공사 (토목과)	1939-1939	내무부 토목과	토목	CJA0015652
한강개수공사 설계서철	1928-1931	내무부 토목과	토목	CJA0013782
한강개수공사 실시설계서(경성)	1941-1942	내무부 토목과	토목	CJA0015963
한강개수공사비 장안평 제4공구 축제공사 설계서 (토목과)	1936-1937	내무부 토목과	토목	CJA0015422
한강개수굴착공사 기타 설계서철(경성)	1930-1933	내무부 토목과	토목	CJA0014191
한강하류 개수 일산방수 제3공구 및 제5공구 호안공사(경기도 토목과)	1932-1933	내무부 토목과	토목	CJA0016191
함흥 수도확장공사 국고보조 관계서류	1930-1930	내무부 토목과	토목	CJA0013499
함흥 수도확장공사 국고보조 관계서류	1930-1930	내무부 토목과	토목	CJA0013501
함흥 하수공사 국고보조 및 실시 설계인가 서류	1932-1932	내무부 토목과	토목	CJA0014082
함흥 하수공사 국고보조 및 실시 설계인가 철	1931-1931	내무부 토목과	토목	CJA0013787
함흥 하수공사 국고보조공사실시 설계인가 및 설계 변경인가철	1933-1933	내무부 토목과	토목	CJA0014277
함흥 하수공사 실시설계도	1930-1930	내무부 토목과	토목	CJA0013566
함흥 하수공사 실시설계인가	1929-1929	내무부 토목과	토목	CJA0013427
함흥 하수공사 준공 인가의 건철	1929-1933	내무부 토목과	토목	CJA0014274
함흥부근 침수지대 방수 제1제3공구 공사 관계	1926-1927	내무부 토목과	토목	CJA0012989
함흥부근 침수지대 방수 제4제5공구공사	1927-1928	내무부 토목과	토목	CJA0013114
함흥부근 침수지대 방수 제6공구 공사관계	1928-1928	내무부 토목과	토목	CJA0013111
함흥부근 침수지대 방수공사관계서	1926-1928	내무부 토목과	토목	CJA0013112
함흥하수공사갱생보고의 건철	1929-1933	내무부 토목과	토목	CJA0014275
함흥하수공사갱생보고의 건철	1933-1933	내무부 토목과	토목	CJA0014273

기록철명	생산년도	생산기관	분류	관리기호
해주 수도배수관부설공사	1937-1938	내무부 토목과	토목	CJA0015534
해주 수도확장공사 국고보조	1926-1927	내무부 토목과	토목	CJA0013013
혜산 수도 공작물공사	1940-1941	내무부 토목과	토목	CJA0015816
혜산 수도공작물공사	1940-1941	내무부 토목과	토목	CJA0015816
회령 수도 국고보조공사	1923-1925	내무부 토목과	토목	CJA0012940
회령 수도확장공사	1936-1937	내무부 토목과	토목	CJA0015249
흥남 수도 배수관증설	1939-1941	내무부 토목과	토목	CJA0015813
흥남 수도부설공사 인가서류	1932-1932	내무부 토목과	토목	CJA0014009

2.3.7 『도지수용 기록 시리즈』의 역사적·사회적 생신 맥락과 평가

도로·철도·교량·항만·도시계획 등의 사회기반시설 확충을 위한 토목사업이 이루어지기 위해서는 사적 토지소유권이 확립되었던 상황에서 토지수용 문제가 중요하다. 이것은 토지를 소유하거나 점유하여 그곳에서 살아가고 있는 사람들의 이해관계와 직접적인 관련을 갖는 것이므로 이를 둘러싼 논의와 분쟁은 발생할 수 밖에 없었다.

총독부는 합방과 함께 1911년 「土地收用令」(制令제3호, 1911.4.17)을 공포하여47) 향후 발생할 수 있는 재산권 문제에 대한 조치를 마련했다. 「토지수용령」 제2조에서 수용대상 토지를 다음과 같이 규정하고 있다.

"토지를 수용 또는 사용할 수 있는 사업은 다음과 같다   1. 국방 기타 군사에

---

47) 관보 제186호, 1911년 4월 17일자.

관한 사업 2. 관청 또는 公署 건설에 관한 사업 3. 교육, 학예 또는 자선에 관한
사업 4. 철도, 궤도, 도로, 교량, 하천, 제방사방, 운하, 用惡水路, 溜池, 船渠, 항만,
부두, 수도, 하수, 전기, 와사(가스) 또는 화장장에 관한 사업   5. 위생, 측후, 항로
표식, 防風, 防火, 수해예방, 기타 공용 목적으로 국가 또는 공공단체에서 시설하
는 사업".

이처럼 「토지수용령」에 따라 도시계획 관련 사업을 위해서도 많은 토지가 강제
로 수용될 수밖에 없었다.

2.3.8 『토지수용 기록 시리즈』에 대한 표준 기술평가 작성과 기록철 목록

국제기술표준 ISAD(G)에 따라 『토지수용 기록 시리즈』의 기술 · 기술서를
작성하면 다음과 같다.

§3.1 [ISAD(G) 기술표준의 고유 코드 번호이다] 식별 영역

§3.1.1 참고 코드

ISO 3166에 따른 국가 코드는 KR, 보존기록관인 국가기록원의 코드는 미정, 당
해 기록군(퐁)의 관리번호는 미정

§3.1.2 제목

조선총독부 내무국 기록군(퐁) 『토지수용 기록 시리즈』

§3.1.3 생산일

1010년~1945년, (대량 생산(생존) 시기) 소장 기록의 많은 부분이 1928년~1941
년 생산된 기록들이다.

§3.1.4 기술 계층

기록 시리즈

§3.1.5 범위와 분량

조선총독부 총독부 지방행정기관에서 생산접수된 기록 중에 현재(2006년)까지 국가기록원에 보존되고 있는 3만 천여 권의 기록 중 일부임. 총독부 문서고에서 이관된 이 내무국 기록은 모두 총독부 중앙행정기관의 기록들인데, 이 기록물의 4/5는 수리조합, 토목, 토지개량, 임정, 지방행정, 광무 관련 기록들이다. 총독부 이관 기록물 14,127권 가운데 내무국 기록은 '위생' 174권, '지방행정' 1,339권, '건축 회계 세무' 184권이며, '수리조합'(3,712권)과 '토목'(3,286권), 토지개량 (1,575권) 관련 기록물이 전체의 절반을 훨씬 넘는 8,573권이다. 하위 기록 시리즈 중에 토목과가 생산접수한 시구개정사업 기록 시리즈, 시가지계획사업 기록 시리즈, 기타 도시계획 관련 기록 시리즈, 토지수용 기록 시리즈가 있다. 총독부 내무국 타 과에서 생산되고 보존되고 있는 기록 시리즈는 아직 분류·결정되지 않았다.

§3.2 맥락 영역

§3.2.1 생산자명

조선총독부 내무국(1910년부터 1919년까지는 내무부, 그 이후 내무국, 사정국, 혹은 총독 관방)

§3.2.2 기관사

일제는 합방 직후 「조선총독부관제」(칙령 제354호, 1910.9.30)를 공포하여 일제의 조선 식민통치기구로서 조선총독부를 설치했다. 조선 총독과 정무총감 아래 중앙관서로는 총독관방, 총무부, 내무부, 탁지부, 농상공부, 사법부(1관방 5부)가, 그리고 소속관서로는 각도를 비롯하여 중추원, 경무총감부, 재판소, 철도국, 전매국, 임시토지조사국 등이 설치되었다. 1910년 9월 내무부(내무부장관) 기구는 내무부 직속의 서무과, 그리고 지방국(지방과, 토목과, 위생과)과 학무국(학무과, 편집과)으로 구성되어 있었다. 도시계획을 포함한 토목관련 사무를 관장하는 부서로서 내무부 산하에 지방국 토목과를 설치했다. 지방국 토목과는 ① 도로, 하천, 항만, 사방 및 수리, ② 수면 매립 및 사용, ③ 직할 토목공사 및 지방토목공사 감독, ④ 토지수용, ⑤ 상수 및 하수 업무를 관장했다. 이후 1912년 3월 27일 총독부는 내무부 지방국 토목과와 위생과를 지방국 제1과, 제2과로 개편하는 부서개편을 단행했으며, 1915년 5월 1일에는 내무부 지방국 자체를 폐지하고, 이를 내무국 제1과와 제2과로 나누었다. 당시 사무분장표에 따르면, 내무국 제1과는 ① 도·부·군·면 행정 ② 지방비 ③ 부군 임시은사금 ④ 신사 및 사원 ⑤ 종교 및 향사 ⑥ 병사(兵事) ⑦ 지리 지적 등의 업무를 담당하고 제2과는 ① 지방 단체 및 공공조합 ② 부동산 증명 ③ 구휼 및 자선 ④ 조선총독부 의원 및 도자혜의원 ⑤ 제생원 사무 등을 담당했다. 1919년 8월 대대적인 조직개편 과정에서 내무부가 내무국으로 명칭이 변경되었다. 총독부는 1919년 8월 내무국에 속했던 학무국을 총독부 직할의 학무국으로 승격시켜 조선총독부 관제를 1관방 6국(내무, 재무, 식산, 법무, 학무, 1924년 철도국 신설) 체제로 개편하였다. 1921년 7월 27일 1915년에 설치된 내무국 제1과와 제2과는 각각 지방과와 사회과로 개편되었다. 지방과는 ① 도·부·군·도(島)·면 행정 ② 도지방비, 학교조합 및 학교비 ③ 임시은사금 ④ 병사 ⑤ 국내 타과의 주관에 속하지 않는 사무를 담당하고, 사회과는 ① 구휼 및 자선 ② 사회사업 ③ 지방개량 ④ 향교재산 관리 ⑤ 수리조합 사무 등을 담당했다. 1921년 현재 총독부 내무국은 지방과, 사회과, 토목과, 건축과, 토목과로 조직되어 있고, 토목과는 ① 도로, 하천, 항만, 운하, 사방용지, 수리, 상수, 하수 등 ② 수면매립 및 사용 ③ 도시계획 ④ 지방토목 공사 ⑤ 토지 수용 ⑥ 토목회의 ⑦ 지형도 조제 ⑧ 관유재산 업무를 담당했다. 1925년 1월 10일 지방과 업무 중 신사(神社) 사무가 추가되고, 또 1926년 6월 14일에는 사회과 업무 중 수리조합 업무가 1924년 12월 새로 생긴 토지개량부로 넘겨졌다. 총독부 내무국에는 1936년 10월 사회과가 신설되었다. 사회과 업무는 ①진휼 및 구휼 ② 이재 구조 ③ 아동보호 ④ 노동 보호 ⑤ 실업구제 및 방지 ⑥ 제생원 및 감화원 ⑦ 기타의 사회사업 등이었다. 사회과 업무는 이후로도 계속 증가하여, 1939년 2월에는 사회과는 ① 구호 및 구료 ② 이재 구조 ③ 모성 및 아동 보호 ④ 공익 질옥, 주택공급, 개선 기타 사회복리 시설 ⑤ 군사 부조 기타 군사 원호 ⑥ 노동보호 ⑦ 직업소개 기타 노동 수급 ⑧ 실업의 구제 및 방지 ⑨ 국민 등록 ⑩ 제생원 및 감화원 ⑪ 기타 사회사업 등을 관장하였나. 사회과의 사무가 늘어나사 1941년 3월 사회과의 업무를 나누기 위해 노무과를 신설하고, ① 직업소개소 기타 노무의 수급 조정 ② 실업 대책 ③ 노동력의 보지, 증강 ④ 노동조건 ⑤ 노동보호 ⑥ 국민직업능력의 등록 및 국민 징용 ⑦ 기타 노무 업무를 관장하게 했다. 총독부는 1941년 11월 19일 내무국과 외사부를 사정국과 후생국으로 통폐합하였다. 이처럼 내무국 자체를 해체한 것은 내무국 사무의 비중이 줄었기 때문이 아니라 내무국 기구 자체를 지방사회를 총동원하기 위한 중심조직으로 재편하기 위해서였던 것으로 보인다. 사정국에는 국민총력과, 지방과, 토목과, 외무과, 척무과가 두어졌으며, 후생국에는 사회과, 노무과, 위생과, 보건과가 설치되었다. 1942년 11월 사정국은 지방과, 외무과, 사회과, 노무과, 토목과, 지방관리양성소로 조직되었으며, 토목과는 ① 도로, 하천, 항만, 운하, 사방용지, 수리, 상수, 하수, 광장, 공원 등 ② 수면매립 및 사용 ③ 도시계획 ④ 지방토목공사의 감독 ⑤ 토지 수용 ⑥ 토목회의 ⑦ 지형도 조제 업무를 담당했다.

§3.2.3 기록관리사

총독부 문서고에 보관되어 있다가 (구) 총무처 정부기록보존소로 총독부 중앙
행정기구 소장(생산) 기록(경무, 외사, 내무, 법무, 학무, 식산 등) 14,070권이
이관되었을 때 이관된 기록이다. 이 기록은 그 이관기록의 일부이다. 중앙
행정기관에서 보존하고 있다가 정부기록보존소로 이관된 총독부 기록 10,057
권 중의 일부가 추가되었다. 이 기록은 1970년대에 정부기록보존소에서 마이
크로필름으로 촬영되었으며, 1998년 이후 (구) 정부기록보존소의 기록관리통
합시스템에 의해 기록철-건 정보가 전산으로 입력되고 디지털 이미지로 전환
되어 광디스크로도 수록되었다. 종이기록 원본, 마이크로필름 사본, 디지널 사
본 3중으로 보존되고 있다.

§3.2.4 수집이관 출처

총독부 문서고, (구) 총무처 등 중앙행정기관

§3.3 내용 및 구조 영역

§3.3.1 범위와 내용

해당 기술 단위의 시기, 지리 배경, 기록형태, 주제, 행정과정이 요약 정보 제공

§3.3.2 평가 폐기 보존기간 정보

당시 문서보존기간표에 따라 갑종(영구기록)으로 결정된 기록이 다수이다.

§3.3.3 추가 축적

극소수의 기록이 추가로 수집 이관될 수 있겠지만 대량으로 관련 기록이 새롭
게 발견되기는 극히 어렵다.

§3.3.4 정리체제

생산기관에서 편철한 대로 원래의 기록철-기록건 체제를 유지하고 있으며, 국
제기술표준에 따라 기술이 작성되지 않은 상태이다. 광매체 보존을 위해 국가
기록원의 "통합기록물관리시스템"에 일부 기록철 정보와 기록건 정보가 정리
되어 있으며 첨부문서의 목록은 작성되지 않은 상태이다. (구)정부기록보존소

에서 기록철 목록집을 작성했다. "경무" "외사" "이제·사계·상공·노무" "법무" "건축·회계·세무·위생" 등 다른 분야의 총독부 기록은 해제집이 출간되었으나 내무국 기록은 아직 해제집이 발간되지 않았다. 내무국 "지방행정" 기록의 해제집이 곧 출간될 예정이다.

§3.4 접근이용 조건과 사용 영역

사용 영역의 제한이 없는 공개 기록. 개인 신분이나 사생활 정보를 제외하고는 공개 가능

§3.4.1 열람허용조건

열람 가능한 공개 기록으로서 열람 혹은 복제 비용을 지불하고 기록을 열람하거나 복제할 수 있음

§3.4.2 복사조건

마이크로필름 복사본으로 복사하거나 마이크로필름 출력기를 사용하여 사본을 출력할 수 있다. 디지털화된 이미지 전자기록을 복사할 수 있다.

§3.4.3 언어와 글꼴

고어체 일어 및 한자로 쓰여진 기록이다. 필기체와 인쇄본이 혼합되어 있다.

§3.4.4 물리적 성질과 기술적 요구사항

오래된 산성지와 한지로 된 기록을 포함한다. 훼손 상태가 심각하여 즉각적인 복원을 요하는 기록이 있으며, 잉크가 퇴색하여 알아보기 어려운 기록이 다수 있다. 도면 및 사진 기록이 다수 포함되어 있다.

§3.4.5 검색보조도구(목록)

정부기록보존소에서 발간한 『정부기록보존문서목록』 제1집(1974)(② 일제시대문서: 총독부문서고 이관문서, 해방후 중앙행정기관 및 지방행정기관 이관문서 목록); 『정부기록보존문서목록』 제2집(1975)(<총독부문서고 문서 중 제1집 누락분> 광무, 토지개량, 수리조합, 경금속, 산금, 연료, 상공

분야 기록 목록); 『정부기록보존문서』 총괄목록 2집(1981)(② 일제문서: 내무, 재무, 범무, 문교, 농림, 상공, 건설, 문화공보, 과학기술, 기타 관련 중앙행정기관 이관문서 목록)이 있다. 국가기록원에서 내무국 "지방행정" 기록의 해제집이 곧 출간될 예정이다. 한국국가기록연구원이 편찬한 『조선총독부공문서 종합목록집』 (한울아카데미, 2005)이 있다. 대분류 15개 항목 중 '내무' 항목의 목록이 21-264쪽에 있다. 내무의 중분류는 지방, 사회, 토목 등 3개 항목이다.

§3.5 관련 자료 영역

국사편찬위원회 등에 총독부 기록이 소장되어 있다. 일본의 우방문고에 전직 총독부 관리들이 생산한 기록 혹은 자료집이 다수 소장되어 있으며, 국가기록원이 이를 수집 정리하고 있다.

§3.5.1 원본의 존재와 위치

원본은 국가기록원의 대전 서고에 보존, 원본의 이용은 원칙적으로 제한되고 있으며 마이크로필름 사본 및 디지털 이미지 이용이 가능하다.

§3.5.2 복사본의 존재와 위치

마이크로 필름으로 촬영하여 사본 3부가 있다(국가기록원 서울사무소, 대전서고, 부산 서고).

§3.5.3 관련된 기술 단위

내무국 기록 중 일부 기록 시리즈에 대한 기술이 본 평가서에서 제공된다.

§3.5.4 출간 정보

§3.6 참고부기 영역

§3.6.1 참고 부기

국가기록원 통합기록관리시스템을 통해 주제 및 출처 텍스트로 기록철-건 검색이 가능하며, 건 단위로 본문내용 디지털 이미지를 제공받을 수 있다.

§3.7 기술통제 영역

§3.7.1 아키비스트 노트

상기 기술은 한국국가기록연구원 책임연구원 이상민이 작성했다.

§3.7.2 규칙/협정

본 기술문은 ISAD(G) 규칙에 의해 작성되었다.

§3.7.3 기술작성일

2006년 7월

이 『토지수용 기록 시리즈』에 속한 국가기록원 소장 총독부 기록철 목록은 다음과 같다.

[표 5] 『토지수용 기록 시리즈』의 기록철 목록

기록철명	생산년도	생산기관	분류	관리기호
소화8년도 이래 토지수용 관계서류 (각도)	1933-1936	내무부 토목과	토목	CJA0015179
제2차토지수용사업　인정신청서(압록강수몰지) (조선압록강수력발전주식회사) (평안북도)	1940-1940	내무부 토목과	토목	CJA0015707
토지수용	1928-1928	내무부 토목과	토목	CJA0013158
토지수용	1928-1928	내무부 토목과	토목	CJA0013159
토지수용	1928-1928	내무부 토목과	토목	CJA0013160
토지수용	1928-1928	내무부 토목과	토목	CJA0013161
토지수용	1926-1928	내무부 토목과	토목	CJA0013162
토지수용 재결에 관한 보고철(각도)	1936-1940	내무부 토목과	토목	CJA0015702

기록철명	생산년도	생산기관	분류	관리기호
토지수용 재정 (함경남도)	1937-1937	내무부 토목과	토목	CJA0015272
토지수용 재정관계서류	1928-1928	내무부 토목과	토목	CJA0013191
토지수용 재정관계철	1933-1934	내무부 토목과	토목	CJA0014733
토지수용 재정서류	1937-1937	내무부 토목과	토목	CJA0015254
토지수용 재정서류 (각도)	1937-1937	내무부 토목과	토목	CJA0015271
토지수용 재정서류(각도)	1935-1935	내무부 토목과	토목	CJA0014809
토지수용 재정서류(각도)	1937-1937	내무부 토목과	토목	CJA0015252
토지수용 재정서류(각도)	1937-1937	내무부 토목과	토목	CJA0015253
토지수용 재정서류(경성)	1936-1937	내무부 토목과	토목	CJA0015255
토지수용 재정서류(함경북도)	1935-1935	내무부 토목과	토목	CJA0014807
토지수용 재정서류(함경북도)	1935-1935	내무부 토목과	토목	CJA0014808
토지수용 재정서류(함경북도)	1935-1935	내무부 토목과	토목	CJA0014810
토지수용 재정서류(함경북도)	1935-1935	내무부 토목과	토목	CJA0014811
토지수용 재정철	1932-1932	내무부 토목과	토목	CJA0014110
토지수용관계서	1927-1927	내무부 토목과	토목	CJA0013066
토지수용사업 관계서류	1932-1932	내무부 토목과	토목	CJA0014073
토지수용사업 인가서 (함경남도)	1935-1936	내무부 토목과	토목	CJA0014995
토지수용사업 인가서(각도)	1935-1936	내무부 토목과	토목	CJA0014996
토지수용사업 인정	1927-1927	내무부 토목과	토목	CJA0013056

기록철명	생산년도	생산기관	분류	관리기호
토지수용사업 인정	1927-1927	내무부 토목과	토목	CJA0013057
토지수용사업 인정	1927-1929	내무부 토목과	토목	CJA0013335
토지수용사업 인정 (각도)	1938-1940	내무부 토목과	토목	CJA0015508
토지수용사업 인정 (함경남도, 평안북도)	1939-1940	내무부 토목과	토목	CJA0015708
토지수용사업 인정(각도)	1938-1940	내무부 토목과	토목	CJA0015703
토지수용사업 인정(각도)	1939-1940	내무부 토목과	토목	CJA0015705
토지수용사업 인정(평안북도)	1940-1940	내무부 토목과	토목	CJA0015706
토지수용사업 인정(하천개수)(가도)	1939 1941	내무부 토목과	토목	CJA0015701
토지수용사업 인정건	1930-1930	내무부 토목과	토목	CJA0013503
토지수용사업 인정관계서류	1930-1931	내무부 토목과	토목	CJA0013663
토지수용사업 인정서	1935-1936	내무부 토목과	토목	CJA0014993
토지수용사업 인정서(각도)	1935-1936	내무부 토목과	토목	CJA0014994
토지수용사업 인정서류	1929-1929	내무부 토목과	토목	CJA0013331
토지수용사업 인정서류	1929-1929	내무부 토목과	토목	CJA0013332
토지수용사업 인정서류	1929-1929	내무부 토목과	토목	CJA0013333
토지수용사업 인정서류	1932-1932	내무부 토목과	토목	CJA0013882
토지수용사업 인정서류	1932-1932	내무부 토목과	토목	CJA0013884
토지수용사업 인정서류	1931-1932	내무부 토목과	토목	CJA0014071
토지수용사업 인정서류	1932-1932	내무부 토목과	토목	CJA0014072

기록철명	생산년도	생산기관	분류	관리기호
토지수용사업 인정서류	1932-1932	내무부 토목과	토목	CJA0014074
토지수용사업 인정서류	1932-1932	내무부 토목과	토목	CJA0014076
토지수용사업 인정서류	1932-1933	내무부 토목과	토목	CJA0014189
토지수용사업 인정서류	1933-1933	내무부 토목과	토목	CJA0014190
토지수용사업 인정서류	1932-1933	내무부 토목과	토목	CJA0014280
토지수용사업 인정서류	1934-1934	내무부 토목과	토목	CJA0014478
토지수용사업 인정서류	1934-1934	내무부 토목과	토목	CJA0014479
토지수용사업 인정서류 (경기도)	1936-1936	내무부 토목과	토목	CJA0014999
토지수용사업 인정서류 (경기도, 함경남도)	1933-1933	내무부 토목과	토목	CJA0014282
토지수용사업 인정서류 (경북, 평남, 경기도)	1936-1936	내무부 토목과	토목	CJA0015000
토지수용사업 인정서류(각도)	1934-1935	내무부 토목과	토목	CJA0014812
토지수용사업 인정서류(각도)	1934-1936	내무부 토목과	토목	CJA0014991
토지수용사업 인정서류(각도)	1934-1936	내무부 토목과	토목	CJA0014992
토지수용사업 인정서류(각도)	1936-1936	내무부 토목과	토목	CJA0014997
토지수용사업 인정서류(각도)	1936-1936	내무부 토목과	토목	CJA0014998
토지수용사업 인정서류(도면)	1932-1932	내무부 토목과	토목	CJA0014075
토지수용사업 인정철	1930-1930	내무부 토목과	토목	CJA0013500
토지수용사업 인정철	1930-1930	내무부 토목과	토목	CJA0013502
토지수용사업 재정서류 (전라남도)	1936-1936	내무부 토목과	토목	CJA0015029

기록철명	생산년도	생산기관	분류	관리기호
토지수용에 관한 건	1935-1936	내무부 토목과	각도 (경남)	CJA0019947
토지수용재정	1927-1929	내무부 토목과	토목	CJA0013334
토지수용재정서류	1932-1932	내무부 토목과	토목	CJA0013850
토지수용재정서류 (경상북도,경기도)	1933-1934	내무부 토목과	토목	CJA0014683
토지수용재정실시조사복명서	1933-1934	내무부 토목과	토목	CJA0014732

2.3.9 『토목사업 관련 예결산 기록 시리즈』 기록철 목록

조선총독부의 예결산 문서는 재무부 사계과(1919년 8월 3일, 조선총독부사무분장규정 개정)에서 담당했고, 그 관련 공문서 역시 국가기록원 분류규정에 따라 사계(司計)편으로 분류되어 있다. 여기에서 정리한 토목사업관련 예결산 문서는 이러한 총독부의 세입·세출의 예결사회계와 법규 관련문서에 포함되지 않는 각 도(道)에서 지방비로 토목사업에 지출한 부분에 대한 예결산 내역 문서들이다. 이와 관련한 기록철 목록은 다음과 같다.

[표 6] 『토목사업 관련 예결산 기록 시리즈』 기록철 목록

기록철명	생산년도	생산기관	분류	관리기호
1935년 1936년도 예산요망철(각도)	1935-1936	내무부 토목과	토목	CJA0015001
보조재해복구예산 (복구)(각도)	1936-1938	내무부 토목과	토목	CJA0015454
소화12년도 예산 (각도) (지방토목비)	1937-1937	내무부 토목과	토목	CJA0015331

기록철명	생산년도	생산기관	분류	관리기호
소화17년도 재해복구 18년도 한해대책예산 요구서 (각도)	1942-1943	내무부 토목과	토목	CJA0016005
소화19년도 예산요구서 (각도)	1944-1944	내무부 토목과	토목	CJA0016011
실업구제토목공사 지방재원 조서철	1931-1933	내무부 토목과	지방행정	CJA0003009
예산관계 (각도)	1941-1943	내무부 토목과	토목	CJA0015971
예산관계서류 (갑 각도 토목과)	1937-1938	내무부 토목과	토목	CJA0015573
예산관계서류 (토목과행정계)(각도)	1938-1940	내무부 토목과	토목	CJA0015668
예산요구관계 (경상북도) (강원도)	1931-1936	내무부 토목과	토목	CJA0015135
예산요구서 (각도)	1941-1941	내무부 토목과	토목	CJA0015895
예산요구서 (결정의분)(각도)	1941-1941	내무부 토목과	토목	CJA0016179
예산요망철	1934-1935	내무부 토목과	토목	CJA0014819
재해복구공사 예산요구서(4)	1936-1936	내무부 토목과	토목	CJA0015028
재해복구공사 예산요구서철 (경상북도)	1936-1936	내무부 토목과	토목	CJA0015024
재해복구공사 예산요구서철(2)	1936-1936	내무부 토목과	토목	CJA0015025
재해복구공사 예산요구서철(2)	1936-1936	내무부 토목과	토목	CJA0015026
재해복구공사 예산요구서철(3)(경상남도)	1936-1936	내무부 토목과	토목	CJA0015027
재해복구공사비 개산조표철	1927-1927	내무부 토목과	토목	CJA0013076
재해복구공사정산서	1926-1926	내무부 토목과	토목	CJA0012958
재해복구비 개산조서	1933-1933	내무부 토목과	토목	CJA0014169
재해복구비 개산조서	1933-1933	내무부 토목과	토목	CJA0014170
재해복구비 개산조서	1931-1931	내무부 토목과	토목	CJA0013768
재해복구비 개산조서	1933-1933	내무부 토목과	토목	CJA0014168
재해복구비 개산조서 (경상남도)	1934-1934	내무부 토목과	토목	CJA0014447
재해복구비 개산조서 (경상북도)	1934-1934	내무부 토목과	토목	CJA0014448
재해복구비 개산조서 (평안남도,평안북도,강원도,함경남도,평양토목출장소) (기2)	1928-1928	내무부 토목과	토목	CJA0013216

기록철명	생산년도	생산기관	분류	관리기호
재해복구비 개산조서 (항만수도)	1930-1930	내무부 토목과	토목	CJA0013535
재해복구비 개산조서 하천1 (경기,충북,충남,전북,전남)	1930-1930	내무부 토목과	토목	CJA0013533
재해복구비 개산조서 하천2 (경북,경남,평남,강원,함남)	1930-1930	내무부 토목과	토목	CJA0013532
재해복구비 개산조서(전라남도평안남도,평안북도,함경남도,함경북도,이리)	1934-1934	내무부 토목과	토목	CJA0014449
재해복구비 개산조서철	1928-1928	내무부 토목과	토목	CJA0013215
재해복구비 개산조서철 (각도 및 각출장소 제출)	1929-1929	내무부 토목과	토목	CJA0013407
재해복구비 예산요구서 (각도별 제출분) (내무국토목과)	1935-1935	내무부 토목과	토목	CJA0014794
지방진흥 토목사업예산(각도)	1935-1936	내무부 토목과	토목	CJA0015134

2.3.10 『토목(공사)지 기록 시리즈』 기록철 목록

「조선총독부관제」(칙령 제354호, 1910.9.30)에 의해 도시계획을 포함한 토목관련 사무를 관장하는 부서로서 내무부 산하에 지방국 토목과가 설치되었다. 내무부 지방국 토목과에서 관장하는 직할 공사를 시행할 기관으로는 토목과 파출소를 설치했다. 이후 관제 개정에 따라 소속부서가 바뀌기는 했지만 토목출장소는 총독부 토목사업의 전초기지로서 그 역할을 수행했다. 각 토목출장소마다 자신들이 수행한 사업에 대한 기록을 '工事誌'로 발간했다. 이들 기록은 조선총독부 토목사업에 대해 일목요연하게 살펴볼 수 있는 자료이다.

현재 국가기록원에 소장되어 있는 총독부 공문서 중 '토목공사지' 관련 기록철 목록은 다음과 같다.

[표 7] 『토목공사지 기록 시리즈』 기록철 목록

기록철명	생산년도	생산기관	분류	관리기호
공사지 (제7편) (해관공사비) (조선총독부 내무국 이리토목출장소)	1932-1933	내무부 토목과	토목	CJA0014104
공사지 제10편 (목포공영소분) (조선총독부 내무국 이리토목출장소)(목포항진유지 및 설비공사지)	1934-1936	내무부 토목과	토목	CJA0014889
공사지 제10편 (조선총독부 내무국 이리토목출장소)(만경강개수공사지)	1925-1936	내무부 토목과	토목	CJA0014886
공사지 제10편 군산공영소분 (조선총독부 내무국 이리토목출장소)	1925-1936	내무부 토목과	토목	CJA0014892
공사지 제11편 (조선총독부 내무국 이리토목출장소) (만경강개수공사)	1925-1925	내무부 토목과	토목	CJA0014887
공사지 제1편 (내무국 이리토목출장소) (만경강개수공사지)	1925-1935	내무부 토목과	토목	CJA0014877
공사지 제2편 (내무국 이리토목출장소) (만경강개수공사지)	1925-1935	내무부 토목과	토목	CJA0014878
공사지 제3편 (내무국 이리토목출장소) (만경강개수공사지)	1925-1935	내무부 토목과	토목	CJA0014879
공사지 제4편 (내무국 이리토목출장소) (만경강개수공사지)	1925-1935	내무부 토목과	토목	CJA0014880
공사지 제5편 (내무국 이리토목장소)(만경강개수공사지)	1929-1929	내무부 토목과	토목	CJA0014881
공사지 제6편 (조선총독부 내무국 이리토목출장소) (만경강개수공사지)	1926-1935	내무부 토목과	토목	CJA0014882
공사지 제7편 (조선총독부 내무국 이리토목출장소) (만경강개수공사지)	1925-1935	내무부 토목과	토목	CJA0014883
공사지 제8편(조선총독부 내무국 이리토목출장소) (만경강개수공사지)	1925-1935	내무부 토목과	토목	CJA0014884
공사지 제9편 (목포공영소분) (조선총독부 내무국 이리토목출장소) (목포항진유지 및 설비공사지)	1934-1935	내무부 토목과	토목	CJA0014888
공사지 제9편 (조선총독부 내무국 이리토목출장소) (군산공영소분)	1926-1935	내무부 토목과	토목	CJA0014891
공사지 제9편 (조선총독부 내무국 이리토목출장소) (만경강개수공사지)	1925-1935	내무부 토목과	토목	CJA0014885

기록철명	생산년도	생산기관	분류	관리기호
국유재산 도면철	1938-1938	내무부 토목과	토목 (내무국 부산토 목출장 소건설 부) 부처 통계	CJA0022565
군산토목출장소 공사설계서 1 부잔교기타	1928-1932	내무부 토목과	토목	CJA0014025
군산토목출장소 공사설계서 2 매축기타	1928-1932	내무부 토목과	토목	CJA0014026
군산토목출장소 공사설계서 3 상옥기타	1928-1932	내무부 토목과	토목	CJA0014027
군산토목출장소 공사설계서 4 도로철도하수기타	1928-1932	내무부 토목과	토목	CJA0014028
군산토목출장소공사 설계서 (도로 함선?상옥 준설 기타) (목포항)	1930-1931	내무부 토목과	토목	CJA0013774
내무국 군산토목출장소 공사지 (제1편)	1926-1927	내무부 토목과	토목	CJA0014095
내무국 군산토목출장소 공사지 (제2편 제1호)	1927-1928	내무부 토목과	토목	CJA0014096
내무국 군산토목출장소 공사지 (제2편 제2호)	1926-1932	내무부 토목과	토목	CJA0014097
내무국 군산토목출장소 공사지 (제3편 제2호)	1926-1932	내무부 토목과	토목	CJA0014099
내무국 군산토목출장소 공사지 (제4편 제1호)	1929-1930	내무부 토목과	토목	CJA0014100
내무국 군산토목출장소 공사지 (제4편 제2호)	1926-1932	내무부 토목과	토목	CJA0014101
내무국 군산토목출장소 공사지 (제5편)	1930-1931	내무부 토목과	토목	CJA0014102
내무국 군산토목출장소 공사지 (제6편)	1931-1932	내무부 토목과	토목	CJA0014103
내무국 군산토목출장소 공사지철 (3)	1929-1929	내무부 토목과	토목 (건설부) 부처 통계	CJA0022510
내무국 군산토목출장소 목포공영소공사지 (제1편)	1926-1927	내무부 토목과	토목	CJA0015041
내무국 군산토목출장소공사지 제4편	1939-1939	내무부 토목과	토목 (내무국 군산토 목출장 소건설 부)	CJA0022585

기록철명	생산년도	생산기관	분류	관리기호
내무국 군산토목출장소공사지(제3편 제1호)	1928-1929	내무부 토목과	토목	CJA0014098
내무국 군산토목출장소공사지철 (군산항수축공사)	1928-1928	내무부 토목과	토목(건설)부처통계	CJA0022508
내무국 사리원토목출장소 공사지 (제2편) (내무국 사리원토목출장소)	1926-1927	내무부 토목과	토목	CJA0014400
내무국 사리원토목출장소 공사지 (제3편) (내무국 사리원토목출장소)	1927-1928	내무부 토목과	토목	CJA0014401
내무국 사리원토목출장소 공사지철 (제1편) (내무국 사리원토목출장소)	1925-1926	내무부 토목과	토목	CJA0014399
내무국 사리원토목출장소공사지 (제4편) (내무국 사리원토목출장소)	1928-1929	내무부 토목과	토목	CJA0014402
내무국 사리원토목출장소공사지 (제5편) (재령강개수공사)(내무국 평양토목출장소)	1929-1930	내무부 토목과	토목	CJA0014403
내무국 사리원평양토목출장소공사지 (제6편) (재령강개수공사) (내무국평양토목출장소)?	1930-1931	내무부 토목과	토목	CJA0014404
내무국 여수토목출장소공사지 (제1편) (제1호)	1935-1936	내무부 토목과	토목	CJA0014908
내무국 여수토목출장소공사지 (제1편) (제2호)	1935-1936	내무부 토목과	토목	CJA0014909
내무국 인천토목출장소공사지 (제1편-상)	1935-1935	내무부 토목과	토목	CJA0014907
내무국 인천토목출장소공사지 (제1편-하)	1935-1935	내무부 토목과	토목	CJA0014906
내무국 진남포토목출장소공사지 (제1편)	1929-1929	내무부 토목과	토목	CJA0014687
내무국 진남포토목출장소공사지 (제2편)	1929-1934	내무부 토목과	토목	CJA0014688
내무국 진남포토목출장소공사지 (제3편)	1929-1934	내무부 토목과	토목	CJA0014689
내무국 진남포토목출장소공사지 (제4편)	1929-1929	내무부 토목과	토목	CJA0014690
내무국 진남포토목출장소공사지 (제5편)(상)	1929-1934	내무부 토목과	토목	CJA0014691
내무국 진남포토목출장소공사지 제5편(하)	1929-1934	내무부 토목과	토목	CJA0014692
내무국 진남포토목출장소공사지 제6편(상)	1929-1934	내무부 토목과	토목	CJA0014693
내무국 진남포토목출장소공사지 제6편(하)	1929-1934	내무부 토목과	토목	CJA0014694
내무국 초량토목출장소 낙동강개수공사지 (제10편)	1933-1935	내무부 토목과	토목	CJA0014905

기록철명	생산년도	생산기관	분류	관리기호
내무국 평양토목출장소공사지 (제5편) (대동강개수비)	1927-1933	내무부 토목과	토목	CJA0014408
내무국 평양토목출장소공사지 (제6편) (대동강개수비)	1931-1932	내무부 토목과	토목	CJA0014409
내무국 평양토목출장소공사지(제7편)(재령강개수공사) (내무국 평양토목출장소)	1931-1932	내무부 토목과	토목	CJA0014405
내무국 평양토목출장소공사지(제7편의1)(대동강개수비)(내무국 평양토목출장소)	1932-1932	내무부 토목과	토목	CJA0014411
내무국 평양토목출장소공사지(제7편의2) (대동강개수비) (내무국 평양토목출장소)	1932-1933	내무부 토목과	토목	CJA0014410
내무국 평양토목출장소공사지(제8편) (재령강개수공사) (내무국 평양토목출장소)	1925-1933	내무부 토목과	토목	CJA0014406
내무부 군산토목출장소 목포공영소공사지 (제2편)	1927-1928	내무부 토목과	토목	CJA0013794
내무부 군산토목출장소 목포공영소공사지 (제3편)	1928-1929	내무부 토목과	토목	CJA0013795
내무부 군산토목출장소 목포공영소공사지 (제4편)	1929-1930	내무부 토목과	토목	CJA0013796
내무부 군산토목출장소 목포공영소공사지 (제5편)	1930-1931	내무부 토목과	토목	CJA0013797
내무부 군산토목출장소 목포공영소공사지 (제6편)	1931-1932	내무부 토목과	토목	CJA0013798
대동강 개수공사지	1927-1928	내무부 토목과	토목	CJA0014407
부산토목출장소 공사지	1910-1911	내무부 토목과	토목	CJA0013084
부산토목출장소 공사지	1926-1927	내무부 토목과	토목	CJA0013085
소화10년도분 조선 직할하천공사년보 (원고)	1935-1935	내무부 토목과	토목	CJA0014948
조선 토목사업지 (하천) (제4편에서제7장까지) 제2호	1928-1928	내무부 토목과	토목	CJA0013241
조선 토목사업지 조사자료 (제도 및 규정개폐 기타)	1928-1928	내무부 토목과	토목	CJA0013242
조선궁민구제 토목공사개요 (수도편)	1931-1935	내무부 토목과	토목	CJA0016115
조선수도지	1928-1928	내무부 토목과	토목	CJA0013246
조선수도지 (각도) (조선총독부 내무국)?	1936-1936	내무부 토목과	토목	CJA0015194
조선의 토목사업지 (별항)	1928-1928	내무부 토목과	토목	CJA0013243

기록철명	생산년도	생산기관	분류	관리기호
조선의 토목사업지 (시구개정및항만설비)(별항)	1928-1928	내무부 토목과	토목	CJA0013244
조선직할하천공사 년보	1929-1929	내무부 토목과	토목	CJA0013433
조선직할하천공사 년보	1931-1931	내무부 토목과	토목	CJA0013817
조선직할하천공사 년보 (조선총독부)	1933-1933	내무부 토목과	토목	CJA0014436
조선직할하천공사 연보 (조선총독부)	1930-1930	내무부 토목과	토목	CJA0013582
조선직할하천공사 연보철	1928-1928	내무부 토목과	토목	CJA0013248
조선토목사업지 원본 (시가정리,재해 및 한해, 상수도, 부록 하수도법칙)(제6편제1장에서 제7편제2장까지) 제4호	1928-1928	내무부 토목과	토목	CJA0013239
조선토목사업지 원본(항만)자-제5편제1장지-제5편제8장제3호 (각도)	1940-1940	내무부 토목과	토목	CJA0016121
조선토목사업지원본 (도로) (제1편총설에서 제3편제6장 제2절까지)제1호	1928-1928	내무부 토목과	토목	CJA0013240
청진토목출장소 공사지	1930-1930	내무부 토목과	토목	CJA0013576
청진토목출장소 공사지 (기1)	1932-1932	내무부 토목과	토목	CJA0014127
청진토목출장소 공사지 (제10편 기2)	1932-1932	내무부 토목과	토목	CJA0014128
청진토목출장소 공사지 (청진항 수축공사)	1926-1926	내무부 토목과	토목	CJA0013573
청진토목출장소 공사지 (청진항 수축공사)	1929-1929	내무부 토목과	토목	CJA0013577
청진토목출장소 공사지 (청진항 수축공사)	1928-1928	내무부 토목과	토목	CJA0013575
청진토목출장소 공사지 (청진항 수축공사)(제4편)	1927-1927	내무부 토목과	토목	CJA0013574
청진토목출장소 공사지 (항진유지 및 설비비 제9편)	1922-1931	내무부 토목과	토목	CJA0013812
청진토목출장소 공사지(제8편)	1931-1931	내무부 토목과	토목	CJA0014126
초량토목출장소 공사지 (항만분)	1928-1929	내무부 토목과	토목	CJA0013237
평안남도 평양치수사무소 공사지 (제1편) (평안남도 평양치수사무소)	1931-1933	내무부 토목과	토목	CJA0013821
평안남도 평양치수사무소공사지 (제2편) (평양치수사무소)	1932-1933	내무부 토목과	토목	CJA0014423
평안남도 평양치수사무소공사지 (제2편) (평양치수사무소)	1931-1933	내무부 토목과	토목	CJA0014421

기록철명	생산년도	생산기관	분류	관리기호
평안남도 평양치수사무소공사지 (제3편) (평안남도 평양치수사무소)	1933-1934	내무부 토목과	토목	CJA0014440
평안남도 평양치수사무소공사지 (제3편) (평안남도 평양치수사무소)	1933-1934	내무부 토목과	토목	CJA0014418
평안남도 평양치수사무소공사지 (제4편)	1934-1935	내무부 토목과	토목	CJA0014728
한강개수공사지 (제2편)	1926-1935	내무부 토목과	토목	CJA0014871
한강개수공사지 (제3편)	1926-1935	내무부 토목과	토목	CJA0014872
한강개수공사지 (제4편)	1926-1935	내무부 토목과	토목	CJA0014873
한강개수공사지 (제5편)	1926-1935	내무부 토목과	토목	CJA0014874
한강개수공사지 (제6편)	1926-1935	내무부 토목과	토목	CJA0014875
한강개수공사지 (제7편)	1935-1935	내무부 토목과	토목	CJA0014876
한강개수공사지(제1편)(조신총독부내무국 경성토목출장소)	1926-1935	내무부 토목과	토목	CJA0014870
함경북도 치수사무소 공사지 (제1편)	1931-1932	내무부 토목과	토목	CJA0013820
함경북도 치수사무소공사지 (제2편)	1932-1933	내무부 토목과	토목	CJA0014425
함경북도 치수사무소공사지 (제3편 기1)	1933-1934	내무부 토목과	토목	CJA0014435
함경북도 치수사무소공사지 (제3편)(기2)	1933-1933	내무부 토목과	토목	CJA0014422
함경북도 치수사무소공사지 (제4편)	1934-1935	내무부 토목과	토목	CJA0014726

III. 기록시리즈별 기록철·기록건 평가서

1. 시구개정사업 기록 시리즈

국가기록원에 소장되어 있는 총독부 기록 중 시구개정사업 관련 기록철은 총 27철이다. 그 중 경성과 평양 시구개정 관련 10개의 기록철에 대한 평가서를 작성했다. 식민지 조선에서 시구개정사업은 1912년 시작되었는데, 그 중 가장 대표적인 것이 '경성시구개수' 사업이다. 이에 경성지역 시구개정 관련 기록을 주요 평가 대상으로 선정했다. 한편 평양은 일제시기 조선의 제2도시로서 경성에 버금가는 지위를 가지고 있었고, 1930년대 이후 북선(北鮮)지역 개발에 있어서도 중심지가 되었다. 따라서 경성과 평양 두 지역을 중심으로 시구개정사업에 대한 기록을 중점적으로 평가했다.

가. 기록철 목록

기록철명	생산년도	생산기관	분류	관리기호
경성 시구개수 용지관계	1927-1928	내무부 토목과	토목	CJA0013228
경성 시구개수공사	1930-1930	내무부 토목과	토목	CJA0013571
경성 시구개정 도로용지관계	1926-1926	내무부 토목과	토목	CJA0013080
경성 시구개정관계	1923-1923	내무부 토목과	토목	CJA0012926
국고보조 경성 시가도로공사	1929-1929	내무부 토목과	토목	CJA0013404
시가관계 잡건철(각도)	1933-1935	내무부 토목과	토목	CJA0014777
평양 시가도로공사 국고보조	1923-1927	내무부 토목과	토목	CJA0013072
평양 제2기 시구개정공사	1930-1931	내무부 토목과	토목	CJA0013785
평양 제2기 시구개정관계	1927-1927	내무부 토목과	토목	CJA0013077
평양 제2기 시구개정관계서류	1932-1932	내무부 토목과	토목	CJA0014038

나. 기록철/건별 평가서

1) 경성 시구개수 용지관계 (1927, 1928)

기록철명	원철명	昭和2,3년도 경성시구개수용지관계			
	정리철명	경성 시구개수 용지 관계 (1927, 1928)			
생산년도	1927-1929년				
생산기관	내무국 토목과				
보존기간	갑종(영구)				
소장기호	CJA0013228				
Item					
일련번호	건명		결재(발송)일	기안(발신)부서	첨부문서
1	소화2년도 경성시구개정용지 매수에 관한 건		1927-12-19	내무국 토목과 도로계	10건
2	소화3년도 경성시구개정용지 매수에 관한 건		1928-06-30	내무국 토목과 도로계	3건
3	소화4년도 경성시구개정용지 매수에 관한 건		1929-02-20	내무국 토목과 도로계	4건

기록철명	원철명	昭和2,3년도 경성시구개수용지관계		
	정리철명	경성 시구개수 용지 관계 (1927, 1928)		
생산부서	내무국 토목과			
생산년도	1927-1929년	분류기호	1927, 28년 토목 갑 기록 제237호	
쪽수	137면	조선총독부 보존기간	갑종(영구)	
소장처	국가기록원	소장기호	CJA0013228	

기록건명	소화2년도 경성시구개정용지 매수에 관한 건		
문서번호	土 제272호		
기안부서 (발신자)	내무국 토목과 도로계	기안일자	1927-??-02(월 판독불명)
중간결재	재무국장, 사계과장		
최종결재 (수신자)		결재일자 (접수일자)	1927-12-19
		시행일자 (발송일자)	1927-12-19
첨부문서	1. 경성시구개정 총독부의원-중앙시험소 도로용지 및 지장물건조서 2. 토지가격사정표 3. 경성시가 총독부의원-중앙시험소 토지 매매 시가 및 기타 조사 대조표 4. 경성시구개정 용지 매수 예산 조서 5. 경성시구개정 총독부의원-중앙시험소 도로개수공사용지(1/600) 6. 경성시구개정 광화문 중앙시험소 내 총독부의원-중앙시험소 실측종단면도 (종 1/100, 횡 1/500) 7. 총독부의원-중앙시험소 실측평면도 (1/300) 8. 경성시가 조선총독부의원-중앙시험소 도로개수공사 용지도(1/600) 9. 총독부병원-중앙시험소 횡단면도(1/100) 10. 총독부병원前通取付 횡단면도 (1/100)		
문서내용	• 1번 첨부문서를 통해 1927년 현재 원남동, 연건동 등지의 도로상황에 관한 정보 제공. • 2번 첨부문서를 통해 1927년 현재 원남동, 연건동 등지의 도로부지의 지번, 매수 예정 단가, 식산은행 평정단가 등에 관한 정보 제공. • 3번 첨부문서를 통해 1927년 현재 원남동, 연건동 등지의 도로부지의 등기가격, 대부가격, 과세가격 등의 정보 제공. • 5번, 7번, 8번 첨부문서를 통해 1927년 현재 원남동, 연건동 등지의 도로부지의 지번, 지목 등을 통해 당시 도시경관 이미지에 대한 정보 제공. • 9번, 10번 첨부문서는 지도의 내용은 거의 가치가 없으나, 작도주체로 '내무국 경성토목출장소'가 표기되어 있음에 따라 이 시기 경성시구개수에서 경성토목출장소의 역할을 파악할 수 있는 정보가 되고 있음.		

기록건명	소화3년도 경성시구개정용지 매수에 관한 건		
문서번호	土 제535호		
기안부서 (발신자)	내무국 토목과 도로계	기안일자	1928-06-29
중간결재			
최종결재 (수신자)		결재일자 (접수일자)	1928-06-30
		시행일자 (발송일자)	1928-06-30
첨부문서	1. 경성시구개정 종로5정목-중앙시험소 도로용지 및 지장물건조서 2. 경성시구개정 종로5정목-중앙시험소 토지매수가격사정표 3. 경성시구개정 종로5정목-혜화동 노선 내 종로5정목-중앙시험소 도로개수공사 평면도(1/300)		
문서내용	• 신청 계류 중이던 경성시구개정 중앙시험소-본정선 중 종로5정목-중앙시험소 구간의 용지 매수를 승인되었음을 알 수 있는 정보 제공. • 1번, 2번 첨부문서를 통해 1928년 현재 종로5정목-중앙시험소 구간의 도로상황, 도로부지의 지번, 매수 예정 단가, 식산은행 평정단가 등에 관한 정보 제공. • 3번 첨부문서를 통해 종로5정목-중앙시험소 구간의 도시경관의 이미지 정보 제공.		

기록건명	소화4년도 경성시구개정용지 매수에 관한 건		
문서번호	土 제505호		
기안부서 (발신자)	내무국 토목과 도로계	기안일자	1929-02-18
중간결재			
최종결재 (수신자)		결재일자 (접수일자)	1929-02-20
		시행일자 (발송일자)	1929-02-22
첨부문서	1. 경성시구개정 중앙시험소-혜화동 도로개수공사용지조서 - 경성시구개정 중앙시험소-혜화동 도로용지 및 지장물건조서 2. 경성시구개정 종로5정목-혜화동 노선 내 중앙시험소-혜화동 도로개수공사 실측평면도(1/300) 3. 경성시구개정 중앙시험소-혜화동 도로개수공사 용지도 4. 도로확장에 관한 건(경성의학전문학교→조선총독부 내무국 토목과장)		
문서내용	• 신청 계류 중이던 경성시구개정 중앙시험소-혜화동 도로개수공사용지 매수가격의 건이 승인되었음을 알 수 있는 정보 제공. • 1번 첨부문서의 표제 우측에 날인된 秘자인은 이 사업의 중요성을 알 수 있는 정보임을 나타내고 있음. • 1번 첨부문서를 통해 1929년 현재 중앙시험소-혜화동 구간의 도로상황에 관한 개괄적인 정보 제공. • 2번, 3번 첨부문서의 지번 정보 등을 통해 중앙시험소-혜화동 구간의 도시경관의 이미지 정보 제공. • 4번 첨부문서인 경성의학전문학교에서 조선총독부 내무국 토목과로 송부한 부속의원 앞 도로 확장 신청을 통해 1929년 중앙시험소-혜화동 구간 도로개수공사의 배경을 이해할 수 있는 정보 제공.		

2) 경성시구개수공사 (1930)

기록철명	원철명	昭和5년도 경성시구개수공사			
	정리철명	경성시구개수공사 (1930)			
생산년도		1931-1932년			
생산기관		내무국 토목과			
보존기간		갑종(영구)			
소장기호		CJA0013571			
Item					
일련 번호		건명	결재(발송)일	기안(발신)부서	첨부 문서
1		소화5년 국고보조 경성시구개수공사에 관한 건	1931-03-30	내무국 토목과 도로계	22건
2		소화5년도 경성시구개수공사 설계변경의 건	1932-05-16	내무국 토목과 도로계	14건
3		소화5년도 소속 경성시구개수공사 실시설계 인가의 건	1932-07-27	내무국 토목과 도로계	8건

기록 철명	원철명	昭和5년도 경성시구개수공사		
	정리철명	경성시구개수공사 (1930)		
생산부서		내무국 토목과		
생산년도		1931-1932년	분류기호	1930년 토목 갑 기록 제490의 1호
쪽수		211면	조선총독부 보존기간	갑종(영구)
소장처		국가기록원	소장기호	CJA0013571

기록건명	소화5년 국고보조 경성시구개수공사에 관한 건		
문서번호	土 제70호		
기안부서 (발신자)	내무국 토목과 도로계	기안일자	1931-??-27(월 판독불명)
중간결재	재무국장, 사계과장		
최종결재 (수신자)	총독, 정무총감	결재일자 (접수일자)	1931-03-30
		시행일자 (발송일자)	1931-03-30
첨부문서	1. 소화5년도 소속 경성시구개수공사 국고보조 신청(경성부윤) - 소화5년도 소속 경성시구개수공사총괄표 2. 소화5년도 돈화문 大學病院前通 간 도로개수공사 실시설계서 3. 人孔蓋構造圖(1927-05-01) 4. 돈화문전-대학병원전통 도로개수공사 구조도(1/30) 5. 돈화문전-대학병원전통 도로개수공사 石垣展開圖(종 1/100, 횡 1/500) 6. 돈화문전-대학병원전통 도로개수공사 矩形暗渠 횡단면도(1/100) 7. 돈화문전-대학병원전통 도로개수공사 횡단면도(1/100) 8. 돈화문전-대학병원전통 도로 표준 횡단면도 9. 돈화문전-대학병원전통 도로개수공사 矩形暗渠 종단면도(종 1/100, 횡 1/500) 10. 돈화문전-대학병원전통 도로개수공사 종단면도(종 1/100, 횡 1/500) 11. 돈화문전-대학병원전통 도로개수공사 평면도(1/600) 12. 소화5년도 소속 종로4정목-동대문 도로개수공사 설계서 13. 종로4정목-동대문통 도로개수공사 용지도 (1/600) 14. 종로4정목-동대문 도로개수공사 槪算 설계서 15. 종로4정목-동대문 도로개수공사 횡단면도(1/100) 16. 종로4정목-동대문 도로개수공사 종단면도(종 1/100, 횡 1/500) 17. 종로4정목-동대문 도로개수공사 평면도(1/600) 18. 소화5년도 소속 경성시구개수 국고보조공사 繰越의 건(경성부윤) 19. 소화5년도 소속 경성시구개수 국고보조공사 보조 下付의 건(경성부윤) 20. 소화5년도 소속 경성시구개개수 국고보조공사 功程 보고(경성부윤) 21. 소화5년도 소속 경성시구개수공사 소화7년도로의 繰越方 인가신청 (경성부윤) 22. 소화5년도 소속 경성시구개수 국고보조공사 繰越의 건(경성부윤, 1932-05-06)

문서내용	<ul><li>본 문서철의 경우 정리철명에는 1930년이라고 표기되어 있으나, 실제 건명들은 1931년, 1932년에 생산된 문서들임. 한편 분류기호도 원철명에는 제490호의 1호로 표기되어 있으나, 그 뒷면의 <건명목록>에는 1,028호의 1로 표기되어 있음.</li><li>문서의 내용은 1930년분 경성시구개수 국고보조공사(돈화문-대학병원, 종로4정목-동대문)가 1931년 이후로 지연됨에 따라 설계를 변경하고, 그것을 인가한 내용으로 시구개수공사의 실제 시행과정과 그 지연상황 등을 알 수 있는 정보 제공.</li><li>첨부문서의 용지도를 통해 1930년 종로4정목-동대문 구간의 경관에 관한 정보 제공.</li><li>첨부문서의 횡단면도, 종단면도, 평면도 등을 통해 일제시기 도로공사의 기법을 알 수 있는 정보 제공.</li><li>국고보조금 교부조서 등을 통해 돈화문-대학병원, 종로4정목-동대문 구간의 공사비 내역(재원, 수입 등)에 관한 정보 제공.</li></ul>

기록건명	소화5년도 경성시구개수공사 설계변경의 건		
문서번호			
기안부서 (발신자)	내무국 토목과 도로계	기안일자	1932-05-13
중간결재			
최종결재 (수신자)		결재일자 (접수일자)	1932-05-16
		시행일자 (발송일자)	1932-05-16
첨부문서	1. 소화5년도 소속 경성시구개수공사 설계변경의 건 보고(경성부윤) 　- 국고보조금 교부조서 2. 돈화문-대학병원전통 도로개수공사 변경설계서 3. 돈화문-대학병원전통 도로개수공사 변경구조도(1/30) 4. 돈화문-대학병원전통 도로개수공사 小下水 종단면도(종 1/100, 횡 1/500) 5. 돈화문-대학병원전통 도로개수공사 변경횡단도(1/100) 6. 돈화문-대학병원전통 도로개수공사 변경종단도 7. 돈화문전-대학병원전통 도로개수공사 변경평면도 (1/600) 8. 돈화문전-대학병원전통 도래개수공사 평면도 (1/600) 9. 소화5년도 소속 종로4정목-동대문 도로개수공사 용지수용비 및 지장물건 이전보상비 변경조서 10. 종로4정목-종로6정목 도로개수用敷地 측량도(1/600) 11. 종로4정목-동대문 경성시구개수공사 지장물건 조사도(1/300) 12. 소화5년도 소속 경성시구개수 국고보조공사 功程보고(경성부윤) 13. 소화5년도 소속 경성시구개수 국고보조공사 착수보고(경성부윤) 14. 소화5년도 소속 경성시구개수공사 보조금 下付신청(경성부윤)		
문서내용	• 경성 도로개수공사(돈화문-대학병원, 종로4정목-동대문) 공정보고(첨부문서 20번)에 의해 설계를 변경하고, 그에 따라 공사금액이 증액되는 상황 등에 관한 정보 제공. • 9번 첨부문서의 종로4정목-동대문 구간 공사지장물건의 기록을 통해 이전 보상대상자 및 대상물건의 내역에 관한 정보 제공.		

2-3

기록건명	소화5년도 소속 경성시구개수공사 실시설계 인가의 건		
문서번호			
기안부서 (발신자)	내무국 토목과 도로계	기안일자	1932-07-13
중간결재	재무국장, 사계과장(代)		
최종결재 (수신자)		결재일자 (접수일자)	
		시행일자 (발송일자)	1932-07-27
첨부문서	1. 소화5년도 소속 경성시구개수공사 실시인가 신청(경성부윤) 2. 소화5년도 소속 경성시구개수공사 실시설계서 3. 종로4정목-동대문 시구개수공사 용지수용도(1/600) 4. 경성시구개수비 수지계산표 5. 경성시구개수공사 기채調 6. 경성부관내도(1/15,000) 7. 소화5년도 소속 경성시구개수 국고보조공사 보고(경성부윤) - 국고보조금 교부조서 - 소화5년도 소속 경성시구개수 국고보조공사 정산조서 8. 소화5년도 소속 경성시구개수공사 국고보조금 下付의 건 신청(경성부윤) - 소화5년도 소속 경성시구개수공사 功程表(1933-03-07 현재)		
문서내용	• 1932년 7월 7일 부로 土 제888호 신청 1930년도 소속 경성시구개수공사 (종로4정목-동대문) 실시설계의 건을 인가한다는 내용을 알 수 있는 정보 제공. • 6번 첨부문서의 1/15,000 경성부관내도를 통해 1932년 현재 경성부 관내의 전반적인 경관에 관한 이미지 정보 제공.		

3) 경성 시구개정 도로용지관계 (1926)

기록철명	원철명	경성시구개정 도로용지관계			
	정리철명	경성 시구개정 도로용지관계 (1926)			
생산년도	1926-1927년				
생산기관	내무국 토목과				
보존기간	갑종(영구)				
소장기호	CJA0013080				
Item					
일련 번호	건명		결재(발송)일	기안(발신)부서	첨부 문서
1	문서이송의 건		1926-07-05	내무국경성토목출장소	2건
2	경성시구개정 도로용지에 관한 건		1926-07-17	내무국 토목과	4건
3	경성시구개정공사 실시계획 변경의 건		1926-09-01	내무국 토목과	1건
4	경성시구개정공사 실시계획 변경의 건		1926-09-04	내무국 토목과	2건
5	광화문통 電纜 부설 위치에 관한 건		1927-10-11	내무국 토목과 도로계	1건
6	광화문통 개수계획에 관한 건			내무국 토목과 도로계	2건
7	광화문통 개수계획에 관한 건		1927-12-17	내무국 토목과 도로계	3건
8	전차선로 부설에 관한 건		1927-12-21	내무국 토목과 도로계	7건

기록 철명	원철명	경성시구개정 도로용지관계		
	정리철명	경성 시구개정 도로용지관계 (1926)		
생산부서	내무국 토목과			
생산년도	1926-1927년	분류기호	1926년 토목 갑 기록 제142호	
쪽수	59면	조선총독부 보존기간	갑종(영구)	
소장처	국가기록원	소장기호	CJA0013080	

3-1

기록건명	문서이송의 건		
문서번호	京土 제1,172호		
기안부서 (발신자)	내무국 경성토목출장소	기안일자	
중간결재			
최종결재 (수신자)		결재일자 (접수일자)	
		시행일자 (발송일자)	1926-07-05
첨부문서	1. ??(경성부윤→경성토목출장소장) 2. 경성부 남대문통4정목 70-1, 70-2번		
문서내용	• 경성시구개수노선 중 남대문-조선은행 구간의 도로용지 매수와 관련하여 경성부윤이 경성토목출장소장에게 보낸 조회를 내무국으로 이송했음을 알 수 있는 정부 제공		

3-2

기록건명	경성시구개정 도로용지에 관한 건		
문서번호	土 제1,750호		
기안부서 (발신자)	내무국 토목과	기안일자	1926-07-14
중간결재			
최종결재 (수신자)		결재일자 (접수일자)	
		시행일자 (발송일자)	1926-07-17
첨부문서	1. 승낙서(1913-09-12) 2. 용지 매수 관유지 사용권 회수 및 관민유지 교환 통지의 건(토목국장→경성부윤, 1914-01-23) 3. 도로용지 수용 연월일의 건 조회(경성부→토목국, 1915-06-11) 4. 도로용지 수용 연월일의 건(조선총독부→경성부, 1915-06-23)		
문서내용	• 1~4번 첨부문서를 통해 남대문-조선은행 구간의 시구개수용지 수용을 둘러싼 정황을 알 수 있는 정보 제공.		

3-3

기록건명	경성시구개정공사 실시계획 변경의 건		
문서번호	土 제421호		
기안부서 (발신자)	내무국 토목과	기안일자	1926-08-13
중간결재	재무국장, 사계과장		
최종결재 (수신자)	총독	결재일자 (접수일자)	1926-09-01
		시행일자 (발송일자)	
첨부문서	1. 경성시구개수예정계획선도(1/30,000)		
문서내용	• 1926년 경성시구개수공사 계획의 일부인 돈화문-중앙시험소 구간 중 이왕직 소관의 大廟와 창경원의 경계를 통과하는 노선의 일부를 수정 했음을 알 수 있는 정보 제공. • 1번 첨부문서를 통해 1926년 현재 경성시구개수의 진척상황, 예정계획 등을 알 수 있는 정보 제공.		

3-4

기록건명	경성시구개정공사 실시계획 변경의 건		
문서번호	土 제421호		
기안부서 (발신자)	내무국 토목과	기안일자	1926-09-01
중간결재			
최종결재 (수신자)	경성토목출장소장	결재일자 (접수일자)	1926-09-04
		시행일자 (발송일자)	1926-09-15
첨부문서	1. 광화문-황토현광장 도로개수공사용지 보상비 槪算조서 2. 광화문-황토현광장 도로용지 및 지장물건 조서		
문서내용	• 1926년 경성시구개수공사 계획의 일부인 돈화문-중앙시험소 구간 중 이왕직 소관의 大廟와 창경원의 경계를 통과하는 노선의 일부를 수정 했음을 알 수 있는 정보 제공.		

3-5

기록건명	광화문통 電纜 부설 위치에 관한 건		
문서번호	土 제2,291호		
기안부서 (발신자)	내무국 토목과 도로계	기안일자	1927-10-06
중간결재			
최종결재 (수신자)	체신국장	결재일자 (접수일자)	1927-10-11
		시행일자 (발송일자)	1927-10-11
첨부문서	1. 광화문통 電纜부설 위치 변경에 관한 건(체신국→내무국장, 1927-12-17)		
문서내용	• 1927년 시구개수공사 중 광화문통 電纜의 위치를 변경하는 문제에 대해 내무국과 체신국의 업무 협조 및 분장이 어떻게 이루어졌는지 알 수 있는 정보 제공. • 1번 첨부문서 뒤에 재무국 사계과장 명의의 사문서가 첨부되어 있음. 이 문서를 통해 광화문통 電纜 부설 비용문제를 알 수 있음.		

3-6

기록건명	광화문통 개수계획에 관한 건		
문서번호			
기안부서 (발신자)	내무국 토목과 도로계	기안일자	1927-02-27
중간결재			
최종결재 (수신자)		결재일자 (접수일자)	
		시행일자 (발송일자)	
첨부문서	1. 제1호 광화문통 개수 및 황토현광장 공사계획 2. 소화4년도 경성시구개정비 실시계획서 　- 중앙시험소-혜화동 도로개수공사비 내역서 　- 제6선의 일부 개수공사비 槪算(돈화문-병원) 　- 경성시구개정 돈화문-병원 도로개수공사 용지 매수 및 지장물건 이전 보상비 槪算조서		
문서내용	• 광화문통이 조선총독부청사 앞 도로가 됨에 따라 이에 대해 일제가 어떤 개수계획을 세웠는지 알 수 있는 정보 제공.		

3-7

기록건명	광화문통 개수계획에 관한 건		
문서번호			
기안부서 (발신자)	내무국 토목과 도로계	기안일자	1927-12-05
중간결재			
최종결재 (수신자)		결재일자 (접수일자)	1927-12-17
		시행일자 (발송일자)	
첨부문서	1. 광화문통 개수계획 평면도(1/600) 2. 광화문통 개수공사 표준 횡단면도(1/50) 3. 광화문-황토현광장 도로개수공사 종단면(종 1/100, 횡 1/600)		
문서내용	• 광화문통 개수계획에서 전차궤도 부설 및 지하매설물 공사계획을 알 수 있는 정보 제공.		

3-8

기록건명	전차선로 부설에 관한 건		
문서번호	土 제2,734호		
기안부서 (발신자)	내무국 토목과 도로계	기안일자	1927-12-05
중간결재			
최종결재 (수신자)	경성전기주식회사 전무 취체역 武者鍊三	결재일자 (접수일자)	1927-12-21
		시행일자 (발송일자)	1927-12-21
첨부문서	1. 태평통 및 광화문통 전차선로 부설에 관한 御조회의 건(경성전기주식회사 전무취체역 武者鍊三→조선총독부 내무국장 生田淸三郞, 1927-12-19) 2. 광화문통 궤도 이설공사 평면도(1/600) 3. 광화문통 궤도 이설공사 종단면도(종 1/100, 횡 1/600) 4. 총독부-적선동 궤도 이설공사 평면도(1/600) 5. 종묘 내 도로부지에 관한 건(高秘 제102호, 창덕궁경찰서장→조선총독부 경무국장, 1928-06-26) 6. 광화문통 개수계획 평면도(1/600) 7. 경성시구개수예정계획선도(1/30,000)		

<table>
<tr><td rowspan="3">문서내용</td><td>

• 1927년 광화문통 시구개수에 따른 전차궤도 부설문에 대한 경성전기주식회사의 신청과 이에 대한 조선총독부의 처리결과를 알 수 있는 정보 제공.</td></tr>
<tr><td>

• 1927년 광화문통 부근 도시경관을 복원해볼 수 있는 정보 제공.</td></tr>
<tr><td>

• 5번 첨부문서는 동아일보 1928년 6월 8일자 기사에서 이왕직 차관이 종묘 후원을 통과하는 도로의 부설에 대해 문제를 제기하는 언급을 한 것과 관련사항을 보고하는 내용으로 이 문제를 둘러싼 여론동향과 일제의 대책을 일부 알 수 있는 정보적 가치가 있음. 단 이 문서는 본건과는 관련이 없으며, 4-3 경성시구개정공사 실시계획 변경의 건과 관련이 있는 문서로서 편철상의 오류가 있는 것으로 추정됨.</td></tr>
</table>

4) 경성 시구개정 관계 (1923)

<table>
<tr><td rowspan="2">기록철명</td><td>원철명</td><td>경성시구개정관계</td></tr>
<tr><td>정리철명</td><td>경성시구개정관계(1923)</td></tr>
<tr><td>생산년도</td><td colspan="2">1914-1923년</td></tr>
<tr><td>생산기관</td><td colspan="2">토목부 공사과</td></tr>
<tr><td>보존기관</td><td colspan="2">갑종(영구)</td></tr>
<tr><td>소장기호</td><td colspan="2">CJA0012926</td></tr>
<tr><td colspan="3" align="center">Item</td></tr>
</table>

일련번호	건명	결재(발송)일	기안(발신)부서	첨부문서
1	경성시구개정공사노선 결정의 건	1923-03-06	토목부 공사과	
2	노선 결정의 건	1923-02-03	토목부 경성토목출장소장	1건
3	공사 지명경쟁계약 인가의 건	1923-06-07	토목부 공사과	
4	대정12년도 경성역전 노면 기타 공사 시행의 건	1923-05-29	토목부 경성토목출장소장	
5	성시구개정노선 선정			
6	시구개정도면 송부의 건	1914-06-15	토목국 공무과	
7	시구개정도면 송부의 건	1914-05-27	토목국 공무과	

일련 번호	건명	결재 (발송)일	기안(발신)부서	첨부 문서
8	시구개정노선 幅枕 설치의 건	1914-05-16	토목국 공무과	
9	시구개정노선 선정의 건		토목국장	
10	시구개정노선 선정의 건	1914-04-10	토목국경성출장소	
11	동경시구개정위원회 조직권한	1896-07-31		
12	동경시구개정조례	1888-08-17		
13	경성시구개정조례안			
14	경성시구개정위원회규정안			
15	경성시구개정위원회규정안			
16	공사중지명령 해제의 건	1923-03-31	토목부 경성출장소장	
17	공사중지명령의 건	1922-11-29	토목부 경성출장소장	
18	공사준공기한 연기 허가의 건	1922-11-22	토목부 경성출장소장	1건
19	공사계약체결 보고의 건	1922-10-06	토목부 경성출장소장	
20	공사설계승인의 건	1922-09-30	토목부장	
21	공사설계인가 신청의 건	1922-09-25	토목부 경성출장소장	1건
22	공사준공기한 연기 허가의 건	1922-08-29	토목부 경성출장소장	2건
23	(없음)	1922-08-04	토목부 경성출장소장	
24	공사청부결정의 건	1922-02-09	토목부 경성출장소장	
25	공사계약에 관한 건	1922-02-18	토목부 경성출장소장	
26	공사계약체결 보고의 건	1922-07-24	토목부 경성출장소장	
27	인천수도 송수선 朱安해저 복선공사 설계 승인에 관한 건	1922-	토목부장	
28	설계 승인의 건 신청	1922-06-27	토목부 경성출장소장	1건
29	물건구입계약 체결 보고의 건	1922-06-16	토목부 경성출장소장	1건
30	철관류 구입에 관한 건	1922-05-29	토목부장	1건
31	철관류 구입 승인 신청의 건	1922-05-20	토목부 경성출장소장	5건
32	공사설계 변경의 건	1922-12-27	토목부장	
33	공사설계변경 승인 신청의 건	1922-12-21	토목부 경성출장소장	2건

일련 번호	건명	결재 (발송)일	기안(발신)부서	첨부 문서
34	공사계약체결 보고의 건		토목부 경성출장소장	
35	공사실시설계의 건	1922-08-09	토목부장	
36	설계 승인의 건 신청	1922-08-03	토목부 경성출장소장	3건
37	공사 설계 변경 승인의 건	1922-09-19	토목부 공사과 수도계	3건
38	공사 설계 변경 인가 신청의 건	1922-09-13	토목부 경성출장소장	9건
39	淨水池 番舍 개축의 건	1922-12-01	토목부장	
40	淨水池 番舍 개축의 건	1922-11-15	토목부 경성출장소장	2건
41	전기장치 水位器 据付공사 준공 보고의 건	1923-04-13	토목부 경성출장소장	
42	설계변경 명령의 건	1923-03-06	토목부 경성출장소장	
43	공사계약에 관한 건	1922-02-18	토목부 경성출장소장	
44	전기장치 수위기 거부공사 설계 변경의 건	1923-03-02	토목부장	
45	설계 변경 승인의 건	1923-02-23	토목부 경성출장소장	3건
46	수도 00기 장치 공사 위탁의 건	1923-02-26	토목부장	
47	전기장치 수위기 부속공사 위탁시행의 건	1923-02-23	토목부 경성출장소장	
48	전기장치 수위기 부속공사 위탁시행의 건	1923-02-19	토목부장	
49	수도報知器장치공사 설계 및 공사비 등에 관한 건		경성우편국장	2건
50	전기장치 수위기 부속공사 위탁시행의 건	1923-02-05	토목부장	
51	水位報知장치공사에 관한 건(對 土工乙 제126호)	1923-02-01	체신국장	
52	공사 위탁시행에 관한 건	1923-01-24	토목부장	
53	공사 위탁시행 신청의 건	1923-01-18	토목부 경성출장소장	1건
54	경성시구개정 제27호 계획선의 일부 노선 선정의 건	1918-08-14		
55	시구개정노선 선정의 건	1918-07-17	토목부 경성출장소장	1건
56	국유지역(域?) 통지의 건	1919-05-13	토목국 토목과	3건
57	관유지 組?의 건	1919-05-27	토목국 토목과	1건
58	지장물건 취급에 관한 건	1919-05-28	토목국 토목과	1건

일련 번호	건명	결재 (발송)일	기안(발신)부서	첨부 문서
59	토지에 관한 증명의 건	1919-05-26	토목국 토목과	
60	토지대장등본 교부方의 건	1919-05-26	토목국 토목과	
61	국유지성(成) 통지의 건	1919-06-06	토목국 토목과	
62	토지분할신고서 송부의 건	1919-	토목국 토목과	1건
63	관유지 組?의 건	1919-	토목국 토목과	1건
64	立退기간 연장에 관한 건	1919-06-18	토목국 토목과	3건
65	영수증 송부의 건	1919-07-14	토목국 토목과	1건
66	登記錄證 송부의 건	1919-06-06	토목국 토목과	1건
67	토지대장등본 교부方의 건	1919-09-13	토목국 토목과	
68	토지에 관한 증명의 건	1919-09-11	토목국 토목과	
69	토지수용 抗(?)議에 관한 건	1919-10-11	토목국 토목과	
70	토지사용에 관한 건	1919-10-11	토목국 토목과	2건
71	토지사용에 관한 건	1919-10-11	토목국 토목과	2건
72	토지에 관한 증명의 건	1919-11-17	토목국 토목과	
73	토지에 관한 증명의 건	1919-10-16	토목국 토목과	
74	토지대장등본 교부方의 건	1919-11-17	토목국 토목과	
75	토지대장등본 교부方의 건	1919-10-16	토목국 토목과	
76	토지대장등본 청구의 건	1918-09-19	토목국 토목과	1건
77	토지분할도 조제 송부方의 건	1918-07-29	토목국 토목과	
78	토지매수에 관한 건	1920-01-27	토목국 토목과	1건
79	토지매수에 관한 건	1920-02-05	토목국 토목과	2건
80	토지대장등본 교부方의 건	1920-02-15	토목국 토목과	
81	토지대장등본 교부方의 건	1920-01-23	토목국 토목과	
82	토지분할신고서 송부의 건	1919-11-12	토목국 토목과	
83	도로용지분할도서 進達의 건	1919-10-14	토목부 경성출장소장	2건
84	지대장등본 교부方의 건	1920-02-15	토목국 토목과	

일련 번호	건명	결재 (발송)일	기안(발신)부서	첨부 문서
85	토지대장등본 교부方의 건	1920-01-09	토목국 토목과	
86	토지대장등본 교부方의 건	1919-09-18	토목국 토목과	1건
87	토지분할신고서 송부의 건	1919-09-08	토목국 토목과	
88	시구개정용지분할도서 進達의 건		토목국 경성출장소장	2건
89	토지분할에 관한 건	1919-06-03	토목국 토목과장	
90	시구개정도로용지분할도서 進達의 건	1919-05-28	토목국 경성출장소장	1건
91	철도용지소관 換에 관한 건	1920-03-17	토목국 경성출장소장	
92	철도용지소관 換에 관한 건	1920-03-13	토목부 토목과	
93	철도용지와 지상물건 보관 환의 건	1920-03-08	남만주철도주식회사 경성 관리국장	
94	철도용지소관 환에 관한 건	1920-03-02	토목부 토목과	
95	철도용지를 도로敷토서 소관 환함과 지상 물건 이전 및 철거에 관한 건		철도부장	
96	도로용지소관 환 및 지장물건 取拂의 건		철도국장	
97	도로용지 및 지장물건 取拂에 관한 건	1918-04-09	토목국 토목과	
98	고시정 도로개수공사 지장물건 취불 기타 에 관한 건		철도국장관	
99	고시정 도로개수공사 지장물건 취불 기타 에 관한 건	1917-05-09	토목국 영선과	2건
100	토지에 관한 증명의 건	1919-09-22	토목부 토목과	
101	철도용지소관 환에 관한 건	1920-03-19	토목국 토목과	5건
102	瓦斯管理設替工事??의 건	1919-06-06	토목국 경성출장소장	1건
103	瓦斯鐵管理替에 관한 건	1918-11-18	토목국 토목과	1건
104	토지대장등본 교부方의 건	1919-03-23	토목부 토목과	
105	토지대장등본 교부方의 건	1919-03-23	토목부 토목과	
106	토지대장등본 교부方의 건	1919-02-16	토목부 토목과	
107	토지대장등본 교부方의 건	1919-01-1	토목부 토목과	
108	토지분할신고의 건	1919-12-24	토목부 토목과	3건
109	토지분할신고서 송부의 건	1919-12-24	토목부 토목과	7건

일련 번호	건명	결재 (발송)일	기안(발신)부서	첨부 문서
110	토지분할신고서 송부의 건	1919-11-25	토목부 토목과	
111	토지대장등본 교부方의 건	1919-11-12	토목부 토목과	
112	토지대장등본 교부方의 건	1919-10-15	토목부 토목과	
113	토지분할신고서 송부의 건	1919-09-19	토목부 토목과	
114	도로용지분할도서 進達의 건	1919-09-15	토목부 경성출장소장	11건
115	토지에 관한 증명의 건		토목부장	
116	합필등기 촉탁의 건	1920-05-06	토목부 토목과	
117	토지대장등본 교부方의 건	1920-03-25	토목부 토목과	
118	토지에 관한 증명의 건	1920-03-25	토목부 토목과	9건
119	토지대장등본 교부方의 건	1920-05-28	토목부 토목과	
120	토지대장등본 교부方의 건	1920-05-07	토목부 토목과	1건
121	토지대장등본 교부方의 건	1920-05-26	토목부 토목과	
122	토지분할신고서 송부의 건	1920-05-11	토목부 토목과	3건
123	토지분할신고서 송부의 건	1920-06-04	토목부 토목과	5건
124	도로成토지의 지목 변환 통지方에 관한 건 조회		경성???	10건
125	토지대장등본 교부方의 건	1920-08-26	토목부 토목과	
126	토지대장등본 교부方의 건	1920-06-16	토목부 토목과	18건
127	토지대장등본 교부方의 건	1920-02-17	토목부 토목과	
128	급수관 이전에 관한 건	1919-10-15	토목부 토목과	2건
129	급수철관 이전에 관한 건	1919-10-09		1건
130	급수철관 이전에 관한 건	1919-09-05	토목부 토목과	
131	급수철관 이전에 관한 건	1919-08-30	토목부 경성출장소장	
132	철도용지보관 환의 건	1920-09-21	토목부 토목과장	
133	한해구제 도로공사를 위한 철도용지보관 환의 건		철도부장	
134	철도용지보관 전환方 신청		용천군수	1건

일련 번호	건명	결재 (발송)일	기안(발신)부서	첨부 문서
135	관사이전에 관한 건	1919-07-17	토목부 토목과	3건
136	경성 부근 선로개량공사에 수반한 도로 附替 및 전차선 횡단공사 시행의 건	1914-08-03	토목국 공무과	5건
137	경성 부근 선로개량공사에 수반한 도로 附替 및 전차선 횡단공사 시행의 건 회답안	1916-	토목국 토목과	1건
138	경성 부근 선로개량공사에 수반한 도로 附替 및 전차선 횡단공사 시행에 관한 건	1917-05-18	토목국 토목과	
139	경성 부근 선로개량공사에 수반한 도로 附替 및 전차선 횡단공사 시행에 관한 회답의 건		철도국장관	
140	경성 부근 선로개량공사에 수반한 도로 附替 및 전차선 횡단공사 시행에 관한 건	1917-05-03	토목국 토목과	1건
141	시구개정 노선선정과 幅杭설치의 건	1919-04-14		3건
142	경성시구개정노선 선정의 건	1917-05-09		4건
143	시구개정도면 송부의 건	1914-12-23	토목국 공무과	
144	시구개정 노선선정과 폭원설치의 건	1914-11-14	토목국 공무과	6건
145	대정12년 8월 1일 평양홍수조사		토목부 대동강출장소	6건
146	청천강 치수계획 설명서			
147	대동강 치수계획 설명서			
148	낙동강 치구계획 설명서			2건
149	경성시구개정 제7호노선 계획선 변경의 건	1918-05-31		3건
150	시구개정도면 송부의 건	1914-06-11	토목국 공무과	
151	시구개정노선선정과 폭원설치의 건	1914-05-28	토목국 공무과	2건

기록 철명	원철명	경성시구개정관계		
	정리철명	경성 시구개정 관계 (1923)		
생산부서		토목부 공사과		
생산년도		1914-1923년	분류기호	1923년 토목 갑 기록 제8호
쪽수		1,057면	조선총독부 보존기간	갑종(영구)
소장처		국가기록원	소장기호	CJA0012926

4-1

기록건명	경성시구개정공사노선 결정의 건		
문서번호	土工 제289호		
기안부서 (발신자)	토목부 공사과	기안일자	1923-03-03
중간결재			
최종결재 (수신자)	경성출장소장	결재일자 (접수일자)	1923-03-06
		시행일자 (발송일자)	1923-03-06
첨부문서			
문서내용	• 1923년 경성시구개수공사 송현동-광화문 구간의 노선 결정에 대한 경성 출장소의 신청과 토목부의 인가상황에 관한 정보 제공.		

4-2

기록건명	노선 결정의 건		
문서번호	京土 제50호		
기안부서 (발신자)	토목부 경성토목출장소장	기안일자	1923-02-02
중간결재			
최종결재 (수신자)	토목부장	결재일자 (접수일자)	1923-02-03
		시행일자 (발송일자)	
첨부문서	1. 北部大通 송현동-광화문 도로개수공사 평면도(1/300)		
문서내용	• 송현동-광화문 구간의 도로개수공사 설계내용에 관한 정보 제공.		

4-3

기록건명	공사 지명경쟁계약 인가의 건		
문서번호	土工 제202호		
기안부서 (발신자)	토목부 공사과	기안일자	1923-06-07
중간결재			
최종결재 (수신자)	경성출장소장	결재일자 (접수일자)	1923-06-07
		시행일자 (발송일자)	1923-06-08

첨부문서	
문서내용	• 1923년 경성역전 노면 및 기타 공사 시행자 선택을 위한 계약 인가상황에 관한 정보 제공.

4-4

기록건명	대정12년도 경성역전 노면 기타 공사 시행의 건		
문서번호	京土 제408호		
기안부서 (발신자)	토목부　경성토목출장소장	기안일자	1923-05-28
중간결재			
최종결재 (수신자)	토목부장	결재일자 (접수일자)	1923-05-29
		시행일자 (발송일자)	
첨부문서			
문서내용	• 1923년 경성역전 노면 및 기타 공사 시행자 선택을 위한 경쟁입찰상황을 알 려 주는 정보 제공.		

4-5

기록건명	경성시구개정노선 선정		
문서번호			
기안부서 (발신자)		기안일자	
중간결재			
최종결재 (수신자)		결재일자 (접수일자)	
		시행일자 (발송일자)	
첨부문서			
문서내용	• 경성시구개수노선 제9호 돈화문-황금정광장-대화정 및 제11호 식물원-총독부의원-대화정이 결정되었음을 알려주는 정보 제공. • 어떤 일자인지는 알 수 없으나, 문서 좌측 하단에 '1922-04-19 引繼'라고 표기되어 있음.		

4-6

기록건명	시구개정도면 송부의 건		
문서번호	제515호		
기안부서 (발신자)	토목국 공무과	기안일자	1914-06-13
중간결재			
최종결재 (수신자)	銅峴분서장, 동대문분서장	결재일자 (접수일자)	1914-06-15
		시행일자 (발송일자)	1914-06-16
첨부문서			
문서내용	• 경성시구개수노선 제9호 돈화문-황금정광장-대화정 및 제11호 식물원-총독부의원-대화정의 도면이 관련 관서에 송부되었음을 알려주는 정보 제공.		

4-7

기록건명	시구개정도면 송부의 건		
문서번호	제515호		
기안부서 (발신자)	토목국 공무과	기안일자	1914-05-22
중간결재			
최종결재 (수신자)	경기도장관, 경무총장, 체신국장관, 경성부윤, 남부경찰서장, 북부경찰서장	결재일자 (접수일자)	1914-05-27
		시행일자 (발송일자)	1914-05-23
첨부문서			
문서내용	• 경성시구개수노선 제9호 돈화문-황금정광장-대화정 및 제11호 식물원-총독부의원-대화정의 도면이 관련 관서에 송부되었음을 알려주는 정보 제공.		

4-8

기록건명	시구개정노선 幅枕 설치의 건		
문서번호	제353호		
기안부서 (발신자)	토목국 공무과	기안일자	1914-04-20
중간결재	경리과장		

최종결재 (수신자)	총독	결재일자 (접수일자)	1914-05-16
		시행일자 (발송일자)	1914-05-23
첨부문서			
문서내용	• 경성시구개수노선 제9호 돈화문-황금정광장-대화정 및 제11호 식물원-총독부의원-대화정 구간의 폭원이 개정되었음을 알려주는 정보 제공.		

4-9

기록건명	시구개정노선 선정의 건		
문서번호			
기안부서 (발신자)	토목국장	기안일자	
중간결재			
최종결재 (수신자)	경성토목출장소장	결재일자 (접수일자)	
		시행일자 (발송일자)	
첨부문서			
문서내용	• 1914년 4월 10일 경성토목출장소의 상신이 인가되었음을 알려주는 정보 제공. • 본 건명은 문서번호, 기안일자 등이 표기된 1면이 낙장된 것으로 추정됨.		

4-10

기록건명	시구개정노선 선정의 건		
문서번호	京發 제11호		
기안부서 (발신자)	토목국 경성출장소	기안일자	1914-04-10
중간결재			
최종결재 (수신자)	토목국장	결재일자 (접수일자)	1914-04-10
		시행일자 (발송일자)	
첨부문서			
문서내용	• 경성시구개수노선 제9호 돈화문-황금정광장-대화정 및 제11호 식물원-총독부의원-대화정 구간의 선정 인가 신청상황에 관한 정보 제공.		

4-11

기록건명	동경시구개정위원회 조직권한		
문서번호	勅令 제279호		
기안부서 (발신자)		기안일자	
중간결재			
최종결재 (수신자)		결재일자 (접수일자)	
		시행일자 (발송일자)	1896-07-31
첨부문서			
문서내용	• 동경시구개정위원회의 조직과 권한에 관한 정보 제공.		

4-12

기록건명	동경시구개정조례		
문서번호	勅令 제62호		
기안부서 (발신자)		기안일자	..
중간결재			
최종결재 (수신자)		결재일자 (접수일자)	,
		시행일자 (발송일자)	1888-08-17
첨부문서			
문서내용	• 동경시구개정조례의 내용에 관한 정보 제공.		

4-13

기록건명	경성시구개정조례안		
문서번호			
기안부서 (발신자)		기안일자	
중간결재			
최종결재 (수신자)		결재일자 (접수일자)	
		시행일자 (발송일자)	

첨부문서	
문서내용	• 경성시구개정조례안의 내용을 알 수 있게 해주는 중요한 정보, 조례안의 기안일자나 시행 여부 등은 나타나 있지 않음. 다만 표제 하단 괄호 안에 '칙령안'이라고 표기되어 있음.

4-14

기록건명	경성시구개정위원회규정안		
문서번호			
기안부서 (발신자)		기안일자	
중간결재			
최종결재 (수신자)		결재일자 (접수일자)	
		시행일자 (발송일자)	
첨부문서			
문서내용	• 경성시구개정위원회규정안의 내용을 알 수 있게 해주는 중요한 정보, 규정안의 기안일자나 시행 여부 등은 나타나 있지 않음. 다만 표제 하단 괄호 안에 '칙령안'이라고 표기되어 있음.		

4-15

기록건명	경성시구개정위원회규정안		
문서번호			
기안부서 (발신자)		기안일자	
중간결재			
최종결재 (수신자)		결재일자 (접수일자)	
		시행일자 (발송일자)	
첨부문서			
문서내용	• 경성시구개정위원회규정안의 내용을 알 수 있는 정보, 규정안의 기안일자나 시행 여부 등은 알 수 없음. 다만 표제 하단 괄호 안에 '칙령안'이라고 표기되어 있음. 6-14문서와 동일한 문서로 추정됨		

4-16

기록건명	공사중지명령 해제의 건		
문서번호	京土 제281호		
기안부서 (발신자)	토목부 경성출장소장	기안일자	1923-03-23
중간결재			
최종결재 (수신자)	토목부장	결재일자 (접수일자)	1923-03-31
		시행일자 (발송일자)	
첨부문서			
문서내용	• 1922년 11월 15일부 大峴山배수지축조공사의 일시 중지가 해제되었음을 알려 줌.		

4-17

기록건명	공사중지명령의 건		
문서번호	京土 제281호		
기안부서 (발신자)	토목부 경성출장소장	기안일자	1922-11-15
중간결재			
최종결재 (수신자)	토목부장	결재일자 (접수일자)	1922-11-29
		시행일자 (발송일자)	
첨부문서			
문서내용	• 大峴山배수지축조공사를 일시 중지했음을 알려 줌.		

4-18

기록건명	공사준공기한 연기 허가의 건		
문서번호	京土 제531호		
기안부서 (발신자)	토목부 경성출장소장	기안일자	1922-11-21
중간결재			
최종결재 (수신자)	토목부장	결재일자 (접수일자)	1922-11-22
		시행일자 (발송일자)	

첨부문서	1. 工事延期願(청부인 高島周祐→토목부 경성출장소장, 1922-11-18)
문서내용	• 1921년 5월 2일 계약한 大峴山배수지축조공사의 준공 연기가 출원되었음을 알려 줌.

4-19

기록건명	공사계약체결 보고의 건		
문서번호	京土 제990호		
기안부서 (발신자)	토목부 경성출장소장	기안일자	1922-10-06
중간결재			
최종결재 (수신자)	토목부장	결재일자 (접수일자)	1922-10-06
		시행일자 (발송일자)	
첨부문서			
문서내용	• 大峴山배수지축조공사의 계약 내용에 관한 정보 제공.		

4-20

기록건명	공사설계승인의 건		
문서번호			
기안부서 (발신자)	토목부장	기안일자	1922-09-27
중간결재	공사과장, 수도계장		
최종결재 (수신자)	경성출장소장	결재일자 (접수일자)	1922-09-30
		시행일자 (발송일자)	1922-09-30
첨부문서			
문서내용	• 경성토목출장소에서 京土 제939호로 신청한 大峴山배수지 철조책 공사의 실시설계가 인가되었음을 알 수 있는 정보 제공.		

4-21

기록건명	공사설계인가 신청의 건		
문서번호	京土 제939호		
기안부서 (발신자)	토목부 경성출장소장	기안일자	1922-09-25
중간결재			
최종결재 (수신자)	토목부장	결재일자 (접수일자)	1922-09-25
		시행일자 (발송일자)	
첨부문서	1. 大峴배수지 구내 철조책 공사 설계서		
문서내용	• 경성토목출장소에서 신청한 대현배수지 철조책 공사의 설계내용을 알 수 있는 정보 제공.		

4-22

기록건명	공사준공기한 연기 허가의 건		
문서번호	京土 제829호		
기안부서 (발신자)	토목부 경성출장소장	기안일자	1922-08-24
중간결재			
최종결재 (수신자)	토목부장	결재일자 (접수일자)	1922-08-29
		시행일자 (발송일자)	
첨부문서	1. 공사연기에 관한 건(기수 多田隆吉→토목부 경성출장소장, 1922-08-10) 2. 延期願(청부인 小寺忠行→토목부 경성출장소장, 1922-08-10)		
문서내용	• 인천 송수관 관련 공사의 준공 연기 신청상황을 알 수 있는 정보 제공.		

4-23

기록건명	(없음)		
문서번호	京土 제750호		
기안부서 (발신자)	토목부 경성출장소장	기안일자	1922-08-04
중간결재			

최종결재 (수신자)	토목부장	결재일자 (접수일자)	1922-08-04
		시행일자 (발송일자)	
첨부문서			
문서내용	• 인천 송수관 관련 공사에서 미납상태의 철관이 완납되어 공사 중지를 해제하게 되었음을 알 수 있는 정보 제공. • 문서의 건명이 누락되어 있음.		

4-24

기록건명	공사청부결정의 건		
문서번호	京土 제58호		
기안부서 (발신자)	토목부 경성출장소장	기안일자	1922-02-09
중간결재			
최종결재 (수신자)	토목부장	결재일자 (접수일자)	1922-02-09
		시행일자 (발송일자)	
첨부문서			
문서내용	• 견적금액이 가장 낮은 小寺忠行과 인천 송수관 관련 공사 청부계약을 체결했음을 알 수 있는 정보 제공.		

4-25

기록건명	공사계약에 관한 건		
문서번호	京土 제177호		
기안부서 (발신자)	토목부 경성출장소장	기안일자	1922-02-18
중간결재			
최종결재 (수신자)	토목부장	결재일자 (접수일자)	1922-02-18
		시행일자 (발송일자)	
첨부문서			
문서내용	• 인천 송수관 관련 공사 청부계약의 내역을 알 수 있는 정보 제공.		

4-26

기록건명	공사계약체결 보고의 건		
문서번호	京土 제74호		
기안부서 (발신자)	토목부 경성출장소장	기안일자	1922-07-24
중간결재			
최종결재 (수신자)	토목부장	결재일자 (접수일자)	1922-07-24
		시행일자 (발송일자)	
첨부문서			
문서내용	• 인천 송수관 관련 공사 계약의 내역을 알 수 있는 정보 제공.		

4-27

기록건명	인천수도 송수선 朱安해저 복선공사 설계 승인에 관한 건		
문서번호			
기안부서 (발신자)	토목부장	기안일자	1922-06-30
중간결재			
최종결재 (수신자)	토목부 경성출장소장	결재일자 (접수일자)	1922-
		시행일자 (발송일자)	1922-07-03
첨부문서			
문서내용	• 1922년 6월 23일 인천수도 송수선 주안해저복선공사에 관한 京土. 제604호 신청이 승인되었음을 알 수 있는 정보 제공.		

4-28

기록건명	설계 승인의 건 신청		
문서번호			
기안부서 (발신자)	토목부 경성출장소장	기안일자	1922-06-23
중간결재			
최종결재 (수신자)	토목부장	결재일자 (접수일자)	1922-06-27
		시행일자 (발송일자)	

첨부문서	1. 인천수도 송수선 朱安해저 복선공사 명세서
	  - 鐵管受詳細圖
	  - 인천수도 송수선 주안 澗筋 부근 평면도(1/50,000)
	  - 인천수도 송수선 주안해저 철관 布設 평면도(1/1,200)

문서내용	• 인천수도 송수선 朱安해저 복선공사의 설계 내역을 상세히 알 수 있는 정보제공.

4-29

기록건명	물건구입계약 체결 보고의 건		
문서번호	京土 제572호		
기안부서 (발신자)	토목부 경성출장소장	기안일자	1922-06-14
중간결재			
최종결재 (수신자)	토목부장	결재일자 (접수일자)	1922-06-16
		시행일자 (발송일자)	
첨부문서	1. 예정수수조서(경성출장소장, 1922-05-29)		
문서내용	• 수도공사용 철관의 구입내역과 그 가액 등을 알 수 있는 정보 제공. (물건구입계약 체결에 관한 기록은 일반적으로 영구기록으로 결정되지 않음)		

4-30

기록건명	철관류 구입에 관한 건		
문서번호			
기안부서 (발신자)	토목부장	기안일자	1922-05-25
중간결재			
최종결재 (수신자)	토목부 경성출장소장	결재일자 (접수일자)	1922-05-29
		시행일자 (발송일자)	1922-05-29
첨부문서	1. 예정수수조서(경성출장소장, 1922-05-29)		
문서내용	• 1922년 5월 20일 京土 제476호의 수도공사용 철관류 구입이 승인되었음을 알 수 있는 정보 제공.		

4-31

기록건명	철관류 구입 승인 신청의 건		
문서번호	京土 제476호		
기안부서 (발신자)	토목부 경성출장소장	기안일자	1922-05-20
중간결재			
최종결재 (수신자)	토목부장	결재일자 (접수일자)	1922-05-20
		시행일자 (발송일자)	
첨부문서	1. 철관 주문서 - 철관 명세서 - 철관 사양서 2. 주문서 - 制水舟 외 2종 명세서 - 사양서 3. 경인양수도연락용철관촌법도(1922년도분) 4. 拾吋철관특종カラー도(1/10) 5. 용산삼각정-고시정 철관 포설 設替 평면도(1/2,500)		
문서내용	• 수도공사용 철관의 내역, 구조, 그리고 매설방법 등을 알 수 있는 정보 제공.(물자 구입 승인에 관한 기록은 일반적으로 영구기록으로 결정되지 않음)		

4-32

기록건명	공사설계 변경의 건		
문서번호	土工 제63호		
기안부서 (발신자)	토목부장	기안일자	1922-12-27
중간결재			
최종결재 (수신자)	토목부 경성출장소장	결재일자 (접수일자)	1922-12-27
		시행일자 (발송일자)	1923-01-09
첨부문서			
문서내용	• 1922년 12월 10일 京土 제1,112호 설계 변경 신청이 승인되었음을 알 수 있는 정보 제공.		

4-33

기록건명	공사설계변경 승인 신청의 건		
문서번호	京土 제1,112호		
기안부서 (발신자)	토목부 경성출장소장	기안일자	1922-12-10
중간결재			
최종결재 (수신자)	토목부장	결재일자 (접수일자)	1922-12-21
		시행일자 (발송일자)	
첨부문서	1. 설계변경이유서 2. 삼각정-고시정 12촌 철관 포설 공사 변경설계서		
문서내용	• 삼각정-고시정 구간 철관 포설 공사의 설계 변경내용을 알 수 있는 정보 제공.		

4-34

기록건명	공사계약체결 보고의 건		
문서번호	京土 제80호		
기안부서 (발신자)	토목부 경성출장소장	기안일자	1922-08-06
중간결재			
최종결재 (수신자)	토목부장	결재일자 (접수일자)	
		시행일자 (발송일자)	
첨부문서			
문서내용	• 삼각정-고시정 구간 철관 포설 공사 계약내용을 알 수 있는 정보 제공. • 공사계약 체결에 관한 낱장 보고 문서		

4-35

기록건명	공사실시설계의 건		
문서번호			
기안부서 (발신자)	토목부장	기안일자	1922-08-07

중간결재			
최종결재 (수신자)	토목부 경성출장소장	결재일자 (접수일자)	1922-08-09
		시행일자 (발송일자)	
첨부문서			
문서내용	• 京土 제744호의 철관 포설 공사 설계 신청이 승인되었음을 알 수 있는 정보제공.		

4-36

기록건명	설계 승인의 건 신청		
문서번호	京土 제744호		
기안부서 (발신자)	토목부 경성출장소장	기안일자	1922-08-02
중간결재			
최종결재 (수신자)	토목부장	결재일자 (접수일자)	1922-08-03
		시행일자 (발송일자)	
첨부문서	1. 삼각정-고시정 12촌 철관 포설 공사 설계서 2. 철관 포설 공사 사양서 3. 삼각정-고시정 철관 포설替 평면도(1/2,500)		
문서내용	• 삼각정-고시정 구간 철관 포설 공사 설계내용을 알 수 있는 정보 제공. • 공사계약, 공사 실시설계, 공사 설계변경 관련 기록과 관련철로 묶여짐.		

4-37

기록건명	공사 설계 변경 승인의 건		
문서번호	京土 제744호		
기안부서 (발신자)	토목부 공사과 수도계	기안일자	1922-09-16
중간결재			
최종결재 (수신자)	경성출장소장	결재일자 (접수일자)	1922-09-19
		시행일자 (발송일자)	1922-09-19

첨부문서	1. 삼각정-고시정 12촌 철관 포설 공사 설계서 2. 철관 포설 공사 사양서 3. 삼각정-고시정 철관 포설替 평면도(1/2,500)
문서내용	• 1922년 9월 13일 京土 제910호의 공사 설계 변경 신청이 승인되었음을 알 수 있는 정보 제공.

4-38

기록건명	공사 설계 변경 인가 신청의 건		
문서번호	京土 제910호		
기안부서 (발신자)	토목부 경성출장소장	기안일자	1922-09-13
중간결재			
최종결재 (수신자)	토목부장	결재일자 (접수일자)	1922-09-13
		시행일자 (발송일자)	
첨부문서	1. 승낙서(청부인 小谷淸→경성출장소장, 1922-09-12) 2. 이유서 3. 잡공사 내역사 4. 사양서 5. 노량진수원지 정문 구조도(1/15, 1/10) 6. 노량진수원지 정문 이전 위치 평면도(1/100) 7. 철조책 구조도 8. 노량진수원지 구내 付替 도로 단면도(종 1/100, 횡 1/600) 9. 노량진수원지평면도(1/600)		
문서내용	• 노량진 수원지 공사 설계 변경내용에 관한 정보 제공. • 첨부문서 도면들을 통해 1920년대 초 노량진수원지의 개략적인 경관을 알 수 있는 정보 제공.		

4-39

기록건명	淨水池 番舍 개축의 건		
문서번호			
기안부서 (발신자)	토목부장	기안일자	1922-11-22
중간결재			
최종결재 (수신자)	토목부 경성출장소장	결재일자 (접수일자)	1922-12-01
		시행일자 (발송일자)	1922-12-02
첨부문서			
문서내용	• 1922년 11월 15일 京土 제1,047호 정수지 번사 개축 신청이 승인되었음을 알 수 있는 정보 제공.		

4-40

기록건명	淨水池 番舍 개축의 건		
문서번호	京土 제1,047호		..
기안부서 (발신자)	토목부 경성출장소장	기안일자	1922-11-15
중간결재			
최종결재 (수신자)	토목부장	결재일자 (접수일자)	1922-11-15
		시행일자 (발송일자)	
첨부문서	1. 정수지 번사 개축위치 見取圖 2. 정수지 번사 개축계획도면(1/50)		
문서내용	• 인천수도 정수지 번사의 개축계획과 건물의 설계내역을 알 수 있는 정보 제공.		

4-41

기록건명	전기장치 水位器 据付공사 준공 보고의 건		
문서번호	京土 제220호		
기안부서 (발신자)	토목부 경성출장소장	기안일자	1922-04-12

중간결재			
최종결재 (수신자)	토목부장	결재일자 (접수일자)	1923-04-13
		시행일자 (발송일자)	
첨부문서			
문서내용	• 평양 을밀대배수지와 능라도수원지 간의 전기장치 수위기 거부공사가 준공되었음을 알 수 있는 정보 제공.		

4-42

기록건명	설계변경 명령의 건		
문서번호	京土 제88호		
기안부서 (발신자)	토목부 경성출장소장	기안일자	1923-01-31
중간결재			
최종결재 (수신자)	토목부장	결재일자 (접수일자)	1923-03-06
		시행일자 (발송일자)	
첨부문서			
문서내용	• 1922년 1월 31일 계약한 전기장치 수위기 거부공사의 설계가 변경됨에 따라 공비 및 기간이 변경되었음을 알 수 있는 정보 제공.		

4-43

기록건명	공사계약에 관한 건		
문서번호	京土 제178호		
기안부서 (발신자)	토목부 경성출장소장	기안일자	1922-02-18
중간결재			
최종결재 (수신자)	토목부장	결재일자 (접수일자)	1922-02-18
		시행일자 (발송일자)	
첨부문서			
문서내용	• 1922년 1월 31일 계약한 평양 을밀대배수지와 능라도수원지 간의 전기 장치 수위기 거부공사의 계약내용을 알 수 있는 정보 제공.		

4-44

기록건명	전기장치 수위기 거부공사 설계 변경의 건		
문서번호	土工乙 제447호		
기안부서 (발신자)	토목부장	기안일자	1923-02-28
중간결재			
최종결재 (수신자)	경성출장소장	결재일자 (접수일자)	1923-03-02
		시행일자 (발송일자)	1923-03-03
첨부문서			
문서내용	• 1923년 2월 22일 京土 제88호의 설계 변경 신청에 대한 처리내용을 알 수 있는 정보 제공.		

4-45

기록건명	설계 변경 승인의 건		
문서번호	京土 제88호		
기안부서 (발신자)	토목부 경성출장소장	기안일자	1923-02-22
중간결재			
최종결재 (수신자)	토목부장	결재일자 (접수일자)	1923-02-23
		시행일자 (발송일자)	

첨부문서	1. 설계 변경 이유서
	  - 노량진정수지-노량진수원지사무소, 대현배수지-鷺島수원지 전기장치 수위기 거부공사 변경설계서
	2. 설계 변경 이유서
	  - 평양 을밀대배수지-능라도수원지 전기장치 수위기 거부공사 변경 설계서
	3. 승낙서(高田商會→경성출장소장, 1923-01-28)		

문서내용	• 경성 및 평양 수원지의 전기장치 수위기 거부공사의 설계 변경 내역을 알 수 있는 정보 제공.		

4-46

기록건명	수도 00기 장치공사 위탁의 건		
문서번호	土工乙 제126호		
기안부서 (발신자)	토목부장	기안일자	1923-02-
중간결재			
최종결재 (수신자)	경성출장소장	결재일자 (접수일자)	1923-02-26
		시행일자 (발송일자)	1923-02-26
첨부문서			
문서내용	• 수도 공사 관련 낱장 문서		

4-47

기록건명	전기장치 수위기 부속공사 위탁시행의 건		
문서번호	京土 제20호		
기안부서 (발신자)	토목부 경성출장소장	기안일자	1923-02-23
중간결재			
최종결재 (수신자)	토목부장	결재일자 (접수일자)	1923-02-23
		시행일자 (발송일자)	
첨부문서			
문서내용	• 수도 공사 관련 낱장 문서		

4-48

기록건명	전기장치 수위기 부속공사 위탁시행의 건		
문서번호	土工乙 제126호		
기안부서 (발신자)	토목부장	기안일자	1923-
중간결재			
최종결재 (수신자)	경성출장소장	결재일자 (접수일자)	1923-02-19
		시행일자 (발송일자)	1923-02-20

첨부문서	
문서내용	• 수도 공사 관련 낱장 문서

4-49

기록건명	수도報知器장치공사 설계 및 공사비 등에 관한 건		
문서번호	京工 제275호		
기안부서 (발신자)	경성우편국장	기안일자	1923-02-16
중간결재			
최종결재 (수신자)	토목부장	결재일자 (접수일자)	
		시행일자 (발송일자)	
첨부문서	1. 수도報知器장치공사 설계서 2. 토목부장 依託 수도報知器장치공사비 예산조서		
문서내용	• 토목부에서 체신국에 위탁한 수도報知器장치공사의 설계내역과 공사예산 등을 알 수 있는 정보 제공.		

4-50

기록건명	전기장치 수위기 부속공사 위탁시행의 건		
문서번호	土工乙 제126호		
기안부서 (발신자)	토목부장	기안일자	1923-02-03
중간결재			
최종결재 (수신자)	경성출장소장	결재일자 (접수일자)	1923-02-05
		시행일자 (발송일자)	1923-02-05
첨부문서			
문서내용	• 전기장치 수위기 부속공사 위탁시행에 관한 낱장 문서		

4-51

기록건명	水位報知장치공사에 관한 건(對 土工乙 제126호)		
문서번호	遞工 제206호의 1		
기안부서 (발신자)	체신국장	기안일자	1923-01-21
중간결재			
최종결재 (수신자)	토목부장	결재일자 (접수일자)	1923-02-01
		시행일자 (발송일자)	
첨부문서			
문서내용	• 水位報知장치공사에 관한 낱장 문서		

4-52

기록건명	공사 위탁시행에 관한 건		
문서번호	土工乙 제126호		
기안부서 (발신자)	토목부장	기안일자	1923-01-22
중간결재			
최종결재 (수신자)	체신국장	결재일자 (접수일자)	1923-01-24
		시행일자 (발송일자)	1923-01-26
첨부문서			
문서내용	• 전기장치 수위기 부속공사에 관한 문서1		

4-53

기록건명	공사 위탁시행 신청의 건		
문서번호	京土 제20호		
기안부서 (발신자)	토목부 경성출장소장	기안일자	1923-01-17
중간결재			
최종결재 (수신자)	토목부장	결재일자 (접수일자)	1923-01-18
		시행일자 (발송일자)	

첨부문서	1. 전기장치 수위기 거부공사 설명서
문서내용	• 전기장치 수위기 부속공사에 관한 문서

4-54

기록건명	경성시구개정 제27호 계획선의 일부 노선 선정의 건		
문서번호			
기안부서 (발신자)		기안일자	
중간결재			
최종결재 (수신자)		결재일자 (접수일자)	
		시행일자 (발송일자)	1918-08-14
첨부문서			
문서내용	• 경성 탑공원광장에서 영락정 1정목을 경유하여 본정 5정목에 이르는 계획선의 일부 선정내용을 알 수 있는 정보 제공.		

4-55

기록건명	시구개정노선 선정의 건		
문서번호	京土 제581호		
기안부서 (발신자)	토목국 경성출장소장	기안일자	1918-07-16
중간결재			
최종결재 (수신자)	토목국장	결재일자 (접수일자)	
		시행일자 (발송일자)	1918-07-17
첨부문서	1. 황금정통-상품진열관 도로 실측 평면도(1/300)		
문서내용	• 1919년도 황금정통 시구개수 계획노선 중 일부의 개정내역을 알 수 있는 정보 제공.		

4-56

기록건명	국유지성(成) 통지의 건		
문서번호	제1,404호		
기안부서 (발신자)	토목국 토목과	기안일자	1919-05-10
중간결재			
최종결재 (수신자)	경성부윤	결재일자 (접수일자)	1919-05-13
		시행일자 (발송일자)	1919-05-14
첨부문서	1. 토지대장등본(경성부윤, 1918-11-14) 2. 토지수용승낙서 3. 위임장		
문서내용	• 황금정 2정목의 시구개수용지 수용과정과 보상가 등을 알 수 있는 정보 제공.		

4-57

기록건명	관유지 組?의 건		
문서번호			
기안부서 (발신자)	토목국 토목과	기안일자	1919-05-20
중간결재			
최종결재 (수신자)		결재일자 (접수일자)	1919-05-27
		시행일자 (발송일자)	
첨부문서	1. 남대문-봉래정 도로용지 取調圖(1/600)		
문서내용	• 남대문에서 철도 踏切을 경유하여 봉래정 2정목에 이르는 시구개수용지 (남대문통 4정목 56번지)의 수용 내역을 알 수 있는 정보 제공.		

4-58

기록건명	지장물건 취급에 관한 건		
문서번호	제1,597호		
기안부서 (발신자)	토목국 토목과	기안일자	1919-05-24
중간결재			
최종결재 (수신자)		결재일자 (접수일자)	1919-05-28
		시행일자 (발송일자)	1919-05-29
첨부문서	1. 지장물건 소유자 주소 씨명 調		
문서내용	• 남대문-봉래정 구간 시구개수용지 내 지장물건의 내역을 알 수 있는 정보 제공.		

4-59

기록건명	토지에 관한 증명의 건		
문서번호	제1,566호		
기안부서 (발신자)	토목국 토목과	기안일자	1919-05-24
중간결재			
최종결재 (수신자)		결재일자 (접수일자)	1919-05-26
		시행일자 (발송일자)	1919-05-28
첨부문서			
문서내용	• 남대문 4정목, 화천정, 봉래정 1정목 시구개수용지의 소유자, 지번, 지목 등에 대한 정보 제공.		

4-60

기록건명	토지대장등본 교부方의 건		
문서번호	제1,564호		
기안부서 (발신자)	토목국 토목과	기안일자	1919-05-24
중간결재			

최종결재	경성부윤	결재일자 (접수일자)	1919-05-26
(수신자)		시행일자 (발송일자)	1919-05-28
첨부문서			
문서내용	• 남대문 4정목, 화천정, 봉래정 1정목 시구개수용지의 소유자, 지번, 지목 등에 대한 정보 제공.		

4-61

기록건명	국유지성(成) 통지의 건		
문서번호	제282호		
기안부서 (발신자)	토목국 토목과	기안일자	1919-06-05
중간결재			
최종결재 (수신자)	경성부윤	결재일자 (접수일자)	1919-06-06
		시행일자 (발송일자)	1919-06-09
첨부문서			
문서내용	• 종로 6정목 시구개수용지의 내역을 제공.		

4-62

기록건명	토지분할신고서 송부의 건		
문서번호	제328호		
기안부서 (발신자)	토목국 토목과	기안일자	1919-03-29
중간결재			
최종결재 (수신자)	경성부윤	결재일자 (접수일자)	1919-
		시행일자 (발송일자)	1919-04-01
첨부문서	1. 본정2정목-서계동 도로용지도(1/600)		
문서내용	• 본정2정목-서계동 구간 시구개수용지의 내역을 제공.		

4-63

기록건명	관유지 組?의 건		
문서번호	제328호		
기안부서 (발신자)	토목국 토목과	기안일자	1919-03-29
중간결재			
최종결재 (수신자)	경성부윤	결재일자 (접수일자)	1919-
		시행일자 (발송일자)	1919-04-01
첨부문서	1. 본정2정목-서계동 도로용지도(1/600)		
문서내용	• 봉래정2정목-강기정3정목 구간 시구개수용지 중 중림동-서계동 구간의 내역을 제공.		

4-64

기록건명	立退기간 연장에 관한 건		
문서번호	제1,753호		
기안부서 (발신자)	토목국 토목과	기안일자	1919-06-17
중간결재			
최종결재 (수신자)		결재일자 (접수일자)	
		시행일자 (발송일자)	1919-06-18
첨부문서	1. 입퇴기간연장원 2. 토지수용 승낙서 3. 지장물건 이전 승낙서		
문서내용	• 봉래정 3정목의 시구개수용지 수용관계 상황을 알 수 있는 정보 제공.		

4-65

기록건명	영수증 송부의 건		
문서번호	제1,675호		
기안부서 (발신자)	토목국 토목과	기안일자	1919-07-10
중간결재			

최종결재 (수신자)	文在喆	결재일자 (접수일자)	
		시행일자 (발송일자)	1919-07-14
첨부문서	1. 영수증		
문서내용	• 私人 간의 저당권이 설정된 용지의 수용 관련 상황을 알 수 있는 정보 제공.		

4-66

기록건명	登記錄證 송부의 건		
문서번호	제1,675호		
기안부서 (발신자)	토목국 토목과	기안일자	1919-06-05
중간결재			
최종결재 (수신자)	文在喆, 張亨爕	결재일자 (접수일자)	1919-06-06
		시행일자 (발송일자)	1919-06-09
첨부문서	1. 영수증		
문서내용	• 私人 간의 저당권이 설정된 용지의 수용 관련 상황을 알 수 있는 정보 제공.		

4-67

기록건명	토지대장등본 교부方의 건		
문서번호	제2,460호		
기안부서 (발신자)	토목국 토목과	기안일자	1919-09-10
중간결재			
최종결재 (수신자)	경성부윤	결재일자 (접수일자)	
		시행일자 (발송일자)	1919-09-13
첨부문서			
문서내용	중림동, 봉래동 3정목 시구개수용지의 내역을 알 수 있는 정보 제공.		

4-68

기록건명	토지에 관한 증명의 건		
문서번호	제2,463호		
기안부서 (발신자)	토목국 토목과	기안일자	1919-09-10
중간결재			
최종결재 (수신자)	경성부윤	결재일자 (접수일자)	1919-09-11
		시행일자 (발송일자)	1919-09-13
첨부문서			
문서내용	• 중림동, 봉래동 3정목 시구개수용지의 내역 제공.		

4-69

기록건명	토지수용 抗(?)議에 관한 건		
문서번호	제3,770호		
기안부서 (발신자)	토목국 토목과	기안일자	1919-10-11
중간결재			
최종결재 (수신자)	岡本市太郎	결재일자 (접수일자)	1919-10-11
		시행일자 (발송일자)	1919-10-14
첨부문서			
문서내용	• 봉래동 3정목 시구개수용지의 수용 관련 상황을 알 수 있는 정보 제공.		

4-70

기록건명	토지사용에 관한 건		
문서번호	제2,736호		
기안부서 (발신자)	토목국 토목과	기안일자	1919-10-10
중간결재			
최종결재 (수신자)		결재일자 (접수일자)	1919-10-11
		시행일자 (발송일자)	1919-10-14

첨부문서	1. 토지사용奉願(高瀨합명회사→토목부장, 1919-09-29) 2. 봉래정2정목-서계동 도로용지도(1/600)
문서내용	• 봉래동2정목-서계동 구간 시구개수용지 중 중림동 부근의 수용 관련 상황을 알 수 있는 정보 제공.

4-71

기록건명	토지사용에 관한 건		
문서번호	제2,736호		
기안부서 (발신자)	토목국 토목과	기안일자	1919-10-10
중간결재			
최종결재 (수신자)		결재일자 (접수일자)	1919-10-11
		시행일자 (발송일자)	1919-10-14
첨부문서	1. 토지사용奉願(高瀨합명회사→토목부장, 1919-09-29) 2. 봉래정2정목-서계동 도로용지도(1/600)		
문서내용	• 봉래동2정목-서계동 구간 시구개수용지 중 중림동 부근의 수용 관련 상황을 알 수 있는 정보 제공.		

4-72

기록건명	토지에 관한 증명의 건		
문서번호	제2,818호		
기안부서 (발신자)	토목국 토목과	기안일자	1919-11-15
중간결재			
최종결재 (수신자)	경성부윤	결재일자 (접수일자)	1919-11-17
		시행일자 (발송일자)	1919-11-18
첨부문서			
문서내용	• 경성부 의주통의 토지소유자 증명에 관한 문서		

4-73

기록건명	토지에 관한 증명의 건		
문서번호	제2,818호		
기안부서 (발신자)	토목국 토목과	기안일자	1919-10-15
중간결재			
최종결재 (수신자)		결재일자 (접수일자)	1919-10-16
		시행일자 (발송일자)	1919-10-16
첨부문서			
문서내용	• 의주통 2정목 시구개수용지의 소유자, 지목 등을 알 수 있는 정보 제공.		

4-74

기록건명	토지대장등본 교부方의 건		
문서번호	제2,817호		
기안부서 (발신자)	토목국 토목과	기안일자	1919-11-14
중간결재			
최종결재 (수신자)	경성부윤	결재일자 (접수일자)	1919-11-17
		시행일자 (발송일자)	1919-11-18
첨부문서			
문서내용	• 의주통 2정목 시구개수용지의 소유자, 지목 등을 알 수 있는 정보 제공.		

4-75

기록건명	토지대장등본 교부方의 건		
문서번호	제2,817호		
기안부서 (발신자)	토목국 토목과	기안일자	1919-10-15
중간결재			
최종결재 (수신자)	경성부윤	결재일자 (접수일자)	1919-10-16
		시행일자 (발송일자)	1919-10-18

첨부문서	
문서내용	• 의주통 2정목 시구개수용지의 소유자, 지목 등을 알 수 있는 정보 제공.

4-76

기록건명	토지대장등본 청구의 건		
문서번호	제2,682호		
기안부서 (발신자)	토목국 토목과	기안일자	1918-09-17
중간결재			
최종결재 (수신자)	경성부윤	결재일자 (접수일자)	1918-09-19
		시행일자 (발송일자)	1918-09-20
첨부문서	1. 토지대장등본(경성부윤, 1918-09-21)		
문서내용	• 장곡천정 9번지 시구개수용지의 상황을 알 수 있는 정보 제공.		

4-77

기록건명	토지분할도 조제 송부方의 건		
문서번호	제2,188호		
기안부서 (발신자)	토목국 토목과	기안일자	1918-07-26
중간결재			
최종결재 (수신자)	경성부윤	결재일자 (접수일자)	1918-07-29
		시행일자 (발송일자)	1918-07-
첨부문서			
문서내용	• 대한문광장-조선은행광장 구간 시구개수용지 중 장곡천정 9번지의 상황을 알 수 있는 정보 제공.		

4-78

기록건명	토지매수에 관한 건		
문서번호	제256호		
기안부서 (발신자)	토목부 토목과	기안일자	1920-01-26

중간결재			
최종결재 (수신자)	경성부윤	결재일자 (접수일자)	1920-01-27
		시행일자 (발송일자)	1920-01-27
첨부문서	1. 토지매수에 관한 건(財一 제152호, 경성부윤→토목부, 1920-01-21)		
문서내용	• 의주통 2정목 시구개수용지의 매수상황을 알 수 있는 정보 제공.		

4-79

기록건명	토지매수에 관한 건		
문서번호	제343호		
기안부서 (발신자)	토목부 토목과	기안일자	1920-02-02
중간결재			
최종결재 (수신자)	경성부윤	결재일자 (접수일자)	
		시행일자 (발송일자)	1920-02-05
첨부문서	1. 토지매수에 관한 건(財一 제279호, 경성부→토목부, 1920-01-31) 2. 토지대장등본(경성부윤)		
문서내용	• 의주통 2정목, 봉래정 3정목 시구개수용지의 지번, 지목, 지적, 매수상황을 알 수 있는 정보 제공.		

4-80

기록건명	토지대장등본 교부方의 건		
문서번호	제238호		
기안부서 (발신자)	토목부 토목과	기안일자	1920-02-13
중간결재			
최종결재 (수신자)	경성부윤	결재일자 (접수일자)	1920-02-15
		시행일자 (발송일자)	1920-02-17
첨부문서			
문서내용	• 의주통 2정목 시구개수용지의 지번, 지목, 지적, 소유자 등을 알 수 있는 정보제공.		

4-81

기록건명	토지대장등본 교부方의 건		
문서번호	제238호		
기안부서 (발신자)	토목부 토목과	기안일자	1920-01-21
중간결재			
최종결재 (수신자)	경성부윤	결재일자 (접수일자)	1920-01-23
		시행일자 (발송일자)	1920-01-23
첨부문서			
문서내용	• 의주통 2정목 시구개수용지의 지번, 지목, 지적, 소유자 등을 알 수 있는 정보제공.		

4-82

기록건명	토지분할신고서 송부의 건		
문서번호	제3,035호		
기안부서 (발신자)	토목부 토목과	기안일자	1919-11-11
중간결재			
최종결재 (수신자)	경성부윤	결재일자 (접수일자)	1919-11-12
		시행일자 (발송일자)	1919-11-13
첨부문서			
문서내용	• 의주통 시구개수용지의 분할상황을 알 수 있는 정보 제공.		

4-83

기록건명	도로용지분할도서 進達의 건		
문서번호	제1,137호		
기안부서 (발신자)	토목부 경성출장소장	기안일자	1919-10-14
중간결재			
최종결재 (수신자)	토목부장	결재일자 (접수일자)	1919-10-14
		시행일자 (발송일자)	

첨부문서	1. 의주통 일부 附替 도로용지 분할조서 2. 의주통 일부 附替 도로용지 분할도(1/600, 1919-04)
문서내용	• 의주통 2정목 시구개수용지의 분할상황을 알 수 있는 정보 제공.

4-84

기록건명	토지대장등본 교부方의 건		
문서번호	제84호		
기안부서 (발신자)	토목부 토목과	기안일자	1920-02-13
중간결재			
최종결재 (수신자)	경성부윤	결재일자 (접수일자)	1920-02-15
		시행일자 (발송일자)	1920-02-16
첨부문서			
문서내용	• 중림동, 봉래정 2, 3정목 시구개수용지의 지번, 지목, 지적, 소유자 등을 알 수 있는 정보 제공.		

4-85

기록건명	토지대장등본 교부方의 건		
문서번호	제84호		
기안부서 (발신자)	토목부 토목과	기안일자	1920-01-08
중간결재			
최종결재 (수신자)	경성부윤	결재일자 (접수일자)	1920-01-09
		시행일자 (발송일자)	1920-01-13
첨부문서			
문서내용	• 중림동, 봉래정 2, 3정목 시구개수용지의 지번, 지목, 지적, 소유자 등을 알 수 있는 정보 제공.		

4-86

기록건명	토지대장등본 교부方의 건		
문서번호	제2,421호		
기안부서 (발신자)	토목부 토목과	기안일자	1919-09-17
중간결재			
최종결재 (수신자)	경성부윤	결재일자 (접수일자)	1919-09-18
		시행일자 (발송일자)	1919-09-19
첨부문서	1. 토지대장등본(경성부윤)		
문서내용	• 남대문통 4정목, 봉래정 1, 2정목 시구개수용지의 지번, 지목, 지적, 소유자 등을 알 수 있는 정보 제공.		

4-87

기록건명	토지분할신고서 송부의 건		
문서번호	제2,421호		
기안부서 (발신자)	토목국 토목과	기안일자	1919-07-09
중간결재			
최종결재 (수신자)	경성부윤	결재일자 (접수일자)	
		시행일자 (발송일자)	1919-09-08
첨부문서			
문서내용	• 남대문통, 봉래정, 화천정, 의주통 시구개수용지의 지번, 지목, 지적, 소유자 등을 알 수 있는 정보 제공.		
색인어	인명		
	지명		
	단체명		
	사건명		

4-88

기록건명	시구개정용지분할도서 進達의 건		
문서번호			
기안부서 (발신자)	토목국 경성출장소장	기안일자	1919-06-06
중간결재			
최종결재 (수신자)	토목국장	결재일자 (접수일자)	
		시행일자 (발송일자)	
첨부문서	1. 남대문통-봉래정 2정목 도로용지분할조서 2. 拜啓(06-14)		
문서내용	• 남대문통-봉래정 2정목 구간 시구개수용지의 분할상황을 알 수 있는 정보 제공.		

4-89

기록건명	토지분할에 관한 건		
문서번호			
기안부서 (발신자)	토목국 토목과장	기안일자	1919-06-02
중간결재			
최종결재 (수신자)	경성출장소장	결재일자 (접수일자)	1919-06-03
		시행일자 (발송일자)	1919-06-04
첨부문서			
문서내용	• 남대문통-봉래정 2정목 구간 시구개수용지의 분할에 관련된 상황을 알 수 있는 정보 제공.		

4-90

기록건명	시구개정도로용지분할도서 進達의 건		
문서번호	京土 제584호		
기안부서 (발신자)	토목국 경성출장소장	기안일자	1919-05-27

중간결재			
최종결재 (수신자)	토목국장	결재일자 (접수일자)	1919-05-28
		시행일자 (발송일자)	
첨부문서	1. 남대문통-봉래정 2정목 도로용지분할도(1/600, 1919-05)		
문서내용	• 남대문통-봉래정 2정목 구간(남대문통, 봉래정, 화천정, 의주통) 시구개수용지의 분할상황을 복원할 수 있는 정보 제공.		

4-91

기록건명	철도용지소관 換에 관한 건		
문서번호	京土 제244호		
기안부서 (발신자)	토목국 경성출장소장	기안일자	1920-03-16
중간결재			
최종결재 (수신자)	토목부장	결재일자 (접수일자)	1920-03-17
		시행일자 (발송일자)	
첨부문서			
문서내용	• 남대문역-강기정 시구개수용지 관련상황을 알 수 있는 정보 제공.		

4-92

기록건명	철도용지소관 換에 관한 건		
문서번호	제699호		
기안부서 (발신자)	토목부 토목과	기안일자	1920-03-08
중간결재			
최종결재 (수신자)	경성출장소장	결재일자 (접수일자)	1920-03-13
		시행일자 (발송일자)	1920-03-15
첨부문서			
문서내용	• 남대문역-강기정 시구개수용지 관련상황을 알 수 있는 정보 제공.		

4-93

기록건명	철도용지와 지상물건 보관 환의 건		
문서번호	京管甲 제110호		
기안부서 (발신자)	남만주철도주식회사 경성 관리국장	기안일자	1920-02-04
중간결재			
최종결재 (수신자)	조선총독부 토목부장	결재일자 (접수일자)	1920-03-08
		시행일자 (발송일자)	1920-03-15
첨부문서			
문서내용	• 남대문역-강기정 시구개수용지 관련상황을 알 수 있는 정보 제공.		

4-94

기록건명	철도용지소관 환에 관한 건		
문서번호	제645호		
기안부서 (발신자)	토목부 토목과	기안일자	1920-03-02
중간결재			
최종결재 (수신자)	철도부장	결재일자 (접수일자)	
		시행일자 (발송일자)	1920-03-02
첨부문서			
문서내용	• 남대문역-강기정(고시정) 시구개수용지 관련 상황을 알 수 있는 정보 제공.		

4-95

기록건명	철도용지를 도로敷로서 소관 환함과 지상물건 이전 및 철거에 관한 건		
문서번호			
기안부서 (발신자)	철도부장	기안일자	1920-01-30
중간결재			
최종결재 (수신자)	토목부장	결재일자 (접수일자)	
		시행일자 (발송일자)	

첨부문서	
문서내용	• 남대문역-강기정(고시정) 시구개수용지 관련상황을 알 수 있는 정보 제공.

4-96

기록건명	도로용지소관 환 및 지장물건 取拂의 건		
문서번호			
기안부서 (발신자)	철도국장	기안일자	1918-05-18
중간결재			
최종결재 (수신자)	토목국장	결재일자 (접수일자)	
		시행일자 (발송일자)	
첨부문서			
문서내용	• 남대문역-강기징(고시징) 시구개수용지 관련성황을 일 수 있는 정보 제공.		

4-97

기록건명	도로용지 및 지장물건 取拂에 관한 건		
문서번호			
기안부서 (발신자)	토목국 토목과	기안일자	1918-04-06
중간결재			
최종결재 (수신자)	철도국장	결재일자 (접수일자)	1918-04-09
		시행일자 (발송일자)	
첨부문서			
문서내용	• 남대문역-강기정(고시정) 시구개수용지 내 지장물건 내역을 알 수 있는 정보제공.		

4-98

기록건명	고시정 도로개수공사 지장물건 취불 기타에 관한 건		
문서번호	朝鐵 제3,842호		
기안부서 (발신자)	철도국장관	기안일자	1917-05-12
중간결재			

최종결재 (수신자)	토목국장	결재일자 (접수일자)	
		시행일자 (발송일자)	
첨부문서			
문서내용	• 남대문역-강기정(고시정) 시구개수용지 내 지장물건 처리상황을 알 수 있는 정보 제공.		

4-99

기록건명	고시정 도로개수공사 지장물건 취불 기타에 관한 건		
문서번호	제1,335호		
기안부서 (발신자)	토목국 영선과	기안일자	1917-05-08
중간결재	토목과장		
최종결재 (수신자)	철도국장관	결재일자 (접수일자)	1917-05-09
		시행일자 (발송일자)	
첨부문서	1. 고시정통(남대문역-강기정)도로용지 및 지장물건 조서(토목국 경성출장소, 1918-04) 2. 고시정통(남대문역-강기정)도로용지도(1/600, 1918-03)		
문서내용	• 남대문역-강기정(고시정) 시구개수용지 및 지장물건 내역을 알 수 있는 정보제공.		

4-100

기록건명	토지에 관한 증명의 건		
문서번호	제2,588호		
기안부서 (발신자)	토목부 토목과	기안일자	1919-09-19
중간결재			
최종결재 (수신자)		결재일자 (접수일자)	1919-09-22
		시행일자 (발송일자)	1919-09-22
첨부문서			
문서내용	• 의주통 2정목 시구개수용지의 지번, 지목, 지적, 소유자 등을 알 수 있는 정보제공.		

4-101

기록건명	철도용지소관 환에 관한 건		
문서번호	제788호		
기안부서 (발신자)	토목국 토목과	기안일자	1920-03-05
중간결재			
최종결재 (수신자)	총독(정무총감 전결)	결재일자 (접수일자)	1920-03-19
		시행일자 (발송일자)	1920-03-20
첨부문서	1. 案 一(토목부장→경성출장소장) 2. 案 二(철도부장→만철 경성관리국장) 3. 철도용지의 도로에 組替에 관한 건(철도부장→토목부장, 1920-02-23) - 경성부 봉래정 소재 토지 도로 조체소요지 조서 - 봉래정 2정목-서계동 도로용지분할도(1/600) 4. 철도용지를 도로에 조체의 건(철도국장→토목국장, 1919-08-13) - 경성부 봉래정 소재 토지 도로 조체소요지 조서 5. 철도용지 조체에 관한 건(토목국장→철도국장, 1919-06-19)		
문서내용	• 봉래정 2정목-서계동 구간 철도용지를 시구개수용지로 조체하는 것과 관련된 상황을 알 수 있는 정보 제공.		

4-102

기록건명	瓦斯管理設替工事??의 건		
문서번호			
기안부서 (발신자)	토목국 경성출장소장	기안일자	1919-06-05
중간결재			
최종결재 (수신자)	토목국장	결재일자 (접수일자)	1919-06-06
		시행일자 (발송일자)	
첨부문서	1. 도로취체규칙 제22조		
문서내용	• 종로-송현동 구간 시구개정공사에서 와사철관의 처리상황을 알 수 있는 정보제공.		

4-103

기록건명	瓦斯鐵管埋替에 관한 건		
문서번호	土工 제3,124호		
기안부서 (발신자)	토목국 토목과	기안일자	1918-11-16
중간결재			
최종결재 (수신자)	경성부윤	결재일자 (접수일자)	1918-11-18
		시행일자 (발송일자)	1918-11-18
첨부문서	1. 철관埋設替시방서		
문서내용	• 종로-송현동 구간 시구개수공사에서 와사철관의 처리상황을 알 수 있는 정보제공.		

4-104

기록건명	토지대장등본 교부方의 건		
문서번호	제844호		
기안부서 (발신자)	토목부 토목과	기안일자	1920-03-19
중간결재			
최종결재 (수신자)	경성부윤	결재일자 (접수일자)	
		시행일자 (발송일자)	1919-03-23
첨부문서			
문서내용	• 중림동, 봉래정 2, 3정목 시구개수용지의 지번, 지목, 지적, 소유자 등을 알 수 있는 정보 제공.		

4-105

기록건명	토지대장등본 교부方의 건		
문서번호	제122호		
기안부서 (발신자)	토목부 토목과	기안일자	1920-03-19
중간결재			

최종결재	경성부윤	결재일자 (접수일자)	
(수신자)		시행일자 (발송일자)	1919-03-23
첨부문서			
문서내용	• 봉래정 2, 3정목, 서계동 시구개수용지의 지번, 지목, 지적, 소유자 등을 알 수 있는 정보 제공.		

4-106

기록건명	토지대장등본 교부方의 건		
문서번호	제122호		
기안부서 (발신자)	토목부 토목과	기안일자	1920-02-13
중간결재			
최종결재 (수신자)	경성부윤	결재일자 (접수일자)	
		시행일자 (발송일자)	1919-02-16
첨부문서			
문서내용	• 봉래정 2, 3정목, 서계동 시구개수용지의 지번, 지목, 지적, 소유자 등을 알 수 있는 정보 제공.		

4-107

기록건명	토지대장등본 교부方의 건		
문서번호	제122호		
기안부서 (발신자)	토목부 토목과	기안일자	1920-01-12
중간결재			
최종결재 (수신자)	경성부윤	결재일자 (접수일자)	
		시행일자 (발송일자)	1919-01-1
첨부문서			
문서내용	• 봉래정 2, 3정목, 서계동 시구개수용지의 지번, 지목, 지적, 소유자 등을 알 수 있는 정보 제공.		

4-108

기록건명	토지분할신고의 건		
문서번호	제3,410호		
기안부서 (발신자)	토목부 토목과	기안일자	1919-12-23
중간결재			
최종결재 (수신자)	경성부윤	결재일자 (접수일자)	1919-12-24
		시행일자 (발송일자)	1919-12-25
첨부문서	1. 토지분할신고서(경성부윤) 2. 봉래정 2정목-서계동 도로용지 분할도(1/600) 3. 봉래정 2정목-서계동 도로용지분할조서		
문서내용	• 봉래정3정목 시구개수용지의 분할상황을 알 수 있는 정보 제공.		

4-109

기록건명	토지분할신고서 송부의 건		
문서번호	제2,565호		
기안부서 (발신자)	토목부 토목과	기안일자	1919-12-23
중간결재			
최종결재 (수신자)	경성부윤	결재일자 (접수일자)	
		시행일자 (발송일자)	1919-12-24
첨부문서	1. 토지분할신고서(경성부윤) 2. 봉래정 2정목-서계동(서계동) 도로용지 분할도(1/600) 3. 토지분할신고서(경성부윤) 4. 봉래정 2정목-서계동(봉래정 3정목) 도로용지 분할도(1/600) 5. 토지분할신고서(경성부윤) 6. 봉래정 2정목-서계동(서계동) 도로용지 분할도(1/600) 7. 봉래정 2정목-서계동 도로용지분할조서		
문서내용	• 서계동, 봉래정 3정목 시구개수용지의 분할상황을 알 수 있는 정보 제공.		

4-110

기록건명	토지분할신고서 송부의 건		
문서번호	제2,565호		
기안부서 (발신자)	토목부 토목과	기안일자	1919-11-24
중간결재			
최종결재 (수신자)	경성부윤	결재일자 (접수일자)	1919-11-25
		시행일자 (발송일자)	1919-11-27
첨부문서			
문서내용	• 중림동, 봉래정 2, 3정목 시구개수용지의 지번, 지목, 지적, 분할지번, 분할지적, 소유자 등을 알 수 있는 정보 제공..		

4-111

기록건명	토지대장등본 교부方의 건		
문서번호	제2,565호		
기안부서 (발신자)	토목부 토목과	기안일자	1919-11-10
중간결재			
최종결재 (수신자)	경성부윤	결재일자 (접수일자)	1919-11-12
		시행일자 (발송일자)	1919-11-12
첨부문서			
문서내용	• 중림동, 봉래정 2, 3정목, 서계동 시구개수용지의 지번, 지목, 지적, 분할지번, 분할지적, 소유자 등을 알 수 있는 정보 제공.		

4-112

기록건명	토지대장등본 교부方의 건		
문서번호	제2,565호		
기안부서 (발신자)	토목부 토목과	기안일자	1919-10-13
중간결재			

최종결재	경성부윤	결재일자 (접수일자)	
(수신자)		시행일자 (발송일자)	1919-10-15
첨부문서			
문서내용	• 중림동, 봉래정 2, 3정목, 서계동 시구개수용지의 지번, 지목, 지적, 분할지번, 분할지적, 소유자 등을 알 수 있는 정보 제공.		

4-113

기록건명	토지분할신고서 송부의 건		
문서번호	제2,565호		
기안부서 (발신자)	토목부 토목과	기안일자	1919-09-18
중간결재			
최종결재 (수신자)	경성부윤	결재일자 (접수일자)	1919-09-19
		시행일자 (발송일자)	1919-09-19
첨부문서			
문서내용	• 중림동, 봉래정 2, 3정목, 서계동 시구개수용지의 지번, 지목, 지적, 분할지번, 분할지적, 소유자 등을 알 수 있는 정보 제공.		

4-114

기록건명	도로용지분할도서 進達의 건		
문서번호	京土 제1,011호		
기안부서 (발신자)	토목부 경성출장소장	기안일자	1919-09-15
중간결재			
최종결재 (수신자)	토목부장	결재일자 (접수일자)	1919-09-15
		시행일자 (발송일자)	
첨부문서	1. 봉래정 2정목-서계동 도로분할조서(1919-09) 2. 봉래정 2정목-서계동 도로용지분할도(1/600, 1919-09) 3. 토지분할신고서(朴致昊, 중림동) 4. 토지분할신고서(조선정미주식회사, 봉래정 2정목)		

	5. 토지분할신고서(酒見簡, 봉래정 3정목)
	6. 토지분할신고서(賀田直治, 봉래정 3정목)
	7. 토지분할신고서(木津太郎平, 봉래정 3정목)
	8. 토지수용재결 청(?)구의 건(土 제2,052호, 1919-07-22)
	9. 재결서
	10. 촉탁서
	11. 토지대장등본
문서내용	• 중림동, 봉래정 2, 3정목, 서계동 시구개수용지의 수용, 분할에 관련된 법적 절차와 내용 및 토지분할신고서를 작성한 소유자의 성명, 소유토지를 알 수 있는 정보 제공.

4-115

기록건명	토지에 관한 증명의 건		
문서번호	土 제873호		
기안부서 (발신자)	토목부장	기안일자	1920-03-26
중간결재			
최종결재 (수신자)	경성부윤	결재일자 (접수일자)	
		시행일자 (발송일자)	
첨부문서			
문서내용	• 경성부 봉래정 토지소유자의 관한 문서		

4-116

기록건명	합필등기 촉탁의 건		
문서번호	제1,297호		
기안부서 (발신자)	토목부 토목과	기안일자	1920-05-04
중간결재			
최종결재 (수신자)		결재일자 (접수일자)	1920-05-06
		시행일자 (발송일자)	1920-05-13
첨부문서			
문서내용	• 봉래정 1정목 토지의 합필상황을 알 수 있는 정보 제공.		

4-117

기록건명	토지대장등본 교부方의 건		
문서번호	土 제874호		
기안부서 (발신자)	토목부 토목과	기안일자	1920-03-24
중간결재			
최종결재 (수신자)	경성부윤	결재일자 (접수일자)	1920-03-25
		시행일자 (발송일자)	1920-03-26
첨부문서			
문서내용	• 봉래정 1정목 토지에 관련된 상황을 알 수 있는 정보 제공.		

4-118

기록건명	토지에 관한 증명의 건		
문서번호	제873호		
기안부서 (발신자)	토목부 토목과	기안일자	1920-03-24
중간결재			
최종결재 (수신자)		결재일자 (접수일자)	1920-03-25
		시행일자 (발송일자)	1920-03-26
첨부문서	1. 토지대장등본(尹澤榮, 송현동) 2. 토지대장등본(창신동) 3. 토지대장등본(서계동) 4. 토지대장등본(서계동) 5. 토지대장등본(봉래정 3정목) 6. 경성부附箋 7. 토지대장등본(황금정 3정목) 8. 토지대장등본(황금정 3정목) 9. 경성부附箋		
문서내용	• 송현동, 창신동, 서계동, 봉래정 3정목, 황금정 3정목 시구개수용지의 등기상황을 알 수 있는 정보 제공.		

4-119

기록건명	토지대장등본 교부方의 건		
문서번호	제1,246호		
기안부서 (발신자)	토목부 토목과	기안일자	1920-05-28
중간결재	`		
최종결재 (수신자)	경성부윤	결재일자 (접수일자)	1920-05-28
		시행일자 (발송일자)	1920-05-30
첨부문서			
문서내용	• 중림동 시구개수용지의 지번, 지목, 지적, 소유자 등을 알 수 있는 정보 제공.		

4-120

기록건명	토지대장등본 교부方의 건		
문서번호	제1,246호		
기안부서 (발신자)	토목부 토목과	기안일자	1920-05-06
중간결재			
최종결재 (수신자)	경성부윤	결재일자 (접수일자)	1920-05-07
		시행일자 (발송일자)	1920-05-10
첨부문서	1. 臨時土地調責屬附箋紙		
문서내용	• 중림동 시구개수용지의 지번, 지목, 지적, 소유자 등을 알 수 있는 정보 제공.		

4-121

기록건명	토지대장등본 교부方의 건		
문서번호	제1,261호		
기안부서 (발신자)	토목부 토목과	기안일자	1920-05-26
중간결재			

최종결재 (수신자)	경성부윤	결재일자 (접수일자)	1920-05-26
		시행일자 (발송일자)	1920-05-31
첨부문서			
문서내용	• 봉래정 1정목 시구개수용지의 지번, 지목, 지적, 소유자 등을 알 수 있는 정보제공.		

4-122

기록건명	토지분할신고서 송부의 건		
문서번호	제1,261호		
기안부서 (발신자)	토목부 토목과	기안일자	1920-05-06
중간결재			
최종결재 (수신자)	경성부윤	결재일자 (접수일자)	
		시행일자 (발송일자)	1920-05-11
첨부문서	1. 토지분할신고서(봉래정 1정목) 2. 남대문통-봉래정 2정목 도로용지분할도 3. 남대문통-봉래정 2정목 수용잔지 분할조서		
문서내용	• 남대문통-봉래정 2정목 구간(봉래정 1정목) 시구개수용지의 수용, 분할 관련상황을 알 수 있는 정보 제공.		

4-123

기록건명	토지분할신고서 송부의 건		
문서번호	제1,452호		
기안부서 (발신자)	토목부 토목과	기안일자	1920-06-03
중간결재			
최종결재 (수신자)	경성부윤	결재일자 (접수일자)	1920-06-04
		시행일자 (발송일자)	1920-06-07
첨부문서	1. 토지분할신고서(崔錫亭, 종로 2정목) 2. 종로-송현동 도로용지분할도(종로 2정목, 1/600)		

	3. 토지분할신고서(崔錫亨, 공평동)
	4. 종로-송현동 도로용지분할도(공평동, 1/600)
	5. 토지대장등본(崔錫亨, 공평동)
문서내용	• 종로-송현동 구간(종로 2정목, 공평동) 시구개수용지의 분할, 소유자 관련상황을 알 수 있는 정보 제공.

4-124

기록건명	도로成토지의 지목 변환 통지方에 관한 건 조회		
문서번호			
기안부서 (발신자)	경성???	기안일자	1918-04-26
중간결재			
최종결재 (수신자)	토목국장	결재일자 (집수일자)	
		시행일자 (발송일자)	
첨부문서	1. 총독병원통(종로 4정목-혜화동) 1등도로 2. 영락정통 1등도로 3. 남대문통(남대문통 4정목) 1등도로 4. 봉래정통(남대문정거장) 1등도로 5. 서대문통(서대문정 1정목-의주통 2정목) 1등도로 6. 동대문통(종로 6정목-숭인동) 1등도로 7. 총독병원통(종로 4정목-본정 5정목) 등외도로 8. 돈화문통(대화정 2정목-종로 3정목) 등외도로 9. 장곡천정통 등외도로 10. 경성부附箋		
문서내용	• 원남동, 숭4동, 숭2동, 혜화동, 인의동, 종로 1, 3, 4, 6정목, 본정 3, 4, 5정목, 청기정 2정목, 황금정 1, 2, 3, 4정목, 남대문통 1, 2, 3, 4정목, 봉래정 1정목, 광화문통, 서대문정 1, 2정목, 죽첨정 1정목, 창신동, 숭인동, 예지동, 주교정, 앵정정 1, 2정목, 화원정, 대화정 1, 2정목, 약초정, 입정정, 관수동, 장사동, 장곡천정 1등도로 및 등외 도로용지의 지번, 지목, 지적, 수용통지 연월일 등을 알 수 있는 정보 제공.		

4-125

기록건명	토지대장등본 교부方의 건		
문서번호	제1,529호		
기안부서 (발신자)	토목부 토목과	기안일자	1920-08-25
중간결재			
최종결재 (수신자)	경성부윤	결재일자 (접수일자)	1920-08-26
		시행일자 (발송일자)	1920-08-27
첨부문서			
문서내용	• 서대문정 2정목 시구개수용지 관련 상황을 알 수 있는 정보적 가치가 있음.		

4-126

기록건명	토지대장등본 교부方의 건		
문서번호	제1,529호		
기안부서 (발신자)	토목부 토목과	기안일자	1920-06-12
중간결재			
최종결재 (수신자)	경성부윤	결재일자 (접수일자)	1920-06-16
		시행일자 (발송일자)	1920-06-17
첨부문서	1. 토지대장등본(서대문정 2정목) 2. 토지대장등본(죽첨정 1정목) 3. 토지대장등본(서대문정 1정목) 4. 토지대장등본(서대문정 1정목) 5. 토지대장등본(서대문정 2정목) 6. 토지대장등본(서대문정 2정목) 7. 토지대장등본(서대문정 2정목) 8. 토지대장등본(서대문정 2정목) 9. 토지대장등본(서대문정 2정목) 10. 토지대장등본(죽첨정 1정목) 11. 토지대장등본(죽첨정 1정목)		

	12. 토지대장등본(죽첨정 1정목)
	13. 토지대장등본(죽첨정 1정목)
	14. 토지대장등본(죽첨정 1정목)
	15. 토지대장등본(죽첨정 1정목)
	16. 토지대장등본(죽첨정 1정목)
	17. 토지대장등본(죽첨정 1정목)
	18. 토지대장등본(죽첨정 1정목)
문서내용	• 서대문정 1, 2정목, 죽첨정 1정목 시구개수용지 관련 상황을 알 수 있는 정보제공.

4-127

기록건명	토지대장등본 교부方의 건		
문서번호	제503호		
기안부서 (발신자)	토목부 토목과	기안일자	1920-02-16
중간결재	..		
최종결재 (수신자)	경성부윤	결재일자 (접수일자)	1920-02-17
		시행일자 (발송일자)	1920-02-18
첨부문서			
문서내용	• 서대문정 1, 2정목, 죽첨정 1정목 시구개수용지 관련 상황을 알 수 있는 정보제공.		

4-128

기록건명	급수관 이전에 관한 건		
문서번호	제2,730호		
기안부서 (발신자)	토목부 토목과	기안일자	1919-10-10
중간결재			
최종결재 (수신자)		결재일자 (접수일자)	
		시행일자 (발송일자)	1919-10-15

첨부문서	1. 통지안(토목부장→경기도지사) 2. 통지안 2(토목부장→경성출장소장)
문서내용	• 경성수도 확장에 관련된 상황을 알 수 있는 정보 제공.

4-129

기록건명	급수철관 이전에 관한 건		
문서번호	水 제276호		
기안부서 (발신자)		기안일자	
중간결재			
최종결재 (수신자)	토목부장	결재일자 (접수일자)	
		시행일자 (발송일자)	1919-10-09
첨부문서	1. 공비내역명세서(한강통 삼각공원광장-용산우편국)		
문서내용	• 한강통 삼각공원광장-용산우편국 구간 수도 확장에 관련된 공비 내역 정보 제공.		

4-130

기록건명	급수철관 이전에 관한 건		
문서번호	土 제2,375호		
기안부서 (발신자)	토목부 토목과	기안일자	1919-09-02
중간결재			
최종결재 (수신자)	경기도지사	결재일자 (접수일자)	
		시행일자 (발송일자)	1919-09-05
첨부문서			
문서내용	• 한강통 삼각공원광장-용산우편국 구간 수도 확장에 관련된 상황을 알 수 있는 정보 제공.		

4-131

기록건명	급수철관 이전에 관한 건
문서번호	京土 제955호

기안부서 (발신자)	토목부 경성출장소장	기안일자	1919-08-29
중간결재			
최종결재 (수신자)	토목부장	결재일자 (접수일자)	1919-08-30
		시행일자 (발송일자)	
첨부문서			
문서내용	• 한강통 삼각공원광장-용산우편국 구간 수도 확장에 관련된 상황을 알 수 있는 정보적 가치가 있음.		

4-132

기록건명	철도용지보관 환의 건		
문서번호	제2,019호		
기안부서 (발신자)	토목부 토목과장	기안일자	1920-09-20
중간결재			
최종결재 (수신자)	평양출장소장	결재일자 (접수일자)	1920-09-21
		시행일자 (발송일자)	1920-09-24
첨부문서			
문서내용	• 철도용지 관련 낱장문서		

4-133

기록건명	한해구제 도로공사를 위한 철도용지보관 환의 건		
문서번호			
기안부서 (발신자)	철도부장	기안일자	1920-09-16
중간결재			
최종결재 (수신자)	토목부장	결재일자 (접수일자)	
		시행일자 (발송일자)	
첨부문서			
문서내용	• 평안북도 용천군 도로공사에서 철도용지의 처리와 관련된 상황을 알 수 있는 정보 제공.		

4-134

기록건명	철도용지보관 전환方 신청		
문서번호	龍財 제970호		
기안부서 (발신자)	용천군수	기안일자	1920-06-14
중간결재			
최종결재 (수신자)	조선총독	결재일자 (접수일자)	
		시행일자 (발송일자)	
첨부문서	1. 평안북도 용천군 소재 철도용지보관 환 조서		
문서내용	• 평안북도 용천군 도로공사에서 철도용지의 처리와 관련된 상황을 알 수 있는 정보적 가치가 있음.		

4-135

기록건명	관사이전에 관한 건		
문서번호			
기안부서 (발신자)	토목국 토목과	기안일자	1919-07-15
중간결재			
최종결재 (수신자)	총무국장	결재일자 (접수일자)	1919-07-17
		시행일자 (발송일자)	
첨부문서	1. 욱정-삼판통(욱정관사) 지장물건 조서 2. 욱정 관사 이전보상비 調(1919-07-14) 3. 욱정 관사 지장물건 취조도(1/300)		
문서내용	• 조선은행 앞에서 욱정 1, 2정목 및 미창정을 경유하여 삼판통에 이르는 시구개수공사를 위한 욱정 소재 관사 이전 관련 상황을 알 수 있는 정보 제공. • 욱정 소재 관사의 건물내역 제공.		

4-136

기록건명	경성 부근 선로개량공사에 수반한 도로 附替 및 전차선 황단공사 시행의 건
문서번호	

기안부서 (발신자)	토목국 공무과	기안일자	1914-07-23
중간결재	탁지부장관, 사계과장		
최종결재 (수신자)	총독	결재일자 (접수일자)	1914-08-03
		시행일자 (발송일자)	1914-08-05

첨부문서	1. 案(토목국장→철도국장관)
	2. 서대문-마포 철도횡단개소 개량공사비 槪算
	3. 서대문-마포 철도횡단개소 도로개축공사 개산서
	4. 마포가도踏切 부근 및 의주가도 일부 도로개수공사비 개산서
	5. 경성 부근 선로개량공사에 수반한 도로 附替 및 전차선 횡단공사 시행의 건(철도국장관→토목국장, 1914-07-08)
	  - 남대문정거장출구 마포가도架道橋계획 종단면도(종 1/300, 횡 1/600)
	  - 경성 부근 개량선 일부 평면도(1/1,000)
	  - 남대문통-봉래정 2정목 및 봉래정 2정목-서계동 도로용지도(1/600)
	  - 경성 부근 개량선 전차선 架道橋 약도		

문서내용	• 경성 부근 전차선 횡단공사에 관련된 상황을 알 수 있는 정보 제공. • 욱정 소재 관사의 건물내역 제공.		

4-137

기록건명	경성 부근 선로개량공사에 수반한 도로 附替 및 전차선 횡단공사 시행의 건 회답안		
문서번호	제970호		
기안부서 (발신자)	토목국 토목과	기안일자	1916-03-29
중간결재			
최종결재 (수신자)	철도국장관	결재일자 (접수일자)	1916-
		시행일자 (발송일자)	1916-

첨부문서	1. 경성 부근 선로개량공사에 수반한 도로 附替 및 전차선 횡단공사 시행의 건(朝鐵 제1,759호, 철도국장관→토목국장, 1916-03-22)
	  - 서대문-마포 철도횡단개소 육교 설계도
	  - 경성 부근 개량선 마포가도노선 가도교 약도		

문서내용	• 경성 부근 전차선 횡단공사에 관련된 상황을 알 수 있는 정보 제공.

4-138

기록건명	경성 부근 선로개량공사에 수반한 도로 附替 및 전차선 횡단공사 시행에 관한 건		
문서번호	土 제116호		
기안부서 (발신자)	토목국 토목과	기안일자	1917-05-17
중간결재			
최종결재 (수신자)	경성출장소장	결재일자 (접수일자)	1917-05-18
		시행일자 (발송일자)	1917-05-18
첨부문서			
문서내용	• 경성 부근 선로개량공사에 수반한 도로 附替 및 전차선 횡단공사 관련 정보 제공.		

4-139

기록건명	경성 부근 선로개량공사에 수반한 도로 附替 및 전차선 횡단공사 시행에 관한 회답의 건		
문서번호	朝鐵 제3,624호		
기안부서 (발신자)	철도국장관	기안일자	1917-05-10
중간결재			
최종결재 (수신자)	토목국장	결재일자 (접수일자)	
		시행일자 (발송일자)	
첨부문서			
문서내용	• 경성 부근 선로개량공사에 수반한 도로 附替 및 전차선 횡단공사 관련 정보 제공		

4-140

기록건명	경성 부근 선로개량공사에 수반한 도로 附替 및 전차선 횡단공사 시행에 관한 건
문서번호	제1,160호

기안부서 (발신자)	토목국 토목과	기안일자	1917-04-28
중간결재			
최종결재 (수신자)	철도국장관	결재일자 (접수일자)	1917-05-03
		시행일자 (발송일자)	1917-05-04
첨부문서	1. 죽첨정 철도선로 횡단개소 부근 평면도		
문서내용	• 경성 부근 선로개량공사에 수반한 도로 附替 및 전차선 횡단공사 관련 정보 제공		

4-141

기록건명	시구개정 노선선정과 幅杭설치의 건		
문서번호	土 제898호		
기안부서 (발신자)		기인일자	1919-03-
중간결재			
최종결재 (수신자)		결재일자 (접수일자)	1919-04-14
		시행일자 (발송일자)	
첨부문서	1. 案(토목국장→경성출장소장) 2. 案 2(토목국장→경기도장관, 경무총장, 체신국장관, 경성부윤, 종로경찰서장) 3. 황금정-탑공원, 송현동-탑공원 도로개수계획 평면도(1/600)		
문서내용	• 탑공원-황금정 구간, 송현동-탑공원 구간 시구개수노선 선정에 관한 상황을 알 수 있는 정보 제공.		

4-142

기록건명	경성시구개정노선 선정의 건		
문서번호	土 제1,046호		
기안부서 (발신자)		기안일자	1917-05-
중간결재			
최종결재 (수신자)		결재일자 (접수일자)	1917-05-09
		시행일자 (발송일자)	1917-05-14

첨부문서	1. 통지안(토목국장→경성출장소장) 2. 안 2(토목국장→경기도장관, 경성부윤, 체신국장관, 경무총장) 3. 경성시구개정 제2기선 광화문-중앙시험소 노선선정의 건(제266호, 04-20 접수) 4. 시구개정노선 선정의 건 신청(京土 제450호, 토목국 경성출장소장→토목국장, 1917-04-18) - 돈화문-중앙시험소 약도(1/600)
문서내용	• 광화문-중앙시험소 시구개수노선 중 총독부의원-중앙시험소 구간의 선정에 관한 상황을 알 수 있는 정보 제공.

4-143

기록건명	시구개정도면 송부의 건		
문서번호	제1,399호		
기안부서 (발신자)	토목국 공무과	기안일자	1914-12-
중간결재			
최종결재 (수신자)	경기도장관, 경무총장, 체신국장관, 경성부윤, 서대문분서장	결재일자 (접수일자)	
		시행일자 (발송일자)	1914-12-23
첨부문서			
문서내용	• 시구개수 제4호선 내 황금정 광장-경희궁 구간, 제15호선 내 경희궁-서대문-독립문통 구간 노선 선정 등에 관한 상황을 알 수 있는 정보 제공.		

4-144

기록건명	시구개정 노선선정과 폭원설치의 건		
문서번호			
기안부서 (발신자)	토목국 공무과	기안일자	1914-
중간결재	내무부장관, 영선과장, 지방국 제1과장		
최종결재 (수신자)		결재일자 (접수일자)	1914-11-14
		시행일자 (발송일자)	1914-12-21

첨부문서	1. 안(토목국장→경성토목국출장소장)
	2. 서대문 철폐에 관한 건
	3. 황토현-의주통 도로 지장가옥 평수 개산
	4. 황토현광장-독립문통 도로개수용지 개산
	5. 황토현광장-독립문통 도로개수 가옥이전비 개산
	6. 시구개정노선(황토현광장-독립문통) 선정의 건(경성출장소장→토목국장, 1914-10-22)
	  - 서대문통노선(황토현광장-독립문통) 실측평면도(1/300)
	  - 동대문통노선(황토현광장-독립문통) 실측평면도(1/300)
	  - 경성시구개정 연도할 일람도
	  - 경성시구개정 계획 일람도

문서내용	• 시구개수 제4호선 내 황금정광장-경희궁 구간, 제15호선 내 경희궁-서대문-독립문통 구간 노선 선정 등에 관한 상황을 알 수 있는 정보 제공. 특히 서대문 철거에 관한 상황을 알 수 있는 정보 제공.

4-145

기록건명	대정12년 8월 1일 평양홍수조사		
문서번호			
기안부서 (발신자)	토목부 대동강출장소	기안일자	
중간결재			
최종결재 (수신자)		결재일자 (접수일자)	
		시행일자 (발송일자)	
첨부문서	1. 치수사업비 요구이유 2. 치수사업비 12년계획 연할표 3. 치수사업비 15년계획 연할표 4. 치수사업비 18년계획 연할표 5. 치수공사개요 6. 대정13년도 경비 개산 요구 총괄표		
문서내용	• 1923년 8월 대동강출장소에서 보고한 평양지역의 홍수상황 및 그에 따른 치수사업 계획 및 사업비 예산 등에 관한 정보 제공.		

4-146

기록건명	청천강 치수계획 설명서		
문서번호			
기안부서 (발신자)		기안일자	
중간결재			
최종결재 (수신자)		결재일자 (접수일자)	
		시행일자 (발송일자)	
첨부문서			
문서내용	• 작성주체, 연월일 등은 알 수 없음. • 청천강 치수계획의 개요, 사업비예산, 치수공사의 농업적 효과 등을 알 수 있는 정보 제공.		

4-147

기록건명	대동강 치수계획 설명서		
문서번호			
기안부서 (발신자)		기안일자	
중간결재			
최종결재 (수신자)		결재일자 (접수일자)	
		시행일자 (발송일자)	
첨부문서			
문서내용	• 작성주체, 연월일 등은 알 수 없음. • 청천강 치수계획 설명서와 체재 동일함. • 대동강 치수계획의 개요, 사업비예산, 치수공사의 농업적 효과 등을 알 수 있는 정보 제공.		

4-148

기록건명	낙동강 치수계획 설명서
문서번호	

기안부서 (발신자)		기안일자	
중간결재			
최종결재 (수신자)		결재일자 (접수일자)	
		시행일자 (발송일자)	
첨부문서	1. 청천강치수계획도 2. 치수계획일람도		
문서내용	• 작성주체, 연월일 등은 알 수 없음. • 청천강, 대동강 치수계획 설명서와 체재는 거의 유사하나, 부표가 누락되었음. • 1번 첨부문서로 청천강치수계획도가 첨부되어 있는데, 편철상의 오류로 추정됨. • 2번 첨부문서를 통해 조선총독부의 전국 치수계획의 개요를 알 수 있는 정보제공. • 낙동강 치수계획의 개요, 사업비예산, 치수공사의 농업적 효과 등을 알 수 있는 정보 제공.		

4-149

기록건명	경성시구개정 제7호노선 계획선 변경의 건		
문서번호	土 제1,276호		
기안부서 (발신자)		기안일자	1918-05-28
중간결재			
최종결재 (수신자)		결재일자 (접수일자)	1918-05-31
		시행일자 (발송일자)	1918-06-06
첨부문서	1. 안 1(토목국장→경성출장소장) 2. 안 2(토목국장→경기도장관, 경무총장, 경성부윤, 종로경찰서장) 3. 시구개정노선 변경 인가의 건(京土 제305호, 경성출장소장→토목국장, 1918-04-30) 　- 종로-대안동 실측평면도		
문서내용	• 종로-북부 대안동(송현) 구간 시구개수노선의 변경에 관한 상황을 알 수 있는 정보 제공.		

4-150

기록건명	시구개정도면 송부의 건		
문서번호	제587호		
기안부서 (발신자)	토목국 공무과	기안일자	1914-05-29
중간결재			
최종결재 (수신자)	경기도장관, 경무총장, 체신국장관, 경성부윤, 북부경찰서장	결재일자 (접수일자)	1914-06-11
		시행일자 (발송일자)	1914-06-11
첨부문서			
문서내용	• 종로-북부 대안동광장 구간 시구개수도면의 송부에 관한 상황을 알 수 있는 정보 제공.		

4-151

기록건명	시구개정노선선정과 폭원설치의 건		
문서번호	제390호		
기안부서 (발신자)	토목국 공무과	기안일자	1914-05-19
중간결재			
최종결재 (수신자)		결재일자 (접수일자)	1914-05-28
		시행일자 (발송일자)	1914-06-
첨부문서	1. 안(토목국장→경성토목국출장소장) 2. 시구개정노선선정方의 건(京發 제45호, 경성출장소장→토목국장, 1914-04-21) - 도면 2도		
문서내용	• 시구개수 제6호선의 일부 광화문-대안동광장, 제7호선 종로-북부 대안동광장 구간의 선정 및 폭원 변경에 관한 상황을 알 수 있는 정보 제공.		

5) 국고보조 경성 시가도로공사 (1929)

기록철명	원철명	昭和4년도 경성시구개수 국고보조공사			
	정리철명	국고보조 경성 시가도로공사 (1929)			
생산년도	1930-1933년				
생산기관	내무국 토목과 행정계				
보존기간	갑종(영구)				
소장기호	CJA0013404				
Item					
일련번호	건명		결재(발송)일	기안(발신)부서	첨부문서
1	소화4년도 경성시구개수공사 시행과 국고보조에 관한 건		1930-03-30	내무국 토목과 도로계	19건
2	소화4년도 국고보조 경성시구개수공사 설계변경의 건		1930-09-23	내무국 토목과 도로계	21건
3	소화4년도 경성시구개수공사 준공 인가의 건		1933-03-15	내무국 토목과 도로계	5건

기록철명	원철명	昭和4년도 경성시구개수 국고보조공사		
	정리철명	국고보조 경성 시가도로공사 (1929)		
생산부서	내무국 토목과 행정계			
생산년도	1930-1933년	분류기호	토목 갑 기록 제371호	
쪽수	374면	조선총독부 보존기간	갑종(영구)	
소장처	국가기록원	소장기호	CJA0013404	

5-1

기록건명	소화4년도 경성시구개수공사 시행과 국고보조에 관한 건		
문서번호	土 제73호		
기안부서 (발신자)	내무국 토목과 도로계	기안일자	1930-03-27
중간결재	재무국장, 사계과장, 지방과장		

| 최종결재
(수신자) | 총독 | 결재일자 (접수일자) | 1930-03-30 |
| | | 시행일자 (발송일자) | 1930-04-01 |

첨부문서	1. 原(100만엔)계획 일람표 2. 공사개요 3. 소화4년도 경성시구개수공사 국고보조 신청에 관한 건(경성부윤) 　- 소화4년도 경성시구개수공사비 총괄표 　- 諸費 내역서 4. 소화4년도 시행 돈화문-대학병원 도로개수공사 실시설계서(경성부) 5. 돈화문-대학병원 도로개수공사용지 및 지장물건조서 6. 돈화문-대학병원 도로공사 지장물건 평면도 7. 돈화문-대학병원 도로개수공사용지 평면도 8. 돈화문-대학병원 도로개수공사 槪算設訂書 9. 돈화문-대학병원 도로개수공사 평면도 10. 돈화문-대학병원 도로개수공사 종단면도(종 1/100, 횡 1/500) 11. 돈화문-대학병원 도로개수공사 횡단면도(1/100) 12. 소화4년도 광화문통 도로정리공사 실시설계서(경성부) 13. 소화4년도 광화문통 도로정리공사 설계도(경성부) 　- 소화4년도 광화문통 도로정리공사 砂利敷 구역도(1/600) 　- 소화4년도 광화문통 도로정리공사 평면도(1/600) 　- 광화문통 도로정리공사 종단면도(종 1/100, 횡 1/600) 　- 광화문통 도로정리공사 횡단면도(1/100) 　- 표준 횡단면도 　- 녹지대 先端部 곡선도 14. 경성시구개정공사 연도할 계획의 건 15. 경성시구개수공사 국고보조에 관한 건(경기도지사) 16. 경성시구개수공사 국고보조에 관한 건(경성부윤) 　- 제1기 경성시구개수공사비 17. 경성부관내도(1/15,000) 18. 돈화문-대학병원 도로개수공사용지 평면도(1/600) 19. 소화4년 경성시구개수 국고보조공사 繰越의 건(경성부윤)
문서내용	• 본 문서철의 분류기호는 원철명에는 제371호로 표기되어 있으나, 그 뒷면의 <건명목록>에는 743호로 표기되어 있음.

• 1930년 3월 22일 土 제199호 신청 1929년도 경성시구개수공사(돈화문-
  대학병원 노선 및 元標-총독부 노선) 시행의 건을 몇 가지 조건을 붙
  혀 인가하며 11만엔을 국고보조한다는 내용을 알 수 있는 정보 제공.
• 원래 경성부에서는 총공비 85만엔(국고보조 34만엔)으로 돈화문-대학
  병원 노선 외 3선의 개수를 계획했으나, 부재정 긴축방침으로 총공비
  27만5천엔(국고보조 11만엔)으로 삭감되었음.
• 5번, 6번, 7번 첨부문서에 기재되어 있는 돈화문-대학병원 구간 도로
  공사 지장물건의 지번, 가격, 보상비, 소유자 등을 통해 1920년대 말
  이 구간 도로용지의 토지소유상태에 관한 정보 제공.
• 13번 첨부문서 지도군의 전차노선, 녹지대 조성을 통한 중앙분리대 설
  치계획 등을 통해 1920년대 말 광화문통(현재 세종로)의 도시경관에
  관한 정보 제공.
• 16번 첨부문서를 통해 제1기 경성시구개수공사의 재원 내역, 기채액
  등에 관한 정보 제공.

5-2

기록건명	소화4년도 국고보조 경성시구개수공사 설계변경의 건		
문서번호	土 제1,675호		
기안부서(발신자)	내무국 토목과 도로계	기안일자	1930-09-18
중간결재	재무국장, 사계과장		
최종결재 (수신자)		결재일자 (접수일자)	1930-09-23
		시행일자 (발송일자)	1930-09-29
첨부문서	1. 통첩(내무국장→경성부윤) 2. 소화4년도 소속 경성시구개수 국고보조공사 설계변경의 건 인가신청(경성부윤) 3. 소화4년도 소속 돈화문-대학병원 도로개개수공사(경성부) 　- 설계변경 이유서 　- 돈화문-대학병원 도로개수공사 보상비조서 4. 돈화문-대학병원 경성시구개수공사 용지 지장물건 조사도 5. 돈화문-원남동 도로개수부지 분할측량도(1/600) 6. 소화4년도 광문화통 도로정리공사 변경설계서 　- 설계변경 설명서 　- 변경청부공비내역 총괄표		

- 변경설계 대조표
- 설계서
- 土坪계산표
- 변경 관급재료 내역서
- 관급재료조서

7. 소화4년도 제9 人孔
8. 소화4년도 제8 人孔
9. 소화4년도 제7 人孔
10. 소화4년도 제4, 5, 6 人孔
11. 소화4년도 제3 人孔
12. 광화문통 도로정리공사 변경 횡단면도(1/100)
13. 소화4년도 광화문통 도로정리공사 변경 종단도(종 1/100, 횡 1/500)
14. 소화4년 광화문통 도로정리공사 변경 평면도(1/600)
15. 소화4년도 경성시구개수 국고보조공사 착수 보고(경성부윤)
    - 소화4년도 소속 경성시구개수 국고보조공사 착수 보고
    - 국고보조금 교부조서(1930-04-01)
    - 국고보조금 교부조서(1931-03-31)
16. 소화4년도 소속 경성시구개수 국고보조공사 보조금 하부의 건 신청(경성부윤)
    - 소화4년도 소속 경성시구개수 국고보조공사 공정표(1931-02-07 현재)
17. 소화4년도 소속 경성시구개수 국고보조공사 설계변경의 건(경성부)
    - 소화4년도 소속 광화문통 도로정리공사 변경설계서(경성부)
    - 소화4년도 광화문통 도로정리공사 변경설계도(경성부)
18. 돈화문-대학병원 경성시구개수공사 용지 지장물건 조사도
19. 돈화문-대학병원 경성시구개수공사 용지분할도(1/600)
20. 소화4년도 소속 경성시구개수 국고보조공사 繰越의 건(경성부윤)
21. 경성시구개수 국고보조공사 공정 보고(경성부윤)

문서내용	• 1930년 8월 11일 土 제876호의 소화4년도 국고보조 경성시구개수공사 설계변경의 건을 배수문제에 대한 조건을 붙여 인가했음.

	• 4번, 5번 첨부문서를 통해 1920년대 말 돈화문-대학병원 구간 도로 상황을 개괄적으로 파악할 수 있는 정보 제공. • 12번, 13번, 14번 첨부문서를 통해 1920년대 말 광화문통(현재 세종로)의 도시경관에 관한 정보 제공. • 15번 첨부문서를 통해 1929년 경성시구개수 국고보조공사(돈화문-대학병원 도로개수공사 및 광화문통 도로정리공사)가 1930년 11월 25일 이전에 착공되었음을 알려 주는 정보 제공. • 15번, 16번 첨부문서를 통해 1930, 31년 경성시구개수공사에 대한 국고보조금의 내역을 상세히 알 수 있는 정보 제공.

5-3

기록건명	소화4년도 경성시구개수공사 준공 인가의 건		
문서번호			
기안부서 (발신자)	내무국 토목과 도로계	기안일자	1933-03-
중간결재	재무국장, 사계과장		
최종결재 (수신자)		결재일자 (접수일자)	
		시행일자 (발송일자)	1933-03-15
첨부문서	1. 소화4년도 소속 경성시구개수 국고보조공사 준공 인가 신청의 건(경성부윤) 2. 소화4년도 경성시구개수 국고보조공사 준공 인가의 건 照會(내무국장→경성부윤, 1932-06-02) 3. 소화4년도 경성시구개수 국고보조공사 준공 인가의 건 照會案(내무국장→경성부윤, 1932-02-01) 4. 소화4년도 경성시구개수 국고보조공사 준공 인가의 건 照會案(내무국장→경성부윤, 1931-10-14) 5. 경성시구개수 국고보조공사 준공 인가 신청(경성부윤, 土 제1,056호) 　- 소화4년도 소속 경성시구개수공사 정산조서 　- 돈화문-대학병원 도로개수공사 出來形조서 　- 돈화문-대학병원 시구개수공사 용지매수조서 　- 돈화문-대학병원 시구개수공사 지장물건이전조서 　- 소화4년도 소속 광화문통 도로정리공사 出來形조서		

	- 관급재료조서 - 광화문통 도로정리공사에 수반한 철관 시공공사 정산조서 - 광화문통 지장 전화선로 이전공사 정산서	
문서내용	• 1931년 9월 25일 土 제1,056호 소화4년도 경성시구개수공사 준공의 건을 인가하면서 국고보조금 중 266圓 91錢을 국고에 返納해야 함을 알려 주는 내용이 있음. • 1~5번 첨부문서를 통해 1929년 경성시구개수공사의 준공 인가 신청 및 그 인가가 이루어진 과정에 관한 정보 제공. • 5번 첨부문서를 통해 돈화문-대학병원 구간 및 광화문통 구간 도로부지의 토지소유상태, 매수가격, 각종 공사비 내역 등에 관한 정보 제공.	

6) 시가관계 잡건철(각도)

기록철명	원철명	시가관계 잡건철		
	정리철명	시가관계 잡건철(각도)		
생산년도	1932-1935년			
생산기관	내무국 토목과			
보존기간	갑종(영구)			
소장기호	CJA0014777			

Item				
일련 번호	건명	결재(발송)일	기안(발신)부서	첨부문서
1	대구시구개수 인가의 건	1933-09-13	내무국 토목과	4건
2	경성시가지계획의 내 훈련원 前通도로 확장공사 시행인가의 건	1933-11-07	내무국 토목과	5건
3	소화8년도 남원읍 시구개정공사 시행의 건	1934-01-23	내무국 토목과	5건
4	소화9년도 경성시구개수공사에 관한 건	1934-02-15	내무국 토목과	3건
5	남원읍 시구개정공사 추인의 건	1934-02-17	내무국 토목과	
6	남원읍 시구개정공사 추인에 관한 건	1933-12-12	내무국 토목과	3건

7	시구개정공사 시행에 관한 건	1933-11-02	내무국 토목과	1건
8	시구개정공사 시행에 관한 건	1933-09-29	내무국 토목과	8건
9	봉래교 온천교간 道路法敷 사용의 건	1934-02-27	내무국 토목과	4건
10	장충단 주택지 개설공사의 건	1934-07-18	내무국 토목과	4건
11	흥남읍 시구개정공사 시행의 건	1933-06-06	내무국 토목과	7건
12	흥남읍 시구개정공사 시행인가 신청에 관한 건	1932-05-19	내무국 토목과	
13	흥남읍 시구개정공사 시행인가의 건		내무국 토목과	1건
14	소화9년도 남원읍 시구개정공사 시행의 건	1935-03-05	내무국 토목과	1건
15	남원읍 시구개정공사 시행에 관한 건 조회안	1934-08-14	내무국 토목과	
16	남원읍 시구개정공사 시행에 관한 건	1934-07-02	내무국 토목과	
17	소화10-14년도산 경성시구개수공사에 관한 건	1935-03-12	내무국 토목과	3건
18	흥남읍 시구개정공사의 일부 설계변경 인가의 건	1934-04-26	내무국 토목과	3건
19	용곡 주택지 개설공사의 건	1935-08-07	내무국 토목과	4건
20	영등포시가지 확장도로망 결정의 건	1935-04-04	내무국 토목과	2건

기록철명	원철명	시가관계 잡건철	
	정리철명	시가관계 잡건철(각도)	
생산부서	내무국 토목과		
생산년도	1932-1935년	분류기호	1933-1935년 토목 갑 기록 제1134호
쪽수	421면	조선총독부 보존기간	갑종(영구)
소장처	국가기록원	소장기호	CJA0014777

6-1

기록건명	대구시구개수 인가의 건
문서번호	토 제388호

기안부서 (발신자)	내무국 토목과		기안일자	
중간결재	사무관, 토목과장, 지방과장, 내무국장			
최종결재 (수신자)	정무총감		결재일자 (접수일자)	1933-09-13
			시행일자 (발송일자)	1933-09-15
첨부문서	1. 소화8-10년도 대구시가지선도로 개수공사 계획인가의 건 2. 대구시구개수 인가신청(대구부윤) 3. 소화8-10년도 대구시가지선도로 개수공사계획서(대구부) 4. 대구부지선도로 개수계획도(지도, 1/10,000)			
문서내용	• 공사계획서, 신청서, 인가에 관한 문서 등을 통해 대구시 시구개수 및 시가 지선도로에 관한 정보 제공.			

6-2

기록건명	경성시가지계획의 내 훈련원 前通도로 확장공사 시행인가의 건			
문서번호				
기안부서 (발신자)	내무국 토목과		기안일자	1933-10-24
중간결재	도로계주임, 토목과장, 내무국장			
최종결재 (수신자)	총독 (정무총감 전결)		결재일자 (접수일자)	
			시행일자 (발송일자)	1933-11-07
첨부문서	1. 경성시가지도로 확장공사 인가의 건 2. 시가지도로확장공사 인가의 건 신청(경기도지사) 3. 경성부 관내도(지도, 1/25,000) 4. 개축설계서 5. 소화8년도 훈련원 前通도로개량공사평면도(지도, 1/600)			
문서내용	• 경성 훈련원 전통도로의 공사개요, 개축 설계에 관한 정보 제공.			

6-3

기록건명	소화8년도 남원읍 시구개정공사 시행의 건
문서번호.	

기안부서 (발신자)	내무국 토목과	기안일자	1934-01-16
중간결재	도로계주임, 토목과장, 지방과장, 내무국장		
최종결재 (수신자)	총독 (정무총감 전결)	결재일자 (접수일자)	
		시행일자 (발송일자)	1934-01-23

첨부문서	1. 소화8년도 남원읍시구개정공사 승인의 건
	2. 시구개정공사 시행에 관한 건(전라북도지사)
	3. 소화8년도 시구개정공사 승인신청
	4. 재산재원
	5. 소화8년도 남원읍내 수상통 시구개정공사 설계서
	  - 사양서
	  - 남원읍내 수상통시구개정공사 설계서(표)
	  - 남원시가 하수공사계획평면도(지도, 1/30)
	  - 공사평면도(지도, 1/1,200)
	  - 수상통지장물건이전비 조사(표)		

문서내용	• 남원읍 시구개정공사 및 하수공사에 관한 정보 제공. 공사 평면도 포함		

6-4

기록건명	소화9년도 경성시구개수공사에 관한 건		
문서번호			
기안부서 (발신자)	내무국 토목과	기안일자	1934-02-13
중간결재	도로계 주임, 토목과장, 내무국장		
최종결재 (수신자)	총독 (정무총감 전결)	결재일자 (접수일자)	1934-02-15
		시행일자 (발송일자)	1934-02-15
첨부문서	1. 소화9년도 경성시구개수공사에 관한 건(경성부윤) 2. 도로개수공사 평면도(지도, 1/600) 3. 표준횡단면도		
문서내용	• 경성 시구개수공사 및 도로개수공사에 대한 정보 제공. 공사 평면도 포함		

6-5

기록건명	남원읍 시구개정공사 추인의 건		
문서번호			
기안부서 (발신자)	내무국 토목과	기안일자	1934-02-15
중간결재	도로계주임, 토목과장, 내무국장		
최종결재 (수신자)	총독 (정무총감 전결)	결재일자 (접수일자)	1934-02-17
		시행일자 (발송일자)	1934-02-17
첨부문서			
문서내용			

6-6

기록건명	남원읍 시구개정공사 추인에 관한 건		
문서번호			
기안부서 (발신자)	내무국 토목과	기안일자	1933-12-11
중간결재	도로계주임, 토목과장, 내무국장		
최종결재 (수신자)	총독(정무총감 전결)	결재일자 (접수일자)	1933-12-12
		시행일자 (발송일자)	1933-12-12
첨부문서	1. 시구개정공사 시행에 관한 건(전라북도지사) 2. 소화6,7년도 시구개정공사 추인신청(전라북도 남원군 남원읍장) 3. 재원조서		
문서내용	• 남원읍 시구개정공사 시행과 재원에 관한 정보 제공.		

6-7

기록건명	시구개정공사 시행에 관한 건		
문서번호			
기안부서 (발신자)	내무국장 토목과	기안일자	1933-11-01
중간결재	토목과장, 내무국장		

최종결재 (수신자)	총독(정무총감 전결)	결재일자 (접수일자)	1933-11-02
		시행일자 (발송일자)	1933-11-04
첨부문서	1. 시구개정공사 시행에 관한 건(전라북도지사)		
문서내용	• 남원읍 시구개정공사에 관한 문서		

6-8

기록건명	시구개정공사 시행에 관한 건		
문서번호			
기안부서 (발신자)	내무국 토목과	기안일자	1933-09-27
중간결재	토목과장, 내무국장		
최종결재 (수신자)	총독(정무총감 전결)	결재일자 (접수일자)	1933-09-29
		시행일자 (발송일자)	1933-09-29
첨부문서	1. 남원시가도(지도) 2. 남원읍시구개정공사 추인에 관한 건(전라북도 남원군 남원읍장) 3. 소화6년도 남원면 도로신설공사 설계서 4. 남원면 도로추가공사 설계서 5. 구조물설계도 6. 남원면 도로신설공사 평면도(지도, 1/1,200) 7. 소화7년도 남원읍 도로신설공사 설계서 8. 시구개정 횡단면도(1/100)		
문서내용	• 남원읍 시구개정공사 및 도로 신설에 관한 정보 제공. 평면도와 설계서 포함.		

6-9

기록건명	봉래교 온천교간 道路法敷 사용의 건		
문서번호			
기안부서 (발신자)	내무국 토목과	기안일자	1934-02-21
중간결재	도로계주임, 토목과장, 내무국장		

최종결재 (수신자)	총독(정무총감 전결)	결재일자 (접수일자)	1934-02-27
		시행일자 (발송일자)	1934-02-27
첨부문서	1. 봉래교 온천교간 도로법부사용의 건(경성부) 2. 봉래교 온천교간 도로법부사용의 건(내무국 경성토목출장소장) 3. 봉래교 온천교간 도로법부사용의 건(경성부윤) 4. 봉래교 온천교간 및 온천교 전 욱천면안 도로법면 사용계속허가원 　- 사용계속허가원 　- 사용지도면 　- 대정13년 현황사진류 　- 신개축공사 사양서 　- 설계도(대전상회백화점 신축공사 설계도(1/100, 1/20))		
문서내용	• 봉래교 온천교 간 도로법부의 사용에 관해 시행담당자간에 오간 서신이 수록되어 있어 도시계획정책의 집행과정을 확인할 수 있는 정보 제공. 당시 상황을 보여주는 사진을 다수 포함.		

6-10

기록건명	장충단 주택지 개설공사의 건		
문서번호			
기안부서 (발신자)	내무국 토목과	기안일자	1934-07-10
중간결재	도로계주임, 토목과장, 내무국장		
최종결재 (수신자)	총독(정무총감 전결)	결재일자 (접수일자)	1934-07-18
		시행일자 (발송일자)	1934-07-18
첨부문서	1. 장충단주택지개설공사의 건(조선도시경영주식회사) 2. 장충단주택지개설공사의 건(경성부윤) 3. 장충단주택지개설공사의 건(조선도시경영주식회사 전무취체역) 4. 장충단주택지설계도 평면도(지도, 1/600)		
문서내용	• 장충단 주택지 개성공사의 결정과정과 설계 내용 정보 제공.		

6-11

기록건명	홍남읍 시구개정공사 시행의 건		
문서번호	토 제195호		
기안부서 (발신자)	내무국 토목과	기안일자	1933-05-25
중간결재	도로계주임, 토목과장, 지방과장, 내무국장		
최종결재 (수신자)	총독(정무총감 전결)	결재일자 (접수일자)	1933-06-06
		시행일자 (발송일자)	1933-06-06
첨부문서	1. 설계개요 및 신구신청대조표 2. 홍남읍 시구개정공사 시행에 관한 건(내무국장) 3. 홍남읍 시구개정계획 인가의 건 4. 홍남읍 시구개정계획인가신청의 건(함경남도지사) 5. 홍남읍 시구개정공사 인가신청(홍남유장) 6. 홍남읍시구개정공사계획 개요 및 설명서 　- 설명서 　- 공사비 년도할표 　- 공사비 내역서 　- 세입출예산槪算 　- 홍남면 실측평면도(지도, 1/6,000) 7. 홍남읍 시구개정공사 시행인가 신청에 관한 건(함경남도지사)		
문서내용	• 홍남 시구개정공사 신청, 인가, 공사계획, 설명서 등 전반적 시행과정이 어떻게 진행되었는지를 보여주는 자료들로서 도시계획정책의 집행과정을 알 수 있는 정보 제공. 공사비와 관련된 내역서 포함.		

6-12

기록건명	홍남읍 시구개정공사 시행인가 신청에 관한 건		
문서번호			
기안부서 (발신자)	내무국 토목과	기안일자	1932-05-17
중간결재	도로계주임, 토목과장, 내무국장		
최종결재 (수신자)		결재일자 (접수일자)	1932-05-19
		시행일자 (발송일자)	1932-05-20

첨부문서	
문서내용	• 홍남읍 시구개정공사 시행인가 신청에 관한 문서

6-13

기록건명	홍남읍 시구개정공사 시행인가의 건		
문서번호	토 제70호		
기안부서 (발신자)	내무국 토목과	기안일자	1932-05-09
중간결재	도로계주임, 토목과장, 지방과장, 내무국장		
최종결재 (수신자)	정무총감	결재일자 (접수일자)	
		시행일자 (발송일자)	
첨부문서	1. 홍남읍 시구개정공사 시행인가 신청에 관한 건(함경남도지사)		
문서내용	• 홍남읍 시구개정공사 시행인가 신청에 관한 문서		

6-14

기록건명	소화9년도 남원읍 시구개정공사 시행의 건		
문서번호			
기안부서 (발신자)	내무국 토목과	기안일자	1935-01-14
중간결재	도로계주임, 토목과장, 지방과장, 내무국장		
최종결재 (수신자)	총독(정무총감 전결)	결재일자 (접수일자)	
		시행일자 (발송일자)	1935-03-05
첨부문서	1. 남원읍시구개정공사 시행에 관한 건 부신(전라북도지사) - 소화9년도 시구개정공사 승인신청(전라북도 남원군 남원읍장) - 소화9년도 남원읍 시구개정 금좌통 개수공사 설계서(남원읍) - 구조물배치 평면도 - 지장물건 이전 평면도 - 남원읍내 금좌통 시구개정공사 설계도(지도, 횡1/1,000 종 1/100) - 남원시가계획 하수취수구역도(지도, 1/3,000)		
문서내용	• 남원읍 시구개정공사의 구체적인 계획서와 설계도면들이 수록되어 있어 정책내용을 자세히 파악할 수 있는 정보 제공. 평면도와 설계도 포함.		

6-15

기록건명	남원읍 시구개정공사 시행에 관한 건 조회안		
문서번호			
기안부서 (발신자)	내무국 토목과	기안일자	1934-08-14
중간결재	토목과장, 내무국장		
최종결재 (수신자)	총독(정무총감 전결)	결재일자 (접수일자)	1934-08-14
		시행일자 (발송일자)	1934-08-14
첨부문서			
문서내용	• 남원읍 시구개정공사 시행관련 문서		

6-16

기록건명	남원읍 시구개정공사 시행에 관한 건		
문서번호			
기안부서 (발신자)	내무국 토목과	기안일자	1934-06-29
중간결재	토목과장, 내무국장		
최종결재 (수신자)	총독(정무총감 전결)	결재일자 (접수일자)	1934-07-02
		시행일자 (발송일자)	1934-07-02
첨부문서			
문서내용	• 남원읍 시구개정공사 시행관련 문서		

6-17

기록건명	소화10-14년도간 경성시구개수공사에 관한 건		
문서번호			
기안부서 (발신자)	내무국 토목과	기안일자	1935-03-05
중간결재	도로계주임, 토목과장, 내무국장		
최종결재 (수신자)	총독(정무총감 전결)	결재일자 (접수일자)	1935-03-12
		시행일자 (발송일자)	1935-03-12
첨부문서	1. 소화10-14년도간 경성시구개수공사에 관한 건(경성부윤)		

	2. 시구개정노선도
	3. 경성부 관내도(지도, 1/15,000)
문서내용	• 시구개정 노선도를 통해 당시 시행된 경성 시구개수공사에 관한 정보 제공.

6-18

기록건명	홍남읍 시구개정공사의 일부 설계변경 인가의 건		
문서번호			
기안부서 (발신자)	내무국 토목과	기안일자	1934-04-25
중간결재	토목과장, 내무국장		
최종결재 (수신자)	총독(정무총감 전결)	결재일자 (접수일자)	1934-04-26
		시행일자 (발송일자)	1934-04-26
첨부문서 ..	1. 홍남읍 시구개정공사 일부 변경 허가신청(홍남읍장)		
	2. 홍남읍 시구개정공사 계획일부 변경 설명서		
	3. 홍남면 실측평면도(지도, 1/6,000)		
문서내용	• 홍남읍 시구개정공사 변경 설명 정보 제공.		

6-19

기록건명	용곡 주택지 개설공사의 건		
문서번호			
기안부서 (발신자)	내무국 토목과	기안일자	1935-08-05
중간결재	도로계주임, 토목과장, 내무국장		
최종결재 (수신자)	총독(정무총감 전결)	결재일자 (접수일자)	1935-08-07
		시행일자 (발송일자)	1935-08-07
첨부문서	1. 용곡주택지 개설공사의 건(조선도시경영주식회사)		
	2. 용곡주택지 설계평면도(지도, 1/600)		
	3. 용곡주택지 개설공사의 건(경기도지사)		
	4. 용곡주택지 개설공사의 건(조선도시경영주식회사 전무취체역)		
	- 용곡주택지 계획 설명서		

	- 용곡주택지 설계평면도(지도, 1/600) - 용곡주택지 설계도로횡단면도(지도, 종1/200 횡1/600) - 용곡주택지설계종단면도(지도, 종1/200 횡1/600)
문서내용	• 용곡 주택지 개설공사에 관한 정보 제공. 계획 설명서 및 설계 평면도 제공.

6-20

기록건명	영등포시가지 확장도로망 결정의 건		
문서번호	토 제163호		
기안부서 (발신자)	내무국 토목과	기안일자	1935-03-28
중간결재	도로계주임, 토목과장, 내무국장		
최종결재 (수신자)	총독(정무총감 전결)	결재일자 (접수일자)	1935-04-04
		시행일자 (발송일자)	1935-04-04
첨부문서	1. 영등포시가지확장도로망 결정의 건(경기도지사) 2. 지도다수(제목 미상)		
문서내용	• 영등포 시가지 도로확장에 관한 정보 제공, 제목 미상의 지도 다수 포함.		

7) 평양시가도로공사 국고보조(1923-1927)

기록철명	원철명	대정11년도 평양시가도로공사 국고보조		
	정리철명	평양시가도로공사 국고보조(1923-1927)		
생산년도	1921년-1924년			
생산기관	토목부 토목과			
보존기간	갑종(영구)			
소장기호	CJA0013072			
Item				
일련 번호	건명	결재(발송)일	기안(발신)부서	첨부 문서
1	평양시가도로공사비 국고보조의 건		평양부윤	1건

2	평양시가도로공사비 국고보조의 건	1922-06-13	토목부장	1건
3	평양부 도로공사비 보조 신청		평양부윤	5건
4	대정11년도 국고보조공사 착수 보고		평양부윤	
5	평양시가도로 국고보조공사계획 변경과 대정11년도 소속 공사 설계변경의 건		토목부장	1건
6	평양시가도로 국고보조공사에 관한 건	1924-10-18	평양부윤	2건
7	(없음)		조선총독 남작 재등실	1건
8	대정12년도 국고보조공사 착수 보고		평양부윤	
9	대정12년도 국고보조공사 착수 보고		평양부윤	
10	중요문서 작제에 관한 건		평안남도지사	
11	평양시가도로 국고보조공사에 관한 서류 송부方의 건	1924-06-24	토목부 토목과	1건
12	대정12년도 소속 시가도로 국고보조공사에 관한 건		평양부윤	2건
13	대정12년도 국고보조공사 공정표에 관한 건		조선총독부 부윤 宮館貞一	1건
14	대정12년도 국고보조공사 공정에 관한 건		평양부윤	1건
15	대정12년도 소속 평양시가도로 국고보조공사 공정표의 건		토목부장	
16	대정12년도 소속 평양시가도로 국고보조공사 공정표의 건		평양부윤	2건
17	대정12년도 소속 시가도로 국고보조공사에 관한 건		토목부장	
18	전보	1924-10-11	평양부윤	
19	대정13년도 평양시가도로 국고보조공사 실시설계 인가의 건	1924-09-05	토목부 토목과	4건
20	평양시가도로 국고보조공사 실시설계 인가에 관한 건	1924-07-04	토목부 토목과	3건
21	평양시가도로개수공사 실시설계 인가에 관한 건	1924-05-21	토목부 토목과	
22	평양부 시구개정 도로개수공사 실시 인가에 관한 건	1924-04-10	평양부윤	1건
23	대정13년도 국고보조공사 착수 보고	1924-09-25	평양부윤	

| 24 | 평양시가도로 국고보조공사 설계 변경의 건 지령안 | 1924-11-26 | 토목부 토목과 | 2건 |
| 25 | 대정13년도 평양시가도로 국고보조공사 공정에 관한 건 조회안 | 1924-12-24 | 토목부 토목과 | 1건 |

기록 철명	원철명	대정11년도 평양시가도로공사 국고보조		
	정리철명	평양시가도로공사 국고보조(1923-1927)		
생산부서	토목부 토목과			
생산년도	1921-1924년	분류기호		
쪽수	419면	조선총독부 보존기간	갑종(영구)	
소장처	국가기록원	소장기호	CJA0013072	

7-1

기록건명	평양시가도로공사비 국고보조의 건		
문서번호	平府內 제1,216호		
기안부서 (발신자)	평양부윤	기안일자	1922-06-16
중간결재			
최종결재 (수신자)	토목부장	결재일자 (접수일자)	
		시행일자 (발송일자)	
첨부문서	1. 평양부세입세출예산대조표		
문서내용	• 1922년 평양부의 시가도로공사비 국고보조 신청내역에 관한 상황을 알 수 있는 정보 제공.		

7-2

기록건명	평양시가도로공사비 국고보조의 건		
문서번호	土 제220호		
기안부서 (발신자)	토목부장	기안일자	1922-06-12
중간결재			

최종결재 (수신자)	평양부윤	결재일자 (접수일자)	1922-06-13
		시행일자 (발송일자)	
첨부문서	1. 평양부도로공사비 국고보조의 건 신청(平府內 제1,216호, 평양부윤→조선총독 남작 재등실, 1922-05-16) - 대정11년도-대정15년도 시구개정도로개수공사설계서(평양부) 　　1) 대화정-대동강안 노선개수공사설계서, 용지매수비, 가옥이전비 　　2) 정거장통-세관 노선개수공사설계서, 용지매수비, 가옥이전비 　　3) 남문통종점-平元橋 노선개수공사설계서, 용지매수비, 가옥이전비 　　4) 대화정-巖町通 노선개수공사설계서, 용지매수비 　　5) 靜海門입구-대동강안 노선개수공사설계서, 용지매수비, 가옥이전비 　　6) 대동군청-普通門 노선개수공사설계서, 용지매수비, 가옥이전비 　　7) 평양부전도(1/12,000) - 대정11년도 시공 정거장통-본정통 도로개수공사실시설계서(평양부) 　　1) 정거장통-본정통 가옥이전비내역서 　　2) 정거장통-본정통 도로개수공사사양서 　　3) 정거장통-본정통 도로개수공사구조도(평양부) 　　4) 정거장통-본정통 도로개수공사종단면도(종 1/100, 횡 1/600) 　　5) 정거장통-본정통 도로개수공사평면도(1/600)		
문서내용	• 1922년 평양부의 시가도로공사비 국고보조 신청내역 및 1922-1926년 평양부의 시구개수계획, 1922년 실시계획을 알 수 있는 정보 제공.		

7-3

기록건명	평양부 도로공사비 보조 신청		
문서번호	平府內 제1,804호		
기안부서 (발신자)	평양부윤	기안일자	1921-04-29
중간결재			
최종결재 (수신자)	조선총독 남작 齋藤實	결재일자 (접수일자)	
		시행일자 (발송일자)	
첨부문서	1. 공비개산서 2. 공비내역서		

	3. 대정11년-대정15년 5개년계속도로공사 연도별 계산서 4. 연도할부담별표 5. 평양부시구개정노선개수공사계획개요서
문서내용	• 1921년 평양부의 시구개수공사비 국고보조 신청내역 및 공사계획을 알 수 있는 정보 제공.

7-4

기록건명	대정11년도 국고보조공사 착수 보고		
문서번호	平府內 제3,018호		
기안부서 (발신자)	평양부윤	기안일자	1922-08-14
중간결재			
최종결재 (수신자)	조선총독 남작 齋藤實	결재일자 (접수일자)	
		시행일자 (발송일자)	
첨부문서			
문서내용	• 평양부 정거장통-본정통 구간 도로개수공사의 착수상황을 알 수 있는 정보 제공.		

7-5

기록건명	평양시가도로 국고보조공사계획 변경과 대정11년도 소속 공사 설계변경의 건		
문서번호	土 제21호		
기안부서 (발신자)	토목부장	기안일자	1923-02-15
중간결재			
최종결재 (수신자)	평양부윤	결재일자 (접수일자)	
		시행일자 (발송일자)	
첨부문서	1. 평양부시구개정계획 변경과 대정11년도 공사 실시 인가에 관한 건(下府土 제47호, 평양부윤→조선총독 남작 재등실, 1922-12-28) - 제72회 평양부협의회의사록초록(1922-12-26) - 대정11년도-대정15년도 시구개정도로개수공사변경설계서(평양부)		

	- 평양부시구개정노선개수공사설계서
	1) 대화정-대동강안 노선개수공사설계서, 용지매수비, 가옥이전비
	2) 정거장통-세관 노선개수공사설계변경서, 용지매수비, 가옥이전비
	3) 남문통종점-平元橋 노선개수공사설계서, 용지매수비, 가옥이전調 내역서
	4) 대화정-巖町通 노선개수공사설계서, 용지매수비
	5) 靜海門입구-대동강안 노선개수공사설계서, 용지매수비, 가옥이전 비
	6) 대동군청-普通門 노선개수공사설계서, 용지매수비, 가옥이전비
	7) 평양부전도(1/12,000)
	- 대정11년도 시공 남문통종점-평원교 도로개수공사설계서
	1) 남문통종점-평원교 도로개수공사토지매수내역서
	2) 남문통종점-평원교 도로개수공사용지매수평면도(1/600)
문서내용	• 평양시가도로공사에서 설계변경, 1922년 시공 공사에 관한 상황과 예산내역 등을 알 수 있는 정보 제공.

7-6

기록건명	평양시가도로 국고보조공사에 관한 건		
문서번호	平府土 제73호		
기안부서 (발신자)	평양부윤	기안일자	1924-10-14
중간결재			
최종결재 (수신자)	토목부장	결재일자 (접수일자)	1924-10-18
		시행일자 (발송일자)	
첨부문서	1. 대정11년도 국고보조공사 공정표(1923-03 현재) 2. 평양시가도로국고보조공사에 관한 건(土乙 제2,616호, 토목부장→평양부윤, 1924-10-08)		
문서내용	• 평양시구개수공사 정거장통-본정통 구간의 공사진행 상황을 알 수 있는 정보제공.		

기록건명	(없음)		
문서번호	土. 제120호		
기안부서 (발신자)	조선총독 남작 齋藤實	기안일자	1923-04-19
중간결재			
최종결재 (수신자)	평양부윤	결재일자 (접수일자)	
		시행일자 (발송일자)	

첨부문서	1. 평양부시구개정도로개수공사 대정12년도공사 실시 인가에 관한 건(平府內 제487호, 평양부윤→조선총독부 남작 재등실, 1923-02-16)
	- 대정12년도 시공 남문통종점-평원교 노선개수공사 실시설계서(평양부)
	  1) 남문통종점-평원교 노선개수공사 설계총괄표
	  2) 남문통종점-평원교 노선개수 공사 土積表
	  3) 남문통종점-평원교 노선개수공사 사양서
	  4) 남문통종점-평원교 노선개수공사구조도(평양부)
	  5) 남문통종점-평원교 노선개수공사평면도(1/600)
	  6) 남문통종점-평원교 노선개수공사종단면도(종 1/100, 횡 1/600)
	  7) 남문통종점-평원교 노선개수공사횡단면도(1/100)
	  8) 감독원見張所신축공사설계서(평양부)
	- 대정12년도 시행 정거장통-세관 노선개수공사설계서(평양부)
	  1) 정거장통-세관 노선개수공사 변경설계총괄표
	  2) 정거장통-세관 도로신설공사 土積계산서
	  3) 정거장통-세관 노선개수공사 사양서
	  4) 정거장통-세관 노선개수공사구조도(평양부)
	  5) 정거장통-세관 노선개수공사평면도(1/600)
	  6) 정거장통-세관 시구개정노선개수공사종단면도(종 1/100, 횡 1/600)
	  7) 정거장통-세관 노선개수공사횡단면도(1/100)

문서내용	• 1923년 평양시구개수공사의 시행이 인가되었음을 알 수 있는 정보 제공. • 남문통종점-평원교, 정거장통-세관 구간 시구개수공사의 내용을 상세히 알 수 있는 정보 제공.

7-8

기록건명	대정12년도 국고보조공사 착수 보고		
문서번호	平府土 제220호		
기안부서 (발신자)	평양부윤	기안일자	1923-06-19
중간결재			
최종결재 (수신자)	조선총독 남작 齋藤實	결재일자 (접수일자)	
		시행일자 (발송일자)	
첨부문서			
문서내용	• 남문통종점-평원교, 정거장통-세관 구간 시구개수공사의 착수 상황을 알 수 있는 정보 제공.		

7-9

기록건명	대정12년도 국고보조공사 착수 보고		
문서번호	平府土 제378호		
기안부서 (발신자)	평양부윤	기안일자	1923-09-25
중간결재			
최종결재 (수신자)	조선총독 남작 齋藤實	결재일자 (접수일자)	
		시행일자 (발송일자)	
첨부문서			
문서내용	• 정거장통-세관 구간 시구개수공사의 착수 상황을 알 수 있는 정보 제공.		

7-10

기록건명	중요문서 작제에 관한 건		
문서번호	土 제309호		
기안부서 (발신자)	평안남도지사	기안일자	1924-06-24
중간결재			
최종결재 (수신자)	토목부장	결재일자 (접수일자)	
		시행일자 (발송일자)	

첨부문서	
문서내용	• 1922년 평양부의 시구개수 국고보조 신청에 대한 인가상황을 알 수 있는 정보 제공.

7-11

기록건명	평양시가도로 국고보조공사에 관한 서류 송부方의 건		
문서번호	土乙 제905호		
기안부서 (발신자)	토목부 토목과	기안일자	1924-06-20
중간결재			
최종결재 (수신자)	평안남도지사	결재일자 (접수일자)	1924-06-24
		시행일자 (발송일자)	1924-06-24
첨부문서	1. 중요문서 작제에 관한 건(土 제309호, 평안남도지사→토목부장, 1924-06-18)		
문서내용	• 정거장통-세관, 남문통종점-평원교 구간 시구개수공사, 능라도제방 수해복구공사 등 1922, 23년 국고보조공사에 관한 사항을 알 수 있는 정보 제공.		

7-12

기록건명	대정12년도 소속 시가도로 국고보조공사에 관한 건		
문서번호	平府土 제47호		
기안부서 (발신자)	평양부윤	기안일자	1924-04-05
중간결재			
최종결재 (수신자)	조선총독부 토목부장	결재일자 (접수일자)	
		시행일자 (발송일자)	
첨부문서	1. 시가도로 국고보조공사 연도할 소속 공비 조서 2. 대정12년도 소속 시가도로 국고보조공사에 관한 건(土乙 제4,108호, 토목부장→평양부윤, 1924-03-18)		
문서내용	• 1923, 24년 평양 시가도로 국고보조공사의 공비 내역 제공.		

7-13

기록건명	대정12년도 국고보조공사 공정표에 관한 건		
문서번호	平府土 제55호		
기안부서 (발신자)	평양부윤 宮舘貞一	기안일자	1924-04-04
중간결재			
최종결재 (수신자)	조선총독 남작 齋藤實	결재일자 (접수일자)	
		시행일자 (발송일자)	
첨부문서	1. 대정12년도 국고보조공사 공정표(1923-11 현재)		
문서내용	• 1923년 11월 현재 평양시구개수공사의 공정상황을 알 수 있는 정보 제공.		

7-14

기록건명	대정12년도 국고보조공사 공정에 관한 건		
문서번호	平府土 제449호		
기안부서 (발신자)	평양부윤	기안일자	1923-12-05
중간결재			
최종결재 (수신자)		결재일자 (접수일자)	
		시행일자 (발송일자)	
첨부문서	1. 대정12년도 국고보조공사 공정표(1923-11 현재)		
문서내용	• 1923년 11월 현재 평양시구개수공사의 공정상황을 알 수 있는 정보 제공.(공정표 참조)		

7-15

기록건명	대정12년도 소속 평양시가도로 국고보조공사 공정표의 건		
문서번호	土乙 제4,108호		
기안부서 (발신자)	토목부장	기안일자	1923-12-18
중간결재			

최종결재 (수신자)	평양부윤	결재일자 (접수일자)	
		시행일자 (발송일자)	
첨부문서			
문서내용	• 1923년 11월 현재 평양시구개수공사의 공정상황을 알 수 있는 정보 제공.		

7-16

기록건명	대정12년도 소속 평양시가도로 국고보조공사 공정표의 건		
문서번호	平府土 제449호		
기안부서 (발신자)	평양부윤	기안일자	1923-12-26
중간결재			
최종결재 (수신자)	토목부장	결재일자 (접수일자)	
		시행일자 (발송일자)	
첨부문서	1. 정거장통-세관 노선개수 설계표 2. 정거장통-세관 노선개수공사 평면도(1/600)		
문서내용	• 정거장통-세관 구간의 설계내용을 알 수 있는 정보 제공.		

7-17

기록건명	대정12년도 소속 시가도로 국고보조공사에 관한 건		
문서번호	土乙 제4,108호		
기안부서 (발신자)	토목부장	기안일자	1924-03-18
중간결재			
최종결재 (수신자)	평양부윤	결재일자 (접수일자)	
		시행일자 (발송일자)	
첨부문서			
문서내용	• 1923년 12월 평양부에서 조선총독부에 보고한 평양시가도로공사 공정표(平府土 제449호 문서)에 대한 총독부의 평가 상황을 알 수 있는 정보 제공.		

7-18

기록건명	전보		
문서번호			
기안부서 (발신자)	평양부윤	기안일자	1924-10-11
중간결재			
최종결재 (수신자)	토목부장	결재일자 (접수일자)	1924-10-11
		시행일자 (발송일자)	
첨부문서			
문서내용	• 1924년 10월 평양시구개수공사 국고보조금 5만엔에 대한 평양부의 급한 연락 내용을 알 수 있는 정보 제공.		

7-19

기록건명	대정13년도 평양시가도로 국고보조공사 실시설계 인가의 건		
문서번호	土 제455호		
기안부서 (발신자)	토목부 토목과	기안일자	1924-08-14
중간결재	내무국장, 지방과장, 공사과장		
최종결재 (수신자)	총독	결재일자 (접수일자)	1924-09-05
		시행일자 (발송일자)	1924-09-05

첨부문서	1. 지령안(평양부)
	2. 통첩안(토목부장→평안남도지사, 1924-09-05)
	3. 대정13년도 평양시가도로 국고보조공사 讃
	4. 폐안(대정13년도 평양시가도로 국고보조공사 실시설계 인가의 건)
	  - 폐안이유서(토목부)
	  - 폐안이유서(내무국)		

문서내용	• 1924년 평양시구개수공사 중 대화정 종점-대동강안 구간, 정거장-세관 구간의 실시설계 인가 신청에 대해 총독부가 심의한 내용을 알 수 있는 정보 제공.		

7-20

기록건명	평양시가도로 국고보조공사 실시설계 인가에 관한 건		
문서번호	土 제455호		
기안부서 (발신자)	토목부 토목과	기안일자	1924-06-26
중간결재	내무국장, 지방과장, 공사과장		
최종결재 (수신자)	총독	결재일자 (접수일자)	1924-07-04
		시행일자 (발송일자)	
첨부문서	1. 통첩안(토목부장→평안남도지사) 2. 평양시가도로개수공사 실시설계 인가에 관한 건(1924-06-14, 폐안) 3. 평양시가도로개수공사 실시설계 인가에 관한 건(平府土 제57호, 평양부윤→토목부장, 1924-05-30) 　- 대회정-강안 도로외 건		
문서내용	• 1924년 평양시구개수공사 중 대화정 종점-대동강안 구간, 정거장-세관 구간의 실시설계 인가 신청에 대해 총독부가 심의한 내용과 평양부에서 대화정-대동강안 구간의 설계를 변경한 이유 등을 알 수 있는 정보 제공.		

7-21

기록건명	평양시가도로개수공사 실시설계 인가에 관한 건		
문서번호	土乙 제116호		
기안부서 (발신자)	토목부 토목과	기안일자	1924-06-26
중간결재			
최종결재 (수신자)	평양부윤	결재일자 (접수일자)	1924-05-21
		시행일자 (발송일자)	1924-05-22
첨부문서			
문서내용	• 1924년 평양시구개수공사의 실시설계 인가 신청에 대해 총독부가 심의한 내용 제공.		

7-22

기록건명	평양부 시구개정 도로개수공사 실시 인가에 관한 건		
문서번호	平府土 제57호		
기안부서 (발신자)	평양부윤	기안일자	
중간결재			
최종결재 (수신자)	총독	결재일자 (접수일자)	
		시행일자 (발송일자)	1924-04-10

첨부문서	1. 대정13년도 시공 시구개정노선 개수공사 실시설계서(평양부)
	 - 대정13년도 시공 정거장-세관 노선 개수공사 설계서(평양부)
	  1) 평양부전도(1/12,000)
	  2) 정거장-세관 노선 개수공사 평면도(1/600)
	  3) 정거장-세관 시구개정노선 개수공사 종단면도(종 1/100, 횡 1/600)
	  4) 정거장-세관 노선 개수공사 횡단도(1/100)
	  5) 노선 축조 표준 횡단면도
	  6) 踏切도로 개소 횡단면(1/100)
	  7) 정거장-세관 도로개수공사 토지매수調 평면도(1/600)
	  8) 정거장-세관 도로개수공사 가옥이전調 평면도(1/600)
	 - 대정13년도 시공 대화정-대동강안 노선 개수공사 설계서(평양부)
	  1) 대화정-대동강안 남포가도개수 도로공사 토지매수 평면도(1/600)
	  2) 대화정-대동강안 남포가도개수 도로공사 가옥이전 평면도(1/600)
	  3) 평양 대화정-강안 가로 개수공사 절충안(토목부)
	  4) 대화정-대동강안 남포가도개수 도로공사 평면도(1/600)		

문서내용	• 1924년 평양시구개수공사 정거장-세관 구간, 대화정-대동강안 구간의 설계 내용을 상세히 알 수 있는 정보 제공.		

7-23

기록건명	대정13년도 국고보조공사 착수 보고		
문서번호	平府土 제144호		
기안부서 (발신자)	평양부윤	기안일자	
중간결재			

최종결재 (수신자)	총독	결재일자 (접수일자)	
		시행일자 (발송일자)	1924-09-25
첨부문서			
문서내용	• 1924년 평양시구개수공사의 착수 상황을 알 수 있는 정보 제공.		

7-24

기록건명	평양시가도로 국고보조공사 설계 변경의 건 지령안		
문서번호	土乙 제5,054호		
기안부서 (발신자)	토목부 토목과	기안일자	1924-11-20
중간결재	공사과장		
최종결재 (수신자)	평양부	결재일자 (접수일자)	1924-11-26
		시행일자 (발송일자)	1924-11-27
첨부문서	1. 대화정 종점-대동강안 도로공사 설계 변경 調 2. 대정13년도 평양시가도로공사 설계 변경 인가의 건(平府土 제157호, 　평양부윤→총독, 1924-11-07) 　- 대정13년도 시공 시구개정공사 변경설계서(평양부) 　　1) 대화정 종점-대동강안 남포가도 개수도로 토지매수공사 평면도 　　　(1/600) 　　2) 대화정 종점-대동강안 남포가도 개수도로공사 평면도(1/600) 　　3) 대정13년도 국고보조공사 공정표		
문서내용	• 평양부가 신청한 국고보조공사(平府土 제157호)에 대해 총독부 일부 설계 변경을 지령한 내용 및 평양부의 변경설계 내용을 알 수 있는 정보 제공.		

7-25

기록건명	대정13년도 평양시가도로 국고보조공사 공정에 관한 건 조회안		
문서번호	土乙 제3,416호		
기안부서 (발신자)	토목부 토목과	기안일자	1924-12-22
중간결재			

최종결재 (수신자)	평양부윤	결재일자 (접수일자)	1924-12-24
		시행일자 (발송일자)	1924-12-24
첨부문서	1. 대정13년도 국고보조공사 공정에 관한 건(平府土 제172호, 평양부윤→ 총독, 1924-12-06) - 대정13년도 국고보조공사 공정표		
문서내용	• 평양시구개수 국고보조공사의 1924년 말 현재 공정 상황 및 이에 대한 총독부의 조치를 알 수 있는 정보 제공.		

8) 평양 제2기 시구개정공사 (1930-1931)

기록철명	원철명	昭和5,6년도 평양 제2기 시구개정공사		
	정리철명	평양 제2기 시구개정공사 (1930-1931)		
생산년도	1930-1931년			
생산기관	내무국 토목과 행정계			
보존기간	갑종(영구)			
소장기호	CJA0013785			

Item				
일련 번호	건명	결재(발송)일	기안(발신)부서	첨부문서
1	소화5년도 降 평양 제2기 시구개정공사 국고보조 年割額 변경의 건	1931-04-06	내무국 토목과	13건
2	소화5, 6년도 평양 제2기 시구개정공사 실 시설계 승인에 관한 건	1930-12-22	내무국 토목과	15건

기록철명	원철명	昭和5,6년도 평양 제2기 시구개정공사		
	정리철명	평양 제2기 시구개정공사 (1930-1931)		
생산부서	내무국 토목과 행정계			
생산년도	1930-1931년	분류기호	1930, 1931년 토목 갑 기록 제597호	
쪽수	144면	조선총독부 보존기간	갑종(영구)	
소장처	국가기록원	소장기호	CJA0013785	

8-1

기록건명	소화5년도 降 평양 제2기 시구개정공사 국고보조 年割額 변경의 건		
문서번호	± 제91호		
기안부서 (발신자)	내무국 토목과	기안일자	1931-03-23
중간결재	지방과장, 재무국장, 사계과장		
최종결재 (수신자)	총독	결재일자 (접수일자)	1931-04-06
		시행일자 (발송일자)	1931-04-07

첨부문서	1. 국고보조금교부조서(1931-03-28)
	2. 전보(평양부윤→내무국장, 1930-03-27)
	3. 전보(평양부윤→내무국장, 1931-03-26)
	4. 평양부 제2기 시구개정 국고보조공사에 관한 건 회답(내무국장→평양부윤, 1930 09 15)
	5. 전보(평양부윤→내무국장, 1930-09-12)
	6. 평양부 제2기 시구개정 소화5년도 국고보조에 관한 건 신청(평양부윤→총독, 1930-07-22)
	  - 소화5년도 국고보조공사 조서
	  - 소화5년도 국고보조공사 공정표
	7. 국고보조금교부조서(1930-08-07)
	8. 국고보조금교부조서(1930-08-02)
	9. 제2기 시구개정 국고보조공사 공정표에 관한 건(평양부윤→내무국장, 1930-06-16)
	  - 소화4년도 국고보조공사 공정표(1930-03-31)
	10. 국고보조공사 繰越에 관한 조서 정정方의 건(평양부윤→총독, 1930-06-14)
	  - 소화4년도 국고보조공사 繰越 조서
	11. 평양 제2기 시구개정 국고보조공사 공정표에 관한 건 조회(내무국장→평양부윤, 1930-05-24)
	12. 평양부 제2기 시구개정 국고보조공사 공정표에 관한 건(평양부윤→총독, 1930-05-08)
	13. 국고보조공사 공정표에 관한 건(내무국장→평안남도지사, 1930-05-01)		

문서내용	• 1927년 7월 30일 ± 제288호로 지령한 평양 제2기 시구개정공사 국고		

| | 보조금 소화5년도 연할액이 변경되었음을 알 수 있음. |
| | • 첨부문서들을 통해 1929~30년 평양시구개수공사의 진척상황 및 총독부, 평안남도, 평양부 사이의 업무연락관계를 파악할 수 있는 정보 제공. |

8-2

기록건명	소화5, 6년도 평양 제2기 시구개정공사 실시설계 승인에 관한 건		
문서번호	土 제2,059호		
기안부서 (발신자)	내무국 토목과	기안일자	1930-11-24
중간결재			
최종결재 (수신자)		결재일자 (접수일자)	1930-12-22
		시행일자 (발송일자)	1930-12-22
첨부문서	1. 소화5, 6년도 국고보조공사 실시설계 인가 신청(평양부) 2. 국고보조공사 실시설계 인가의 건(평양토목출장소장→내무국장, 1930-11-21) 3. 국고보조공사 실시설계 인가 신청(평양부윤→총독, 1930-10-23) 　- 소화5, 6년도 정해문선(전차통-강안) 도로개수공사 설계서(평양부) 　　1) 소화5, 6년도 정해문선(전차통-강안) 도로개수공사 설계서 　　2) 土坪計算書 　　3) 공사사양서 　　4) 정해문선 시구개정 도로개수공사 토지 매수 조서 　　5) 해문선 건물 이전 조서 　- 소화6년도 정해문선 도로개수공사 설계도(평양부) 　　1) 횡단도(종 1/100, 횡 1/100) 　　2) 정해문선 도로개수공사 종단도(종 1/200, 횡 1/1,000) 　　3) 정해문선 도로개수공사 설계도(1/600) 　　4) 정해문선 도로개수공사 가옥 이전 평면도(1/600) 　　5) 정해문선 도로개수공사 도로敷 평면도(1/600) 　　6) 土工正規 　　7) 간선 암거 횡단도 　　8) 지선 암거 횡단도(1/10) 　　9) 雨木料 설계도(1/10)		

        10) 汚木枓 설계도(1/10)
        11) 人孔 설계도
        12) 濡斗形 상세도
        13) 步車道 경계 설계도
        14) サリホン 설계도(1/20)
        15) 특수 人孔 설계도(1/20)
        16) 구역도
        17) 평양시구개정공사 정해문선 도로개수공사 하수간선 유량 계산표
        18) 공비 증감 계산표
        19) 流集면적 일람도
4. 소화5년도 국고보조공사 공정표에 관한 건(평양부윤→총독, 1931-04-09)
   - 소화5년도 국고보조공사 공정표(1931-03 현재)
5. 소화5년도 국고보조공사 공정표에 관한 건(평양부윤→총독, 1930-12-08)
   - 소화5년도 국고보조공사 공정표(1930-11 현재)
6. 소화6년도 국고보조공사 착수 보고(평양부윤→총독, 1931-05-01)
7. 국고보조금 교부 조서(1931-09-23)
8. 전보(평양부윤→내무국장, 1931-09-23)
9. 국고보조금 교부 조서(1932-03-11)
10. 소화5년도 국고보조공사 공정표에 관한 건(평양부윤→총독,
    1931-12-11)
    - 소화6년도 국고보조공사 공정표(1931-10-31 현재)
11. 평양부 제2기 시구개정비 소화6년도 국고보조에 관한 건(평양부윤→총
    독, 1931-09-10)
    - 소화6년도 국고보조공사 공정표(1931-08 현재)
12. 전보(평양부윤→내무국장, 1932-03-10)
13. 소화6년도 국고보조공사 공정표에 관한 건(평양부윤→총독,
    1932-04-08)
    - 소화6년도 국고보조공사 공정표(1932-03 현재)
14. 소화6년도 소속 평양 제2기 시구개정 국고보조공사 繰越 조서 제출에
    관한 건(평양부윤→총독, 1932-06-13)
    - 소화6년도 소속 평양 제2기 시구개정비 국고보조공사 繰越 조서
15. 소화6년도 소속 평양 제2기 시구개정 국고보조공사 繰越 조서 제출에
    관한 건 조회(내무국장→평양부윤, 1932-06-07)

<table>
<tr><td rowspan="3">문서내용</td><td>

• 1930년 10월 23일 土 제101호로 신청된 평양부 시구개수공사 靜海門線 (전차통-강안) 도로개수공사 실시설계의 건이 인가되었음을 알 수 있음.

• 3번 첨부문서를 통해 평양시구개수 정해문선 공사의 설계 내용을 알 수 있으며, 부분적으로 유량 계산표 및 유집 일람도 등을 통해 1930년대 초 일제 토목기술관료의 하천공학의 내용을 알 수 있는 정보 제공.

• 4~15번 첨부문서를 통해 1930, 31년 평양시구개수공사의 진척상황, 예산 내역, 업무연락관계 등을 파악할 수 있는 정보 제공적, 재무적 가치가 있음.

</td></tr>
</table>

9) 평양 제2기 시구개정 관계 (1927)

기록철명	원철명	自소화3년 평양 제2기 시구개정공사
	정리철명	평양 제2기 시구개정 관계 (1927)
생산년도		1927-1931년
생산기관		내무국 토목과 행정계
보존기간		갑종(영구)
소장기호		CJA0013077

<table>
<tr><td colspan="5" align="center">Item</td></tr>
<tr><td>일련
번호</td><td>건명</td><td>결재(발송)일</td><td>기안(발신)부서</td><td>첨부문서</td></tr>
<tr><td>1</td><td>지방토목비 국고보조금 감액의 건</td><td>1931-09-19</td><td>내무국 토목과</td><td>2건</td></tr>
<tr><td>2</td><td>평양 제2기 시구개정공사 국고보조에 관한 건</td><td>1931-07-30</td><td>내무국 토목과</td><td>4건</td></tr>
<tr><td>3</td><td>평양 제2기 시구개정공사 국고보조공사 계획변경의 건</td><td>1928-01-27</td><td>내무국 토목과</td><td>8건</td></tr>
</table>

기록철명	원철명	自소화2년 평양 제2기 시구개정공사
	정리철명	평양 제2기 시구개정 관계 (1927)
생산부서		내무국 토목과 행정계

생산년도	1927-1931년	분류기호	1927년 토목 갑 기록 제136호
쪽수	192면	조선총독부 보존기간	갑종(영구)
소장처	국가기록원	소장기호	CJA0013077

9-1

기록건명	지방토목비 국고보조금 감액의 건		
문서번호	土 제320호		
기안부서 (발신자)	내무국 토목과	기안일자	1931-09-18
중간결재	재무국장, 사계과장, 지방과장		
최종결재 (수신자)	총독, 정무총감	결재일자 (접수일자)	1931-09-19
		시행일자 (발송일자)	1931-09-21
첨부문서	1. 통첩안(내무국장→황해, 강원, 함남, 함북 각도지사, 경성, 목포, 평양, 진남포, 군산, 부산, 원산, 함흥 각부윤, 웅기읍장) - 이유 - 보조 및 장려비 절약액 2. 평양 제2기 시구개정공사 국고보조에 관한 건(平府土 제208호, 평양부윤→내무국장, 1927-08-09) - 평양부 제2기 시구개정공사 소화2년도 사무비 내역서		
문서내용	• 평양 제2기 시구개정공사, 진남포 시구개정 및 교량, 하수 수선공사, 경성 수도 확장공사, 경성 제2기 하수개수공사, 군산 수도 확장공사, 군산 제2기 하수, 도로개수공사, 부산 제2기 수도 확장공사, 부산 하수공사, 목포 하수공사, 원산 하수공사, 함흥 하수공사, 웅기 하수 및 도로공사, 용암포항 수축공사, 厚浦항 수축공사, 新昌항 수축공사, 漁大津항 수축공사 등의 지방비 공사에 대한 1931년 국고보조금의 감액 내역 제공.		

9-2

기록건명	평양 제2기 시구개정공사 국고보조에 관한 건		
문서번호	土 제288호		
기안부서 (발신자)	내무국 토목과	기안일자	1927-07-13

중간결재	재무국장, 사계과장, 지방과장		
최종결재 (수신자)	총독, 정무총감	결재일자 (접수일자)	1931-07-30
		시행일자 (발송일자)	1931-07-30
첨부문서	1. 국고보조 및 실시설계에 관한 건(平府土 제138호, 평양부윤→총독, 1927-06-29) 2. 국고보조 및 실시설계에 관한 건(平府土 제138호, 평양부윤→총독, 1927-06-02) 　- 평양부 제2기 시구개정 도로공사 실시설계서 　- 평양부 제2기 시구개정 도로공사비 지출 연도 구분표 　- 靜海門선 도로개수공사 가옥 이전 평면도(1/600) 　- 정해문통-욱정 시구개정도로개수공사 종단면도(종 1/200, 횡 1/600) 　- 정해문통-公普 시구개정도로개수공사 종단면도(종 1/200, 횡 1/600) 　- 부청-대동강안(헌병대 관통)도로개수공사 평면도(1/600) 　- 新倉里-普通門 노선개수공사 평면도(1/600) 　- 신창리-보통문 시구개정도로개수 종단면도(종 1/200, 횡 1/600) 　- 욱정통-공보교 노선개수공사 평면도(1/600) 　- 정해문통 시구개정도로개수공사 종단면도(종 1/200, 횡 1/600) 　- 기독병원裏 도로附帶 종단면도 　- 여자고보 기숙사 도로附帶 종단면도 　- 정해문선 도로개수공사 횡단면도(1/100) 　- 정해문선 도로개수공사 종단면도(종 1/100, 횡 1/600) 　- 정해문선 도로개수공사 가옥이전 평면도(1/600) 　- 정해문선 도로개수공사 토지매수용지도(1/600) 　- 정해문선 도로개수공사 평면도(1/600) 　- 평양부전도(1/10,000) 　- 정해문선(전차통-松永통) 도로개수공사 설계서(평양부) 　- 정해문선 도로개수공사 평면도(1/600) 　- 崇仁선(욱정-정해문) 노선개수공사 설계서(평양부) 3. 평양 제2기 시구개정공사 국고보조 및 실시설계에 관한 건(土 1,548호, 내무국장→평안남도지사, 1927-06-27) 4. 평양부 제2기 시구개정공사 국고보조 및 실시설계에 관한 건(土 제377호, 평안남도지사→총독, 1927-06-21)

문서내용	• 1927년 이후 평양부의 제2기 시구개정공사 설계내역 및 그에 대한 총독부의 국고보조계획을 알 수 있는 정보 제공. • 평양시구개수공사 정해문선, 숭인선 등의 설계내용, 가옥이전 및 토지매수 계획 등을 상세히 알 수 있는 정보 제공.

9-3

기록건명	평양 제2기 시구개정공사 국고보조공사 계획변경의 건		
문서번호	土 제36호		
기안부서 (발신자)	내무국 토목과	기안일자	1928-01-21
중간결재	지방과장		
최종결재 (수신자)		결재일자 (접수일자)	1928-01-27
		시행일자 (발송일자)	1928-01-28
첨부문서	1. 평양 제2기 시구개정 국고보조공사 계획변경의 건(土 제73호, 1928-01-12, 폐안문서) 2. 국고보조공사 계획변경의 건(平府土 제282호, 평양부윤→총독, 1927-10-10) - 평양부 제2기 시구개정공사 계획변경 이유서 - 평양부 제2기 시구개정 도로공사 실시변경 설계서 - 평양부 제2기 시구개정 도로공사 변경계획서 대조표 - 평양부 제2기 시구개정 도로공사비 변경 지출 연도 구분표 3. 제118호 평양부협의회 의사록(1927-10-20) 4. 평양 제2기 시구개정 국고보조공사 계획변경 인가의 건(1927-11-30, 폐안문서) 5. 소화2년도 국고보조공사 공정보고에 관한 건(平府土 제21호, 평양부윤→총독, 1928-02-03) 6. 소화2년도 국고보조공사 착수보고(平府土 제269호, 평양부윤→총독, 1927-09-28) 7. 수신전보(내무국장→평양부윤) 8. 숭인선 노선개수공사 가옥이전 평면도(1/600)		
문서내용	• 1827~28년 평양시구개수의 계획 변경을 둘러싼 총독부와 평양부 간의 논의과정과 내용을 알 수 있는 정보 제공. • 1920년대 평양부협의회의 운영실태를 알 수 있는 정보 제공.		

10) 평양제2기 시구개정공사(1932-1933)

기록철명	원철명	昭和7년도 평양제2기 시구개정공사		
	정리철명	평양제2기 시구개정관계서류		
생산년도	1932-1933년			
생산기관	내무부 토목과			
보존기간	갑종(영구)			
소장기호	CJA0014038			
Item				
일련 번호	건명	결재(발송)일	기안(발신)부서	첨부문서
1	소화7년도 평양제2기 시구개정공사실시설계 인가의 건	1932-03-24	내무국 토목과	8건
2	소화7년도 국고보조공사 착수보고	1932-05-02	평양부윤	2건
3	평양제2기 기수개정공사 국고보조금 교부에 관한 건	1933-03-14	내무국 토목과	3건

기록철명	원철명	昭和7년도 평양제2기 시구개정공사		
	정리철명	평양제2기 시구개정관계서류		
생산부서	내무국 토목과			
생산년도	1932-1933년	분류기호	1932년 토목 갑 기록 제705호	
쪽수	132면	조선총독부 보존기간	갑종(영구)	
소장처	국가기록원	소장기호	CJA0014038	

10-1

기록건명	소화7년도 평양제2기 시구개정공사실시설계 인가의 건		
문서번호			
기안부서 (발신자)	내무국 토목과	기안일자	1932-03-22
중간결재	도로계		

최종결재 (수신자)	내무국장	결재일자 (접수일자)	
		시행일자 (발송일자)	1932-03-24
첨부문서	1. 년도별 예산사용조서 2. 소화7년도 평양제2기 시구개정공사 실시설계의 건 3. 평양제2기 시구개정국고보조공사실시 설계승인신청의 건(평안남도지사) 4. 평양제2기 시구개정국고보조공사실시 설계승인신청의 건(평양부윤) 5. 보통문선(경창리~보통문)도로개수공사 설계도(평양부) 6. 토목비국고보조금 교부방법에 관한 건(평양부윤) 7. 토목비국고보조금 교부에 관한 건(내무국장) 8. 토목비국고보조금 교부에 관한 건 신청(평양부윤)		
문서내용	• 시구개정 국고보조공사 예산에 관한 정보를 제공, 토목비 국고보조에 관한 정보 제공.		

10-2

기록건명	소화7년도 국고보조공사 착수보고		
문서번호			
기안부서 (발신자)	평양부윤	기안일자	
중간결재			
최종결재 (수신자)	총독	결재일자 (접수일자)	
		시행일자 (발송일자)	1932-05-02
첨부문서	1. 소화2년도 국고보조공사 공정표 2. 국고보조공사 공정표에 관한 건(평양부)		
문서내용			

10-3

기록건명	평양제2기 시구개정공사 국고보조금 교부에 관한 건		
문서번호			
기안부서 (발신자)	내무국 토목과	기안일자	1933-03-13
중간결재			

최종결재 (수신자)	내무국장	결재일자 (접수일자)	1933-03-14
		시행일자 (발송일자)	1933-03-14
첨부문서	1. 소화7년도 보통문선(경창리~보통문) 도로개수공사 설계도(평양부) 2. 幹線暗渠末附近縱斷圖(지도, 횡1/1000, 종 1/200) 3. 평양부전도(지도, 1/10,000)		
문서내용	• 다수의 지도 포함. 평양 보통문선 개정공사에 관한 정보 제공.		

2. 시가지계획사업 기록 시리즈

총독부 공문서 중 시가지계획사업 관련 문서철은 총 61철이다. 일제시기 도시계획에서 시가지계획사업이 갖는 의미는 가장 중요하므로 이 중 53철의 문서를 평가했다. 시가지계획 관련 문서는 크게 각 계획 대상지역별 사업실행문서와 시가지계획위원회 문서로 나누어 볼 수 있다.

먼저 각 지역별 사업실행문서는 시가지계획 사업 내용인 구역, 가로망, 토지구획정리 관련 문서철로 시가지계획 적용 도시 총 41개 중 23개 지역에 대한 사업문서가 남아있다. 23개 지역 문서는 모든 사업내용이 골고루 남아있지 않아, 불균등성이 심하다. 사업내용 중에 토지구획정리 관련 뮤서가 가장 다수를 차지한다.

다음으로 시가지계획위원회 관련 문서는 제1회~5회 시가지계획위원회의 문서 8철이 보존되어있다. 시가지계획위원회는 총 6회가 개최되었지만, 제6회 위원회 관련 문서는 남아있지 않다. 시가지계획위원회는 사업에 관련된 총독부 내의 최고의 정책 브레인이 모여 사업의 계획을 검토하고 결정에 대한 자문을 수행하는 기관이었다. 따라서 이 문서는 시가지계획사업의 주요 내용과 정책 입안·시행 과정을 종합적으로 파악할 수 있는 중요한 문서이다.

가. 기록철 목록

기록철명	생산년도	생산기관	분류	관리기호
강릉 시가지계획사업 재해부흥토지구획정리공사(강원도)	1943-1945	내무부 토목과	토목	CJA0016073
경성 신시가지계획 및 토지구획정리결정 관계철	1936-1936	내무부 토목과	토목(건설부), 부처통계	CJA0022534

기록철명	생산년도	생산기관	분류	관리기호
나진 시가도로공사	1934-1941	내무부 토목과 행정계	토목	CJA0014739
다사도 시가지계획 토지구획정리실시계획 인가의 건 (평안북도)	1945-1945	내무부 토목과	토목	CJA0016081
대구 시가지사업 제1토지구획정리실시계획 인가의 건 (경상북도)	1945-1945	내무부 토목과	토목	CJA0016094
대구 시가지계획사업 제1토지구획정리실시계획 인가의 건 (경상북도)	1940-1940	내무부 토목과	토목	CJA0016095
대구 시가지계획 제3토지구획정리실시계획 인가의 건 (경상북도)	1945-1945	내무부 토목과	토목	CJA0016096
대구시가지계획 일단공업용지 조성에 따른 일단주택지 경영사업 준공기한 연장의 건? (경상북도)	1945-1945	내무부 토목과	토목	CJA0016097
대구시가지계획 일단주택지 경영사업실시계획 인가의 건 (경상북도)	1945-1945	내무부 토목과	토목	CJA0016098
대구부 시가지공사	1928-1942	내무부 토목과	각도 (경북)	CJA0019919
시가지조사서(대구)	1935-1935	내무부 토목과	각도 (경북대구)	CJA0019907
시가지조사서	1940-1940	내무부 토목과	각도 (경북)	CJA0019915
시가지조사서	1937-1942	내무부 토목과	각도 (경북)	CJA0019918
대전 도시계획결정	1938-1938	내무부 토목과	토목	CJA0022553
대전시가지계획사업 제1토지구획정리실시계획 인가의 건(충청남도)	1945-1945	내무부 토목과	토목	CJA0016077
대전시가지계획사업 제1토지구획정리공사(충청남도)	1941-1945	내무부 토목과	토목	CJA0016078
목포 도시계획결정	1937-1937	내무부 토목과	토목	CJA0022543
보산 시가지계획 제1토지구획정리 실시계획의 건(평안남도)	1945-1945	내무부 토목과	토목	CJA0016076

기록철명	생산년도	생산기관	분류	관리기호
부산 도시계획결정	1936-1944	내무부 토목과	토목	CJA0022542
부여 시가지계획 제1구 토지구획정리공사 (충청남도)	1943-1945	내무부 토목과	토목	CJA0016074
신의주 시가지계획사업 토지구획정리실시계획 인가의 건	1938-1941	내무부 토목과	토목	CJA0015791
신의주 시가지계획 토지구획정리 실시계획변경인가 신청에 관한 건	1938-1943	내무부 토목과	토목	CJA0015790
원산 시가지계획사업 제1토지구획정리실시계획 인가의 건 (함경남도)	1945-1945	내무부 토목과	토목	CJA0016082
인천 시가지계획 일단공업용지 조성에 따른 일단주택지경영사업실시계획 인가의 건	1945-1945	내무부 토목과	토목	CJA0016086
인천 시가지계획 일단공업용지 조성에 따른 일단주택지매각가격 승인의 건	1945-1945	내무부 도목과	토목	CJA0016087
제천 시가지계획사업 재해부흥 토지구획정리 실시계획 인가의 건 (충청북도)	1941-1945	내무부 토목과	토목	CJA0016093
진주시가지계획사업 봉산토지구획정리공사에 관한 건 (경상남도)	1942-1945	내무부 토목과	토목	CJA0016072
청진시가지계획사업 제2토지구획정리실시계획인가의 건 (함경북도)	1945-1945	내무부 토목과	토목	CJA0016083
청진 시가지계획사업 제2토지구획정리 환지예정지 지정에관한 건(함경북도)	1938-1939	내무부 토목과	토목	CJA0016084
청진 시가지계획사업 제3토지구획정리공사 준공기한 연기의 건(함경북도)	1945-1945	내무부 토목과	토목	CJA0016085
춘천 시가지계획사업 제1토지구획정리공사(강원도)	1939-1945	내무부 토목과	토목	CJA0016075
평양 시가지계획사업 제1토지구획정리 실시계획 인가의 건(평안남도)	1938-1938	내무부 토목과	토목	CJA0016090
평양 시가지계획사업 제2토지구획정리 실시계획 인가의 건(평안남도)	1945-1945	내무부 토목과	토목	CJA0016089
평양 시가지계획 일단주택지경영사업 실시계획 인가의 건(평안남도)	1945-1945	내무부 토목과	토목	CJA0016091
평양 시가지계획 일단공업용지 조성사업 실시계획 인가의건 (평안남도)	1945-1945	내무부 토목과	토목	CJA0016092
함흥 시가지계획사업 재해부흥 토지구획정리 (함경남도)	1945-1945	내무부 토목과	토목	CJA0016100

기록철명	생산년도	생산기관	분류	관리기호
함흥 시가지계획(건축부지조성가로 토지구획정리)사업 실시계획변경 건(함경남도)	1945-1945	내무부 토목과	토목	CJA0016101
함흥 시가지계획 가로사업에 따른 동건축부지 조성사업(함경남도)	1945-1945	내무부 토목과	토목	CJA0016102
함흥 시가지계획사업 제1구 토지구획정리 실시계획 인가의 건(함경남도)	1945-1945	내무부 토목과	토목	CJA0016099
함흥 시가지계획사업 제2구 토지구획정리(함경남도)	1945-1945	내무부 토목과	토목	CJA0016104
함흥 시가지계획사업 제3구 토지구획정리(함경남도)	1945-1945	내무부 토목과	토목	CJA0016103
함흥 시가지계획사업 제3구 토지구획정리 (환지예정지 지정조서) (함경남도)	1945-1945	내무부 토목과	토목	CJA0016105
함흥 시가지계획사업 제4구 토지구획정리(함경남도)	1945-1945	내무부 토목과	토목	CJA0016106
함흥 시가지계획 토지구획정리 환지예정지 지정의 건 (제4구)	1942-1942	내무부 토목과	토목	CJA0016116
해주 시가지계획사업 제1토지구획정리 실시계획 인가의 건(황해도)	1945-1945	내무부 토목과	토목	CJA0016079
해주 시가지계획사업 제2토지구획정리실시계획 인가의 건(황해도)	1945-1945	내무부 토목과	토목	CJA0016080
제2회 시가지계획위원회 관계서철	1936-1936	내무부 토목과	토목	CJA0015032
제3회 시가지계획위원회 관계서철	1937-1937	내무부 토목과	토목	CJA0014430
제4회 시가지계획위원회 관계철 (소화14년7월3일)(각도)	1939-1939	내무부 토목과	토목	CJA0015672
제4회 시가지계획위원회서류(소화14년7월) (각도)	1939-1939	내무부 토목과	토목	CJA0015674
제4회 시가지계획위원회서류 (2책의1) (경성, 청주)	1939-1939	내무부 토목과	토목	CJA0015671
제4회 시가지계획위원회 관계철(소화14년7월3일) (각도)	1939-1939	내무부 토목과	토목	CJA0015673
제5회 시가지계획위원회관계철 (경인,인천)	1939-1939	내무부 토목과	토목	CJA0015675

1) 강릉시가지계획사업 재해부흥 토지구획정리공사 (강원도)

기록철명	원철명	강릉시가지계획사업 재해부흥 토지구획정리공사
	정리철명	강릉시가지계획사업 재해부흥 토지구획정리공사 (강원도)
생산년도	1942-1943년	
생산기관	사정국 토목과	
보존기간	갑종(영구)	
소장기호	CJA0016073	

Item				
일련 번호	건명	결재(발송)일	기안(발신)부서	첨부문서
1	강릉시가지계획사업 재해부흥토지구획정리시행규칙 인가신청에 관한 건	1943-01-16	사정국 토목과 행정계	2건
2	강릉시가지계획사업 재해부흥토지구획정리 실시계획 인가의 건	1942-12-09	사정국 토목과 행정계	3건

기록철명	원철명	강릉시가지계획사업 재해부흥 토지구획정리공사	
	정리철명	강릉시가지계획사업 재해부흥 토지구획정리공사 (강원도)	
생산부서	사정국 토목과		
생산년도	1942-1943년	분류기호	1945년 토목 갑 기록 제2275호
쪽수	301면	조선총독부 보존기간	갑종(영구)
소장처	국가기록원	소장기호	CJA0016073

1-1

기록건명	강릉시가지계획사업 재해부흥토지구획정리시행규칙 인가신청에 관한 건		
문서번호			
기안부서 (발신자)	사정국 토목과 행정계	기안일자	1943-01-15
중간결재			

최종결재 (수신자)	총독(정무총감 전결)	결재일자 (접수일자)	1943-01-16
		시행일자 (발송일자)	1943-01-18
첨부문서	1. 강릉시가지계획사업 재해부흥 토지구획정리공사 착수계 進達의 건(강원도지사) 2. 강릉시가지계획사업 재해부흥토지구획정리공사 착수보고(강릉읍장)		
문서내용	• 1943년 강릉시가지계획사업 재해부흥 토지구획정리공사에 관한 정보 제공		

1-2

기록건명	강릉시가지계획사업 재해부흥토지구획정리 실시계획 인가의 건		
문서번호			
기안부서 (발신자)	사정국 토목과 행정계	기안일자	1942-10-15
중간결재	지방과장, 사무관		
최종결재 (수신자)	총독(정무총감 전결)	결재일자 (접수일자)	1942-12-09
		시행일자 (발송일자)	1942-12-10
첨부문서	1. 강릉시가지계획사업 토지구획정리 실시계획 인가신청의 건(강릉읍장) 2. 강릉시가지계획사업 토지구획정리 실시계획 인가신청에 관한 건(강원도지사) 3. 강릉시가지계획사업 화재부흥토지구획정리 실시계획 인가신청(강릉읍장) 　- 사업계획서 　- 실시계획 설계서 및 공사의 시행방법 　- 비용예산서 　- 재원조서 　- 비용부담방법 　- 토지처분방법 및 정리시행상 필요한 사항을 정하는 규정 　- 이의의 申立에 관한 전말 　- 이의의 申立에 의해 변경된 부분에 관한 사유 　- 공사시행 전후에 있어서 지목별 면적 합계의 예정 　- 일반평면도 및 계획평면도, 지구 및 인접지의 현형도, 공공용지도 　- 토지원부		

	- 정리시행 지구 내의 토지소유자의 원수 및 각 소유 토지의 지목별 면적 지가 - 공공용지조서
문서내용	• 1943년 강릉시가지계획사업 재해부흥 토지구획정리공사에 관한 정보 제공. 다양한 관련 기록 포함.

2) 경성 신시가지계획 및 토지구획정리 결정관계철

기록철명	원철명	서울도시계획결정
	정리철명	경성 신시가지계획 및 토지구획정리 결정관계철
생산년도	1936-1937년	
생산기관	내무국 토목과	
보존기간	갑종(영구)	
소장기호	CJA0022534	

Item				
일련 번호	건명	결재(발송)일	기안(발신)부서	첨부 문서
1	경성시가지계획 가로망 및 同토지구획정리 결정에 관한 건	1937-01-06	내무국장	8건
2	경성시가지계획 구역 결정에 관한 건	1936-03-21	내무국 토목과	5건
3	청원서(시가지계획 도로 및 토지구획정리 실시 速進에 대한 청원)	1938-01-25	경성부 한남정 58번지 李鳳烈 외 96명	
4	청원서(이태원정에 시가지계획 정리 실시方의 건 청원)		조선농림주식회사 대표취체역 西鄕健雄 외 17명	
5	경성시가지계획 토지구획정리의 시행에 관한 건	1937-11-05	내무국 토목과	9건

기록철명	원철명	서울도시계획결정	
	정리철명	경성 신시가지계획 및 토지구획정리 결정관계철	
생산부서	내무국 토목과		
생산년도	1936-1937년	분류기호	

쪽수	237면	조선총독부 보존기간	갑종(영구)
소장처	국가기록원	소장기호	CJA0022534

2-1

<table>
<tr><td>기록건명</td><td colspan="3">경성시가지계획 가로망 및 同토지구획정리 결정에 관한 건</td></tr>
<tr><td>문서번호</td><td colspan="3">土 제1호</td></tr>
<tr><td>기안부서
(발신자)</td><td>내무국장</td><td>기안일자</td><td></td></tr>
<tr><td>중간결재</td><td colspan="3"></td></tr>
<tr><td rowspan="2">최종결재
(수신자)</td><td rowspan="2">경기도지사</td><td>결재일자 (접수일자)</td><td></td></tr>
<tr><td>시행일자 (발송일자)</td><td>1937-01-06</td></tr>
<tr><td>첨부문서</td><td colspan="3">1. 고시안(조선총독부고시 제722호, 조선총독, 1936-12-26)
2. 경성부 도시계획 도로망의 건 회답(20師經營 제66호, 제20사단 참모장
→내무국장, 1936-11-16)
3. 경성시가지계획 가로망에 관한 의견의 건(호외, 조선군 참모장→경성
시가지계획위원회, 1935-12-24)
4. 경성부도시계획안에 대한 의견(조선군 경리부)
5. 경성부도시계획안에 대한 의견(제20사단)
-용산 소재 각부대 숙사 배치도
-용산 부근 연습 용지도
6. 경성시가지계획 가로망 및 同토지구획정리 시행지구 결정에 관한 건
(경기도지사→내무국장, 1936-10-29)
7. 경성시가지계획 가로망 및 同토지구획정리 시행지역 결정에 관한 건
(경기도지사→내무국장, 1936-09-03)
- 답신서(경성부회의장→총독, 1936-09-01)
8. 경성시가지계획 가로망 및 토지구획정리 결정이유서</td></tr>
<tr><td>문서내용</td><td colspan="3">• 1935-36년 경성시가지계획의 가로망의 내역, 토지구획정리의 개요 등을 알 수 있으며, 특히 경성시가지계획안에 대한 조선군(제20사단) 측의 견해를 알 수 있는 정보 제공. 용산에 주둔하고 있는 조선군의 숙사 배치 및 군사훈련지의 위치를 알 수 있는 지도가 첨부되어 있음.</td></tr>
</table>

2-2

기록건명	경성시가지계획 구역 결정에 관한 건		
문서번호	土 제76호		
기안부서 (발신자)	내무국 토목과	기안일자	1936-02-26
중간결재	지방과장, 경무국장		
최종결재 (수신자)	정무총감	결재일자 (접수일자)	1936-03-21
		시행일자 (발송일자)	1936-03-26

첨부문서	1. 고시안(안 1, 조선총독부고시 제180호, 총독부, 1936-03-26)
	2. 통첩안 경성시가지계획 구역 결정에 관한 건(내무국장→경기도지사)
	3. 경성시가지계획 구역 결정에 관한 건(경기도지사→총독, 1935-09-23)
	  - 자문답신서(경성부회의장→총독, 1935-09-06)
	  - 답신서(고양군 용강면협의회의장→총녹, 1935-09-07)
	  - 답신서(고양군 은평면협의회의장→총독, 1935-07-12)
	  - 답신서(고양군 연희면협의회의장→총독, 1935-09-06)
	  - 답신서(고양군 숭인면협의회의장→총독, 1935-09-09)
	    1) 면유재산 처분 속행에 관한 건의(숭인면협의회, 1935-06)
	  - 답신서(고양군 한지면협의회의장→총독, 1935-09-13)
	  - 답신서(영등포읍회의장→총독, 1935-09-12)
	  - 자문답신서(북면협의회의장→총독, 1935-09-09)
	  - 자문답신서(경기도 시흥군 동면협의회의장→총독, 1935-09-07)
	  - 답신서(경기도 김포군 양동면협의회의장→총독, 1935-09-05)
	4. 제1회 시가지계획위원회 회의록(1936-01-30)
	5. 경성부시가지계획 구역결정이유서(1935-04-10)		

문서내용	• 1935-36년 경성시가지계획 구역 결정에 대한 총독부의 자문안에 대한 관련 읍면장들의 답신서 내용을 알 수 있는 정보 제공. 경성, 청진, 성진시가지계획에 대한 제 1회 시가지계획위원회의 논의 내용을 알 수 있는 정보 제공. 경성시가지계획 구역 결정의 내용을 알 수 있는 정보 제공.		

2-3

기록건명	청원서(시가지계획 도로 및 토지구획정리 실시 速進에 대한 청원)		
문서번호			
기안부서 (발신자)	경성부 한남정 58번지 李鳳烈 외 96명	기안일자	1937-12-10
중간결재	도시계장, 토목과장, 내무국장		
최종결재 (수신자)	조선총독	결재일자 (접수일자)	1938-01-25
		시행일자 (발송일자)	
첨부문서			
문서내용	• 1930년대 후반 경성부 한남정, 삼판통 등지에 거주하는 '유지 지주'의 일부를 파악할 수 있는 정보 제공.		

2-4

기록건명	청원서(이태원정에 시가지계획 정리 실시方의 건 청원)		
문서번호			
기안부서 (발신자)	조선농림주식회사 대표취체역 西鄕健雄 외 17명	기안일자	1937-11-11
중간결재	도시계장, 토목과장, 내무국장		
최종결재 (수신자)	조선총독	결재일자 (접수일자)	
		시행일자 (발송일자)	
첨부문서			
문서내용	• 1930년대 후반 경성부 이태원정에 거주하는 '유지 지주'의 일부를 파악할 수 있는 정보 제공.		

2-5

기록건명	경성시가지계획 토지구획정리의 시행에 관한 건		
문서번호	土 제609호		
기안부서 (발신자)	내무국 토목과	기안일자	1937-10-09
중간결재	지방과장, 경무국장		

| 최종결재
(수신자) | 정무총감, 총독 | 결재일자 (접수일자) | 1937-11-05 |
| | | 시행일자 (발송일자) | 1937-11-06 |

| 첨부문서 | 1. 명령서안(조선총독→경성부윤, 1937-11-06)
2. 통첩안(내무국장→경성부윤, 1937-11-06)
3. 경성시가지계획 토지구획정리의 시행에 관한 건(1937-03-22)
4. 토지구획정리 시행에 관한 건(내무국장→경성부윤, 1937-03-02)
5. 경성시가지계획 토지구획정리의 시행에 관한 건(土 제83호, 1937-02-20)
6. 경성시가지계획 토지구획정리의 시행에 관한 건(내무국장→경기도지사, 1937-02-20)
7. 경성시가지계획 토지구획정리사업 시행의 촉진에 관한 건(土 제28호, 경기도지사→총독, 1937-01-15)
8. 경성시가지계획 토지구획정리사업 시행의 촉진에 관한 건 內申(都 제2호, 경성부윤→총독, 1937-01-13)
9. 토지구획정리 시행 촉진 진정에 관한 건 副申(都 제1호, 경성부윤→총독, 1937-01-13)
　- 진정서(경성부 영등포정 金泰濬 외 13명, 1937-01-12)
　- 진정서(경성부 돈암정 204번지 國友尙磯 외 11명→조선총독) |
| 문서내용 | • 1937년 경성시가지계획 토지구획정리의 시행을 둘러싼 총독부, 경기도, 경성부 간의 논의과정과 진정에 관한 정보 제공. |

3) 나진 시가도로공사(행정계)

기록철명	원철명	소화9년도 나진 시가도로공사
	정리철명	나진 시가도로공사(행정계)
생산년도	1934-1941년	
생산기관	내무국 토목과	
보존기간	갑종(영구)	
소장기호	CJA0014739	

| Item | | | | |
| 일련
번호 | 건명 | 결재(발송)일 | 기안(발신)부서 | 첨부
문서 |

1	소화9년도 나진 시가도로 국고보조공사 준공인가의 건	1941-11-22	내무국 토목과	8건
2	지방토목비 국고보조규정에 의거한 공사공정 및 조월보고에 관한 건	1938-06	함경북도지사	2건
3	나진 시가도로공사비 국고보조의 건	1934-07	내무국 토목과	2건
4	나진 시가도로 국고보조공사에 관한 건(전보안)	1934-05-25	내무국 토목과	4건
5	나진 시가도로공사 실시설계 인가의 건	1934-02-16	내무국 토목과	8건
6	소화10년도 나진 시가도로공사 국고보조의 건	1935-07-31	내무국 토목과	3건
7	소화9년도 나진 시가도로공사 설계변경 승인의 건	1937-02-18	내무국 토목과	4건
8	지방토목비 국고보조공사에 관한 건	1936-10-21	내무국 토목과	
9	지방토목비 국고보조공사에 관한 건	1936-09-30	내무국 토목과	
10	소화9년도 나진 시가도로공사 중 일부 실시설계 인가의 건	1937-05-18	내무국 토목과	10건

기록철명	원철명	소화9년도 나진 시가도로공사	
	정리철명	나진 시가도로공사(행정계)	
생산부서	내무국 토목과		
생산년도	1934-1941	분류기호	1934년 토목 갑 제 1114호
쪽수		조선총독부 보존기간	갑종 (영구)
소장처	국가기록원	소장기호	CJA0014739

3-1

기록건명	소화9년도 나진 시가도로 국고보조공사 준공인가의 건		
문서번호			
기안부서 (발신자)	내무국 토목과	기안일자	1941-11-07
중간결재	재무국 사계과장		
최종결재 (수신자)	총독 (정무총감 전결)	결재일자 (접수일자)	1941-11-22
		시행일자 (발송일자)	1941-11-24

첨부문서	1. 소화9년도 나진 시가도로 국고보조공사 준공인가의 건(나진부윤)
	2. 국고보조 나진 시가도로 축조공사 준공인가 신청(나진부윤)
	   - 나진 시가도로 축조공사 정산조서
	   - 나진 시가도로 축조공사 출래형조서
	3. 나진 시가도로 축조공사 준공도
	4. 나진 시가도로 축조공사 준공보고에 관한 건(함경북도지사)
	5. 나진 시가도로 축조공사 준공보고에 관한 건(나진부윤)
	   - 나진 시가도로공사 준공조서
	6. 나진 시가지계획사업 제1구 토지구획정리도(1:4,800)
	7. 나진대교 교재 무상양여에 관한 건(함경북도지사, 1938-07-13)
	8. 나진대교 교재 무상양여에 관한 건(나진부윤, 1938-07-13))
	   - 나진대교 교재 불하 개산서

문서내용	• 1941년 나진 시가도로 국고보조공사에 소요된 공사 내역별 상세 예산 투입 및 지출에 관한 정보 제공.

3-2

기록건명	지방토목비 국고보조규정에 의거한 공사공정 및 조월보고에 관한 건		
문서번호	함북토 600호		
기안부서 (발신자)	함경북도지사	기안일자	1938-04-30
중간결재	내무국 토목과장		
최종결재 (수신자)	내무국장	결재일자 (접수일자)	1938-06
		시행일자 (발송일자)	
첨부문서	1. 국고보조공사 공정표 2. 소화9년도 국고보조공사 조월조서		
문서내용	• 1938년 함경북도 국고보조공사에 관한 정보 제공		

3-3

기록건명	나진 시가도로공사비 국고보조의 건		
문서번호	토 152호		
기안부서	내무국 토목과	기안일자	1934-05-31

(발신자)			
중간결재	내무국 지방과장, 재무국 사계과장		
최종결재 (수신자)	총독 (정무총감 전결)	결재일자 (접수일자)	1934-07
		시행일자 (발송일자)	1934-08
첨부문서	1. 나진 시가도로 축조공사비 국고보조의 건(함경북도지사) 2. 나진 시가도로 축조공사비 국고보조 신청에 관한 건(나진읍장) 　- 나진 시가도로 축조공사비 설명서 　- 소화9년도 나진읍 세입출 추가경정예산서 　- 나진읍회 회의록 사본 　- 나진 시가도로 축조공사 개산서 및 도면		
문서내용	• 1934년 나진 시가도로 축조공사 사유와 관련된 정보와 더불어, 당시 나진읍의 세입 세출 정황에 관한 정보 제공. 나진읍회 회의록 포함.		

3-4

기록건명	나진 시가도로 국고보조공사에 관한 건(전보 안)		
문서번호			
기안부서 (발신자)	내무국 토목과	기안일자	1934-05-25
중간결재			
최종결재 (수신자)	총독 (정무총감 전결)	결재일자 (접수일자)	
		시행일자 (발송일자)	1934-05-25
첨부문서	1. 국고보조금 교부조서 2. 나진 시가도로 축조공사비 국고보조금 교부에 관한 건(함경북도지사) 3. 국고보조금 하부에 관한 건(나진읍장) 4. 나진 시가도로 축조공사비 국고보조의 건(함경북도지사)		
문서내용	• 1934년 나진 시가도로 축조공사비 국조보조와 관련된 함경북도지사 및 나진읍장과 조선총독부 내무국과의 수발신 문서들로 구성		

3-5

기록건명	나진 시가도로공사 실시설계 인가의 건		
문서번호			
기안부서 (발신자)	내무국 토목과	기안일자	1935-02-15
중간결재			
최종결재 (수신자)	총독 (정무총감 전결)	결재일자 (접수일자)	
		시행일자 (발송일자)	1934-02-16
첨부문서	1. 나진 시가지 도로공사 실시설계 인가의 건 부신(함경북도지사) 2. 나진 시가지 도로공사 실시설계 인가신청(나진읍장) 3. 나진 시가도로 축조공사 실시설계설명서 4. 나진 시가도로 축조공사 실시설계서 5 소화9년도 나진읍 시가도로 국고보조공사 착수 및 보조금 하부 신청의 건(함경북도지사) 6. 소화9년도 국고보조금 하부신청(나진읍장) 7. 소화9년도 국고보조공사 착수 보고의 건(나진읍장) 　- 국고보조공사 착수 보고서 　- 국고보조공사 조월조서 8. 소화9년도 토목비보조 조월사용 및 잔액신청에 관한 건		
문서내용	• 1934년 나진 시가도로공사에 관한 조선총독부의 인가 사유에 관한 맥락적 정보 제공, 나진 시가도로 축조공사 실시설계에 관한 설명 및 공사 공정별 상세 설계서 포함.		

3-6

기록건명	소화10년도 나진 시가도로공사 국고보조의 건		
문서번호			
기안부서 (발신자)	내무국 토목과	기안일자	1935-07-31
중간결재			
최종결재 (수신자)	총독 (정무총감 전결)	결재일자 (접수일자)	
		시행일자 (발송일자)	1935-07-31

첨부문서	1. 나진 시가도로 및 하수도 축조공사비 국고보조 신청(나진읍장) 2. 소화10년도 나진 시가도로공사 국고보조 신청의 건(함경북도지사) - 국고보조금 교부조서 3. 국고보조공사 공정보고에 관한 건(나진읍장)
문서내용	• 1935년 나진 시가도로 및 하수도 축조공사비 국고보조 신청에 관한 관계 문서로 구성.

3-7

기록건명	소화9년도 나진 시가도로공사 설계변경 승인의 건		
문서번호			
기안부서 (발신자)	내무국 토목과	기안일자	1937-02-12
중간결재			
최종결재 (수신자)	총독 (정무총감 전결)	결재일자 (접수일자)	
		시행일자 (발송일자)	1937-02-18
첨부문서	1. 통첩안(내무국장→함경북도지사) - 원계획과 변경계획과의 대조 2. 나진 시가도로 축조공사계획 변경인가의 건(나진부윤) 3. 나진 시가도로 축조공사 실시계획변경의 건 부신(함경북도지사) 4. 나진 시가도로 축조공사 실시계획 변경에 관한 건(나진부윤) - 실시계획변경 이유서 - 실시계획변경서 - 실시계획변경도면 - 실시계획변경 예산서 - 나진 시가지계획 제1구획정리 평면도(1:2,400) - 나진 시가도로 축조공사 계획변경에 따른 실시설계도 4. 국고보조공사 공정보고에 관한 건(나진부윤)		
문서내용	• 1937년 나진 시가도로 축조공사 실시계획 변경에 관한 상세 사유 및 변경계획에 관한 정보 및 변경 전과 후의 예산변경 정보 제공		

3-8

기록건명	지방토목비 국고보조공사에 관한 건		
문서번호			
기안부서 (발신자)	내무국 토목과	기안일자	1936-10-16
중간결재			
최종결재 (수신자)	총독 (정무총감 전결)	결재일자 (접수일자)	1936-10-21
		시행일자 (발송일자)	1936-10-24
첨부문서			
문서내용	• 1936년 지방토목비 국고보조공사에 관한 공문.		

3-9

기록건명	지방토목비 국고보조공사에 관한 건		
문서번호			
기안부서 (발신자)	내무국 토목과	기안일자	1936-09-30
중간결재			
최종결재 (수신자)	총독 (정무총감 전결)	결재일자 (접수일자)	1936-09-30
		시행일자 (발송일자)	1936-10-02
첨부문서			
문서내용	• 1936년 지방토목비 국고보조공사에 관한 공문.		

3-10

기록건명	소화9년도 나진 시가도로공사 중 일부 실시설계 인가의 건		
문서번호			
기안부서 (발신자)	내무국 토목과	기안일자	1937-05-17
중간결재			
최종결재 (수신자)	총독 (정무총감 전결)	결재일자 (접수일자)	
		시행일자 (발송일자)	1937-05-18
첨부문서	1. 나진 시가도로공사 실시계획 인가신청(나진부윤)		

	2. 나진 시가도로 축조공사 계획변경에 따른 실시설계서
	3. 나진 시가도로 축조공사 실시변경설계서
	4. 나진 토지구획정리사업 서구도로축조공사 실시설계서
	5. 토지구획사업 제1구 토지구획정리도(1:2,400)
	6. 국고보조공사 조월에 관한 건(함경북도지사)
	7. 국고보조공사 조월보고에 관한 건(나진부윤)
	  - 국고보조공사 조월조서
	8. 국고보조공사 공정보고의 건(함경북도지사)
	9. 국고보조공사 공정보고에 관한 건(나진부윤)
	  - 국고보조공사 공정표
	10. 나진 시가도로 축조공사 공정의 건(함경북도지사)

문서내용	• 1937년 나진 시가도로공사 개요 및 개산에 관한 정보 및 나진 시가도로 축조공사 설계변경에 관한 공정별 상세 내역 포함.

4) 다사도 시가지계획 토지구획정리 실시계획 인가의 건

기록철명	원철명	다사도 시가지계획 토지구획정리 실시계획 인가의 건		
	정리철명	다사도 시가지계획 토지구획정리 실시계획 인가의 건		
생산년도	1942-1944년			
생산기관	사정(광공)국 토목과			
보존기간	갑종(영구)			
소장기호	CJA0016081			
Item				
일련 번호	건명	결재(발송)일	기안(발신)부서	첨부 문서
1	다사도 시가지계획사업 토지구획정리 실시계획 인가의 건	1942-10-19	사정국 토목과 행정계	7건
2	다사도 시가지계획 토지구획정리 환지 예정지 지정의 건	1944-05-05	광공국 토목과 행정계	2건

기록철명	원철명	다사도 시가지계획 토지구획정리 실시계획 인가의 건
	정리철명	다사도 시가지계획 토지구획정리 실시계획 인가의 건
생산부서	사정(광공)국 토목과	

생산년도	1942-1944년	분류기호	1945년 토목 갑 기록 제2282호
쪽수		조선총독부 보존기간	갑종(영구)
소장처	국가기록원	소장기호	CJA0016081

4-1

기록건명	다사도 시가지계획사업 토지구획정리 실시계획 인가의 건		
문서번호			
기안부서 (발신자)	사정국 토목과 행정계	기안일자	1942-09-01
중간결재	지빙과징		
최종결재 (수신자)	총독 (정무총감 전결)	결재일자 (접수일자)	1942-10-19
		시행일자 (발송일자)	1942-10-19

첨부문서	1. 사업계획 개요
	2. 재원조서
	3. 사업집행 연도할
	4. 정리 전후에 걸친 지목별 면적합계 예상표
	5. 다사도 시가지계획사업 토지구획정리 실시계획 인가의 건(평안북도지사)
	6. 다사도 시가지계획사업 토지구획정리 실시계획 인가신청의 건(평안북도지사)
	7. 다사도 시가지계획사업 토지구획정리 실시설계 인가신청서
	   - 사업계획설명서
	   - 사업비내역서
	   - 사업비예산서 및 사업집행 연도할표
	   - 재원조서 및 비용부담방법
	   - 공사설계서 및 집행방법(부 계획평면도)
	   - 토지처분방법 및 기타 정리시행상 필요사항을 정한 규정
	   - 이의 신청에 관한 전말서
	   - 이의 신청으로 인해 변경된 부분에 관한 사유서		

	- 지구의 현황
	- 지구 및 인접지의 현형도
	- 공사시행 전후에 걸친 토지의 지목별 면적
	- 공사 인접지에 미치는 영향
	- 토지원부 사본
	- 권리자명부 사본
문서내용	• 1942년 다사도 시가지계획사업 토지구획정리 실시계획에 관한 상세 내용과 조선총독부의 계획 인가 이유 등 사업의 전말을 알려주는 정보 제공. 사업의 시행과 관련된 인명 및 단체별 토지원부 사본과 더불어 권리자명부 사본 포함.

4-2

기록건명	다사도 시가지계획 토지구획정리 환지예정지 지정의 건		
문서번호			
기안부서 (발신자)	광공국 토목과 행정계	기안일자	1944-04-02
중간결재			
최종결재 (수신자)	총독 (정무총감 전결)	결재일자 (접수일자)	1944-05-05
		시행일자 (발송일자)	1944-05-05

첨부문서	1. 다사도 시가지계획사업 토지구획정리 환지예정지 지정의 건(평안북도지사)
	2. 환지예정지 지정 승인신청 경사의 건(평안북도지사)
	  - 평안북도 다사도 시가지계획사업 토지구획정리 시행규정
	  - 다사도 시가지 제1정리지구 정리 전후 지목별 면적조서
	  - 환지예정 지정조서 집계표
	  - 소유자별 환지예정 지정 집계표
	  - 다사도 시가지계획 제1정리지구 환지예정 지정도(1:1,200)		

문서내용	• 1944년 토지소유자별 환지예정지 지정에 관한 구체적 정보 제공. 정리사업 전과 후에 걸친 지목별 면적에 대한 정보 제공. 다사도 시가지계획 제1정리지구 내 환지예정 지정에 관한 구체적 도면 정보 포함.		

5) 대구 시가지사업 제1토지구획정리 실시계획 인가의 건(경상북도)

<table>
<tr><td rowspan="2">기록철명</td><td>원철명</td><td colspan="4">대구 시가지계획사업 제1토지구획정리 실시계획 인가의 건</td></tr>
<tr><td>정리철명</td><td colspan="4">대구 시가지사업 제1토지구획정리 실시계획 인가의 건(경상북도)</td></tr>
<tr><td>생산년도</td><td colspan="5">1941-1945년</td></tr>
<tr><td>생산기관</td><td colspan="5">광공국 토목과</td></tr>
<tr><td>보존기간</td><td colspan="5"></td></tr>
<tr><td>소장기호</td><td colspan="5">CJA0016094</td></tr>
<tr><td colspan="6" align="center">Item</td></tr>
<tr><td>일련
번호</td><td>건명</td><td>결재(발송)일</td><td>기안(발신)부서</td><td>첨부
문서</td></tr>
<tr><td>1</td><td>대구시가지계획사업 제1토지구획정리공사 착수계</td><td>1945 06 ?</td><td>대구부윤</td><td></td></tr>
<tr><td>2</td><td>대구시가지계획사업 제1토지구획정리 실시계획인가의 건</td><td>1944-08-19</td><td>내무국 토목과</td><td>6건</td></tr>
</table>

<table>
<tr><td rowspan="2">기록철명</td><td>원철명</td><td colspan="3">대구 시가지계획사업 제1토지구획정리 실시계획 인가의 건</td></tr>
<tr><td>정리철명</td><td colspan="3">대구 시가지사업 제1토지구획정리 실시계획 인가의 건(경상북도)</td></tr>
<tr><td>생산부서</td><td colspan="4">광공국 토목과</td></tr>
<tr><td>생산년도</td><td>1944-1945년</td><td>분류기호</td><td></td></tr>
<tr><td>쪽수</td><td>419쪽</td><td>조선총독부
보존기간</td><td></td></tr>
<tr><td>소장처</td><td>국가기록원</td><td>소장기호</td><td>CJA0016094</td></tr>
</table>

5-1

<table>
<tr><td>기록건명</td><td colspan="3">대구시가지계획사업 제1토지구획정리공사 착수계</td></tr>
<tr><td>문서번호</td><td colspan="3">토을 제222호</td></tr>
<tr><td>기안부서
(발신자)</td><td>대구부윤</td><td>기안일자</td><td>1945-05-24</td></tr>
<tr><td>중간결재</td><td colspan="3"></td></tr>
</table>

최종결재 (수신자)	총독	결재일자 (접수일자)	
		시행일자 (발송일자)	1945-06-?
첨부문서			
문서내용	• 1945년 대구시가지계획 사업 토지구획정리공사 착수에 관한 정보 제공		

5-2

기록건명	대구시가지계획사업 제1토지구획정리 실시계획인가의 건		
문서번호			
기안부서 (발신자)	광공국 토목과	기안일자	1944-08-08
중간결재	행정계, 지방과장		
최종결재 (수신자)	총독(정무총감 전결)	결재일자 (접수일자)	1944-08-19
		시행일자 (발송일자)	1944-08-31

첨부문서	1. 대구시가지계획사업 제1토지구획정리공사 시행전후에 있어서 지목별 면적합계예정표(표)
	2. 대구시가지계획사업 제1토지구획정리사업비 예산서(표)
	3. 대구시가지계획사업 제1토지구획정리사업비 재원조서(표)
	4. 대구시가지계획사업 제1토지구획정리 실시계획 설계 인가신청의 건 (대구부윤)
	5. 대구시가지계획사업 토지구획정리실시계획 인가 신청의 건 부신(경상북도지사)
	6. 대구시가지계획사업 제1토지구획정리 실시계획설계 인가신청(대구부윤)
	① 대구시가지계획사업 제1토지구획정리 실시계획설계서
	  - 사업집행년도할표
	  - 사업계획서(대구시가지계획제1토지구획정리사업계획서)
	  - 비용예산서(대구부 제1토지구획정리사업비 예산서)
	  - 재원조서(대구부제1토지구획정리사업비 재원조서)
	  - 공사의 설계서
	  - 토지처분방법 기타 정리시행상 필요한 사항을 정하는 규정(대구부제1토지구획정리 시행규정)
	  - 지구의 현황
	  - 이의 신청에 관한 顚末書(이의신청에 관한 전말)		

	- 권리자명부 - 일반도 및 계획평면도(대구시가지계획평면도(지도, 1/15,000), 대구부제1토지구획정리지구 정리예정도(도로배치도, 조건에 의한 변경도(지도, 1/1,200)) - 지구 및 인접지의 현형도, 정리전 국유지표시도, 현형 및 계획도(지도, 1/1,200) - 배수계획도, 구조표준도(지도, 1/1,200) - 대구부제1토지구획정리배수종단면도(지도, 횡 1/500, 종 1/100)
문서내용	• 1944년 대구시가지계획사업 제1토지구획정리사업과 관련된 전반적인 사항이 기록되어 있음. 정책의 담당자, 내용, 과정 등을 알려주는 정보 제공. 특히 권리자 명부가 다량 수록되어 있고, 설계도면, 평면도면 등의 지도도 다량 수록되어 있음.

6) 대구시가지계획사업 제1토지구역정리 실시계획 변경인가의 건(경상북도)

기록철명	원철명	대구시가지계획사업 제1토지구획정리 실시계획 인가의 건
	정리철명	대구시가지계획사업 제1토지구역정리 실시계획 변경인가의 건(경상북도)
생산년도	1940-1945년	
생산기관		
보존기간	갑종(영구)	
소장기호	CJA0016095	

Item				
일련 번호	건명	결재(발송)일	기안(발신)부서	첨부 문서
1	대구시가지계획사업 제1토지구획정리 실시계획 변경 인가의 건	1941-02-13	내무국 토목과	2건
2	대구시가지계획사업 제1토지구획정리 공사 준공기한 연기의 건	1941-10-08	내무국 토목과	1건
3	대구시가지계획사업 제1토지구획정리 공사 준공기한 연장의 건	1941-09-05	내무국 토목과	2건

| 4 | 대구시가지계획사업 제1토지구획정리
공사 준공기한 연기의 건 | 1943-07-14 | 사정국 토목과 | 1건 |
| 5 | 대구시가지계획사업 제1토지구획정리
환지예정지 지정에 관한 건 | 1940-03-27 | 내무국 토목과 | 2건 |

기록철명	원철명	대구시가지계획사업 제1토지구획정리 실시계획 변경인가의 건		
	정리철명	대구시가지계획사업 제1토지구역정리 실시계획 변경인가의 건(경상북도)		
생산부서	내무국(사정국) 토목과			
생산년도	1940-1943	분류기호	1943년 토목 갑 기록 제2289-1호	
쪽수	742면	조선총독부 보존기간	갑종(영구)	
소장처	국가기록원	소장기호	CJA0016095	

6-1

기록건명	대구시가지계획사업 제1토지구획정리 실시계획 변경 인가의 건		
문서번호			
기안부서 (발신자)	내무국 토목과	기안일자	1941-01-10
중간결재	행정계, 지방과장, 사무관		
최종결재 (수신자)	총독(정무총감 전결)	결재일자 (접수일자)	1941-02-13
		시행일자 (발송일자)	1941-02-14
첨부문서	1. 대구시가지계획 제1토지구획정리실시계획 변경인가의 건(대구부윤) 2. 대구시가지계획사업 제1토지구획정리실시계획 변경인가신청(대구부윤) 　① 대구시가지계획사업 제1토지구획정리실시계획변경서 　　- 사업집행년도할 　　- 사업계획서 　　- 비용예산서 　　- 재원조서 　　- 계획평면도 　　- 공사설계서 　　- 공사시공방법		

	- 비용부담방법
	- 토지처분의 방법 기타 정리시행상 필요한 사항을 정하는 규정
	- 地區 현황
	- 地區 및 인접지의 현형도
	- 공사전 및 공사 완료후에 있어서 토지의 지목별 면적
	- 이의의 신청에 관한 전말
	- 권리자명부
문서내용	• 철의 표지에 정리철명이 아닌 원철명이 표기되어 있음. 공사 계획서, 예산서, 공사설계서, 도면 등 1941년 대구시가지계획 제1토지구획정리사업에 관한 전반적인 사업 내용을 알려주는 문서들로 구성. 특히 다량의 권리자 명부가 수록되어 있음.

6-2

기록건명	대구시가지계획사업 제1토지구획정리공사 준공기한 연기의 건		
문서번호			
기안부서 (발신자)	내무국 토목과	기안일자	1941-09-25
중간결재	행정계, 도시계		
최종결재 (수신자)	총독(정무총감 전결)	결재일자 (접수일자)	1941-10-08
		시행일자 (발송일자)	1941-10-09
첨부문서	1. 대구시가지계획사업 제1토지구획정리공사 준공기한 연장의 건(경상북도지사) - 사업집행년도할표 - 공사준공기한 연장이유서 - 구획정리공사용 자재인수상황에 관한 조서 - 가옥이전 진척상황에 관한 조서 - 공사진척상황을 표시한 簡明한 평면도		
문서내용	• 1941년 대구시가지계획사업 제1토지구획정리공사의 공사 진행상황에 관한 자료로 정책이 실제 어떻게 수행되고 있는지를 보여줌.		

6-3

기록건명	대구시가지계획사업 제1토지구획정리공사 준공기한 연장의 건		
문서번호			
기안부서 (발신자)	내무국 토목과	기안일자	1941-09-03
중간결재	행정계		
최종결재 (수신자)	총독(정무총감 전결)	결재일자 (접수일자)	1941-09-05
		시행일자 (발송일자)	1941-09-05
첨부문서	1. 공사완료연기신청(대구부윤) - 제1토지구획정리공사 진척조서 2. 조선총독고시		
문서내용	• 1941년 대구시가지계획사업 제1토지구획정리공사 준공기한 연장에 관한 정보 제공		

6-4

기록건명	대구시가지계획사업 제1토지구획정리공사 준공기한 연기의 건		
문서번호			
기안부서 (발신자)	사정국 토목과	기안일자	1943-06-19
중간결재	행정계, 도시계, 지방과장, 사무관		
최종결재 (수신자)	총독(정무총감 전결)	결재일자 (접수일자)	1943-07-14
		시행일자 (발송일자)	1943-07-14
첨부문서	1. 공사완료연기신청(대구부윤) - 공사준공기한 연기이유서 - 자재입수상황조서 - 가옥이전 진척조서 - 공사 현재 出來形조서 - 사업집행예산서 - 공사진척상황평면도(지도, 1/3,000)		
문서내용	• 1943년 대구시가지계획사업 제1토지구획정리공사에 관한 정보 제공. 집행 예산에 관한 자료 포함.		

6-5

기록건명	대구시가지계획사업 제1토지구획정리 환지예정지 지정에 관한 건		
문서번호			
기안부서 (발신자)	내무국 토목과	기안일자	1940-03-23
중간결재	행정계		
최종결재 (수신자)	총독(정무총감 전결)	결재일자 (접수일자)	1940-03-27
		시행일자 (발송일자)	1940-03-28
첨부문서	1. 대구시가지계획사업 제1토지구획정리 환지예정지 지정에 관한 건(대구부윤) 2. 대구시가지계획사업 제1토지구획정리 환지예정지 지정에 관한 건(대구부윤) - 대구부 제1토지구획정리 환지설계요강(표) - 대구부 시가지계획사업 제1토지구획정리 환지 설계 총괄표(대구부) - 대구부 제1토지구획정리 환지예정지 지정도(지도, 1/1,200) - 대구부 제1토지구획정리지구 정리예정도(지도, 1/1,200)		
문서내용	• 1940년 대구시가지계획사업 제1토지구획정리 환지예정지 지정에 관한 정보 제공. 첨부문서 2에 다시 첨부되어 있는 '대구부 시가지계획사업 제1토지구획정리 환지 설계 총괄표'에는 '환지예정지지정서'가 다량 수록되어 있음. 환지예정 토지의 주소와 토지소유자 성명, 면적 등이 자세하게 기록되어 있음.		

7) 대구시가지계획 제3토지구획정리실시계획의 건(경상북도)

기록철명	원철명	대구시가지계획 제3토지구획정리실시계획의 건
	정리철명	대구시가지계획 제3토지구획정리실시계획의 건(경상북도)
생산년도	1943년	
생산기관	사정국 토목과	
보존기간	갑종(영구)	
소장기호	CJA0016096	

Item				
일련 번호	건명	결재(발송)일	기안(발신)부서	첨부 문서
1	대구시가지계획사업 제3토지구획정리 실시 계획인가의 건	1943-06-30	경상북도지사	2건
2	대구시가지계획사업 제3토지구획정리실시계 획인가의 건	1943-05-13	사정국 토목과 행정계	3건
3	대구시가지계획사업 제3토지구획정리 환지 예정지 지정의 건	1943-08-28	사정국 토목과 행정계	5건

기록철명	원철명	대구시가지계획 제3토지구획정리실시계획의 건		
	정리철명	대구시가지계획 제3토지구획정리실시계획의 건(경상북도)		
생산부서	사정국 토목과			
생산년도	1943년	분류기호	1945년 토목 갑 기록 제2290호	
쪽수	835면	조선총독부 보존기간	갑종(영구)	
소장처	국가기록원	소장기호	CJA0016096	

7-1

기록건명	대구시가지계획사업 제3토지구획정리 실시계획인가의 건		
문서번호			
기안부서 (발신자)	경상북도지사	기안일자	1943-06-29
중간결재			
최종결재 (수신자)	총독	결재일자 (접수일자)	
		시행일자 (발송일자)	1943-06-30
첨부문서	1. 대구부제3토지구획정리사업비 예산서 2. 대구부제3토지구획정리사업비 재원조서		
문서내용	• 1943년 대구시가지계획사업 제3토지구획정리에 관한 정보 제공. 예산 자료 및 회계원부가 첨부되어 있음.		

기록건명	대구시가지계획사업 제3토지구획정리실시계획인가의 건		
문서번호			
기안부서 (발신자)	사정국 토목과 행정계	기안일자	1943-03-31
중간결재	지방과장		
최종결재 (수신자)	총독(정무총감 전결)	결재일자 (접수일자)	1943-05-13
		시행일자 (발송일자)	1943-05-14
첨부문서	1. 통첩안(사정국장→경상북도지사) - 계획개요 - 재원조서 - 공사비 개산 2. 대구시가지계획사업 제3토지구획정리 실시계획 인가 신청의 건(대구부윤) 3. 대구시가지계획사업 제3토지구획정리실시계획 인가신청서 - 사업계획서 - 공사의 설계서 및 공사의 시행방법 - 비용예산서 - 재원조서 - 비용부담방법 - 토지처분방법 및 기타정리시행상 필요한 사항을 정하는 규정(대구시가지계획사업 제3토지구획정리시행규정안) - 異議의 申出에 관한 顚末書 - 지구의 현황 - 공사 전 및 공사 완료 후에 있어서 토지의 지목별 면적 - 공사의 인접지에 미치는 영향 - 공공용지 조서 - 토지원부 - 대구시가지계획평면도(지도, 1/15,000) - 권리자명부 - 제3토지구획정리 공공용지도(지도, 1/200) - 제3토지구획정리지공사 평면도(지도, 1/1200) - 제3토지구획정리지구 및 인접지의 現形圖(지도, 1/1200)		

	- 제3토지구획정리계획 평면도(지도, 1/1200) - 제3토지구획정리공사 평면도(지도, 1/1200) - 제3토지구획정리 일반평면도(지도) - 제3토지구획정리계획도(지도, 1/2400)
문서내용	• 1943년 대구시가지계획사업 제3토지구획정리사업에 관한 정보 제공. 실시계획서 등을 통해 도시계획 정책의 내용 및 구조를 파악할 수 있음. 또한 다량의 토지원부, 권리자 명부 등 서류와 예결산에 관한 회계원부가 수록되어 있음. 설계도면, 평면도 등도 다수 포함.

7-3

기록건명	대구시가지계획사업 제3토지구획정리 환지예정지 지정의 건		
문서번호			
기안부서 (발신자)	사정국 토목과 행정계	기안일자	1943-08-28
중간결재	토목과장		
최종결재 (수신자)	총독(정무총감 전결)	결재일자 (접수일자)	1943-08-28
		시행일자 (발송일자)	1943-08-30

첨부문서	1. 대구시가지계획사업 제3토지구획정리 환지예정지 지정의 건
	  (대구부윤)
	2. 환지예정지 지정승인신청(대구부윤)
	  - 대구시가지계획사업 제3토지구획정리지 설계서
	  - 환지예정지 집계표
	  - 제3토지구획정리 加算調書
	  - 집행세칙(대구시가지계획사업 제3토지구획정리시행규정세칙)
	  - 환지예정지 지정조서(대구부)
	3. 제3토지구획정리 증가환지에 관한 건(대구부윤)
	  - 종연방적주식회사 및 남선타올주식회사에 대한 증환지 이유서 및 환지 계산서
	4. 제3토지구획정리신구대조도(지도, 1/1200)
	5. 대구시가지계획사업 제3토지구획정리지구 환지예정지 지정도(지도, 2/1500)		

문서내용	• 1943년 대구시가지계획사업 토지구획정리 환지문제와 관련하여 정책 내용과 그 과정 등을 보여주는 자료들임. 특히 종연방적주식회사 및 남선타올회사와의 교섭과정을 알려주는 자료들이 다수 있음.

8) 대구시가지계획 일단공업용지 조성에 따른 일단주택지 경영사업 준공기한 연장의 건(경상북도)

기록철명	원철명	대구시가지계획 일단공업용지 조성에 따른 일단주택지 경영사업 준공기한 연장의 건
	정리철명	대구시가지계획 일단공업용지 조성에 따른 일단주택지 경영사업 준공기한 연장의 건(경상북도)
생산년도		1941-1943년
생산기관		내무국(사성국) 토목과
보존기간		갑종(영구)
소장기호		CJA0016097

Item				
일련 번호	건명	결재(발송)일	기안(발신)부서	첨부 문서
1	대구시가지계획일단의 공업용지 조성 및 일단의 주택지 경영사업 준공기한 연기의 건	1943-02-01	사정국 토목과 행정계	1건
2	대구시가지계획사업 일단의 공업용지 및 일단의 주택지 경영에 관한 조성지 분양 규정 승인의 건	1942-11-20	사정국 토목과 행정계	1건
3	대구시가지계획 일단의 공업용지 조성, 일단의 주택지 경영사업 실시 계획 인가의 건	1941-04-28	내무국 토목과 행정계	3건
4	대구시가지계획 일단의 공업용지 조성사업 실시설계 인가의 건	1941-10-10	내무국 토목과 행정계	2건

기록철명	원철명	대구시가지계획 일단공업용지 조성에 따른 일단주택지 경영사업 준공기한 연장의 건
	정리철명	대구시가지계획 일단공업용지 조성에 따른 일단주택지 경영사업 준공기한 연장의 건(경상북도)
생산부서		내무국(사정국) 토목과

생산년도	1941-1943년	분류기호	1945년 토목 갑 기록 제2291-1호
쪽수	300면	조선총독부 보존기간	갑종(영구)
소장처	국가기록원	소장기호	CJA0016097

8-1

기록건명	대구시가지계획일단의 공업용지 조성 및 일단의 주택지 경영사업 준공 기한 연기의 건		
문서번호			
기안부서 (발신자)	사정국 토목과 행정계	기안일자	1943-01-16
중간결재	도시계장, 지방과장, 사무관		
최종결재 (수신자)	총독(정무총감 전결)	결재일자 (접수일자)	1943-02-01
		시행일자 (발송일자)	1943-02-01

첨부문서	1. 대구부 일단의 공업용지 조성 및 일단의 주택지 경영사업 준공기한 연기신청(대구부윤)
	  - 사업준공기한 연장이유서
	  - 공사진척상황조서
	  - 공사재료입수 현황조서
	  - 종사직원표
	  - 사업집행년도할표
	  - 공사진척상황을 표시한 도면(대구부 일단의 공업용지 조성사업 지구 제1기 실시계획 공사평면도(지도, 1/1,200)		

문서내용	• 1943년 대구 시가지계획일단의 공업용지 조성 및 일단의 주택지 경영 사업에 관한 정보 제공.		

8-2

기록건명	대구시가지계획사업 일단의 공업용지 및 일단의 주택지 경영에 관한 조성지 분양 규정 승인의 건		
문서번호			
기안부서 (발신자)	사정국 토목과 행정계	기안일자	1942-08-05
중간결재	도시계장, 지방과장		

최종결재 (수신자)	총독(정무총감 전결)	결재일자 (접수일자)	1942-11-20
		시행일자 (발송일자)	1942-11-20
첨부문서	1. 일단의 공업용지 조성 및 주택지 경영에 관한 건(대구부윤) - 대구부공업용지 및 주택지 분양규정 - 토지매매계약서		
문서내용	• 1942년 대구시가지계획일단의 공업용지 조성 및 일단의 주택지 경영 사업에 관한 정보 제공.		

8-3

기록건명	대구시가지계획 일단의 공업용지 조성, 일단의 주택지 경영사업 실시 계획 인가의 건		
문서번호			
기안부서 (발신자)	내무국 토목과 행정계	기안일자	1941-03-29
중간결재	지방과장, 사무관, 농림국장, 농정과장, 사무관		
최종결재 (수신자)	총독(정무총감 전결)	결재일자 (접수일자)	1941-04-28
		시행일자 (발송일자)	1941-04-30
첨부문서	1. 통첩안(내무국장) - 사업비 계산조서 2. 대구시가지계획 일단의 공업용지 조성 및 주택지 경영사업 실시계획 인가신청(대구부윤) 3. 대구시가지계획 일단의 공업용지 조성 및 일단의 주택지 경영사업 실시계획 인가 신청(대구부윤) - 사업계획서 - 실시계획 설계서 및 공사시행방법 - 비용예산서 - 토지매각방법 - 재원 및 상환 년차계획 - 공사시행 전후에 있어서 지목별 합계의 예정 - 토지원부 및 매수예정가액 - 공공용지조서 - 일반평면도, 계획평면지구 및 그에 인접한 토지의 현형도 및 공공용지도		

문서내용	• 1941년 대구시가지계획일단의 공업용지 조성 및 일단의 주택지 경영 사업에 관한 정보 제공. 정책의 내용, 시행과정 등을 살펴볼 수 있는 정보가 다수 수록되어 있음. 예산관련 문서, 토지원부 등이 다수 수록되어 있음.

8-4

기록건명	대구시가지계획 일단의 공업용지 조성사업 실시설계 인가의 건		
문서번호			
기안부서 (발신자)	내무국 토목과 행정계	기안일자	1941-10-07
중간결재			
최종결재 (수신자)	총독(정무총감 전결)	결재일자 (접수일자)	1941-10-10
		시행일자 (발송일자)	1941-10-13
첨부문서	1. 대구시가지계획사업 일단의 공업용지 조성사업 실시설계 인가의 건 (대구부윤) 2. 대구부 일단의 공업용지 조성사업 제1기 공사 실시설계 인가 신청의 건(대구부윤) - 대구부 일단의 공업용지 조성사업 제1기 공사 실시설계서 - 대구부 일단의 공업용지 조성사업 제1기 도로축조 및 하수공사 실시설계서		
문서내용	• 1941년 대구시가지계획 일단의 공업용지 조성사업에 관한 정보 제공. 설계도면들도 다수 수록되어 있음.		

9) 대구시가지계획 일단 주택지 경영사업 실시계획 인가의 건 (경상 북도)

기록철명	원철명	대구시가지계획 일단 주택지 경영사업 실시계획 인가의 건
	정리철명	대구시가지계획 일단 주택지 경영사업 실시계획 인가의 건 (경상북도)
생산년도		1942-1943년

생산기관	사정국 토목과			
보존기간	갑종(영구)			
소장기호	CJA0016098			
Item				
일련 번호	건명	결재(발송)일	기안(발신)부서	첨부 문서
1	대구시가지계획 일단의 주택지 경영사업 실시설계 인가의 건	1942-10-31	사정국 토목과 행정계	2건
2	대구시가지계획 일단의 공업용지조성사업 실시설계 변경 인가의 건	1943-07-23	사정국 토목과 행정계	2건

기록철명	원철명	대구시가지계획 일단 주택지 경영사업 실시계획 인가의 건		
	정리철명	대구시가지계획 일단 주택지 경영사업 실시계획 인가의 건 (경상북도)		
생산부서	사정국 토목과			
생산년도	1942-1943년	분류기호	1945년 토목 갑 기록 제2291-2호	
쪽수	293면	조선총독부 보존기간	갑종(영구)	
소장처	국가기록원	소장기호	CJA0016098	

9-1

기록건명	대구시가지계획 일단의 주택지 경영사업 실시설계 인가의 건		
문서번호			
기안부서 (발신자)	사정국 토목과 행정계	기안일자	1942-09-29
중간결재	지방과장, 사무관		
최종결재 (수신자)	총독(정무총감 전결)	결재일자 (접수일자)	1942-10-31
		시행일자 (발송일자)	1942-10-31
첨부문서	1. 대구부 일단의 주택지 경영사업 공사실시설계 인가 신청의 건(대구부윤) 2. 대구부 일단의 주택지 경영사업 공사 실시설계 인가 신청의 건(대구부윤)		

	- 일단의 공업용지 조성 및 주택지 경영사업 내 주택지 경영지구 실시설계서(대구부) - 일단의 주택지 경영사업지구 정리공사 설계서 - 일단의 주택지 경영사업지구 정리도로 하수공사 설계도(일반평면도, 공사평면도, 정리공사종단 및 횡단도, 도로공사 종단면도, 도로공사 횡단면도, 도로 및 하수공사 구조도, 유출량계산서)
문서내용	• 1942년 대구부 일단의 주택지 경영사업에 관한 정보 제공. 다수 도면 포함

9-2

기록건명	대구시가지계획 일단의 공업용지조성사업 실시설계 변경 인가의 건		
문서번호			
기안부서 (발신자)	사정국 토목과 행정계	기안일자	1943-07-19
중간결재			
최종결재 (수신자)	총독(정무총감 전결)	결재일자 (접수일자)	1943-07-23
		시행일자 (발송일자)	1943-07-24
첨부문서	1. 대구부 일단의 공업용지 조성사업 제1기 공사 실시설계 변경 및 추가 실시설계 인가의 건(대구부윤) 2. 대구부 일단의 공업용지 조성사업 제1기 공사 실시설계 변경 인가 신청(대구부윤) - 대구부일단의 공업용지 조성사업 제1기 공사비 변경 내역 - 대구부 일단의 공업용지 조성사업 도로 축조 및 하수공사 실시설계 변경 및 추가 실시 설계서		
문서내용	• 1943년 대구부 일단의 공업용지 조성사업에 관한 정보 제공.		

10) 대구부 시가지공사(1928-1942)

기록철명	원철명	대구부 시가지공사
	정리철명	대구부 시가지공사(1928-1942)
생산년도		1928, 1942년

생산기관	대구부 토목과(내무과)		
보존기간	준영구		
소장기호	CJA0019919		
Item			
일련 번호	건명	결재(발송)일	기안(발신)부서	첨부 문서

일련 번호	건명	결재(발송)일	기안(발신)부서	첨부 문서
1	대구시가지계획구역내 보류지구의 건축물에 관한 건	1942-08-29	경상북도 내무부 토목과	1건
2	대구시가지계획구역내 보류지구의 건축물에 관한 건	1942-08-27	대구부 토목과	4건
3	제3기 대구시가도로 및 하수도 개수공사 제1호선 용지매판 및 지장물건 보상의 건		대구부 내무과	5건
4	제3기 대구시가도로 및 하수도 개수공사 제6호선 용지매판 및 지장물건 보상의 건		대구부 내무과	7건
5	소화16년도 토목사업 국도비 보조요구서류			7건

기록철명	원철명	대구부 시가지공사	
	정리철명	대구부 시가지공사(1928-1942)	
생산부서	대구부 토목과(내무과)		
생산년도	1928, 1942년	분류기호	제15호
쪽수	229면	조선총독부 보존기간	준영구
소장처		소장기호	CJA0019919

10-1

기록건명	대구시가지계획구역내 보류지구의 건축물에 관한 건		
문서번호			
기안부서 (발신자)	경상북도 내무부 토목과	기안일자	
중간결재	사무계장, 서무계장, 내무과장, 토목과장		
최종결재 (수신자)	부윤	결재일자 (접수일자)	
		시행일자 (발송일자)	1942-08-29

첨부문서	1. 대구시가지계획구역내 보류지구의 건축물에 관한 건(사정국장)
문서내용	• 1942년 대구시가지계획구역내 보류지구의 건축물에 관한 정보 제공

10-2

기록건명	대구시가지계획구역내 보류지구의 건축물에 관한 건		
문서번호	토 제300호		
기안부서 (발신자)	대구부 토목과	기안일자	1942-08-25
중간결재	계획계장, 토목과장, 내무과장, 이사관		
최종결재 (수신자)	대구부윤	결재일자 (접수일자)	
		시행일자 (발송일자)	1942-08-27
첨부문서	1. 대구부 일반도(대봉정 석쇄공장 확장 평면도, 지도, 1/1,200) 2. 대구부 碎石공장부근 평면도(지도, 1/1,200) 3. 碎石乳劑공장 배치도(지도, 1/1,200) 4. 쇄석공장 확장계획 보상책 조서(대구부)		
문서내용	• 1942년 대구시가지계획구역내 보류지구의 건축물에 관한 정보 제공. 평면도 등 도면 포함. 정책 집행과정 등을 알 수 있는 조사자료 포함.		

10-3

기록건명	제3기 대구시가도로 및 하수도 개수공사 제1호선 용지매판 및 지장물건 보상의 건		
문서번호			
기안부서 (발신자)	대구부 내무과	기안일자	1929-01-09
중간결재	기수, 서무계주임, 내무과장		
최종결재 (수신자)	부윤	결재일자 (접수일자)	
		시행일자 (발송일자)	
첨부문서	1. 토지가격 산정설명서 2. 지장물건 보상액 설명서 3. 토지매매실례조사 4. 제2호선 도로개수공사 용지매수조서 5. 제1호선이전물건보상조서		

문서내용	• 1929년 제3기 대구시가도로 및 하수도 개수공사 및 용지 매입, 지장 물건 보상에 관한 정보 제공. 정책집행과정을 알 수 있는 설명서, 조사자료 포함.

10-4

기록건명	제3기 대구시가도로 및 하수도 개수공사 제6호선 용지매판 및 지장물건 보상의 건		
문서번호			
기안부서 (발신자)	대구부 내무과	기안일자	1928-02-04
중간결재	기수, 서무계주임, 내무국장		
최종결재 (수신자)	대구부윤	결재일자 (접수일자)	
		시행일자 (발송일자)	
첨부문서	1. 토지매판가격 산정 설명서 2. 토지매매 실례조서 3. 토지매판조서 4. 지장물건보상조서 5. 토지평가조사표 6. 대구시가도로 및 하수도 개수공사 제2호선용지 및 이전물건도(지도, 1/600) 7. 제6호선 개수공사 용지 및 이전(이후는 제목이 안보임)		
문서내용	• 1928년 제3기 대구시가도로 및 하수도 개수공사 제6호선 용지매판 및 지장물건 보상에 관한 정보 제공		

10-5

기록건명	소화16년도 토목사업 국도비 보조요구서류		
문서번호			
기안부서 (발신자)		기안일자	
중간결재			
최종결재 (수신자)		결재일자 (접수일자)	
		시행일자 (발송일자)	

<table>
<tr><td rowspan="2">첨부문서</td><td>

1. 도로포장공사계획평면도(지도, 1/600)
2. 소화16년도 보조토목사업계획일람
3. 소화16년도 대구부내 금호강 하천개수공사(제목 페이지 없음)
   - 공사계획개요 설명서
   - 수지계산서
   - 공사비내역서
   - 사무비내역서
   - 자재조서
   - 공사계획도(금호강 대구부근 개수공사 평면도, 지도, 1/12,000)
4. 소화16년도 대구부 수성교 架替공사(제목 페이지 없음)
   - 공사설계 개요
   - 수지계산표
   - 사무비내역서
   - 공사비도할표
   - 자재조서(대구부 일반회계부채상환재원조서)
   - 가체계획도(대구부 전도(지도, 1/10,000), 대구부내 경성부산선
     수성교가체공사 평면도(지도, 1/1,200), 대구부내 경성부산선
     수성교가체공사 종단면도(지도, 종 1/100 횡1/500))
5. 소화16년도 대구부내 안동가도 과선교 취부도로 신설공사(제목 페이
   지 없음)
   - 공사계획개요서
   - 수지계산표
   - 사무비내역서
   - 공사비도할조서
   - 자재조서(대구부 일반회계부채상환재원조서)
   - 대구부 안동가도 과선교취부도로신설공사평면도(지도, 1/600)
   - 대구부 안동가도 과선교 취부도로 신설공사 종단도(지도, 종1/100
     횡1/500)
   - 대구부 안동가도 과선교취부도로 신설공사 평면도(지도)
   - 대구부 금정대통도로포장공사 일반 평면도
6. 소화16년도 대구시가도로 및 하수신설공사(제목 페이지 없음)
   - 공사계획개요
   - 수지계산표

</td></tr>
</table>

	- 공사예산서
	   - 사무비내역서
	   - 자재조서
	   - 공사계획도(대구시가도로 및 하수신설공사일반도(지도))
	7. 소화16년도 대구부 금정대통 도로포장공사(제목 페이지 없음)
	   - 공사계획개요
	   - 수지계산표
	   - 사무비내역서
	   - 자재조서
	   - 공사계획도(누락)

문서내용	• 1941년 대구부 도로, 하수 토목사업에 관한 정보 제공. 첨부 문서들이 계속해서 제목은 없고 목차만 먼저 나와 임의로 제목을 달아놓았음. 문서들의 순서가 잘못된 것으로 보임. 첨부문서 1번의 도로포장공사 도면들이 첨부문서 7번의 누락된 공사계획도인 것 같음.

11) 시가지조사서(대구)

기록철명	원철명	시가지 조사서		
	정리철명	시가지조사서(대구)		
생산년도	1935년			
생산기관	대구부 내무과			
보존기간	갑종(영구)			
소장기호	CJA0019907			
Item				
일련 번호	건명	결재(발송)일	기안(발신)부서	첨부 문서
1	시가지계획 현상 조사의 건	1935-10-12	대구부 내무과	2건
2	시가지계획 현상조사의 건	1935-11-13	대구부 내무과	2건

기록철명	원철명	시가지 조사서
	정리철명	시가지조사서(대구)

생산부서	대구부 내무과		
생산년도	1935년	분류기호	제34호
쪽수	109면	조선총독부 보존기간	갑종(영구)
소장처	국가기록원	소장기호	CJA0019907

11-1

기록건명	시가지계획 현상 조사의 건		
문서번호			
기안부서 (발신자)	대구부 내무과	기안일자	1935-10-11
중간결재	내무과장		
최종결재 (수신자)	대구부윤	결재일자 (접수일자)	1935-10-12
		시행일자 (발송일자)	1935-10-12
첨부문서	1. 시가지계획현상조사표(대구부) - 대구부 호구누년표 - 대구부의 인접면 호구누년표 - 대구부 정동별 인구밀도표 - 대구부의 인접면동리별 인구밀도표 - 대구부 직업별 인구표 - 대구부 공장누년통계표 - 대구부 시구개수공사일람표 - 대구부 기설도로조사표 - 대구부 전도(지도, 1/10,000) - 대구부 차량수표 - 대구부 버스통계표 - 대구부 철도화객발착표 - 대구부 인접면경계도(대구부 인접리동경계도(지도, 1/10,000) - 대구부 주요금융상황일람표 - 대구부 주요 상업취인고 일람표		

	- 대구부 농산누년표 - 대구부 공산누년표 - 대구부 세입세출결산표 - 대구부 세액부담상황일람표 - 대구부 우편배달구역도 - 대구부 경찰관서관할구역도 - 대구부 초등학교 통학구역도 2. 시가지계획현상조사에 관한 건(내무국장) 　- 시가지계획현상조사양식표준
문서내용	• 1935년 시가지계획을 세울 당시의 대구부의 제반 상황에 대해 각종 통계표 등 일반적인 정보 제공.

11-2

기록건명	시가지계획 현상조사의 건		
문서번호			
기안부서 (발신자)	대구부 내무과	기안일자	1935-11-12
중간결재	내무과장		
최종결재 (수신자)	대구부윤	결재일자 (접수일자)	1935-11-13
		시행일자 (발송일자)	1935-11-13
첨부문서	1. 시가지계획 현상조사표(추가)(대구부) 　- 대구부의 인접면 호구누년표(추가분) 　- 대구부의 인접면동리별 인구밀도표(추가분) 　- 대구부 인접면 경계도(지도, 1/10,000) 　- 대구부 인접면 우편배달구역도 　- 대구부 인접면 경찰관서관할구역도 　- 대구부 인접면 초등학교 통학구역도 　- 대구부 인접면동리 직업별 인구표 2. 시가지계획현상조사에 관한 건(내무국장) 　- 시가지계획현상조사양식표준 　- 대구부 기설도로 등급별 조사표 　- 대구부 전도		

	- 시가지계획현상조사 양식표준 제2집 - 전염병 발생상황표 - 병명별 발생사망수 - 병명별 발생사망수 - 전염병 발생상황표(달서면)
문서내용	• 1935년 시가지계획을 세울 당시의 대구부의 인구, 우편, 치안, 교육, 직업, 전염병 발생 등 제반 상황에 대해 일반적인 정보 제공. 지도의 분량이 많음.

12) 시가지 조사서

기록철명	원철명	시가지 조사서		
	정리철명	시가지 조사서		
생산년도	1940년			
생산기관	대구부 토목과			
보존기간	갑종(영구)			
소장기호	CJA0019915			
Item				
일련 번호	건명	결재(발송)일	기안(발신)부서	첨부 문서
1	시가지계획지역 지정 제조사에 관한 건	1940-06-06	대구부 토목과	1건

기록철명	원철명	시가지 조사서		
	정리철명	시가지 조사서		
생산부서	대구부 토목과			
생산년도	1940년	분류기호	제42호	
쪽수	121면	조선총독부 보존기간	갑종(영구)	
소장처	국가기록원	소장기호	CJA0019915	

12-1

기록건명	시가지계획지역 지정 제조사에 관한 건		
문서번호			
기안부서 (발신자)	대구부 토목과	기안일자	1940-06-06
중간결재	시가지계획계 주임, 서무계 주임, 토목과장		
최종결재 (수신자)	대구부윤	결재일자 (접수일자)	1940-06-06
		시행일자 (발송일자)	1940-06-06

첨부문서	1. 시가지계획지역 지정에 관한 조사자료
	  - 토지이용 개황도
	  - 토지소유자별도
	  - 토지시가개황도
	  - 풍향 및 풍속도
	  - 수질조사 및 상수도 공급구역도
	  - 전기 및 와사공급구역도
	  - 직업별 인구조서
	  - 특수건축물 조사표
	  - 특수건축물분포도
	  - 공장조사표
	  - 토지이용개황도(지도, 1/10,000)
	  - 토지소유자별도(지도, 1/10,000)
	  - 수질조사 및 상수공급구역도(지도, 1/10,000)
	  - 전기 및 와사공급구역도(지도, 1/10,000)
	  - 대구 풍향면수도
	  - 대구 全年 풍속도		

문서내용	• 1940년 대구부 시가지 계획지역 지정에 관한 조사 자료, 특히 토지이용도, 풍향도, 상수 전기공급도 등 지도 분량이 매우 많음.		

13) 시가지조사서(대구)(합철)

기록철명	원철명	시가지조사서		
	정리철명	시가지조사서(대구)(합철)		
생산년도	1942-1943년			
생산기관	대구부 토목과			
보존기간	준영구			
소장기호	CJA0019918			
Item				
일련 번호	건명	결재(발송)일	기안(발신)부서	첨부 문서
1	寄附수목 採納에 관한 건	1942-01-16	대구부 토목과	1건
2	가옥신축개축 상황조사에 관한 건	1942-01-20	대구부 토목과	2건
3	시가지계획에 따른 사업시행 협의에 관한 건	1942-08-11	부산지방철도국 부산철도사무소장	2건
4	도로경계선 명시측량 수수료에 관한 건	1943-06-23	대구부 토목과	

기록철명	원철명	시가지조사서		
	정리철명	시가지조사서(대구)(합철)		
생산부서	대구부 토목과			
생산년도	1942-1943년	분류기호	제14호	
쪽수	17면	조선총독부 보존기간	준영구	
소장처	국가기록원	소장기호	CJA0019918	

13-1

기록건명	寄附수목 採納에 관한 건		
문서번호			
기안부서 (발신자)	대구부 토목과	기안일자	1942-01-10
중간결재	도시계획계장, 사무계장, 토목과장, 이사관		

최종결재 (수신자)	대구부윤	결재일자 (접수일자)	1942-01-16
		시행일자 (발송일자)	
첨부문서	1. 기부채납원		
문서내용	• 1942년 대구부 寄附수목 採納에 관한 정보 제공. 시가지조사서(대구)CJA0019918 안에 여러 철이 함께 수록되어 있음.		

13-2

기록건명	가옥신축개축 상황조사에 관한 건		
문서번호			
기안부서 (발신자)	대구부 토목과	기안일자	1942-01-16
중간결재	도시계획계장, 토목과장, 이사관		
최종결재 (수신자)	대구부윤	결재일자 (집수일자)	1942-01-20
		시행일자 (발송일자)	1942-01-20
첨부문서	1. 가옥건축상황조 2. 가옥신축개축 상황조사에 관한 건		
문서내용	• 1942년 대구부 가옥신축개축 상황조사에 관한 정보 제공		

13-3

기록건명	시가지계획에 따른 사업시행 협의에 관한 건		
문서번호	부철 제2063-1호		
기안부서 (발신자)	부산지방철도국 부산철도 사무소장	기안일자	
중간결재			
최종결재 (수신자)	대구부윤	결재일자 (접수일자)	
		시행일자 (발송일자)	1942-08-11
첨부문서	1. 시가지계획사업의 실시에 관한 건 (내무부장→대구부윤) 2. 시가지계획사업의 실시에 관한 건(내무국장→경상북도지사)		
문서내용	• 1942년 대구부 시가지계획사업에 관한 정보 제공.		

13-4

기록건명	도로경계선 명시측량 수수료에 관한 건			
문서번호				
기안부서 (발신자)	대구부 토목과		기안일자	1943-06-22
중간결재	토목과장, 이사관			
최종결재 (수신자)	대구부윤		결재일자 (접수일자)	1943-06-23
			시행일자 (발송일자)	1943-06-23
첨부문서				
문서내용	• 1943년 대구부 도로경계선 명시측량 수수료에 관한 정보 제공.			

14) 시가지조사서(대구)(합철)

기록철명	원철명	소화17년도 시가지계획에 관한 증명철		
	정리철명	시가지조사서(대구)(합철)		
생산년도	1942년			
생산기관	대구부			
보존기간	준영구			
소장기호	CJA0019918			
Item				

일련번호	건명	결재(발송)일	기안(발신)부서	첨부문서
1	증명원			

기록철명	원철명	소화17년도 시가지계획에 관한 증명철		
	정리철명	시가지조사서(대구)(합철)		
생산부서	대구부			
생산년도	1942년		분류기호	제14호
쪽수	3면		조선총독부 보존기간	준영구
소장처	국가기록원		소장기호	CJA0019918

14-1

기록건명	증명원		
문서번호			
기안부서 (발신자)		기안일자	
중간결재			
최종결재 (수신자)		결재일자 (접수일자)	
		시행일자 (발송일자)	
첨부문서			
문서내용	• 1942년 대구부 시가지계획에 관한 정보 제공. 1면으로 되어 있음.		

15) 시가지조사서(대구)(합철)

기록철명	원철명	소화16년도 시가지계획에 관한 잡철			
	정리철명	시가지조사서(대구)(합철)			
생산년도	1941년				
생산기관	대구부 토목과				
보존기간	준영구				
소장기호	CJA0019918				

		Item			
일련 번호	건명		결재(발송)일	기안(발신)부서	첨부 문서
1	대구시가지계획 평면도 송부의 건		1941-01-15	대구부 토목과	
2	대구시가지계획평면도 송부의 건		1941-01-16	대구부 토목과	
3	대구시가지계획평면도 송부의 건		1941-01-25	대구부 토목과	
4	공원녹지계획 참고자료 송부방법 의뢰의 건		1941-01-28	대구부 토목과	
5	대구시가지계획평면도 송부의 건			대구부 토목과	
6	조선시가지계획령 강습회 참석의 건			대구부 토목과	
7	대구시가지계획평면도 송부의 건		1941-05-21	대구부 토목과	

8	시가지계획에 따른 제 지명수수료 징수에 관한 건	1941-05-22	대구부 토목과	
9	토지대장지적도 관람신청에 관한 건	1941-06-10	대구부 토목과	
10	부유지 매각처분에 관한 건	1941-06-4	대구부 토목과	3건
11	토지분담규정 송부방법 의뢰의 건	1941-06-18	대구부 토목과	1건
12	부유지 대부에 관한 건	1941-07-10	대구부 토목과	3건
13	파출소 예정부지 도로 확장선의 시공 시기 등에 관한 건	1941-07-14	대구부 토목과	2건
14	부유지 매각처분에 관한 건	1941-09-02	대구부 토목과	3건
15	시가지계획 가로 및 細道路 확정도 취급방법에 관한 건	1941-10-16	대구부 토목과	2건
16	시가지계획사업 도로수익자부담금조례 송부방법 의뢰의 건	1941-11-05	대구부 토목과	
17	수수료 규정조사에 관한 건		대구부.토목과	1건
18	수수료조회의 건		대구부 토목과	1건

기록철명	원철명	소화16년도 시가지계획에 관한 잡철		
	정리철명	시가지조사서(대구)(합철)		
생산부서	대구부 토목과			
생산년도	1941년		분류기호	제14호
쪽수	71면		조선총독부 보존기간	준영구
소장처	국가기록원		소장기호	CJA0019918

15-1

기록건명	대구시가지계획 평면도 송부의 건		
문서번호			
기안부서 (발신자)	대구부 토목과	기안일자	1941-01-11
중간결재	사무계장, 도시계획계장, 토목과장		
최종결재 (수신자)	대구부윤	결재일자 (접수일자)	.
		시행일자 (발송일자)	1941-01-15

첨부문서	
문서내용	• 1941년 대구시가지계획에 관한 정보 제공. 대구부윤과 부산철도사무소장과의 수발신 문서

15-2

기록건명	대구시가지계획평면도 송부의 건		
문서번호			
기안부서 (발신자)	대구부 토목과	기안일자	1941-01-14
중간결재	사무계장, 도시계획계장, 토목과장		
최종결재 (수신자)	대구부윤	결재일자 (접수일자)	
		시행일자 (발송일자)	1941-01-16
첨부문서			
문서내용	• 1941년 대구시가지계획에 관한 정보 제공. 대구부윤과 대구우편국장과의 수발신 문서		

15-3

기록건명	대구시가지계획평면도 송부의 건		
문서번호			
기안부서 (발신자)	대구부 토목과	기안일자	1941-01-13
중간결재	도시계획계장, 토목과장		
최종결재 (수신자)	대구부윤	결재일자 (접수일자)	
		시행일자 (발송일자)	1941-01-25
첨부문서			
문서내용	• 1941년 대구시가지계획에 관한 정보 제공. 대구부윤과 경상북도 경찰부장과의 수발신문서		

15-4

기록건명	공원녹지계획 참고자료 송부방법 의뢰의 건
문서번호	

기안부서 (발신자)	대구부 토목과	기안일자	1941-01-27
중간결재	도시계획계장, 사무계장, 토목과장		
최종결재 (수신자)	대구부윤	결재일자 (접수일자)	
		시행일자 (발송일자)	1941-01-28
첨부문서			
문서내용	• 1941년 대구시가지계획의 공원녹지계획에 관한 정보 제공. 대구부윤과 개성부윤과의 수발신 문서		

15-5

기록건명	대구시가지계획평면도 송부의 건		
문서번호			
기안부서 (발신자)	대구부 토목과	기안일자	1941-01-28
중간결재	도시계획계장, 토목과장		
최종결재 (수신자)	대구부윤	결재일자 (접수일자)	
		시행일자 (발송일자)	
첨부문서			
문서내용	• 1941년 대구시가지계획에 관한 정보 제공. 대구부윤과 부산지방철도국장과의 수발신 문서		

15-6

기록건명	조선시가지계획령 강습회 참석의 건		
문서번호			
기안부서 (발신자)	대구부 토목과	기안일자	1941-03-06
중간결재	도시계획계장, 사무계장, 토목과장		
최종결재 (수신자)	대구부윤	결재일자 (접수일자)	
		시행일자 (발송일자)	
첨부문서			
문서내용	• 1941년 대구부 조선시가지계획령 강습회에 관한 정보 제공.		

15-7

기록건명	대구시가지계획평면도 송부의 건		
문서번호			
기안부서 (발신자)	대구부 토목과	기안일자	1941-05-20
중간결재	도시계획계장, 사무계장, 토목과장		
최종결재 (수신자)	대구부윤	결재일자 (접수일자)	1941-05-21
		시행일자 (발송일자)	1941-05-21
첨부문서			
문서내용	• 1941년 대구시가지계획에 관한 정보 제공. 대구부윤과 부산지방철도국총무부장과의 수발신 문서		

15-8

기록건명	시가지계획에 따른 제 지명수수료 징수에 관한 건		
문서번호			
기안부서 (발신자)	대구부 토목과	기안일자	1941-05-22
중간결재	도시계획계장, 사무계장, 토목과장		
최종결재 (수신자)	대구부윤	결재일자 (접수일자)	1941-05-22
		시행일자 (발송일자)	1941-05-23
첨부문서			
문서내용	• 1941년 대구시가지계획에 관한 정보 제공. 대구부윤과 순천읍장과의 수발신문서		

15-9

기록건명	토지대장지적도 관람신청에 관한 건		
문서번호			
기안부서 (발신자)	대구부 토목과	기안일자	1941-06-10
중간결재	사무계장, 도시계획계장, 토목과장		
최종결재 (수신자)	대구부윤	결재일자 (접수일자)	1941-06-10
		시행일자 (발송일자)	

첨부문서	
문서내용	• 1941년 대구부 토지대장지적도 관람신청에 관한 정보 제공.

15-10

기록건명	부유지 매각처분에 관한 건		
문서번호			
기안부서 (발신자)	대구부 토목과	기안일자	1941-06-06
중간결재	도시계획계장, 사무계장, 토목과장		
최종결재 (수신자)	대구부윤	결재일자 (접수일자)	1941-06-4
		시행일자 (발송일자)	1941-06-10
첨부문서	1. 부유지매각처분 支障 有無 調(표) 2. 부유지매각처분지조(표) 3. 물건목록(표)		
문서내용	• 1941년 대구부 부유지 매각처분에 관한 정보 제공. 내무과장과의 발신문서. 부유지 매각에 관한 표가 다수 수록되어 있음.		

15-11

기록건명	토지분담규정 송부방법 의뢰의 건		
문서번호	토 제227호		
기안부서 (발신자)	대구부 토목과	기안일자	1941-06-21
중간결재	도시계획계장, 사무계장, 토목과장		
최종결재 (수신자)	대구부윤	결재일자 (접수일자)	1941-06-18
		시행일자 (발송일자)	1941-06-25
첨부문서	토지분담규정 송부방법 의뢰의 건(홍남읍장)		
문서내용	• 1941년 대구부 토지분담규정에 관한 정보 제공. 대구부윤과 홍남읍장과의 수발신문서		

15-12

기록건명	부유지 대부에 관한 건		
문서번호			
기안부서 (발신자)	대구부 토목과	기안일자	1941-07-10
중간결재	도시계획계장, 사무계장, 토목과장		
최종결재 (수신자)	대구부윤	결재일자 (접수일자)	1941-07-10
		시행일자 (발송일자)	1941-07-11
첨부문서	1. 대구부 동운정 285-10, 286-7번지선계획선명시측량도(지도, 1/600) 2. 대구부 동운정 287-1, 287번지선계획선명시측량도(지도, 1/600) 3. 부유지 대부에 관한 건(내무과장)		
문서내용	• 1941년 대구부 부유지 대부에 관한 정보 제공. 내무과장과 토목과장 긴의 수빌신 문시		

15-13

기록건명	파출소 예정부지 도로 확장선의 시공 시기 등에 관한 건		
문서번호	토 제263호		
기안부서 (발신자)	대구부 토목과	기안일자	1941-07-18
중간결재	도시계획계장, 사무계장, 토목과장		
최종결재 (수신자)	대구부윤	결재일자 (접수일자)	1941-07-14
		시행일자 (발송일자)	1941-07-21
첨부문서	1. 지적도(지도, 1/600) 2. 파출소예정부지 도로확장선의 시기 등 조사방법 의뢰의 건(대구경찰 서장)		
문서내용	• 1941년 대구부 파출소 예정부지에 관한 정보 제공. 대구부윤과 대구 경찰서장간의 수발신 문서		

15-14

기록건명	부유지 매각처분에 관한 건		
문서번호			

기안부서 (발신자)	대구부 토목과	기안일자	1941-09-01
중간결재	도시계획계장, 토목과장		
최종결재 (수신자)	대구부윤	결재일자 (접수일자)	
		시행일자 (발송일자)	1941-09-02
첨부문서	1. 부유지매각처분지장유무조 2. 대구부 동본정 19-7번지 선명시 측량도(1/600) 3. 대구부 동운·동본정 번지 선명시 측량도(1/600)		
문서내용	• 1941년 대구부 부유지 매각처분에 관한 정보 제공. 토목과장이 내무과장에게 보내는 문서. 측량도가 다수 있음.		

15-15

기록건명	시가지계획 가로 및 細道路 확정도 취급방법에 관한 건		
문서번호			
기안부서 (발신자)	대구부 토목과	기안일자	1941-10-20
중간결재	도시계획계장, 사무계장, 토목과장		
최종결재 (수신자)	대구부윤	결재일자 (접수일자)	1941-10-16
		시행일자 (발송일자)	1941-10-23
첨부문서	1. 시가지계획 가로 및 細道路 확정도 취급방법에 관한 건(해주부윤) 2. 대구부 도시계획도 교부원의 건(대구보선구장)		
문서내용	• 1941년 대구부의 시가지계획 가로 및 細道路 확정도 취급방법에 관한 정보제공. 대구부윤과 해주부윤간에 오간 수발신 문서		

15-16

기록건명	시가지계획사업 도로수익자부담금조례 송부방법 의뢰의 건		
문서번호			
기안부서 (발신자)	대구부 토목과	기안일자	1941-11-04
중간결재	도시계획계장, 사무계장, 토목과장		

최종결재 (수신자)	대구부윤	결재일자 (접수일자)	1941-11-05
		시행일자 (발송일자)	1941-11-05
첨부문서			
문서내용	• 1941년 대구부 시가지계획사업 도로수익자부담금조례 송부방법에 관한 정보 제공. 대구부윤과 군산부윤 간에 오간 수발신 문서		

15-17

기록건명	수수료 규정조사에 관한 건		
문서번호			
기안부서 (발신자)	대구부 토목과	기안일자	1941-11-21
중간결재	도시계획계장, 토목과장		
최종결재 (수신자)	대구부윤	결재일자 (섭수일자)	
		시행일자 (발송일자)	
첨부문서	1. 수수료규정조사에 관한 조회(목포부윤)		
문서내용	• 1941년 대구부의 수수료규정 조사에 관한 정보 제공. 대구부윤과 목포부윤 간의 수발신 문서		

15-18

기록건명	수수료 조회의 건		
문서번호			
기안부서 (발신자)	대구부 토목과	기안일자	1941-12-10
중간결재	토목과장		
최종결재 (수신자)	대구부윤	결재일자 (접수일자)	
		시행일자 (발송일자)	
첨부문서	1. 수수료 조회의 건(울산부윤)		
문서내용	• 1941년 대구부의 수수료 조회에 관한 정보 제공		

16) 시가지조사서(대구)(합철)

<table>
<tr><td rowspan="2">기록철명</td><td>원철명</td><td colspan="4">소화15년 시가지계획에 관한 잡철(대구부)</td></tr>
<tr><td>정리철명</td><td colspan="4">시가지조사서(대구)(합철)</td></tr>
<tr><td>생산년도</td><td colspan="5">1940년</td></tr>
<tr><td>생산기관</td><td colspan="5">대구부</td></tr>
<tr><td>보존기간</td><td colspan="5">준영구</td></tr>
<tr><td>소장기호</td><td colspan="5">CJA0019918</td></tr>
<tr><td colspan="6" align="center">Item</td></tr>
<tr><td>일련
번호</td><td colspan="2" align="center">건명</td><td>결재(발송)일</td><td>기안(발신)부서</td><td>첨부
문서</td></tr>
<tr><td>1</td><td colspan="2">시가지계획참고자료에 관한 건</td><td>1940-02-09</td><td>대구부 토목과</td><td>1건</td></tr>
<tr><td>2</td><td colspan="2">시가지계획사업수익자부담금조례 송부의 건</td><td>1940-02-23</td><td>대구부 토목과</td><td>1건</td></tr>
<tr><td>3</td><td colspan="2">시가지계획지역 지정조사자료 모집에 관한 건</td><td>1940-03-07</td><td>대구부 토목과</td><td></td></tr>
<tr><td>4</td><td colspan="2">토지대장지적도열람신청에 관한 건</td><td>1940-03-25</td><td>대구부 토목,
서무과</td><td></td></tr>
<tr><td>5</td><td colspan="2">토지대장지적도 열람신청에 관한 건</td><td>1940-09-27</td><td>대구부 토목,
서무과</td><td></td></tr>
<tr><td>6</td><td colspan="2">시가지계획의 참고자료에 관한 건</td><td>1940-03-30</td><td>대구부 토목과</td><td>1건</td></tr>
<tr><td>7</td><td colspan="2">시가지계획사업용 지형도 작성에 관한 건</td><td>1940-05-21</td><td>대구부 토목과</td><td>3건</td></tr>
<tr><td>8</td><td colspan="2">대구시가지계획 평면도 附與의 건</td><td>1940-09-25</td><td>대구부 토목과</td><td>1건</td></tr>
<tr><td>9</td><td colspan="2">冊子「都市卜建築」구매에 관한 건</td><td>1940-05-29</td><td>대구부 토목,
서무과</td><td></td></tr>
<tr><td>10</td><td colspan="2">시가지계획 참고자료 송부의 건</td><td>1940-06-03</td><td>대구부 토목과</td><td>1건</td></tr>
<tr><td>11</td><td colspan="2">시가지계획의 참고자료에 관한 건</td><td>1940-06-03</td><td>대구부 토목과</td><td>1건</td></tr>
<tr><td>12</td><td colspan="2">대구부내 세도로 개수계획에 관한 건</td><td></td><td>대구부 토목과</td><td>1건</td></tr>
<tr><td>13</td><td colspan="2">시가지계획참고자료에 관한 건</td><td>1940-06-18</td><td>대구부 토목과</td><td></td></tr>
<tr><td>14</td><td colspan="2">시가지계획참고자료 송부의 건</td><td></td><td>대구부 토목과</td><td>2건</td></tr>
<tr><td>15</td><td colspan="2">시가지계획사업 일원의 공업용지 및 주택지 조성에 관한 토지분담규정의 건 회답</td><td>1940-09-06</td><td>대구부</td><td>1건</td></tr>
<tr><td>16</td><td colspan="2">도로 인정조서 입회인의 건 보고</td><td>1940-09-16</td><td>대구부 토목과</td><td></td></tr>
</table>

17	서적 「토지구획정리확정측량」 구매에 관한 건		대구부 토목과	
18	대구시가지계획 평면도 송부의 건	1940-11-04	대구부 토목과	1건
19	시가지계획 도로망 조사에 관한 건	1940-11-04	대구부 토목과	1건

기록철명	원철명	소화15년 시가지계획에 관한 잡철(대구부)		
	정리철명	시가지조사서(대구)(합철)		
생산부서	대구부 토목과			
생산년도	1940년		분류기호	제14호
쪽수	64면		조선총독부 보존기간	준영구
소장처	국가기록원		소장기호	CJA0019918

16-1

기록건명	시가지계획 참고자료에 관한 건		
문서번호			
기안부서 (발신자)	대구부 토목과	기안일자	1940-02-08
중간결재	서무계 주임, 시가지계획계 주임, 토목과장		
최종결재 (수신자)	대구부윤	결재일자 (접수일자)	1940-02-09
		시행일자 (발송일자)	1940-02-09
첨부문서	1. 시가지계획의 참고자료에 관한 건(마산부윤)		
문서내용	• 1940년 대구부의 시가지계획 참고자료에 관한 정보 제공. 대구부윤과 마산부윤간에 오간 수발신 문서		

16-2

기록건명	시가지계획사업 수익자부담금조례 송부의 건		
문서번호			
기안부서 (발신자)	대구부 토목과	기안일자	1940-02-22
중간결재	서무계 주임, 시가지계획계 주임, 토목과장		

최종결재 (수신자)	대구부윤	결재일자 (접수일자)	1940-02-23
		시행일자 (발송일자)	
첨부문서	1. 시가지계획사업 수익자부담금조례 송부방법의 건(부산부윤)		
문서내용	• 1940년 대구부의 대구부윤과 부산부윤과의 수발신 문서		

16-3

기록건명	시가지계획지역 지정조사자료 모집에 관한 건		
문서번호			
기안부서 (발신자)	대구부 토목과	기안일자	1940-03-04
중간결재	서무계 주임, 시가지계획계 주임, 토목과장		
최종결재 (수신자)	대구부윤	결재일자 (접수일자)	1940-03-07
		시행일자 (발송일자)	1940-03-07
첨부문서			
문서내용	• 1940년 대구부의 시가지계획지역 지정조사자료 모집에 관한 정보 제공. 대구부윤이 대구세무감독국장에게 보내는 문서		

16-4

기록건명	토지대장지적도 열람신청에 관한 건		
문서번호			
기안부서 (발신자)	대구부 토목, 서무과	기안일자	1940-03-23
중간결재	서무과 서무주임, 토목과 시가지계획계 주임, 토목과장, 서무과장		
최종결재 (수신자)	대구부윤	결재일자 (접수일자)	1940-03-25
		시행일자 (발송일자)	1940-03-27
첨부문서			
문서내용	• 1940년 대구부의 토지대장지적도 열람신청에 관한 정보 제공		

16-5

기록건명	토지대장지적도 열람신청에 관한 건
문서번호	

기안부서 (발신자)	대구부 토목, 서무과	기안일자	1940-09-23
중간결재	서무과 서무계 주임, 토목과 시가지계회계 주임, 토목과장, 서무과장		
최종결재 (수신자)	대구부윤	결재일자 (접수일자)	1940-09-27
		시행일자 (발송일자)	
첨부문서			
문서내용	• 1940년 대구부의 토지대장지적도 열람신청에 관한 정보 제공		

16-6

기록건명	시가지계획의 참고자료에 관한 건		
문서번호			
기안부서 (발신자)	대구부 토목과	기안일자	1940-03-30
중간결재	시가지계획계 주임, 서무계 주임, 토목과장		
최종결재 (수신자)	대구부윤	결재일자 (접수일자)	1940-03-30
		시행일자 (발송일자)	1940-04-04
첨부문서	1. 시가지계획참고자료에 관한 건(대전부윤)		
문서내용	• 1940년 전국도시문제회가 발행한 시가지계획의 참고자료에 관한 정보 제공. 대구부윤과 대전부윤과의 수발신 문서		

16-7

기록건명	시가지계획사업용 지형도 작성에 관한 건		
문서번호			
기안부서 (발신자)	대구부 토목과	기안일자	1940-05-21
중간결재	서무계주임, 시가지계획계 주임, 토목과장		
최종결재 (수신자)	대구부윤	결재일자 (접수일자)	1940-05-21
		시행일자 (발송일자)	1940-05-22
첨부문서	1. 시가지계획사업용 지형도 작성에 관한 건(내무부장) 2. 시가지계획사업용 지형도 작성에 관한 건(내무부장) 3. 시가지계획사업용 지형도 작성에 관한 건(내무부장)		
문서내용	• 1940년 대구부의 시가지계획사업용 지형도 작성에 관한 정보 제공. 대구부윤과 경상북도 내무부장간의 수발신 문서		

16-8

기록건명	대구시가지계획 평면도 附與의 건		
문서번호			
기안부서 (발신자)	대구부 토목과	기안일자	1940-09-25
중간결재	서무주임, 토목과장		
최종결재 (수신자)	대구부윤	결재일자 (접수일자)	1940-09-25
		시행일자 (발송일자)	1940-09-25
첨부문서	1. 대구시가지계획평면도 증여의 건(대구상공회의소)		
문서내용	• 1940년 대구부가 대구시가지계획평면도를 대구상공회의소에 증여한 것에 관한 정보 제공.		

16-9

기록건명	冊子「都市卜建築」 구매에 관한 건		
문서번호			
기안부서 (발신자)	대구부 토목, 서무과	기안일자	1940-05-24
중간결재	회계계주임, 시가지계획계 주임, 서무계주임, 토목과장, 서무과장		
최종결재 (수신자)	대구부윤	결재일자 (접수일자)	1940-05-29
		시행일자 (발송일자)	
첨부문서			
문서내용	• 1940년 대구부에서 검토한 冊子「都市卜建築」 구매에 관한 정보 제공. 책의 내용이 간략히 소개되어 있음.		

16-10

기록건명	시가지계획 참고자료 송부의 건		
문서번호			
기안부서 (발신자)	대구부 토목과	기안일자	1940-06-01
중간결재	시가지계획계주임, 서무계주임, 토목과장		

최종결재 (수신자)	대구부윤	결재일자 (접수일자)	1940-06-03
		시행일자 (발송일자)	1940-06-03
첨부문서	1. 시가지계획참고자료 송부방법 의뢰의 건(개성부윤)		
문서내용	• 1940년 대구부의 시가지계획 참고자료 송부에 관한 정보 제공. 대구부윤과 개성부윤과의 수발신문서		

16-11

기록건명	시가지계획의 참고자료에 관한 건		
문서번호			
기안부서 (발신자)	대구부 토목과	기안일자	1940-06-03
중간결재	서무계주임, 시자지계획계주임, 토목과장		
최종결재 (수신자)	대구부윤	결재일자 (접수일자)	1940-06-03
		시행일자 (발송일자)	1940-06-03
첨부문서	1. 시가지계획의 참고자료에 관한 건(마산부윤)		
문서내용	• 1940년 대구부의 시가지계획의 참고자료에 관한 정보 제공. 대구부윤과 마산부윤과의 수발신 문서		

16-12

기록건명	대구부내 세도로 개수계획에 관한 건		
문서번호			
기안부서 (발신자)	대구부 토목과	기안일자	1940-06-03
중간결재	서무계 주임, 시가지계획계 주임		
최종결재 (수신자)	대구부윤	결재일자 (접수일자)	
		시행일자 (발송일자)	
첨부문서	1. 우편엽서사본		
문서내용	• 1940년 대구부내 세도로 개수계획에 관한 정보 제공. 대구부윤과 부산부에 사는 八橋容과의 수발신 문서.		

16-13

기록건명	시가지계획 참고자료에 관한 건		
문서번호			
기안부서 (발신자)	대구부 토목과	기안일자	1940-06-18
중간결재	서무계 주임, 시가지계획계 주임, 토목과장		
최종결재 (수신자)	대구부윤	결재일자 (접수일자)	1940-06-18
		시행일자 (발송일자)	1940-06-19
첨부문서			
문서내용	• 1940년 대구부의 시가지계획 참고자료에 관한 정보 제공. 대구부윤이 전주부윤에게 보내는 문서		

16-14

기록건명	시가지계획참고자료 송부의 건		
문서번호			
기안부서 (발신자)	대구부 토목과	기안일자	1940-06-17
중간결재	서무계 주임, 시가지계획계 주임, 토목과장		
최종결재 (수신자)	대구부윤	결재일자 (접수일자)	
		시행일자 (발송일자)	
첨부문서	1. 시가지계획 참고자료 송부방법의 건 의뢰(전주부윤) 2. 시가지계획조사측량종사직원에 대한 旅費 지급에 관한 건(전주부윤)		
문서내용	• 1940년 대구부의 시가지계획의 참고자료에 관한 정보 제공. 대구부윤과 전주부윤 간의 수발신 문서.		

16-15

기록건명	시가지계획사업 일단의 공업용지 및 주택지 조성에 관한 토지분담규정의 건 회답		
문서번호			
기안부서 (발신자)	대구부	기안일자	1940-09-06
중간결재	서무주임		

최종결재 (수신자)	대구부윤	결재일자 (접수일자)	1940-09-06
		시행일자 (발송일자)	1940-09-06
첨부문서	시가지계획사업에 관한 참고자료 송부방법 의뢰의 건 (함경남도 함주군 흥남읍장)		
문서내용	• 1940년 대구부의 시가지계획의 참고자료에 관한 정보 제공. 대구부윤과 함경남도 함주군 흥남읍장간의 수발신 문서		

16-16

기록건명	도로 인정조서 입회인의 건 보고		
문서번호	토 제373호		
기안부서 (발신자)	대구부 토목과	기안일자	1940-09-07
중간결재	서부계 수임, 시가지계 수임, 토목과장		
최종결재 (수신자)	대구부윤	결재일자 (접수일자)	1940-09-16
		시행일자 (발송일자)	1940-09-16
첨부문서			
문서내용	• 1940년 대구부의 도로 인정조서 입회인에 관한 정보 제공. 대구부윤과 경상북도지사와의 수발신 문서		

16-17

기록건명	서적 「토지구획정리확정측량」 구매에 관한 건		
문서번호			
기안부서 (발신자)	대구부 토목과	기안일자	1940-10-28
중간결재	서무계주임, 시가지계획계주임, 회계주임, 서무과장, 토목과장		
최종결재 (수신자)	대구부윤	결재일자 (접수일자)	
		시행일자 (발송일자)	
첨부문서			
문서내용	• 1940년 대구부가 검토한 서적 「토지구획정리확정측량」 구매에 관한 정보 제공		

16-18

기록건명	대구시가지계획 평면도 송부의 건		
문서번호			
기안부서 (발신자)	대구부 토목과	기안일자	1940-11-04
중간결재	서무계 주임, 시가지계획계 주임, 토목과장		
최종결재 (수신자)	대구부윤	결재일자 (접수일자)	1940-11-04
		시행일자 (발송일자)	1940-11-04
첨부문서	대구시가지계획 평면도 송부방법 의뢰의 건(경상북도경찰부장)		
문서내용	• 1940년 대구부의 대구시가지계획 평면도 송부에 관한 정보 제공. 대구부윤과 경상북도 경찰부장 간의 수발신 문서		

16-19

기록건명	시가지계획 도로망 조사에 관한 건		
문서번호			
기안부서 (발신자)	대구부 토목과	기안일자	1940-10-31
중간결재	서무계 주임		
최종결재 (수신자)	대구부윤	결재일자 (접수일자)	1940-11-04
		시행일자 (발송일자)	1940-11-04
첨부문서	1. 시가지계획 도로망조사에 관한 건(경상북도경찰부장)		
문서내용	• 1940년 대구부의 시가지계획 도로망조사에 관한 정보 제공. 대구부윤과 경상북도 경찰부장과의 수발신문서		

17) 시가지조사서(대구)(합철)

기록철명	원철명	소화14년 시가지계획에 관한 잡철(대구부)
	정리철명	시가지조사서(대구)(합철)
생산년도	1939년	
생산기관	대구부 토목과	
보존기간	준영구	

소장기호	CJA0019918			
Item				
일련 번호	건명	결재(발송)일	기안(발신)부서	첨부 문서
1	시가지계획비 재원에 관한 건 회답	1939-02-25	대구부 토목과	1건
2	확대된 이동지 측량집행에 관한 건	1939-0309	대구부 토목과	1건
3	시가지계획도 분양방법의 건	1939-05-22	대구부 토목과	1건
4	전신전화선로망 계획에 관한 건	1939-06-02	대구부 토목과	3건
5	시가지계획참고자료 송부의 건	1939-08-05	대구부 토목과	1건
6	도로령 및 시가지계획령에 의한 수익자 부담 과 손상 부담의 규정에 관한 건	1939-09-18	대구부 토목과	1건
7	수익자 부담금 조례에 관한 건	1939-09-18	대구부 토목과	3건
8	시가지계획토지구획정리에 관한 건	1939-06-23	대구부 토목과	

기록철명	원철명	소화14년 시가지계획에 관한 잡철(대구부)		
	정리철명	시가지조사서(대구)(합철)		
생산부서	대구부 토목과			
생산년도	1939년		분류기호	제14호
쪽수	34면		조선총독부 보존기간	준영구
소장처	국가기록원		소장기호	CJA0019918

17-1

기록건명	시가지계획비 재원에 관한 건 회답		
문서번호			
기안부서 (발신자)	대구부 토목과	기안일자	1939-02-24
중간결재			
최종결재 (수신자)	토목과장	결재일자 (접수일자)	1939-02-25
		시행일자 (발송일자)	1939-02-25

첨부문서	1. 시가지계획비 재원조서
문서내용	• 1939년 대구부의 시가지계획비 재원에 관한 정보 제공. 대구부 토목과장과 마산부 토목계장 간의 수발신 문서

17-2

기록건명	확대된 이동지 측량집행에 관한 건		
문서번호	토 제91호		
기안부서 (발신자)	대구부 토목과	기안일자	1939-03-02
중간결재	서무계 주임, 시가지계획계 주임, 토목과장		
최종결재 (수신자)	대구부윤	결재일자 (접수일자)	1939-0309
		시행일자 (발송일자)	1939-0309
첨부문서	1. 확대된 이동지 측량 집행에 관한 건(대구세무서장)		
문서내용	• 1939년 대구부의 확대된 이동지 측량집행에 관한 정보 제공. 대구부윤과 대구세무서장 간의 수발신 문서		

17-3

기록건명	시가지계획도 분양방법의 건		
문서번호			
기안부서 (발신자)	대구부 토목과	기안일자	1939-05-20
중간결재	서무계주임, 시가지계획계주임, 토목과장		
최종결재 (수신자)	대구부윤	결재일자 (접수일자)	1939-05-22
		시행일자 (발송일자)	1939-05-22
첨부문서	1. 시가지계획도 분담방법의 건(달성군수)		
문서내용	• 1939년 대구부의 시가지계획도 분양방법에 관한 정보 제공. 대구부윤과 달성군수와의 수발신 문서		

17-4

기록건명	전신전화선로망 계획에 관한 건
문서번호	

기안부서 (발신자)	대구부 토목과	기안일자	1939-06-01
중간결재	서무계 주임, 토목과장		
최종결재 (수신자)	대구부윤	결재일자 (접수일자)	1939-06-02
		시행일자 (발송일자)	1939-06-02
첨부문서	1. 전신전화선로망 계획에 관한 건(부산체신분장국 대구공사출장소장) 2. 시가지계획사무타합회 개최의 건(경상북도경찰부장) 3. 시가지계획관계 사무타합회에 있어서 타합 제사항에 관한 건(경상 북도 보안과장)		
문서내용	• 1939년 대구부의 전신전화선로망 계획과 사가지계획 사무타합회에 관한 정보 제공.		

17-5

기록건명	시가지계획참고자료 송부의 건		
문서번호			
기안부서 (발신자)	대구부 토목과	기안일자	1939-08-04
중간결재	시가지계획계주임, 서무계주임, 토목과장		
최종결재 (수신자)	대구부윤	결재일자 (접수일자)	1939-08-05
		시행일자 (발송일자)	1939-08-05
첨부문서	1. 시가지계획참고자료 송부 방법 의뢰의 건(흥남읍장)		
문서내용	• 1939년 대구부의 시가지계획 참고자료 송부에 관한 정보 제공. 대구 부윤과 흥남읍장간의 수발신 문서		

17-6

기록건명	도로령 및 시가지계획령에 의한 수익자 부담과 손상 부담의 규정에 관 한 건		
문서번호			
기안부서 (발신자)	대구부 토목과	기안일자	1939-09-16
중간결재	서무계 주임, 시가지계획계 주임, 토목과장		

최종결재 (수신자)	대구부윤	결재일자 (접수일자)	1939-09-18
		시행일자 (발송일자)	1939-09-18
첨부문서	1. 도로령 및 시가지계획령에 의한 수익자 부담과 손상부담의 규정에 관한 건(군산부윤)		
문서내용	• 1939년 대구부의 도로령 및 시가지계획령에 의한 수익자 부담과 손상부담의 규정에 관한 정보 제공. 대구부윤과 군산부윤간의 수발신 문서		

17-7

기록건명	수익자 부담금 조례에 관한 건		
문서번호			
기안부서 (발신자)	대구부 토목과	기안일자	1939-09-21
중간결재	서무계주임, 시가지계획계 주임, 토목과장		
최종결재 (수신자)	대구부윤	결재일자 (접수일자)	1939-09-18
		시행일자 (발송일자)	1939-09-21
첨부문서	1. 수익자부담금조례에 관한 건(평양부윤) 2. 대구시가지계획에 관한 건(경상북도 내무부장) 3. 대구시가지계획에 관한 건(내무국장, 경무국장)		
문서내용	• 1939년 대구부의 시가지계획과 수익자 부담금조례에 관한 정보 제공.		

17-8

기록건명	시가지계획 토지구획정리에 관한 건		
문서번호	토 제233호		
기안부서 (발신자)	대구부 토목과	기안일자	1939-06-21
중간결재	서무계주임, 시가지계획계 주임, 토목과장		
최종결재 (수신자)	대구부윤	결재일자 (접수일자)	1939-06-23
		시행일자 (발송일자)	1939-06-26

첨부문서	
문서내용	• 1939년 대구부의 시가지계획 토지구획정리에 관해 대구부윤이 경상북도 내무부장, 조선총독부 내무국장에게 보내는 문서

18) 시가지조사서(대구)(합철)

<table>
<tr><td rowspan="2">기록철명</td><td>원철명</td><td colspan="4">소화13년 시가지계획에 관한 서류(대구부)</td></tr>
<tr><td>정리철명</td><td colspan="4">시가지조사서(대구)(합철)</td></tr>
<tr><td>생산년도</td><td colspan="5">1938년</td></tr>
<tr><td>생산기관</td><td colspan="5">대구부 토목과</td></tr>
<tr><td>보존기간</td><td colspan="5">준영구</td></tr>
<tr><td>소장기호</td><td colspan="5">CJA0019918</td></tr>
<tr><td colspan="6" align="center">Item</td></tr>
<tr><td>일련
번호</td><td>건명</td><td colspan="2">결재(발송)일</td><td>기안(발신)부서</td><td>첨부
문서</td></tr>
<tr><td>1</td><td>구획정리부담금 지출에 관한 건</td><td colspan="2">1938-05-17</td><td>대구부 토목과</td><td>2건</td></tr>
<tr><td>2</td><td>토지구획정리 지역내의 건축원에 관한 건</td><td colspan="2">1938-05-19</td><td>대구부 토목과</td><td>3건</td></tr>
<tr><td>3</td><td>시가지계획사업 토지구획정리지구내 국유임야 처분에 관한 건</td><td colspan="2">1938-06-02-</td><td>대구부 토목과</td><td>2건</td></tr>
<tr><td>4</td><td>煉瓦공장 이전에 관한 건</td><td colspan="2">1938-06-30</td><td>대구부 토목과</td><td>2건</td></tr>
</table>

<table>
<tr><td rowspan="2">기록철명</td><td>원철명</td><td>소화13년 시가지계획에 관한 서류(대구부)</td><td></td><td></td></tr>
<tr><td>정리철명</td><td>시가지조사서(대구)(합철)</td><td></td><td></td></tr>
<tr><td>생산부서</td><td colspan="3">대구부 토목과</td></tr>
<tr><td>생산년도</td><td>1938년</td><td>분류기호</td><td>제14호</td></tr>
<tr><td>쪽수</td><td>26면</td><td>조선총독부
보존기간</td><td>준영구</td></tr>
<tr><td>소장처</td><td>국가기록원</td><td>소장기호</td><td>CJA0019918</td></tr>
</table>

18-1

기록건명	구획정리부담금 지출에 관한 건		
문서번호	토 제170호		
기안부서 (발신자)	대구부 토목과	기안일자	1938-05-13
중간결재	서무계 주임, 토목과장		
최종결재 (수신자)	대구부윤	결재일자 (접수일자)	1938-05-17
		시행일자 (발송일자)	1938-05-17
첨부문서	1. 구획정리부담금지출에 관한 건 보고(시가지계획계) 2. 구획정리부담금의 지출에 관한 건(내무부장)		
문서내용	• 1938년 대구시가지계획에서 구획정리의 부담금이 어떻게 지출되었는지를 알려 주는 정보 제공.		

18-2

기록건명	토지구획정리 지역내의 건축원에 관한 건		
문서번호	경북보건 제179호		
기안부서 (발신자)	경상북도 경찰부장	기안일자	
중간결재			
최종결재 (수신자)	대구부윤	결재일자 (접수일자)	
		시행일자 (발송일자)	1938-05-19
첨부문서	1. 관사 기타 신축에 관한 건(경무국장) 2. 관사 기타 신축에 관한 건(체신국장) 3. 대구시가지계획 구역, 동 가로 및 동 토지구획정리 결정에 관한 건 (내무부장, 경찰부장)		
문서내용	• 1938년 대구시가지계획과 토지구획정리 지역내의 건축에 관한 정보 제공		

18-3

기록건명	시가지계획사업 토지구획정리지구내 국유임야 처분에 관한 건
문서번호	

기안부서 (발신자)	대구부 토목과	기안일자	1938-05-21
중간결재	토목과장		
최종결재 (수신자)	대구부윤	결재일자 (접수일자)	1938-06-02-
		시행일자 (발송일자)	1938-06-02
첨부문서	1. 시가지계획사업토지구획정리지구내 국유지 임야 조사(표) 2. 시가지계획사업 토지구획정리지구 내 국유임야처분에 관한 건(산업 　　부장)		
문서내용	• 1938년 대구 시가지계획사업시 국유지 처리에 관한 정보를 제공.		

18-4

기록건명	煉瓦공장 이전에 관한 건		
문서번호			
기안부서 (발신자)	대구부 토목과	기안일자	1938-06-14
중간결재	서무계주임, 토목과장		
최종결재 (수신자)	대구부윤	결재일자 (접수일자)	1938-06-30
		시행일자 (발송일자)	1938-06-30
첨부문서	1. 연와공장이전에 관한 건(대구형무소장) 2. 형무소 예정지의 도면(지도, 1/1200)		
문서내용	• 1938년 대구부 연와공장 이전에 관한 정보 제공. 대구부윤과 대구형무 　소장 간의 수발신 문서		

19) 시가지조사서(대구)(합철)

기록철명	원철명	소화12년 시가지계획에 관한 서류(대구부)
	정리철명	시가지조사서(대구)(합철)
생산년도	1937년	
생산기관	대구부 내무과	
보존기간	준영구	
소장기호	CJA0019918	

Item				
일련 번호	건명	결재(발송)일	기안(발신)부서	첨부 문서
1	대구부 시가지계획도에 관한 건	1937-07-19	대구부 내무과	1건
2	대구부 시가지계획도에 관한 건	1937-06-03	대구부 내무과	1건
3	대구부 시가지계획도에 관한 건	1937-10-28	대구부 내무과	'1건

기록철명	원철명	소화12년 시가지계획에 관한 서류(대구부)		
	정리철명	시가지조사서(대구)(합철)		
생산부서	대구부 내무과			
생산년도	1937년	분류기호	제14호	
쪽수	12면	조선총독부 보존기간	준영구	
소장처	국가기록원	소장기호	CJA0019918	

19-1

기록건명	대구부 시가지계획도에 관한 건		
문서번호			
기안부서 (발신자)	대구부 내무과	기안일자	1937-07-16
중간결재	내무과장		
최종결재 (수신자)	대구부윤	결재일자 (접수일자)	1937-07-19
		시행일자 (발송일자)	1937-07-19
첨부문서	1. 대구부시가지계획도에 관한 건(대구경찰서장)		
문서내용	• 1937년 대구부 시가지계획도에 관한 정보 제공. 대구부윤과 대구경찰 서장간의 수발신 문서		

19-2

기록건명	대구부 시가지계획도에 관한 건
문서번호	

기안부서 (발신자)	대구부 내무과	기안일자	1937-06-02
중간결재	내무과장		
최종결재 (수신자)	대구부윤	결재일자 (접수일자)	1937-06-03
		시행일자 (발송일자)	1937-06-03
첨부문서	1. 대구부시가지계획지도에 관한 건(대구경찰서장)		
문서내용	• 1937년 대구부 시가지계획도에 관한 정보 제공. 대구부윤과 대구경찰 서장간의 수발신 문서		

19-3

기록건명	대구부 시가지계획도에 관한 건		
문서번호			
기안부서 (발신자)	대구부 내무과	기안일자	1937-10-25
중간결재	내무과장		
최종결재 (수신자)	대구부윤	결재일자 (접수일자)	1937-10-28
		시행일자 (발송일자)	1937-10-28
첨부문서	1. 대구부시가지계획도에 관한 건(대구경찰서장)		
문서내용	• 1937년 대구부 시가지계획도에 관한 정보 제공. 대구부윤과 대구경찰 서장간의 수발신 문서		

20) 시가지조사서(대구)(합철)

기록철명	원철명	소화12년 시가지계획에 관한 잡철(대구부)
	정리철명	시가지조사서(대구)(합철)
생산년도	1937년	
생산기관	대구부 내무과	
보존기간	준영구	
소장기호	CJA0019918	
·	Item	

일련 번호	건명	결재(발송)일	기안(발신)부서	첨부 문서
1	대구부 시가지계획도의 건	1937-06-21	동양オフセット 인쇄주식회사	
2	대구 시가지도의 건	1937-05-31	동양オフセット 인쇄주식회사	
3	인정도로조사입회에 관한 건	1937-10-16	대구부 내무과	2건

기록철명	원철명	소화12년 시가지계획에 관한 잡철(대구부)		
	정리철명	시가지조사서(대구)(합철)		
생산부서	대구부 내무과			
생산년도	1937년		분류기호	제14호
쪽수	12면		조선총독부 보존기간	준영구
소장처	국가기록원		소장기호	CJA0019918

20-1

기록건명	대구부 시가지계획도의 건		
문서번호			
기안부서 (발신자)	동양オフセット인쇄주식 회사	기안일자	
중간결재			
최종결재 (수신자)	대구부 토목과 도시계	결재일자 (접수일자)	
		시행일자 (발송일자)	1937-06-21
첨부문서			
문서내용	• 1937년 동양옵셋인쇄주식회사의 대구부 시가지계획도 인쇄와 관련한 정보 제공.		

20-2

기록건명	대구 시가지도의 건
문서번호	

기안부서 (발신자)	동양オフセット인쇄주식 회사	기안일자	
중간결재			
최종결재 (수신자)	대구부 토목과 도시계	결재일자 (접수일자)	
		시행일자 (발송일자)	1937-05-31
첨부문서			
문서내용	• 1937년 동양옵셋인쇄주식회사의 대구부 시가지계획도 인쇄와 관련한 정보 제공.		

20-3

기록건명	인정도로조사 입회에 관한 건		
문서번호			
기안부서 (발신자)	대구부 내무과	기안일자	1937-10-13
중간결재	기수, 내무과장		
최종결재 (수신자)	대구부윤	결재일자 (접수일자)	1937-10-16
		시행일자 (발송일자)	1937-10-16
첨부문서	1. 조선시가지계획령 제37조 계단2기 도로인정에 관한 건(경상북도지사) 2. 인정도로조사일정		
문서내용	• 1937년 10월 시행된 대구부 인정도로 조사에 관한 정보 제공		

21) 대전 도시계획결정(1938)

기록철명	원철명	대전 도시계획결정
	정리철명	대전 도시계획결정(1938)
생산년도	1937-1938년	
생산기관	내무국 토목과	
보존기간	갑종(영구)	
소장기호	CJA0022553	
tem		

일련 번호	건명	결재(발송)일	기안(발신)부서	첨부 문서
1	대전시가지계획 구역, 동 가로 및 동 토지구획정리지구를 좌와 같이 결정하여 그 관계 도면은 충청남도청, 대전부청 및 外南, 愼德, 柳川 등 각 면사무소에 비치하여 공람에 제공함	1938-05-12	총독	
2	대전시가지계획 구역, 동 가로 및 동 토지구획정리지구 결정에 관한 건	1938-05-03	내무국 토목과	4건
3	시가지계획 결정에 관한 건		내무국 토목과	10건
4	대전시가지계획 구역, 동 가로 등 결정에 관한 건	1937-11-10	충청남도지사	4건
5	대전시가지계획 구역, 동 가로 및 동 토지구획정리지구 결정에 관한 건	1937-10-04	내무국 토목과	3건

기록철명	원철명	대전 도시계획결정		
	정리철명	대전 도시계획결정(1938)		
생산부서	내무국 토목과			
생산년도	1937-1938년		분류기호	
쪽수	118면		조선총독부 보존기간	갑종(영구)
소장처	국가기록원		소장기호	CJA0022553

21-1

기록건명	대전시가지계획 구역, 동 가로 및 동 토지구획정리지구를 좌와 같이 결정하여 그 관계 도면은 충청남도청, 대전부청 및 外南, 愼德, 柳川 등 각 면사무소에 비치하여 공람에 제공함		
문서번호	조선총독부고시		
기안부서 (발신자)	총독	기안일자	
중간결재			
최종결재 (수신자)		결재일자 (접수일자)	
		시행일자 (발송일자)	1938-05-12

첨부문서	
문서내용	• 1938년 대전시가지계획의 구역, 가로망, 토지구획정리지구 등의 공식적인 내역을 알 수 있는 정보 제공.

21-2

기록건명	대전시가지계획 구역, 동 가로 및 동 토지구획정리지구 결정에 관한 건		
문서번호	土 제164호		
기안부서 (발신자)	내무국 토목과	기안일자	1938-03-11
중간결재	지방과장, 경무국장, 경무과장		
최종결재 (수신자)		결재일자 (접수일자)	1938-05-03
		시행일자 (발송일자)	1938-05-12
첨부문서	1. 결정안 - 대전시가지계획 구역 - 대전시가지계획 가로 - 대전시가지계획 토지구획정리지구 2. 통첩안(내무국장→충청남도지사) 3. 통첩안(내무국장→深澤부대참모장) 4. 통첩안(내무국장→대전부윤)		
문서내용	• 1938년 대전시가지계획의 구역, 가로망, 토지구획정리지구 등의 공식적인 내역을 알 수 있는 정보 제공. 대전시가지계획 결정에 따라 총독부 내무국에서 충청남도, 제20사단, 대전부 등에 내린 통첩 포함.		

21-3

기록건명	시가지계획 결정에 관한 건		
문서번호	土 제23호		
기안부서 (발신자)	내무국 토목과	기안일자	1937-12-03
중간결재	지방과장, 경무국장, 경무과장		
최종결재 (수신자)	총독, 정무총감	결재일자 (접수일자)	
		시행일자 (발송일자)	

첨부문서	1. 시가지계획 결정에 관한 건 (시가지계획위원회 위원장) 2. 시가지계획 결정에 관한 건(鐵工 제77호의 2, 철도국장→시가지계획위원회위원장, 1938-02-22) 3. 시가지계획 결정에 관한 건(경무국장→시가지계획위원회위원장, 1938-02-20) 4. 시가지계획 결정에 관한 건(농림국장→시가지계획위원회위원장, 1938-02-17) 5. 시가지계획 결정에 관한 건(체신국장→시가지계획위원회위원장, 1938-02-25) 6. 시가지계획 결정에 관한 건(조선군참모장→시가지계획위원회위원장, 1938-02-21) 7. 시가지계획 결정에 관한 건 회답(진해요항부참모장→시가지계획위원회위원장, 1938-03-04) 8. 시가지계획 결정 자문에 관한 회답(조선상공회의소회두→시가지계획위원회위원장, 1938-02-03) 9. 시가지계획 결정에 관한 건(深澤부대참모장→시가지계획위원회위원장, 1938-02-19) 10. 시가지계획 결정에 관한 건(충청남도지사→시가지계획위원회위원장, 1938-02-19)
문서내용	• 1938년 개성, 대전, 전주, 군산, 진남포, 춘천, 원산 등 7개 지역의 시가지계획 결정과 그에 대한 시가지계획위원회 위원들의 견해를 알 수 있는 정보 제공.

21-4

기록건명	대전시가지계획 구역, 동 가로 등 결정에 관한 건		
문서번호	충남 土 제2507호		
기안부서 (발신자)	충청남도지사	기안일자	1937-11-02
중간결재	토목과장		
최종결재 (수신자)	내무국장	결재일자 (접수일자)	1937-11-10
		시행일자 (발송일자)	
첨부문서	1. 답신서(대덕군 외남면장→총독, 1937-10-21)		

	- 외남면협의회 회의록

	2. 대전시가지계획 구역, 동 가로, 동 토지구획정리지구 결정에 관한 건
	(대덕군 회덕면장→총독, 1937-10-27)
	  - 답신서
	  - 회덕면협의회 회의록
	3. 대전시가지계획 구역, 동 가로 등 결정에 관한 건(대덕군 유천면장→
	총독, 1937-10-27)
	  - 답신서
	  - 유천면협의회 회의록
	4. 전보문

문서내용	• 대전시가지계획안에 대한 대전 인근 대덕군 외남면, 회덕면, 유천면협의회의 견해를 알 수 있는 정보 제공.

21-5

기록건명	대전시가지계획 구역, 동 가로 및 동 토지구획정리지구 결정에 관한 건		
문서번호	土 제574호		
기안부서 (발신자)	내무국 토목과	기안일자	1937-08-23
중간결재	지방과장, 경무국장, 경무과장		
최종결재 (수신자)	총독, 정무총감	결재일자 (접수일자)	1937-10-04
		시행일자 (발송일자)	1937-10-13
첨부문서	1. 자문서 2. 통첩안(내무국장→충청남도지사) 3. 대전시가지계획 구역, 가로망, 토지구획정리 결정이유서		
문서내용	• 대전시가지계획의 구역, 가로망, 토지구획정리지구 등의 내역을 상세하게 알 수 있는 정보 제공.		

22) 대전시가지계획사업 제1토지구획정리 실시계획인가의 건(충청남
도)(1945)

기록철명	원철명	대전시가지계획사업 제1토지구획정리 실시계획인가의 건		
	정리철명	대전시가지계획사업 제1토지구획정리 실시계획인가의 건(충청남도)(1945)		
생산년도		1940-1944년		
생산기관		내무국(사정국,광공국) 토목과		
보존기간		갑종(영구)		
소장기호		CJA0016077		
Item				
일련번호	건명	결재(발송)일	기안(발신)부서	첨부문서
1	대전시가지계획사업 제1토지구획정리 실시계획인가의 건	1940-12-23	내무국 토목과	5건
2	대전시가지계획사업 제1토지구획정리 시행규정 중 개정의 건	1944-02-05	광동국 토목과	5건
3	대전시가지계획사업 제1토지구획정리 실시계획 변경 인가의 건	1943-06-03	사정국 토목과	4건
4	대전시가지계획 제1토지구획정리 일부 실시설계 인가의 건	1941-02-15	내무국 토목과	3건

기록철명	원철명	대전시가지계획사업 제1토지구획정리 실시계획인가의 건		
	정리철명	대전시가지계획사업 제1토지구획정리 실시계획인가의 건(충청남도)(1945)		
생산부서		내무국(사정국,광공국) 토목과		
생산년도		1940-1944년	분류기호	1939년 토목 갑 기록 2279-1호
쪽수			조선총독부 보존기간	갑종(영구)
소장처		국가기록원	소장기호	CJA0016077

22-1

기록건명	대전시가지계획사업 제1토지구획정리 실시계획인가의 건		
문서번호			
기안부서 (발신자)	내무국 토목과	기안일자	1940-10-24
중간결재	지방과장		
최종결재 (수신자)		결재일자 (접수일자)	1940-12-23
		시행일자 (발송일자)	

첨부문서	1. 대전시가지계획사업 제1토지구획정리 실시계획 인가 신청의 건(대전부윤)
	2. 대전시가지계획사업 제1토지구획정리 실시계획 인가신청의 건 副申 (1940-09-26, 충청남도지사)
	3. 대전시가지계획사업 제1토지구획성리 실시계획 인가신청(대토 제50호, 1940-09-18, 대전부윤)
	  - 대전시가지계획 제1토지구획정리 실시계획서
	  - 실시계획 설계 및 공사의 시행방법
	  - 토지구획정리 재원조서
	  - 비용부담방법
	  - 토지처분방법, 환지교부
	  - 대전시가지계획 제1토지구획정리시행규정, 대전시가지계획사업 제1토지구획정리 부담금조례
	  - 대전시가지계획사업 제1토지구획정리 토지원부
	4. 소화15년도 대전부 일반회계, 특별회계 세입출 예산
	5. 대전시가지계획사업 제1토지구획정리 계획 평면도		

문서내용	• 1940년 대전시가지계획 제1토지구획정리 사업의 전모와 해당 지역 토지원부 확인 가능. 실시계획서, 재원조서, 환지교부, 시행규정, 예산, 평면도 등 관련 정보 포함.		

22-2

기록건명	대전시가지계획사업 제1토지구획정리 시행규정 중 개정의 건
문서번호	土 제314호

기안부서 (발신자)	광공국 토목과	기안일자	1944-02-01
중간결재			
최종결재 (수신자)		결재일자 (접수일자)	1944-02-05
		·시행일자 (발송일자)	1944-02-07
첨부문서	1. 대전시가지계획사업 제1토지구획정리 시행규정 중 일부 개정의 건 인가 신청(1944-01-23, 충청남도지사) 2. 대전시가지계획사업 제1토지구획정리 시행규정 중 개정의 건 인가 신청(대토 제34호, 1943-12-10, 대전부윤) 3. 대전부 고시 4. 대전시가지계획사업 제1토지구획정리 시행규정 (현행의 분) 5. 조선총독부고시 제695호		
문서내용	• 1944년 대전시가지계획사업 제1토지구획정리 시행규정 개정에 관한 정보 제공.		

22-3

기록건명	대전시가지계획사업 제1토지구획정리 실시계획 변경 인가의 건		
문서번호			
기안부서 (발신자)	사정국 토목과	기안일자	1943-04-22
중간결재	지방과장		
최종결재 (수신자)	총독(전결)	결재일자 (접수일자)	1943-06-03
		시행일자 (발송일자)	1943-06-05
첨부문서	1. 대전시가지계획사업 제1토지구획정리 실시계획 변경 및 준공기한 연기에 관한 건(대전부윤, 1943-02-15) 2. 대전시가지계획사업 제1토지구획정리 실시계획 변경 및 준공기한 연기에 관한 건(충남토 제17호, 1943-02-12, 충청남도지사) 3. 대전시가지계획사업 제1토지구획정리 실시계획 변경 및 준공기한 연기의 건 인가신청(대토 제15호, 1943-02-05, 대전부윤) - 계획 변경 및 준공기한 연기 사유서 4. 제1토지구획정리 계획 변경에 관한 건 - 제1토지구획정리 계획 변경 고시요령		

	- 제1토지구획정리 사업 변경 계획서
	- 실시계획 설계 및 공사의 시행방법
	- 대전시가지계획 제1토지구획정리사업 실시계획 변경내역서
	- 토지구획정리사업 예산서
	- 토지구획정리 재원조서
	- 대전시가지계획 제1토지구획정리시행규정, 대전시가지계획사업 제1토지구획정리 부담금조례
	- 대전시가지계획 제1토지구획정리 토지원부
	- 대전시가지계획 제1토지구획정리 계획 평면도
	- 계획 변경에 의한 지구 및 인접지의 현형도
문서내용	• 1943년 대전시가지계획 제1토지구획정리에 관한 정보 제공.

22-4

기록건명	대전시가지계획 제1토지구획정리 일부 실시설계 인가의 건		
문서번호			
기안부서 (발신자)	내무국 토목과	기안일자	1941-02-07
중간결재			
최종결재 (수신자)		결재일자 (접수일자)	1941-02-15
		시행일자 (발송일자)	1941-02-17
첨부문서	1. 대전시가지계획 제1토지구획정리 실시설계 인가신청에 관한 건(대토 제50호, 1941-01-09, 대전부윤) 2. 대전시가지계획사업 제1토지구획정리공사 실시 설계서(대전부) 　- 설계 총괄표 　- 설계 내역서 　- 가로 연장 조서 　- 가로 토적 조서 　- 수로 토적 조서 　- 부사리 조서 　- 가로수 조서 　- 혼응토 수발공 조서 　- 관거수발공 조서		

	- 지장물건 조서 - 一位 대가표 - 수로토적 계산서 - 공사사양서 3. 대전시가지계획 제1토지구획정리 계획평면도	
문서내용	• 1941년 대전시가지계획 제1토지구획정리 실시에 관한 정보 제공	

23) 대전 시가지계획사업 제1토지구획 정리공사

기록철명	원철명	대전 시가지계획사업 제1토지구획 정리공사
	정리철명	대전 시가지계획사업 제1토지구획 정리공사
생산년도	1941-1943년	
생산기관	내무국(사정국) 토목과 행정계	
보존기간	갑종(영구)	
소장기호	CJA0016078	

Item				
일련 번호	건명	결재(발송)일	기안(발신)부서	첨부 문서
1	대전 시가지계획사업 제1토지구획 정리 소화 16년도 공사 실시설계 인가의 건	1941-05-23	내무국 토목과 행정계	8건
2	대전 시가지계획사업 제1토지구획 정리공사 일부 실시설계 인가의 건	1942-05-29	사정국 토목과 행정계	4건
3	대전 시가지계획사업 제1토지구획 정리 환지 예정지 지정의 건	1943-10-18	사정국 토목과 행정계	5건

기록 철명	원철명	대전 시가지계획사업 제1토지구획 정리공사	
	정리철명	대전 시가지계획사업 제1토지구획 정리공사	
생산부서	내무국(사정국) 토목과 행정계		
생산년도	1941-1943년	분류기호	1945년 토목 갑 기록 제2279-2호
쪽수		조선총독부 보존기간	갑종 (영구)
소장처	국가기록원	소장기호	CJA0016078

23-1

기록건명	대전 시가지계획사업 제1토지구획 정리 소화16년도 공사 실시설계 인가의 건		
문서번호			
기안부서 (발신자)	내무국 토목과 행정계	기안일자	1941-05-16
중간결재			
최종결재 (수신자)	총독 (정무총감 전결)	결재일자 (접수일자)	1941-05-23
		시행일자 (발송일자)	1941-05-27
첨부문서	1. 대전 시가지계획사업 제1토지구획 정리공사 착수의 건(대전부윤) 2. 대전 시가지계획사업 제1토지구획 정리 소화16년도 공사 실시설계 인가신청의 건(대전부윤) 3. 대전 시가지계획사업 제1토지구획 정리 소화16년도 공사 실시설계 인가신청의 건 부신(충청남노지사) 　- 소화16년도 소요물자 명세서 　- 소화16년도 소요물자 산출조서 　- 소화16년도 보통 강재 수요 명세서 4. 소화16년도 대전 시가지계획사업 제1토지구획 정리 실시설계 인가신청에 관한 건(대전부윤) 5. 대전 시가지계획사업 제1토지구획 정리공사 실시설계서 6. 대전부 시가지계획사업 제1토지구획 정리공사 사양서 7. 소화16년도 지장가옥 평면도 8. 대전 시가지계획 제1토지구획 정리공사계획 평면도(1:2,400)		
문서내용	• 1941년 대전 시가지계획사업 제1토지구획 정리공사 실시 설계서 내에 설계총괄표 및 내역서 등 공사와 관련된 종합적인 상세내역 포함, 공사에 관련된 소요물자 명세 및 산출조서 등을 통해 당시 토목기술 수준을 가늠할 수 있는 정보 제공		

23-2

기록건명	대전 시가지계획사업 제1토지구획 정리공사 일부 실시설계 인가의 건		
문서번호			
기안부서 (발신자)	사정국 토목과 행정계	기안일자	1942-05-16

중간결재			
최종결재 (수신자)	총독 (정무총감 전결)	결재일자 (접수일자)	1942-05-29
		시행일자 (발송일자)	1942-05-30
첨부문서	1. 대전 시가지계획사업 제1토지구획 정리공사 실시설계 인가의 건(대전부윤) 2. 소화17년도 대전 시가지계획사업 제1토지구획 정리 실시설계 인가신청에 관한 건(대전부윤) 3. 대전 시가지계획사업 제1토지구획 정리공사설계서(소화17년도) 4. 대전부 시가지계획사업 제1토지구획 정리공사 사양서		
문서내용	• 1942년도 정리공사 설계서 내에 대전 시가지계획사업 제1토지구획 정리공사 실시계획 총괄표·사업계획별 예산서·일위 대가표 등 공사와 관련된 종합적인 상세내역 포함		

23-3

기록건명	대전 시가지계획사업 제1토지구획 정리 환지예정지 지정의 건		
문서번호			
기안부서 (발신자)	사정국 토목과 행정계	기안일자	1943-09-16
중간결재			
최종결재 (수신자)	총독 (정무총감 전결)	결재일자 (접수일자)	1943-10-18
		시행일자 (발송일자)	1943-10-19

첨부문서	1. 대전 시가지계획사업 제1토지구획 정리 환지예정지 지정에 관한 건 (대전부윤)
	2. 환지예정지 지정 승인의 건(대전부윤)
	  - 실시설계 인가
	  - 감보부담관계 분류표
	  - 감보율 계산표
	  - 제1토지구획정리 시행규정
	  - 제1토지구획정리 환지세칙
	  - 환지예정지 지정 조사서
	  - 환지예정지 지정도		

	- 환지지정기입 재래가옥 신구대조도(1:1,200) 3. 대전부 시가지계획 제1토지구획 정리지구내 배수계통도(1:10,000) 4. 대전 시가지계획 평면도 5. 대전 시가지계획 제1토지구획정리지구 현형도(1:1,200)
문서내용	• 1943년 당시의 환지 지정에 관한 규정 및 세칙 등 법률적 맥락정보를 파악할 수 있는 정보 제공, 당시 대전 관계지역에 걸친 토지소유자별 환지 지정조서의 상세 내역을 파악할 수 있는 정보 제공, 환지 예정지의 재래가옥에 대한 상세 신구대조지도를 통해 당시의 대전 지역사회 내 도시구조 형태를 파악할 수 있는 정보 제공.

24) 목포 도시계획결정(1937)

기록철명	원철명	목포 도시계획결정
	정리철명	목포 도시계획결정(1937)
생산년도	1936-1940년	
생산기관	내무국 토목과	
보존기간	갑종(영구)	
소장기호	CJA0022543	

	Item			
일련 번호	건명	결재(발송)일	기안(발신)부서	첨부 문서
1	조선시가지계획령에 의한 토지구획정리지역 변경에 관한 건	1940-02-11	전라남도지사	4건
2	목포시가지계획 구역, 동 가로망 및 동 토지구획정리 시행지구 결정에 관한 건	1936-10-27	내무국 토목과	3건
3	목포시가지계획 구역, 가로망, 토지구획정리 결정이유서(1937-03-23 고시 제187호에 의해 결정, 1937-05-01 시행)	1937-05-01		2건

기록철명	원철명	목포 도시계획결정
	정리철명	목포 도시계획결정(1937)

생산부서	내무국 토목과		
생산년도	1936-1940년	분류기호	
쪽수	122면	조선총독부 보존기간	갑종(영구)
소장처	국가기록원	소장기호	CJA0022543

24-1

기록건명	조선시가지계획령에 의한 토지구획정리지역 변경에 관한 건		
문서번호			
기안부서 (발신자)	전라남도지사	기안일자	
중간결재			
최종결재 (수신자)	총독	결재일자 (접수일자)	
		시행일자 (발송일자)	1940-02-11
첨부문서	1. 조선시가지계획령에 의한 토지구획정리지역 변경에 관한 건 품신(목포부윤→총독, 1939-12-09) - 토지구획정리지역 변경이 필요한 이유 2. 고시안 (총독부고시 제 187호) 3. 목포시가지계획 구역, 동 가로 및 동 토지구획정리 결정에 관한 건 (土 제138호, 1937-03-23) 4. 목포시가지계획 구역, 동 가로망 등의 결정에 관한 건(전라남도지사→내무국장, 1936-12-03) - 답신서(목포부윤→총독, 1936-11-17) - 답신서(무안군 이로면장→총독, 1936-11-18) - 무안군 이로면협의회 회의록		
문서내용	• 목포시가지계획 토지구획정리지구의 변경 내역을 알 수 있는 정보 제공.		

24-2

기록건명	목포시가지계획 구역, 동 가로망 및 동 토지구획정리 시행지구 결정에 관한 건
문서번호	土 제506호

기안부서 (발신자)	내무국 토목과	기안일자	1936-06-17
중간결재	지방과장, 경무국장, 경무과장		
최종결재 (수신자)	정무총감	결재일자 (접수일자)	1936-10-27
		시행일자 (발송일자)	1936-11-02
첨부문서	1. 자문서 2. 통첩안 (내무국장→전라남도지사) 3. 목포시가지계획 구역, 가로망, 토지구획정리지구 결정이유서 (평면도 포함)		
문서내용	• 목포시가지계획의 내역을 알 수 있는 정보 제공.		

24-3

기록건명	목포시가지계획 구역, 가로망, 토지구획정리 결정이유서(1937-03-23 고시 제187호에 의해 결정, 1937-05-01 시행)		
문서번호			
기안부서 (발신자)		기안일자	
중간결재			
최종결재 (수신자)		결재일자 (접수일자)	
		시행일자 (발송일자)	1937-05-01
첨부문서	1. 답신서 2. 제3회 시가지계획위원회회의록 (목표관련 의안)		
문서내용	• 목포시가지계획에 관한 정보 제공. 본문 중간에 목포 인근 지역의 시가지계획 자문안 답신서, 시가지계획위원회 회의록 등이 첨부되어 있음.		

25) 보산시가지계획 제1토지구획정리 실시계획 인가의 건(평안남도)

기록철명	원철명	보산시가지계획 제1토지구획정리 실시계획 인가의 건
	정리철명	보산시가지계획 제1토지구획정리 실시계획 인가의 건(평안남도)
생산년도	1943-1944년	
생산기관	사정국(광공국) 토목과	

보존기간	갑종(영구)			
소장기호	CJA0016076			

	Item			
일련 번호	건명	결재(발송)일	기안(발신)부서	첨부 문서
1	보산시가지계획사업 제1토지구획정리실시계획 인가의 건	1943-04-19	사정국 토목과 행정계	4건
2	보산시가지계획사업 제1토지구획정리 실시계획 변경 인가의 건	1944-03-04	광공국 토목과	2건
3	보산시가지계획 제1토지구획정리 환지예정지 지정의 건	1944-03-06	광공국 토목과 행정계	2건

기록철명	원철명	보산시가지계획 제1토지구획정리 실시계획 인가의 건		
	정리철명	보산시가지계획 제1토지구획정리 실시계획 인가의 건(평안남도)		
생산부서	사정국(광공국) 토목과			
생산년도	1943-1944년		분류기호	1945년 토목 갑 기록 제2278호
쪽수	747면		조선총독부 보존기간	갑종(영구)
소장처	국가기록원		소장기호	CJA0016076

25-1

기록건명	보산시가지계획사업 제1토지구획정리실시계획 인가의 건		
문서번호			
기안부서 (발신자)	사정국 토목과 행정계	기안일자	1943-03-05
중간결재			
최종결재 (수신자)	총독(정무총감 전결)	결재일자 (접수일자)	1943-04-19
		시행일자 (발송일자)	1943-04-19
첨부문서	1. 보산시가지계획사업 토지구획정리에 관한 건(평안남도지사) 2. 통첩안(사정국장) 3. 보산시가지계획사업 제1토지구획정리 실시계획 인가의 건(평안남도지사)		

	- 보산시가지계획사업 제1토지구획정리 실시계획 인가신청서(평안남도)
	4. 보산시가지계획사업 제1토지구획정리 실시계획 인가신청에 관한 건 (평안남도지사)
	  ① 보산시가지계획사업 제1토지구획정리 실시계획 인가신청서
	    - 사업계획서
	    - 실시계획설계서 및 공사시공방법
	    - 비용예산서
	    - 재원조서
	    - 비용부담방법
	    - 토지처분방법 및 정리시행상 필요한 사항을 정하는 규정(시행규정)
	    - 공사시행 전후에 있어서 지목별 면적 합계의 예산
	    - 토지원부
	    - 정리시행구내 토지소유자의 원수 및 각 소유토지의 지목별 면적
	    - 공공용지 조서
	    - 자재조서

문서내용	• 첨부문서 1은 본 건 앞에 수록되어 있음. 1943년 보산시가지계획사업에 관한 사업계획서, 시공방법, 재정 등에 관한 다양한 정보가 종합되어 있음. 토적계산표가 다량 수록되어 정책 내용, 시행과정 등에 관한 전반적인 내용을 상세히 알려주는 정보 제공. 토지원부가 다량 수록되어 있음.

25-2

기록건명	보산시가지계획사업 제1토지구획정리 실시계획 변경 인가의 건		
문서번호			
기안부서 (발신자)	광공국 토목과	기안일자	1944-03-02
중간결재	이사관		
최종결재 (수신자)	총독(정무총감 전결)	결재일자 (접수일자)	1944-03-04
		시행일자 (발송일자)	1944-03-05
첨부문서	1. 보산시가지계획 제1토지구획정리 실시계획 변경의 건(평안남도지사)		

2. 보산시가지계획사업 제1토지구획정리 실시계획 변경 인가 신청에
   관한 건(평안남도지사)
   ① 보산시가지계획사업 제1토지구획정리 실시계획 변경 인가 신청
      서(평안남도)
      - 계획변경 이유서
      - 실시계획 변경 설계서 및 공사 시공방법
      - 비용예산서
      - 재원조서
      - 비용부담방법
      - 토지처분방법 및 정리시행상 필요한 사항을 정하는 규정
      - 공사시행 전후에 있어서 지목별 면적 합계의 예정
      - 계획변경 평면도, 도로변경설계 종횡단도
      - 토지원부
      - 정리시행지구 내의 토지소유자의 원수 및 소유 토지의 지목별
        면적 지가
      - 공공용지조서
      - 자재조서

문서내용	• 1944년 평남 보산시가지계획 제1토지구획정리 실시계획 변경에 관한 정보 제공.

25-3

기록건명	보산시가지계획 제1토지구획정리 환지예정지 지정의 건		
문서번호			
기안부서 (발신자)	광공국 토목과 행정계	기안일자	1944-03-03
중간결재			
최종결재 (수신자)	총독(정무총감 전결)	결재일자 (접수일자)	1944-03-06
		시행일자 (발송일자)	1944-03-07
첨부문서	1. 보산시가지계획 제1토지구획정리 환지예정지 지정의 건(평안남도지사) 2. 보산예정지 지정승인 신청의 건(평안남도지사) - 정리시행에 의한 토지용도계획		

	- 감보부담관계 분류표 - 감보율 계산표 - 환지관계 시행규정 - 환지세칙 - 환지예정지 지정조서 - 지적 및 관지 예정 기입도(보산제1토지구획정리 환지예정지 지정도 　(지도, 1/1,200)
문서내용	• 1944년 평남 보산시가지계획 제1토지구획정리 환지예정지 지정에 관한 정보 제공. 환지예정지 지도 포함.

26) 부산 도시계획결정(1936-1944)

기록철명	원철명	부산 도시계획결정
	정리철명	부산 도시계획결정(1936-1944)
생산년도	1936-1940년	
생산기관	내무국 토목과	
보존기간	갑종(영구)	
소장기호	CJA0022542	

<table>
<tr><td colspan="5" align="center">Item</td></tr>
<tr><td>일련
번호</td><td>건명</td><td>결재(발송)일</td><td>기안(발신)부서</td><td>첨부
문서</td></tr>
<tr><td>1</td><td>부산시가지계획 가로 중 일부 변경 및 동 토지구획정리지구 추가 결정에 관한 건</td><td>1940-07-25</td><td>내무국 토목과</td><td>4건</td></tr>
<tr><td>2</td><td>시가지계획 결정에 관한 건</td><td>1940-05-30</td><td>내무국 토목과</td><td>5건</td></tr>
<tr><td>3</td><td>부산시가지계획 가로 중 일부 변경 및 토지구획정리지구 추가에 관한 건</td><td>1939-12-08</td><td>내무국 토목과</td><td>4건</td></tr>
<tr><td>4</td><td>부산시가지계획 가로 중 일부 변경의 건</td><td>1939-08-10</td><td>내무국 토목과</td><td>5건</td></tr>
<tr><td>5</td><td>부산시가지계획 가로 변경에 관한 건</td><td>1939-01-18</td><td>내무국 토목과</td><td>7건</td></tr>
<tr><td>6</td><td>부산시가지계획사업 토지구획정리공사 준공 기한 연장 및 실시계획 변경 인가의 건</td><td>1939-06-27</td><td>내무국 토목과</td><td>9건</td></tr>
<tr><td>7</td><td>부산시가지계획사업 토지구획정리 시행 명령의 건</td><td>1939-01-07</td><td>내무국 토목과</td><td>6건</td></tr>
</table>

8	토지구획정리 시행에 관한 건	1938-05-26	내무국 토목과	10건
9	부산시가지계획 가로 변경 및 동 가로 및 동 토지구획정리지구 추가 결정에 관한 건	1938-04-06	내무국 토목과	8건
10	부산시가지계획 가로 변경과 동 가로 및 동 토지구획정리지구 추가 결정에 관한 건	1937-09-13	내무국 토목과	
11	부산시가지계획 구역, 동 가로망 및 동 토지구획정리 시행지구 결정에 관한 건	1936-10-27	내무국 토목과	5건

기록철명	원철명	부산 도시계획결정	
	정리철명	부산 도시계획결정(1936-1944)	
생산부서	내무국 토목과		
생산년도	1936-1940년	분류기호	
쪽수	473면	조선총독부 보존기간	갑종(영구)
소장처	국가기록원	소장기호	CJA0022542

26-1 ··

기록건명	부산시가지계획 가로 중 일부 변경 및 동 토지구획정리지구 추가 결정에 관한 건		
문서번호	± 제175호		
기안부서 (발신자)	내무국 토목과	기안일자	1940-07-05
중간결재	지방과장, 경무국장, 경무과장		
최종결재 (수신자)		결재일자 (접수일자)	1940-07-25
		시행일자 (발송일자)	1940-08-02
첨부문서	1. 부산시가지계획 가로 중 일부 변경 및 토지구획정리지구 추가안 2. 부산시가지계획 가로 일부 변경 및 토지구획정리지구 추가 결정이유서 3. 통첩안(내무국장→경상남도지사, 1940-08-02) 4. 관계 부회 및 시가지계획위원회의 답신요령 및 그 처리 전말		
문서내용	• 4번 첨부문서를 통해 1940년 8월 일부 시가지계획위원 및 관계자들의 부산시가지계획 등에 대한 자문안 답신 내용을 알 수 있는 정보 제공.		

26-2

기록건명	시가지계획 결정에 관한 건		
문서번호	土 제175호		
기안부서 (발신자)	내무국 토목과	기안일자	1940-05-05
중간결재	지방과장, 경무국장, 경무과장		
최종결재 (수신자)	총독(정무총감전결)	결재일자 (접수일자)	1940-05-30
		시행일자 (발송일자)	1940-06-05

첨부문서	1. 자문안
	2. 부산시가지계획 가로 일부 변경의 건 (土 제181호, 경상남도지사→내무국장, 1940-05-20)
	3. 부산시가지계획 가로 일부 변경의 건 (土 제509호, 부산부윤→내무국장, 1940-05-16)
	4. 부산시가지계획 가로 중 일부 변경 및 토지구획정리지구 추가에 관한 건(경상남도지사→총독, 1940-02-01)
	5. 답신서 송부의 건 (부산부윤→총독, 1940-01-20)
	  1) 답신서
	  2) 전보(부산부윤→내무국장)
	5. 부산시가지계획 가로 중 일부 변경의 건(1939-07-22)
	  - 부산시가지계획 가로 중 일부 변경 이유서		

문서내용	• 1940년 부산시가지계획 가로 중 일부 변경에 관한 정보 제공. 5번 첨부문서는 폐안		

26-3

기록건명	부산시가지계획 가로 중 일부 변경 및 토지구획정리지구 추가에 관한 건		
문서번호	土 제29호		
기안부서 (발신자)	내무국 토목과	기안일자	1939-11-10
중간결재	지방과장, 경무국장, 경무과장		
최종결재 (수신자)	총독(정무총감 전결)	결재일자 (접수일자)	1939-12-08
		시행일자 (발송일자)	1939-12-11

첨부문서	1. 자문안 (부산부회) 2. 통첩안 (내무국장 → 경상남도지사) 3. 부산시가지계획 가로 중 일부 변경 및 토지구획정리지구 추가안, 4. 부산시가지계획 가로 중 일부 변경 및 토지구획정리지구 추가 결정이유서
문서내용	• 1939년 부산시가지계획 가로 중 일부 변경 및 토지구획정리지구 추가에 관한 정보 제공. 부산부회의 자문안 포함.

26-4

기록건명	부산시가지계획 가로 중 일부 변경의 건		
문서번호	土 제29호		
기안부서 (발신자)	내무국 토목과	기안일자	1939-07-25
중간결재	지방과장, 경무국장, 경무과장		
최종결재 (수신자)	총독(정무총감 전결)	결재일자 (접수일자)	1939-08-10
		시행일자 (발송일자)	
첨부문서	1. 부산시가지계획 가로 중 일부 변경안 2. 부산시가지계획 가로 중 일부 변경이유서 3. 시가지계획 결정에 관한 건(1939-05-13), 시가지계획위원 답신서 4. 부산시가지계획 가로 변경의 건 (1939-02-15, 경상남도지사) 5. 답신서 進達의 건 (1939-02-13, 부산부윤)		
문서내용	• 3번 첨부문서를 통해 1939년 7월 부산시가지계획 변경에 관한 일부 시가지계획위원 및 관계자들의 자문안 답신 내용을 알 수 있는 정보 제공.		

26-5

기록건명	부산시가지계획 가로 변경에 관한 건		
문서번호	土 제29호		
기안부서 (발신자)	내무국 토목과	기안일자	1938-12-23
중간결재	지방과장, 경무국장, 경무과장		

최종결재 (수신자)	총독	결재일자 (접수일자)	1939-01-18
		시행일자 (발송일자)	1939-01-23
첨부문서	1. 자문안 (부산부회) 2. 통첩안 (내무국장 → 경상남도지사) 3. 부산시가지계획 가로 중 일부 변경안, 변경 이유서 4. 부산시가지계획 가로 일부 변경 신청의 건 (제557호, 부산부윤→, 1938-11-29) 5. 부산시가지계획 가로 일부 변경 신청의 건 (경상남도지사→조선총독, 1938-11-19) 6. 부산시가지계획 가로 일부 변경 인가 신청 (土 제623호, 부산부윤→ 총독, 1938-11-08) 7. 조선총독부 고시 제540호 (1939-07-03)		
문서내용	• 1938년 부산시가지계획 가로 변경에 관한 정보 제공.		

26-6

기록건명	부산시가지계획사업 토지구획정리공사 준공기한 연장 및 실시계획 변경 인가의 건		
문서번호			
기안부서 (발신자)	내무국 토목과	기안일자	1939-06-07
중간결재	지방과장		
최종결재 (수신자)		결재일자 (접수일자)	1939-06-27
		시행일자 (발송일자)	1939-06-29
첨부문서	1. 부산시가지계획 釜田里 토지구획정리사업 집행의 年度割表 2. 부산시가지계획 凡一町 토지구획정리사업 집행의 年度割表 3. 부산시가지계획 영선정 토지구획정리사업 집행의 年度割表 4. 부산시가지계획 釜田里, 凡一町, 영선정 토지구획정리 실시계획 변경 인가 신청의 건 (土 제633호, 경상남도지사→총독, 1939-05-31) 5. 부산시가지계획사업 부전리 토지구획정리 실시계획 변경 인가 신청 (釜土 제481호, 부산부윤→총독, 1939-05-15) - 진정서 (토지구획정리에 관한 건) 7. 부산시가지계획사업 범일정 토지구획정리 실시계획 변경 인가 신청 (釜土 제482호, 부산부윤→총독, 1939-05-15)		

	- 범일정지구 진정서
	8. 부산시가지계획사업 영仙町 토지구획정리 실시계획 변경 인가 신청 (釜土 제483호, 부산부윤→총독, 1939-05-15)
	- 진정서
	9. 조선총독부 고시 제18호(1939-01-17)
문서내용	• 부산시가지계획 중 토지구획정리사업에 관한 정보 제공. 범일정 지구 등 지역 주민들의 진정서가 첨부되어 사업에 대한 주민들의 이해관계를 파악할 수 있음

26-7

기록건명	부산시가지계획사업 토지구획정리 시행 명령의 건		
문서번호	土 제485호		
기안부서 (발신자)	내무국 토목과	기안일자	1938-10-27
중간결재	지방과장, 경무국장, 재무국장, 경무과장		
최종결재 (수신자)	총독	결재일자 (접수일자)	1939-01-07
		시행일자 (발송일자)	1939-01-13
첨부문서	1. 명령안 (부산부윤) 2. 통첩안 (내무국장 → 경상남도지사) 3. 토지구획정리 시행 지정 內申의 건 (土 제1,950호, 경상남도지사→총독, 1938-10-24) 4. 토지구획정리 시행 지정 內申의 건 (釜土 제135호, 부산부윤→총독, 1938-10-08) 5. 토지구획정리 시행 지정 內申의 건 (釜土, 제682호, 부산부윤→총독, 1938-12-14) 6. 조선총독부 고시 제448호(1938-05-28)		
문서내용	• 부산시가지계획 토지구획정리 시행에 관한 정보 제공		

26-8

기록건명	토지구획정리 시행에 관한 건
문서번호	土 제203호

기안부서 (발신자)	내무국 토목과	기안일자	1938-05-17
중간결재	지방과장		
최종결재 (수신자)	총독	결재일자 (접수일자)	1938-05-26
		시행일자 (발송일자)	1938-05-28
첨부문서	1. 통첩안 (내무국장 → 경상남도지사) 2. 시가지계획에 관한 건 (土 제478호, 경상남도지사→총독, 1938-04-11) 3. 토지구획정리 인가 內申의 건 (釜土 제135호, 부산부윤→총독, 1938-03-25) 4.. 소화13년도 토지구획정리계획서(부산부) 5. 조선총독부 고시 제448호 (1938-05-26) 6. 토지구획정리지역 내 리명에 관한 건 (토목과장→내무국 토목과 행정계, 1938-07-30) 7. 토지구획정리에 관한 건 (釜土 제135호, 부산부윤→내무국장, 1938-07-19) 8. 부산시가지계획 토지구획정리에 관한 건 (내무국장→부산부윤, 1938-07-08) 　- 부산시가지계획 개요 　- 부산시가지계획구역, 가로망 약도(1936-11-05) 9. 부산시가지계획 구역, 동 가로망 및 토지구획정리 시행지구 결정에 관한 건 (土 제1,804호, 경상남도지사→총독, 1936-11-23) 10. 부산시가지계획에 관한 건(釜土 제587호, 부산부윤→내무국장, 1936-01-26) 　- 제3회 시가지계획위원회 회의록(1937-01-19) 　- 부산시가지계획 녹지지역 지정, 풍치지구 지정, 공원 결정안 (1944-01-08) 　- 부산시가지계획 구역결정이유서 　- 부산시가지계획 가로망결정이유서 　- 부산시가지계획 토지구획정리이유서
문서내용	• 부산시가지계획 토지구획정리 시행에 관한 정보 제공. 풍치지구, 공원 지정에 관한 내용 포함. 제3회 시가지계획위원회 회의록 포함

26-9

기록건명	부산시가지계획 가로 변경 및 동 가로 및 동 토지구획정리지구 추가 결정에 관한 건
문서번호	土 제91호

기안부서 (발신자)	내무국 토목과	기안일자	1938-03-16

중간결재	지방과장, 경무국장, 경무과장

최종결재 (수신자)	총독	결재일자 (접수일자)	
		시행일자 (발송일자)	1938-04-06

첨부문서	1. 시가지계획 결정에 관한 건(1937-12-03) 2. 부산부시가지계획 가로 변경 및 동 가로 및 동 토지구획정리지구 결정에 관한 건(土 제1,424호, 경상남도지사→총독, 1937-10-08) 3. 부산부시가지계획 가로 변경 및 동 가로 및 동 토지구획정리지구 결정에·관한 건(土 제639호, 부산부윤→총독, 1937-10-04) - 답신서(부산부회의장→총독, 1937-09-30) 4. 부산시가지계획 가로 변경 및 동 가로 및 동 토지구획정리지구 추가 결정이유서 5. 부산시가지계획 평면도에 관한 건(1937-01-07) 6. 부산시가지계획에 관한 건(釜土 제587호, 1936-11-26, 부산부윤→내무국장) 7. 부산시가지계획 구역, 동 가로망 및 토지구획정리 시행지구 결정에 관한 건(土 제1,804호, 1936-11-23경상남도지사→총독) 8. 부산시가지계획 자문서에 관한 건(1936-11-10, 부산부윤→내무국장)
문서내용	• 1번 첨부문서를 통해 1938년 부산시가지계획안이 결정되는 과정에서 관련 기관이 자문한 내용을 알 수 있음. 5번 첨부문서는 가안임.

26-10

기록건명	부산시가지계획 가로 변경과 동 가로 및 동 토지구획정리지구 추가 결정에 관한 건
문서번호	土 제553호

기안부서 (발신자)	내무국 토목과	기안일자	1937-08-20

중간결재	지방과장, 경무국장, 경무과장

최종결재 (수신자)	총독, 정무총감	결재일자 (접수일자)	
		시행일자 (발송일자)	1937-09-13
첨부문서			
문서내용	• 1937년 부산시가지계획 가로 변경과 동 가로 및 동 토지구획정리지구 추가 결정에 관한 정보 제공.		

26-11

기록건명	부산시가지계획 구역, 동 가로망 및 동 토지구획정리 시행지구 결정에 관한 건		
문서번호	土 제505호		
기안부서 (발신자)	내무국 토목과	기안일자	1936-10-15
중간결재	지방과장, 경무국장, 경무과장		
최종결재 (수신자)	총독, 정무총감	결재일자 (접수일자)	1936-10-27
		시행일자 (발송일자)	1936-11-02
첨부문서	1. 부산시가지계획 구역, 가로망, 토지구획정리지구 결정이유서 2. 부산도시계획에 대한 진해항요새사령관의 요망에 관한 건 (釜土 제57호, 1936-05-15, 부산부윤→내무국장) 3. 부산시가지계획에 관한 건 (鎭地 제75호, 1936-05-21, 진해항요새사령관→내무국장) 4. 부산시가지계획에 관한 건 회답 (鎭要機密 제63호, 1936-05-15, 진해요항부 참모장→내무국장) 5. 부산시가지계획에 관한 건(1936-05-07, 내무국장→조선군사령관, 진해항요새사령관, 진해요항부사령관)		
문서내용	• 부산시가지계획의 기본적인 내용 및 그 군사적 측면을 알 수 있는 정보 제공. 진해항 주둔 일본군 수뇌부의 의견을 알 수 있음.		

27) 부여시가지계획 제1구 토지구획정리공사(충청남도)

기록철명	원철명	소화18년 부여시가지계획사업 제1구 토지구획정리공사
	정리철명	부여시가지계획 제1구 토지구획정리공사(충청남도)
생산년도	1940-1943년	
생산기관	내무국(사정국) 토목과	
보존기간	갑종(영구)	
소장기호	CJA0016074	

<table>
<tr><td colspan="5" align="center">tem</td></tr>
<tr><td>일련
번호</td><td>건명</td><td>결재(발송)일</td><td>기안(발신)부서</td><td>첨부
문서</td></tr>
<tr><td>1</td><td>부여시가지계획사업 제1구토지구획정리 공사
착수의 건</td><td>1941-03-14</td><td>충청남도지사</td><td></td></tr>
<tr><td>2</td><td>부여시가지계획사업 제1구 토지구획정리 실시
계획 인가의 건</td><td>1940-10-09</td><td>내무국 토목과
행정계</td><td>3건</td></tr>
<tr><td>3</td><td>부여시가지계획사업 토지구획정리 실시계획 변
경의 건</td><td>1943-07-16</td><td>사정국 토목과
행정계</td><td>4건</td></tr>
</table>

기록철명	원철명	소화18년 부여시가지계획사업 제1구 토지구획정리공사		
	정리철명	부여시가지계획 제1구 토지구획정리공사(충청남도)		
생산부서	내무국(사정국) 토목과			
생산년도	1940-1943년	분류기호	1945년 토목 갑 기록 제2276호	
쪽수	281면	조선총독부 보존기간	갑종(영구)	
소장처	국가기록원	소장기호	CJA0016074	

27-1

기록건명	부여시가지계획사업 제1구토지구획정리 공사 착수의 건		
문서번호			
기안부서 (발신자)	충청남도지사	기안일자	1941-03-10
중간결재			

최종결재 (수신자)	총독	결재일자 (접수일자)	
		시행일자 (발송일자)	1941-03-14
첨부문서			
문서내용	• 1941년 부여시가지계획사업 제1구 토지구획정리 공사에 관한 정보 제공		

27-2

기록건명	부여시가지계획사업 제1구 토지구획정리 실시계획 인가의 건		
문서번호			
기안부서 (발신자)	내무국 토목과 행정계	기안일자	1940-10-01
중간결재	지방과장		
최종결제 (수신자)	총독(정무총감 전결)	결재일자 (접수일자)	1940-10-09
		시행일자 (발송일자)	1940-10-09
첨부문서	1. 이유 2. 계획개요 　- 사업집행지 　- 사업시행년도 　- 시공면적 및 사업비 　- 사업에 의한 이익 　- 공사개요 3. 부여시가지계획사업 제1구 토지구획정리 실시계획 인가신청(충청남도지사) 　- 사업계획서 　- 실시계획설계서 및 공사시행방법 　- 비용예산서 　- 재원조서 　- 비용부담방법 　- 토지처분방법 및 정리시공상 필요한 사항을 정하는 규정 　- 이의의 신청에 관한 전말 　- 이의의 신청에 의해 변경된 부분에 관한 사유 　- 공사시행전후에 지목별 면적 합계의 예정		

	- 첨부도면(부여시가지계획평면도(지도, 1/3000), 계획평면도, 지구 　및 인접지의 현형도, 공공용지도) - 토지원부 - 정리시행지구 내의 토지소유자의 員數 및 각 소유한 토지의 지목 　별 면적지가 - 공공용지 조서
문서내용	• 1940년 부여시가지계획사업에 관한 정보 제공.　계획개요에 공사개 요, 토지구획정리재원조서, 토지구획정리사업비용 예산서 등이 수록 되어 있어 정책과정을 확인할 수 있는 정보 제공. 또한 토지원부가 다량 수록되어 있음.

27-3

기록건명	부여시가지계획사업 토지구획정리 실시계획 변경의 건		
문서번호			
기안부서 (발신자)	사정국 토목과 행정계	기안일자	1943-04-06
중간결재	지방과장		
최종결재 (수신자)	총독(정무총감 전결)	결재일자 (접수일자)	1943-07-16
		시행일자 (발송일자)	1943-07-16
첨부문서	1. 이유 2. 계획개요 3. 재원조서 4. 부여시가지계획사업 토지구획정리시행지구 및 계획변경 인가신청의 　건(충청남도지사) 　① 부여시가지계획 제1구 토지구획정리지구 및 계획 변경서 　　- 토지구획정리시행지구 및 계획변경의 사유 　　- 설계 변경 전후에 있어서 각종목별 비교조서 　　- 지구변경에 의한 신규편입토지의 종목별 조서 　　- 설계변경 전후에 있어서 감보율 비교표 　　- 설계변경에 있어서 사업년도별표 　　- 실시계획 설계 및 공사시행법 　　- 사업집행년도별표		

	- 실시계획 설계 변경 총괄표
	- 공사실시계획 설계 변경 내역서
	- 공사의 시행방법
	- 토지구획정리 재원조서
	- 정리실시 전후에 있어서 종목별 면적 합계 예정표
	- 설계 변경에 있어서 편입 및 除斥 토지대장(제2공사구 토지대장, 토지원부)
	- 시행규정변경안
	- 부여시가지계획평면도(지도, 1/3000)
문서내용	• 1943년 부여시가지계획의 사업 계획, 집행과정에 관한 전반적인 정보 제공. 토지원부가 다량 수록되어 있음.

28) 신의주 시가지계획사업 토지구획정리 실시계획 인가의 건

기록철명	원철명	신의주 시가지계획사업 토지구획정리 실시계획 인가의 건			
	정리철명	신의주 시가지계획사업 토지구획정리 실시계획 인가의 건			
생산년도	1938-1940년				
생산기관	내무국 토목과				
보존기간	갑종(영구)				
소장기호	CJA0015791				
Item					
일련 번호	건명		결재(발송)일	기안(발신)부서	첨부 문서
1	신의주 시가지계획사업 토지구획정리 실시계획 인가의 건			내무국 토목과 행정계	7건
2	신의주 시가지계획사업 토지구획정리 실시설계 인가의 건		1940-05-23	내무국 토목과 행정계	3건

기록 철명	원철명	신의주 시가지계획사업 토지구획정리 실시계획 인가의 건
	정리철명	신의주 시가지계획사업 토지구획정리 실시계획 인가의 건
생산부서	내무국 토목과	

생산년도	1938-1940년	분류기호	1941년 토목 갑 기록 제1978호
쪽수		조선총독부 보존기간	갑종(영구)
소장처	국가기록원	소장기호	CJA0015791

28-1

기록건명	신의주 시가지계획사업 토지구획정리 실시계획 인가의 건		
문서번호			
기안부서 (발신자)	내무국 토목과 행정계	기안일자	1938-12-21
중간결재	지방과장		
최종결재 (수신자)	총독 (정무총감 전결)	결재일자 (접수일자)	
		시행일자 (발송일자)	
첨부문서	1. 정리 전후에 걸친 지목별 면적합계 예정 2. 사업비개산 3. 재원조서 4. 신의주 토지구획정리 조건의 제5부도(1/1,200) 5. 신의주 시가지계획사업 토지구획정리 실시계획의 건(신의주부윤) 6. 신의주 시가지계획사업 토지구획정리 실시계획에 관한 건(평안북도지사) 7. 신의주 시가지계획사업 토지구획정리 실시계획 인가의 건(신의주부윤) 　- 사업계획설명서 　- 사업비내역서 　- 사업비예산서 및 비용부담방법 　- 공사비개산서 및 시행방법 　- 토지처분방법 및 기타 정리시행상 필요사항을 정한 규정 　- 이의 신청에 관한 전말 　- 이의 신청으로 인해 변경된 부분에 관한 사유서 　- 지구의 현황 　- 지구 및 인접지의 현형도 　- 공사시행 전후에 걸친 토지의 지목별 면적 　- 공사 인접지에 미치는 영향 　- 토지원부 사본 　- 권리자명부 사본		

문서내용	• 1941년 신의주 시가지계획사업 토지구획정리 실시계획에 관한 상세 내용으로부터 조선총독부의 계획 인가 이유에 이르는 맥락상의 정보 제공. 사업의 시행과 관련된 인명 및 단체별 토지원부 사본과 더불어 권리자명부 사본 포함.

28-2

<table>
<tr><td>기록건명</td><td colspan="4">신의주 시가지계획사업 토지구획정리 실시설계 인가의 건</td></tr>
<tr><td>문서번호</td><td colspan="4"></td></tr>
<tr><td>기안부서
(발신자)</td><td>내무국 토목과 행정계</td><td>기안일자</td><td colspan="2">1940-05-22</td></tr>
<tr><td>중간결재</td><td colspan="4"></td></tr>
<tr><td rowspan="2">최종결재
(수신자)</td><td rowspan="2">총독 (정무총감 전결)</td><td>결재일자 (접수일자)</td><td colspan="2"></td></tr>
<tr><td>시행일자 (발송일자)</td><td colspan="2">1940-05-23</td></tr>
<tr><td>첨부문서</td><td colspan="4">1. 신의주 토지구획정리공사 실시 인가의 건(신의주부윤)
2. 신의주 토지구획정리공사 실시설계 인가신청의 건(평안북도지사)
3. 신의주 토지구획정리공사 실시설계 인가신청의 건(신의주부윤)
　- 실시계획 인가의 제조건에 대한 설명서
　- 신의주 토지구획정리공사 실시 설계서
　- 신의주 시가지계획 토지구획정리공사 사양서
　- 신의주 시가지계획 평면도(구역, 가로망, 토지구획정리지구, 1:5,000)</td></tr>
<tr><td>문서내용</td><td colspan="4">• 1940년 신의주 시가지계획사업 토지구획정리사업의 인가조건에 대한 설명서와 상세 설계내역서 포함.</td></tr>
</table>

29) 신의주시가지계획 토지구획정리실시계획 변경 인가신청에 관한 건

<table>
<tr><td rowspan="2">기록철명</td><td>원철명</td><td>신의주시가지계획 토지구획정리실시계획 변경 인가신청에 관한 건</td></tr>
<tr><td>정리철명</td><td>신의주시가지계획 토지구획정리실시계획 변경 인가신청에 관한 건</td></tr>
<tr><td>생산년도</td><td colspan="2">1941-1943년</td></tr>
<tr><td>생산기관</td><td colspan="2">내무국(사정국) 토목과</td></tr>
</table>

보존기간	갑종(영구)			
소장기호	CJA0015790			

Item				
일련 번호	건명	결재(발송)일	기안(발신)부서	첨부 문서
1	신의주시가지계획토지구획정리 실시계획 변경 인가신청에 관한 건	1941-09-18	내무국 토목과 행정계	2건
2	신의주시가지계획사업 토지구획정리실시계획 변경 인가의 건	1941-12-11	사정국 토목과 행정계	2건
3	신의주시가지계획사업 토지구획정리공사 준공기한 연기의 건	1942-05-06	사정국 토목과 행정계	3건
4	신의주시가지계획사업 토지구획정리 환지예정지 변경의 건	1943-07-26	사정국 토목과 행정계	2건
5	환지예정지 지정에 관한 건	1941-07-08	내무국 토목과 행정계	2건
6	신의주시가지계획사업 토지구획정리에 의해 개설된 공공용지의 편입구분 및 범위 결정에 관한 건	1943-09-20	사정국 토목과 행정계	2건

기록철명	원철명	신의주시가지계획 토지구획정리실시계획 변경 인가신청에 관한 건		
	정리철명	신의주시가지계획 토지구획정리실시계획 변경 인가신청에 관한 건		
생산부서	내무국(사정국) 토목과			
생산년도	1941-1943년	분류기호	1943년 토목 갑 기록 제1975호	
쪽수	833면	조선총독부 보존기간	갑종(영구)	
소장처	국가기록원	소장기호	CJA0015790	

29-1

기록건명	신의주시가지계획토지구획정리 실시계획 변경 인가신청에 관한 건		
문서번호			
기안부서 (발신자)	내무국 토목과 행정계	기안일자	1941-09-17
중간결재			

최종결재 (수신자)	총독(정무총감 전결)	결재일자 (접수일자)	1941-09-18
		시행일자 (발송일자)	1941-09-19

첨부문서	1. 신의주시가지계획사업 토지구획정리 실시계획 변경 인가 신청의 건
	(신의주부윤)
	2. 신의주시가지계획사업 토지구획정리 실시 계획 변경 인가 신청의 건
	(신의주부윤)
	  - 실시계획변경 개요
	  - 예산변경명세서
	  - 사업비 更正예산내역서
	  - 사업비 更正예산서
	  - 재원조서
	  - 신의주토지구획정리지구 지적 일람도(지도, 1/2,400)
	  - 신의주토지구획정리실시계획평면도(지도, 1/2,400)
	  - 告示案		

문서내용	• 1941년 신의주시가지계획사업 토지구획정리 실시계획 변경에 관한 정보 제공		

29-2

기록건명	신의주시가지계획사업 토지구획정리실시계획 변경 인가의 건		
문서번호			
기안부서 (발신자)	사정국 토목과 행정계	기안일자	1941-12-02
중간결재	지방과장, 사무관		
최종결재 (수신자)	총독(정무총감 전결)	결재일자 (접수일자)	1941-12-11
		시행일자 (발송일자)	1941-12-12

첨부문서	1. 신의주시가지계획사업 토지구획정리 실시계획 변경 인가의 건(신의주부윤)
	2. 신의주시가지계획 토지구획정리 실시계획 변경 인가 신청에 관한 건(평안북도지사)
	  - 실시계획변경개요서(내용 無)
	  - 사업비 更正예산서(내용 無)
	  - 재원조서(내용 무)		

	- 비용부담방법(내용 無) - 토지처분방법(내용 無) - 시행규정개정의 이유 - 이의의 신출에 관한 전말 - 지구총면적에 대한 정리 전후의 지목별 면적의 신구대조표 - 설계도
문서내용	• 1941년 신의주시가지계획사업 토지구획정리 실시계획 변경에 관한 정보 제공.실시계획변경 개요서, 사업비 更正예산서, 재원조서, 비용부담방법, 토지처분방법은 제목만 나와 있고 내용은 없음. 설계도 다량 수록

29-3

기록건명	신의주시가지계획사업 토지구획정리공사 준공기한 연기의 건		
문서번호			
기안부서 (발신자)	사정국 토목과 행정계	기안일자	1942-04-10
중간결재	지방과장, 사무관		
최종결재 (수신자)	총독(정무총감 전결)	결재일자 (접수일자)	1942-05-06
		시행일자 (발송일자)	1942-05-07
첨부문서	1. 신의주시가지계획사업 토지구획정리공사 준공기한 연기의 건(신의주부윤) 2. 토지구획정리공사 연기승인원의 건 신청(신의주부윤) 　- 공사연기의 이유 　- 공사공정예정표 　- 조선시가지계획령시행규칙 제144조의 처리 및 전말 　- 신의주부 토지구획정리비 繼續年期 및 지출방법 　- 토지구획정리비特別會計 세입출 경정예산서 3. 토지구획정리공사 완료 보고의 건(신의주부윤)		
문서내용	• 1942년 신의주시가지계획사업 토지구획정리공사 준공 연기에 관한 정보 제공.		

29-4

기록건명	신의주시가지계획사업 토지구획정리 환지예정지 변경의 건		
문서번호			
기안부서 (발신자)	사정국 토목과 행정계	기안일자	1943-07-14
중간결재			
최종결재 (수신자)	총독(정무총감 전결)	결재일자 (접수일자)	1943-07-26
		시행일자 (발송일자)	1943-07-26
첨부문서	1. 신의주시가지계획사업 토지구획정리환지예정지 변경의 건(신의주부윤) 2. 토지구획정리환지예정지 변경의 건(신의주부윤) - 변경이유 - 환지예정지 지정주서 - 변경 전 환지예정지 지정도(지도, 1/1,200)		
문서내용	• 1943년 신의주시가지계획사업 토지구획정리 환지예정지 변경에 관한 정보 제공.		

29-5

기록건명	환지예정지 지정에 관한 건		
문서번호			
기안부서 (발신자)	내무국 토목과 행정계	기안일자	1941-05-20
중간결재			
최종결재 (수신자)	총독(정무총감 전결)	결재일자 (접수일자)	1941-07-08
		시행일자 (발송일자)	1941-07-09
첨부문서	1. 환지예정지 지정승인 신청의 건(신의주부윤) 2. 환지예정지 지정 승인 신청 經伺의 건(신의주부윤) - 신의주 토지구획정리 환지예정지 지정 일반 방침 - 실시계획 인가 조건에 대한 전말서 - 계획변경 부분의 실시계획 내역서 - 이전보상비 명세서		

	- 지구의 현황 - 지구 및 인접지의 現形圖 - 공사의 인접지에 미치는 영향 - 신의주토지구획정리 환지 예정지 지정승인 신청 첨부서류 - 신의주부 토지구획정리비 세입출예산서 - 신의주시가지계획사업 토지구획정리 시행규정 - 신의주시가지계획사업 토지구획정리 환지세칙 - 환지예정지 지정조서 - 신의주시가지계획도(지도, 1/5,000) - 신의주토지구획정리 실시계획 평면도(지도, 1/1,000) - 신의주시가지계획도(지도) - 환지예정지 지정도(지도)
문서내용	• 1941년 신의주 토지구획정리 환지예정지 지정에 관한 정보 제공. 환지예정지 지정조서가 다량 수록. 일반방침, 시행규정 및 지구현황 포함.

29-6

기록건명	신의주시가지계획사업 토지구획정리에 의해 개설된 공공용지의 편입구분 및 범위 결정에 관한 건		
문서번호			
기안부서 (발신자)	사정국 토목과 행정계	기안일자	1943-09-09
중간결재	도시계장, 재무국장, 세무과장		
최종결재 (수신자)	총독(정무총감 전결)	결재일자 (접수일자)	1943-09-20
		시행일자 (발송일자)	1943-09-23
첨부문서	1. 통첩안(사정국장, 재무국장) 2. 구획정리에 의해 개설된 공공용지의 구분 및 범위에 관한 건(신의주부윤) - 조선시가지계획령 시행규칙 제44조 해당지 조서 - 공공용지구분 및 범위도(지도)		
문서내용	• 1943년 신의주시가지계획사업 토지구획정리의 공공용지 구분에 관한 정보 제공.		

**30) 원산 시가지계획사업 제1토지구획정리 실시계획 인가의 건(함경
남도)**

<table>
<tr><td rowspan="2">기록철명</td><td>원철명</td><td colspan="4">원산 시가지계획사업 제1토지구획정리 실시계획 인가의 건</td></tr>
<tr><td>정리철명</td><td colspan="4">원산 시가지계획사업 제1토지구회정리 실시계획 인가의 건(함경
남도)</td></tr>
<tr><td>생산년도</td><td colspan="5">1940-1944년</td></tr>
<tr><td>생산기관</td><td colspan="5">내무국(사정국,광공국) 토목과</td></tr>
<tr><td>보존기간</td><td colspan="5">갑종(영구)</td></tr>
<tr><td>소장기호</td><td colspan="5">CJA0016082</td></tr>
<tr><td colspan="6" align="center">Item</td></tr>
<tr><td>일련
번호</td><td>건명</td><td>결재(발송)일</td><td>기안(발신)부서</td><td>첨부
문서</td></tr>
<tr><td>1</td><td>원산 제1토지구획 정리공사 착수의 건</td><td>1942-04-10</td><td>함경남도지사</td><td>1건</td></tr>
<tr><td>2</td><td>원산시가지계획사업 제1토지구획정리실시계획
인가의 건</td><td>1941-02-13</td><td>내무국 토목과
행정계</td><td>8건</td></tr>
<tr><td>3</td><td>원산 시가지계획사업 제1토지구획정리공사 준
공기한 연기의 건</td><td>1944-06-17</td><td>광공국 토목과
행정계</td><td>3건</td></tr>
<tr><td>4</td><td>원산 시가지계획사업 제1토지구획정리공사 준
공기한 연기의 건</td><td>1943-05-13</td><td>사정국 토목과
행정계</td><td>3건</td></tr>
<tr><td>5</td><td>원산 시가지계획사업 제1토지구획정리실시 설
계 인가의 건</td><td>1941-08-14</td><td>내무국 토목과
행정계</td><td>4건</td></tr>
<tr><td>6</td><td>원산 시가지계획사업 제1토지구획정리 환지예
정지 지정 승인의 건</td><td>1943-10-04</td><td>사정국 토목과
행정계</td><td>3건</td></tr>
</table>

<table>
<tr><td rowspan="2">기록철명</td><td>원철명</td><td colspan="3">원산 시가지계획사업 제1토지구획정리 실시계획 인가의 건</td></tr>
<tr><td>정리철명</td><td colspan="3">원산 시가지계획사업 제1토지구획정리 실시계획 인가의 건
(함경남도)</td></tr>
<tr><td>생산부서</td><td colspan="4">내무국(사정국,광공국) 토목과</td></tr>
<tr><td>생산년도</td><td>1940-1944</td><td>분류기호</td><td colspan="2">1945년 토목 갑 기록 제2283
호</td></tr>
<tr><td>쪽수</td><td>674면</td><td>조선총독부
보존기간</td><td colspan="2">갑종(영구)</td></tr>
<tr><td>소장처</td><td>국가기록원</td><td>소장기호</td><td colspan="2">CJA0016082</td></tr>
</table>

30-1

기록건명	원산 제1토지구획 정리공사 착수의 건		
문서번호			
기안부서 (발신자)	함경남도지사	기안일자	1942-04-07
중간결재	토목과장		
최종결재 (수신자)	사정국장	결재일자 (접수일자)	
		시행일자 (발송일자)	1942-04-10
첨부문서	1. 원산 제1토지구획정리공사착수신고서(원산부윤)		
문서내용	• 1942년 원산 제1토지구획정리공사 착수에 관한 정보 제공.		

30-2

기록건명	원산시가지계획사업 제1토지구획정리실시계획 인가의 건		
문서번호			
기안부서 (발신자)	내무국 토목과 행정계	기안일자	1940-09-24
중간결재	지방과장		
최종결재 (수신자)	총독 (정무총감 전결)	결재일자 (접수일자)	1941-02-13
		시행일자 (발송일자)	1941-02-14
첨부문서	1. 원산시가지계획 제1토지구획정리실시계획 인가 신청의 건(원산부윤) 2. 원산시가지계획 제1토지구획정리실시계획 인가 신청의 건(함경남도지사) 3. 시가지계획 토지구획정리 실시계획인가신청(원산부윤) 　- 원산 시가지계획사업 대화지구 토지구획정리 실시계획서 　- 원산시가지계획사업 제1기 토지구획정리 시행규정 　- 원산부 제1토지구획정리비 부담금조례 　- 소화15-17년도 제1기 토지구획정리공사 실시설계서 　- 공사시행전후에 있어서 지목별 지적합계의 예정 　- 일반평면도 및 설계평면도 지구의 現形圖, 공공용지도(원산시가지계획평면도(지도, 1/1,200), 하수관상세도, 구조물설계표준도, 도로단면표준도) 　- 토지원부 및 권리자 명부(토지소유자명부, 토지원부 附)국유지편입		

	조서, 토지권리자명부)
	- 공공용지조서
	4. 시가지계획 대화토지구획정리계획평면도(지도, 1/1,200)
	5. 신풍리천 종단도(지도, 종 1/200 횡 1/2,000)
	6. 대화토지구획정리지구노선 및 하천종단도(종 1/2,000 횡 1/200, 1/200)
	7. 원산시가지계획평면도(지도)
	8. 대화토지구획정리지구현형도(1/1,200)
문서내용	• 1941년 원산시가지계획 제1토지구획정리사업에 관한 정보 제공. 정리 전후에 있어서 지목별 면적(표), 토지구획정리재원조서(표), 토지구획정리재원조서(표), 정리실시전후에 있어서 지목별 면적(표), 제1기토지구획정리공사실시설계서(표), 도로공사비내역서(표), 공원공사비내역서(표), 하공사비내역서(표), 보상비내역서(표), 木橋설계서(표), 도로공사 土積계산표(표), 공원공사土積계산표(표), 신풍리천土積계산표(표), 도로 石垣공사土積계산표(표), 공원石垣공사土積계산표(표), 하수石垣공사土積계산표(표), 가로수표준, 街角剪除표준(표) 등이 기록되어 있어 정책과정을 확인할 수 있음.

30-3

기록건명	원산 시가지계획사업 제1토지구획정리공사 준공기한 연기의 건		
문서번호			
기안부서 (발신자)	광공국 토목과 행정계	기안일자	1944-06-10
중간결재			
최종결재 (수신자)	총독 (정무총감 전결)	결재일자 (접수일자)	1944-06-17
		시행일자 (발송일자)	1944-06-17
첨부문서	1. 통첩안(광공국장→함경남도지사) 2. 원산시가지계획사업 제1토지구획정리공사 준공기간 연장허가신청의 건(함경남도지사) 2. 원산시가지계획사업제1토지구획정리공사 준공기한 연기신청(원산부윤) - 공사공정보고서		

문서내용	• 1944년 원산 시가지계획사업 제1토지구획정리공사 준공기한 연기에 관한 정보 제공

30-4

기록건명	원산 시가지계획사업 제1토지구획정리공사 준공기한 연기의 건		
문서번호			
기안부서 (발신자)	사정국 토목과 행정계	기안일자	1943-04-27
중간결재	지방과장		
최종결재 (수신자)	총독(정무총감 전결)	결재일자 (접수일자)	1943-05-13
		시행일자 (발송일자)	1943-05-15
첨부문서	1. 원산 시가지계획 제1토지구획정리공사 준공기간 연장 허가 신청의 건(함경남도지사) 2. 원산부 제1토지 구획정리사업 완료기한에 관한 건(원산부윤) 　- 구획정리공사 進捗상황표 3. 설계도 葉 　- 원산부시가지계획사업 제1토지구획정리지구 換地예정지 지정도(지도, 1/1,200) 　- 원산 제1기 구획정리공사 평면도(지도, 1/3000)		
문서내용	• 1944년 원산 시가지계획사업 제1토지구획정리공사 준공기한 연기에 관한 정보 제공.		

30-5

기록건명	원산 시가지계획사업 제1토지구획정리실시 설계 인가의 건		
문서번호			
기안부서 (발신자)	내무국 토목과 행정계	기안일자	1941-08-12
중간결재			
최종결재 (수신자)	총독 (정무총감 전결)	결재일자 (접수일자)	1941-08-14
		시행일자 (발송일자)	1941-08-15
첨부문서	1. 원산시가지계획 제1토지구획정리 실시설계 인가 신청의 건(원산부윤)		

	2. 원산시가지계획 제1토지구획정리 실시설계 인가신청의 건(함경남도지사)
	3. 원산부 제1토지구획정리실시설계인가신청(원산부윤)
	- 제1토지 구획정리공사 실시설계서
	4. 설계도 葉
	- 대화토지구획정리지구현형도(지도, 1/1,200)
	- 원산시가지계획평면도(지도)
	- 제2토지구획정리지구 換地 예정지 지정도(지도, 1/1,200)
문서내용	• 1941년 원산 시가지계획사업 제1토지구획정리공사 실시에 관한 정보 제공. 정리 시행 전후에 있어서 지목별 면적(표), 도로공사비내역서(표), 하수공사비내역서(표), 보상비내역서(표), 木橋설계서(표), 土積계산표(표) 등이 기록되어 있어 정책내용과 정책과정을 확인할 수 있음.

30-6

기록건명	원산 시가지계획사업 제1토지구획정리 환지예정지 지정 승인의 건		
문서번호			
기안부서 (발신자)	사정국 토목과 행정계	기안일자	1943-07-21
중간결재			
최종결재 (수신자)	총독(정무총감 전결)	결재일자 (접수일자)	1943-10-04
		시행일자 (발송일자)	1943-10-04

첨부문서	1. 원산시가지계획 제1토지구획정리사업지구내 환지예정지 지정승인의 건(함경남도지사)
	2. 환지예정지 지정승인신청의 건(함경남도지사)
	3. 제1토지구획정리지구 환지예정지 지정신청서(원산부)
	  - 정리전후에 있어서 지목별 면적(표)
	  - 정리시행에 있어서 토지용도계획(표)
	  - 감보부담관계분류표(표)
	  - 감보율계산표(표)
	  - 구획정리시행규정
	  - 환지세칙

		- 환지예정지지정조서 - 환지예정지 지정평면도
문서내용		• 1943년 원산 시가지계획사업 제1토지구획정리 환지예정지 지정에 관한 정보 제공. 환지 예정지 주소와 소유자 명단, 환지면적 등이 기록된 문서가 다량으로 있음.

31) 인천 시가지계획 일단공업용지 조성에 따른 일단주택지 경영사업 실시계획 인가의 건(1945)

기록철명	원철명	인천 시가지계획 일단공업용지 조성에 따른 일단주택지 경영사업 실시계획 인가의 건
	정리철명	인천 시가지계획 일단공업용지 조성에 따른 일단주택지 경영사업 실시계획 인가의 건(1945)
생산년도		1940-1943년
생산기관		내무국(사정국) 토목과
보존기간		갑종(영구)
소장기호		CJA0016086

Item				
일련번호	건명	결재(발송)일	기안(발신)부서	첨부문서
1	인천시가지계획 일단의 공업용지 조성 및 일단의 주택지 경영사업 실시계획 인가의 건	1940-04-13	내무국 토목과	4건
2	인천시가지계획 일단의 공업용지 조성 및 일단의 주택지 경영사업 실시계획 변경 인가의 건	1942-05-26	사정국 토목과	1건
3	인천시가지계획 일단의 공업용지 조성 및 일단의 주택지 경영사업 실시계획 更正의 건	1943-04-29	인천부윤	1건
4	인천시가지계획 일단의 공업용지 조성 및 일단의 주택지 경영사업 실시계획 更正의 건	1942-11-06	사정국 토목과	1건

기록철명	원철명	인천 시가지계획 일단공업용지 조성에 따른 일단주택지 경영사업 실시계획 인가의 건
	정리철명	인천 시가지계획 일단공업용지 조성에 따른 일단주택지 경영사업 실시계획 인가의 건(1945)

생산부서	내무국(사정국) 토목과		
생산년도	1940-1943년	분류기호	1945년 토목 갑 기록 2,285호
쪽수	709면	조선총독부 보존기간	갑종(영구)
소장처	국가기록원	소장기호	CJA0016086

31-1

기록건명	인천시가지계획 일단의 공업용지 조성 및 일단의 주택지 경영사업 실시계획 인가의 건		
문서번호			
기안부서 (발신자)	내무국 토목과	기안일자	1940-04-06
중간결재	지방과장, 경무국장, 경무과장		
최종결재 (수신자)		결재일자 (접수일자)	1940-04-13
		시행일자 (발송일자)	1940-04-15
첨부문서	1. 통첩안(내무국장→인천부윤) 2. 일단의 공업용지 조성 및 일단의 주택지 경영사업 실시계획 승인 신청의 건 (경기도지사) 3. 일단의 공업용지 조성 및 일단의 주택지 경영사업 실시계획 승인 신청의 건(인천부윤, 1939-12-12) 4. 인천시가지계획사업 승인 신청서 - 日之出, 鶴翼 공업용지 및 주택지 조성공사계획 평면도(1/10,000) - 인천부 일지출, 학인 공업용지 및 주택지구 조성공사계획서 - 학익정, 일지출정, 주안정 일단의 공업용지, 일단의 주택지 지주 조서(1939-11) - 일단의 공업용지 및 주택지 조성공사계획 평면도(1/1,200) - 保山 제1토지구획정리 환지 예정지 지정도(1/1,200)		
문서내용	• 1940년 인천시가지계획 일단의 공업용지 및 주택지 조성사업의 내용, 사업예정지의 토지소유관계 등을 알려 주는 정보 제공.		

31-2

기록건명	인천시가지계획 일단의 공업용지 조성 및 일단의 주택지 경영사업 실시계획 변경 인가의 건		
문서번호			
기안부서 (발신자)	사정국 토목과	기안일자	1942-04-28
중간결재	지방과장		
최종결재 (수신자)		결재일자 (접수일자)	1942-05-26
		시행일자 (발송일자)	1942-05-26
첨부문서	1. 인천시가지계획 일단의 공업용지 조성 및 일단의 주택지 경영사업 실시계획 변경 인가 신청(인천부윤, 1942-03-23) - 계획 변경 이유서 - 인천부 일지출, 학익 공업용지 및 주택지 조성공사 계획서(1939-1944, 6개년 계속) - 원 계획서(인천시가지계획사업 승인 신청서) - 인천부 일지출, 학익 공업용지 및 주택지 조성공사계획 평면도		
문서내용	• 1942년 인천시가지계획 일단의 공업용지 및 주택지 조성사업의 변경 내용을 원 계획의 내용과 비교하여 알 수 있는 정보 제공.		

31-3

기록건명	인천시가지계획 일단의 공업용지 조성 및 일단의 주택지 경영사업 실시계획 更正의 건		
문서번호			
기안부서 (발신자)	인천부윤	기안일자	
중간결재			
최종결재 (수신자)		결재일자 (접수일자)	
		시행일자 (발송일자)	1943-04-29
첨부문서	1. 인천부 일지출, 학익 공업용지 및 주택지 조성공사 설계서(1939-1944, 6개년 계속)		
문서내용	• 1943년 인천시가지계획 일단의 공업용지 및 주택지 조성사업의 공사 설계 내용을 알려 주는 정보 제공.		

31-4

기록건명	인천시가지계획 일단의 공업용지 조성 및 일단의 주택지 경영사업 실시계획 更正의 건		
문서번호			
기안부서 (발신자)	사정국 토목과	기안일자	1942-09-15
중간결재	지방과장		
최종결재 (수신자)		결재일자 (접수일자)	1942-11-06
		시행일자 (발송일자)	1942-11-27
첨부문서	1. 인천시가지계획 일단의 공업용지 조성 및 일단의 주택지 경영사업 실시계획 경정의 건(인천부윤, 1942-07-25) - 인천부 일지출, 학익 공업용지 및 주택지 조성공사 실시계획서 (1939-1944, 6개년 계속) - 용지매수비 - 지장물건 기타 보상비		
문서내용	• 1942년 인천시가지계획 일단의 공업용지 및 주택지 조성사업 예정지의 토지소유관계, 공사 지장물건 관계, 기타 예산 관계 등을 상세히 알려 주는 정보제공.		

32) 인천시가지계획 일단공업용지 조성에 따른 일단주택지 매각가격 승인의 건

기록철명	원철명	인천시가지계획 일단공업용지 조성에 따른 일단주택지 매각가격 승인의 건
	정리철명	인천시가지계획 일단공업용지 조성에 따른 일단주택지 매각가격 승인의 건
생산년도	1940-1942년	
생산기관	내무국(사정국) 토목과	
보존기간	갑종(영구)	
소장기호	CJA0016087	
Item		

일련 번호	건명	결재(발송)일	기안(발신)부서	첨부 문서
1	인천시가지계획 일단의 공업용지 조성 및 일단의 주택지 매각 가격 승인의 건	1940-10-18	내무국 토목과 행정계	2건
2	인천시가지계획 일단의 공업용지 조성 및 일단의 주택지 경영지 매각 가격 승인의 건	1942-07-22	사정국 토목과 행정계	1건
3	인천시가지계획 일단의 공업용지 조성, 일단의 주택지 경영사업 실시설계 인가의 건	1940-11-07	내무국 토목과 행정계	1건

기록철명	원철명	인천시가지계획 일단공업용지 조성에 따른 일단주택지 매각 가격 승인의 건		
	정리철명	인천시가지계획 일단공업용지 조성에 따른 일단주택지 매각 가격 승인의 건		
생산부서	내무국(사정국) 토목과			
생산년도	1940-1942년		분류기호	1945년 토목 갑 기록 제2285호
쪽수	124면		조선총독부 보존기간	갑종(영구)
소장처	국가기록원		소장기호	CJA0016087

32-1

기록건명	인천시가지계획 일단의 공업용지 조성 및 일단의 주택지 매각 가격 승인의 건		
문서번호			
기안부서 (발신자)	내무국 토목과 행정계	기안일자	1940-10-22
중간결재	도시계장		
최종결재 (수신자)	총독(정무총감 전결)	결재일자 (접수일자)	1940-10-18
		시행일자 (발송일자)	1940-10-18
첨부문서	1. 인천시가지계획 일단의 공업용지 조성 및 일단의 주택지 경영지 매각 가격 승인신청(인천부윤) - 日之出鶴翼공업용지 및 주택지 조성공사계획 평면도(지도, 1/10,000) 2. 인천시가지계획일단의 공업용지조성 및 일단의 주택지 경영지 매각 가격 승인 신청에 관한 건(인천부윤) - 토지매각조서		

	- 日之出鶴翼공업용지 및 주택지 조성공사계획 평면도
문서내용	• 1940년 인천시가지계획 일단의 공업용지 조성 및 일단의 주택지 경영지 매각 가격에 관한 정보 제공

32-2

기록건명	인천시가지계획 일단의 공업용지 조성 및 일단의 주택지 경영지 매각 가격 승인의 건		
문서번호			
기안부서 (발신자)	사정국 토목과 행정계	기안일자	1942-07-14
중간결재	도시계장		
최종결재 (수신자)	총독(정무총감 전결)	결재일자 (접수일자)	1942-07-22
		시행일자 (발송일자)	1942-07-24

첨부문서	1. 인천시가지계획 일단의 공업용지 조성 및 일단의 주택지 경영지 매각 가격 승인 신청의 건(인천부윤)
	  - 日之出鶴翼공업용지 및 주택지 조성공사계획평면도(지도, 1/360,000)
	  - 인천시가지계획 일단의 공업용지 조성 및 일단의 주택지 경영지 내 무선전신국에 매각 토지 평면도		

문서내용	• 1942년 인천시가지계획 일단의 공업용지 조성 및 일단의 주택지 경영지 매각 가격에 관한 정보 제공.		

32-3

기록건명	인천시가지계획 일단의 공업용지 조성, 일단의 주택지 경영사업 실시설계 인가의 건		
문서번호			
기안부서 (발신자)	내무국 토목과 행정계	기안일자	1940-11-06
중간결재			
최종결재 (수신자)	총독(정무총감 전결)	결재일자 (접수일자)	1940-11-07
		시행일자 (발송일자)	1940-11-08
첨부문서	1. 인천시가지계획일단의 공업용지 조성, 일단의 주택지경영사업 실시		

	설계 인가 신청의 건(인천부윤) - 日之出鶴翼공업용지 및 주택지 조성공사의 내 공업용지 제1,2공구 토공 기타공사 설계서(인천부) - 日之出鶴翼공업용지 및 주택지 조성공사의 내 공업용지 제1,2공구 토공 기타공사 설계도(인천부)
문서내용	• 1940년 인천시가지계획 일단의 공업용지 조성, 일단의 주택지 경영사업에 관한 정보 제공. 토적계산표, 설계도면 등이 다량 수록.

33) 제천 시가지계획사업 재해부흥 토지구획정리 실시계획 인가의 건(충청북도)

기록철명	원철명	제천 시가지계획사업 재해부흥 토지구획정리 실시계획 인가의 건
	정리철명	제천 시가지계획사업 재해부흥 토지구획정리 실시계획 인가의 건(충청북도)
생산년도	1941-1943년	
생산기관	내무국(사정국) 토목과	
보존기간		
소장기호	CJA0016093	

Item

일련번호	건명	결재(발송)일	기안(발신)부서	첨부문서
1	제천 시가지계획사업 재해부흥 토지구획정리 실시계획 인가의 건	1941-08-30	내무국 토목과 행정계	3건
2	제천 시가지계획사업 재해부흥 토지구획정리실시 설계인가의 건	1941-10-22	내무국 토목과 행정계	5건
3	제천 시가지계획사업 재해부흥 토지구획정리 환지 처분에 관한 건	1942-10-02	사정국 토목과 행정계	7건
4	제천 시가지계획사업 재해부흥 토지구획정리에 따라 개설한 공공용지의 편입구분 및 범위결정의 건	1943-02-06	사정국 토목과 행정계	6건
5	제천 시가지계획 재해부흥 토지구획정리시행 인가서 등본 하부 신청의 건	1943-02-24	사정국 토목과 행정계	'2건

기록철명	원철명	제천 시가지계획사업 재해부흥 토지구획정리 실시계획 인가의 건
	정리철명	제천 시가지계획사업 재해부흥 토지구획정리 실시계획 인가의 건(충청북도)
생산부서	내무국(사정국) 토목과	
생산년도	1941-1943	분류기호	
쪽수		조선총독부 보존기간	
소장처	국가기록원	소장기호	CJA0016093

33-1

기록건명	제천 시가지계획사업 재해부흥 토지구획정리 실시계획 인가의 건		
문서번호			
기안부서 (발신자)	내무국 토목과 행정계	기안일자	1941-08-20
중간결재	지방과장		
최종결재 (수신자)	총독 (정무총감 전결)	결재일자 (접수일자)	1941-08-30
		시행일자 (발송일자)	1941-09-01
첨부문서	1. 제천 시가지계획사업 재해부흥 토지구획정리실시 인가신청의 건(제천읍장) 2. 제천 시가지계획사업 재해부흥 토지구획정리실시 인가신청의 건(충청북도지사) 3. 제천 시가지계획사업 재해부흥 토지구획정리 실시계획 인가신청 　- 사업계획서 　- 실시계획서 및 공사의 시행방법 　- 비용예산서 　- 재원조서 　- 비용부담방법 　- 토지처분방법 및 정리 시행상 필요 사항을 정한 규정 　- 이의신청에 관한 전말 　- 이의신청으로 인해 변경한 부분에 관한 사유 　- 공사시행 전후에 걸친 지목별 면적합계의 예정		

	- 토지원부 - 일반 평면도, 계획평면도, 현형도, 공공용지도 - 정리시행지구내 토지소유자의 원수 및 각 소유한 토지지목별 면적 지가 - 공공용지조서 - 제천 시가지계획사업 재해 토지구획정리 시행규정
문서내용	• 1941년 제천 시가지계획사업 재해부흥 토지구획정리 사업에 관한 정보 제공. 조선총독부 사업인가 이유서, 토지구획정리사업비 개산서, 사업비 재원조서, 정리사업 시행 전후에 걸친 지목별 면적합계 예정표(당시의 조선총독부 내무국 토목과의 정책 방향 및 정리사업 예산·세부 항목을 파악할 수 있는 역사적 내지 정보적 가치를 포함), 토지원부에 당시의 소유자 및 소유면적 등 정보 제공.

33-2

기록건명	제천 시가지계획사업 재해부흥 토지구획정리실시 설계인가의 건		
문서번호			
기안부서 (발신자)	내무국 토목과 행정계	기안일자	1941-10-10
중간결재			
최종결재 (수신자)	총독 (정무총감 전결)	결재일자 (접수일자)	
		시행일자 (발송일자)	1941-10-22
첨부문서	1. 제천 시가지계획사업 재해부흥 토지구획정리실시 설계인가의 건(제천읍장) 2. 제천 시가지계획사업 재해부흥 토지구획정리실시 설계인가 신청의 건(충청북도지사) 3. 제천 시가지계획사업 재해부흥 토지구획정리 도로 및 택지조성공사 실시 설계 인가신청(제천읍장) - 소화 16년도 제천 시가지계획사업 재해부흥 토지구획정리 도로 및 택지조성공사 실시설계서 (제천읍) - 支障物件 위치 평면도(1/1,200) - 支障物件이전보상 설계도(1/1,200) 4. 제천 시가지계획사업 재해부흥 토지구획정리공사 완료에 관한 건(충청북도지사)		

	5. 제천 시가지계획사업내 재해부흥 토지구획정리공사 완료 계출에 관한 건(제천읍장)
문서내용	• 1941년 제천 시가지계획사업 재해부흥 토지구획정리사업에 관한 정보 제공. 사업내 도로 및 택지조성공사 설계서, 支障物件 이전공사 설계서, 支障物件 이전경비조서, 도로건조공사 설계서, 도로공사토적 집계서, 세부공사 항목별 계산서 등 전체 사업 설계에 관한 상세 정보 포함

33-3

기록건명	제천 시가지계획사업 재해부흥 토지구획정리 환지 처분에 관한 건		
문서번호			
기안부서 (발신자)	사정국 토목과 행정계	기안일자	1942-09-11
중간결재			
최종결재 (수신자)	총독 (정부총감 전결)	결재일자 (접수일자)	1942-10-02
		시행일자 (발송일자)	1942-10-02
첨부문서	1. 제천 시가지계획사업내 재해부흥 토지구획정리 환지 처분에 관한 건(충청북도지사) 2. 제천 재해부흥 토지구획정리 시행지 환지 설명서 3. 제천 재해부흥 토지구획정리 시행규정 제7조 제4항에 따른 설명서 4. 실시계획 인가신청서 중 제8호 표 첨부서류 지목별 면적합계 예정표 정정조서 5. 제천 시가지계획사업 재해부흥 토지구획정리지구 현형도(1/1,200) 6. 제천읍 읍부리 토지구획정리 시행지 신구 대조도(1/1,200) 7. 제천 시가지계획사업 재해부흥 토지구획정리 공공용지구분도 (1/1,200)		
문서내용	• 1942년 제천 시가지계획사업 재해부흥 토지구획정리 환지 처분에 관한 정보 제공. 당시 제천읍 토지소유자 및 단체별 종전 토지와 환지 내역 포함.		

33-4

기록건명	제천 시가지계획사업 재해부흥 토지구획정리에 따라 개설한 공공용지의 편입구분 및 범위결정의 건		
문서번호			
기안부서 (발신자)	사정국 토목과 행정계	기안일자	1942-12-19
중간결재	재무국 세무과		
최종결재 (수신자)	총독 (정부총감 전결)	결재일자 (접수일자)	1943-02-06
		시행일자 (발송일자)	1943-02-12
첨부문서	1. 제천 재해부흥 토지구획정리지구 조선시가지계획령시행규칙 제144조의 규정에 의거한 구분조서 2. 제천군 제천읍 읍부리 시가지계획령시행규칙 제144조 해당지 일반도면 및 구적도(1/1,200) 3. 제천읍 시가지계획사업내 재해부흥 토지구획정리지구내 공공용지 편입에 관한 건(충청북도지사) 4. 제천 시가지계획사업내 재해부흥 토지구획정리지구내 공공용지 편입 신청의 건(제천읍장) 5. 제천 재해부흥 토지구획정리지구내 조선시가지계획령시행규칙 제144조 해당지 조서 6. 제천 시가지계획평면도		
문서내용	• 1942년 제천군 읍부리내 공공용지 지목 및 면적 개황에 관한 정보 제공. 제천 시가지계획 평면도내 현재 인구, 계획 인구, 총면적, 거주적지 면적 등의 통계정보와 더불어, 상세 지적 정보 포함.		

33-5

기록건명	제천 시가지계획 재해부흥 토지구획정리시행 인가서 등본 하부 신청의 건		
문서번호			
기안부서 (발신자)	사정국 토목과 행정계	기안일자	1943-02-09
중간결재			
최종결재 (수신자)	총독 (정부총감 전결)	결재일자 (접수일자)	1943-02-24
		시행일자 (발송일자)	1943-02-25

첨부문서	1. 제천 시가지계획사업 재해부흥 토지구획정리시행 인가서 등본 하부 신청의 건(충청북도지사) 2. 제천 재해부흥 토지구획정리시행 인가서 등본 하부 신청의 건(제천 읍장)
문서내용	• 1943년 충청북도지사와 제천읍장 명의의 제천 시가지계획사업 재해 부흥 토지구획정리시행 인가서 등본 하부 신청에 관한 사안 및 조선 총독의 인가결정 내용 수록.

34) 진주시가지계획사업 봉산토지구획정리공사에 관한 건(경상남도)

기록철명	원철명	진주시가지계획사업 봉산토지구획정리공사에 관한 건		
	정리철명	진주시가지계획사업 봉산토지구획정리공사에 관한 건(경상남도)		
생산년도	1942-1943년			
생산기관	사정국 토목과			
보존기간	갑종(영구)			
소장기호	CJA0016072			

Item				
일련 번호	건명	결재(발송)일	기안(발신)부서	첨부 문서
1	진주시가지계획사업 봉산토지구획정리 실시계 획 인가의 건	1942-10-12	사정국 토목과 행정계	5건
2	진주시가지계획사업 봉산토지구획정리 환지예 정지 지정의 건	1943-08-28	사정국 토목과 행정계	3건

기록철명	원철명	진주시가지계획사업 봉산토지구획정리공사에 관한 건		
	정리철명	진주시가지계획사업 봉산토지구획정리공사에 관한 건(경상남 도)		
생산부서	사정국 토목과			
생산년도	1942-1943년	분류기호	1945년 토목 갑 기록 제2274호	
쪽수	367면	조선총독부 보존기간	갑종(영구)	
소장처	국가기록원	소장기호	CJA0016072	

34-1

기록건명	진주시가지계획사업 봉산토지구획정리 실시계획 인가의 건		
문서번호			
기안부서 (발신자)	사정국 토목과 행정계	기안일자	1942-08-21
중간결재	지방과장, 사무관		
최종결재 (수신자)	총독(정무총감 전결)	결재일자 (접수일자)	1942-10-12
		시행일자 (발송일자)	1942-10-12
첨부문서	1. 토지구획정리공사 완료계(진주부윤) 2. 진주시가지계획사업 봉산토지구획정리공사에 관한 건(경상남도지사) 　진주시가지계획사업 봉산토지구획정리공사 착수계(진주부윤) 3. 진주시가지계획사업 봉산토지구획정리 실시계획 인가신청의 건(진주부윤) 4. 진주시가지계획사업 봉산토지구획실시계획 인가 신청의 건(경상남도지사) 5. 진주시가지계획사업 봉산토지구획정리 실시계획 인가신청(진주부윤) 　- 사업계획서 　- 비용예산서 　- 재원조서 　- 일반도 및 계획평면도 　- 비용부담방법 　- 토지처분방법 및 정리시행상 필요한 사항을 정하는 규정 　- 이의의 신출에 관한 전말 　- 이의의 신출에 의해 변경된 부분에 관한 사항 　- 지구의 현황 　- 지구 및 인접지의 현형도 　- 공사 전 및 공사 완료 후에 있어서 토지의 지목별 면적 　- 공사의 인접지에 미치는 영향 　- 공사설계서 　- 토지원부 권리자 명부 　- 국유지편입조서(국유지조서)		
문서내용	• 1942년 진주시가지계획사업 봉산토지구획정리사업에 관한 정보 제공. 첨부문서 1,2는 본 건 앞에 수록되어 있음. 사업의 계획, 집행과정,		

	집행내용 등에 관한 전반적인 정보가 담겨 있어 정책과정과 내용을 확인할 수 있음.

34-2

기록건명	진주시가지계획사업 봉산토지구획정리 환지예정지 지정의 건		
문서번호			
기안부서 (발신자)	사정국 토목과 행정계	기안일자	1943-08-13
중간결재	도시계장		
최종결재 (수신자)	총독(정무총감 전결)	결재일자 (접수일자)	1943-08-28
		시행일자 (발송일자)	1943-08-30
첨부문서	1. 진주시가지계획사업 봉산토지구획정리 환지예정지 지정(진주부윤) 2. 진주시가지계획사업 봉산토지구획정리 환지예정지 지정외 건(경상남도지사) 3. 진주시가지계획사업 봉산토지구획정리 환지예정지 지정 승인 신청의 건(진주부윤) - 정리시행에 있어서 토지조달계획 - 감보율계산표 - 진주시가지계획사업 봉산토지구획정리 환지 세칙 - 환지예정지 지정조서 - 정리 전 토지표준면적 조서 - 봉산토지구획정리 환지 예정지도(지도, 1/600) - 신구가옥대조도(지도, 1/600)		
문서내용	• 1943년 진주시가지계획사업 봉산토지구획정리사업에 관한 정보 제공. 환지예정지 지정조서가 다량 수록.		

35) 청진 시가지계획사업 제2토지구획정리 실시계획 인가의 건(함경북도)

기록철명	원철명	청진 시가지계획사업 제2토지구획정리 실시계획 인가의 건
	정리철명	청진 시가지계획사업 제2토지구획정리 실시계획 인가의 건(함경북도)

생산년도	1938-1940년
생산기관	내무국 토목과
보존기간	갑종(영구)
소장기호	CJA0016083

	Item			
일련 번호	건명	결재(발송)일	기안(발신)부서	첨부 문서
1	청진 시가지계획사업 제2토지구획정리 공사 착수 보고의 건		청진부	1건
2	청진 시가지계획사업 제2토지구획정리 실시 계획 인가의 건	1940-03-19	내무국 토목과 행정계	10건
3	청진 시가지계획사업 제2토지구획정리 실시 계획 변경 인가의 건	1939-03-14	내무국 토목과 행정계	4건
4	청진 시가지계획사업 제2토지구획정리 실시 설계 인가의 건	1938-07-08	내무국 토목과 행정계	7건

기록철명	원철명	청진 시가지계획사업 제2토지구획정리 실시계획 인가의 건		
	정리철명	청진 시가지계획사업 제2토지구획정리 실시계획 인가의 건 (함경북도)		
생산부서	내무국 토목과			
생산년도	1938-1940년	분류기호	1945년 토목 갑 기록 2284호	
쪽수		조선총독부 보존기간	갑종(영구)	
소장처	국가기록원	소장기호	CJA0016083	

35-1

기록건명	청진 시가지계획사업 제2토지구획정리 공사착수 보고의 건		
문서번호	청부토 제256호		
기안부서 (발신자)	청진부	기안일자	1938-10-08
중간결재			
최종결재 (수신자)	총독 (정무총감 전결)	결재일자 (접수일자)	
		시행일자 (발송일자)	

첨부문서	1. 청진 시가지계획사업 제2토지구획정리 공사착수 보고서
문서내용	• 1938년 청진 시가지계획사업 제2토지구획정리사업에 관한 정보 제공

35-2

기록건명	청진 시가지계획사업 제2토지구획정리 실시계획 인가의 건		
문서번호			
기안부서 (발신자)	내무국 토목과 행정계	기안일자	1940-03-14
중간결재	지방과장		
최종결재 (수신자)	총독 (정무총감 전결)	결재일자 (접수일자)	1940-03-19
		시행일자 (발송일자)	1940-03-23

첨부문서	1. 청진 시가지계획사업 제2토지구획정리 시행 개요
	2. 사업비 지출 연도할표
	3. 정리 전후에 걸친 종목별 면적예정표
	4. 토지구획정리사업비 예산서
	5. 재원조서
	6. 제2 청진 토지구획정리 실시계획도
	  - 청진 시가지계획사업 제2토지구획정리 일반평면도(1:10,000)
	  - 청진 시가지계획사업 제2토지구획정리도(1:2,400)
	  - 청진 시가지계획사업 제2토지구획정리 현형도(1:2,400)
	  - 제2토지구획정리공사 일반평면도(1:10,000)
	7. 계획변경도
	  - 청진 시가지계획사업 제2토지구획정리도(1:2,400)
	8. 청진 시가지계획사업 제2토지구획정리 실시계획 인가신청(청진부)
	9. 청진 시가지계획사업 제2토지구획정리 실시계획 인가신청(함경북도 지사)
	10. 청진 시가지계획사업 제2토지구획정리 실시계획 인가의 건(청진부윤)
	  - 사업계획서
	  - 공사 설계서 및 공사시행 방법
	  - 비용예산서
	  - 재원조서
	  - 일반평면도 및 계획평면도		

	- 비용부담방법
	- 토지처분방버 및 기타 정리시행상 필요사항을 정한 규정
	- 이의 신청에 관한 전말서
	- 이의 신청으로 인해 변경된 부분에 관한 사유서
	- 지구의 현황
	- 지구 및 인접지의 현형도
	- 공사시행 전후에 걸친 토지의 지목별 면적
	- 공사 인접지에 미치는 영향
	- 토지원부 사본
	- 권리자명부 사본
문서내용	• 1940년 청진 시가지계획사업 제2토지구획정리에 대한 사업 개요 및 조선총독의 승인 이유서(당시 이 지역에 대한 조선총독부의 도시계획 관련 정책 방향성 및 사업 내용을 알려 주는 정보 제공), 제2토지구획정리사업의 세부 내용·재원조달 및 예산현황·인접지에 관한 영향 등 상세 정보 함유, 사업의 시행과 관련된 인명 및 단체별 토지원부 사본과 더불어 권리자명부 사본 포함.

35-3

기록건명	청진 시가지계획사업 제2토지구획정리 실시계획 변경 인가의 건		
문서번호			
기안부서 (발신자)	내무국 토목과 행정계	기안일자	1939-02-28
중간결재	지방과장		
최종결재 (수신자)	총독 (정무총감 전결)	결재일자 (접수일자)	1939-03-14
		시행일자 (발송일자)	1939-03-14
첨부문서	1. 청진 시가지계획사업 제2토지구획정리 실시계획 변경 인가신청(함경북도지사) 2. 청진 시가지계획사업 제2토지구획정리 실시계획 변경 인가신청(함흥부윤) - 청진 시가지계획사업 제2토지구획정리 실시계획 변경설명서 - 부담보합 - 진정서		

	- 토지구획정리사업 비용변경 예산서
	- 토지구획정리 재원조서
	- 청진 시가지계획사업 제2토지구획정리비 변경내역서
	- 청진 시가지계획사업 제2토지구획정리공사 변경개산설계 총괄표
	- 보상비 변경조서
	- 잡비변경내역서
	3. 청진 시가지계획 제2토지구획정리계획 변경신청 일반평면도 (1:10,000)
	4. 청진 시가지계획 제2토지구획정리계획 변경신청 계획평면도(1:2,400)
문서내용	• 1939년 청진 시가지계획 제2토지구획정리계획 변경에 관한 당시 청진부의 상세 사정에 관한 정보 제공, 제2토지구획정리사업의 변경내역 및 관련 예산 및 조서 포함(원래의 설계 계획과 상호 비교해 볼 수 있는 정보 제공).

35-4

기록건명	청진 시가지계획사업 제2토지구획정리 실시설계 인가의 건		
문서번호			
기안부서 (발신자)	내무국 토목과 행정계	기안일자	1938-07-02
중간결재			
최종결재 (수신자)	총독 (정무총감 전결)	결재일자 (접수일자)	1938-07-08
		시행일자 (발송일자)	1938-07-08
첨부문서	1. 청진 시가지계획사업 제2토지구획정리 실시설계 인가신청(청진부윤) 2. 청진 시가지계획사업 제2토지구획정리 실시설계 인가신청(3월 19일부 실시설계 인가 관계, 함경북도지사) 3. 청진 시가지계획사업 제2토지구획정리 실시설계 인가신청(청진부윤) - 청진 시가지계획사업 제2토지구획정리 실시설계서 - 사양서 - 토적계산표 - 제2구 면적계산표 4. 청진 시가지계획사업 제2토지구획정리 평면도(1:2,400) 5. 도로 횡단구조 표준도(가로 1:100 / 세로 1:50) 6. 청진 시가지계획 구역 및 도로망도(1:10,000)		

		7. 제2 토지구획정리 배수계획도(1:2,400)
문서내용		• 1938년 청진 시가지계획사업 토지구획정리사업의 구체적 내용에 대한 상세 설계내역서 포함. 상세 내용을 수록한 토적계산표 및 면적계산표·배수설계도·도로구조 표준도 등 당대의 건축기술상의 면모를 파악할 수 있게 하는 정보 포함.

36) 청진시가지계획사업 제2구토지구획정리 환지예정지 지정에 관한 건(함경북도)

기록철명	원철명	청진시가지계획사업 제2구토지구획정리 환지예정지 지정에 관한 건
	정리철명	청진시가지계획사업 제2구토지구획정리 환지예정지 지정에 관한 건(함경북도)
생산년도		1938년
생산기관		내무국 토목과
보존기간		갑종(영구)
소장기호		CJA0016084

Item				
일련번호	건명	결재(발송)일	기안(발신)부서	첨부문서
1	청진시가지계획사업 제2구토지구획정리 환지예정지 지정에 관한 건	1938-00-08	내무국 토목과	5건

기록철명	원철명	청진시가지계획사업 제2구토지구획정리 환지예정지 지정에 관한 건		
	정리철명	청진시가지계획사업 제2구토지구획정리 환지예정지 지정에 관한 건(함경북도)		
생산부서	내무국 토목과			
생산년도	1938년		분류기호	
쪽수			조선총독부 보존기간	갑종(영구)
소장처	국가기록원		소장기호	CJA0016084

36-1

기록건명	청진시가지계획사업 제2구토지구획정리 환지예정지 지정에 관한 건		
문서번호			
기안부서 (발신자)	내무국 토목과	기안일자	1938-08-03
중간결재			
최종결재 (수신자)	총독 (정무총감 전결)	결재일자 (접수일자)	1938-00-08
		시행일자 (발송일자)	
첨부문서	1. 환지예정지 지정에 관한 건(청진부윤) 2. 환지예정지 지정에 관한 건(함경북도지사) 3. 환지예정지 지정 승인신청(청진부윤) 　- 환지예정지 지정조서 　- 환지설계 및 토지가격 산출 세칙 　- 환지설계 개요 　- 환지예정지 그룹별 집계표 　- 환지예정지 각필별 집계표 　- 청진시가지계획 제2토지구획정리도 4. 청진시가지계획 제2토지구획정리 환지예정지 지정변경의 건 　(함경북도지사) 5. 환지예정지 지정변경의 건(청진부윤) 　- 환지예정지 지정조서 　- 청진시가지계획 제2토지구획정리 환지예정지 지정도		
문서내용	• 1938년 청진시가지계획사업 제2구 토지구획정리 환지예정지 지정에 관한 서류 모음으로, 해당 지역 환지예정지에 관한 방대한 분량의 상세 조서 포함. 아울러 환지 설계 및 토지가격 산출세칙을 통해 당시 청진 일대의 토지가격 산정 기준 및 가격 수준을 가늠할 수 있게 하는 정보 제공.		

37) 청진시가지계획사업 제3구토지구획정리공사 준공기한 연기의
건(함경북도)

<table>
<tr><td rowspan="2">기록철명</td><td>원철명</td><td colspan="4">청진시가지계획사업 제3토지구획정리공사 준공기한 연장의 건</td></tr>
<tr><td>정리철명</td><td colspan="4">청진시가지계획사업 제3구토지구획정리공사 준공기한 연기의
건(함경북도)</td></tr>
<tr><td colspan="2">생산년도</td><td colspan="4">1939-1942년</td></tr>
<tr><td colspan="2">생산기관</td><td colspan="4">내무국(사정국) 토목과</td></tr>
<tr><td colspan="2">보존기간</td><td colspan="4">갑종(영구)</td></tr>
<tr><td colspan="2">소장기호</td><td colspan="4">CJA0016085</td></tr>
<tr><td colspan="6" align="center">Item</td></tr>
<tr><td>일련
번호</td><td colspan="2">건명</td><td>결재(발송)일</td><td>기안(발신)부서</td><td>첨부
문서</td></tr>
<tr><td>1</td><td colspan="2">청진시가지계획사업 제3토지구획정리공사 준공
기한 연기의 건</td><td>1942-02-27</td><td>사정국 토목과</td><td>2건</td></tr>
<tr><td>2</td><td colspan="2">청진시가지계획사업 제3토지구획정리공사 준공
기한 연기의 건</td><td>1941-04-23</td><td>내무국 토목과</td><td>2건</td></tr>
<tr><td>3</td><td colspan="2">청진시가지계획사업 토지구획정리 실시계획서
인가의 건</td><td>1939-02-22</td><td>내무국 토목과</td><td>3건</td></tr>
<tr><td>4</td><td colspan="2">청진시가지계획 제3토지구획정리공사 중 일부
변경 승인의 건</td><td>1940-04-12</td><td>내무국 토목과</td><td>5건</td></tr>
<tr><td>5</td><td colspan="2">청진시가지계획사업 제3토지구획정리 일부 실
시설계 인가의 건</td><td>1939-04-28</td><td>내무국 토목과</td><td>3건</td></tr>
<tr><td>6</td><td colspan="2">청진시가지계획사업 제3토지구획정리 일부 실
시설계(제2회) 인가의 건</td><td>1939-05-25</td><td>내무국 토목과</td><td>3건</td></tr>
</table>

<table>
<tr><td rowspan="2">기록철명</td><td>원철명</td><td colspan="2">청진시가지계획사업 제3토지구획정리공사 준공기한 연장의
건</td></tr>
<tr><td>정리철명</td><td colspan="2">청진시가지계획사업 제3구토지구획정리공사 준공기한 연기의
건(함경북도)</td></tr>
<tr><td colspan="2">생산부서</td><td colspan="2">내무국(사정국) 토목과</td></tr>
<tr><td colspan="2">생산년도</td><td>1939-1942</td><td>분류기호</td><td>1945년 토목 갑 기록
제2284-3호</td></tr>
</table>

쪽수		조선총독부 보존기간	갑종(영구)
소장처	국가기록원	소장기호	CJA0016085

37-1

기록건명	청진시가지계획사업 제3토지구획정리공사 준공기한 연기의 건		
문서번호			
기안부서 (발신자)	사정국 토목과	기안일자	1942-02-14
중간결재			
최종결재 (수신자)	총독 (정무총감 전결)	결재일자 (접수일자)	1942-02-27
		시행일자 (발송일자)	1942-02-28
첨부문서	1. 청진시가지계획 제3토지구획정리공사 준공기한 연장의 건(함경북도 지사) 2. 청진시가지계획 제3토지구획정리공사 준공기한 연장의 건 신청(청진 부윤)		
문서내용	• 1942년 청진시가지계획 제3토지구획정리공사 준공기한 연장에 관한 조선총독부와 함경북도지사, 청진부윤간의 수발신 문서 모음		

37-2

기록건명	청진시가지계획사업 제3토지구획정리공사 준공기한 연기의 건		
문서번호			
기안부서 (발신자)	내무국 토목과	기안일자	1941-03-25
중간결재			
최종결재 (수신자)	총독 (정무총감 전결)	결재일자 (접수일자)	1941-04-23
		시행일자 (발송일자)	1941-04-23
첨부문서	1. 청진시가지계획 제3토지구획정리공사 준공기한 연장의 건 부신(함경 북도지사) 2. 청진시가지계획 제3토지구획정리공사 준공기한 연장의 건 신청(청진 부윤)		

| 문서내용 | • 1941년·청진시가지계획 제3토지구획정리공사 준공기한 연장에 관한 조선총독부와 함경북도지사, 청진부윤간의 수발신 문서 모음 |

37-3

기록건명	청진시가지계획사업 토지구획정리 실시계획서 인가의 건		
문서번호			
기안부서 (발신자)	내무국 토목과	기안일자	1939-02-01
중간결재			
최종결재 (수신자)	총독 (정무총감 전결)	결재일자 (접수일자)	1939-02-22
		시행일자 (발송일자)	1939-02-24

첨부문서	1. 청진시가지계획 제3토지구획정리 실시계획서 인가신청의 건(청진부윤)
	2. 청진시가지계획사업 제3토지구획정리 실시계획서 인가신청의 건(함경북도지사)
	3. 청진시가지계획사업 제3토지구획정리 실시계획서 인가신청(청진부윤)
	  - 사업계획서
	  - 공사계획서 및 공사 집행방법
	  - 비용예산서
	  - 재원조서
	  - 토지처분방법 및 기타 정치시행상 필요한 사항을 정한 규정안
	  - 지구의 현황
	  - 공사 전후에 걸친 지목별 면적표
	  - 공사 인접지에 미치는 영향
	  - 토지원부
	  - 권리자명부
	  - 일반 평면도 및 계획 평면도
	  - 지구 및 인접지의 현형도		

문서내용	• 1939년 청진시가지계획사업 제3구 토지구획정리 실시계획 인가신청에 관한 문서 모음. 사업계획서, 비용예산서, 재원조서 등 사업 일반 사항에 관한 정보와 더불어, 공사 인접지에 미치는 영향 자료를 통해 당시 청진 일대의 지역연구를 위한 정보 제공		

37-4

기록건명	청진시가지계획 제3토지구획정리공사 중 일부 변경 승인의 건		
문서번호			
기안부서 (발신자)	내무국 토목과	기안일자	1940-04-10
중간결재			
최종결재 (수신자)	총독 (정무총감 전결)	결재일자 (접수일자)	1940-04-12
		시행일자 (발송일자)	1940-04-12

첨부문서	1. 청진시가지계획 제3토지구획정리공사 중 일부 변경 승인신청의 건
	  (청진부윤)
	2. 청진시가지계획 제3토지구획정리공사 중 공법 일부 변경승인의 건
	  부신(함경남도지사)
	3. 청진시가지계획 제3토지구획정리공사 중 공법 일부 변경승인의 건
	  신청(청진부윤)
	  - 혼응토배합 및 공법 일부 변경 조서
	  - 간선 수로 변경 표준도
	4. 청진시가지계획사업 제3토지구획정리공사 착수 보고의 건(함경북도
	  지사)
	5. 청진시가지계획 제3토지구획정리공사 착수보고(청진부윤)		

문서내용	• 1940년 청진시가지계획 제3토지구획정리공사 중 일부 변경 승인신청 에 관한 문서 모음. 공사기법 변경 사항 및 변경 기술 내역 포함.		

37-5

기록건명	청진시가지계획사업 제3토지구획정리 일부 실시설계 인가의 건		
문서번호			
기안부서 (발신자)	내무국 토목과	기안일자	1939-04-26
중간결재			
최종결재 (수신자)	총독 (정무총감 전결)	결재일자 (접수일자)	1939-04-28
		시행일자 (발송일자)	1939-04-28
첨부문서	1. 청진시가지계획 제3토지구획정리 일부 실시설계 인가의 건(청진부윤)		

	- 조건에 따른 변경도
	2. 청진시가지계획 제3토지구획정리 일부 실시설계 인가신청(함경북도지사)
	3. 청진시가지계획 제3토지구획정리 일부 실시설계 인가신청(청진부윤)
	- 청진시가지계획 제3토지구획정리 일반 평면도
	- 사양서
문서내용	• 1939년 청진시가지계획 제3토지구획정리 일부 실시설계 인가신청에 관한 문서 모음. 토지구획정리사업 관련 일반 평면도 포함.

37-6

기록건명	청진시가지계획사업 제3토지구획정리 일부 실시설계(제2회) 인가의 건		
문서번호			
기안부서 (발신자)	내무국 토목과	기안일자	1939-05-19
중간결재			
최종결재 (수신자)	총독 (정무총감 전결)	결재일자 (접수일자)	1939-05-25
		시행일자 (발송일자)	1939-05-26
첨부문서	1. 청진시가지계획사업 제3토지구획정리 실시설계 인가의 건(청진부윤) 2. 청진시가지계획사업 제3토지구획정리 실시설계 인가신청(함경북도지사) 3. 청진시가지계획사업 제3토지구획정리 실시설계 인가신청(청진부윤) - 사양서 - 사업실시계획서 - 도로공사 설계서 - 배수공사 설계서 - 주택조성공사 설계서 - 제1교량 설계서 - 제2교량 설계서 - 제3교량 설계서 - 제4교량 설계서 - 제5교량 설계서 - 제6교량 설계서 - 제7교량 설계서		

	- 제8교량 설계서 - 제9교량 설계서 - 일위단가표 - 토적계산표
문서내용	• 1939년 청진시가지계획사업 제3토지구획정리 실시설계 인가신청에 관한 문서 모음. 각 공사 공정별 설계서 및 공사에 소요되는 항목별 단가에 대한 방대한 양의 정보 포함. 전체 9개의 교량 설계서 포함

38) 춘천시가지계획사업 제1토지구획정리공사(강원도)

기록철명	원철명	춘천시가지계획사업 제1토지구획정리공사
	정리철명	춘천시가지계획사업 제1토지구획정리공사(강원도)
생산년도	1939-1942년	
생산기관	내무국(사정국) 토목과	
보존기간	갑종(영구)	
소장기호	CJA0016075	

		Item			
일련 번호		건명	결재(발송)일	기안(발신)부서	첨부 문서
1		춘천시가지계획사업 제1토지구획정리공사 착수계 進達의 건		강원도지사	
2		춘천시가지계획사업 제1토지구획정리실시계획 인가의 건	1939-11-07	내무국 토목과 행정계	4건
3		춘천시가지계획사업 제1토지구획정리 실시설계 인가의 건	1940-03-28	내무국 토목과 행정계	3건
4		춘천시가지계획사업 제1토지구획정리공사 실시계획변경 인가의 건	1942-05-28	사정국 토목과 행정계	6건
5		춘천시가지계획사업 제2토지구획정리실시계획 인가의 건	1942-11-19	사정국 토목과 행정계	3건

기록철명	원철명	춘천시가지계획사업 제1토지구획정리공사
	정리철명	춘천시가지계획사업 제1토지구획정리공사(강원도)

생산부서	내무국(사정국) 토목과		
생산년도	1939-1942	분류기호	1940년 토목 갑 기록 제2277호
쪽수	706면	조선총독부 보존기간	갑종(영구)
소장처	국가기록원	소장기호	CJA0016075

38-1

기록건명	춘천시가지계획사업 제1토지구획정리공사 착수계 進達의 건		
문서번호			
기안부서 (발신자)	강원도지사	기안일자	1940-06-28
중간결재			
최종결재 (수신자)	내무국장	결재일자 (접수일자)	
		시행일자 (발송일자)	
첨부문서			
문서내용	• 1940년 춘천시가지계획사업 제1토지구획정리공사에 관한 정보 제공.		

38-2

기록건명	춘천시가지계획사업 제1토지구획정리실시계획 인가의 건		
문서번호			
기안부서 (발신자)	내무국 토목과 행정계	기안일자	1939-08-04
중간결재	지방과장		
최종결재 (수신자)	총독(정무총감 전결)	결재일자 (접수일자)	1939-11-07
		시행일자 (발송일자)	1939-11-07
첨부문서	1. 통첩안(내무국장) - 제1토지구획정리사업비 槪算 - 제1토지구획정리재원조서 2. 춘천시가지계획사업토지구획정리실시계획인가신청에 관한 건(춘천읍장) 3. 춘천시가지계획사업토지구획정리실시계획 인가신청에 관한 건(강원도지사)		

	4. 춘천시가지계획사업제1토지구획정리실시계획인가신청(춘천읍장)
	- 사업계획서
	- 비용예산서
	- 재원조서
	- 일반도 및 계획평면도
	- 비용부담방법
	- 토지처분방법 및 정리시행상 필요한 사항을 정하는 규정
	- 이의의 신출에 관한 전말
	- 이의의 신출로 인해 변경된 부분에 관한 변경사유
	- 지구의 현황
	- 지구 및 인접지의 현형도
	- 공사 전 및 공사 완료 후에 있어서 토지의 지목별 면적
	- 공사의 인접지에 미치는 영향
	- 공사의 설계서
	- 토지원부 권리자 명부
	- 공공용지조서
문서내용	• 1939년 춘천시가지계획사업 제1토지구획정리공사 실시계획 인가에 관한 정보제공. 인접지에 미치는 영향 및 이의 신출에 관한 전말 포함.

38-3

기록건명	춘천시가지계획사업 제1토지구획정리 실시설계 인가의 건		
문서번호			
기안부서 (발신자)	내무국 토목과 행정계	기안일자	1940-03-25
중간결재			
최종결재 (수신자)	총독(정무총감 전결)	결재일자 (접수일자)	1940-03-28
		시행일자 (발송일자)	
첨부문서	1. 춘천시가지계획사업 제1토지구획정리 실시설계 인가 신청의 건(춘천읍장) 2. 춘천시가지계획사업 제1토지구획정리실시설계 인가 신청의 건(강원도지사)		

	3. 춘천시가지계획사업 제1토지구획정리실시설계 인가 신청의 건(춘천읍장) 　　- 춘천시가지계획사업 제1토지구획정리공사 사양서 　　- 춘천시가지계획 제1토지구획정리공사 실시설계 총괄서
문서내용	• 1940년　춘천시가지계획사업 제1토지구획정리공사 실시 설계에 관한 정보 제공. 설계 내역서가 다량 수록되어 있음.

38-4

기록건명	춘천시가지계획사업 제1토지구획정리공사 실시계획변경 인가의 건		
문서번호			
기안부서 (발신자)	사정국 토목과 행정계	기안일자	1942-04-27
중간결재	지방과장, 이사관		
최종결재 (수신자)	총독(정무총감 전결)	결재일자 (접수일자)	1942-05-28
		시행일자 (발송일자)	1942-05-29
첨부문서	1. 통첩안(사정국장) 　- 이유 　- 재원조서 　- 사업집행년도할 　- 사업비변경대조표 　- 예산변경대조표 2. 춘천시가지계획사업 제1토지구획정리실시계획 및 실시설계 변경 및 공사 준공기한 연기에 관한 건(춘천읍장) 3. 춘천시가지계획 제1토지구획정리공사 준공기한 연기 전말 부신(강원도지사) 4. 춘천시가지계획사업 제1토지구획정리 실시계획 및 실시설계 변경 인가 신청에 관한 부신(강원도지사) 5. 춘천시가지계획사업 제1토지구획정리실시계획 및 실시설계 변경 인가신청(춘천읍장) 　- 사업계획서 　- 비용예산서 　- 재원조서		

	- 일반도 및 계획평면도 - 비용부담방법 - 토지처분방법 및 정리시행상 필요한 사항을 정하는 규정 - 이의 신출에 관한 전말 - 이의 신출로 인해 변경된 부분에 관한 변경사유 - 지구현황 - 지구 및 인접지의 현형도 - 공사 전 및 공사 완료 후에 있어서 토지의 지목별 면적 - 공사 인접지에 미치는 영향 - 공사 설계서 - 토지원부 권리자 명부 - 공공용지조서 6. 춘천시가지계획사업 제2토지구획정리공사 착수계 進達의 건
문서내용	• 1942년 춘천시가지계획사업 제2토지구획정리공사에 관한 사업 계획, 집행과정, 집행내용 등에 관한 전반적인 정보 제공. 토지원부가 다량 수록되어 있음.

38-5

기록건명	춘천시가지계획사업 제2토지구획정리실시계획 인가의 건		
문서번호			
기안부서 (발신자)	사정국 토목과 행정계	기안일자	1942-10-15
중간결재			
최종결재 (수신자)	총독(정무총감 전결)	결재일자 (접수일자)	1942-11-19
		시행일자 (발송일자)	1942-11-19
첨부문서	1. 춘천시가지계획사업 제2토지구획정리 실시계획 인가의 건(춘천읍장) 2. 춘천시가지계획사업 제2토지구획정리 실시계획 및 실시설계 인가 신청(강원도지사) 3. 춘천시가지계획사업 제2토지구획정리실시설계 및 인가신청(춘천읍장) 　- 사업설계서 　- 비용예산서 　- 재원조서		

	- 일반도 및 계획평면도
	- 비용부담방법
	- 토지처분방법 및 정리시행상 필요한 사항을 정하는 규정
	- 이의의 신출에 관한 전말
	- 이의의 신출에 의해 변경된 부분에 관한 변경사유
	- 지구의 현황
	- 지구 및 인접지의 현형도
	- 공사 전 및 공사완료 후에 있어서 토지의 지목별 면적
	- 공사의 인접지에 미치는 영향
	- 공사의 설계서
	- 토지원부, 권리자명부
	- 공공용지조서
문서내용	• 1942년 춘천시가지계획사업 제2토지구획정리공사에 관한 사업 계획, 집행과정, 집행내용 등에 관한 전반적인 정보 제공.

39) 평양 시가지계획사업 제1토지구획정리 실시계획 인가의 건(평안남도)(1938)

기록철명	원철명	평양시가지계획사업 제1토지구획정리 실시계획 인가의 건
	정리철명	평양 시가지계획사업 제1토지구획정리 실시계획 인가의 건(평안남도)(1938)
생산년도	1938-1943년	
생산기관	내무국(사정국) 토목과	
보존기간	갑종(영구)	
소장기호	CJA0016090	

Item				
일련번호	건명	결재(발송)일	기안(발신)부서	첨부문서
1	평양시가지계획사업 제1토지구획정리 실시계획 인가의 건	1938-03-21	내무국 토목과	4건
2	평양시가지계획사업 제1토지구획정리공사 준공기한 연기 및 동 실시계획 변경 인가의 건	1941-05-06	내무국 토목과	4건

3	평양시가지계획사업 제1토지구획정리 실시계획 변경의 건	1943-02-17	사정국 토목과	4건
4	평양시가지계획사업 제1토지구획정리 실시설계 인가의 건	1939-03-06	내무국 토목과	3건
5	환지예정지 지정 승인 신청에 관한 건	1939-03-31	내무국 토목과	3건

기록철명	원철명	평양시가지계획사업 제1토지구획정리 실시계획 인가의 건		
	정리철명	평양 시가지계획사업 제1토지구획정리 실시계획 인가의 건 (평안남도)(1938)		
생산부서	내무국(사정국) 토목과			
생산년도	1938-1943년	분류기호	1945년 토목 갑 기록 2,287호의 1	
쪽수	1,054면	조선총독부 보존기간	갑종(영구)	
소상저	국가기록원	소상기호	CJA0016090	

39-1

기록건명	평양시가지계획사업 제1토지구획정리 실시계획 인가의 건		
문서번호			
기안부서 (발신자)	내무국 토목과	기안일자	1938-02-14
중간결재	지방과장, 도시계장		
최종결재 (수신자)		결재일자 (접수일자)	1938-03-21
		시행일자 (발송일자)	1938-04-06

첨부문서	1. 통첩안(내무국장→평양부윤) 평양시가지계획사업 제1토지구획정리 실시계획 인가의 건
	  - 계획변경도
	2. 평양시가지계획사업 제1토지구획정리 실시계획 인가에 관한 건(토 제145호, 1938-01-13)
	3. 평양시가지계획사업 제1토지구획정리 실시계획 인가 신청(토 제64호, 1938-01-12)
	4. 평양시가지계획사업 제1토지구획정리 실시계획 인가 신청서
	  - 평양시가지계획사업 제1토지구획정리사업계획서
	  - 공사설계서		

	- 평양시가지계획사업 제1토지구획정리지구 토지원부 - 평양 제1구획정리계획 평면도(1/2,400) - 평양 제1토지구획정리지구 원형 및 계획 예정도(1/1,200)
문서내용	• 1938년 평양시가지계획 제1토지구획정리사업의 사업예정지의 상황, 공사 설계 등의 내용을 상세히 알려 주는 정보 제공. 구획정리사업 예정지의 각 필지별 소유자와 지목, 지번 등을 상세히 알 수 있음.

39-2

기록건명	평양시가지계획사업 제1토지구획정리공사 준공기한 연기 및 동 실시계획 변경 인가의 건		
문서번호			
기안부서 (발신자)	내무국 토목과	기안일자	1941-03-06
중간결재	지방과장		
최종결재 (수신자)		결재일자 (접수일자)	1941-05-06
		시행일자 (발송일자)	1941-05-13
첨부문서	1. 평양시가지계획사업 제1토지구획정리공사 완료기일 연기 防의 건 內申(1941-02-05, 평양부윤) 2. 평양시가지계획사업 제1토지구획정리 실시계획 변경 인가 신청의 건 (평양부윤, 1941-02-24) 3. 평양시가지계획사업 제1토지구획정리 실시계획 변경 인가 신청 4. 평양시가지계획사업 제1토지구획정리계획 변경 및 실시설계 변경서 - 평양시가지계획사업 제1토지구획정리공사 계획 변경이유서 - 평양시가지계획사업 제1토지구획정리 실시계획 변경 인가 신청사항 - 평양 제1토지구획정리계획 평면도(1/2,400) - 평양 제1토지구획정리지구 원형 및 계획 변경도(1/1,200) - 평양부 제1토지구획정리공사 공정 보고 - 평양부 제2토지구획정리공사 공정 보고 - 평양 제2토지구획정리 出來高圖(1/3,000) - 평양시가지계획사업 제1토지구획정리 출래고도(1/2,400) - 공사착수계		
문서내용	• 1941년 평양시가지계획 제1토지구획정리사업의 계획 변경 내역, 제1, 제2토지구획정리사업의 공사 진척 상황 등을 알려 주는 정보 제공.		

39-3

기록건명	평양시가지계획사업 제1토지구획정리 실시계획 변경의 건		
문서번호			
기안부서 (발신자)	사정국 토목과	기안일자	1943-01-29
중간결재			
최종결재 (수신자)		결재일자 (접수일자)	1943-02-17
		시행일자 (발송일자)	1943-02-17
첨부문서	1. 평양시가지계획 제1토지구획정리사업 실시계획 변경 인가 신청의 건 (평양부윤, 1943-01-25) 2. 평양시가지계획 제1토지구획정리 실시계획 변경 인가 신청(평양부윤, 1943-01-06) 3. 평양부고시 제191호 - 평양시가지계획사업 제1토지구획정리 실시계획 제2회 변경이유서 - 평양시가지계획 제1토지구획정리사업 실시계획 변경 인가 신청사항 - 평양시가지계획 평면도(1/15,000) 4. 공사완료계		
문서내용	• 1943년 평양시가지계획 제1토지구획정리사업의 계획 변경 내역을 알려 주는 정보 제공.		

39-4

기록건명	평양시가지계획사업 제1토지구획정리 실시설계 인가의 건		
문서번호			
기안부서 (발신자)	내무국 토목과	기안일자	1939-03-01
중간결재			
최종결재 (수신자)		결재일자 (접수일자)	1939-03-06
		시행일자 (발송일자)	1939-03-07
첨부문서	1. 평양시가지계획사업 제1토지구획정리 실시설계 인가 신청(평양부윤, 1939-02-25) 2. 평양시가지계획사업 제1토지구획정리 실시설계 인가 신청 (평양부토		

	제116호, 1939-02-01, 평양부윤)
	3. 평양시가지계획사업 제1토지구획정리 실시설계서
	  - 평양시가지계획사업 제1토지구획정리 실시 설계설명서
	  - 일반사양서
	  - 평양시가지계획사업 제1토지구획정리 실시설계서
	  - 관련 도면

문서내용	• 1939년 평양시가지계획 제1토지구획정리사업의 최초 공사 설계의 내용을 상세히 알 수 있는 정보 제공.

39-5

기록건명	환지예정지 지정 승인 신청에 관한 건		
문서번호			
기안부서 (발신자)	내무국 토목과	기안일자	1939-03-24
중간결재	도시계장		
최종결재 (수신자)		결재일자 (접수일자)	1939-03-31
		시행일자 (발송일자)	1939-03-31
첨부문서	1. 통첩안(내무국장→평안남도지사) 2. 환지예정지 지정 승인 신청에 관한 건(土 제377호, 평안남도지사→내무국장, 1939-03-20) 3. 환지예정지 지정 조서		
문서내용	• 1939년 평양시가지계획 제1토지구획정리사업의 환지 계획, 환지예정지의 토지소유상황 등을 상세히 알려 주는 정보 제공.		

40) 평양시가지계획사업 제2토지구획정리 실시계획 인가의 건(평안남도)

	원철명	평양시가지계획사업 제2토지구획정리 실시계획 인가의 건
기록철명	정리철명	평양시가지계획사업 제2토지구획정리 실시계획 인가의 건(평안남도)
생산년도		1939-1943년

생산기관	내무국(사정국) 토목과			
보존기간	갑종(영구)			
소장기호	CJA0016089			
Item				
일련번호	건명	결재(발송)일	기안(발신)부서	첨부문서
1	평양시가지계획사업 제2토지구획정리 실시계획 인가의 건	1939-03-08	내무국 토목과	3건
2	평양시가지계획사업 제2토지구획정리 실시계획 변경 인가의 건	1940-07-26	내무국 토목과	
3	평양시가지계획사업 제2토지구획정리 실시계획 변경 및 실시설계 인가신청에 관한 건	1940-06-28	내무국 토목과	4건
4	평양시가지계획사업 제2토지구획정리 실시계획 변경 인가의 건	1940-10-08	내무국 토목과	1건
5	환지예정지 지정의 건	1940-06-03	내무국 토목과	3건
6	평양시가지계획사업 제2토지구획정리 환지예정지 일부 변경지정에 관한 건	1941-04-14	내무국 토목과	5건
7	평양시가지계획사업 제2토지구획정리로 인해 개설된 공공용지의 편입구분 및 범위에 관한 건	1943-05-12	사정국 토목과	4건
8	평양시가지계획사업 제2토지구획정리 환지 처분 및 특별 처분에 관한 건	1943-09-25	사정국 토목과	3건

기록철명	원철명	평양시가지계획사업 제2토지구획정리 실시계획 인가의 건		
	정리철명	평양시가지계획사업 제2토지구획정리 실시계획 인가의 건(평안남도)		
생산부서	내무국(사정국) 토목과			
생산년도	1939-1943년	분류기호	1945년 토목 갑 기록 제2287-2호	
쪽수		조선총독부 보존기간	갑종(영구)	
소장처	국가기록원	소장기호	CJA0016089	

기록건명	평양시가지계획사업 제2토지구획정리 실시계획 인가의 건
문서번호	

기안부서 (발신자)	내무국 토목과	기안일자	1939-02-21
중간결재	지방과장		
최종결재 (수신자)	총독 (정무총감 전결)	결재일자 (접수일자)	1939-03-08
		시행일자 (발송일자)	1939-03-14

첨부문서	1. 평양시가지계획사업 제2토지구획정리 실시계획 인가의 건(평양부윤)
	2. 평양시가지계획사업 제2토지구획정리 실시계획 인가에 관한 건(평안남도지사)
	3. 평양시가지계획 제2토지구획정리 실시계획 인가신청(평양부윤)
	  - 사업계획서
	  - 비용예산서
	  - 재원조서
	  - 일반도 및 계획평면도
	  - 비용부담방법
	  - 토지처분방법
	  - 토지구획정리 시행상 필요한 사항을 정한 규정
	  - 이의신립에 관한 전말
	  - 이의신청에 따라 변경한 부분에 관한 사유
	  - 지구의 현황
	  - 지구 인근지의 형세도
	  - 공사시행 전후에 걸친 지구의 일반표
	  - 공사 인접지에 미치는 영향
	  - 국유지 총괄
	  - 공사설계서
	  - 토지원부
	  - 권리자명부

문서내용	• 1939년 평양시가지계획사업 제2토지구획정리 실시계획 인가와 관련된 조선총독부의 승인 문서. 사업계획서 및 비용예산서, 재원조서 등 공사와 관련된 상세 정보와 더불어, 공사에 따른 이의신청에 대한 전말 사항을 통해 당시의 사회상 일면을 파악할 수 있는 정보 제공.

40-2

기록건명	평양시가지계획사업 제2토지구획정리 실시계획 변경 인가의 건		
문서번호			
기안부서 (발신자)	내무국 토목과	기안일자	1940-07-26
중간결재	지방과장		
최종결재 (수신자)	총독 (정무총감 전결)	결재일자 (접수일자)	1940-07-26
		시행일자 (발송일자)	1940-07-29
첨부문서			
문서내용	• 1940년 평양시가지계획사업 제2토지구획정리 실시계획 변경 인가에 관한 문서.		

40-3

기록건명	평양시가지계획사업 제2토지구획정리 실시계획 변경 및 실시설계 인가 신청에 관한 건		
문서번호			
기안부서 (발신자)	내무국 토목과	기안일자	1940-06-27
중간결재	지방과장		
최종결재 (수신자)	총독 (정무총감 전결)	결재일자 (접수일자)	1940-06-28
		시행일자 (발송일자)	1940-06-28
첨부문서	1. 평양시가지계획사업 제2토지구획정리 실시계획 변경 및 실시설계 인가신청에 관한 건(평안남도지사) 2. 평양시가지계획사업 제2토지구획정리 실시계획 변경 및 실시설계 인가신청에 관한 건(평양부윤) 3. 평양시가지계획사업 제2토지구획정리 실시계획 변경 및 실시설계 인가신청에 관한 건(평안남도지사) 4. 평양시가지계획사업 제2토지구획정리 실시계획 변경 및 실시설계 인가신청(평양부윤)		
문서내용	• 1940년 평양시가지계획사업 제2토지구획정리 실시계획 변경 및 실시설계 인가신청에 관한 조선총독부와 평안남도지사, 평양부윤간의 수발신 문서 모음		

40-4

기록건명	평양시가지계획사업 제2토지구획정리 실시계획 변경 인가의 건		
문서번호			
기안부서 (발신자)	내무국 토목과	기안일자	1940-08-29
중간결재	지방과장		
최종결재 (수신자)	총독 (정무총감 전결)	결재일자 (접수일자)	1940-10-08
		시행일자 (발송일자)	1940-10-10
첨부문서	1. 평양시가지계획사업 제2토지구획정리 실시계획 변경 인가의 건(평양부윤) 　- 토지구획정리사업 시행 연도할표 　- 정리 전후에 걸친 지목별 면적표 　- 권리자명부		
문서내용	• 1940년 평양시가지계획사업 제2토지구획정리 실시계획 변경 인가신청 서류로, 토지구획정리사업 시행 연도할표, 정리 전후에 걸친 지목별 면적표, 권리자명부 포함		

40-5

기록건명	환지예정지 지정의 건		
문서번호			
기안부서 (발신자)	내무국 토목과	기안일자	1940-05-30
중간결재			
최종결재 (수신자)	총독 (정무총감 전결)	결재일자 (접수일자)	1940-06-03
		시행일자 (발송일자)	1940-06-03
첨부문서	1. 환지지정 승인신청에 관한 건(평양부윤) 2. 환지예정지 지정 승인신청에 관한 건(평안남도지사) 3. 환지예정지 승인신청의 건(평양부윤) 　- 환지예정지 지정조서 　- 집계표 　- 평양시가지계획사업 제2토지구획정리 환지교부 및 토지가격 산출세칙		

문서내용	• 1940년 평양시가지계획사업 제2토지구획정리 실시계획 환지예정지 지정에 관한 사안으로, 환지예정지 조서 포함. 환지교부 및 토지가격 산출 세칙을 통해 당시 지가를 산출할 수 있는 정보 제공

40-6

기록건명	평양시가지계획사업 제2토지구획정리 환지예정지 일부 변경지정에 관한 건		
문서번호			
기안부서 (발신자)	내무국 토목과	기안일자	1941-04-10
중간결재			
최종결재 (수신자)	총독 (정무총감 전결)	결재일자 (접수일자)	1941-04-14
		시행일자 (발송일자)	1941-04-14

첨부문서	1. 평양부 제2토지구획정리 지구내 철도용지에 관한 건(평양철도사무소장)
	2. 환지예정지 지정통지에 관한 건(평양부윤)
	3. 제2토지구획정리 환지예정지 일부 변경에 관한 건(평양부윤)
	4. 제2토지구획정리 환지예정지 일부 변경에 관한 건(평안남도지사)
	5. 환지예정지 지정지 일부 변경 승인신청의 건(평양부윤)
	  - 환지예정지 지정 변경조서
	  - 평양 제1 토지구획정리 현형 및 환지예정지 지정도
	  - 평양 제2 토지구획정리 현형 및 환지예정지 지정도		

문서내용	• 1941년 평양시가지계획사업 제2토지구획정리 환지예정지 일부 변경 지정에 관한 수발신 문서 모음		

40-7

기록건명	평양시가지계획사업 제2토지구획정리로 인해 개설된 공공용지의 편입 구분 및 범위에 관한 건		
문서번호			
기안부서 (발신자)	사정국 토목과	기안일자	1943-04-28
중간결재	재무국장		

최종결재 (수신자)	총독 (정무총감 전결)	결재일자 (접수일자)	1943-05-12
		시행일자 (발송일자)	1943-05-17
첨부문서	1. 조서 2. 평양시가지계획사업 제2토지구획정리 시행에 걸친 공공용지 취조면 3. 구획정리로 인해 개설된 공공용지의 편입구분 및 범위에 관한 건(평안남도지사) 4. 구획정리로 인해 개설된 공공용지의 편입구분 및 범위에 관한 건(평양부윤)		
문서내용	• 1943년 평양시가지계획사업 제2토지구획정리로 인해 개설된 공공용지의 편입구분 및 범위에 관한 수발신 문서 모음		

40-8

기록건명	평양시가지계획사업 제2토지구획정리 환지 처분 및 특별 처분에 관한 건		
문서번호			
기안부서 (발신자)	사정국 토목과	기안일자	1943-08-13
중간결재	재무국장		
최종결재 (수신자)	총독 (정무총감 전결)	결재일자 (접수일자)	1943-09-25
		시행일자 (발송일자)	1943-09-25

첨부문서	1. 평양시가지계획사업 제2토지구획정리 환지 처분 및 특별 처분에 관한 건(평안남도지사)
	2. 평양시가지계획사업 제2토지구획정리 환지 처분 및 특별 처분에 관한 건(평안남도지사)
	3. 환지 처분 및 특별 처분의 건 승인신청(평양부윤)
	  - 평양시가지계획사업 제2토지구획정리 시행에 걸친 공공용지 취조면
	  - 환지 설명서 및 특별 처분 조서		

문서내용	• 1943년 평양시가지계획사업 제2토지구획정리 환지 처분 및 특별 처분에 관한 문서. 관련자 인명별 상세 조서 포함		

41) 평양시가지계획 일단주택지 경영사업 실시계획 인가의 건(평안남도) (1945)

기록철명	원철명	평양시가지계획 일단주택지 경영사업 실시계획 인가의 건		
	정리철명	평양시가지계획 일단주택지 경영사업 실시계획 인가의 건(평안남도) (1945)		
생산년도	1940-1944년			
생산기관	내무국(사정국,광공국) 토목과			
보존기간	갑종(영구)			
소장기호	CJA0016091			
Item				
일련번호	건명	결재(발송)일	기안(발신)부서	첨부문서
1	평양시가지계획 일단의 주택지 경영사업 실시계획 인가의 건	1940-12-23	사정국 토목과	5건
2	평양시가지계획 일단의 주택지 경영사업 일부 실시설계 인가 신청의 건	1943-04-12	사정국 토목과	1건
3	평양시가지계획 일단의 주택지 경영사업 실시계획 변경의 건	1943-12-20	광공국 토목과	2건
4	평양시가지계획 일단의 주택지 경영사업 일부 조성지 분양가격 승인의 건	1944-01-24	광공국 토목과	2건

기록철명	원철명	평양시가지계획 일단주택지 경영사업 실시계획 인가의 건		
	정리철명	평양시가지계획 일단주택지 경영사업 실시계획 인가의 건(평안남도) (1945)		
생산부서	내무국(사정국,광공국) 토목과			
생산년도	1940-1944년	분류기호	1945년 토목 갑 기록 2,287호의 2	
쪽수		조선총독부 보존기간	갑종(영구)	
소장처	국가기록원	소장기호	CJA0016091	

41-1

기록건명	평양시가지계획 일단의 주택지 경영사업 실시계획 인가의 건		
문서번호			
기안부서 (발신자)	사정국 토목과	기안일자	1940-08-30
중간결재	지방과장		
최종결재 (수신자)		결재일자 (접수일자)	1940-12-23
		시행일자 (발송일자)	1941-02-04
첨부문서	1. 평양부 일단의 주택지 경영 실시계획 인가 신청에 관한 건(평양부윤, 1940-06-22) 2. 평양부 일단의 주택지 경영 실시계획 인가 신청에 관한 건(평안남도 지사) 3. 평양부 일단의 주택지 경영 실시계획의 건 인가 신청(평남토 제609호, 평양부윤) 4. 평양부 일단의 주택지 경영공사 계획서 5. 평양시가지계획 일단의 주택지 경영사업 일반도		
문서내용	• 1941년 평양시가지계획 일단의 주택지 조성사업의 공사계획, 용지 매수 계획 등을 알 수 있는 정보 제공.		

41-2

기록건명	평양시가지계획 일단의 주택지 경영사업 일부 실시설계 인가 신청의 건		
문서번호			
기안부서 (발신자)	사정국 토목과	기안일자	1943-04-07
중간결재			
최종결재 (수신자)		결재일자 (접수일자)	1943-04-12
		시행일자 (발송일자)	1943-04-13
첨부문서	1. 평양시가지계획 일단의 주택지 경영사업 일부 실시설계 인가 신청에 관한 건(평양부윤, 1943-03-24)		
문서내용	• 1943년 평양시가지계획 일단의 주택지 경영사업 일부 실시설계 인가 신청에 관한 정보 제공.		

41-3

기록건명	평양시가지계획 일단의 주택지 경영사업 실시계획 변경의 건		
문서번호			
기안부서 (발신자)	광공국 토목과	기안일자	1943-09-20
중간결재			
최종결재 (수신자)		결재일자 (접수일자)	1943-12-20
		시행일자 (발송일자)	1943-12-20
첨부문서	1. 평양시가지계획 일단의 주택지 경영사업 실시계획 변경 및 실시설계 인가 신청의 건(平府土 제549호, 평양부윤→총독, 1943-05-26) 2. 평양시가지계획 일단의 주택지 경영사업 변경 실시 설계서		
문서내용	• 1943년 평양시가지계획 일단의 주택지 경영사업의 설계 변경내역을 상세히 알 수 있는 정보 제공. 설계서 본문 중에 지도가 첨부되어 있는데, 제목이 붙어있지 않아 그 내용은 상세히 알 수 없음.		

41-4

기록건명	평양시가지계획 일단의 주택지 경영사업 일부 조성지 분양가격 승인의 건		
문서번호			
기안부서 (발신자)	광공국 토목과	기안일자	1944-01-20
중간결재	농상국장, 상무과장		
최종결재 (수신자)		결재일자 (접수일자)	1944-01-24
		시행일자 (발송일자)	1944-01-24
첨부문서	1. 평양시가지계획 일단의 주택지 경영지구 내 일부 조성지 매각가격 승인方의 건 진달 (평안남도지사) 2. 평양시가지계획 일단의 주택지 경영지구 내 일부 조성지 매각가격 승인方의 건(平府土 제24호, 평양부윤→총독, 1944-01-17) - 매각가격산출설명서 - 공사시행전 지목별 면적표 - 공사시행후 지목별 면적표 - 소용경비 비목별 조서		

	- 일반경비 및 특별경제 진체지 및 유보지 실비매각지 조서 - 매각가격 산정의 기초설명서 - 본사업에 대한 예산 및 결산액 조서 - 본사업에 대한 경비산출 설명서 - 사업집행 년도할표 - 군제공지 경비산출설명서 - 본 신청지구내 매각가격 총액 및 평균평당조서 - 각 블록별 가격조서 - 각 블록내 구획할 가격조서 - 조성지 일반도 - 블록별 평균단가도 - 블록내 각 구획별 단가도- 조성비 계산서
문서내용	• 1944년 평양시가지계획 일단의 주택지 경영지구 내 공사가 완료된 택지의 분양방법, 분양가격 결정 내역 등을 상세히 알려 주는 정보 제공.

42) 평양시가지계획 일단주택지 경영사업 실시계획 인가의 건(평안남도) (1945)

기록철명	원철명	평양시가지계획 일단 공업용지 조성사업 실시계획 인가의 건
	정리철명	평양시가지계획 일단주택지 경영사업 실시계획 인가의 건(평안남도) (1945)
생산년도		1941-1944년
생산기관		내무국(사정국,광공국) 토목과
보존기간		갑종(영구)
소장기호		CJA0016091 (CJA0016092)

	Item			
일련 번호	건명	결재(발송)일	기안(발신)부서	첨부 문서
1	평양시가지계획 일단의 공업용지 조성사업 실시계획 인가의 건	1942-02-20	사정국 토목과	5건
2	평양시가지계획 일단의 공업용지 조성사업 실시계획 인가 신청에 관한 건	1941-09-12	내무국 토목과	1건

3	평양시가지계획 일단의 주택지 경영지구 및 일단의 공업용지 조성지구 분양규정 승인 신청의 건	1943-01-13	사정국 토목과	1건
4	평양시가지계획 일단의 공업용지 조성사업 일부 실시설계 인가의 건	1944-02-26	광공국 토목과	3건
5	평양시가지계획 일단의 공업용지 조성사업 일부 실시설계 인가의 건	1944-08-06	광공국 토목과	1건
6	평양시가지계획 일단의 공업용지 조성지(제1기 공사) 분양가격 승인의 건	1943-02-24	사정국 토목과	2건

기록철명	원철명	평양시가지계획 일단 공업용지 조성사업 실시계획 인가의 건		
	정리철명	평양시가지계획 일단주택지 경영사업 실시계획 인가의 건(평안남도) (1945)		
생산부서	내무국(사정국,광공국) 토목과			
생산년도	1941-1944년	분류기호	1945년 토목 갑 기록 2,287호의 1	
쪽수		조선총독부 보존기간	갑종(영구)	
소장처	국가기록원	소장기호	CJA0016091 (CJA0016092)	

42-1

기록건명	평양시가지계획 일단의 공업용지 조성사업 실시계획 인가의 건		
문서번호			
기안부서 (발신자)	사정국 토목과	기안일자	1941-11-30
중간결재	지방과장, 농림국장, 농정과장		
최종결재 (수신자)		결재일자 (접수일자)	1942-02-20
		시행일자 (발송일자)	1942-02-21

첨부문서	1. 평양시가지계획 일단의 공업용지 조성사업 실시계획 및 일부 실시설계 인가의 건(평양부윤, 1941-11-14)
	2. 평양부 堂上里 공업용지 조성사업 실시 계획서(1940-1942, 3개년)
	  - 사업계획서
	  - 실시계획 설계 및 공사시행방법
	  - 비용개산서		

| | - 토지매각방법 |
| | |

- 토지매각방법
- 재원수지 년차계획
- 사업시행전후의 지목별표
- 토지원부 및 매수예정가격표
- 위치도, 원형도, 일반계획평면도, 계획평면도, 수도계획평면도, 하수계획평면도
- 자재조서
3. 평양시가지계획 일단의 공업용지 조성사업 중 일부 실시설계 인가 신청(平府土 제978호, 평양부윤→총독, 1941-10-03)
- 당상리 공업용지 매립공사 및 방수제 축조공사 설계서
1) 평양시가지계획 평면도(1/15,000)
2) 매립공사 종단도
3) 매립공사 횡단도
4) 배수문 구조도
4. 평양시가지계획 일단의 공업용지 조성사업 중 일부 실시설계 인가 신청(平府土 제25호, 평양부윤→사정국장, 1942-01-13)
5. 당상리 공업용지 조성사업 실시계획 인가 신청에 관한 건(平府土 제84호, 평양부윤→내무국장, 1942-02-06)
- 공업용지 조성 실시 지구 내 농경지 관계 조사서

| 문서내용 | • 1942년 평양부 당상리의 시가지계획 일단의 공업용지 조성계획을 상세히 알 수 있는 정보 제공. 평양부의 공업용지 조성이 전시 군사공업화의 일환으로 조성된 것임을 알 수 있게 하는 자료. 4번 첨부문서에는 일부 결락된 지도가 포함되어 있음. |

42-2

기록건명	평양시가지계획 일단의 공업용지 조성사업 실시계획 인가 신청에 관한 건		
문서번호			
기안부서 (발신자)	내무국 토목과	기안일자	1941-09-09
중간결재	도시계장		
최종결재 (수신자)		결재일자 (접수일자)	1941-09-12
		시행일자 (발송일자)	1941-09-12

첨부문서	1. 평양부시가지계획 일단의 공업용지 조성사업 실시계획 인가 신청(平府土 제849호, 평양부윤→총독, 1940-10-12)
문서내용	• 계획서가 포함되어 있지 않기 때문에 1941년 평양부 당상리의 시가지 계획 일단의 공업용지 조성사업 인가가 신청되었다는 사실 만을 알 수 있음.

42-3

기록건명	평양시가지계획 일단의 주택지 경영지구 및 일단의 공업용지 조성지구 분양규정 승인 신청의 건		
문서번호			
기안부서 (발신자)	사정국 토목과	기안일자	1943-01-08
중간결재	도시계장		
최종결재 (수신자)		결재일자 (접수일자)	1943-01-13
		시행일자 (발송일자)	1943-01-13
첨부문서	1. 평양시가지계획사업 일단의 주택지구 및 공업용지 조성지구 분양규정 설정 승인 신청의 건(평안남도지사→총독, 1943-01-04) - 평양시가지계획사업 일단의 주택지구 및 공업용지 조성지구 분양규정		
문서내용	• 1943년 평양시가지계획사업 일단의 주택지구 및 공업용지 조성지구의 공사 완료 토지의 분양방법을 알려 주는 정보 제공.		

42-4

기록건명	평양시가지계획 일단의 공업용지 조성사업 일부 실시설계 인가의 건		
문서번호			
기안부서 (발신자)	광공국 토목과	기안일자	1944-02-22
중간결재			
최종결재 (수신자)		결재일자 (접수일자)	1944-02-26
		시행일자 (발송일자)	1944-02-28
첨부문서	1. 통첩안(광공국장→평양부윤)		

	2. 평양시가지계획사업 일단의 공업용지 조성사업 일부 실시설계 인가의 건(평양부윤, 1944-02-04)
	3. 평양시가지계획 일단의 공업용지 조성사업 내 일부 공사 실시설계서 (제2회분)
	- 평양시가지계획 일단의 공업용지 조성사업 제1기 공사 내 일부 실시계획서
	(도면 첨부)
문서내용	• 1944년 평양부 당상정(당상리) 시가지계획 일단의 공업용지 조성 실시설계의 내용을 알 수 있는 정보 제공. 특히 공사지구 내 도로, 하수도공사 등의 내용을 상세히 알 수 있음.

42-5

기록건명	평양시가지계획 일단의 공업용지 조성사업 일부 실시설계 인가의 건		
문서번호			
기안부서 (발신자)	광공국 토목과	기안일자	1944-08-052-22
중간결재			
최종결재 (수신자)		결재일자 (접수일자)	1944-08-06
		시행일자 (발송일자)	1944-08-06
첨부문서	1. 평양시가지계획사업 일단의 공업용지 조성사업 일부 실시설계 인가의 건(평양부윤, 1944-06-26) - 제1기 공사 내 일부 실시설계서(제3회분)		
문서내용	• 1944년 평양부 당상정(당상리) 시가지계획 일단의 공업용지 조성 실시설계의 내용을 알려 주는 정보 제공. • 특히 공사지구 내 도로, 하수도공사 등의 내용을 상세히 알 수 있음.		

42-6

기록건명	평양시가지계획 일단의 공업용지 조성지(제1기 공사) 분양가격 승인의 건		
문서번호			
기안부서 (발신자)	사정국 토목과	기안일자	1943-03-23

중간결재			
최종결재 (수신자)		결재일자 (접수일자)	1943-02-24
		시행일자 (발송일자)	1943-03-25
첨부문서	1. 평양시가지계획사업 일단의 공업용지 조성지 일부 매각가격 승인 신청에 관한 건(평안남도지사→총독, 1943-03-22) 2. 평양시가지계획 일단의 공업용지 조성지 일부 매각가격 승인方의 건 (平府土 제267호, 평양부윤→총독, 1943-03-05) - 평양부 당상리 공업용지 조성공사 계획 평면도(1/3,000)		
문서내용	• 1943년 평양부 당상리 시가지계획 일단의 공업용지 조성지의 매각, 분양계획을 알려 주는 정보 제공.		

43) 함흥시가지계획 재해부흥 토지구획정리(함경남도)

기록철명	원철명	함흥시가지계획사업 재해부흥 토지구획정리		
	정리철명	함흥시가지계획 재해부흥 토지구획정리(함경남도)		
생산년도	1940-1944년			
생산기관	내무국(광공국) 토목과			
보존기간	갑종(영구)			
소장기호	CJA0016100			

		Item		
일련 번호	건명	결재(발송)일	기안(발신)부서	첨부 문서
1	함흥시가지계획사업 재해부흥 토지구획정리 실시계획 인가의 건	1940-08-26	내무국 토목과	5건
2	함흥시가지계획사업 재해부흥 토지구획정리 환지예정지 지정 승인에 관한 건	1940-11-06	내무국 토목과	3건
3	함흥시가지계획사업 재해부흥 토지구획정리 실시계획 변경 및 동 실시설계 인가의 건	1941-03-06	내무국 토목과	7건
4	토지구획정리에 따라 개설한 공공용지의 편입구분 및 범위결정에 관한 건	1944-04-22	광공국 토목과	2건
5	함흥 시가지계획 재해부흥 토지구획정리사업 지구내 환지 처분의 건	1944-05-23	광공국 토목과	3건

기록철명	원철명	함흥시가지계획사업 재해부흥 토지구획정리
	정리철명	함흥시가지계획 재해부흥 토지구획정리(함경남도)
생산부서	내무국(광공국) 토목과	
생산년도	1940-1944년		분류기호	1945년 토목 갑 기록 제2292-2호
쪽수			조선총독부 보존기간	갑종(영구)
소장처	국가기록원		소장기호	CJA0016100

43-1

기록건명	함흥시가지계획사업 재해부흥 토지구획정리 실시계획 인가의 건		
문서번호			
기안부서 (발신자)	내무국 토목과	기안일자	1940-08-13
중간결재	지방과장		
최종결재 (수신자)	총독 (정무총감 전결)	결재일자 (접수일자)	1940-08-26
		시행일자 (발송일자)	1940-08-27
첨부문서	1. 함흥시가지계획사업 재해부흥 토지구획정리사업 정리실행 전후에 걸친 지목별 면적 예정표 2. 함흥시가지계획사업 재해부흥 토지구획정리 사업비 개산 3. 함흥시가지계획사업 재해부흥 토지구획정리 재원조서 4. 함흥시가지계획사업 재해부흥 토지구획정리 실시계획 인가신청의 건 (함경남도지사) 5. 함흥시가지계획사업 재해부흥 토지구획정리 실시계획 인가신청(함흥부윤) 　- 사업계획서 　- 실시계획설계서 및 공사시행방법 　- 비용예산서 　- 재원조서 　- 비용부담방법 　- 토지처분 방법 및 정리시행상 필요사항을 정한 규정 　- 이의의 신립에 관한 전말 　- 이의의 신립에 따라 변경한 부분에 관한 사유		

	- 토지원부 및 권리자명부
	- 공공용지조서
	- 일반 평면도 및 계획평면도, 지구의 형세도
문서내용	• 1940년 함흥시가지계획사업 재해부흥 토지구획정리사업에 관한 전말을 파악할 수 있는 함흥부윤의 사업계획서, 예산서, 재원조서 등 정보 제공. 공사시행방법 및 사양서를 통해 당시 건축기술에 관한 상세 정보 제공. 이의신청에 관한 문서들을 통해 당시 관영 건축공사와 관련된 시민과의 상호관계 유형을 분석할 수 있음.

43-2

기록건명	함흥시가지계획사업 재해부흥 토지구획정리 환지예정지 지정 승인에 관한 건		
문서번호			
기안부서 (발신자)	내무국 토목과	기안일자	1940-10-30
중간결재			
최종결재 (수신자)	총독 (정무총감 전결)	결재일자 (접수일자)	1940-11-06
		시행일자 (발송일자)	1940-11-07
첨부문서	1. 함흥시가지계획사업 재해부흥 토지구획정리 지구의 환지예정지 지정의 건(함경남도지사) - 환지예정지지정조서 2. 공사 착수계의 건(함경남도지사) 3. 공사 착수에 관한 건(함흥부윤)		
문서내용	• 1940년 함흥시가지계획사업 재해부흥 토지구획정리 환지 지정지에 관한 현 소유자 정보 제공.		

43-3

기록건명	함흥시가지계획사업 재해부흥 토지구획정리실시계획 변경 및 동 실시설계 인가의 건		
문서번호			
기안부서 (발신자)	내무국 토목과	기안일자	1941-02-19
중간결재			

최종결재 (수신자)	총독 (정무총감 전결)	결재일자 (접수일자)	1941-03-06
		시행일자 (발송일자)	1941-03-08

첨부문서	1. 함흥시가지계획사업 재해부흥 토지구획정리 재원조서
	2. 함흥시가지계획사업 재해부흥 토지구획정리비 변경 예산서
	3. 함흥시가지계획사업 재해부흥 토지구획정리실시계획 변경 인가 신청의 건(함흥부윤)
	4. 함흥시가지계획사업 재해부흥 토지구획정리실시계획 변경 인가 신청의 건(함경남도지사)
	5. 함흥시가지계획사업 재해부흥 토지구획정리실시계획 변경의 건 인가 신청(함흥부윤)
	  - 함흥시가지계획사업 재해부흥 토지구획정리 실시계획서
	  - 소화 15년도 함흥부 세입출 추가경정예산
	6. 함흥시가지계획사업 재해부흥 토지구획정리실시계획 인가 신청의 건(함경남도지사)
	7. 함흥시가지계획사업 재해부흥 토지구획정리실시계획 인가신청(함흥부윤)		

문서내용	• 1941년 함흥시가지계획사업 재해부흥 토지구획정리 실시계획 변경에 관련된 문서 모음. 원 실시계획서에 관한 정보 및 변경에 따른 추가경정 예산에 관한 상세 정보 제공.		

43-4

기록건명	토지구획정리에 따라 개설한 공공용지의 편입구분 및 범위결정에 관한 건		
문서번호			
기안부서 (발신자)	광공국 토목과	기안일자	1944-04-11
중간결재			
최종결재 (수신자)	총독 (정무총감 전결)	결재일자 (접수일자)	1944-04-22
		시행일자 (발송일자)	1944-04-22
첨부문서	1. 공공용지 조서 2. 토지구획정리지내의 공공용지 편입구분 및 범위에 관한 내신(함흥부윤)		

	- 공공용지 편입처분조서 - 함흥 재해부흥 초지구획정리 공공용지 편입구분도
문서내용	• 1944년 함흥 토지구획정리에 따라 개설한 공공용지의 편입구분 및 범위결정에 관련된 문서. 공공용지 조서와 더불어 편입지역에 관한 지도 정보 제공.

43-5

기록건명	함흥 시가지계획 재해부흥 토지구획정리사업지구내 환지 처분의 건		
문서번호			
기안부서 (발신자)	광공국 토목과	기안일자	1944-05-20
중간결재			
최종결재 (수신자)	총독 (정무총감 전결)	결재일자 (접수일자)	1944-05-23
		시행일자 (발송일자)	1944-05-24

첨부문서	1. 함흥 시가지계획 재해부흥 토지구획정리사업지구내 환지 처분의 건 (함경남도지사)
	2. 환지처분 인가신청의 건(함경남도지사)
	3. 시가지계획사업 재해부흥 토지구획정리 환지처분 인가신청(함흥부윤)
	  - 환지설명서
	  - 시가지계획령 시행규칙 제115조의 규정에 따라 환지로 된 공공용지 조서
	  - 함흥 재해부흥 토지구획정리 환지 확정도
	  - 함흥 시가지계획사업 재해부흥토지구획정리 시행규칙
	  - 재해부흥지구 환지 기본계획표
	  - 함흥 재해부흥토지구획정리 공공용지 편입구분도		

문서내용	• 1944년 함흥 시가지계획 재해부흥 토지구획정리사업지구내 환지 처분과 관련된 문서. 환지확정 공공용지 조서 및 지도와 함께 함흥 시가지계획사업 재해부흥토지구획정리 시행규칙, 기본계획표 등 포함.		

44) 함흥시가지계획(건축부지조성 가로 토지구획정리) 사업실시 계획 변경 건(함경남도)

기록철명	원철명	함흥시가지계획(건축부지조성 가로 토지구획정리) 사업실시 계획 변경의 건
	정리철명	함흥시가지계획(건축부지조성 가로 토지구획정리) 사업실시 계획 변경 건(함경남도)
생산년도	1943-1944년	
생산기관	사정국(광공국) 토목과	
보존기간	갑종(영구)	
소장기호	CJA0016101	

Item				
일련번호	건명	결재(발송)일	기안(발신)부서	첨부문서
1	건축부지 조성사업 촉진에 관한 건	1944-02-05	광공국 토목과	1건
2	함흥시가지계획사업 가로건축부지 조성공사 실시계획 변경 토지구획정리 실시계획 인가의 건	1943-05-31	사정국 토목과	6건
3	함흥시가지계획사업 가로 건축부지 조성공사 실시계획 변경 및 토지구획정리 실시계획 인가의 건		사정국 토목과	1건

기록철명	원철명	함흥시가지계획(건축부지조성 가로 토지구획정리) 사업실시 계획 변경의 건		
	정리철명	함흥시가지계획(건축부지조성 가로 토지구획정리) 사업실시 계획 변경 건(함경남도)		
생산부서	사정국(광공국) 토목과			
생산년도	1943-1944년	분류기호	1945년 토목 갑 기록 제2292-4호	
쪽수		조선총독부 보존기간	갑종(영구)	
소장처	국가기록원	소장기호	CJA0016101	

44-1

기록건명	건축부지 조성사업 촉진에 관한 건		
문서번호			
기안부서 (발신자)	광공국 토목과	기안일자	1944-02-03
중간결재			
최종결재 (수신자)	총독 (정무총감 전결)	결재일자 (접수일자)	1944-02-05
		시행일자 (발송일자)	1944-02-07
첨부문서	1. 조선총독부 고시 제682호		
문서내용	• 1937년 8월 11일 허가한 함흥시가지계획 건축부지조성 가로 토지구획정리사업 촉진을 요구하는, 조선총독부 광공국장 발신 함흥부윤 수신 문서		

44-2

기록건명	함흥시가지계획사업 가로건축부지 조성공사 실시계획 변경 토지구획정리 실시계획 인가의 건		
문서번호			
기안부서 (발신자)	사정국 토목과	기안일자	1943-05-28
중간결재	지방과장		
최종결재 (수신자)	총독 (정무총감 전결)	결재일자 (접수일자)	1943-05-31
		시행일자 (발송일자)	1943-05-31
첨부문서	1. 통첩안(사정국장) 　- 공사비 개산 　- 재원조서 　- 사업비 수지 계산표 　- 정리 전후에 걸친 지목별 면적합계 예정표 2. 함흥시가지계획 건축부지조성 사업실시계획 변경 인가신청(함흥부윤) 3. 함흥시가지계획 건축부지조성 사업실시계획 변경 인가신청의 건(함경남도지사) 4. 함흥시가지계획 가로사업 건축부지조성사업 실시계획 변경 및 토지구획정리사업의 건 인가신청(함흥부윤)		

<table>
<tr><td rowspan="7"></td><td>5. 함흥시가지계획 가로건축부지 조성사업 변경실시계획서</td></tr>
<tr><td>6. 함흥시가지계획 가로사업 및 건축부지 조성사업 변경실시계획서</td></tr>
<tr><td>- 사업집행 연할표</td></tr>
<tr><td>- 사업계획서</td></tr>
<tr><td>- 비용예산서</td></tr>
<tr><td>- 재원조서</td></tr>
<tr><td>- 일반단면도 및 계획단면도
- 공사설계서 및 공사 시행방법, 공사사양서</td></tr>
<tr><td>문서내용</td><td>• 1943년 함흥시가지계획 가로사업 건축부지조성사업 실시계획 변경 및 토지구획정리사업의 건 인가신청에 관련된 문서. 사업계획서 및 예산서, 재원조서 등 사업변경에 관한 전반적인 정보 제공.</td></tr>
</table>

44-3

기록건명	함흥시가지계획사업 가로 건축부지 조성공사 실시계획 변경 및 토지구획정리 실시계획 인가의 건		
문서번호			
기안부서 (발신자)	사정국 토목과	기안일자	1943-02-04
중간결재			
최종결재 (수신자)	총독 (정무총감 전결)	결재일자 (접수일자)	
		시행일자 (발송일자)	
첨부문서	1. 함흥시가지계획사업 건축부지조성 및 가로성토공사계획서(함흥부 토목과) - 토지매수공사 설계서 - 보상(이전)공사 설계서 - 건축부지 조성공사 설계서 - 건축부지조성 제공작물 공사설계서 - 일위대가표 - 토적표 - 토목공사 일반사양서 - 함흥시가지계획사업 건축부지조성공사 계획평면도 - 함흥부 시가도 - 건축부지 평면도		

	- 함흥부 저지 배수 계통도 - 저지 배수로 유량계산표 - 가로사업 계획도 및 건축부지조성공사사업 구역도
문서내용	• 1943년 함흥부윤에서 작성한 함흥시가지계획사업 건축부지조성 및 가로공사계획에 관한 총체적 정보 제공. 토지매수공사 설계서, 보상공사 설계서 등 다양한 건축 설계서와 더불어, 가로수 1수당 등 공사 관련 제반 사항들에 대한 일위대가표 등 건축공사와 관련된 당시의 각종 계량화자료, 도면 정보 제공

45) 함흥시가지계획 가로사업에 따른 동건축부지 조성사업(함경남도)

기록철명	원철명	함흥시가지계획 가로사업에 따른 동건축부지 조성사업
	정리철명	함흥시가지계획 가로사업에 따른 동건축부지 조성사업 (함경남도)
생산년도	1937-1941년	
생산기관	내무국 토목과	
보존기간	갑종(영구)	
소장기호	CJA0016102	

Item				
일련 번호	건명	결재(발송)일	기안(발신)부서	첨부 문서
1	함흥시가지계획 가로사업 및 건축부지 조성사업 실시계획 인가의 건	1937-08-11	내무국 토목과	3건
2	함흥시가지계획 가로사업 및 건축부지 조성사업 실시계획 인가의 건	1937-11-01	내무국 토목과	3건
3	함흥시가지계획 가로사업 및 건축부지 조성사업 실시계획 변경 인가의 건	1941-02-26	내무국 토목과	3건
4	함흥시가지계획사업 함흥역부근 토지구획정리 공사 준공기한 연기의 건	1941-02-26	내무국 토목과	2건

<table>
<tr><td rowspan="2">기록철명</td><td>원철명</td><td colspan="3">함흥시가지계획 가로사업에 따른 동건축부지 조성사업</td></tr>
<tr><td>정리철명</td><td colspan="3">함흥시가지계획 가로사업에 따른 동건축부지 조성사업
(함경남도)</td></tr>
<tr><td>생산부서</td><td colspan="4">내무국 토목과</td></tr>
<tr><td>생산년도</td><td>1937-1941년</td><td>분류기호</td><td colspan="2">1945년 토목 갑 기록 제
2292-5호</td></tr>
<tr><td>쪽수</td><td></td><td>조선총독부
보존기간</td><td colspan="2">갑종(영구)</td></tr>
<tr><td>소장처</td><td>국가기록원</td><td>소장기호</td><td colspan="2">CJA0016102</td></tr>
</table>

45-1

<table>
<tr><td>기록건명</td><td colspan="3">함흥시가지계획 가로사업 및 건축부지 조성사업 실시계획 인가의 건</td></tr>
<tr><td>문서번호</td><td colspan="3"></td></tr>
<tr><td>기안부서
(발신자)</td><td>내무국 토목과</td><td>기안일자</td><td>1937-07-06</td></tr>
<tr><td>중간결재</td><td colspan="3">지방과장</td></tr>
<tr><td rowspan="2">최종결재
(수신자)</td><td rowspan="2">총독 (정무총감 전결)</td><td>결재일자 (접수일자)</td><td></td></tr>
<tr><td>시행일자 (발송일자)</td><td>1937-08-11</td></tr>
<tr><td>첨부문서</td><td colspan="3">1. 함흥시가지계획 가로사업 및 건축부지 조성사업 실시계획 인가신청
　 의 건(함흥부윤)
2. 함흥시가지계획 가로사업 및 건축부지 조성사업 실시계획 인가신청
　 의 건(함경남도지사)
3. 함흥시가지계획 가로사업 및 건축부지 조성사업 실시계획 인가신청
　 (함흥부윤)
- 사업집행 연도할
- 사업계획서
- 비용예산서
- 재원조서
- 일반도 및 계획평면도
- 공사설계서 및 공사 시행방법
- 본 사업에 대한 함흥부 예산서
- 동 함흥부회의 의결서 사본
- 시가지계획사업비 기채인가 지량사 사본
- 공사사양서</td></tr>
</table>

문서내용	• 1937년 함흥시가지계획 가로사업 및 건축부지 조성사업 실시계획과 관련된 문서. 사업계획서, 비용예산서 및 재원조서 등 공사와 관련된 상세 정보 제공.

45-2

기록건명	함흥시가지계획 가로사업 및 건축부지 조성사업 실시계획 인가의 건		
문서번호			
기안부서 (발신자)	내무국 토목과	기안일자	1937-10-15
중간결재			
최종결재 (수신자)	총독 (정무총감 전결)	결재일자 (접수일자)	1937-11-01
		시행일자 (발송일자)	1937-11-01
첨부문서	1. 함흥시가지계획사업 실시계획 인가신청의 건(함흥부윤) 2. 함흥시가지계획사업 실시계획 인가신청의 건(함경남도지사) 3. 함흥시가지계획사업 실시설계 인가신청(함흥부윤) - 건축부지 조성 및 가로성토공사 설계서 - 동상 설계도 - 예산관계표		
문서내용	• 1937년 함흥시가지계획사업 실시계획과 관련된 문서. 건축부지 조성 및 가로공사 설계서 및 설계도, 관련 예산에 관한 상세 정보 제공.		

45-3

기록건명	함흥시가지계획 가로사업 및 건축부지 조성사업 실시계획 변경 인가의 건		
문서번호			
기안부서 (발신자)	내무국 토목과	기안일자	1941-02-04
중간결재			
최종결재 (수신자)	총독 (정무총감 전결)	결재일자 (접수일자)	1941-02-26
		시행일자 (발송일자)	1941-02-27
첨부문서	1. 함흥시가지계획 가로사업 및 건축부지 조성사업 실시계획 변경의 건 (함흥부윤)		

	2. 함흥시가지계획 가로사업 및 건축부지 조성사업 실시계획 변경의 건 (함경남도지사)
	3. 함흥시가지계획 가로사업 및 건축부지 조성사업 실시계획 변경의 건 인가신청(함흥부윤)
	- 함흥시가지계획 가로사업 및 건축부지 조성사업 실시계획 변경실시계획서
	- 사업집행연도할
	- 비용예산서
	- 재원조서
	- 일반도 및 계획평면도
	- 공사설계서 및 공사 시행방법
	- 본 사업에 대한 함흥부 예산서
	- 동 함흥부회의 의결서 사본
	- 시가지계획사업비 기채인가 지량사 사본
	- 공사사양서
문서내용	• 1941년 함흥시가지계획 가로사업 및 건축부지 조성사업 실시계획 변경인가와 관련된 문서. 공사설계서 및 공사 시행방안, 예산 및 재원조서 등 사업변경과 관련된 상세 정보 제공.

45-4

기록건명	함흥시가지계획사업 함흥역부근 토지구획정리공사 준공기한 연기의 건		
문서번호			
기안부서 (발신자)	내무국 토목과	기안일자	1941-02-12
중간결재			
최종결재 (수신자)	총독 (정무총감 전결)	결재일자 (접수일자)	1941-02-26
		시행일자 (발송일자)	1941-02-28
첨부문서	1. 함흥시가지계획사업 함흥역 부근 토지구획정리공사 준공완료기일 연장방 내신의 건(함경남도지사) 2. 함흥시가지계획사업 함흥역 부근 토지구획정리공사 완료기일 연기방의 건 내신(함흥부윤)		
문서내용	• 1941년 함흥시가지계획사업 함흥역 부근 토지구획정리공사 준공기한 연기와 관련된 조선총독부와 함흥부윤, 함경남도지사의 수발신 서류		

46) 함흥 시가지계획사업 제1구 토지구획정리 실시계획 인가의 건

기록철명	원철명	함흥 시가지계획사업 제1구 토지구획정리 실시계획 인가의 건
	정리철명	함흥 시가지계획사업 제1구 토지구획정리 실시계획 인가의 건
생산년도		1939-1943년
생산기관		내무국(사정국) 토목과
보존기간		갑종(영구)
소장기호		CJA0016099

Item

일련번호	건명	결재(발송)일	기안(발신)부서	첨부문서
1	함흥 시가지계획사업 제1구 토지구획정리 실시계획 인가의 선	1939-02-23	내무국 토목과 행징계	4건
2	함흥 시가지계획사업 제1 토지구획정리 실시계획 인가조건 중 일부 최소의 건	1940-07-08	내무국 토목과 행정계	7건
3	함흥 시가지계획사업 제1 제2 제3 토지구획정리공사 준공기한 연장 및 동 시행계획 변경 인가의 건	1941-05-09	내무국 토목과 행정계	19건
4	함흥 시가지계획사업 제1토지구획정리 실시설계 인가의 건	1941-10-13	내무국 토목과 행정계	6건
5	함흥 시가지계획사업 제1토지구획정리 지구내 환지예정지 지정의 건	1943-09-23	사정국 토목과 행정계	2건

기록철명	원철명	함흥 시가지계획사업 제1구 토지구획정리 실시계획 인가의 건		
	정리철명	함흥 시가지계획사업 제1구 토지계획정리 실시계획 인가의 건		
생산부서	내무국(사정국) 토목과			
생산년도	1939-1943년		분류기호	1945년 토목 갑 기록 제2292-1호
쪽수			조선총독부 보존기간	갑종(영구)
소장처	국가기록원		소장기호	CJA0016099

기록건명	함흥 시가지계획사업 제1구 토지구획정리 실시계획 인가의 건		
문서번호			
기안부서 (발신자)	내무국 토목과 행정계	기안일자	1939-02-13
중간결재	지방과장		
최종결재 (수신자)	총독 (정무총감 전결)	결재일자 (접수일자)	1939-02-23
		시행일자 (발송일자)	1939-02-25
첨부문서	1. 통첩안(내무국장→함경도지사) 2. 함흥 시가지계획사업 제1구 토지구획정리 실시계획 인가신청(함흥부윤) 3. 함흥 시가지계획사업 제1구 토지구획정리 실시계획 인가신청의 건 (함경남도지사, 함부토 제 호, 1938-09-27) 4. 함흥 시가지계획사업 제1구 토지구획정리 실시계획 인가신청(함흥부윤, 함부토 제427호, 1938-09-20) - 사업계획서 - 토목공사 일반사양서(함흥부) - 비용예산서 - 재원조서 - 공사비예산서 - 공사설계서 - 공사의 시행방법 - 함흥 시가지계획사업 제1구 토지구획정리 시행규정 - 지구의 현황 - 지구 및 인접지의 현형도 - 공사시행 전후에 걸친 지목별 면적합계의 예정 - 공사 인접지에 미치는 영향 - 함흥 시가지계획사업 제1구 토지구획정리 토지원부 - 함흥 시가지계획사업 제1구 토지구획정리 권리자 명부 - 함흥 시가지계획사업 제1구 토지구획정리 지도(1/600, 국유지편) - 1938-1940년도 함흥 시가지계획사업 제1, 제2 及 제3지구 토지구획정리비 계속 年期 及 지출방법 - 함흥 시가지계획사업 제1-3지구 토지구획정리 비용부담금조례(신청 중)		

문서내용	• 1939년 함흥 시가지계획사업 제1구 토지구획정리사업에 관한 정보 제공. 조선총독부 사업인가 이유서, 토지구획정리사업비 개산서, 사업비 재원조서, 정리사업 시행 전후에 걸친 지목별 면적합계 예정표 (당시 조선총독부 내무국 토목과의 이 지역에 대한 도시계획 정책 방향 및 정리사업 예산·세부 항목을 파악할 수 있는 자료), 토지원부 및 권리자 원부에 당시의 소유자 및 소유면적 등 정보 제공. 함흥 제1지구 및 인접지에 대한 당시의 개황 및 공사가 인접지에 미치는 영향분석 정보 제공.

46-2

기록건명	함흥 시가지계획사업 제1 토지구획정리 실시계획 인가조건 중 일부 취소의 건		
문서번호			
기안부서 (발신자)	내부국 토복과 행성계	기안일사	1940-07-05
중간결재			
최종결재 (수신자)	총독 (정무총감 전결)	결재일자 (접수일자)	1940-07-08
		시행일자 (발송일자)	1940-07-10
첨부문서	1. 함흥 시가지계획사업 제1구 토지구획정리 실시계획 인가의 건(참조사본, 함흥부윤) 2. 함흥 시가지계획사업 제1구 토지구획정리 실시계획 인가신청의 건(참조사본, 함경남도지사) 3. 함흥 시가지계획사업 제1구 토지구획정리 실시계획 인가신청(참조사본, 함흥부윤) 4. 함흥 시가지계획사업 제1 토지구획정리 실시계획 인가변경 신청의 건(함흥부윤) 5. 함흥 시가지계획사업 제1구 토지구획정리 실시계획 인가조건 변경 신청의 건(함경남도지사) 6. 함흥 시가지계획사업 제1 토지구획정리 실시계획 인가에 첨부된 조건 변경 방의 건 신청(함흥부윤, 도면첨부) 7. 함흥 시가지계획사업 제1구 제2구 제3구 토지구획정리 실시계획의 건(함경남도지사)		

문서내용	• 1939년 2월 25일 조선총독에 의해 승인된 함흥 시가지계획사업 제1구 토지구획정리 실시계획 인가사항 중 3조에 해당하는 내용의 취소 및 변경을 승인요청하는 관련 문서들의 모음

46-3

기록건명	함흥 시가지계획사업 제1 제2 제3 토지구획정리공사 준공기한 연장 및 동 시행계획 변경 인가의 건		
문서번호			
기안부서 (발신자)	내무국 토목과 행정계	기안일자	1941-03-22
중간결재	지방과장		
최종결재 (수신자)	총독 (정부총감 전결)	결재일자 (접수일자)	1941-05-09
		시행일자 (발송일자)	1941-05-14

첨부문서	1. 함흥 시가지계획사업 제1 토지구획정리사업 집행년도할
	  - 재원조서
	  - 제1구 사업비개산
	2. 함흥 시가지계획사업 제2 토지구획정리사업 집행년도할
	  - 재원조서
	  - 제1구 사업비개산
	3. 함흥 시가지계획사업 제3 토지구획정리사업 집행년도할
	  - 재원조서
	  - 제1구 사업비개산
	4. 함흥 시가지계획사업 제1 제2 및 제3 토지구획정리 계획변경 예산 대조표
	5. 함흥 시가지계획사업 제1 제2 및 제3 토지구획정리공사 완료기한 연기방의 건(함경남도지사)
	6. 함흥 시가지계획사업 제1구 제2구 및 제3구 토지구획정리공사 완료 기일 연지방의 건 내신(함흥부윤)
	  - 사업진행계획서
	7. 함흥 시가지계획사업 제1 제2 및 제3구 토지구획정리 실시계획 변경의 건(함흥부윤)
	8. 함흥 시가지계획사업 제1 제2 및 제3구 토지구획정리 실시계획 변경의 건(함경남도지사)		

9. 함흥 시가지계획 제1구 토지구획정리사업 실시계획 변경의 건 인가
   신청(함흥부윤)
10. 함흥 시가지계획 제1구 토지구획정리 변경 실시계획서
    - 사업계획서
    - 비용예산서
    - 재원조서
    - 공사설계서 및 공사의 시행방법
11. 함흥 시가지계획 제2구 토지구획정리사업 실시계획 변경의 건 인
    가신청(함흥부윤)
12. 함흥 시가지계획 제2구 토지구획정리 변경 실시계획서
    - 사업계획서
    - 비용예산서
    - 재원조서
    - 공사설계서 및 공사의 시행방법
13. 함흥 시가지계획 제3구 토지구획정리사업 실시계획 변경의 건 인
    가신청(함흥부윤)
14. 함흥 시가지계획 제3구 토지구획정리 변경 실시계획서
    - 사업계획서
    - 비용예산서
    - 재원조서
    - 공사설계서 및 공사의 시행방법
15. 함흥 시가지계획 제1 제2 및 제3 토지구획정리사업비 계속년기 및
    지불방법
16. 함흥 시가지계획 제1 제2 및 제3 토지구획정리계속비 수지 계산표
17. 함흥 시가지계획 제1 제2 및 제3 토지구획정리비용 부담금조례 개
    정안
18. 함흥 시가지계획 제1 제2 제3 및 제4구 토지구획정리사업 실시계
    획 인가신청의 건(함경남도지사)
19. 함흥 시가지계획 제1 제2 제3구 토지구획정리사업 실시계획 변경
    인가신청의 건(함흥부윤)
    - 사업계획서
    - 비용예산서

문서내용	• 1941년 함흥 시가지계획사업 제1 제2 제3 토지구획정리공사 준공기 한 연장 및 동 시행계획 변경 인가에 관한 관련 문서들로, 변경 사

	유서 및 사업공정 현황, 사업비 재원조서, 정리사업 시행 전후에 걸친 지목별 면적합계 예정표, 토지원부 및 권리자 원부 등을 포함

46-4

기록건명	함흥 시가지계획사업 제1토지구획정리 실시설계 인가의 건		
문서번호			
기안부서 (발신자)	내무국 토목과 행정계	기안일자	1941-09-24
중간결재			
최종결재 (수신자)	총독 (정무총감 전결)	결재일자 (접수일자)	1941-10-13
		시행일자 (발송일자)	1941-10-14
첨부문서	1. 통첩안(내무국장→함흥부윤) 2. 함흥 시가지계획사업 제1토지구획정리 실시설계 인가신청의 건(함흥부윤) 3. 함흥 시가지계획사업 제1토지구획정리 실시설계 인가신청의 건(함경남도지사) 4. 함흥 시가지계획사업 제1토지구획정리 실시설계 인가신청(함흥부윤) - 함흥 시가지계획사업 제1지구 토지구획정리 실시설계 총괄표 - 실시 설명서 - 1939년 2월 15일 부 실시계획인가조건 寫 5. 제1지구 구획정리실시계획 공사설계 내역서 6. 제1구 구획정리실시계획 가로, 도로 표준횡단도(축척 1/100)		
문서내용	• 1941년 함흥 시가지계획사업 제1토지구획정리 실시계획에 대한 사업개요 및 조선총독의 승인 이유서(당시 이 지역에 대한 조선총독부의 도시계획 관련 정책 방향성 및 사업 내용을 알려 주는 정보 제공), 함흥 시가지계획사업 제1구 토지구획정리공사의 세부 내역을 파악할 수 있는 설계도 23매를 포함		

46-5

기록건명	함흥 시가지계획사업 제1토지구획정리 지구내 환지예정지 지정의 건
문서번호	

기안부서 (발신자)	사정국 토목과 행정계	기안일자	1943-09-15
중간결재			
최종결재 (수신자)	총독 (정무총감 전결)	결재일자 (접수일자)	1943-09-23
		시행일자 (발송일자)	1943-09-25
첨부문서	1. 함흥 시가지계획사업 제1토지구획정리 지구내 환지예정지 지정의 건(함흥부윤) 2. 환지예정지 지정의 건(함경남도지사) 　- 정리시행에 따른 토지용도 계획서 　- 시가지계획령시행규칙 제145조 해당지 내역표 　- 환지예정지 지정조서 　- 함흥 시가지계획사업 제1지구 토지구획정리 시행규정(함흥부 고시 제45호) 　- 함흥 시가지계획사업 제1지구 토지구획정리 신구대조도(1/600) 　- 함흥 시가지계획사업 제1구 토지구획정리 지구내 환지예정지 도 (1/600) 　- 함흥 시가지계획사업 제1구 토지구획정리 지구계획 평면도(1/600)		
문서내용	• 1943년 토지소유자별 환지예정지 지정에 관한 구체적 정보 제공. 함흥 시가지계획사업 제1지구 토지구획정리 이전과 이후의 정보를 제공해주는 지도 포함.		

47) 함흥시가지계획사업 제2구토지구획정리(함경남도)

기록철명	원철명	함흥시가지계획사업 제2구토지구획정리(함경남도)
	정리철명	함흥시가지계획사업 제2구토지구획정리(함경남도)
생산년도	1939-1941년	
생산기관	내무국 토목과	
보존기간	갑종(영구)	
소장기호	CJA0016104	
Item		

일련 번호	건명	결재(발송)일	기안(발신)부서	첨부 문서
1	함흥시가지계획사업 제2구토지구획정리 실시계획 인가의 건	1939-02-23	내무국 토목과	3건
2	함흥시가지계획사업 제2구 토지구획정리 실시설계 인가의 건	1939-08-25	내무국 토목과	3건
3	환지예정지 지정에 관한 건	1941-08-15	내무국 토목과	3건

기록철명	원철명	함흥시가지계획사업 제2구토지구획정리(함경남도)		
	정리철명	함흥시가지계획사업 제2구토지구획정리(함경남도)		
생산부서	내무국 토목과			
생산년도	1939-1941년		분류기호	1945년 토목 갑 기록 제2292-7호
쪽수			조선총독부 보존기간	갑종(영구)
소장처	국가기록원		소장기호	CJA0016104

47-1

기록건명	함흥시가지계획사업 제2구토지구획정리 실시계획 인가의 건		
문서번호			
기안부서 (발신자)	내무국 토목과	기안일자	1939-02-13
중간결재			
최종결재 (수신자)	총독 (정무총감 전결)	결재일자 (접수일자)	1939-02-23
		시행일자 (발송일자)	1939-02-24

첨부문서	1. 함흥시가지계획사업 제2구 토지구획정리 실시계획 인가신청(함흥부윤)
	2. 함흥시가지계획사업 제2구 토지구획정리 실시계획 인가신청의 건(함경남도지사)
	3. 함흥시가지계획사업 제2구 토지구획정리 실시계획 인가신청(함흥부윤)
	  - 사업계획서
	  - 비용예산서		

	- 재원조서 - 일반도 및 계획평면도 - 공사계획서 및 공사 시행방법 - 비용부담방법 - 토지처분방법 - 정리 시행상 필요한 사항을 정한 규정 - 이의신립에 관한 전말 - 이의신청에 따라 변경한 부분에 관한 사유 - 지구의 현황 - 지구 및 인근지의 형세도 - 공사 전 및 공사 완료 후에 걸친 토지의 지목면적 - 공사 인접지에 미치는 영향 - 토지원부 사본 - 권리자 명부 사본 - 국유지 편입 조사 및 도면 - 본 사업에 대한 함흥부 예산서 - 토지구획정리 부담금 조례
문서내용	• 1939년 함흥시가지계획사업 제2구 토지구획정리 실시계획서 인가에 관한 문서 모음. 사업계획서, 비용예산서, 재원조서 등 사업 일반사항에 관한 정보와 더불어, 공사에 따른 이의신청에 대한 전말 사항을 통해 당시의 사회상 일면을 파악할 수 있는 정보 제공.

47-2

기록건명	함흥시가지계획사업 제2구 토지구획정리 실시설계 인가의 건		
문서번호			
기안부서 (발신자)	내무국 토목과	기안일자	1939-08-23
중간결재			
최종결재 (수신자)	총독 (정무총감 전결)	결재일자 (접수일자)	1939-08-25
		시행일자 (발송일자)	1939-08-26
첨부문서	1. 함흥시가지계획사업 제2구토지구획정리 실시설계 인가신청의 건(함흥부윤)		

	2. 함흥시가지계획사업 토지구획정리 공사 실시설계 인가신청의 건(함경남도지사) 3. 함흥시가지계획사업 제2구토지구획정리공사 실시설계 인가신청의 건(함흥부윤) - 함흥시가지계획사업 제2구토지구획정리 도로 기타지 공사 설계서 - 토목공사 일반 사양서 - 함흥시가지계획사업 제2구토지구획정리공사 도로 및 공작물 설계도 - 함흥시가지계획사업 제2구토지구획정리공사 공작물 기타 시설물 위치 일람도
문서내용	• 1939년 함흥시가지계획사업 제2구 토지구획정리 실시설계서 인가에 관한 문서 모음. 도로 및 기타 시설에 대한 공사 설계도를 통해 당시 건축 기술에 관한 상세 정보 제공

47-3

기록건명	환지예정지 지정에 관한 건		
문서번호			
기안부서 (발신자)	내무국 토목과	기안일자	1941-07-25
중간결재			
최종결재 (수신자)	총독 (정무총감 전결)	결재일자 (접수일자)	1941-08-15
		시행일자 (발송일자)	1941-08-15
첨부문서	1. 환지예정지 지정 승인신청에 관한 건(함흥부윤) 2. 환지예정지 지정의 건(함경남도지사) 3. 환지예정지 지정의 건(함흥부윤) 　- 함흥부 제2구 토지구획정리 지구내 토지소유자 주소 및 씨명 　- 환지예정지 지정조서 　- 환지예정지 지정설명서 　- 함흥시가지계획사업 제3구 토지구획정리 환지 및 청산세칙		
문서내용	• 1941년 함흥시가지계획사업 환지예정지 승인에 관한 문서. 환지예정지에 관한 토지소유자 상세 정보 제공. 아울러 토지구획정리 환지 및 청산에 관한 세칙 포함		

48) 함흥시가지계획사업 제3구토지구획정리(함경남도)

기록철명	원철명	함흥시가지계획사업 제3구토지구획정리
	정리철명	함흥시가지계획사업 제3구토지구획정리(함경남도)
생산년도	1939년	
생산기관	내무국 토목과	
보존기간	갑종(영구)	
소장기호	CJA0016103	

		Item			
일련 번호	건명		결재(발송)일	기안(발신)부서	첨부 문서
1	함흥시가지계획사업 제3구 토지구획정리 실시계획 인가의 건		1939-02-23	내무국 토목과	3건
2	힘흥시가지계획사입 제3구 도지구획징리 실시설계 인가의 건		1939-08-25	내무국 토목과	2건

기록철명	원철명	함흥시가지계획사업 제3구토지구획정리	
	정리철명	함흥시가지계획사업 제3구토지구획정리(함경남도)	
생산부서	내무국 토목과		
생산년도	1939년	분류기호	1945년 토목 갑 기록 제2292-6호
쪽수		조선총독부 보존기간	갑종(영구)
소장처	국가기록원	소장기호	CJA0016103

48-1

기록건명	함흥시가지계획사업 제3구 토지구획정리 실시계획 인가의 건		
문서번호			
기안부서 (발신자)	내무국 토목과	기안일자	1939-02-09
중간결재	지방과장		
최종결재 (수신자)	총독 (정무총감 전결)	결재일자 (접수일자)	1939-02-23
		시행일자 (발송일자)	1939-02-25

첨부문서	1. 함흥시가지계획사업 제3구토지구획정리 실시계획 인가신청(함흥부윤)
	2. 함흥시가지계획사업 제3구토지구획정리 실시계획 인가신청의 건(함경남도지사)
	3. 함흥시가지계획사업 제3구토지구획정리 실시계획 인가신청(함흥부윤)
	  - 사업계획서
	  - 비용예산서
	  - 재원조서
	  - 일반도 및 계획평면도
	  - 공사계획서 및 공사 시행방법
	  - 비용부담방법
	  - 토지처분방법
	  - 정리 시행상 필요한 사항을 정한 규정
	  - 이의신립에 관한 전말
	  - 이의신청에 따라 변경한 부분에 관한 사유
	  - 지구의 현황
	  - 지구 및 인근지의 형세도
	  - 공사 전 및 공사 완료 후에 걸친 토지의 지목면적
	  - 공사 인접지에 미치는 영향
	  - 토지원부 사본
	  - 권리자 명부 사본
	  - 국유지 편입 조사 및 도면
	  - 본 사업에 대한 함흥부 예산서
	  - 토지구획정리 부담금 조례

문서내용	• 1939년 함흥시가지계획사업 제3구 토지구획정리 실시계획 인가신청에 관한 문서 모음. 사업계획서, 비용예산서, 재원조서 등 사업 일반 사항에 관한 정보와 더불어, 공사에 따른 이의신청에 대한 전말 사항을 통해 당시의 사회상 일면을 파악할 수 있는 정보 제공.

48-2

기록건명	함흥시가지계획사업 제3구 토지구획정리 실시설계 인가의 건		
문서번호			
기안부서 (발신자)	내무국 토목과	기안일자	1939-08-23
중간결재			

| 최종결재
(수신자) | 총독 (정무총감 전결) | 결재일자 (접수일자) | 1939-08-25 |
| | | 시행일자 (발송일자) | |

| 첨부문서 | 1. 함흥시가지계획사업 제3구 토지구획정리 실시설계 인가의 건(함흥부윤)
2. 함흥시가지계획사업 제3구 토지구획정리공사 실시설계 인가신청의 건(함흥부윤)
  - 함흥시가지계획사업 제3구 토지구획정리 도로 기타 공사 설계서
  - 공작물 설계서
  - 재료조서
  - 일위단가표
  - 교통광장 도로 토적토우 집계표
  - 토목공사 일반사양서
  - 함흥시가지계획사업 제3구 토지구획정리 일반도 |
| 문서내용 | • 1939년 함흥시가지계획사업 제3구 토지구획정리 실시설계 인가에 관한 문서. 공사설계서, 재료조서, 토목공사 사양서 등을 통해 당시 건축기술에 관한 상세 정보 제공. |

49) 함흥시가지계획사업 제3구토지구획정리(환지예정지정조서)(함경남도)

기록철명	원철명	함흥시가지계획사업 제3구토지구획정리(환지예정지조서)
	정리철명	함흥시가지계획사업 제3구토지구획정리(환지예정지정조서)(함경남도)
생산년도		1939년
생산기관		내무국 토목과
보존기간		갑종(영구)
소장기호		CJA0016105

Item				
일련 번호	건명	결재(발송)일	기안(발신)부서	첨부 문서
1	함흥시가지계획사업 제3구 토지구획정리지구 환지예정지 지정의 건	1939-12-05	내무국 토목과	1건

기록철명	원철명	함흥시가지계획사업 제3구토지구획정리(환지예정지조서)
	정리철명	함흥시가지계획사업 제3구토지구획정리(환지예정지정조서)(함경남도)
생산부서	내무국 토목과	
생산년도	1939년	분류기호	1945년 토목 갑 기록 제2292-8호
쪽수		조선총독부 보존기간	갑종(영구)
소장처	국가기록원	소장기호	CJA0016105

49-1

기록건명	함흥시가지계획사업 제3구 토지구획정리지구 환지예정지 지정의 건		
문서번호			
기안부서 (발신자)	내무국 토목과	기안일자	1939-11-30
중간결재	지방과장		
최종결재 (수신자)	총독 (정무총감 전결)	결재일자 (접수일자)	1939-12-05
		시행일자 (발송일자)	1939-12-06

첨부문서	1. 환지예정지 지정의 건(함경남도지사)
	  - 토지소유자 명부
	  - 환지예정지 지정조서(1)
	  - 환지예정지 지정조서(2)
	  - 함흥시가지계획사업 제3구 토지구획정리 환지 및 현황 대조도 (1:600)		

문서내용	• 1939년 함흥시가지계획사업 제3구 토지구획정리지구 환지예정지 지정에 관련된 문서. 함흥부 일대의 토지소유자 명부와 함께 환지예정지에 대한 소유자별 상세조서 정보를 제공		

50) 함흥시가지계획사업 제4구 토지구획정리(함경남도)

기록철명	원철명	함흥시가지계획사업 제4구 토지구획정리
	정리철명	함흥시가지계획사업 제4구 토지구획정리(함경남도)

생산년도	1939-1941년
생산기관	내무국 토목과
보존기간	갑종(영구)
소장기호	CJA0016106

일련 번호	건명	결재(발송)일	기안(발신)부서	첨부 문서
	Item			
1	함흥시가지계획사업 제4구 토지구획정리 실시계획서 인가의 건		내무국 토목과	3건
2	함흥시가지계획사업 제4구 토지구획정리공사 준공기한 연장 및 동 실시계획변경 및 동 실시설계 인가의 건	1941-02-20	내무국 토목과	5건

기록철명	원철명	함흥시가지계획사업 제4구 토지구획정리
	정리철명	함흥시가지계획사업 제4구 토지구획정리(함경남도)

생산부서	내무국 토목과		
생산년도	1939-1941년	분류기호	1945년 토목 갑 기록 제2292-9호
쪽수		조선총독부 보존기간	갑종(영구)
소장처	국가기록원	소장기호	CJA0016106

50-1

기록건명	함흥시가지계획사업 제4구 토지구획정리 실시계획서 인가의 건		
문서번호			
기안부서 (발신자)	내무국 토목과	기안일자	1939-10-09
중간결재	지방과장		
최종결재 (수신자)	총독 (정무총감 전결)	결재일자 (접수일자)	
		시행일자 (발송일자)	
첨부문서	1. 함흥시가지계획사업 제4구 토지구획정리 실시계획서 인가의 건(함흥부윤)		

	2. 함흥시가지계획사업 제4구 토지구획정리 실시계획서 인가신청의 건 (함경남도지사)
	3. 함흥시가지계획사업 제4구 토지구획정리 실시계획서 인가신청(함흥 부윤) - 사업계획서 - 비용예산서 - 재원조서 - 일반도 및 계획평면도 - 공사계획서 및 공사 시행방법 - 비용부담방법 - 토지처분방법 - 정리 시행상 필요한 사항을 정한 규정 - 이의신립에 관한 전말 - 이의신청에 따라 변경한 부분에 관한 사유 - 지구의 현황 - 지구 및 인근지의 형세도 - 공사 전 및 공사 완료 후에 걸친 토지의 지목면적 - 공사 인접지에 미치는 영향 - 토지원부 사본 - 권리자 명부 사본 - 국유지 편입 조사 및 도면 - 본 사업에 대한 함흥부 예산서 - 토지구획정리 부담금 조례
문서내용	• 1939년 함흥시가지계획사업 제4구 토지구획정리 실시계획서 인가에 관한 문서 모음. 사업계획서, 비용예산서, 재원조서 등 사업 일반사항에 관한 정보와 더불어, 공사에 따른 이의신청에 대한 전말 사항을 통해 당시의 사회상 일면을 파악할 수 있는 정보 제공.

50-2

기록건명	함흥시가지계획사업 제4구 토지구획정리공사 준공기한 연장 및 동 실시계획변경 및 동 실시설계 인가의 건		
문서번호			
기안부서 (발신자)	내무국 토목과	기안일자	1941-01-24

중간결재	지방과장		
최종결재 (수신자)	총독 (정무총감 전결)	결재일자 (접수일자)	1941-02-20
		시행일자 (발송일자)	1941-02-28
첨부문서	1. 함흥시가지계획사업 제4구 토지구획정리 공사 완료기일 연기방 내신의 건(함경남도지사) 2. 함흥시가지계획사업 제4구 토지구획정리 공사 완료기일 연기방의 건 내신(함흥부윤) 3. 함흥시가지계획사업 제4구 토지구획정리 실시계획 변경의 건(함흥부윤) 4. 함흥시가지계획사업 제4구 토지구획정리 실시계획 변경의 건(함경남도지사) 5. 함흥시가지계획사업 제4구 토지구획정리사업 실시계획 변경의 건 인가신청(함흥부윤) - 국유지 편입조서 및 도면 - 본 사업에 대한 함흥부 예산서 - 토지구획정리 부담금 조례 - 사업계획 변경에 관한 고시 사본		
문서내용	• 1941년 함흥시가지계획사업 제4구 토지구획정리공사 준공기한 연장 및 동 실시계획 변경에 관한 문서. 국유지 편입조서 및 도면, 본 사업에 대한 함흥부 예산서, 토지구획정리 부담금 조례 등에 관한 정보 제공.		

51) 함흥시가지계획 토지구획정리 환지예정지 지정의 건(제4구)

기록철명	원철명	함흥시가지계획 토지구획정리 환지예정지 지정의 건
	정리철명	함흥시가지계획 토지구획정리 환지예정지 지정의 건(제4구)
생산년도	1942년	
생산기관	사정국 토목과	
보존기간	갑종(영구)	
소장기호	CJA0016116	

<table>
<tr><td colspan="5" align="center">Item</td></tr>
<tr><td>일련
번호</td><td>건명</td><td>결재(발송)일</td><td>기안(발신)부서</td><td>첨부
문서</td></tr>
<tr><td>1</td><td>함흥시가지계획사업 제4 토지구획정리 지구 환지예정지 지정의 건</td><td>1942-11-20</td><td>사정국 토목과</td><td>2건</td></tr>
</table>

<table>
<tr><td rowspan="2">기록철명</td><td>원철명</td><td colspan="2">함흥시가지계획 토지구획정리 환지예정지 지정의 건</td></tr>
<tr><td>정리철명</td><td colspan="2">함흥시가지계획 토지구획정리 환지예정지 지정의 건(제4구)</td></tr>
<tr><td>생산부서</td><td colspan="3">사정국 토목과</td></tr>
<tr><td>생산년도</td><td>1942년</td><td>분류기호</td><td></td></tr>
<tr><td>쪽수</td><td></td><td>조선총독부
보존기간</td><td>갑종(영구)</td></tr>
<tr><td>소장처</td><td>국가기록원</td><td>소장기호</td><td>CJA0016116</td></tr>
</table>

51-1

<table>
<tr><td>기록건명</td><td colspan="3">함흥시가지계획사업 제4 토지구획정리지구 환지예정지 지정의 건</td></tr>
<tr><td>문서번호</td><td colspan="3"></td></tr>
<tr><td>기안부서
(발신자)</td><td>사정국 토목과</td><td>기안일자</td><td>1942-10-28</td></tr>
<tr><td>중간결재</td><td colspan="3"></td></tr>
<tr><td rowspan="2">최종결재
(수신자)</td><td rowspan="2">총독 (정무총감 전결)</td><td>결재일자 (접수일자)</td><td>1942-11-20</td></tr>
<tr><td>시행일자 (발송일자)</td><td>1942-11-20</td></tr>
<tr><td>첨부문서</td><td colspan="3">1. 함흥시가지계획사업 제4구 토지구획정리지구내 환지예정지 지정의 건(함경남도지사)
2. 환지예정지 지정 승인에 관한 건(함경남도지사)
  - 환지예정지 지정조서
  - 함흥시가지계획사업 제4구 토지구획정리지구 환지예정지 지정도</td></tr>
<tr><td>문서내용</td><td colspan="3">• 1942년 함흥시가지계획사업 제4구 토지구획정리지구내 환지예정지 지정에 관한 사안으로, 환지예정지 지정 사항에 대한 상세한 내용의 인명별 조서 정보 제공.</td></tr>
</table>

52) 해주 시가지계획사업 제1토지구획정리 실시계획 인가의 건(황해도)

기록철명	원철명	해주 시가지계획사업 제1토지구획정리 실시계획 인가의 건		
	정리철명	해주 시가지계획사업 제1토지구획정리 실시계획 인가의 건(황해도)		
생산년도	1941-1942년			
생산기관	내무국(사정국) 토목과			
보존기간	갑종(영구)			
소장기호	CJA0016079			
Item				
일련번호	건명	결재(발송)일	기안(발신)부서	첨부문서
1	해주시가지계획사업 제1토지구획정리 실시계획 인가의 건	1941-09-16	내무국 토목과장	1건
2	해주시가지계획사업 토지구획정리실시계획인가 신청의 건	1941-05-01	내무국 토목과	3건
3	해주시가지계획사업 토지구획정리지구 공사실시설계서			2건
4	해주시가지계획사업 제1토지구획정리 환지예정지 지정의 건	1942-08-17	사정국장	3건

기록철명	원철명	해주 시가지계획사업 제1토지구획정리 실시계획 인가의 건		
	정리철명	해주 시가지계획사업 제1토지구획정리 실시계획 인가의 건(황해도)		
생산부서	내무국(사정국) 토목과			
생산년도	1941-1942년	분류기호	1945년 토목 갑 기록 제2280-1호	
쪽수	593면	조선총독부 보존기간	갑종(영구)	
소장처	국가기록원	소장기호	CJA0016079	

52-1

기록건명	해주시가지계획사업 제1토지구획정리 실시계획인가의 건		
문서번호			
기안부서 (발신자)	내무국 토목과장	기안일자	1941-06-17
중간결재	지방과장, 도시계장, 행정계장		
최종결재 (수신자)	총독(정무총감 전결)	결재일자 (접수일자)	1941-09-16
		시행일자 (발송일자)	1941-09-20
첨부문서	1.통첩안(내무국장→해주부윤) - 사업집행연도할 - 재원조서		
문서내용	• 1941년 해주시가지계획사업 제1토지구획정리사업에 과한 단편적인 정보 제공		

52-2

기록건명	해주시가지계획사업 토지구획정리 실시계획인가 신청의 건		
문서번호			
기안부서 (발신자)	내무국 토목과	기안일자	1941-04-26
중간결재			
최종결재 (수신자)	총독(정무총감 전결)	결재일자 (접수일자)	1941-05-01
		시행일자 (발송일자)	1941-05-01
첨부문서	1. 해주시가지계획사업 토지구획정리 실시계획인가 신청의 건(해주부윤) 2. 해주시가지계획사업 토지구획정리 실시계획인가 신청의 건(황해도지사) 3. 해주시가지계획사업(해주부윤) 　① 사업계획서(해주시가지계획사업 제1토지구획정리 실시계획서) 　② 실시계획설계서 및 공사의 시행방법 　③ 비용예산서 　④ 재원조서(제1토지구획정리 재원조서)		

⑤ 토지처분방법 및 정리시행상 필요한 사항을 정하는 규정(해주시가지계획사업 제1토지구획정리시행규정)
⑥ 이의신청에 관한 전말
⑦ 정리시행전후에 있어서 지목별 면적합계의 예정(표)
⑧ 첨부도
  - 일반평면도(지도, 1/10,000)
  - 해주시가지계획 제1토지구획정리계획 평면도(지도, 1/1,200)
  - 도로 및 배수로계획표준횡단면도(지도, 1/100)
  - 해주시가지계획 제1토지구획정리지구 원형도(지도, 1/100)
  - 시가지계획령 시행규칙 및 제145조 규정에 따른 공공용지도(지도, 1/100)
  - 해주시가지계획 제1토지구획정리지구 현황도(지도, 1/100)
⑨ 토지원부, 민유지도로조서, 국유지도로조서
⑩ 정리실시지구내의 토지소유자의 인원수 및 각 소유한 토지의 지목별 면적 및 지가
⑪ 해주시가지계획사업 제1토지구획정리지구 공사자재조서

문서내용	• 1941년 해주시가지계획사업 제1토지구획정리사업에 관한 정보 제공. 도시계획 정책의 내용과 정책담당자, 정책 집행과정을 알려주는 실시계획서, 답신서 등이 많이 수록되어 있음. 예산서 및 토지원부 포함. 토지원부 등은 분량은 많으나, 상태가 안 좋아 판독이 어려움.

52-3

기록건명	해주시가지계획사업 토지구획정리지구 공사실시설계서		
문서번호			
기안부서 (발신자)		기안일자	
중간결재			
최종결재 (수신자)		결재일자 (접수일자)	
		시행일자 (발송일자)	
첨부문서	1. 해주시가지계획사업 토지구획정리실시계획 인가 신청의 건(해주부) 2. 해주시가지계획사업 토지구획정리지구 공사실시설계서 - 실시설계공사비 총괄내역서(표)		

	- 각종자재단가표(표) - 1位代價表(표) - 토적계산표(표) - 路線土積表(표) - 開渠平積表(표) - 構造物設置個所調(표) - 배수공사토적집계표 및 토적계산서 - 사양서 - 해주시가지계획평면도(지도) - 제1토지구획정리지구공사설계평면도(지도, 1/1,200) - 도로 및 배수로계획표준횡단도
문서내용	• 1941년 해주시가지계획사업 토지구획정리사업에 관한 정보 제공

52-4

기록건명	해주시가지계획사업 제1토지구획정리 환지예정지 지정의 건		
문서번호			
기안부서 (발신자)	사정국장	기안일자	1942-08-15
중간결재			
최종결재 (수신자)	총독(정무총감 전결)	결재일자 (접수일자)	1942-08-17
		시행일자 (발송일자)	1942-08-17
첨부문서	1. 해주시가지계획사업 제1토지구획정리지구 환지예정지 지정에 관한 건(해주부윤) 2. 해주시가지계획사업 제1토지구획정리지구 환지예정지 지정에 관한 건(황해도지사) 3. 해주시가지계획사업 제1토지구획정리지구 환지예정지 지정에 관한 보고(해주부윤) - 실시설계인가 - 정리시행에 의한 토지용도계획 - 감보부담관계분담표 - 감보율계산표 - 제1토지구획정리 시행규정 - 제1토지구획정리 환지교부세칙		

	- 환지예정지 지정조서 - 환지예정지 지정도(지도, 1/1,200) - 환지 지정기입 재래가옥 현황도(지도, 1/1,200) - 정리전 토지표준면적 조서(표)
문서내용	• 1942년 해주시가지계획사업 제1토지구획정리 환지예정지 지정에 관한 정보 제공. 특히 시가지계획사업 관련 각종 정보가 도표로 처리되어 있으며 그 분량도 상당히 많음.

53) 해주시가지계획사업 제2토지구획정리 실시계획 인가의 건(황해도)

기록철명	원철명	해주시가지계획사업 제2토지구획정리 실시계획 인가의 건			
	정리철명	해주시가지계획사업 제2토지구획정리 실시계획 인가의 건(황해도)			
생산년도	1942-1943년				
생산기관	사정국 토목과				
보존기간	갑종(영구)				
소장기호	CJA0016080				
Item					
일련번호	건명		결재(발송)일	기안(발신)부서	첨부문서
1	해주시가지계획사업 제2토지구획정리공사 실시계획 인가의 건		1942-03-08	사정국 토목과	2건
2	해주시가지계획 제2토지구획정리지구 환지예정지 지정의 건		1943-10-28	사정국 토목과	2건

기록철명	원철명	해주시가지계획사업 제2토지구획정리 실시계획 인가의 건		
	정리철명	해주시가지계획사업 제2토지구획정리 실시계획 인가의 건(황해도)		
생산부서	사정국 토목과			
생산년도	1942-1943년	분류기호	1945년 토목 갑 기록 제2280-2호	

쪽수		조선총독부 보존기간	갑종(영구)
소장처	국가기록원	소장기호	CJA0016080

53-1

기록건명	해주시가지계획사업 제2토지구획정리공사 실시계획 인가의 건		
문서번호			
기안부서 (발신자)	사정국 토목과	기안일자	1942-02-26
중간결재	지방과장		
최종결재 (수신자)	총독 (정무총감 전결)	결재일자 (접수일자)	1942-03-08
		시행일자 (발송일자)	1942-03-19
첨부문서	1. 해주시가지계획사업 제2토지구획정리공사 실시계획 인가신청의 건 (해주부윤) 2. 해주시가지계획사업 제2토지구획정리공사 실시계획 인가신청(해주부윤) - 사업계획서 - 실시계획서 및 공사시행방법 - 비용예산서 - 재원조서 - 비용부담방법 - 토지처분방법 및 정리시행상 필요한 사항을 정한 규정 - 이의신립에 관한 전말 - 이의신청에 따라 변경한 부분에 관한 사유 - 공사시행 전후에 걸친 지목별 면적 합계 예정 - 일반평면도, 공사설계 평면도, 지구 및 인근지의 형세도, 공공용지도 - 토지원부 - 정리시행지구내의 토지소유자 원수 및 각기 소유한 토지의 지목별 면적지가 - 공공용지조서		
문서내용	• 1942년 해주시가지계획사업 제2토지구획정리공사 실시계획 인가와 관련된 문서. 사업계획서, 실시계획 및 방법, 비용예산서 및 재원조서		

	등 공사 전말에 관한 상세 정보 제공. 또한 당시 공사와 관련된 이의 신청에 관한 자료들을 통해 당시의 지역 사회상 일면에 관한 정보 제공

53-2

기록건명	해주시가지계획 제2토지구획정리지구 환지예정지 지정의 건		
문서번호			
기안부서 (발신자)	사정국 토목과	기안일자	1943-10-27
중간결재	지방과장		
최종결재 (수신자)	총독 (정무총감 전결)	결재일자 (접수일자)	1943-10-28
		시행일자 (발송일자)	1943-10-28
첨부문서	1. 해주시가지계획 제2토지구획정리지구 환지예정지 지정의 건(황해도지사) 2. 해주시가지계획 제2토지구획정리지구 환지예정지 지정승인에 관한 건(황해도지사) - 정리시행에 따른 토지용도계획 - 감소부담관계분류표 - 감소율 계산표 - 제2토지구획 정리시행규정 - 제2토지구획정리 환지교부세칙 - 환지예정지 지정조서 - 환지예정지 지정도 - 환지지정 기입 재래가옥 현황표		
문서내용	• 1943년 해주시가지계획 제2토지구획정리지구 환지예정지 지정에 관한 수발신 문서. 환지예정지 지정에 따른 정리지구 일대의 토지관계 변화와 더불어, 환지교부 규정에 관한 정보 제공.		

54) 제2회 시가지계획위원회 관계서철(1936)

기록철명	원철명	소화11년 11월 5일 제2회 시가지계획위원회 관계서철
	정리철명	제2회 시가지계획위원회 관계서철(1936)

생산년도	1936년			
생산기관	내무국 토목과 행정계			
보존기간	갑종(영구)			
소장기호	CJA0015032			

Item				
일련 번호	건명	결재(발송)일	기안(발신)부서	첨부 문서
1	경성시가지계획 가로망 및 同 토지구획정리 결정에 관한 건	1936-12-26	내무국장	1건
2	제2회 시가지계획위원회 회의록	1936-11-05		2건
3	제2회 시가지계획위원회에 있어서 정무총감의 埃撩에 관한 건	1936-11-02	내무국 토목과장	1건
4	제2회 시가지계획위원회 개최에 관한 건	1936-10-26	내무국 토목과장	2건
5	제2회 시가지계획위원회에 있어서 의안 조제에 관한 건	1936-11-05	내무국 토목과장	5건

기록철명	원철명	소화11년 11월 5일 제2회 시가지계획위원회 관계서철		
	정리철명	제2회 시가지계획위원회 관계서철(1936)		
생산부서	내무국 토목과 행정계			
생산년도	1936년	분류기호		
쪽수	94면	조선총독부 보존기간	갑종(영구)	
소장처	국가기록원	소장기호	'CJA0015032	

54-1

기록건명	경성시가지계획 가로망 및 同 토지구획정리 결정에 관한 건		
문서번호			
기안부서 (발신자)	내무국장	기안일자	
중간결재			
최종결재 (수신자)	각 위원	결재일자 (접수일자)	
		시행일자 (발송일자)	1936-12-26

첨부문서	1. 조선총독부 고시(총독, 1936-12) - 경성시가지계획 가로망 - 경성시가지계획 토지구획정리(도면)
문서내용	• 1936년 말 조선총독부가 고시한 경성시가지계획 가로망 및 토지구획 정리사업에 관한 정보 제공.

54-2

기록건명	제2회 시가지계획위원회 회의록		
문서번호			
기안부서 (발신자)		기안일자	
중간결재			
최종결재 (수신자)		결재일자 (접수일자)	
		시행일자 (발송일자)	1936-11-05
첨부문서	1. 회의 출석자 명단 2. 의사 속기록		
문서내용	• 1936년 11월 개최된 제2회 시가지계획위원회의 회의 내용을 알려 주는 기록. • 주무국장인 내무국장을 제외한 총독부 각 국장들은 전원 과장 혹은 사무관이 대리출석하고 있다는 점이 특이함. 이 회의록을 통해 시가지계획위원회 개최의 일반적인 절차를 알 수 있음. 제2회 시가지계획위원회에서 주로 논의된 경성시가지계획 가로망 및 토지구획정리사업에 관한 정보 제공.		

54-3

기록건명	제2회 시가지계획위원회에 있어서 정무총감의 挨拶에 관한 건		
문서번호			
기안부서 (발신자)	내무국 토목과장	기안일자	1936-10-30
중간결재			
최종결재 (수신자)	총독(정무총감 전결)	결재일자 (접수일자)	1936-11-02
		시행일자 (발송일자)	

첨부문서	1. 제2회 시가지계획위원회에 있어서 정무총감의 挨撈
문서내용	• 1936년 개최된 제2회 시가지계획위원회에 있어서 정무총감의 挨撈에 관한 정보 제공.

54-4

기록건명	제2회 시가지계획위원회 개최에 관한 건		
문서번호	토 제516호		
기안부서 (발신자)	내무국 토목과장	기안일자	1936-10-21
중간결재			
최종결재 (수신자)	정무총감	결재일자 (접수일자)	1936-10-26
		시행일자 (발송일자)	1936-10-29
첨부문서	1. 초집안(시가지계획위원회 위원장→각 위원 간사) 2. 시가지계획위원회 관계자 씨명		
문서내용	• 1936년 제2회 시가지계획위원회 위원, 간사 및 관계자에 관한 정보 제공.		

54-5

기록건명	제2회 시가지계획위원회에 있어서 의안 조제에 관한 건		
문서번호			
기안부서 (발신자)	내무국 토목과장	기안일자	1936-10-30
중간결재			
최종결재 (수신자)	총독(전결)	결재일자 (접수일자)	
		시행일자 (발송일자)	1936-11-05
첨부문서	1. 의안 제1호 경성시가지계획 가로망(경성시가지계획가로망결정이유서) 2. 의안 제2호 경성시가지계획 토지구획정리(경성시가지계획토지구획정리 결정이유서) 3. 경성부도시계획 가로망의 건 회답(20師經營 제566호, 제20사단 참모장→ 내무국장, 1936-11-16) 4. 경성시가지계획가로망 및 同 토지구획정리 시행지구 결정에 관한 건 (土 제399호, 1936-08-22)		

	5. 무제 공문(진해요항부 참모장→시가지계획위원회 위원장, 1936-11-02)
문서내용	• 1936년 제2회 시가지계획위원회에서 주로 논의된 경성시가지계획 가로망 및 토지구획정리사업의 내역을 알 수 있는 정보 제공.

55) 제3회 시가지계획위원회 관계서철(1937)

기록철명	원철명	소화12년 1월 19, 20일 제3회 시가지계획위원회 관계서철
	정리철명	제3회 시가지계획위원회 관계서철(1937)
생산년도	1936-1937년	
생산기관	내무국 토목과 행정계	
보존기간	갑종(영구)	
소장기호	CJA0014430	

Item

일련번호	건명	결재(발송)일	기안(발신)부서	첨부문서
1	제3회 시가지계획위원회 회의록	1937-01-19		42건
2	시가지계획도에 관한 건	1937-03-04	체신국장	3건
3	제3회 시가지계획위원회 회의록 정서에 관한 건		내무국 토목과장	1건
4	제3회 시가지계획위원회 개최에 관한 건	1937-01-13	내무국 토목과	2건
5	제3회 시가지계획위원회 자문안 송부의 건	1937-01-08	내무국 토목과	
6	제3회 시가지계획위원회에 있어서 의안 조제에 관한 건		내무국 토목과	2건
7	收受전보	1937-01-18	평안남도지사	
8	제3회 시가지계획위원회 임시위원 出付의 건	1937-01-18	내무국장	1건

기록철명	원철명	소화12년 1월 19, 20일 제3회 시가지계획위원회 관계서철
	정리철명	제3회 시가지계획위원회 관계서철(1937)
생산부서	내무국 토목과 행정계	

생산년도	1936-1937년	분류기호	
쪽수	503면	조선총독부 보존기간	갑종(영구)
소장처	국가기록원	소장기호	CJA0014430

55-1

기록건명	제3회 시가지계획위원회 회의록		
문서번호			
기안부서 (발신자)		기안일자	
중간결재			
최종결재 (수신자)		결재일자 (접수일자)	
		시행일자 (발송일자)	1937-01-19

첨부문서	1. 회의 참석자 명단
	2. 제출의안
	3. 의사 속기록
	4. 제3회 시가지계획위원회 일정
	  - 위원 간사 씨명
	  - 자리배치도
	5. 의안 제1호 부산시가지계획 구역을 좌와 같이 결정함(부산시가지계획 구역결정이유서)
	6. 의안 제2호 부산시가지계획 가로를 별지와 같이 결정함(부산시가지계획가로결정이유서)
	7. 의안 제3호 부산시가지계획 토지구획정리를 좌와 같이 결정함(시가지계획토지구획정리결정이유서)
	8. 의안 제4호 목포시가지계획 구역을 좌와 같이 결정함(목포시가지계획 구역결정이유서)
	9. 의안 제5호 목포시가지계획 가로를 별지와 같이 결정함(목포시가지계획가로, 목포시가지계획가로결정이유서)
	10. 의안 제6호 목포시가지계획 토지구획정리를 좌와 같이 결정함(시가지계획토지구획정리결정이유서)
	11. 의안 제7호 대구시가지계획구역을 좌와 같이 결정함(대구시가지계획 구역결정이유서)		

12. 의안 제8호 대구시가지계획 가로를 별지와 같이 결정함(대구시가지
    계획가로, 대구시가지계획가로결정이유서)
13. 의안 제9호 대구시가지계획 토지구획정리를 좌와 같이 결정함(시가
    지계획토지구획정리결정이유서)
14. 의안 제10호 평양시가지계획구역을 좌와 같이 결정함(평양시가지계
    획구역결정이유서)
15. 의안 제11호 평양시가지계획 가로를 별지와 같이 결정함(평양시가지
    계획가로, 평양시가지계획가로결정이유서)
16. 의안 제12호 평양시가지계획 토지구획정리를 좌와 같이 결정함(시가
    지계획토지구획정리결정이유서)
17. 의안 제13호 신의주시가지계획구역을 좌와 같이 결정함(신의주시가
    지계획구역결정이유서)
18. 의안 제14호 신의주시가지계획 가로를 별지와 같이 결정함(신의주시
    가지계획가로, 신의주시가지계획가로결정이유서)
19. 의안 제15호 신의주시가지계획 토지구획정리를 좌와 같이 결정함(시
    가지계획토지구획정리결정이유서)
20. 의안 제16호 함흥시가지계획구역을 좌와 같이 결정함(함흥시가지계
    획구역결정이유서)
21. 의안 제17호 함흥시가지계획 가로를 별지와 같이 결정함(함흥시가지
    계획가로, 함흥시가지계획가로결정이유서)
22. 의안 제18호 함흥시가지계획 토지구획정리를 좌와 같이 결정함(시가
    지계획토지구획정리결정이유서)
23. 의안 제19호 인천시가지계획구역을 좌와 같이 결정함(인천시가지계
    획구역결정이유서)
24. 의안 제20호 인천시가지계획 가로를 별지와 같이 결정함(인천시가지
    계획가로, 인천시가지계획가로결정이유서)
25. 의안 제21호 인천시가지계획 토지구획정리를 좌와 같이 결정함(시가
    지계획토지구획정리결정이유서)
26. 부산부회의 답신서(부산시가지계획 구역, 동 가로망 및 토지구획정리
    시행지구 결정에 관한 건, 土 제1,804호, 경상남도지사→총독, 1936-
    11-23)
27. 부산시가지계획에 관한 건(金土 제587호, 부산부윤→내무국장, 1936-
    11-26)
28. 목포부회 및 면협의회의 답신서(목포시가지계획 구역, 동 가로망 등

의 결정에 관한 건, 전라남도지사→내무국장, 1936-12-03)
- 답신서(목포부회의장→총독, 1936-11-17)
- 무안군 이로면협의회 의장→총독, 1936-11-18)

29. 대구부회 및 면협의회의 답신서(대구시가지계획 구역 수 가로망 등
의 결정에 관한 건, 경상북도지사→내무국장, 1936-11-18)
- 대구시가지계획 구역 등 결정의 자문에 대한 답신서(대구부회의장
→총독, 1936-11-14)
- 답신서(달성군 성북면협의회의장→총독, 1936-11-16)
- 답신서(달성군 수성면협의회의장→총독, 1936-11-13)
- 대구시가지계획 구역, 동 가로망 및 동토지구획정리 시행지구 결
정의 건 답신(達西面 제706호, 달성군 달서면장→총독, 1936-11-16)

30. 평양부회 및 면협의회의 답신서(평양시가지계획 구역, 동 가로망 등
결정에 관한 건 회답, 평안남도지사→총독, 1936-11-16)
- 평양시가지계획 구역, 동 가로망 및 토지구획정리 시행지구에 관
한 답신서(議 제33호, 평양부회의장→총독, 1936-11-12)
- 답신서(대동군 대동강면협의회의장→총독, 1936-11-06)
- 답신서(대동군 임원면협의회의장→총독, 1936-11-04)
- 답신서(대동군 고평면협의회의장→총독, 1936-11-05)
- 답신서(대동군 서천면협의회의장→총독, 1936-11-06)
- 답신서(대동군 용산면협의회의장→총독, 1936-11-07)

31. 신의주부회의 답신서(신의주시가지계획 구역, 동 가로망 및 토지구
획정리 시행지구 결정에 관한 건, 平北土 제1,061호, 평안북도지사→
총독, 1936-11-11)
- 답신서(신의주부회의장→총독, 1936-11-09)

32. 함흥부회 및 면협의회의 답신서(함흥시가지계획 구역, 동 가로망 등
의 결정에 관한 건, 咸南土 제843호, 함경남도지사→내무국장, 1936-
11-20)
- 답신서(함흥부회의장→총독, 1936-11-17)
- 답신서(의장 면장 李國鉉 외 11명→총독, 1936-11-18)
- 답신서(함경남도 함주군 운남면협의회 의장 외 2명→ , 1936-11-16)
- 함흥시가지계획 구역, 동 가로망 및 동토지구획정리 시행지구 결
정에 관한 건(鐵工 제1,243호, 철도국장→내무국장, 1936-10-30)

33. 인천부회의 답신서(인천시가지계획 구역, 동 가로망 및 동토지구획정리
시행지구 결정에 관한 건, 土 제2,640호, 경기도지사→총독, 1936-11-10)

	- 답신서(인천부회의장→총독, 1936-11-02) 34. 구획정리구역에 관한 건(인천부윤→내무국장, 1936-11-30) 35. 부산시가지계획 구역, 동 가로망 및 동 토지구획정리 시행지구의 결정에 관한 건(土 제505호, 1936-11-02) 36. 목포시가지계획 구역, 동 가로망 및 동 토지구획정리 시행지구의 결정에 관한 건(土 제506호, 1936-11-02) 37. 대구시가지계획 구역, 동 가로망 및 동 토지구획정리 시행지구의 결정에 관한 건(土 제507호, 1936-11-02) 38. 평양시가지계획 구역, 동 가로망 및 동 토지구획정리 시행지구의 결정에 관한 건(土 제503호, 1936-10-27) 39. 신의주시가지계획 구역, 동 가로망 및 동 토지구획정리 시행지구의 결정에 관한 건(土 제504호, 1936-10-27) 40. 함흥시가지계획 구역, 동 가로망 및 동 토지구획정리 시행지구의 결정에 관한 건(土 제530호, 1936-11-09) 41. 인천시가지계획 구역, 동 가로망 및 동 토지구획정리 시행지구의 결정에 관한 건(土 제502호, 1936-10-27) 42. 11월 26일 照會에 대한 회답(朝鮮平安철도주식회 취체역 사장→내무국장, 1936-12-01) - 진남포시가지계획에 관한 건(내무국장→평안철도주식회사, 1936-11-26)
문서내용	• 1937년 제3회 시가지계획위원회에서 논의된 부산, 목포, 대구, 평양, 신의주, 함흥, 인천 등 각 도시 시가지계획 구역, 가로망, 토지구획정리사업의 내용 및 그 결정 절차를 알려 주는 정보 제공. 시가지계획위원회의 실제 토의 내용과 활동을 알 수 있음. 19번 첨부문서의 인천시가지계획 구역결정이유서는 25번 첨부문서의 중간에 잘못 철입되어 있음.

55-2

기록건명	시가지계획도에 관한 건		
문서번호	遞經乙 제1,473호		
기안부서 (발신자)	체신국장	기안일자	
중간결재			

최종결재 (수신자)	내무국장	결재일자 (접수일자)	1937-03-04
		시행일자 (발송일자)	1937-03-04
첨부문서	1. 차용증(체신국장→내무국장, 1937-03-02) 2. 시가지계획도에 관한 건(내무국장→체신국장, 1937-0-01) 3. 시가지계획도에 관한 건(遞經乙 제508호, 체신국장→내무국장, 1937-01-28)		
문서내용	• 1937년 부산 및 인천 시가지계획평면도의 차용문제를 통해 총독부 내무국과 체신국 간의 업무 연락 절차를 알려 주는 정보 제공.		

55-3

기록건명	제3회 시가지계획위원회 회의록 정서에 관한 건		
문서번호			
기안부서 (발신자)	내무국 토목과장	기안일자	
중간결재			
최종결재 (수신자)		결재일자 (접수일자)	
		시행일자 (발송일자)	
첨부문서	1. 제3회 시가지계획위원회 회의록(개요 필기)		
문서내용	• 1937년 제3회 시가지계획위원회 회의록의 필사본.		

55-4

기록건명	제3회 시가지계획위원회 개최에 관한 건		
문서번호	土 제8호		
기안부서 (발신자)	내무국 토목과	기안일자	1936-11-30
중간결재	경무국장, 경무과장, 지방과장, 도시계장		
최종결재 (수신자)	총독, 정무총감	결재일자 (접수일자)	
		시행일자 (발송일자)	1937-01-13
첨부문서	1. 소집안(시가지계획위원회 위원장→각 위원, 간사) 2. 위원, 간사 씨명		
문서내용	• 1937년 제3회 시가지계획위원회의 개최과정을 알려 주는 정보 제공.		

55-5

기록건명	제3회 시가지계획위원회 자문안 송부의 건		
문서번호	土 제586호		
기안부서 (발신자)	내무국 토목과	기안일자	1936-12-08
중간결재	도시계장		
최종결재 (수신자)		결재일자 (접수일자)	1937-01-08
		시행일자 (발송일자)	1936-12-17
첨부문서			
문서내용	• 1937년 제3회 시가지계획위원회의 개최과정을 알려 주는 정보 제공.		

55-6

기록건명	제3회 시가지계획위원회에 있어서 의안 조제에 관한 건		
문서번호			
기안부서 (발신자)	내무국 토목과	기안일자	1936-12-05
중간결재			
최종결재 (수신자)		결재일자 (접수일자)	
		시행일자 (발송일자)	
첨부문서	1. 제3회 시가지계획위원회 의안(소화12년 1월 19일 제출) 2. 소화12년 1월 20일 제출 의안		
문서내용	• 1937년 제3회 시가지계획위원회에 제출된 의안들을 확인할 수 있는 정보 제공. 첨부되어 있는 의안들은 제3회 시가지계획위원회 회의록의 첨부 문서와 거의 동일함. 상호 대조 검토를 통해 본 회의에서 논의된 내용을 보다 세밀하게 파악할 수 있을 것으로 생각됨.		

55-7

기록건명	收受전보		
문서번호			
기안부서 (발신자)	평안남도지사	기안일자	
중간결재			

최종결재 (수신자)	내무국장	결재일자 (접수일자)	1937-01-18
		시행일자 (발송일자)	
첨부문서			
문서내용	• 1937년 제3회 시가지계획위원회에 평안남도지사가 대리인으로 내무부장을 출석시켰음을 알려 주는 정보 제공.		

55-8

기록건명	제3회 시가지계획위원회 임시위원 出付의 건		
문서번호			
기안부서 (발신자)	내무국장	기안일자	1937-01-18
중간결재			
최종결재 (수신자)	평안남도지사	결재일자 (접수일자)	1937-01-18
		시행일자 (발송일자)	1937-01-18
첨부문서	1. 收受전보(내무국장→평안남도지사, 1937-01-18)		
문서내용	• 총독부에서 1937년 제3회 시가지계획위원회에 평안남도지사가 결석하고 대리인을 출석키는 것을 승인했음을 알려 주는 정보 제공.		

56) 제4회 시가지계획위원회 관계철(소화14년7월3일)(각도)(1939)

기록철명	원철명	소화14년 7월 3일 제4회 시가지계획위원회 관계철
	정리철명	제4회 시가지계획위원회 관계철(소화14년7월3일)(각도)(1939)
생산년도		1939년
생산기관		내무국 토목과
보존기간		갑종(영구)
소장기호		CJA0015672

Item				
일련 번호	건명	결재(발송)일	기안(발신)부서	첨부 문서
1	제4회 시가지계획위원회 개최의 건	1939-06-27	내무국 토목과	19건

기록철명	원철명	소화14년 7월 3일 제4회 시가지계획위원회 관계철(2책중1)
	정리철명	제4회 시가지계획위원회 관계철(소화14년7월3일)(각도)(1939)
생산부서	내무국 토목과	
생산년도	1939년	분류기호	1939년 토목 갑 기록 제1,858의 2호
쪽수	386면	조선총독부 보존기간	갑종(영구)
소장처	국가기록원	소장기호	CJA0015672

56-1

기록건명	제4회 시가지계획위원회 개최의 건		
문서번호	토 제286호		
기안부서 (발신자)	내무국 토목과	기안일자	1939-06-15
중간결재	경무국장, 지방과정, 도시계장, 경무과장, 인사과장		
최종결재 (수신자)	정무총감, 총독	결재일자 (접수일자)	1939-06-27
		시행일자 (발송일자)	1939-06-27

첨부문서	1. 자문안(조선총독부 시가지계획위원회→)
	2. 제4회 시가지계획위원회 개최의 건(시가지계획위원회 위원장→각 위원 간사)
	3. 위원 간사 씨명
	4. 경성시가지계획 풍치지구 결정안
	  - 경성시가지계획풍치지구지정설명서
	  - 경성시가지계획 풍치지구지정설명참고서(보물, 고적, 명승, 천연기념물 해설)
	  - 부역내 임야 所管 및 종별, 면적표
	  - 경성 풍치지구 계획도(1/15,000)
	5. 경성시가지계획 지역 결정안
	  - 경성시가지계획지역결정이유서
	  - 경성시가지계획 지역도(1/15,000)
	6. 경성시가지계획 공원 결정안
	  - 경성시가지계획공원
	  - 경성공원계획설명서		

| | - 무제 지도(1/15,000) |
| | 7. 경성시가지계획 가로 중 일부 변경안 |

- 무제 지도(1/15,000)
7. 경성시가지계획 가로 중 일부 변경안
   - 경성시가지계획 가로 일부 변경 및 동 토지구획정리지구 추가 결정
     이유서
8. 下朝陽面廢川敷일람도(1/12,000)
9. 조선도시차량통계표(1934년 통계)
   - 참고표 내지도시차량통계표(1933년 통계)
10. 청주시가지계획결정이유서
11. 경성시가지계획평면도(1/15,000)
12. 청주시가지계획평면도
13 부여시가지계획평면도
14. 광주시가지계획 구역, 동 가로망 및 토지구획정리지구 결정안
   - 광주시가지계획 구역, 가로, 토지구획정리지구 결정이유서
   - 광주시가지계획 평면도
15. 해주시가지계획 구역, 동 가로 및 동 토지구획정리지구 결정안
   - 해주시가지계획 구역, 가로, 토지구획정리지구 결정이유서
   - 해주시가지계획 평면도
16. 홍남시가지계획 구역, 동 가로 및 동 토지구획정리지구 결정안
   - 홍남시가지계획 구역, 가로, 토지구획정리지구 결정이유서
   - 홍남시가지계획 평면도
17. 신의주시가지계획 변경 및 추가 결정안
   - 신의주시가지계획 구역 변경, 가로 변경 및 추가, 토지구획정리지구
     추가, 일단의 공업용지조성지구, 일단의 주택지경영지구 결정이유서
   - 신의주시가지계획 가로도(변경 및 추가)(1/5,000)
   - 신의주, 楊市, 多獅島시가지계획 구역, 일단의 주택지경영지구, 일단
     의 공업용지조성지구, 토지구획정리지구도
18. 양시시가지계획 결정안
   - 양시시가지계획 구역, 일단의 공업용지조성지구, 일단의 주택지경영
     지구 결정이유서
   - 신의주, 楊市, 多獅島시가지계획 구역, 일단의 주택지경영지구, 일단
     의 공업용지조성지구, 토지구획정리지구도
19. 다사도시가지계획 결정안
   - 다사도시가지계획 구역, 일단의 공업용지조성지구, 일단의 주택지경

	영지구, 가로, 토지구획정리 결정이유서 - 신의주, 楊市, 多獅島시가지계획 구역, 일단의 주택지경영지구, 일단 의 공업용지조성지구, 토지구획정리지구도 - 다사도시가지계획 가로도(1/,000)
문서내용	• 1939년 제4회 시가지계획위원회에서 논의된 내용을 알려 주는 정보 제공. • 5번 첨부 문서 경성시가지계획 공원 결정안에 첨부되어 있는 지도는 시가지계획 공원계획도로 추정되나, 제목이 붙어있지 않음. 문서의 철입 순서가 혼란스러움.

57) 제4회 시가지계획위원회 관계철(소화14년7월3일)(각도) (1939)

기록철넝	원철명	제4회 시가지계획위원회 관계철(2책중 2)
	정리철명	제4회 시가지계획위원회 관계철(소화14년7월3일)(각도) (1939)
생산년도	1939년	
생산기관	내무국 토목과	
보존기간	갑종(영구)	
소장기호	CJA0015674	

	Item			
일련 번호	건명	결재(발송)일	기안(발신)부서	첨부 문서
1	시가지계획위원회에서 정무총감의 애찰에 관한 건	1939-06-29	내무국 토목과	
2	경성부 외 8부읍면의 시가지계획 결정에 관한 건	1939-08-08	내무국 토목과	2건
3	제4회 시가지계획위원회 의사속기록			1건
4	조선총독부 시가지계획위원회의 접대에 관한 건	1939-07-01	내무국 토목과	2건
5	속기자 고입에 관한 건	1939-07-03	내무국 토목과	
6	시가지계획위원회 임시위원의 여비 지급 에 관한 건	1939-07-04	내무국 토목과	5건
7	경성시가지계획 지역 결정자료(1939-03)			2건

기록철명	원철명	제4회 시가지계획위원회 관계철(2책중 2)
	정리철명	제4회 시가지계획위원회 관계철(소화14년7월3일)(각도) (1939)
생산부서	내무국 토목과	
생산년도	1939년	분류기호	1939년 토목 갑 기록 4,834호
쪽수	1,046면	조선총독부 보존기간	갑종(영구)
소장처	국가기록원	소장기호	CJA0015674

57-1

기록건명	시가지계획위원회에서 정무총감의 애찰에 관한 건		
문서번호			
기안부서 (발신자)	내무국 토목과	기안일자	1939-06-28
중간결재			
최종결재 (수신자)	정무총감	결재일자 (접수일자)	1939-06-29
		시행일자 (발송일자)	
첨부문서			
문서내용	1939년 제4회 시가지계획위원회에서의 정무총감의 애찰 내용을 알려 주는 정보 제공.		

57-2

기록건명	경성부 외 8부읍면의 시가지계획 결정에 관한 건		
문서번호	土 제314호		
기안부서 (발신자)	내무국 토목과	기안일자	1939-08-03
중간결재			
최종결재 (수신자)	총독, 정무총감	결재일자 (접수일자)	1939-08-08
		시행일자 (발송일자)	

첨부문서	1. 시가지계획위원회 회의요록
	 - 위원회 의결사항
	   경성시가지계획 풍치지구 지정에 관한 건
	   경성시가지계획 공원결정에 관한 건		

경성시가지계획 지역결정에 관한 건
경성시가지계획 가로 및 동토지구획정리지구 중 일부 변경에 관한 건
청주시가지계획 구역, 동가로, 동토지구획정리지구 결정에 관한 건
부여시가지계획 구역, 동가로, 동토지구획정리지구 결정에 관한 건
광주시가지계획 구역, 동가로, 동토지구획정리지구 결정에 관한 건
해주시가지계획 구역, 동가로, 동토지구획정리지구 결정에 관한 건
흥남시가지계획 구역, 동가로, 동토지구획정리지구 결정에 관한 건
신의주시가지계획 구역 및 가로 중 일부 변경 및 일단의 공업용지 조성지구 및 일단의 주택지경영지구 결정에 관한 건
양시시가지계획 구역, 일단의 공업용지 조성지구 및 일단의 주택지 경영지구 결정에 관한 건
다사도시가지계획 구역, 가로, 토지구획정리지구, 일단의 공업용지 조성지구 및 일단의 주택지 경영지구 결정에 관한 건
- 위원 간사 씨명
- 흥남시가지계획평면도(1/15,000)
- 해주시가지계획평면도(1/10,000)
- 광주시가지계획평면도
- 청주시가지계획평면도
- 경성시가지계획평면도
- 경성시가지계획지역도(1/15,000)
- 부여시가지계획평면도
- 신의주시가지계획가로도(1/5,000)
- 신의주, 楊市, 多獅島시가지계획도
- 다사도시가지계획가로도(1/10,000)

2. 제4회 시가지계획위원회 의사속기록(1939-07-03, 본부 제1회의실)
- 경성시가지계획지역결정이유서
- 경성시가지계획 가로 일부 변경 및 동 토지구획정리지구 추가 결정 이유서
- 부여시가지계획결정이유서
- 신의주시가지계획 변경 및 추가 결정에 관한 건
- 양시시가지계획 구역, 일단의 공업용지 조성지구 및 일단의 주택지 경영지구 결정에 관한 건
- 다사도시가지계획 구역, 가로, 토지구획정리지구, 일단의 공업용지 조성지구 및 일단의 주택지 경영지구 결정에 관한 건

문서내용	• 1939년 제4회 시가지계획위원회에서의 회의 내용과 경성, 홍남, 해주, 광주, 청주, 부여, 신의주, 양시, 다사도시가지계획의 내역을 알려 주는 정보 제공.

57-3

기록건명	제4회 시가지계획위원회 의사속기록		
문서번호			
기안부서 (발신자)		기안일자	1939-07-03
중간결재			
최종결재 (수신자)		결재일자 (접수일자)	
		시행일자 (발송일자)	
첨부문서	1. 속기록		
문서내용	• 1939년 7월 개최된 제4회 시가지계획위원회의 의사속기록		

57-4

기록건명	조선총독부 시가지계획위원회의 접대에 관한 건		
문서번호			
기안부서 (발신자)	내무국 토목과	기안일자	1939-06-28
중간결재	회계과장		
최종결재 (수신자)		결재일자 (접수일자)	1939-07-01
		시행일자 (발송일자)	
첨부문서	1. 시가지계획위원회의 접대에 관한 건(1939-06-28) 2. 간사 서기 씨명		
문서내용	• 1939년 7월 개최된 제4회 시가지계획위원회의 접대에 관한 정보 제공		

57-5

기록건명	속기자 고입에 관한 건
문서번호	

기안부서 (발신자)	내무국 토목과	기안일자	1939-07-01
중간결재	회계과장		
최종결재 (수신자)		결재일자 (접수일자)	1939-07-03
		시행일자 (발송일자)	
첨부문서			
문서내용	• 1939년 7월 개최된 제4회 시가지계획위원회의 속기자 고용에 관한 정보 제공		

57-6

기록건명	시가지계획위원회 임시위원의 여비 지급에 관한 건		
문서번호			
기안부서 (발신자)	내무국 토목과	기인일자	1939-07-03
중간결재			
최종결재 (수신자)		결재일자 (접수일자)	1939-07-04
		시행일자 (발송일자)	1939-07-04
첨부문서	1. 제4회 시가지계획위원회 결석의 건 통지(진요 제180-2호, 1939-06-30, 진해요항참모부장) 2. 위원 간사 씨명 3. 조선총독부 시가지계획위원회 규정 4. 제출의안 5. 시가지계획결정 자문에 대한 답신		
문서내용	• 조선총독부 시가지계획위원회 규정은 공식 법령이 아니라 1939년 제4회 시가지계획위원회 회의록에만 수록되어 있어 중요한 자료임. 시가지계획 결정에 대한 해당지역의 자문에 대한 답신안을 파악할 수 있음.		

57-7

기록건명	경성시가지계획 지역 결정자료(1939-03)
문서번호	

기안부서 (발신자)		기안일자	1939-03
중간결재			
최종결재 (수신자)		결재일자 (접수일자)	
		시행일자 (발송일자)	

첨부문서	1. 설명자료 2. 경성시가지계획 지역결정자료 별표 　- 경성부 공장현황도 　- 풍향 風速度 　- 수질 시험
문서내용	• 1939년 경성시가지계획 지역의 결정에 참고하기 위해 작성된 자료로서 시가지계획 구역 내의 현황, 상업, 공업, 특수건축물의 현황 및 장래 예측, 풍향, 수질 등의 현상을 차례로 기술하고 그에 따른 지역 결정의 방향을 기술하고 있음. 독립된 문서가 아니라 다른 문서에 첨부되었던 자료인데, 철입 과정에서 분리된 것으로 추측됨. 1939년 현재 경성부의 상공업 상황, 건축물 현황, 수도 설치 상황 등을 알려 주는 정보 제공.

58) 제4회 시가지계획위원회 서류(2책의 1, 경성 청주)

기록철명	원철명	제4회 시가지계획위원회 서류(2책의 1)
	정리철명	제4회 시가지계획위원회 서류(2책의 1, 경성 청주)
생산년도	1939년	
생산기관	내무국 토목과	
보존기간	갑종(영구)	
소장기호	CJA0015671	

Item				
일련 번호	건명	결재(발송)일	기안(발신)부서	첨부 문서
1	제4회 시가지계획위원회 서류			15건

기록철명	원철명	제4회 시가지계획위원회 서류(2책의 1)
	정리철명	제4회 시가지계획위원회 서류(2책의 1, 경성 청주)
생산부서	내무국 토목과	
생산년도	1939년	분류기호	토목 갑 14 기록제4831호
쪽수		조선총독부 보존기간	갑종 (영구)
소장처	국가기록원	소장기호	CJA0015671

58-1

기록건명	제4회 시가지계획위원회 서류	
문서번호		
기안부서 (발신자)		기안일자	1939-07-03
중간결재		
최종결재 (수신자)		결재일자 (접수일자)	
		시행일자 (발송일자)	
첨부문서	1. 제4회 시가지계획위원회 의사진행순서 2. 제4회 시가지계획위원회 의석일람표 3. 위원 간사 씨명 4. 정무총감 애찰 5. 제출의안 6. 조선총독부 시가지계획위원회 규정 7. 시가지계획 결정 자문에 대한 답신 8. 경성 시가지계획 가로 일부 변경 및 동 토지구획정리지구 추가결정 이유서 9. 경성 시가지계획 지역결정 자료(1939-04) - 경성 시가지계획 지역결정 설명서 - 경성 시가지계획 지역결정 자료 별표 10. 議제1호 경성 시가지계획 풍치지구 결정안 - 경성 시가지계획 풍치지구 지정설명서 - 경성 시가지계획 풍치지구 지정설명 참고서 - 경성 시가지계획 풍치지구 지정도 11. 議제2호 경성 시가지계획 공원 결정안		

	- 경성부 공원계획
	- 경성부 공원계획 설명서
	12. 議제3호 경성 시가지계획 지역 결정안
	13. 議제4호 경성 시가지계획 가로 중 일부변경안
	14. 부여 시가지계획 결정안
	- 부여 시가지계획 구역, 가로, 토지구획정리지구 결정 이유서
	- 시가지계획 구역
	- 시가지계획 가로
	- 토지구획정리지구
	- 부여 시가지계획 풍치지구 지정도
	15. 議제5호 청주 시가지계획구역 동 가로 및 동 토지구획정리지구 결정이유서
	- 청주 시가지계획 인구밀집표
	- 내지 도시인구 증가표
	- 내지 도시계획구역 면적표
	- 청주 시가지계획 평면도
	- 조선 도시차량 통계표
	- 표준 도로 계획도
	- 청주 풍향횟수도
문서내용	• 1939년 7월 3일 개최된 조선총독부 제4회 시가지계획위원회 회의에 관련된 회의자료들의 모음으로, 회의순서 및 좌석배치, 참석위원명 및 조선총독부 정무총감의 축사, 제출의안 내용 등 회의와 관련된 전체적 정보 제공. 경성 시가지계획 지역결정 자료 내에는 지역내의 정황·상공업의 현황 및 장래·풍향·수질 등에 관한 역사적 정보가 포함됨과 아울러, 경성부 특수 건축물 조사서·경성부 공장현황도·경성 풍향횟수 및 풍속도·경성부 수도 및 수질조사표 등 당시 경성부 내의 제반 사항에 관한 상세 정보 제공. 부여 시가지계획 결정사안에 대한 사유와 더불어 풍치지구 지정지역에 관한 정보 포함. 청주 시가지계획 결정 사유와 함께, 청주 시가지계획에 관한 각종 정보 및 당시 청주의 상황을 파악할 수 있는 계량화된 각종 통계정보 제공.

59) 제4회 시가지계획위원회 서류

<table>
<tr><td rowspan="2">기록철명</td><td>원철명</td><td colspan="4">제4회 시가지계획위원회 서류(2책의 2)</td></tr>
<tr><td>정리철명</td><td colspan="4">제4회 시가지계획위원회 서류</td></tr>
<tr><td colspan="2">생산년도</td><td colspan="4">1939년</td></tr>
<tr><td colspan="2">생산기관</td><td colspan="4">내무국 토목과</td></tr>
<tr><td colspan="2">보존기간</td><td colspan="4">갑종(영구)</td></tr>
<tr><td colspan="2">소장기호</td><td colspan="4">CJA0015673</td></tr>
<tr><td colspan="6" align="center">Item</td></tr>
<tr><td>일련
번호</td><td colspan="2">건명</td><td>결재(발송)일</td><td>기안(발신)부서</td><td>첨부
문서</td></tr>
<tr><td>1</td><td colspan="2">제4회 시가지계획위원회 서류</td><td></td><td></td><td>7건</td></tr>
</table>

<table>
<tr><td rowspan="2">기록철명</td><td>원철명</td><td colspan="3">제4회 시가지계획위원회 서류(2책의 2)</td></tr>
<tr><td>정리철명</td><td colspan="3">제4회 시가지계획위원회 서류</td></tr>
<tr><td colspan="2">생산부서</td><td colspan="3">내무국 토목과</td></tr>
<tr><td colspan="2">생산년도</td><td>1939년</td><td>분류기호</td><td>1939년 토목 갑 제1858-3호</td></tr>
<tr><td colspan="2">쪽수</td><td></td><td>조선총독부
보존기간</td><td>갑종 (영구)</td></tr>
<tr><td colspan="2">소장처</td><td>국가기록원</td><td>소장기호</td><td>CJA0015673</td></tr>
</table>

59-1

<table>
<tr><td>기록건명</td><td colspan="3">제4회 시가지계획위원회 서류</td></tr>
<tr><td>문서번호</td><td colspan="3"></td></tr>
<tr><td>기안부서
(발신자)</td><td></td><td>기안일자</td><td>1939-07-03</td></tr>
<tr><td>중간결재</td><td colspan="3"></td></tr>
<tr><td rowspan="2">최종결재
(수신자)</td><td rowspan="2"></td><td>결재일자 (접수일자)</td><td></td></tr>
<tr><td>시행일자 (발송일자)</td><td></td></tr>
<tr><td>첨부문서</td><td colspan="3">1. 議제6호 부여 시가지계획 결정안</td></tr>
</table>

- 부여 시가지계획 가로 일람표
    - 부여 시가지계획 구역 가로 토지구획정리지구 결정이유서
    - 도면
2. 議제7호 광주 시가지계획 구역, 同 가로 및 토지구획정리지구 결정
   안
    - 결정지구 일람표
    - 광주 시가지계획구역 결정이유서
    - 광주 시가지계획 평면도
3. 議제8호 해주 시가지계획 구역 同가로 및 同 토지구획정리지구 결정
   안
    - 결정지구 일람표
    - 해주 시가지계획 구역 가로 토지구획정리지구 결정이유서
    - 해주 시가지계획 평면도
4. 議제9호 홍남 시가지계획지역 동 가로 및 동 토지구획정리지구 결정
   안
    - 결정지구 일람표
    - 홍남 시가지계획 구역 가로 토지구획정리지구 결정이유서
    - 홍남 시가지계획 평면도
5. 議제10호 신의주 시가지계획 변경 및 추가 결정안
    - 신의주 시가지계획 구역 변경안
    - 신의주 시가지계획 가로변경 및 추가 결정안
    - 신의주 시가지계획 토지구획정리지구 추가 결정안
    - 신의주 시가지계획 일단의 공업용지 조성지구 결정안
    - 신의주 시가지계획 일단의 주택지 경영지구 결정안
    - 신의주 양시 다사도 시가지계획도
    - 신의주 시가지계획 가로도
6. 議제11호 양시 시가지계획 결정안
    - 양시 시가지계획구역 결정이유서
    - 양시 시가지계획 공업용지 조성지구 결정이유서
    - 양시 시가지계획 주택지 경영지구 결정이유서
    - 신의주 양시 다사도 시가지계획도
7. 議제12호 다사도 시가지계획 결정안
    - 다사도 시가지계획 구역 결정안
    - 다사도 시가지계획 일단의 공업용지 조성지구 결정안

	- 다사도 시가지계획 일단의 주택지 경영지구 결정안 - 다사도 시가지계획 가로 결정안 - 다사도 시가지계획 가로표 - 다사도 시가지계획 토지구획정리 결정안
문서내용	• 1939년 7월 3일 개최된 조선총독부 제4회 시가지계획위원회 회의에서 결정된 각종 의안에 관한 자료 모음. 부여 시가지계획 결정사안에 대한 사유와 더불어 풍치지구 지정지역에 관한 정보 포함. 광주 시가지계획 결정사안에 대한 사유와 더불어 당시 광주부의 인구·호구 관련 계량 통계 등 당시 광주부의 전반적 사회상황을 파악할 수 있는 각종 정보 제공. 해주·양시·신의주·다사도·흥남 시가지계획에 관한 각종 문서 및 당시 해주의 상황을 파악할 수 있는 계량화된 각종 통계 포함.

60) 제4회 시가지계획위원회 서류

기록철명	원철명	소화14년 10월 21일 제5회 시가지계획위원회 관계철			
	정리철명	제5회 시가지계획위원회 관계철(경인, 인천)(1939)			
생산년도	1939년				
생산기관	내무국 토목과				
보존기간	갑종(영구)				
소장기호	CJA0015675				

Item					
일련 번호	건명		결재(발송)일	기안(발신)부서	첨부 문서
1	제5회 시가지계획위원회 개최의 건		1939-10-10	내무국 토목과	4건
2	시가지계획위원회에 있어서 정무총감의 애찰에 관한 건		1939-10-18	내무국 토목과	1건
3	경인시가지계획 자문에 관한 담화 발표의 건		1939-10-10	내무국 토목과	1건
4	경인 및 인천시가지계획 결정에 관한 건		1939-12-01	내무국 토목과	10건
5	조선총독부 시가지계획위원의 속기자 雇入 및 접대에 관한 건		1939-10-21	내무국 토목과	1건

기록철명	원철명	소화14년 10월 21일 제5회 시가지계획위원회 관계철		
	정리철명	제5회 시가지계획위원회 관계철(경인, 인천)(1939)		
생산부서	내무국 토목과			
생산년도	1939년		분류기호	1939년 토목 갑 기록 제1,859호
쪽수	539면		조선총독부 보존기간	갑종(영구)
소장처	국가기록원		소장기호	CJA0015675

60-1

기록건명	제5회 시가지계획위원회 개최의 건		
문서번호	內秘 제152호		
기안부서 (발신자)	내무국 토목과	기안일자	1939-09-28
중간결재	지방과장, 경무국장, 경무과장		
최종결재 (수신자)	정무총감, 총독	결재일자 (접수일자)	1939-10-10
		시행일자 (발송일자)	1939-10-11

첨부문서	1. 자문안(총독→조선총독부 시가지계획위원회)
	2. 소집안(조선총독부 시가지계획위원회 위원장→각 위원 간사)
	3. 경인시가지계획 결정안
	  - 경인시가지계획 구역, 일단의 공업용지조성지구, 일단의 주택지경영지구, 토지구획정리지구 결정이유서
	  - 경인시가지계획평면도(1/50,000)
	4. 인천시가지계획 결정안
	  - 인천시가지계획 일단의 공업용지조성지구, 일단의 주택지경영지구 결정이유서
	  - 인천시가지계획평면도		

문서내용	• 1939년 제5회 시가지계획위원회에서 논의된 경인 및 인천시가지계획의 내용을 알려 주는 정보 제공.		

60-2

기록건명	시가지계획위원회에 있어서 정무총감의 애찰에 관한 건		
문서번호	± 제392호		
기안부서 (발신자)	내무국 토목과	기안일자	1939-10-14
중간결재			
최종결재 (수신자)	정무총감	결재일자 (접수일자)	1939-10-18
		시행일자 (발송일자)	
첨부문서	1. 정무총감 애찰		
문서내용	• 1939년 제5회 시가지계획위원회에서의 정무총감의 애찰 내용을 알려 주는 정보 제공		

60-3

기록건명	경인시가지계획 자문에 관한 담화 발표의 건		
문서번호	內秘 제151호		
기안부서 (발신자)	내무국 토목과	기안일자	1939-10-04
중간결재	도시계장, 경무국장, 경무과장		
최종결재 (수신자)	정무총감	결재일자 (접수일자)	1939-10-10
		시행일자 (발송일자)	
첨부문서	1. 경인시가지계획에 대하여(내무국장, 경무국장)		
문서내용	• 1939년 경인시가지계획의 의미에 대한 총독부 내무국장과 경무국장의 공동 담화문의 내용을 알려 주는 정보 제공.		

60-4

기록건명	경인 및 인천시가지계획 결정에 관한 건		
문서번호	± 제418호		
기안부서 (발신자)	내무국 토목과	기안일자	1939-11-06
중간결재	도시계장, 경무국장, 경무과장		

최종결재 (수신자)	총독	결재일자 (접수일자)	1939-12-01
		시행일자 (발송일자)	

첨부문서	1. 답신서(시가지계획위원회 위원장→총독, 1939-11)
	2. 시가지계획위원회 회의 요록
	3. 경인시가지계획 결정안
	  - 경인시가지계획 구역, 일단의 공업용지조성지구, 일단의 주택지경영지구, 토지구획정리지구 결정이유서
	  - 경인시가지계획평면도(1/50,000)
	  - 경인시가지계획도(참고도, 1/50,000)
	4. 인천시가지계획 결정안
	  - 인천시가지계획 일단의 공업용지조성지구, 일단의 주택지경영지구 결정이유서
	  - 인천시가지계획평면도
	5. 무제 자문안(총독→조선총독부 시가지계획위원회)
	6. 도시계획위원회 의사 속기록(1939-10-21, 본부 제2회의실)
	7. 경인시가지계획에 대한 체신국 의견의 대요(구술)
	8. 경인시가지계획에 대한 체신국 의견(설명, 無線관계의 분)
	  - 경인시가지계획도(부평송신소 부근)
	9. 항공위원회에서 채결된 비행장 규격
	  - 항공법(1922-04-08, 법률 제54호)
	10. 위원회 결석의 건 통지(鎭要 제245호, 진해요항부 참모장→시가지계획위원회 위원장, 1939-10-14)
	  (1939-10-18)		

문서내용	• 1939년 제5회 시가지계획위원회의 논의과정 및 경인, 인천시가지계획의 결정 내용을 상세히 알려 주는 정보 제공. 특히 경인시가지계획의 내용 중 무선통신, 항공 등 군사분야에 대한 비밀사항의 대강을 파악할 수 있는 정보 제공.		

60-5

기록건명	조선총독부 시가지계획위원의 속기자 雇入 및 접대에 관한 건		
문서번호			
기안부서 (발신자)	내무국 토목과	기안일자	1939-10-18

중간결재	회계과장, 문서과장, 경무과장		
최종결재 (수신자)	정무총감 전결	결재일자 (접수일자)	1939-10-21
		시행일자 (발송일자)	
첨부문서	1. 회의장 배치도		
문서내용	• 1939년 제5회 시가지계획위원회의 속기자 고용 및 위원 접대에 관한 정보 제공. 회의장 배치도 포함.		

3. 기타 도시계획 관련 기록시리즈

일제시기 도시계획은 1910~20년대 시구개정사업과 1934년 이후 시가지계획사업으로 진행되었다. 그러나 도시계획 범주에는 도시지역의 인구 증가와 그에 따른 생활환경 개선을 위한 사업을 모두 포함할 수 있다. 이에 두 사업 범위에서 직접 진행된 것은 아니지만 도시지역의 시가도로 개수, 상하수도 설비, 도시지역 하천 정비(치수사업) 등은 도시계획 범주로 포함할 수 있다. 이러한 도시계획 관련 토목사업 외에 전국적 규모의 도로 건설, 철도, 항만, 하천, 수리관개시설 등의 대규모 토목사업도 진행되었다. 그러나 본 평가 작업은 도시계획 관련 사업의 문서를 평가하는 것이므로 일반 토목사업 관련 문서는 제외했다.

기타 도시계획 관련 문서철은 도시지역 도로 개수, 상하수도 시설, 하천 정비 관련 문서로 512철이 보존되어 있다. 그러나 이러한 사업은 시구개정사업, 시가지계획사업과는 직접적 관련이 없는 사업이므로 임의적으로 16철만을 선택하여 평가했다.

가. 평가서 목록

기록철명	생산년도	생산기관	분류	관리기호
도시계획 현장조사	1925-1925	내무부 토목과	토목	CJA0012942
도시계획서철	1927-1929	내무부 토목과	토목	CJA0013424
도시하수 국고보조품신서	1932-1932	내무부 토목과	토목	CJA0013666
시가도로 및 하수관계서류	1923-1927	내무부 토목과	토목	CJA0013068
시가도로 및 하수도 관계서류	1932-1932	내무부 토목과	토목	CJA0013885
신의주 시가정리 및 방수공사 관계서류	1923-1928	내무부 토목과	토목	CJA0013196
웅기 시가계획관계	1927-1928	내무부 토목과	토목	CJA0013227

인구의 도시집중방지관계	1936-1936	내무부 토목과	지방 행정	CJA0003141
제2차 궁민구제 신의주 시가 정리공사 국고보조 및 실시 설계인가서류	1934-1934	내무부 토목과	토목	CJA0014709
지방진흥토목사업 대구 시가도로 및 하수공사	1936-1940	내무부 토목과	토목	CJA0015695
포항 시가지계획현황조사서	1941-1941	내무부 토목과	각도 (경북)	CJA0020066
토목공사 일반				
부산토목출장소 공사지	1926-1927	내무부 토목과	토목	CJA0013085
평양토목출장소 공사관계 서류	1926-1927	내무부 토목과	토목	CJA0013063
도로공사 실시계획서(1)(각도/토목과)	1941-1943	사정국 토목과	토목	CJA0015935
실시계획서철	1927-1927	내무국 토목과	토목	CJA0013065
실시계획서철	1933-1934	내무국 토목과	토목	CJA0014310

나. 철건별 평가서

1) 도시계획 현장조사

기록철명	원철명	大正14년도 도시계획 현장조사		
	정리철명	도시계획 현장조사		
생산년도	1925년			
생산기관	내무국 토목과			
보존기간	갑종(영구)			
소장기호	CJA0012942			
Item				
일련 번호	건명		결재(발송)일	기안(발신)부서	첨부 문서
1	도시계획 현장조사의 건			내무국 토목과	3건

<table>
<tr><td rowspan="2">기록철명</td><td>원철명</td><td colspan="3">大正14년도 도시계획 현장조사</td></tr>
<tr><td>정리철명</td><td colspan="3">도시계획 현장조사</td></tr>
<tr><td>생산부서</td><td colspan="4">내무국 토목과</td></tr>
<tr><td>생산년도</td><td>1925년</td><td>분류기호</td><td colspan="2">1925년 토목 갑 기록 제22호</td></tr>
<tr><td>쪽수</td><td></td><td>조선총독부
보존기간</td><td colspan="2">갑종 (영구)</td></tr>
<tr><td>소장처</td><td>국가기록원</td><td>소장기호</td><td colspan="2">CJA0012942</td></tr>
</table>

1-1

<table>
<tr><td>기록건명</td><td colspan="3">도시계획 현장조사의 건</td></tr>
<tr><td>문서번호</td><td colspan="3"></td></tr>
<tr><td>기안부서
(발신자)</td><td>내무국 토목과</td><td>기안일자</td><td>1925-11-17</td></tr>
<tr><td>중간결재</td><td colspan="3">지방과장</td></tr>
<tr><td rowspan="2">최종결재
(수신자)</td><td rowspan="2">총독 (정무총감 전결)</td><td>결재일자 (접수일자)</td><td></td></tr>
<tr><td>시행일자 (발송일자)</td><td></td></tr>
<tr><td>첨부문서</td><td colspan="3">1. 조선 4대 도시(경성, 평양, 부산, 대구) 도시계획 현장조사서 총람
(1925년 3월, 조선총독부)
2. 경성 도시계획 현장조사서(1924년, 조선총독부)
3. 도시계획 조사요항 및 양식 표준(조선총독부)</td></tr>
<tr><td>문서내용</td><td colspan="3">• 1925년 당시의 도시계획 필요성에 관한 조선총독부의 의견 및 도시계획 지역결정에 관한 정보와 더불어, 철도·도로·수운 현황 및 상하수도·고원·초지 등에 관한 정보 포함, 1924년 당시 경성의 각종 사회기반 인프라 시설 현황에 대한 상세 정보 포함, 경성부에 관한 풍속도·기후·상공업 용지·차량수·인구·교통량·포장도로 현황·상하수도 실태조사·오물처분 조사·관공서 및 공공시설 현황 등 상세 실태조사 자료 및 부도 포함, 조선총독부의 도시계획 조사사항 및 양식 표준 자료 포함</td></tr>
</table>

2) 도시계획서철

기록철명	원철명	도시계획서철		
	정리철명	도시계획서철		
생산년도	1927-1929년			
생산기관	내무부 토목과			
보존기간	갑종(영구)			
소장기호	CJA0013424			

Item				
일련 번호	건명	결재(발송)일	기안(발신)부서	첨부 문서
1	서호진 시가계획도 송부의 건	1929-06-28	내무국장	1건
2	철원 시가계획서 송부의 건	1928-06-13	내무국장	5건
3	사리원 시가계획서 송부의 건	1928-02-16	내무국장	2건
4	줄포 시가계획에 관한 건	1927-04-04	내무국장	3건
5	웅기 시가계획 보고서 송부의 건	1928-12-21	내무국장	4건
6	웅기 시가계획서의 건	1929-1-28	토목과장	6건
7	웅기 도시계획에 관한 건	1929-05-01	내무국장	2건
8	웅기 시가계획도 송부의 건	1929-09-16	내무국장	1건

기록철명	원철명	도시계획서철		
	정리철명	도시계획서철		
생산부서	내무부 토목과			
생산년도	1927-1929년	분류기호	1927-1929년 토목 갑 기록 제382호	
쪽수	135쪽	조선총독부 보존기간	갑종(영구)	
소장처	국가기록원	소장기호	CJA0013424	

2-1

기록건명	서호진 시가계획도 송부의 건		
문서번호	토을 제1649호		
기안부서 (발신자)	내무국장	기안일자	1929-06-23
중간결재			
최종결재 (수신자)	함경남도지사	결재일자 (접수일자)	1929-06-28
		시행일자 (발송일자)	1929-06-28
첨부문서	1. 서호진 시가계획예상도(지도, 1/9,000)		
문서내용			

2-2

기록건명	철원 시가계획서 송부의 건		
문서번호	토을 제 1395호		
기안부서 (발신자)	내무국장	기안일자	1928-06-09
중간결재			
최종결재 (수신자)	강원도지사	결재일자 (접수일자)	1928-06-13
		시행일자 (발송일자)	1928-06-13
첨부문서	1. 철원시가계획보고서 - 조선전도 - 서언 - 계획구역 - 지역 - 인구 및 밀도 - 도로 및 하수 - 상수도 및 기타시설 2. 철원도시계획서 첨부표 - 철원 호구일람표 - 철원 인구증가선산출표 - 철원 인구증가표 - 철원 도시계획인구예상도		

	- 철원 各年 최다풍향회수표 - 철원 최근5개년 최다 日降雨量 월별표 - 철원에 있어서 출산년표 - 철원 사망인원표 및 철원결핵병사망인원표 - 철원 법정전염병사망인원표 - 철원역 철도여객 승강인원표 - 철원역 철도화물 발착수량표 - 금강산전기철도 철원역 여객승강인원표 및 화물발착수량표 - 철원주요생산품 일람표 3. 철원시가계획 下水系統圖(지도) 4. 철원시가계획구역 및 지역도(지도) 5. 철원시가계획도로망도(지도)
문서내용	• 도시계획을 입안할 당시의 철원의 상황을 알려주는 정보들이 많이 수록되어 있으며, 도시계획에 관한 자세한 보고서가 첨부되어 있음.

2-3

기록건명	사리원 시가계획서 송부의 건		
문서번호	토을 제 241호		
기안부서 (발신자)	내무국장	기안일자	1927-12-22
중간결재	도시계장, 지방과장, 토목과장		
최종결재 (수신자)	황해도지사	결재일자 (접수일자)	1928-02-16
		시행일자 (발송일자)	1928-02-16

첨부문서	1. 조선전도
	2. 사리원시가계획보고서
	  - 서언
	  - 구역(계획의 목적, 장래의 인구, 인구밀도, 계획구역 및 면적)
	  - 지역(풍향, 지역의 구분 및 면적)
	  - 교통(철도정차장, 고속도교통기관, 도로, 수운)
	  - 위생(공원 및 운동장, 상수도, 하수도, 묘지 및 화장장, 오물처분장, 피병원)
	  - 보안(방수방화경찰사항,)		

	- 공공적 및 사회적 시설물(공공적시설물, 사회적 시설물) - 시설비 및 재원 - 첨부도표(사리원 인구증가예상도표, 사리원시가계획일람표(지도), 　사리원지역 및 하수도일람표(지도))
문서내용	• 도시계획 당시의 사리원의 전반적인 상황을 알려주는 정보들과 도시 계획에 관한 보고서가 첨부되어 있음.

2-4

기록건명	줄포 시가계획에 관한 건		
문서번호	토을 제760호		
기안부서 (발신자)	내무국장	기안일자	1927-03-10
중간결재			
최종결재 (수신자)	전라북도지사	결재일자 (접수일자)	1927-04-04
		시행일자 (발송일자)	1927-04-04
첨부문서	1. 기술원 파견의 건(내무국장) 2. 기술원파견방법에 관한 건(전라북도지사) 3. 줄포시가계획 개요서 　- 복명서 　- 줄포시가계획 개요서 　- 줄포평면도(지도, 1/6,000) 　- 줄포부근 철도예정선로도(지도, 1/50,000)		
문서내용	• 시가계획의 정책내용, 과정을 알 수 있는 정보 제공.		

2-5

기록건명	웅기 시가계획 보고서 송부의 건		
문서번호			
기안부서 (발신자)	내무국장	기안일자	1928-12-14
중간결재			
최종결재 (수신자)	함경북도지사	결재일자 (접수일자)	1928-12-21
		시행일자 (발송일자)	1928-12-21

첨부문서	1. 웅기시가계획에 관한 건
	2. 웅기시가계획에 관한 건(함경북도지사)
	3. 시가계획에 관한 건(웅기면장)
	4. 웅기시가계획보고서
	- 서언
	- 인구
	- 면적 및 밀도
	- 철도
	- 도로
	- 방풍 및 방화대
	- 하수
	- 상수도 기타의 시설
	- 웅기시가계획지역 및 하수계통도(지도, 1/6,000)
	- 웅기시가계획도로망도(지도, 1/6,000)
문서내용	• 도시계획 당시의 웅기의 전반적인 상황을 알려주는 정보와 도시계획에 관한 보고서가 포함.

2-6

기록건명	웅기 시가계획서의 건		
문서번호			
기안부서 (발신자)	토목과장	기안일자	1929-01-26
중간결재			
최종결재 (수신자)	경흥군수	결재일자 (접수일자)	1929-1-28
		시행일자 (발송일자)	1929-1-28
첨부문서	1. 웅기시가계획지역 및 하수계통도(지도, 1/6,000) 2. 웅기시가계획도로망도(지도, 1/6,000) 3. 웅기시가계획서의 건(토목과장) 4. 웅기시가계획보고서의 건(토목과장) 5. 웅기시가계획예상도 송부의 건(내무국장) 6. 웅기시가 하수계통도 송부의 건(내무국장) - 웅기시가 하수계통도(지도, 1/6,000)		
문서내용	• 웅기시가계획과 하수계통을 알려주는 정보 제공.		

2-7

기록건명	웅기 도시계획에 관한 건		
문서번호	토을 제203호		
기안부서 (발신자)	내무국장	기안일자	1929-04-19
중간결재			
최종결재 (수신자)	청진토목출장소장	결재일자 (접수일자)	1929-05-01
		시행일자 (발송일자)	1929-05-01
첨부문서	1. 웅기도시계획에 관한 건(청진출장소장) 　- 지도(제목미상) 2. 웅기시가계획예상도 송부의 건(내무국장) 　- 웅기시가계획예상도(지도, 1/6,000)		
문서내용	• 웅기시가계획에 관한 정보 제공.		

2-8

기록건명	웅기 시가계획도 송부의 건		
문서번호	토을 제2353호		
기안부서 (발신자)	내무국장	기안일자	1929-09-06
중간결재			
최종결재 (수신자)	함경북도지사	결재일자 (접수일자)	1929-09-16
		시행일자 (발송일자)	1929-09-16
첨부문서	1. 웅기시가계획예상도(지도, 1/6,000)		
문서내용	• 웅기시가계획예상도 지도를 포함		

3) 도시하수 국고보조품신서

기록철명	원철명	昭和7년 도시하수 국고보조품신서
	정리철명	도시하수 국고보조품신서
생산년도	1931년	

생산기관	내무국 토목과 행정계			
보존기간				
소장기호	CJA0013666			

Item				
일련 번호	건명	결재(발송)일	기안(발신)부서	첨부 문서
1	경성시구개수공사비 보조			1건
2	함흥시가정리 도로개수 側溝신설 및 聯絡 하수 개수공사비 국고보조			5건
3	개성시가도로 및 하수구 개수공사 보조			3건
4	흥남 시가정리 공사비 보조		흥남읍	3건
5	회령시가정리공사비 보조		회령읍	3건
6	경성 제3기 하수개수공사 국고보조			2건
7	원주면 하수공사비 보조			2건
8	원산하수공사비 보조			1건

기록철명	원철명	昭和7년 도시하수 국고보조품신서		
	정리철명	도시하수 국고보조품신서		
생산부서	내무국 토목과 행정계			
생산년도	1931년	분류기호		
쪽수	197면	조선총독부 보존기간		
소장처	국가기록원	소장기호	CJA0013666	

3-1

기록건명	경성시구개수공사비 보조		
문서번호			
기안부서 (발신자)		기안일자	
중간결재			

최종결재		결재일자 (접수일자)	
(수신자)		시행일자 (발송일자)	
첨부문서	1. 소화7년도 경성시구개수공사 국고보조의 건 신청(경성부윤) - 시구개수개정계획 예산안 - 경성시구개수계획예산 - 경성부관내도(지도)		
문서내용	• 1932년 경성시 시구개수계획 예산 정보 제공. 경성부 관내도 포함.		

3-2

기록건명	함흥시가정리 도로개수 側溝신설 및 聯絡 하수개수공사비 국고보조		
문서번호			
기안부서 (발신자)		기안일자	
중간결재			
최종결재 (수신자)		결재일자 (접수일자)	
		시행일자 (발송일자)	
첨부문서	1. 공사개요 및 공비 槪算 2. 함흥부 시가정리 및 간선도로 개량공사 일람표 3. 함흥부 시가정리 및 간선도로 개량공사비 4. 시가정리 도로개량 측구신설 및 연락하수공사비 국고보조의 건(함경남도지사) 5. 시가정리 도로개량 측구신설 및 연락하수공사 시행 신청(함흥부윤) 　① 함흥부 시가정리 및 간선도로 개량공사계획서 　　- 함흥 시가정리 및 간선도로 개량공사비 　　- 함흥 시가정리 및 간선도로 개량공사 계획 설명서 　　- 공사비조서 　② 함흥부 시가정리 및 간선도로공사비 재원조서(?) 　③ 함흥부회 회의록		
문서내용	• 함흥부 시가정리 공사비와 관련된 다량의 회계관련 자료 포함.		

3-3

기록건명	개성시가도로 및 하수구 개수공사 보조		
문서번호			
기안부서 (발신자)		기안일자	
중간결재			
최종결재 (수신자)		결재일자 (접수일자)	
		시행일자 (발송일자)	
첨부문서	1. 공사개요 및 공비 槪算 2. 시가지 도로 및 하수구 개수공사 국고보조 신청의 건 부신(경기도지사) 3. 시가지도로 및 하수구 개수공사비 국조보조 신청(개성부윤) 　- 공사계획 槪算서 　- 공비 槪算서 　- 평면도 　- 공사 槪算설계서		
문서내용	• 개성시 시가도로 및 하수구 개수공사에 관한 정보 제공		

3-4

기록건명	홍남 시가정리 공사비 보조		
문서번호			
기안부서 (발신자)	홍남읍	기안일자	
중간결재			
최종결재 (수신자)		결재일자 (접수일자)	
		시행일자 (발송일자)	
첨부문서	1. 공사 槪算 및 공비 개산 2. 홍남시가정리비 국고보조의 건(함경남도지사) 3. 홍남면 시가정리공사비 국고보조 신청(홍남면장) 　- 홍남면 시가정리 공사비 수지년할표 　- 홍남면 시가정리 공사 계획 개요 및 설명서 　- 지도		
문서내용	• 홍남읍 시가정리 공사비와 관련된 내역서들을 다수 포함.		

3-5

기록건명	회령시가정리공사비 보조		
문서번호			
기안부서 (발신자)	회령읍	기안일자	
중간결재			
최종결재 (수신자)		결재일자 (접수일자)	
		시행일자 (발송일자)	
첨부문서	1. 공사개요 및 공비 槪算 2. 토목비 국고보조의 건 부신(함경북도지사) 3. 토목비 국고보조 신청(회령읍장) 　- 공사계획개요서 　- 공비 槪算서 　- 년도할 경비지불표 　- 시가정리공사 箇所圖(지도)		
문서내용	• 회령읍 시가정리공사에 관한 정보 제공		

3-6

기록건명	경성 제3기 하수개수공사 국고보조		
문서번호			
기안부서 (발신자)		기안일자	
중간결재			
최종결재 (수신자)		결재일자 (접수일자)	
		시행일자 (발송일자)	
첨부문서	1. 경성 제3기 하수개수공사 국고보조 신청의 건(경기도지사) 2. 경성 제3기 하수개수공사 국고보조의 건 신청(경성부윤) 　- 제3기 하수개수공사 재원조서 　- 경성제3기 하수개수공사 계획서		
문서내용	• 경성부 제3기 하수개수공사에 관한 정보 제공		

3-7

기록건명	원주면 하수공사비 보조		
문서번호	'		
기안부서 (발신자)		기안일자	
중간결재			
최종결재 (수신자)		결재일자 (접수일자)	
		시행일자 (발송일자)	

첨부문서	1. 원주면 하수도공사 국고보조 신청의 건 부신(강원도지사)
	2. 원주면내 하수공사비 보조신청(원주면장)
	  - 원주면 하수도공사 시행계획서
	  - 원주군 원주면 하수공사 계획 평면도(지도)		

문서내용	• 원주년 하수공사에 관한 정보 제공		

3-8

기록건명	원산하수공사비 보조		
문서번호			
기안부서 (발신자)		기안일자	
중간결재			
최종결재 (수신자)		결재일자 (접수일자)	
		시행일자 (발송일자)	
첨부문서	1. 하수개수공사비 국고보조의 건 품신(원산부윤) - 원산부 하수공사 개요		
문서내용	• 원산부 하수공사에 관한 정보 제공		

4) 시가도로 및 하수관계서류(1923-1927)

기록철명	원철명	시가도로 및 하수관계서류
	정리철명	시가도로 및 하수관계서류(1923-1927)

생산년도	1925-1927년		
생산기관	내무국 토목과		
보존기간	갑종(영구)		
소장기호	CJA0013068		
Item			
일련 번호	건명	결재(발송)일	기안(발신)부서	첨부 문서
---	---	---	---	---
1	대정15년도 소속 대구시가도로 및 하수개수 국고보조공사 실시설계 인가의 건	1925-09-21	내무국 토목과장	7건
2	대정15년도 국고보조공사 착수보고에 관한 건	1926-12-01	내무국장	2건
3	대정시가도로 및 하수도 개수공사 대정15년도 국고보조공사 공정표 제출에 관한 건	1926-12-24	내무국장	2건
4	대구시가도로 및 하수도 개수 국고보조공사에 관한 건	1927-03-07	내무국장	

기록철명	원철명	시가도로 및 하수관계서류	
	정리철명	시가도로 및 하수관계서류(1923-1927)	
생산부서	내무국 토목과		
생산년도	1925-1927년	분류기호	1923-1927년 토목 갑 기록 제135-2호
쪽수	311면	조선총독부 보존기간	갑종(영구)
소장처	국가기록원	소장기호	CJA0013068

4-1

기록건명	대정15년도 소속 대구시가도로 및 하수개수 국고보조공사 실시설계 인가의 건		
문서번호	토을 제2292호		
기안부서 (발신자)	내무국 토목과장	기안일자	
중간결재	지방과장		
최종결재 (수신자)	총독(정무총감 전결)	결재일자 (접수일자)	1925-09-21
		시행일자 (발송일자)	1925-09-21

첨부문서	1. 대구시가도로 및 하수도개수공사 실시의 건 인가신청 2. 대구시가도로 및 하수도개수공사 실시의 건 인가신청 3. 대구시가도로 및 하수도개수공사 실시의 건 인가신청(경상북도지사) 4. 대정15년도 대구시가제1,2,6,17,19호선도로 및 하수도 개수공사 설계서 (대구부) 　- 공사사양서 　- 공사비일람표 　- 대구시가 제1호선 도로 및 하수도 개수공사 설계서 　- 대구시가 제2호선 도로 및 하수도 개수공사 설계서 　- 대구시가 제6호선 도로 및 하수도 개수공사 설계서 　- 대구시가 제17호선 도로 및 하수도 개수공사 설계서 　- 대구시가 제19호선 도로 및 하수도 개수공사 설계서 　- 대구시가 제1호선 도로 및 하수도 개수공사 실측평면도 　- 대구시가 제6호선 도로 및 하수도 개수공사 실측평면도 　- 대구시가 제7호선 도로 및 하수도 개수공사 실측평면도 　- 대구시가 제19호선 도로 및 하수도 개수공사 실측평면도 　- 대구시가 제1호선 도로 및 하수도 개수공사 평면도 　- 대구시가 제19호선 도로 및 하수도 개수공사 실측평면도 　- 대구시가 제6호선 도로 및 하수도 개수공사 평면도 　- 대구시가 제17호선 도로 및 하수도 개수공사 평면도 5. 대구시가 도로 및 하수도 개수공사 실시인가의 건(대구부) 6. 대구시가도로 및 하수도 개수공사 실시설계의 건(대구부윤) 　① 대정15년도 대구시가 제1,2,6,17,19호선 도로 및 하수도 개수공사 설계서(대구부) 　　- 공사사양서 　　- 공사비일람표 　　- 대구시가 제1호선도로 및 하수도 개수공사 설계서 　　- 대구시가 제2호선도로 및 하수도 개수공사 설계서 　　- 대구시가 제6호선도로 및 하수도 개수공사 설계서 　　- 대구시가 제17호선도로 및 하수도 개수공사 설계서 　　- 대구시가 제19호선도로 및 하수도 개수공사 설계서 7. 대정15년도 국고보조공사 착수보고에 관한 건(대구부윤)
문서내용	• 1925년 대구시 도로 및 하수 개설공사의 계획과 설계 내용을 알려주는 자료로 구성, 예산내역서와 지도가 매우 다량으로 첨부되어 있음.

4-2

기록건명	대정15년도 국고보조공사 착수보고에 관한 건		
문서번호	토을 2769호		
기안부서 (발신자)	내무국장	기안일자	1926-11-18
중간결재			
최종결재 (수신자)	대구부윤	결재일자 (접수일자)	1926-12-01
		시행일자 (발송일자)	1926-12-01
첨부문서	1. 대정15년도 국고보조공사 착수의 건 보고(대구부윤) 2. 대구시가도로 및 하수도 개수공사 대정 15년도 국고보조공사 공정표 제출에 관한 건(대구부윤) - 대정15년도 국고보조공사 공정표(표)		
문서내용	• 1926년 대구시가도로 및 하수도 개수공사 착수에 관한 정보 제공		

4-3

기록건명	대구시가도로 및 하수도 개수공사 대정15년도 국고보조공사 공정표 제출에 관한 건		
문서번호	토을 2938호		
기안부서 (발신자)	내무국장	기안일자	1926-12-20
중간결재			
최종결재 (수신자)	대구부윤	결재일자 (접수일자)	1926-12-24
		시행일자 (발송일자)	1926-12-24
첨부문서	1. 대정15년도 국고보조공사 공정표 제출의 건(대구부윤) 2. 소화원년도 국고보조공사 공정표 제출의 건(대구부윤) - 소화원년도 국고보조공사 공정표(표)		
문서내용	• 1926년 대구시 국고보조공사 공정표 포함		

4-4

기록건명	대구시가도로 및 하수도 개수 국고보조공사에 관한 건
문서번호	

기안부서 (발신자)	내무국장	기안일자	1927-02-25
중간결재			
최종결재 (수신자)	대구부윤	결재일자 (접수일자)	1927-03-07
		시행일자 (발송일자)	1927-03-07
첨부문서			
문서내용	• 1927년 대구시가도로 및 하수도 개수 국고보조공사에 관한 간략한 정보 제공		

5) 시가도로 및 하수도 관계서류

기록철명	원철명	시가도로 및 하수도 관계서류
	정리철명	시가두로 및 하수도 관계서류
생산년도	1932년	
생산기관		
보존기간	갑종(영구)	
소장기호	CJA0013885	

Item

일련 번호	건명	결재(발송)일	기안(발신)부서	첨부 문서
1	지방토목비 국고보조신청의 건(인천시가도로 개수공사 補助稟申)	1932-08-04	경기도지사	1건
2	시가지도로 및 하수구 개수공사비 국고보조신청의 건(수원시가도로 및 하수구 개수공사 補助稟申)	1932-11-13	경기도지사	1건
3	光州 하수 및 도로공사비 보조(광주 하수 및 도로공사 補助稟申)		토목과	3건
4	순천 하수공사비 보조(순천 하수공사비 보조 품신)		내무국 토목과	2건
5	전주 하수개량공사비 보조(전주 하수공사 보조 품신)		내무국 토목과	2건
6	소화8년도 토수공사비 보조신청의 건(남원 하수공사 보조 품신)		남원군 남원읍장	2건

7	토목비 국고보조의 건 부신(김제 시가도로 및 하수개수비 보조 품신)	1932-07-22	전라북도지사	1건
8	부산 제2기 하수공사비 보조(부산 하수공사 보조 품신)		내무국 토목과	3건
9	부산도로포장 및 개수공사비 보조(부산도로포장 및 개수공사 보조품신)		내무국 토목과	3건
10	통영시구개정 도로축조공사비 보조(통영 하수 및 도로공사 보조품신)		내무국 토목과	2건
11	마산부내 1등도로 교량가환공사비 보조(마산부내 1등도로교량 가환공사 보조품신)			
12	토목비 국고보조의 건 부신(청주 토목비 국고 보조의 건 부신)		충청북도지사	1건

기록철명	원철명	시가도로 및 하수도 관계서류		
	정리철명	시가도로 및 하수도 관계서류		
생산부서				
생산년도	1932년		분류기호	1932년 토목 갑 기록 제667-2호
쪽수	347면		조선총독부 보존기간	갑종(영구)
소장처	국가기록원		소장기호	CJA0013885

5-1

기록건명	지방토목비 국고보조신청의 건(인천시가도로개수공사 補助稟申)		
문서번호	토 제419호		
기안부서 (발신자)	경기도지사	기안일자	
중간결재			
최종결재 (수신자)	총독	결재일자 (접수일자)	
		시행일자 (발송일자)	1932-08-04
첨부문서	1. 지방토목비국고보조신청의 건(인천부윤) - 공사계획개요서 - 공비槪算書 - 년도별 시행공정 및 공비액조사 - 인천부내도(지도, 1/10,000)		

	- 계속사업 土水費收支槪算표
문서내용	• 기록철의 맨 앞에 수록된 목록에는 건명이 인천시가도로 개수공사 補助稟申으로 표기되어 있음. 1932년 인천시의 공사의 공정, 규모, 예산 등에 관한 자세한 내용이 수록되어 있고, 공사계획과 시행과정을 알려주는 정보 제공.

5-2

기록건명	시가지도로 및 하수구 개수공사비 국고보조신청의 건(수원시가도로 및 하수구 개수공사 補助稟申)		
문서번호			
기안부서 (발신자)	경기도지사	기안일자	
중간결재			
최종결재 (수신자)	총독	결재일자 (섭수일자)	
		시행일자 (발송일자)	1932-11-13
첨부문서	1. 시가지도로 및 하수구 개수공사비 국고보조신청(수원읍장) - 공사계획개요서 - 공비槪算書(표) - 공비내역서(표) - 사업년도할표(표) - 평면도		
문서내용	• 기록철의 맨 앞에 수록된 목록에는 건명이 수원시가도로 및 하수구 개수공사 補助稟申으로 표기되어 있음. 1932년 수원읍의 공사 공정, 규모, 예산 등에 관한 자세한 내용이 수록되어 있음.		

5-3

기록건명	光州 하수 및 도로공사비 보조(광주 하수 및 도로공사 補助稟申)		
문서번호			
기안부서 (발신자)	토목과	기안일자	
중간결재			

최종결재 (수신자)		결재일자 (접수일자)	
		시행일자 (발송일자)	
첨부문서	1. 공사개요 및 공비 概算 2. 지방토목비국고보조의 건 부신(전라남도지사) 3. 지방토목비국고보조의 건 稟申(전라남도 광주읍장) 　- 공사계획 개요서 　- 공비개산서 　- 공사비 재원조서 　- 읍기채조서 　- 기채상환년차표 　- 기채상환재원조서 　- 공사비년도할표 　- 소화7년도 읍예산(소화7년도 광주군 광주읍 세입세출예산) 　- 도면(광주시가도(지도, 1/10,000)		
문서내용	• 기록철의 맨 앞에 수록된 목록에는 건명이 光州 하수 및 도로공사 補助稟申으로 표기되어 있음. 광주읍의 공사 공정, 규모, 예산 등에 관한 자세한 내용이 수록되어 있음.		

5-4

기록건명	순천 하수공사비 보조(순천 하수공사비 보조 품신)		
문서번호			
기안부서 (발신자)	내무국 토목과	기안일자	1932-07-11
중간결재			
최종결재 (수신자)		결재일자 (접수일자)	
		시행일자 (발송일자)	
첨부문서	1. 지방토목비 국고보조의 건 부신(전라남도지사) 2. 지방토목비 국고보조 품신서(순천군 순천읍장) 　- 순천 하수도공사비 조사 　- 순천읍 하수도 계획개요서 　- 순천읍 하수도공사비 概算書		

	- 재원조서 - 순천읍 하수계획도(지도)
문서내용	• 기록철의 맨 앞에 수록된 목록에는 건명이 순천 하수공사비 補助稟申으로 표기되어 있음. 1932년 순천읍 하수도 공사의 공정, 규모, 예산 등에 관한 자세한 내용이 수록되어 있음.

5-5

기록건명	전주 하수개량공사비 보조(전주 하수공사 보조 품신)		
문서번호			
기안부서 (발신자)	내무국 토목과	기안일자	
중간결재			
최종결재 (수신자)		결재일자 (접수일자)	
		시행일자 (발송일자)	

첨부문서	1. 전주읍 시가하수개량공사비 국고보조의 건(전라북도지사)
	2. 전주읍 시가 하수개량공사비 국고보조 신청(전주읍장)
	  - 전주시가 하수개량공사비 재원조서
	  - 전주읍 시가 하수공사비 년도할 수지계산표
	  - 전주읍 시가 하수개량공사 계획설명서
	  - 전주 하수공사 설계서
	  - 하수구 구조표준도(1/10)
	  - 전주시가도(지도, 1/6000)
	  - 소화7년도 전주군 전주읍 세입세출예산		

문서내용	• 기록철의 맨 앞에 수록된 목록에는 건명이 '전주 하수공사 補助稟申'으로 표기되어 있음. 전주 하수공사의 공정, 규모, 예산 등에 관한 자세한 내용이 수록되어 있음. 특히 세입세출예산 관련 문서가 다량으로 포함되어 있음.		

5-6

기록건명	소화8년도 토목공사비 보조신청의 건(남원 하수공사 보조 품신)
문서번호	

기안부서 (발신자)	남원군 남원읍장	기안일자	1932-07-01
중간결재			
최종결재 (수신자)	총독	결재일자 (접수일자)	
		시행일자 (발송일자)	
첨부문서	1. 사업계획서 2. 남원시가 하수공사 평면도(1/500)		
문서내용	• 기록철의 맨 앞에 수록된 목록에는 건명이 '남원 하수공사 補助禀申'으로 표기되어 있음. 1932년 남원시가 하수공사 사업계획에 관한 정보 제공.		

5-7

기록건명	토목비 국고보조의 건 부신(김제 시가도로 및 하수개수비 보조 품신)		
문서번호			
기안부서 (발신자)	전라북도지사	기안일자	
중간결재			
최종결재 (수신자)	총독	결재일자 (접수일자)	
		시행일자 (발송일자)	1932-07-22

첨부문서	1. 국고보조신청(김제읍장)
	  ① 김제읍 시가도로 및 하수공사 실시계획서
	    - 김제읍 시가도로 및 하수방수계획 설명서
	    - 김제읍 시가도로 및 하수방수공사 예산서
	    - 김제읍 시가도로 및 하수개수공사 재원조서
	  ② 보상비 내역서
	    - 용지보상 조서
	    - 지장물건 보상조서
	  ③ 사무비 내역서
	    - 사무비 조서
	  ④ 김제읍 시가도로 및 하수개수공사 평면도(지도, 1/1,200)		

문서내용	• 기록철의 맨 앞에 수록된 목록에는 건명이 '김제 시가도로 및 하수개수비 補助禀申'으로 표기되어 있음. 1932년 김제읍 시가도로와 하		

<table>
<tr><td></td><td>수방수에 관한 공사의 공정, 규모, 예산 등에 관한 자세한 내용이 수록되어 있음. 특히 공비, 보상비 등에 관한 예산, 내역서 등이 자세하게 기록되어 있음.</td></tr>
</table>

5-8

기록건명	부산 제2기 하수공사비 보조(부산 하수공사 보조 품신)		
문서번호			
기안부서 (발신자)	내무국 토목과	기안일자	1932-07-12
중간결재			
최종결재 (수신자)		결재일자 (접수일자)	
		시행일자 (발송일자)	
첨부문서	1. 부산부 수도개수공시비 국고보조신청에 관한 건(경상남도지사) 2. 부산하수개수공사비 보조(부산부윤) 　① 소화7년도 부산하수개수공사계획 개요서 　　- 총설 　　- 공비 　　- 재원 　② 첨부서 　　- 부산부 전염병환자수 조사 　　- 流域면적 조서 　③ 하수개수공사 槪算설계서 　　- 하수개수공사비 槪算총괄서 　④ 1位 代價表(표) 　⑤ 부산부전도 　⑥ 하수개수공사 개략 구조도 　⑦ 하수개수공사평면도(지도, 1/6,000) 3. 부산제2기 하수개수공사국고보조의 건(부산부윤) 　① 부산하수개수공사계획 개요서 　　- 총설 　　- 공비 　　- 재원		

문서내용	• 기록철의 맨 앞에 수록된 목록에는 건명이 '부산 하수공사 補助 稟申'으로 표기되어 있음. 1932년 부산 하수공사의 공정, 규모, 예산 등에 관한 자세한 내용이 수록되어 있음. 특히 공사비 내역서등이 다량으로 첨부되어 있음.

5-9

기록건명	부산도로포장 및 개수공사비 보조(부산도로포장 및 개수공사 보조품신)		
문서번호			
기안부서 (발신자)	내무국 토목과	기안일자	1932-07-16
중간결재			
최종결재 (수신자)		결재일자 (접수일자)	
		시행일자 (발송일자)	
첨부문서	1. 부산도로포장 및 개수공사에 대한 국고보조 신청에 관한 건(경상남도지사) 2. 부산도로포장 및 개수공사에 대한 국비보조(부산부윤) 　① 소화7년6월 부산도로포장 및 개수공사계획서 　　- 부산도로포장 및 개수공사계획 개요서 　　- 첨부서(부산도로포장 및 개수공사 공구별 공비조서) 　　- 부산도로포장 및 개수공사 사양설계서 　　- 교통량 조사표 　　- 교통량 조사명세표 　　- 공사개요 및 공비 槪算 3. 부산도로포장 및 개수공사 국고보조 품신의 건(부산부윤) 　① 소화7년6월 부산도로포장 및 개수공사계획서 　　- 부산도로포장 및 개수공사계획 개요서 　　- 첨부서(부산도로포장 및 개수공사 공구별 공비조서) 　　- 부산도로포장 및 개수공사 사양설계서 　　- 부산부전도(지도, 1/10,000)		
문서내용	• 목록에는 건명이 '부산도로포장 및 개수공사 보조품신'으로 되어 있음. 첨부문서 2의 ①과 3의 ①은 부분적으로 동일한 문서임. 1932년 부산시 도로포장 및 개수공사의 공정, 규모, 예산 등에 관한 자세한 내용이 수록되어 있음.		

5-10

기록건명	통영시구개정 도로축조공사비 보조(통영 하수 및 도로공사 보조품신)		
문서번호			
기안부서 (발신자)	내무국 토목과	기안일자	
중간결재			
최종결재 (수신자)		결재일자 (접수일자)	
		시행일자 (발송일자)	
첨부문서	1. 시구개정도로축조공사비 국고보조 신청에 관한 건(경상남도지사) 2. 시구개정도로축조공사비 국고보조 신청의 건(통영군 통영읍장) 　① 통영읍 시구개정도로축조계획서 　　- 통영시구개정도로축조공사계획서 　　- 통영시구개정도로공사설계서 　　- 통영시가계획평면도(지도, 1/2,400)		
문서내용	• 목록에는 건명이 '통영 하수 및 도로공사 보조품신'으로 되어 있음. 통영읍 시구개정 도로축조공사의 공정, 규모, 예산 등에 관한 자세한 내용이 수록되어 있음.		

5-11

기록건명	마산부내 1등도로 교량가환공사비 보조(마산부내 1등도로교량 가환공사 보조품신)		
문서번호			
기안부서 (발신자)		기안일자	
중간결재			
최종결재 (수신자)		결재일자 (접수일자)	
		시행일자 (발송일자)	
첨부문서			
문서내용	• 목록에는 건명이 '마산부내 1등도로교량 가환공사 보조품신'으로 기록되어 있음.		

5-12

기록건명	토목비 국고보조의 건 부신(청주 토목비 국고보조의 건 부신)		
문서번호			
기안부서 (발신자)	충청북도지사	기안일자	1932-08-05
중간결재			
최종결재 (수신자)	총독	결재일자 (접수일자)	
		시행일자 (발송일자)	
첨부문서	1. 지방토목비 국고보조 품신(청주군 청주읍장) - 계획설명서 - 소화8년도 청주읍 시가하수개량공사 概算書 - 지도(제목 미상)		
문서내용	• 1932년 청주읍 시가하수 개량공사 국고보조에 관한 정보 제공.		

6) 신의주 시가정리 및 방수공사 관계서류

기록철명	원철명	大正14년도 실시설계 신의주 시가정리 및 방수공사		
	정리철명	신의주 시가정리 및 방수공사 관계서류		
생산년도	1925~1927년			
생산기관	내무부 토목과			
보존기간	갑종(영구)			
소장기호	CJA0013196			

	Item			
일련번호	건명	결재(발송)일	기안(발신)부서	첨부문서
1	신의주시가정리 및 방수공사 실시설계 인가의 건	1925-10-05	내무국 토목과	4건
2	대정14년도 신의주 시가정리 및 방수공사 실시설계 변경의 건	1927-04-15	내무국 토목과	4건

기록철명	원철명	大正14년도 실시설계 신의주 시가정리 및 방수공사
	정리철명	신의주 시가정리 및 방수공사 관계서류
생산부서	내무부 토목과	
생산년도	1925-1927년	분류기호	1923-1928년 토목 갑 기록 제 226-3호
쪽수	186면	조선총독부 보존기간	갑종(영구)
소장처	국가기록원	소장기호	CJA0013196

6-1

기록건명	신의주시가정리 및 방수공사 실시설계 인가의 건		
문서번호	토 563호		
기안부서 (발신자)	내무국 토목과	기안일자	1925-10-05
중간결재	도청경유		
최종결재 (수신자) ··		결재일자 (접수일자)	1925-10-05
		시행일자 (발송일자)	1925-10-05
첨부문서	1. 대정14년도 신의주부 시가정리 및 방수공사 실시설계 인가신청의 건 (신의주부윤) 2. 대정14년도 신의주부 시가정리 및 방수공사 실시설계 인가 신청의 건 (평안북도지사) 3. 대정14년도 신의주부 시가정리 및 방수공사 실시설계 인가신청(신의주부윤) - 신의주부 시가정리 및 방수공사 실시계획 설명서 4. 대정14년도 신의주시가정리 및 방수공사 실시설계서(신의주부) - 신의주부 시가정리 및 방수공사 실시설계 총괄서(표) - 신의주부 防水堤 실측평면도(지도, 1/1,200) - 신의주부 방수제 실측종단면도(지도, 횡1/1,200 종1/100) - 신의주부 방수제 실측횡단면도(지도, 1/100) - 至義州踏切평면도(지도, 1/600) - 至義州踏切종단면도(지도, 횡1/300 종1/100) - 至義州踏切횡단면도(지도, 1/100) - 至 부영 大葬場 광성면사무소 踏切횡단면도(지도, 1/100)

	- 至 부영 大葬場 광성면사무소 踏切종단면도(지도, 횡1/300 종1/100)
	- 도로付替평면도(지도, 1/1,200)
	- 混凝土單床護岸구조도(1/400)
문서내용	• 1925년 신의주부 시가정리 및 방수공사 실시설계 총괄서의 분량이 매우 많으며, 공사비와 관련된 예산내역서, 토평표 등 포함. 또 실측평면도, 종단면도 등 지도가 다수 있음.

6-2

기록건명	대정14년도 신의주 시가정리 및 방수공사 실시설계 변경의 건		
문서번호	토 30호		
기안부서 (발신자)	내무국 토목과	기안일자	1927-04-13
중간결재	사무관, 도청경유		
최종결재 (수신자)		결재일자 (접수일자)	1927-04-15
		시행일자 (발송일자)	1927-04-15

첨부문서	1. 대정14년도 신의주부 시가정리 및 방수공사 설계변경의 건(신의주부윤)
	2. 대정14년도 신의주부 시가정리 및 방수공사 설계변경의 건 부신(평안북도지사)
	3. 대정14년도 신의주시가정리 및 방수공사 실시설계 변경에 관한 추가신청(신의주부윤)
	4. 대정14년도 신의주시가정리 및 방수공사 변경 실시설계서(신의주부)
	  - 신의주시가정리 및 방수공사 변경실시설계 총괄표(표)
	  - 신의주부 방수제 실측평면도(지도, 1/1,200)
	  - 신의주부 방수제 실측종단면도(지도, 횡1/1,200 종1/100)
	  - 신의주부 방수제 실측횡단면도(지도, 1/100)
	  - 至義州踏切실측변경종단면도(지도, 횡1/300 종1/100)
	  - 混凝土單床護岸구조도(1/400)
	  - 도로付替평면도(지도, 1/1,200)
	  - 신의주踏切평면도(지도, 1/600)
	  - 至義州踏切횡단면도(지도, 1/100)
	  - 至 부영 大葬場 광성면사무소 踏切횡단면도(지도, 1/100)

	- 至 부영 大葬場 광성면사무소 踏切평면도(지도, 1/600) - 至 부영 大葬場 광성면사무소 踏切종단면도(지도, 횡1/300 종1/100)
문서내용	• 1927년 신의주부 시가정리 및 방수공사 변경 실시설계서에 수록된 총괄표의 분량이 매우 많으며, 공사비와 관련된 예산내역서, 토평표 포함. 또 실측평면도, 종단면도 등 지도가 다수 있음.

7) 웅기시가계획 관계서류

기록철명	원철명	昭和2,3년도 웅기시가계획 관계
	정리철명	웅기시가계획 관계서류
생산년도		1927년
생산기관		내무국 토목과
보존기간		갑종(영구)
소장기호		CJA0013227

Item				
일련 번호	건명	결재(발송)일	기안(발신)부서	첨부 문서
1	지방 토목사업 補導에 관한 건	1927-11-29	내무국장	5건
2	웅기시가계획에 따른 기술원 파견방법의 건	1927-08-04	내무국장	3건

기록철명	원철명	昭和2,3년도 웅기시가계획 관계		
	정리철명	웅기시가계획 관계서류		
생산부서	내무국 토목과			
생산년도	1927년	분류기호	1927, 1928년 토목 갑 기록 제236호	
쪽수	119면	조선총독부 보존기간	갑종(영구)	
소장처	국가기록원	소장기호	CJA0013227	

7-1

기록건명	지방 토목사업 補導에 관한 건		
문서번호	토을 제2571호		
기안부서 (발신자)	내무국장	기안일자	1927-11-29
중간결재			
최종결재 (수신자)	경흥군수	결재일자 (접수일자)	1927-11-29
		시행일자 (발송일자)	1927-11-29
첨부문서	1. 웅기시가도에 관한 건(경흥군수) 2. 웅기시가계획에 따른 기술원 파견의 건(함경북도지사) 3. 웅기시가계획에 따른 기술원 파견의 건(경흥군수) 4. 웅기시가계획에 따른 기술원 파견의 건(내무국장) 5. 웅기시가계획에 따른 기술원 파견의 건(함경북도지사)		
문서내용	• 1927년 웅기시가계획에 따른 기술원 파견에 관한 정보 제공		

7-2

기록건명	웅기시가계획에 따른 기술원 파견방법의 건		
문서번호	토을 제1855호		
기안부서 (발신자)	내무국장	기안일자	
중간결재			
최종결재 (수신자)	함경북도지사	결재일자 (접수일자)	1927-08-04
		시행일자 (발송일자)	1927-08-05

첨부문서	1. 웅기시가계획에 따른 기술원 파견방법의 건(함경북도지사)
	2. 웅기시가계획에 따른 기술원 파견방법 신청(경흥군 웅기면장)
	3. 웅기시가계획에 관한 건(함경북도지사)
	  - 웅기시가계획조사표
	  - 웅기면도로 延長 및 그 면적표
	  - 웅기항 출입증가상태표
	  - 웅기면 사망인원표
	  - 웅기면 법정전염병사망인원표		

	- 웅기면에 있어서 출산율표 - 웅기면 묘지 및 화장장 일람표 - 웅기면 묘지 사용상황 일람표 - 웅기면 화장장 사용상황 일람표 - 웅기면 토지면적 일람표 - 웅기면세일람 - 소화2년 6월 관내상황(경흥군) - 대정15년 소화원년 웅기항 무역상황(웅기세관지서)
문서내용	• 1927년 도시계획 당시의 웅기지역의 전반적인 상황을 알려주는 자료들과 정책담당자 간의 수발신 문서가 많아 정책의 내용과 결정과정 등을 알려주는 정보 제공. 첨부자료 중 웅기면세일람과 관내상황, 무역상황에 관한 자료는 분량은 많지만, 상태가 불량하여 판독이 어려움.

8) 인구의 도시집중방지 관계

기록철명	원철명	昭和2년 인구의 도시집중방지 관계
	정리철명	인구의 도시집중방지 관계
생산년도	1935-1936년	
생산기관	내무국 지방과	
보존기간	갑종(영구)	
소장기호	CJA0003141	

		Item		
일련 번호	건명	결재(발송)일	기안(발신)부서	첨부 문서
1	인구의 도시집중방지에 관한 건	1936-05-14	내무국 지방과	13건
2	인구의 도시집중방지에 관한 건 조회안	1936-12-26	내무국 지방과	
3	인구의 도시집중방지에 관한 건 조회안	1936-11-05	내무국 지방과	
4	인구의 도시집중방지에 관한 건 조회안	1935-09-20	내무국 지방과	
5	인구의 도시집중방지에 관한 건	1935-07-05	내무국 지방과	

기록철명	원철명	昭和2년 인구의 도시집중방지 관계		
	정리철명	인구의 도시집중방지 관계		
생산부서	내무국 지방과			
생산년도	1935-1936년		분류기호	1937년 지방 갑 기록 제438호
쪽수			조선총독부 보존기간	갑종 (영구)
소장처	국가기록원		소장기호	CJA0003141

8-1

기록건명	인구의 도시집중방지에 관한 건		
문서번호			
기안부서 (발신자)	내무국 지방과	기안일자	1936-01-24
중간결재	학무국 사회과장, 학무국 학무과장, 식산국 상공과장, 농림국 농정과장, 재무국 세무과장, 재무국 이재과장, 경무국 경무과장		
최종결재 (수신자)	총독 (정무총감 전결)	결재일자 (접수일자)	1936-05-14
		시행일자 (발송일자)	
첨부문서	1. 인구의 도시집중방지에 관한 건(경기도지사) 2. 인구의 도시집중방지에 관한 건(충청북도지사) 3. 인구의 도시집중방지에 관한 건(충청남도지사) 4. 인구의 도시집중방지에 관한 건(전라북도지사) 5. 인구의 도시집중방지에 관한 건(전라남도지사) 6. 인구의 도시집중방지에 관한 건(경상북도지사) 7. 인구의 도시집중방지에 관한 건(경상남도지사) 8. 인구의 도시집중방지에 관한 건(황해도지사) 9. 인구의 도시집중방지에 관한 건 회답(평안남도지사) 10. 인구의 도시집중방지에 관한 건 회답(평안북도지사) 11. 인구의 도시집중방지에 관한 건(강원도지사) 12. 인구의 도시집중방지에 관한 건(함경남도지사) 13. 인구의 도시집중방지에 관한 건(함경북도지사)		
문서내용	• 각 도별 인구의 도시집중방지에 관한 의견과 함께 인구의 도시집중화 현상에 따른 당시의 각 도별 정치·경제·사회적 영향에 관한 분석내용을 수록		

8-2

기록건명	인구의 도시집중방지에 관한 건 조회안		
문서번호			
기안부서 (발신자)	내무국 지방과	기안일자	1935-12-21
중간결재			
최종결재 (수신자)	총독 (정무총감 전결)	결재일자 (접수일자)	1936-12-26
		시행일자 (발송일자)	1936-12-28
첨부문서			
문서내용	• 경기도의 인구의 도시집중방지에 관한 의견과 함께 인구의 도시집중화 현상에 따른 정치·경제·사회적 영향에 관한 분석을 요청하는 공문		

8-3

기록건명	인구의 도시집중방지에 관한 건 조회안		
문서번호			
기안부서 (발신자)	내무국 지방과	기안일자	1935-11-04
중간결재			
최종결재 (수신자)	총독 (정무총감 전결)	결재일자 (접수일자)	1936-11-05
		시행일자 (발송일자)	1936-11-05
첨부문서			
문서내용	• 경기·강원도의 인구의 도시집중방지에 관한 의견과 함께, 인구의 도시집중화 현상에 따른 정치·경제·사회적 영향에 관한 분석을 요청하는 공문		

8-4

기록건명	인구의 도시집중방지에 관한 건 조회안		
문서번호			
기안부서 (발신자)	내무국 지방과	기안일자	1935-09-18
중간결재			

최종결재 (수신자)	총독 (정무총감 전결)	결재일자 (접수일자)	1935-09-20
		시행일자 (발송일자)	1935-09-20
첨부문서			
문서내용	• 경기·충남·전남·경북·평남·강원·함남도의 인구의 도시집중방지에 관한 의견과 함께, 인구의 도시집중화 현상에 따른 정치·경제·사회적 영향에 관한 분석을 요청하는 공문		

8-5

기록건명	인구의 도시집중방지에 관한 건		
문서번호			
기안부서 (발신자)	내무국 지방과	기안일자	1935-08-02
중간결재			
최종결재 (수신자)	총독 (정무총감 전결)	결재일자 (접수일자)	1935-07-05
		시행일자 (발송일자)	1935-08-01
첨부문서			
문서내용	• 전국 각 도별 인구의 도시집중방지에 관한 의견과 함께, 인구의 도시집중화 현상에 따른 정치·경제·사회적 영향에 관한 분석을 요청하는 공문. 최근 5년간의 각 도별 내지인·조선인·외국인에 대한 인구통계표 포함		

9) 제2차 궁민구제 신의주 시가정리공사 국고보조 및 실시설계 인가서(1934)

기록철명	원철명	昭和9년도 제2차 궁민구제 신의주 시가정리공사
	정리철명	제2차 궁민구제 신의주 시가정리공사 국고보조 및 실시설계 인가서(1934)
생산년도	1934-1938년	
생산기관	내무국 토목과 행정계	
보존기간	갑종(영구)	

소장기호	CJA0014709			
Item				
일련 번호	건명	결재(발송)일	기안(발신)부서	첨부 문서
1	제2차 궁민구제 신의주 시가정리공사 국고보조의 건	1934-06-25	내무국 토목과 행정계	4건
2	제2차 궁민구제 신의주 시가정리공사 실시설계 인가의 건	1934-12-27	내무국 토목과 행정계	6건
3	신의주 시가정리 국고보조공사계획 변경의 건	1935-04-13	내무국 토목과 행정계	2건
4	제2차 궁민구제 신의주 시가정리공사 설계변경 인가의 건	1936-02-22	내무국 토목과 도시계	4건
5	제2차 궁민구제 신의주 시가정리 국고보조공사에 관한 건	1936-03-13	내무국 토목과 도시계	3건
6	신의주부 시행에 따른 국고보조공사에 관한 건	1937-03-09	내무국 토목과	4건
7	제2차 궁민구제 신의주 시가정리공사 준공 인가의 건	1938-07-18	내무국 토목과 행정계	8건

기록철명	원철명	昭和9년도 제2차 궁민구제 신의주 시가정리공사	
	정리철명	제2차 궁민구제 신의주 시가정리공사 국고보조 및 실시설계 인가서(1934)	
생산부서	내무국 토목과 행정계		
생산년도	1934-1938년	분류기호	1934년 토목 갑 기록 제1089-3호
쪽수		조선총독부 보존기간	갑종 (영구)
소장처	국가기록원	소장기호	CJA0014709

9-1

기록건명	제2차 궁민구제 신의주 시가정리공사 국고보조의 건		
문서번호			
기안부서 (발신자)	내무국 토목과 행정계	기안일자	1934-06-12
중간결재	지방과장		

최종결재 (수신자)	총독 (정무총감 전결)	결재일자 (접수일자)	1934-06-25
		시행일자 (발송일자)	1934-06-25
첨부문서	1. 신의주 시가정리공사 국고보조년할 2. 신의주 시가정리공사 국고보조 기본액 3. 제2차 궁민구제 신의주부 시가정리공사비 국고보조 신청 부신(평안북도지사) 4. 궁민구제사업 신의주 시가정리공사 국고보조 신청(신의주부윤)		
문서내용	• 제2차 궁민구제 신의주 시가정리공사 국고보조에 관한 신의주부의 요청서 및 조선총독부의 이유서를 통해 해당 사업에 대한 맥락정보 제공, 신의주 시가정리공사 국고보조 신청액·재원내역서·시가정리공사 귀채상환 재원 국고보조표·신의주 시가정리공사 실시계획서 등의 정보 포함		

9-2

기록건명	제2차 궁민구제 신의주 시가정리공사 실시설계 인가의 건		
문서번호			
기안부서 (발신자)	내무국 토목과 행정계	기안일자	1934-12-24
중간결재	지방과장		
최종결재 (수신자)	총독 (정무총감 전결)	결재일자 (접수일자)	
		시행일자 (발송일자)	1934-12-27

첨부문서	1. 제2차 궁민구제 신의주 시가정리공사 실시설계 인가의 건
	2. 신의주 시가정리공사 실시설계 인가신청의 건(평안북도지사)
	3. 신의주 시가정리공사 실시설계 인가신청
	4. 신의주 시가정리공사 실시설계 총괄서
	5. 시가정리공사 도면
	6. 제2차 궁민구제 신의주 시가정리공사 설계변경 인가의 건
	   - 신의주 시가정리공사 실시 설계변경의 건(신의주부윤)
	   - 신의주 시가정리공사 실시설계 총괄서		

문서내용	• 신의주 시가정리공사 공사개요 및 개산서, 공사 세부영역별 설계내역서, 공사 세부 영역별 공사 도면, 공사 영역별 지적내역서 등 포함.		

9-3

기록건명	신의주 시가정리 국고보조공사계획 변경의 건		
문서번호			
기안부서 (발신자)	내무국 토목과 행정계	기안일자	1935-04-02
중간결재			
최종결재 (수신자)	총독 (정무총감 전결)	결재일자 (접수일자)	1935-04-13
		시행일자 (발송일자)	1935-04-13
첨부문서	1. 신의주 시가정리 국고보조공사계획 변경신청 부신(평안북도지사) 2. 신의주 시가정리 국고보조공사계획 변경의 건 인가신청(신의주부윤) 　- 신의주 시가정리공사 평면도(1934년도) 　- 신의주 시가정리공사 실시설계 총괄서		
문서내용	• 신의주 시가정리공사 변경 사유에 관한 내역 및 조선총독부의 인가 사유에 대한 정보 제공, 시가정리공사 변경 전의 실시설계에 대한 상세 내역 제시		

9-4

기록건명	제2차 궁민구제 신의주 시가정리공사 설계변경 인가의 건		
문서번호			
기안부서 (발신자)	내무국 토목과 도시계	기안일자	1936-02-17
중간결재			
최종결재 (수신자)	총독 (정무총감 전결)	결재일자 (접수일자)	1936-02-22
		시행일자 (발송일자)	1936-02-22
첨부문서	1. 현재 설계와 변경 설계와의 대조 2. 제2차 궁민구제 신의주 시가정리공사 설계변경 인가의 건 3. 소화 9년도 국고보조공사 설계변경 신청부신(평안북도지사) 4. 소화 9년도 신의주 시가정리공사 제2회 설계변경 인가의 건 신청(신의주부윤) 　- 소화 9년도 신의주 시가정리공사 제2회 변경실시계획서(신의주부) 　- 신의주 시가정리공사 일반평면도		

	- 각호선 개수공사 평면도 - 각호선 종단면도 - 각호선 횡단면도 - 시가정리공사 설계표준도 - 각호선 용지 및 보상물건 평면도
문서내용	• 신의주 시가정리공사 설계 변경 사유에 관한 내역 및 조선총독부의 인가 사유에 대한 정보 제공, 변경 전과 변경 후의 공사비 대조표 제시, 시가정리공사 변경 실시계획에 관한 총괄 정보 및 도면 정보 제공.

9-5

기록건명	제2차 궁민구제 신의주 시가정리 국고보조공사에 관한 건		
문서번호			
기안부서 (발신자)	내무국 토목과 도시계	기안일자	1936-03-09
중간결재			
최종결재 (수신자)	총독 (정무총감 전결)	결재일자 (접수일자)	1936-03-13
		시행일자 (발송일자)	1936-03-13
첨부문서	1. 소화 9년도 국고보조공사 공정표의 건 보고(신의주부윤) - 소화 9년도 국고보조공사 공정표(소화 10년 11월 말일 현재) 2. 소화 9년도 신의주 시가정리 국고보조공사 조월에 관한 건 3. 소화 9년도 제1기 신의주 시가정리공사 조월의 건 보고(신의주부윤)		
문서내용	• 신의주 시가정리 국고보조공사 진행 현황(소화 10년 기준)에 대한 정보 제공		

9-6

기록건명	신의주부 시행에 따른 국고보조공사에 관한 건		
문서번호			
기안부서 (발신자)	내무국 토목과	기안일자	1937-03-04
중간결재	지방과장		

최종결재 (수신자)	총독 (정무총감 전결)	결재일자 (접수일자)	1937-03-09
		시행일자 (발송일자)	1937-03-09
첨부문서	1. 지방토목비 국고보조공사 공정표에 관한 건(신의주부윤) - 지방토목비 국고보조공사 공정표(소화 11년 2월말 현재) 2. 지방토목비 국고보조공사 공정표에 관한 건(신의주부윤) - 지방토목비 국고보조공사 공정표(소화 12년 3월말 현재) 3. 소화 9년도(제1기) 신의주 시가정리공사 조월의 건 보고(신의주부윤) 4. 제2차 신의주 시가정리공사 제2회 설계변경인가 조건에 따른 설계서의 건 보고(신의주부윤) - 소화 9년도 신의주 시가정리공사 제2회 변경실시설계서(신의주부) - 신의주 시가정리공사 일반평면도 - 각호선 개수공사 평면도 - 각호선 종단면도 - 긱호선 횡딘면도 - 시가정리공사 설계표준도 - 각호선 용지 및 보상물건 평면도		
문서내용	• 신의주 시가정리공사 공정 진행현황(소화 11년도 및 12년도)에 관한 정보 제공, 시가정리공사 변경 실시계획에 관한 총괄 정보 제공, 도면 포함		

9-7

기록건명	제2차 궁민구제 신의주 시가정리공사 준공 인가의 건		
문서번호			
기안부서 (발신자)	내무국 토목과 행정계	기안일자	1938-06-27
중간결재	지방과장		
최종결재 (수신자)	총독 (정무총감 전결)	결재일자 (접수일자)	1938-07-18
		시행일자 (발송일자)	1938-07-18
첨부문서	1. 정산조서 2. 도로 및 하수공사 출래형 개요 3. 재원조서 4. 기채조서		

	5. 신의주 시가정리공사 개정 국고보조년할표 6. 제2차 궁민구제 신의주 시가정리공사 준공인가 신청의 건(신의주부) 7. 소화 9년도 시가정리공사 준공인가 신청의 건(평안북도지사) 8. 소화 9년도 시가정리공사 준공인가 신청(신의주부윤) 　- 제2차 궁민구제사업 소화 9년도 시가정리공사 정산 및 출래형 조서(1938년 1월, 신의주부) 　- 신의주 시가정리공사 일반평면도 　- 시가정리공사 준공설계 표준도 　- 각호선 개수공사 준공평면도 　- 각호선 준공 종단면도 　- 각호선 준공 횡단면도 　- 각호선 용지매수 평면도
문서내용	• 1938년 신의주 시가정리공사 준공인가 사유 및 공사 결과 개요·재무제표 개요 등에 대한 정보 제공, 신의주 시가정리공사 준공에 이르는 상세 재원투입 현황 및 각종 준공 도면 포함

10) 지방진흥토목사업 대구시가도로 및 하수공사(1936-1940)

기록철명	원철명	지방진흥토목사업 대구시가도로 및 하수공사			
	정리철명	지방진흥토목사업 대구시가도로 및 하수공사(1936-1940)			
생산년도	1936-1938년				
생산기관	내무국 토목과				
보존기간					
소장기호	CJA0015695				
Item					
일련 번호	건명		결재(발송)일	기안(발신)부서	첨부 문서
1	국고보조토목공사 준공인가에 관한 건		1938-06-04	내무국 토목과 행정계	8건
2	대구시가도로 및 하수개수공사 계획 변경 및 실시설계 인가의 건		1937-03-25	내무국 토목과장	4건

| 3 | 대구시가도로 및 하수개수공사 실시설계 인가의 건 | 1936-11-26 | 내무국 토목과장 | 3건 |
| 4 | 대구시가도로 및 하수공사 시행인가 및 국고보조의 건 | 1936-10-14 | 내무국 토목과 | 1건 |

기록철명	원철명	지방진흥토목사업 대구시가도로 및 하수공사		
	정리철명	지방진흥토목사업 대구시가도로 및 하수공사(1936-1940)		
생산부서	내무국 토목과			
생산년도	1936-1938년		분류기호	1936-1940년 토목 갑 기록 제7132호
쪽수	512면		조선총독부 보존기간	
소장처	국가기록원		소장기호	CJA0015695

10-1

기록건명	국고보조토목공사 준공인가에 관한 건		
문서번호	..		
기안부서 (발신자)	내무국 토목과 행정계	기안일자	1938-06-02
중간결재			
최종결재 (수신자)	총독(정무총감 전결)	결재일자 (접수일자)	1938-06-04
		시행일자 (발송일자)	1938-06-04
첨부문서	1. 국고보조토목공사 준공인가신청의 건(대구부윤) 2. 대구시가도로 및 하수공사 설계 변경 보고의 건 3. 대구시가도로 및 하수도공사 설계 변경 보고의 건(대구부윤) 4. 지방진흥 토목사업 대구시가도로 및 하수도 개수공사 설계 변경의 건 (대구부윤) - 대구시가도로 및 하수도 개수공사 변경설계서 - 대구시가도로 및 하수도 개수공사 변경설계도(지도, 총3매) 5. 소화11년도 지방진흥토목사업 국고보조공사 경과보고(대구부윤) 6. 소화11년도 지방진흥토목사업 국고보조공사 공정표 제출의 건(대구부윤) - 소화11년도 국고보조공사 공정표(표)		

	7. 지방진흥 대구시가도로 및 하수개수공사 更正설계보고의 건(대구부윤)
	8. 소화11년도소속 대구시가도로 및 하수도 금정, 원정, 전정, 촌상정, 상정지내 개수공사 更正설계의 건(대구부윤)
	- 대구시가도로 및 하수도 금정, 원정, 전정, 촌상정, 상정 지내 개수공사 更正설계서(대구부)
	- 금정선도로 및 하수도 개수공사 更正설계도
	- 중앙선도로 및 하수도 개수공사 更正설계도
	- 대구시가도로 및 하수도 금정, 원정, 전정, 촌상정, 상정 지내 개수공사 실시내역서
문서내용	• 기록철 맨앞에 있는 건명목록과 뒤에 수록된 문서의 순서가 제대로 맞지 않아서 앞의 건명목록은 무시하고 정리하였음. 1938년 대구시 도시계획 수립과정, 내용 등을 알 수 있는 실시계획서와 설계도면, 평면도면 등이 다수 수록되어 있음. 예결산과 관련된 회계원부 역시 다량 수록되어 있음.

10-2

기록건명	대구시가도로 및 하수개수공사 계획 변경 및 실시설계 인가의 건		
문서번호	토 제146호		
기안부서 (발신자)	내무국 토목과장	기안일자	1937-03-24
중간결재	재무국장, 사계과장		
최종결재 (수신자)	총독(정무총감 전결)	결재일자 (접수일자)	1937-03-25
		시행일자 (발송일자)	1937-03-25

첨부문서	1. 지방진흥 대구시가도로 및 하수개수공사 실시설계 인가의 건(대구부윤)
	2. 지방진흥 토목사업 실시 설계 및 일부계획변경 인가 신청(대구부윤)
	  ① 칠성정, 삼립정 도로 및 하수도 개수공사 설계서(대구부)
	    - 대구시가도로 및 하수도 개수공사비 내역서
	    - 대구시가도로 및 하수도 개수공사비 총괄서
	    - 사양서
	  ② 칠성정, 삼립정 도로 및 하수도 개수공사 內幹線공사 내역서(대구부)		

③ 평면도, 종단면도, 횡단면도, 지장물건평면도, 구조도, 유역도
④ 칠성정, 삼립정 도로 및 하수도 개수공사내 A지선공사 내역서(대구부)
⑤ A지선 평면도, 종단면도, 횡단면도, 구조도, 유역도 등
⑥ 칠성정, 삼립정 도로 및 하수도 개수공사내 B지선공사 내역서(대구부)
⑦ B지선 평면도, 종단면도, 횡단면도, 지장물건평면도, 구조도, 유역도 등
⑧ 칠성정, 삼립정 도로 및 하수도 개수공사내 C지선공사 내역서(대구부)
⑨ C지선 평면도, 종단면도, 횡단면도, 구조도, 유역도 등
⑩ 칠성정, 삼립정 도로 및 하수도 개수공사내 D지선공사 내역서(대구부)
⑪ D지선 평면도, 종단면도, 횡단면도, 구조도, 유역도 등

3. 지방진흥토목공사 대구시가도로 및 하수공사 更正보고의 건(대구부윤)
4. 소화11년도 소속 대구시가도로 및 하수공사 시장정, 명치정 하수 渠履蓋 공사 更正에 관한 건(대구부윤)
① 대구시가도로 및 하수도 시장정, 명치정, 하수渠履蓋공사 更正설계서(대구부)
② 하수渠履蓋공사 更正설계도
③ 소화11년도 대구시가도로 및 하수도 시장정, 명치정 하수渠履蓋공사 실시내역서
  - 사양서
  - 공사내역명세서
④ 소화11년도 국고보조공사 공정표 제출의 건(대구부윤)
  - 소화11년도 국고보조공사 공정표(표)
⑤ 소화11년도 국고보조공사 착수보고(대구부윤)
  - 소화11년도 국고보조공사 착수보고(표)

문서내용	• 1937년 대구시 도시계획 수립과정, 내용 등을 알수 있는 실시계획서와 설계도면, 평면도면 등이 다수 수록되어 있음. 공사비 내역서 등 회계원부 역시 다량 수록되어 있음.

10-3

기록건명	대구시가도로 및 하수개수공사 실시설계 인가의 건		
문서번호	토 제464호		
기안부서 (발신자)	내무국 토목과장	기안일자	1936-11-19
중간결재	도시계		
최종결재 (수신자)	총독(정무총감 전결)	결재일자 (접수일자)	1936-11-26
		시행일자 (발송일자)	1936-11-26
첨부문서	1. 지방진흥대구시가도로 및 하수개수공사 실시설계인가의 건 2. 지방진흥토목공사실시인가신청(대구부윤) 　① 대구시가도로 및 하수도개수공사비 내역서 　② 소화11년도 대구시가도로 및 하수도 금정, 원정, 전정, 촌상정, 상정 지내 개수공사 실시설계서(대구부) 　　- 공사비내역서 　③ 금정선 도로 및 하수도 개수공사 설계도(평면도, 종단면도, 횡단면도, 구조도, 유량계산표 등) 　④ 중앙선 도로 및 하수도개수공사 설계도(평면도, 종단면도, 횡단면도, 구조도 등) 3. 소화11년도 대구시가도로 및 하수개수공사 실시인가 및 국고보조의 건(대구부)		
문서내용	• 1936년 대구시 하수도 개수공사 공사비 내역서 등 회계원부와 설계도면, 평면도면 등을 다량 포함.		

10-4

기록건명	대구시가도로 및 하수공사 시행인가 및 국고보조의 건		
문서번호	토 제464호		
기안부서 (발신자)	내무국 토목과	기안일자	1936-10-02
중간결재	지방과장, 이사관, 사계과장, 재무국장		
최종결재 (수신자)	총독	결재일자 (접수일자)	1936-10-14
		시행일자 (발송일자)	1936-10-14

첨부문서	1. 지방진흥토목공사실시인가 및 국고보조신청(대구부윤) 　① 대구시가도로 및 하수도 개수공사비 재원조서 　② 공사비재원내역서 　③ 대구부 일반경제수지 계획서 　④ 공사비내역서 　⑤ 대구시가도로 및 하수도 시장정, 명치정 하수渠履蓋공사 실시설 　　계서(대구부) 　　- 사양서 　　- 시장정, 명치정 하수渠履蓋공사설계서 　　- 내역서 　⑥ 하수渠履蓋공사설계도, 개수공사일람도
문서내용	• 1936년 대구시 하수도공사 공사비내역서 등 회계원부와 설계도면, 평면도면 등을 다량 포함. 결재의 정무총감 란에는 不在라고 표시되어 있음.

11) 포항시가지계획 현황 조사서

기록철명	원철명	시가지계획현황조사서 (포항읍)			
	정리철명	포항시가지계획 현황 조사서			
생산년도	1941년				
생산기관					
보존기간	준영구				
소장기호	CJA0020066				
Item					
일련 번호	건명		결재(발송)일	기안(발신)부서	첨부 문서
1	구역 및 가로망조사자료(포항읍)				6건

기록철명	원철명	시가지계획현황조사서 (포항읍)
	정리철명	포항시가지계획 현황 조사서

생산부서			
생산년도	1941년	분류기호	제443호
쪽수	45면	조선총독부 보존기간	준영구
소장처	국가기록원	소장기호	CJA0020066

11-1

기록건명	구역 및 가로망조사자료(포항읍)		
문서번호			
기안부서 (발신자)		기안일자	
중간결재			
최종결재 (수신자)		결재일자 (접수일자)	
		시행일자 (발송일자)	
첨부문서	1. 포항읍인접면의 지가 일람표도(지도) 2. 기설도로조사도(누락) 3. 인접리동경계도(지도, 1/50,000) 4. 인접면우편배달구역도(지도, 1/50,000) 5. 인접면 경찰관서 관할구역도(지도, 1/50,000) 6. 인접면 초등학교통학구역도(지도, 1/50,000)		
문서내용	• 포항읍과 인접 지역의 호구, 인구밀도, 직업별 인구, 철도화객발착, 무역통계, 연안무역, 연안무역출입선박, 농업생산, 공업생산 등에 관한 전반적인 상황을 알려주는 표가 다수 있으며, 그 외에 포항 및 인접 지역의 행정, 생활권을 알려주는 지도가 다수 첨부되어 있음.		

12) 부산토목출장소 공사지

기록철명	원철명	부산토목출장소 공사지
	정리철명	부산토목출장소 공사지
생산년도	1926-1927년	
생산기관	내무국 토목과	

보존기간	갑종(영구)
소장기호	CJA0013085

Item				
일련 번호	건명	결재(발송)일	기안(발신)부서	첨부 문서
1	부산토목출장소 공사지		부산토목출장소	

기록철명	원철명	부산토목출장소 공사지		
	정리철명	부산토목출장소 공사지		
생산부서	내무국 토목과			
생산년도	1926-1927년	분류기호	1926-1927년 토목 갑 기록 제146-2호	
쪽수	·	조선총독부 보존기간	갑종 (영구)	
소장처	국가기록원	소장기호	CJA0013085	

12-1

기록건명	부산토목출장소 공사지		
문서번호			
기안부서 (발신자)	부산토목출장소	기안일자	1926-1927
중간결재			
최종결재 (수신자)		결재일자 (접수일자)	
		시행일자 (발송일자)	
첨부문서			
문서내용	• 1924년 4월부터 1927년 2월까지의 부산토목출장소에서 수행한 각종 공사에 관한 상세내역을 정리한 백서형식의 자료집. 각종 공사의 연혁, 경과 및 공사에 소요된 인적 물적 자원 내역, 공사에 투입된 예산 및 산출 내역 등의 정보제공. 당시 토목사업 전반에 관한 실증적 연구를 수행할 수 있는 자료 포함.		

13) 평양토목출장소 공사관계 서류

기록철명	원철명	自大正15년 至昭和2년 평양토목출장소 공사관계 서류		
	정리철명	평양토목출장소 공사관계 서류		
생산년도	1926-1927년			
생산기관	내무국 토목과			
보존기간	갑종(영구)			
소장기호	CJA0013063			

Item				
일련 번호	건명	결재(발송)일	기안(발신)부서	첨부 문서
1	대녕강 수해 수제공사 시행에 관한 건	1926-09-02	내무국 토목과	5건
2	공사설계 변경 승인의 건	1927-02-01	내무국 토목과	1건
3	공사감독원 詰所 신축공사에 관한 건	1926-08-17	내무국 토목과	2건
4	공사설계 승인의 건	1926-12-13	내무국 토목과	1건
5	신의주 부근 하천정리 재해복구공사 설계변경 승인의 건	1927-07-12	내무국 토목과	3건

기록철명	원철명	自大正15년 至昭和2년 평양토목출장소 공사관계 서류		
	정리철명	평양토목출장소 공사관계 서류		
생산부서	내무국 토목과			
생산년도	1926-1927년	분류기호	1927년 토목 갑 제131호	
쪽수		조선총독부 보존기간	갑종 (영구)	
소장처	국가기록원	소장기호	CJA0013063	

13-1

기록건명	대녕강 수해 수제공사 시행에 관한 건		
문서번호	토 제 2117호		
기안부서 (발신자)	내무국 토목과	기안일자	1926-08-04

중간결재			
최종결재 (수신자)	총독 (정무총감 전결)	결재일자 (접수일자)	1926-09-02
		시행일자 (발송일자)	1926-09-02
첨부문서	1. 대녕강 수해 수제공사 계획설명서 2. 대녕강 수해 수제공사비 예산서 3. 대녕강 수해 수제공사비 내역서 4. 대녕강 수해 수제공사비 잡비 내역서 5. 대녕강 수해 수제공사 계획도		
문서내용	• 평안북도 정주군 운전평야의 대녕강과 청천강이 합류하는 지역에 대한 1926년 수해수제공사 실시에 관련된 문서로, 수해수제공사 계획서 · 예산서 및 계획설계도 등 포함.		

13-2

기록건명	공사설계 변경 승인의 건		
문서번호	토 제 290호		
기안부서 (발신자)	내무국 토목과	기안일자	1927-01-18
중간결재			
최종결재 (수신자)	총독 (정무총감 전결)	결재일자 (접수일자)	1927-02-01
		시행일자 (발송일자)	1927-02-01

첨부문서	1. 하천 정리공사 설계변경의 건(평양토목출장소장)
	  - 압록강 하천 정리공사 제4회 변경설계서
	  - 사양서
	  - 신의주 부근 하천 정리공사계획 평면도(1:25,000)
	  - 공사감독원 詰所 신축에 관한 건(건축과장)
	  - 다사도항 공사감독원 詰所 신축공사 사양서
	  - 다사도항 공사감독원 詰所 신축공사 배치도(1:300)
	  - 다사도항 공사감독원 詰所 신축공사 설계도		

문서내용	• 1927년 신의주부에 걸친 압록강 하천 정리공사 설계변경 승인을 요청하는 문서들로, 공사 변경에 따른 노동력 · 건축자재 · 예산에 관한 변경내역 포함		

13-3

기록건명	공사감독원 詰所 신축공사에 관한 건		
문서번호	토 제 2078호		
기안부서 (발신자)	내무국 토목과	기안일자	1926-08-25
중간결재			
최종결재 (수신자)	총독 (정무총감 전결)	결재일자 (접수일자)	1926-08-17
		시행일자 (발송일자)	1926-08-27
첨부문서	1. 다사도항 공사감독원 詰所 신축 설계요항 2. 다사도항 공사감독원 詰所 평면약도(1:90)		
문서내용	• 1926년 다사도항 공사감독원 詰所 신축공사 설계에 관한 개요 정보 제공. 평면약도 포함.		

13-4

기록건명	공사설계 승인의 건		
문서번호	토 제 2856호		
기안부서 (발신자)	내무국 토목과	기안일자	1926-12-06
중간결재			
최종결재 (수신자)	총독 (정무총감 전결)	결재일자 (접수일자)	1926-12-13
		시행일자 (발송일자)	1926-12-13
첨부문서	1. 신의주 부근 하천정리 재해복구공사 실시설계 승인의 건 신청 - 신의주 하천정리 재해복구공사 설계서 - 사양서 - 신의주 부근 하천정리 재해복구공사 설계도		
문서내용	• 1926년 신의주 부근 하천정리 재해복구공사 실시설계 승인과 관련된 공문들로, 설계설명서에 관한 정보와 함께, 노동력 및 건축재료·소요 예산 등에 관한 상세정보 제공.		

13-5

기록건명	신의주 부근 하천정리 재해복구공사 설계변경 승인의 건		
문서번호	토 제 1675호		
기안부서 (발신자)	내무국 토목과	기안일자	1927-07-12
중간결재			
최종결재 (수신자)	총독 (정무총감 전결)	결재일자 (접수일자)	1927-07-12
		시행일자 (발송일자)	1927-07-12
첨부문서	1. 공사설계 변경에 관한 건(평양토목출장소장) - 신의주 부근 하천정리 재해복구공사 변경설계서 - 설계도면 - 신의주 부근 하천정리 재해복구공사 변경설계 재료 노동력 조서 2. 직영공사 쥰공보고(평양토목출장소장) - 신의주 부근 하천정리 재해복구공사 제2회 변경설계서 3. 청부공사 준공보고(평양토목출장소) - 벽동교 변경설계서 - 제1벽동교 교각 설계변경도(1:40)		
문서내용	• 1927년 신의주 부근 하천정리 재해복구공사의 설계변경 사유 및 내역에 관한 정보와 더불어, 변경된 노동력 및 건축재료·소요예산 등에 관한 상세정보 제공.		

14) 도로공사 실시계획서(1)(각도/토목과)

기록철명	원철명	昭和17년도 도로공사 실시계획서 (其一)
	정리철명	도로공사 실시계획서(1)(각도/토목과)
생산년도	1941-1943년	
생산기관	사정국 토목과	
보존기간	갑종(영구)	
소장기호	CJA0015935	
Item		

일련 번호	건명	결재(발송)일	기안(발신)부서	첨부 문서
1	소화17년도 도로수축개량비 실시계획 변경에 관한 건	1943-02-22	사정국 토목과 행정계	
2	소화16년도 도로수축개량비 실행예산에 관한 건	1942-03-10	사정국 토목과 행정계	
3	소화17년도 희천-초산간 도로수축개량공사 실시계획에 관한 건	1942-07-07	사정국 토목과 행정계	6건
4	소화17년도 밀양-김해간 도로공사에 관한 건	1942-03-10	사정국 토목과 행정계	
5	소화17년도 밀양-김해간 도로공사 실시계획 변경에 관한 건	1942-05-22	사정국 토목과 행정계	3건
6	소화17년도 북선도로공사에 관한 건	1942-03-12	사정국 토목과 행정계	2건
7	소화16년도 긴급도로공사에 관한 건	1942-01-17	사정국 토목과 행정계	3건
8	북선도로공사 정산서에 관한 건	1941-07-18	내무국 토목과 행정계	1건
9	북선도로 보수에 관한 건	1942-08-13	사정국 토목과 행정계	1건
10	수령서 송부의 건	1942-08-12	사정국 토목과 행정계	
11	소화17년도 북선도로 수축개량공사 실시계획 변경의 건	1942-10-10	사정국 토목과 행정계	4건
12	소화17년도 북선도로 수축개량공사 실시계획 변경의 건	1942-08-11	사정국 토목과 행정계	4건
13	소화17년도 북선도로 실시계획에 관한 건	1942-04-20	사정국 토목과 행정계	3건
14	소화17년도 북선도로공사에 관한 건	1942-04-06	사정국 토목과 행정계	
15	소화17년도 북선도로공사에 관한 건	1942-03-13	사정국 토목과 행정계	
16	국경 및 국방도로 보강에 관한 건	1942-03-19	사정국 토목과 행정계	1건
17	소화17년도 북선도로 실시계획변경 승인의 건	1943-04-15	사정국 토목과 행정계	5건
18	소화17년도 북선도로 수축개량공사 실시계획의 건	1942-10-30	사정국 토목과 행정계	6건

19	위탁도로공사 정산서에 관한 건	1941-06-23	내무국 토목과 행정계	2건
20	소화15년도 국고위탁공사 준공보고에 관한 건	1941-09-13	내무국 토목과 행정계	1건
21	소화17년도 경성-신의주간 도로공사에 관한 건	1942-03-10	사정국 토목과 행정계	
22	소화17년도 경성-신의주간 도로공사 실시계획의 건	1942-06-09	사정국 토목과 행정계	4건
23	소화17년도 경성-신의주간 도로공사에 관한 건	1942-03-10	사정국 토목과 행정계	3건
24	소화17년도 경성-신의주간 도로수축개량공사 실시계획에 관한 건	1942-07-07	사정국 토목과 행정계	7건
25	소화17년도 도로수축개량비 실시계획에 관한 건	1942-06-16	사정국 토목과 행정계	7건
26	소화17년도 도로수축개량공사 실시계획 승인의 건	1943-05-03	사정국 토목과 행정계	5건
27	소화17년도 경성-인천간 도로공사에 관한 건	1942-03-10	사정국 토목과 행정계	
28	가옥 매수에 관한 건	1942-12-11	사정국 토목과 행정계	1건
29	소화17년도 도로수축개량비(경성인천간) 실시계획변경 승인의 건	1943-04-14	사정국 토목과 행정계	3건
30	소화17년도 경성인천간 도로수축개량공사 실시계획의 건	1942-07-20	사정국 토목과 행정계	3건
31	소화17년도 경성인천간 도로수축개량비(경성인천간) 실시계획에 관한 건	1942-06-16	사정국 토목과 행정계	2건
32	소화17년도 도로공사 실시계획의 건	1942-04-26	사정국 토목과 행정계	
33	소화17년도 경성부산간 도로공사에 관한 건	1942-03-06	사정국 토목과 행정계	
34	소화17년도 경성부산간 도로공사 실시계획에 관한 건	1942-05-22	사정국 토목과 행정계	4건
35	소화17년도 경성부산간 도로공사에 관한 건	1942-03-10	사정국 토목과 행정계	1건
36	소화17년도 국도 경성부산선 위탁공사 실시계획변경 승인의 건	1942-04-15	사정국 토목과 행정계	2건
37	소화17년도 도로수축개량공사 실시계획에 관한 건	1942-05-15	사정국 토목과 행정계	2건

기록철명	원철명	昭和17년도 도로공사 실시계획서 (其一)		
	정리철명	도로공사 실시계획서(1) (각도/토목과)		
생산부서	사정국 토목과			
생산년도	1941-1943년		분류기호	1942년 토목 갑 기록 제2137-1호
쪽수			조선총독부 보존기간	갑종 (영구)
소장처	국가기록원		소장기호	CJA0015935

14-1

기록건명	소화17년도 도로수축개량비 실시계획 변경에 관한 건		
문서번호			
기안부서 (발신자)	사정국 토목과 행정계	기안일자	1943-02-17
중간결재			
최종결재 (수신자)	총독 (정무총감 전결)	결재일자 (접수일자)	1943-02-22
		시행일자 (발송일자)	1943-02-23
첨부문서			
문서내용	• 1942년 도로수축개량비 변경실시 예산에 관한 변경 전과 변경 후의 항목별 상세내역 포함		

14-2

기록건명	소화16년도 도로수축개량비 실행예산에 관한 건		
문서번호			
기안부서 (발신자)	사정국 토목과 행정계	기안일자	1942-03-05
중간결재			
최종결재 (수신자)	총독 (정무총감 전결)	결재일자 (접수일자)	1942-03-10
		시행일자 (발송일자)	1942-03-11
첨부문서			
문서내용	• 1941년 도로수축개량 예산변경 실시조서 및 1942년도 도로수축개량 공사비 정산서 포함		

14-3

기록건명	소화17년도 희천-초산간 도로수축개량공사 실시계획에 관한 건		
문서번호			
기안부서 (발신자)	사정국 토목과 행정계	기안일자	1942-07-04
중간결재			
최종결재 (수신자)	총독 (정무총감 전결)	결재일자 (접수일자)	1942-07-07
		시행일자 (발송일자)	1942-07-08
첨부문서	1. 소화17년도 도로수축개량비 실시계획에 관한 건(조선총독부 사정국 평양토목출장소장) 2. 소화17년도 도로수축개량비(희천초산간) 실시계획서 3. 희천-초산간 도로수축공사 위치도(1:500,000) 4. 홍수피해 상황보고(내무국 경성토목출장소장) 5. 청부공사 홍수피해보상에 관한 건(사정국 경성토목출장소장) 6. 삼척교 가환공사 피해조사보고서(내무국 경성토목출장소장)		
문서내용	• 1942년 희천-초산간 도로수축개량비 예산조서 및 실시계획표 포함, 홍수피해 상황에 관한 정보 제공. 피해현장 사진 첨부, 삼척교 피해상황에 대한 설계도면 포함		

14-4

기록건명	소화17년도 밀양-김해간 도로공사에 관한 건		
문서번호			
기안부서 (발신자)	사정국 토목과 행정계	기안일자	1942-02-13
중간결재			
최종결재 (수신자)	총독 (정무총감 전결)	결재일자 (접수일자)	
		시행일자 (발송일자)	1942-03-10
첨부문서			
문서내용	• 1942년 밀양-김해간 도로수축개량비 실시계획 도표 포함		

14-5

기록건명	소화17년도 밀양-김해간 도로공사 실시계획 변경에 관한 건		
문서번호			
기안부서 (발신자)	사정국 토목과 행정계	기안일자	1942-05-21
중간결재			
최종결재 (수신자)	총독 (정무총감 전결)	결재일자 (접수일자)	1942-05-22
		시행일자 (발송일자)	1942-05-23
첨부문서	1. 밀양-김해간 도로공사 실시계획의 건(경상남도) 2. 소화17년도 밀양-김해간 도로공사 시행위탁 신청의 건(경상남도지사) 3. 밀양-김해간 도로수축개량공사 실시계획서(소화17년도/경상남도)		
문서내용	• 1942년 밀양-김해간 도로수축공사 계획에 관한 정보 제공. 항목별 예산 도표 및 실시계획 도표, 수산교 가설 공사공정도 포함		

14-6

기록건명	소화17년도 북선도로공사에 관한 건		
문서번호			
기안부서 (발신자)	사정국 토목과 행정계	기안일자	1942-03-11
중간결재			
최종결재 (수신자)	총독 (정무총감 전결)	결재일자 (접수일자)	
		시행일자 (발송일자)	1942-03-12
첨부문서	1. 국경 및 국방도로 보강에 관한 건 통첩(조선군참모장) 2. 북선도로 신설개량계획도		
문서내용	• 1942년 북선도로 신설 계획에 대한 상세 지도 및 도로위치 정보 제공, 군사도로에 관한 정보 제공.		

14-7

기록건명	소화16년도 긴급도로공사에 관한 건
문서번호	

기안부서 (발신자)	사정국 토목과 행정계	기안일자	1942-01-15
중간결재	재무국 사계과장		
최종결재 (수신자)	총독 (정무총감 전결)	결재일자 (접수일자)	1942-01-17
		시행일자 (발송일자)	1942-01-17
첨부문서	1. 국방도로 보강에 관한 건 통첩(조선군참모장) 2. 국도 慶興西水羅線 노면 보수에 관한 건(함경북도지사) 3. 노면 보수 相成度 건 통첩(함경북도지사)		
문서내용	• 1941년 함경북도내 도로 수축 및 보수에 관한 정보 제공. 개량구간 도면 포함		

14-8

기록건명	북선도로공사 정산서에 관한 건		
문서번호			
기안부서 (발신자)	내무국 토목과 행정계	기안일자	1941-07-17
중간결재			
최종결재 (수신자)	총독 (정무총감 전결)	결재일자 (접수일자)	1941-07-18
		시행일자 (발송일자)	1941-07-18
첨부문서	1. 소화17년도 도로공사실시 계획의 건(함경북도지사)		
문서내용	• 1942년 북선도로공사 정산서에 관한 정보 제공. 함경북도지사가 보낸 전보 원본 포함		

14-9

기록건명	북선도로 보수에 관한 건		
문서번호			
기안부서 (발신자)	사정국 토목과 행정계	기안일자	1942-08-12
중간결재			
최종결재 (수신자)	총독 (정무총감 전결)	결재일자 (접수일자)	1942-08-13
		시행일자 (발송일자)	1942-08-14

첨부문서	1. 도로보수에 관한 건(조선군참모장)
문서내용	• 1942년 북선도로 보수에 관한 정보제공. 군사도로에 관한 정보 제공

14-10

기록건명	수령서 송부의 건		
문서번호			
기안부서 (발신자)	사정국 토목과 행정계	기안일자	1942-08-12
중간결재			
최종결재 (수신자)	총독 (정무총감 전결)	결재일자 (접수일자)	1942-08-12
		시행일자 (발송일자)	1942-08-13
첨부문서			
문서내용	• 수령서 송부에 관한 정보 제공. 낱장문서		

14-11

기록건명	소화17년도 북선도로 수축개량공사 실시계획 변경의 건		
문서번호			
기안부서 (발신자)	사정국 토목과 행정계	기안일자	1942-10-07
중간결재			
최종결재 (수신자)	총독 (정무총감 전결)	결재일자 (접수일자)	1942-10-10
		시행일자 (발송일자)	1942-10-12
첨부문서	1. 소화17년도 북선도로공사 제2회 실시계획서 변경의 건(함경북도지사) 2. 소화17년도 북선도로공사 실시계획서 변경승인 신청의 건(함경북도지사) 3. 북선도로 수축개량 제2회 변경실시계획서 4. 북선도로 수축개량공사 제2회 변경실시계획도		
문서내용	• 1942년 북선도로 수축개량 변경에 관한 상세 정보를 제공. 실시계획도 등 포함		

14-12

기록건명	소화17년도 북선도로 수축개량공사 실시계획 변경의 건		
문서번호			
기안부서 (발신자)	사정국 토목과 행정계	기안일자	1942-08-02
중간결재			
최종결재 (수신자)	총독 (정무총감 전결)	결재일자 (접수일자)	1942-08-11
		시행일자 (발송일자)	1942-08-11
첨부문서	1. 소화17년도 북선도로 수축개량공사 실시계획 변경승인 신청(함경북도) 2. 공사실시계획서 변경승인 신청의 건(함경북도지사) 3. 북선도로 수축개량공사 변경실시계획서 4. 북선도로 수축개량공사 변경실시 계획도		
문서내용	• 1942년 북선도로 수축개량 변경에 관한 상세 정보 제공. 실시계획도 등 포함		

14-13

기록건명	소화17년도 북선도로 실시계획에 관한 건		
문서번호			
기안부서 (발신자)	사정국 토목과 행정계	기안일자	1942-04-15
중간결재			
최종결재 (수신자)	총독 (정무총감 전결)	결재일자 (접수일자)	1942-04-20
		시행일자 (발송일자)	1942-04-21
첨부문서	1. 소화17년도 북선도로 실시계획서 제출에 관한 건(함경북도지사) 2. 북선도로 수축개량공사 실시계획서 3. 북선도로 실시계획에 관한 건(함경북도지사)		
문서내용	• 1942년 북선도로 수축에 관한 상세 정보를 제공.		

14-14

기록건명	소화17년도 북선도로공사에 관한 건
문서번호	

기안부서 (발신자)	사정국 토목과 행정계	기안일자	1942-03-28
중간결재			
최종결재 (수신자)	총독 (정무총감 전결)	결재일자 (접수일자)	1942-04-06
		시행일자 (발송일자)	1942-04-06
첨부문서			
문서내용	• 1942년 북선도로 수축개량에 관한 상세 항목별 예산조서 포함		

14-15

기록건명	소화17년도 북선도로공사에 관한 건		
문서번호			
기안부서 (발신자)	사정국 토목과 행정계	기안일자	1942-03-11
중간결재			
최종결재 (수신자)	총독 (정무총감 전결)	결재일자 (접수일자)	1942-03-13
		시행일자 (발송일자)	1942-03-13
첨부문서			
문서내용	• 1942년 북선도로 수축개량 변경에 관한 상세 정보를 제공. 도표 포함		

14-16

기록건명	국경 및 국방도로 보강에 관한 건		
문서번호			
기안부서 (발신자)	사정국 토목과 행정계	기안일자	1942-03-14
중간결재			
최종결재 (수신자)	총독 (정무총감 전결)	결재일자 (접수일자)	
		시행일자 (발송일자)	1942-03-19
첨부문서	1. 국경 및 국방도로 보강에 관한 건 통첩(조선군참모장)		
문서내용	• 1942년 북선도로 수축개량 변경에 관한 상세 정보를 제공. 도표 포함. 조선군참모장이 보낸 전보 원본 포함		

14-17

기록건명	소화17년도 북선도로 실시계획변경 승인의 건		
문서번호			
기안부서 (발신자)	사정국 토목과 행정계	기안일자	1943-04-12
중간결재			
최종결재 (수신자)	총독 (정무총감 전결)	결재일자 (접수일자)	1943-04-15
		시행일자 (발송일자)	1943-04-16
첨부문서	1. 소화17년도 북선도로 실시계획변경에 관한 건(나진토목출장소장) 2. 소화17년도 북선도로 실시계획변경에 관한 건(나진토목출장소장) 3. 북선도로 수축개량공사 실시변경계획서 4. 북선도로 수축개량공사 실시계획변경 요람도 5. 북선도로 수축개량공사 자재수요조서		
문서내용	• 1943년 북선도로 수축공사 실시변경에 관한 항목별 예산 정보 및 공사 계획 사항에 관한 정보 제공. 도로수축공사에 투입되는 자재에 관한 상세 내역을 통해 당시의 건축 기법 및 기술수준을 파악할 수 있는 정보 제공.		

14-18

기록건명	소화17년도 북선도로 수축개량공사 실시계획의 건		
문서번호			
기안부서 (발신자)	사정국 토목과 행정계	기안일자	1942-10-30
중간결재			
최종결재 (수신자)	총독 (정무총감 전결)	결재일자 (접수일자)	1942-10-30
		시행일자 (발송일자)	1942-10-31
첨부문서	1. 소화17년도 북선도로 수축개량공사 총체계획 실시계획 승인신청의 건 (나진토목출장소장) 2. 소화17년도 북선도로 수축개량공사 실시계획 승인의 건(나진토목출장소장) 3. 북선도로 수축개량공사 실시계획서		

	4. 용수교 가설 공사일반도
	5. 제1종성교 가설 공사일반도
	6. 북선도로 수축개량공사 실시계획도(1:50,000)
문서내용	• 1942년 북선도로 수축공사 실시에 관한 항목별 예산 정보 및 공사계획 사항에 관한 정보 제공.

14-19

기록건명	위탁도로공사 정산서에 관한 건		
문서번호			
기안부서 (발신자)	내무국 토목과 행정계	기안일자	1941-06-21
중간결재			
최종결재 (수신자)	총독 (정무총감 전결)	결재일자 (접수일자)	1941-06-23
		시행일자 (발송일자)	1942-06-24
첨부문서	1. 소화 15년도 국고위탁공사 준공보고에 관한 건(평안남도지사) 2. 소화15년도 국고위탁 도로수축개량공사 정산서		
문서내용	• 1940년 평남 도로수축공사에 소요되는 비용에 관한 정산 정보 제공		

14-20

기록건명	소화15년도 국고위탁공사 준공보고에 관한 건		
문서번호			
기안부서 (발신자)	내무국 토목과 행정계	기안일자	1941-09-12
중간결재			
최종결재 (수신자)	총독 (정무총감 전결)	결재일자 (접수일자)	1941-09-13
		시행일자 (발송일자)	1941-09-15
첨부문서	1. 소화15년도 국고위탁 도로하천 수해복구공사 정산서		
문서내용	• 1940년 도로하천 수해복구 공사 항목 및 비용에 관한 정보 제공.		

14-21

기록건명	소화17년도 경성-신의주간 도로공사에 관한 건		
문서번호			
기안부서 (발신자)	사정국 토목과 행정계	기안일자	1942-02-14
중간결재			
최종결재 (수신자)	총독 (정무총감 전결)	결재일자 (접수일자)	1942-03-10
		시행일자 (발송일자)	1942-03-10
첨부문서			
문서내용	• 1942년 경성-신의주간 도로공사에 관한 정보 제공. 도로수축공사비 실시계획표 포함		

14-22

기록건명	소화17년도 경성-신의주간 도로공사 실시계획의 건		
문서번호			
기안부서 (발신자)	사정국 토목과 행정계	기안일자	1942-06-04
중간결재			
최종결재 (수신자)	총독 (정무총감 전결)	결재일자 (접수일자)	1942-06-09
		시행일자 (발송일자)	1942-06-10
첨부문서	1. 경성-신의주간 도로공사 실시계획의 건(경성토목출장소) 2. 소화17년도 도로수축개량비(경성신의주간) 실시계획에 관한 건(경성토목출장소장) 3. 소화17년도 도로수축개량공사(임진교) 실시계획서 4. 소화17년도 도로수축개량공사(임진교) 실시계획평면도		
문서내용	• 1942년 경성-신의주간 도로공사에 관한 정보 제공. 도로수축공사에 관한 상세 항목 및 예산 내역정보 포함		

14-23

기록건명	소화17년도 경성-신의주간 도로공사에 관한 건
문서번호	

기안부서 (발신자)	사정국 토목과 행정계	기안일자	1942-02-14
중간결재			
최종결재 (수신자)		결재일자 (접수일자)	
		시행일자 (발송일자)	1942-03-10
첨부문서	1. 청천강 교량 가설공사에 관한 건(평양토목출장소) 2. 청천교 가설공사 위치도 3. 청천교 가설공사 종단면도(1:200(종)/1:2,000(횡))		
문서내용	• 문서 사본임.		

14-24

기록건명	소화17년도 경성-신의주간 도로수축개량공사 실시계획에 관한 건		
문서번호			
기안부서 (발신자)	사정국 토목과 행정계	기안일자	1942-07-04
중간결재			
최종결재 (수신자)	총독 (정무총감 전결)	결재일자 (접수일자)	1942-07-07
		시행일자 (발송일자)	1942-07-08
첨부문서	1. 소화17년도 도로수축개량공사 실시계획 승인의 건(평양토목출장소) 2. 소화17년도 도로수축개량비 실시계획에 관환 건(평양토목출장소) 3. 소화17년도 도로수축개량비 경성신의주간 실시계획서 4. 소화17년도 도로수축개량비 실시계획도(1:500,000) 5. 청천교 가설공사 위치도 6. 청천교 가설공사 종단면도(1:400(종)/1:4,000(횡)) 7. 사송교 가설공사 단면도		
문서내용	• 1942년 경성-신의주간 도로수축공사에 관한 상세 항목 및 예산 내역정보 제공, 도로공사 내 교량 가설공사에 관한 설계도면 포함		

14-25

기록건명	소화17년도 도로수축개량비 실시계획에 관한 건
문서번호	

기안부서 (발신자)	사정국 토목과 행정계	기안일자	1942-06-16
중간결재			
최종결재 (수신자)	총독 (정무총감 전결)	결재일자 (접수일자)	1942-06-16
		시행일자 (발송일자)	1942-06-18
첨부문서	1. 소화17년도 도로수축개량공사 실시계획의 건(평양토목출장소) 2. 소화17년도 도로수축개량비 실시계획 승인의 건(평양토목출장소) 3. 소화17년도 도로수축개량비 경성신의주간 실시계획서 4. 소화17년도 도로수축개량비 실시계획도(1:500,000) 5. 청천교 가설공사 위치도 6. 청천교 가설공사 종단면도(1:400(종)/1:4,000(횡)) 7. 사송교 가설공사 단면도		
문서내용	• 1942년 경성-신외주간 도로수축공사에 관한 상세 항목 및 예산 내역정보 제공. 도로공사 내 교량 가설공사에 관한 설계도면 포함		

14-26

기록건명	소화17년도 도로수축개량공사 실시계획 승인의 건		
문서번호			
기안부서 (발신자)	사정국 토목과 행정계	기안일자	
중간결재			
최종결재 (수신자)	총독 (정무총감 전결)	결재일자 (접수일자)	1943-05-03
		시행일자 (발송일자)	1943-05-04
첨부문서	1. 소화17년도 도로수축개량공사 변경실시계획 승인의 건(평양토목출장소) 2. 소화17년도 도로수축개량공사 변경실시계획 승인의 건(평양토목출장소) 3. 소화17년도 도로수축개량비(희천초산간) 변경실시계획서 4. 소화17년도 도로수축개량비(경성신의주간) 변경실시계획서 5. 청천교 가설공사 출래형보고도		
문서내용	• 1942년 경성-신의주간 도로수축공사에 관한 변경내역 및 변경 전과 변경 후를 비교분석할 수 있는 상세 정보 제공		

14-27

기록건명	소화17년도 경성-인천간 도로공사에 관한 건		
문서번호			
기안부서 (발신자)	사정국 토목과 행정계	기안일자	1942-02-13
중간결재			
최종결재 (수신자)	총독 (정무총감 전결)	결재일자 (접수일자)	1942-03-10
		시행일자 (발송일자)	1942-03-10
첨부문서			
문서내용	• 1942년 경성-인천간 도로공사에 관한 정보 제공. 도로수축개량비 실시 계획서 포함		

14-28

기록건명	가옥 매수에 관한 건		
문서번호			
기안부서 (발신자)	사정국 토목과 행정계	기안일자	1942-12-07
중간결재			
최종결재 (수신자)	총독 (정무총감 전결)	결재일자 (접수일자)	1942-12-11
		시행일자 (발송일자)	1942-12-14
첨부문서	1. 대용관사 매수에 관한 신청의 건(경성토목출장소장) - 마포 합숙소 및 원신설공사 평면도		
문서내용	• 1942년 경성토목출장소간의 대용관사 매수에 관한 정보 제공		

14-29

기록건명	소화17년도 도로수축개량비(경성인천간) 실시계획변경 승인의 건		
문서번호			
기안부서 (발신자)	사정국 토목과 행정계	기안일자	1943-04-12
중간결재			

최종결재 (수신자)	총독 (정무총감 전결)	결재일자 (접수일자)	1943-04-14
		시행일자 (발송일자)	1943-04-15
첨부문서	1. 소화17년도 도로수축개량비(경성인천간) 실시계획변경에 관한 건(경성토목출장소) 2. 소화17년도 도로수축개량비(경성인천간) 실시계획변경에 관한 건(경성토목출장소) 3. 소화17년도 도로수축개량비(경성인천간) 변경실시계획서		
문서내용	• 1942년 경성-인천간 도로수축공사 변경 사항에 관한 상세 정보 제공		

14-30

기록건명	소화17년도 경성인천간 도로수축개량공사 실시계획의 건		
문서번호			
기안부서 (발신자)	사정국 토목과 행정계	기안일자	1942-07-18
중간결재			
최종결재 (수신자)	총독 (정무총감 전결)	결재일자 (접수일자)	1942-07-20
		시행일자 (발송일자)	1942-07-21
첨부문서	1. 소화17년도 경성인천간 도로수축개량공사 실시계획의 건(경성토목출장소) 2. 소화17년도 도로수축개량비(경성인천간) 실시계획서 3. 소화17년도 도로수축개량비(경성인천 제2호선) 실시계획도		
문서내용	• 1942년 경성-인천간 도로수축공사에 관한 상세 항목 및 예산 내역정보 제공, 도로공사에 관한 계획도면 포함.		

14-31

기록건명	소화17년도 경성인천간 도로수축개량비(경성인천간) 실시계획에 관한 건		
문서번호			
기안부서 (발신자)	사정국 토목과 행정계	기안일자	1942-06-16
중간결재			

최종결재 (수신자)	총독 (정무총감 전결)	결재일자 (접수일자)	1942-06-16
		시행일자 (발송일자)	1942-06-18
첨부문서	1. 소화17년도 도로수축개량비(경성인천간) 실시계획에 관한 건(경성토목 출장소) 2. 소화17년도 도로수축개량비(경성인천간) 실시계획서		
문서내용	• 1942년 경성-인천간 도로수축공사에 관한 상세 항목 및 예산 내역정보 제공.		

14-32

기록건명	소화17년도 도로공사 실시계획의 건		
문서번호			
기안부서 (발신자)	사정국 토목과 행정계	기안일자	1942-04-26
중간결재			
최종결재 (수신자)	총독 (정무총감 전결)	결재일자 (접수일자)	1942-04-26
		시행일자 (발송일자)	1942-04-30
첨부문서			
문서내용	• 1942년 도로공사 실시에 관한 정보 제공		

14-33

기록건명	소화17년도 경성부산간 도로공사에 관한 건		
문서번호			
기안부서 (발신자)	사정국 토목과 행정계	기안일자	1942-02-13
중간결재			
최종결재 (수신자)	총독 (정무총감 전결)	결재일자 (접수일자)	1942-03-06
		시행일자 (발송일자)	1942-03-10
첨부문서			
문서내용	• 1942년 경성-부산간 도로공사에 관한 정보 제공. 도로수축공사비 실시 계획 항목도표 포함		

14-34

기록건명	소화17년도 경성부산간 도로공사 실시계획에 관한 건		
문서번호			
기안부서 (발신자)	사정국 토목과 행정계	기안일자	1942-05-20
중간결재			
최종결재 (수신자)	총독 (정무총감 전결)	결재일자 (접수일자)	1942-05-22
		시행일자 (발송일자)	1942-05-23
첨부문서	1. 국비 토목공사 실시에 관한 건(충청북도지사) 2. 소화17년도 경성부산간 도로공사 실시계획서 3. 경성부산간 도로공사 제2회 총체변경 실시계획서 4. 대전 대구간 양강교 일반측면도		
문서내용	• 1942년 경성 부산산 도로공사 실시계획 및 예산에 관한 상세 정보와 더불어, 변경 전후의 내역을 비교분석할 수 있는 정보 제공.		

14-35

기록건명	소화17년도 경성부산간 도로공사에 관한 건		
문서번호			
기안부서 (발신자)	사정국 토목과 행정계	기안일자	1942-02-13
중간결재			
최종결재 (수신자)	총독 (정무총감 전결)	결재일자 (접수일자)	
		시행일자 (발송일자)	1942-03-10
첨부문서	1. 철도공사에 따른 국도 경성부산선 도로개축의 건(경상북도지사)		
문서내용	• 문서 사본. 1942년 경성 부산간 도로개축상의 사유정보 제공		

14-36

기록건명	소화17년도 국도 경성부산선 위탁공사 실시계획변경 승인의 건		
문서번호			
기안부서 (발신자)	사정국 토목과 행정계	기안일자	1942-04-12

중간결재			
최종결재 (수신자)	총독 (정무총감 전결)	결재일자 (접수일자)	1942-04-15
		시행일자 (발송일자)	1942-04-19
첨부문서	1. 국도 경성부산선 위탁공사계획 변경에 관한 건(경상북도지사) 2. 도로수축개량비 실시변경계획서		
문서내용	• 1942년 경성 부산간 도로공사 실시와 관련된 세부 변경사항에 대한 정보 제공.		

14-37

기록건명	소화17년도 도로수축개량공사 실시계획에 관한 건		
문서번호			
기안부서 (발신자)	사정국 토목과 행정계	기안일자	1942-05-13
중간결재			
최종결재 (수신자)	총독 (정무총감 전결)	결재일자 (접수일자)	1942-05-15
		시행일자 (발송일자)	1942-05-15
첨부문서	1. 소화17년도 국비위탁 도로수축개량비 실시계획 변경 승인의 건(경상북도지사) 2. 소화17년도 도로수축개량비 실시변경계획서		
문서내용	• 1942년 경성 부산간 도로공사 실시와 관련된 세부 변경사항에 대한 정보 제공.		

15) 실시계획서철

기록철명	원철명	昭和2년도 실시계획서철
	정리철명	실시계획서철
생산년도	1927-1928년	
생산기관	내무국 토목과	
보존기간	갑종(영구)	
소장기호	CJA0013065	

일련번호	건명	결재(발송)일	기안(발신)부서	첨부문서
	Item			
1	봉급비 사무비 실시계획에 관한 건	1927-04-15	내무국장	
2	소화2년도 토목비 수선비 배부의 건		함경북도지사	1건
3	수선비 실시계획서에 관한 건		황해도지사	1건
4	소화2년도 수선비 실시계획의 건		경상남도지사	1건
5	1,2등 도로임시수선공사실시계획서 제출에 관한 건	1927-04-20	경기도지사	1건
6	소화2년도 토목비 수선비 실시계획조서 보고의 건	1927-04-19	강원도지사	1건
7	소화2년도 토목비 수선 실시계획의 건	1927-04-19	전라북도지사	1건
8	소화2년도 수선공사 실시계획 보고의 건	1927-04-10	경상북도지사	1건
9	소화2년도 토목비 수선비 실시계획의 건	1927-04-24	평안남도지사	2건
10	도로교량 수선 실시계획에 관한 건	1927-05-03	충청남도지사	1건
11	소화2년도 토목비 수선비 배부에 관한 건	1927-05-07	함경남도지사	2건
12	소화2년도 토목비 수선비에 관한 공사실시계획의 건 보고	1927-05-19	충청북도지사	1건
13	소화2년도 토목비 수선비 배부의 건	1927-05-06	평안북도지사	1건
14	1,2등도로교량 수선공사 실시계획서 제출의 건	1927-05-15	전라남도지사	1건
15	한강교 수해복구 및 개축공사 실시계획의 건	1927-04-19	내무국장	1건
16	계속사업에 속하는 년도내 실시계획의 건	1927-04-25	내무국 토목과	1건
17	도로수축개량비 실시계획의 건	1927-05-13	내무국장	1건
18	소화2년도 港津유지 및 설비비 공사비 실시 계획 승인의 건	1927-06-11	내무국장	1건
19	소화2년도 도로수축개량비 공사비 실시계획 승인의 건	1927-06-23	내무국장	1건
20	소화2년도 항진유지 및 설비비 실시계획 승인의 건	1927-05-30	내무국장	1건
21	소화2년도 항진유지 및 설비비 공사비 실시계획 승인의 건	1927-06-29	내무국장	1건
22	소화2년도 경성 시구개정비 공사비 실시계획의 건	1927-06-27	내무국장	1건

23	계속사업에 속하는 년도내 실시계획의 건	1927-07-06	내무국 토목과	1건
24	계속사업에 속하는 년도 내 실시계획의 건	1927-07-07	내무국 토목과	1건
25	소화2년도 군산항 및 목포항 수축공사 실시계획의 건	1927-05-25	내무국장	2건
26	계속사업에 속하는 년도 내 실시계획의 건	1927-07-06	내무국 토목과	2건
27	계속공사에 속하는 년도 내 실시계획의 건	1927-07-08	내무국 토목과	1건
28	계속사업에 속한 년도 내 실시계획의 건	1927-07-11	내무국 토목과	1건
29	소화2년도 공사 실시계획에 관한 건	1927-06-09	내무국장	1건
30	계속사업에 속하는 년도 내 실시계획의 건	1927-07-08	내무국 토목과	1건
31	계속사업에 속하는 년도 내 실시계획의 건	1927-07-11	내무국 토목과	1건
32	계속사업에 속하는 년도 내 실시계획의 건	1927-07-08	내무국 토목과	1건
33	도로개수공사 시행방법 위탁의 건	1927-04-27	내무국장	
34	소화2년도 실시계획에 관한 건	1927-04-18	내무국 토목과	3건
35	계속사업에 속한 년도 내 실시계획의 건	1927-07-27	내무국 토목과	1건
36	도로수축개량비 실시계획의 건	1927-07-18	내무국장	1건
37	진남포 저탄장 설비공사 일부 계획 변경의 건	1927-09-08	내무국 토목과	4건
38	소화2년도 미호천 局部 정리공사 실시 계획의 건	1927-09-14	내무국장	1건
39	소화2년도 토목비 수선비 실시계획 변경의 건	1927-12-03	전라북도지사	1건
40	소화2년도 만경강 치수사업비 실시계획 변경의 건	1927-12-05	내무국장	1건
41	소화2년도 해관공사비 실시계획 변경의 건	1927-12-07	내무국장	1건
42	소화2년도 수선공사 실시계획 변경의 건	1927-11-30	경상북도지사	1건
43	해관공사비 소화2년도 실시계획 변경의 건	1927-12-05	내무국장	1건
44	소화2년도 낙동강 개수비 실시계획 변경의 건	1928-01-13	내무국장	1건
45	군산 및 목포 해관공사실시계획 변경의 건 통첩	1928-03-06	내무국장	3건
46	항진유지 및 설비비 실시계획 변경의 건	1928-02-08	내무국장	1건
47	소화2년도 토목비 수선비에 관한 공사실시계획의 건		충청북도지사	1건

48	해관공사비 소화2년도 제2회 변경실시계획의 건 회답	1928-03-23	내무국장	1건
49	소화2년도 실시계획 변경 승인의 건 통첩	1928-04-18	내무국장	1건
50	1,2등 도로 임시수선공사 실시계획서 제출의 건		경기도지사	1건

기록철명	원철명	昭和2년도 실시계획서철		
	정리철명	실시계획서철		
생산부서	내무국 토목과			
생산년도	1927-1928년	분류기호	1927년 토목 갑 기록 제133호	
쪽수	330면	조선총독부 보존기간	갑종(영구)	
소장처	국가기록원	소장기호	CJA0013065	

15-1

기록건명	봉급비 사무비 실시계획에 관한 건		
문서번호	토을 제937호		
기안부서 (발신자)	내무국장	기안일자	1927-04-09
중간결재			
최종결재 (수신자)	각 토목출장소장	결재일자 (접수일자)	1927-04-15
		시행일자 (발송일자)	1927-04-18
첨부문서			
문서내용	• 토목출장소 직원의 봉급 지출과 사무비 지출에 관한 정보 제공		

15-2

기록건명	소화2년도 토목비 수선비 배부의 건		
문서번호	함북 토 제205호		
기안부서 (발신자)	함경북도지사	기안일자	1927-04-14
중간결재			

최종결재 (수신자)	내무국장	결재일자 (접수일자)	
		시행일자 (발송일자)	
첨부문서	1. 1.2등 도로 유지수선공사실시계획조서		
문서내용	• 1926년 함경북도 도로유지 수선 예산 배부에 관한 정보 제공		

15-3

기록건명	수선비 실시계획서에 관한 건		
문서번호	토 제227호		
기안부서 (발신자)	황해도지사	기안일자	1927-04-08
중간결재			
최종결재 (수신자)	내무국장	결재일자 (접수일자)	
		시행일자 (발송일자)	
첨부문서	1. 1,2등 도로 임시수선공사비 槪算조서		
문서내용	• 1927년 황해도 도로유지 수선 예산 배부에 관한 정보 제공		

15-4

기록건명	소화2년도 수선비 실시계획의 건		
문서번호	토 제354호		
기안부서 (발신자)	경상남도지사	기안일자	1927-04-11
중간결재			
최종결재 (수신자)	내무국장	결재일자 (접수일자)	
		시행일자 (발송일자)	
첨부문서	1. 소화2년도 1,2등도로 수선공사 槪算조서		
문서내용	• 1927년 경상남도 도로유지 수선 예산 배부에 관한 정보 제공. 공사비와 관련된 회계원부 포함.		

15-5

기록건명	1,2등 도로임시수선공사실시계획서 제출에 관한 건		
문서번호			
기안부서 (발신자)	경기도지사	기안일자	1927-04-20
중간결재			
최종결재 (수신자)	내무국장	결재일자 (접수일자)	1927-04-20
		시행일자 (발송일자)	1927-04-20
첨부문서	1. 1,2등 도로임시수선공사 실시계획서		
문서내용	• 1927년 경기도 도로유지 수선 예산 배부에 관한 정보 제공.		

15-6

기록건명	소화2년도 토목비 수선비 실시계획조서 보고의 건		
문서번호			
기안부서 (발신자)	강원도지사	기안일자	1927-04-18
중간결재			
최종결재 (수신자)	내무국장	결재일자 (접수일자)	1927-04-19
		시행일자 (발송일자)	1927-04-19
첨부문서	1. 소화2년도 1,2등도로 임시유지수선예정계획표		
문서내용	• 1927년 강원도 도로유지 수선 예산 배부에 관한 정보 제공.		

15-7

기록건명	소화2년도 토목비 수선 실시계획의 건		
문서번호	전토 제380호		
기안부서 (발신자)	전라북도지사	기안일자	1927-04-18
중간결재			
최종결재 (수신자)	내무국장	결재일자 (접수일자)	1927-04-19
		시행일자 (발송일자)	1927-04-19

첨부문서	1. 1,2등도로수선공사계획서
문서내용	• 1927년 전라북도 도로유지 수선 예산 배부에 관한 정보 제공.

15-8

기록건명	소화2년도 수선공사 실시계획 보고의 건		
문서번호	경북토 제316호		
기안부서 (발신자)	경상북도지사	기안일자	1927-04-09
중간결재			
최종결재 (수신자)	내무국장	결재일자 (접수일자)	1927-04-10
		시행일자 (발송일자)	1927-04-10
첨부문서	1. 소화2년도 수선공사 실시계획표(경상북도)		
문서내용	• 1927년 경상북도 도로유지 수선 예산 배부에 관한 정보 제공.		

15-9

기록건명	소화2년도 토목비 수선비 실시계획의 건		
문서번호			
기안부서 (발신자)	평안남도지사	기안일자	1927-04-23
중간결재			
최종결재 (수신자)	내무국장	결재일자 (접수일자)	1927-04-24
		시행일자 (발송일자)	1927-04-24
첨부문서	1. 임시수선비 실시계획표 2. 임시수선비 실시계획 내역서		
문서내용	• 1927년 평안남도 임시도로유지 수선 예산 배부에 관한 정보 제공.		

15-10

기록건명	도로교량 수선 실시계획에 관한 건
문서번호	

기안부서 (발신자)	충청남도지사	기안일자	1927-05-02
중간결재			
최종결재 (수신자)	내무국장	결재일자 (접수일자)	1927-05-03
		시행일자 (발송일자)	1927-05-03
첨부문서	1. 1,2등 도로 교량 수선공사 실시계획조서(충청남도)		
문서내용	• 1927년 충청남도 도로 교량 수선공사 실시 계획에 관한 정보 제공		

15-11

기록건명	소화2년도 토목비 수선비 배부에 관한 건		
문서번호	함남 토 제284호		
기안부서 (발신자)	함경남도지사	기안일자	1927-05-06
중간결재			
최종결재 (수신자)	내무국장	결재일자 (접수일자)	1927-05-07
		시행일자 (발송일자)	1927-05-07
첨부문서	1. 소화2년도 국비 수선 施工 箇所 계획표 2. 소화2년도 국비 수선 개소 시공 계획 내역서		
문서내용	• 1927년 함경남도 토목비 수선에 관한 정보 제공		

15-12

기록건명	소화2년도 토목비 수선비에 관한 공사실시계획의 건 보고		
문서번호	충북 토 제332호		
기안부서 (발신자)	충청북도지사	기안일자	1927-05-17
중간결재			
최종결재 (수신자)	조선총독 임시대리	결재일자 (접수일자)	1927-05-19
		시행일자 (발송일자)	1927-05-19
첨부문서	1. 충청북도 관내도 임시수선공사비 槪算조서		
문서내용	1927년 충청북도 토목비 임시 수선에 관한 정보 제공		

15-13

기록건명	소화2년도 토목비 수선비 배부의 건		
문서번호	평북토 제245호		
기안부서 (발신자)	평안북도지사	기안일자	1927-05-04
중간결재			
최종결재 (수신자)	내무국장	결재일자 (접수일자)	1927-05-06
		시행일자 (발송일자)	1927-05-06
첨부문서	1. 소화2년도 1,2등 도로 임시수선공사 시행조서(평안북도) - 도 관내 도로 재해복구공사비 概算조서		
문서내용	• 1927년 평안북도 도로 임시수선공사 공사비에 관한 정보 제공		

15-14

기록건명	1,2등도로교량 수선공사 실시계획서 제출의 건		
문서번호			
기안부서 (발신자)	전라남도지사	기안일자	1927-05-14
중간결재			
최종결재 (수신자)	내무국장	결재일자 (접수일자)	1927-05-15
		시행일자 (발송일자)	1927-05-15
첨부문서	1. 1,2등도로교량 수선공사 실시계획서(전라남도)		
문서내용	• 1927년 전라남도 도로교량 수선공사에 관한 정보 제공		

15-15

기록건명	한강교 수해복구 및 개축공사 실시계획의 건		
문서번호	토을 제981호		
기안부서 (발신자)	내무국장	기안일자	1927-04-18
중간결재			
최종결재 (수신자)	경성토목출장소장	결재일자 (접수일자)	1927-04-19
		시행일자 (발송일자)	1927-04-19

| 첨부문서 | 1. 한강교수해복구 및 개축공사 실시계획의 건(내무국 경성토목출장소장)
  - 한강교 개축설계방침 大要(내무국 경성토목출장소)
  - 한강교 계획 예산 내역서
  - 한강교계획 大要圖 |
| 문서내용 | • 1927년 한강교 수해 복구공사에 관한 정보 제공. 지도 다수. |

15-16

기록건명	계속사업에 속하는 년도내 실시계획의 건		
문서번호	토 제144호		
기안부서 (발신자)	내무국 토목과	기안일자	
중간결재	사무관, 기사, 항만계		
최종결재 (수신자)	정무총감	결재일자 (접수일자)	1927-04-25
		시행일자 (발송일자)	1927-04-25

첨부문서	1. 실시계획 승인에 관한 건 신청(내무국 청진토목출장소장)
	  - 소화2년도 청진해관공사비 공사비 실시계획서
	  - 청진항 수축계획평면도(지도, 1/3,000))
	  - 웅기항 수축공사계획평면도(지도, 1/6,000)		

문서내용	• 1927년 청진항, 웅기항 수축공사에 관한 정보 제공		

15-17

기록건명	도로수축개량비 실시계획의 건		
문서번호	토을 제1227호		
기안부서 (발신자)	내무국장	기안일자	1927-05-09
중간결재			
최종결재 (수신자)	경성토목출장소장	결재일자 (접수일자)	1927-05-13
		시행일자 (발송일자)	1927-05-13
첨부문서	1. 소화2년도 도로수축개량비 실시계획의 건(내무국 경성토목출장소장) - 소화2년도 도로수축개량비 실시계획서		
문서내용	• 1927년 경성부 도로수축 개량에 관한 정보 제공		

15-18

기록건명	소화2년도 港津유지 및 설비비 공사비 실시 계획 승인의 건		
문서번호			
기안부서 (발신자)	내무국장	기안일자	1927-06-08
중간결재	토을 제839호		
최종결재 (수신자)	청진토목출장소장	결재일자 (접수일자)	1927-06-11
		시행일자 (발송일자)	1927-06-11
첨부문서	1. 실시계획승인방법에 관한 건 신청(내무국 청진토목출장소장) 　- 소화2년도 항진유지 및 설비비 공사비 실시계획서 　- 청진항 일부 평면도 　- 청진항 방파제내 준설공사 평면도		
문서내용	• 1927년 청진항 설비 유지공사에 관한 정보 제공		

15-19

기록건명	소화2년도 도로수축개량비 공사비 실시계획 승인의 건		
문서번호			
기안부서 (발신자)	내무국장	기안일자	1927-06-18
중간결재	토을 제1522호		
최종결재 (수신자)	부산토목출장소장	결재일자 (접수일자)	1927-06-23
		시행일자 (발송일자)	1927-06-23
첨부문서	1. 소화2년도 실시계획서 제출의 건(부산토목출장소) 　- 소화2년도 도로수축개량공사비 실시계획 예산내역서 　- 소화2년도 도로수축개량비 실시계획도(지도, 1/400)		
문서내용	• 1927년 부산 도로수축 개량비 공사에 관한 정보 제공		

15-20

기록건명	소화2년도 항진유지 및 설비비 실시계획 승인의 건
문서번호	토을 제1342호

기안부서 (발신자)	내무국장	기안일자	1927-05-25
중간결재			
최종결재 (수신자)	경성토목출장소장	결재일자 (접수일자)	1927-05-30
		시행일자 (발송일자)	1927-05-30

첨부문서	1. 소화2년도 항진유지 및 설비비 실시계획의 건(내무국 경성토목출장소장)
	  - 소화2년도 인천 항진 유지 및 설비비 실시계획서
	  - 소화2년도 인천 항진 유지 및 설비 실시계획도(지도, 1/6,000)		

문서내용	• 1927년 인천항 항진 유지 및 설비에 관한 정보 제공		

15-21

기록건명	소화2년도 항진유지 및 설비비 공사비 실시계획 승인외 건		
문서번호	토을 제1566호		
기안부서 (발신자)	내무국장	기안일자	1927-06-17
중간결재			
최종결재 (수신자)	부산토목출장소장	결재일자 (접수일자)	1927-06-29
		시행일자 (발송일자)	1927-06-29

첨부문서	1. 소화2년도 실시계획서 제출의 건(부산토목출장소장)
	  - 항진유지 및 설비비 소화2년도 실시계획 예산 내역서
	  - 부산항 소화2년도 항진유지 및 설비비 실시계획평면도(지도, 1/360)		

문서내용	• 1927년 부산항 항진 유지 및 설비유지에 관한 정보 제공.		

15-22

기록건명	소화2년도 경성 시구개정비 공사비 실시계획의 건		
문서번호	토을 제1545호		
기안부서 (발신자)	내무국 토목과	기안일자	1927-06-02
중간결재	사무관, 기사, 도로계		

최종결재 (수신자)	내무국장	결재일자 (접수일자)	1927-06-27
		시행일자 (발송일자)	1927-06-29
첨부문서	1. 소화2년도 경성시구개정비 실시계획에 관한 건(경성토목출장소장) - 소화2년도 경성시구개정비 실시계획서 - 소화2년도 경성시구개정계획도(지도)		
문서내용	• 1927년 경성시구개정비에 관한 정보 제공		

15-23

기록건명	계속사업에 속하는 년도내 실시계획의 건		
문서번호	토 제301호		
기안부서 (발신자)	내무국 토목과	기안일자	1927-06-20
중간결재	사무관, 기사, 항만계		
최종결재 (수신자)	정무총감	결재일자 (접수일자)	1927-07-06
		시행일자 (발송일자)	1927-07-07
첨부문서	1. 소화2년도 실시계획 제출의 건(부산토목출장소) - 부산축항 제2기공사 소화2년도 실시계획 예산내역서 - 부산항 제2기공사 소화2년도 실시계획평면도(지도, 1/1,200)		
문서내용	• 1927년 부산항 제2기 공사에 관한 정보 제공		

15-24

기록건명	계속사업에 속하는 년도 내 실시계획의 건		
문서번호			
기안부서 (발신자)	내무국 토목과	기안일자	
중간결재	사무관, 기사, 항만계		
최종결재 (수신자)	정무총감	결재일자 (접수일자)	1927-07-07
		시행일자 (발송일자)	1927-07-07
첨부문서	1. 소화2년도 군산항 및 목포항 수축공사 실시계획의 건(군산토목출장소장)		

	- 소화2년도 군산해관공사비 실시계획서
	- 소화2년도 군산해관공사비 실시예산 내역서
	- 군산항수축공사계획평면도(지도, 1/2,000)
	- 소화2년도 목포해관공사비 실시계획서
	- 소화2년도 목포해관공사비 실시예산 내역서
	- 목포항 수축공사 실시계획 평면도(지도, 1/1,500)
문서내용	• 1927년 군산항, 목포항 해관공사에 관한 정보 제공

15-25

기록건명	소화2년도 군산항 및 목포항 수축공사 실시계획의 건		
문서번호	토을 제1302호		
기안부서 (발신자)	내무국장	기안일자	1927-05-20
중간결재			
최종결재 (수신자)	군산토목출장소장	결재일자 (접수일자)	1927-05-25
		시행일자 (발송일자)	1927-05-25
첨부문서	1. 소화2년도 군산항 및 목포항 수축공사 실시계획의 건(군산토목출장소장) - 대정15년 소화원년도 해관공사비 流用표 2. 항만수축공사 실시계획에 관한 건(군산토목출장소장)		
문서내용	• 1927년 군산항 및 목포항 수축공사에 관한 정보 제공		

15-26

기록건명	계속사업에 속하는 년도 내 실시계획의 건		
문서번호	토 제300호		
기안부서 (발신자)	내무국 토목과	기안일자	1927-06-18
중간결재	사무관, 기사, 하천계		
최종결재 (수신자)	정무총감	결재일자 (접수일자)	1927-07-06
		시행일자 (발송일자)	1927-07-07
첨부문서	1. 소화2년도 낙동강 개수비 공사비 실시계획 승인의 건(초량토목출장소) 2. 소화2년도 실시계획서 제출의 건(초량토목출장소)		

	- 소화2년도 낙동강 치수사업의 사업비 실시계획서 - 지도
문서내용	• 1927년 낙동강 치수사업에 관한 정보 제공

15-27

기록건명	계속공사에 속하는 년도 내 실시계획의 건		
문서번호	토 제308호		
기안부서 (발신자)	내무국 토목과	기안일자	1927-05-24
중간결재	사무관, 기사		
최종결재 (수신자)	정무총감	결재일자 (접수일자)	1927-07-08
		시행일자 (발송일자)	1927-07-11
첨부문서	1. 소화2년도 재령강 개수공사비 실시계획에 관한 건(사리원토목출장소장) - 재령강 개수비 - 재령강 개수공사 소화2년도 실시계획서(사리원토목출장소) - 재령강 개수비 계획 예산서, 내역 - 재령강 개수계획도(지도, 1/12,000)		
문서내용	• 1927년 재령강 개수공사에 관한 정보 제공		

15-28

기록건명	계속사업에 속한 년도 내 실시계획의 건		
문서번호	토 제312호		
기안부서 (발신자)	내무국 토목과	기안일자	1927-06-14
중간결재	사무관, 기사, 하천계		
최종결재 (수신자)	정무총감	결재일자 (접수일자)	1927-07-11
		시행일자 (발송일자)	1927-07-11
첨부문서	1. 소화2년도 공사비 실시계획에 관한 건(이리토목출장소장) - 소화2년도 치수사업비 공사실시계획표 - 만경강개수계획도		
문서내용	• 1927년 만경강 치수사업에 관한 정보 제공		

15-29

기록건명	소화2년도 공사 실시계획에 관한 건		
문서번호	토을 제1419호		
기안부서 (발신자)	내무국장	기안일자	1927-06-06
중간결재			
최종결재 (수신자)	이리토목출장소장	결재일자 (접수일자)	1927-06-09
		시행일자 (발송일자)	1927-06-09
첨부문서	1. 소화2년도공사비 실시계획서 제출의 건(이리토목출장소장)		
문서내용	• 1927년 이리에서 시행된 토목공사에 관한 정보 제공		

15-30

기록건명	계속사업에 속하는 년도 내 실시계획의 건		
문서번호	토 제309호		
기안부서 (발신자)	내무국 토목과	기안일자	1927-07-07
중간결재	사무관, 도로계, 기사, 하천계		
최종결재 (수신자)	정무총감	결재일자 (접수일자)	1927-07-08
		시행일자 (발송일자)	1927-07-11
첨부문서	1. 소화2년도 한강교 수해복구 및 개축공사비 실시계획의 건(경성토목출장소장) - 소화2년도 한강교 수해복구 개축공사비 실시계획서 - 한강교 실측평면도(지도, 1/600)		
문서내용	• 1927년 한강교 수해복구에 관한 정보 제공		

15-31

기록건명	계속사업에 속하는 년도 내 실시계획의 건		
문서번호	토 제307호		
기안부서 (발신자)	내무국 토목과	기안일자	
중간결재	사무관, 기사, 하천계		

최종결재 (수신자)	정무총감	결재일자 (접수일자)	
		시행일자 (발송일자)	1927-07-11
첨부문서	1. 소화2년도 함흥부근 침수지대 방목공사비 실시계획의 건 　- 소화2년도 함흥부근 침수지대 방수공사비 실시계획서		
문서내용	• 1927년 함흥 침수지대 방수공사에 관한 정보 제공		

15-32

기록건명	계속사업에 속하는 년도 내 실시계획의 건		
문서번호	토 제310호		
기안부서 (발신자)	내무국 토목과	기안일자	
중간결재	사무관, 기사, 항만계		
최종결재 (수신자)	정무총감	결재일자 (접수일자)	1927-07-08
		시행일자 (발송일자)	1927-07-11
첨부문서	1. 소화2년도 원산해관공사비 실시계획에 관한 건(경성토목출장소장) 　- 소화2년도 원산해관공사비 실시계획서 　- 원산해관공사 소화2년도 실시계획도(지도, 1/3,000)		
문서내용	• 1927년 원산해관공사에 관한 정보 제공		

15-33

기록건명	도로개수공사 시행방법 위탁의 건		
문서번호	토을 제1096호		
기안부서 (발신자)	내무국장	기안일자	1927-04-26
중간결재			
최종결재 (수신자)	경북, 강원, 함북 각도지사	결재일자 (접수일자)	1927-04-27
		시행일자 (발송일자)	1927-04-28
첨부문서			
문서내용	• 1927년 도로개수공사 시행방법 위탁에 관한 정보 제공		

기록건명	소화2년도 실시계획에 관한 건		
문서번호	토 제138호		
기안부서 (발신자)	내무국 토목과	기안일자	1927-04-08
중간결재	사무관, 기사, 도로계		
최종결재 (수신자)	정무총감	결재일자 (접수일자)	1927-04-18
		시행일자 (발송일자)	
첨부문서	1. 토목비 도로수축개량비 실시계획서 2. 소화2년도 도로수축비 보조 3. 조선지도		
문서내용	• 1927년 조선의 도로수축 개량에 관한 정보 제공		

15-35

기록건명	계속사업에 속한 년도 내 실시계획의 건		
문서번호	토 제328호		
기안부서 (발신자)	내무국 토목과	기안일자	1927-07-07
중간결재	사무관, 기사, 하천계		
최종결재 (수신자)	정무총감	결재일자 (접수일자)	1927-07-27
		시행일자 (발송일자)	1927-07-28
첨부문서	1. 소화2년도 치수사업비 실시계획의 건(경성토목출장소장) - 소화2년도 치수사업비 실시계획서 - 소화2년도 한강개수비 실시계획서 附圖		
문서내용	• 1927년 한강 치수사업에 관한 정보 제공		

15-36

기록건명	도로수축개량비 실시계획의 건		
문서번호	토을 제 1725호		
기안부서 (발신자)	내무국장	기안일자	1927-07-14
중간결재			

최종결재 (수신자)	평양토목출장소장	결재일자 (접수일자)	1927-07-18
		시행일자 (발송일자)	1927-07-18
첨부문서	1. 도로수축개량비 실시계획서		
문서내용	• 1927년 평양 도로수축 개량에 관한 정보 제공		

15-37

기록건명	진남포 저탄장 설비공사 일부 계획 변경의 건		
문서번호	토 제385호		
기안부서 (발신자)	내무국 토목과	기안일자	1927-07-10
중간결재	사무관, 기사, 항만계, 식산국장, 사계과장, 재무국장, 광무과장		
최종결재 (수신자)	총독(정무총감)	결재일자 (접수일자)	1927-09-08
		시행일자 (발송일자)	1927-09-08
첨부문서	1. 진남포 저탄장 설비계획 변경 이유서 2. 진남포항 석탄 운반기 설치도 3. 진남포 저탄장 설비변경 예산서 4. 진남포항 평면도(지도, 1/6,000)		
문서내용	• 1927년 진남포 저탄장 설비공사에 관한 정보 제공		

15-38

기록건명	소화2년도 미호천 局部 정리공사 실시 계획의 건		
문서번호	토을 제2104호		
기안부서 (발신자)	내무국장	기안일자	1927-09-12
중간결재			
최종결재 (수신자)	경성토목출장소장	결재일자 (접수일자)	1927-09-14
		시행일자 (발송일자)	1927-09-14
첨부문서	1. 소화2년도 미호천 국부정리공사비 실시계획의 건(경성토목출장소장) - 소화2년도 미호천 국부정리공사비 실시계획서 - 미호천국부정리공사계획 평면도(지도)		
문서내용	• 1927년 미호천 정리공사에 관한 정보 제공		

15-39

기록건명	소화2년도 토목비 수선비 실시계획 변경의 건		
문서번호	전토 제380호		
기안부서 (발신자)	전라북도지사	기안일자	1927-12-02
중간결재			
최종결재 (수신자)	내무국장	결재일자 (접수일자)	1927-12-03
		시행일자 (발송일자)	1927-12-03
첨부문서	1. 1,2,3등 도로수선공사 변경 계획서		
문서내용	• 1927년 전라북도 도로수선공사에 관한 정보 제공		

15-40

기록건명	소화2년도 만경강 치수사업비 실시계획 변경의 건		
문서번호	토을 제2604호		
기안부서 (발신자)	내무국장	기안일자	1927-11-29
중간결재			
최종결재 (수신자)	이리토목출장소장	결재일자 (접수일자)	1927-12-05
		시행일자 (발송일자)	1927-12-05
첨부문서	1. 실시계획 변경의 건(이리토목출장소장) - 소화2년도 치수사업비 공사 실시계획 변경서		
문서내용	• 1927년 만경강 치수사업에 관한 정보 제공		

15-41

기록건명	소화2년도 해관공사비 실시계획 변경의 건		
문서번호	토을 제2624호		
기안부서 (발신자)	내무국장	기안일자	1927-12-03
중간결재			
최종결재 (수신자)	청진토목출장소장	결재일자 (접수일자)	1927-12-07
		시행일자 (발송일자)	1927-12-07

첨부문서	1. 소화2년도 해관공사비 실시계획 변경의 건(청진토목출장소장) - 소화2년도 해관공사비 공사비실시계획 변경서 - 이유서
문서내용	• 1927년 청진 해관공사에 관한 정보 제공

15-42

기록건명	소화2년도 수선공사 실시계획 변경의 건		
문서번호			
기안부서 (발신자)	경상북도지사	기안일자	1927-11-29
중간결재			
최종결재 (수신자)	내무국장	결재일자 (접수일자)	1927-11-30
		시행일자 (발송일자)	
첨부문서	1. 소화2년도 수선공사 실시계획 변경조서		
문서내용	• 1927년 경북 도로수선공사에 관한 정보 제공		

15-43

기록건명	해관공사비 소화2년도 실시계획 변경의 건		
문서번호			
기안부서 (발신자)	내무국장	기안일자	1927-11-25
중간결재			
최종결재 (수신자)	부산토목출장소장	결재일자 (접수일자)	1927-12-05
		시행일자 (발송일자)	1927-12-05
첨부문서	1. 해관공사비 소화2년도 실시계획 변경의 건(부산토목출장소장) - 부산 축항 제2기 공사 소화2년도 실시계획 변경 예산 내역서		
문서내용	• 1927년 부산 해관공사 제2기공사에 관한 정보 제공		

15-44

기록건명	소화2년도 낙동강 개수비 실시계획 변경의 건
문서번호	토을 제69호

기안부서 (발신자)	내무국장	기안일자	1928-01-10
중간결재			
최종결재 (수신자)	초량토목출장소장	결재일자 (접수일자)	1928-01-13
		시행일자 (발송일자)	1928-01-13
첨부문서	1. 낙동강 개수비 소화2년도 실시계획 변경에 관한 건(초량토목출장소) - 소화2년도 낙동강 개수공사 실시계획 변경서 - 소화2년도 낙동강 개수공사 실시계획 변경 내역서		
문서내용	• 1927년 낙동강 개수공사에 관한 정보 제공		

15-45

기록건명	군산 및 목포 해관공사실시계획 변경의 건 통첩		
문서번호	토을 제286호		
기안부서 (발신자)	내무국장	기안일자	1928-02-23
중간결재			
최종결재 (수신자)	군산토목출장소장	결재일자 (접수일자)	1928-03-06
		시행일자 (발송일자)	1928-03-06
첨부문서	1. 소화2년도 군산해관공사비 실시계획 변경서 2. 소화2년도 목포해관공사비 실시계획 변경서 3. 군산 및 목포항 수축공사 실시계획 변경의 건(내무국장) - 소화2년도 군산해관공사 실시계획 변경서		
문서내용	• 1927년 군산, 목포 해관공사에 관한 정보 제공		

15-46

기록건명	항진유지 및 설비비 실시계획 변경의 건		
문서번호	토을 제313호		
기안부서 (발신자)	내무국장	기안일자	1928-02-04
중간결재			
최종결재 (수신자)	부산토목출장소장	결재일자 (접수일자)	1928-02-08
		시행일자 (발송일자)	1928-02-08

첨부문서	1. 항진유지 및 설비비 소화2년도 실시계획 변경의 건(부산토목출장소장) - 항진유지 및 설비비 소화2년도 실시계획 변경 예산 내역서		
문서내용	• 1927년 부산 항진 유지 설비공사에 관한 정보 제공		

15-47

기록건명	소화2년도 토목비 수선비에 관한 공사실시계획의 건		
문서번호	충북토 제77호		
기안부서 (발신자)	충청북도지사	기안일자	1928-01-23
중간결재			
최종결재 (수신자)	내무국장	결재일자 (접수일자)	
		시행일자 (발송일자)	
첨부문서	1. 충청북도 관내도로 임시수선공사 실시계획서		
문서내용	• 1927년 충청북도 관내도로 임시수선공사에 관한 정보 제공		

15-48

기록건명	해관공사비 소화2년도 제2회 변경실시계획의 건 회답		
문서번호	토을 제647호		
기안부서 (발신자)	내무국장	기안일자	1928-03-13
중간결재			
최종결재 (수신자)	부산토목출장소장	결재일자 (접수일자)	1928-03-23
		시행일자 (발송일자)	1928-03-23
첨부문서	1. 해관공사 소화2년도 제2회 변경실시계획의 건(부산토목출장소장) - 부산축항 제2기공사 소화2년도 제2회 변경실시계획 예산내역서		
문서내용	• 1927년 부산 해관공사, 제2기 공사에 관한 정보 제공		

15-49

기록건명	소화2년도 실시계획 변경 승인의 건 통첩		
문서번호	토을 제886호		
기안부서 (발신자)	내무국장	기안일자	1928-04-12

중간결재			
최종결재 (수신자)	청진토목출장소장	결재일자 (접수일자)	1928-04-18
		시행일자 (발송일자)	1928-04-18
첨부문서	1. 소화2년도 실시계획 변경 승인방법 신청의 건(청진토목출장소장) - 소화2년도 청진 해관공사비 변경 실시계획서		
문서내용	• 1927년 청진 해관공사에 관한 정보 제공		

15-50

기록건명	1,2등 도로 임시수선공사 실시계획서 제출의 건		
문서번호			
기안부서 (발신자)	경기도지사	기안일자	1928-10-02
중간결재			
최종결재 (수신자)	내무국장	결재일자 (접수일자)	
		시행일자 (발송일자)	
첨부문서	1. 소화3년도 1,2등 도로 수선공사 실시계획서		
문서내용	• 1927년 경기도 도로 수선공사에 관한 정보 제공		

16) 실시계획서철

기록철명	원철명	昭和8년도 실시계획서철		
	정리철명	실시계획서철		
생산년도	1933-1934년			
생산기관	내무국 토목과			
보존기간	갑종(영구)			
소장기호	CJA0014310			
Item				
일련 번호	건명	결재(발송)일	기안(발신)부서	첨부 문서
1	소화 8년도 도로수축 개량비 실시계획의 건	1933-04-05	내무국 토목과	3건

2	소화 8년도 척식도로 개수비 실시계획의 건	1933-03-29	내무국 토목과	1건
3	소화 8년도 항진유지 및 설비공사 실시계획 승인의 건	1933-04-06	내무국 토목과	1건
4	소화 8년도 항진유지 및 설비공사 실시계획 승인의 건	1933-04-18	내무국 토목과	1건
5	소화 8년도 청진항 개축공사 실시계획 승인의 건	1933-04-25	내무국 토목과	1건
6	소화 8년도 항진유지 및 설비공사 실시계획 승인의 건	1933-05-04	내무국 토목과	1건
7	소화 8년도 도로수축 개량공사 실시계획 승인의 건	1933-05-05	내무국 토목과	1건
8	소화 8년도 항만수축 실시계획 승인의 건	1933-05-05	내무국 토목과	1건
9	소화 8년도 성진항 저수장 수축공사 실시계획 승인의 건	1933-05-10	내무국 토목과	1건
10	교량 개량공사 실시계획에 관한 건	1933-05-12	내무국 토목과	1건
11	소화 8년도 도로개수 개량비 실시계획 승인의 건	1933-05-19	내무국 토목과	1건
12	소화 8년도 항진유지 및 설비공사 실시계획 승인의 건	1933-05-18	내무국 토목과	1건
13	소화 8년도 낙동강 개수공사 실시계획 승인의 건	1933-05-23	내무국 토목과	1건
14	소화 8년도 재령강 개수공사 및 대동강 개수공사 실시계획 승인의 건	1933-05-27	내무국 토목과	1건
15	소화 8년도 용흥강 개수공사 실시계획 승인의 건	1933-05-27	내무국 토목과	1건
16	소화 8년도 진남포항만 수축공사 실시계획에 관한 건	1933-06-02	내무국 토목과	1건
17	소화 8년도 치수사업비 실시계획 승인의 건	1933-06-05	내무국 토목과	1건
18	소화 8년도 치수사업비 실시계획 승인의 건	1933-06-19	내무국 토목과	2건
19	소화 8년도 항진유지 및 설비공사 실시계획 변경에 관한 건	1933-09-05	내무국 토목과	1건
20	소화 8년도 대동강 개수공사 실시계획변경에 관한 건	1933-09-18	내무국 토목과	1건
21	소화 8년도 항진유지 및 설비공사 실시계획변경에 관한 건	1933-09-25	내무국 토목과	1건
22	소화 8년도 진남포항 수축공사 실시계획 변경의 건	1933-10-30	내무국 토목과	1건

23	소화 8년도 항진유지 및 설비공사 실시계획변경에 관한 건	1933-11-17	내무국 토목과	1건
24	소화 8년도 청진항 개수공사 실시계획 변경에 관한 건	1934-01-13	내무국 토목과	2건
25	소화 8년도 청진항 수축공사 기타 실시계획 변경에 관한 건	1933-11-14	내무국 토목과	1건
26	실시계획 변경에 관한 건	1933-10-20	내무국 토목과	
27	소화 8년도 항만수축 공사 실시계획 변경에 관한 건	1933-09-14	내무국 토목과	1건
28	소화 8년도 대동강 개수공사 실시계획 변경 승인의 건	1933-02-17	내무국 토목과	1건
29	소화 8년도 항진유지 및 설비공사 실시계획 변경에 관한 건	1933-02-28	내무국 토목과	1건
30	소화 8년도 항진유지 및 설비공사 실시계획 변경에 관한 건	1933-03-09	내무국 토목과	1건
31	소화 8년도 새링강 개수공사 실시계획 변경에 관한 건	1933-03-13	내무국 토목과	1건
32	소화 8년도 진남포항 수축공사 실시계획 변경에 관한 건	1933-03-23	내무국 토목과	1건
33	소화 8년도 용흥강 개수공사 실시계획변경에 관한 건	1933-03-23	내무국 토목과	1건
34	소화 8년도 낙동강 개수공사 실시계획변경에 관한 건	1933-04-12	내무국 토목과	1건
35	소화 8년도 만경강 개수공사 실시계획변경의 건	1933-04-16	내무국 토목과	1건

기록철명	원철명	昭和8년도 실시계획서철		
	정리철명	실시계획서철		
생산부서	내무국 토목과			
생산년도	1933-1934년	분류기호	1933년 토목 갑 제884호	
쪽수		조선총독부 보존기간	갑종 (영구)	
소장처	국가기록원	소장기호	CJA0014310	

16-1

기록건명	소화 8년도 도로수축 개량비 실시계획의 건		
문서번호	토 제 57호		
기안부서 (발신자)	내무국 토목과	기안일자	1933-03-27
중간결재			
최종결재 (수신자)	총독 (정무총감 전결)	결재일자 (접수일자)	1933-04-05
		시행일자 (발송일자)	
첨부문서	1. 소화 8년도 2기 도로개수공사 실시계획서 2. 소화 8년도 2기 교량개수공사 실시계획서 3. 소화 8년도 2기 도로수축 및 교량개량공사 계획도		
문서내용	• 1933년도 내무국 토목과의 전국 도별 도로수축 및 교량개량공사비 산정 내역 정보 제공		

16-2

기록건명	소화 8년도 척식도로 개수비 실시계획의 건		
문서번호	토 제 51호		
기안부서 (발신자)	내무국 토목과	기안일자	1933-03-27
중간결재			
최종결재 (수신자)	총독 (정무총감 전결)	결재일자 (접수일자)	1933-03-29
		시행일자 (발송일자)	
첨부문서	1. 소화 8년도 척식도로 개수비 실시계획서		
문서내용	• 1933년도 내무국 토목과의 함경남도 및 함경북도 지역 척식도로의 구간별 공사비 산정내역 정보 제공		

16-3

기록건명	소화 8년도 항진유지 및 설비공사 실시계획 승인의 건		
문서번호			
기안부서 (발신자)	내무국 토목과	기안일자	1933-04-04

중간결재			
최종결재 (수신자)	총독 (정무총감 전결)	결재일자 (접수일자)	
		시행일자 (발송일자)	1933-04-06
첨부문서	1. 소화 8년도 항진유지 및 설비공사 실시계획에 관한 건(초량토목출장소 장) - 소화 8년도 항진유지 및 설비공사 실시계획서		
문서내용	• 1933년 4월 2일 초량토목출장소의 항진유지 및 설비공사 실시계획 인가 신청에 대한 내무국 토목과의 승인 문서		

16-4

기록건명	소화 8년도 항진유지 및 설비공사 실시계획 승인의 건		
문서번호			
기안부서 (발신자)	내무국 토목과	기안일자	1933-04-13
중간결재			
최종결재 (수신자)	총독 (정무총감 전결)	결재일자 (접수일자)	1933-04-18
		시행일자 (발송일자)	1933-04-18
첨부문서	1. 항진유지 및 설비공사비 소화 8년도 실시계획 승인신청의 건(진남포토 목출장소장) - 항진유지 및 설비공사비 소화 8년도 실시계획 예산내역서		
문서내용	• 1933년 4월 9일 진남포토목출장소의 항진유지 및 설비공사 실시계획 인 가 신청에 대한 내무국 토목과의 승인 문서		

16-5

기록건명	소화 8년도 청진항 개축공사 실시계획 승인의 건		
문서번호	토 제170호		
기안부서 (발신자)	내무국 토목과	기안일자	1933-04-17
중간결재			
최종결재 (수신자)	총독 (정무총감 전결)	결재일자 (접수일자)	1933-04-25
		시행일자 (발송일자)	1933-04-26

첨부문서	1. 소화 8년도 청진항만 수축비 공사비 실시계획 신청의 건(청진토목출장소장)
	- 소화 8년도 청진항만 수축비 공사비 실시계획서
문서내용	• 1933년 4월 16일 청진토목출장소의 청진항 개축공사비 실시계획 인가 신청에 대한 내무국 토목과의 승인 문서. 청진항만 수축공사 내역 및 내역별 예산에 관한 상세정보 제공.

16-6

기록건명	소화 8년도 항진유지 및 설비공사 실시계획 승인의 건		
문서번호			
기안부서 (발신자)	내무국 토목과	기안일자	1933-05-02
중간결재			
최종결재 (수신자)	총독 (정무총감 전결)	결재일자 (접수일자)	1933-05-04
		시행일자 (발송일자)	
첨부문서	1. 소화 8년도 항진유지 및 설비공사비 실시계획 승인의 건 부신(경성토목출장소장)		
	- 소화 8년도 항진유지 및 설비공사비 실시계획서		
문서내용	• 1933년 4월 25일 경성토목출장소의 항진유지 및 설비공사비 실시계획 인가 신청에 대한 내무국 토목과의 승인 문서		

16-7

기록건명	소화 8년도 도로수축 개량공사 실시계획 승인의 건		
문서번호			
기안부서 (발신자)	내무국 토목과	기안일자	1933-05-03
중간결재			
최종결재 (수신자)	총독 (정무총감 전결)	결재일자 (접수일자)	1933-05-05
		시행일자 (발송일자)	1933-05-05
첨부문서	1. 소화 도로수축 개량비 실시계획 승인의 건 부신(경성토목출장소장)		
	- 소화 8년도 도로수축 개량비 실시계획서		
	- 소화 8년도 도로수축 개량비 실시계획서 부도		

문서내용	• 1933년 4월 25일 경성토목출장소의 도로수축 개량비 실시계획 인가 신청에 대한 내무국 토목과의 승인 문서

16-8

기록건명	소화 8년도 항만수축 실시계획 승인의 건		
문서번호	토 제173호		
기안부서 (발신자)	내무국 토목과	기안일자	1933-05-03
중간결재			
최종결재 (수신자)	총독 (정무총감 전결)	결재일자 (접수일자)	1933-05-05
		시행일자 (발송일자)	1933-05-06
첨부문서	1. 소화 8년도 항만수축비 실시계획 승인의 건 부신(경성토목출장소장) - 소화 8년도 항만수축비 실시계획서		
문서내용	• 1933년 4월 25일 경성토목출장소의 항만수축비 실시계획 인가 신청에 대한 내무국 토목과의 승인 문서		

16-9

기록건명	소화 8년도 성진항 저수장 수축공사 실시계획 승인의 건		
문서번호	토 제196호		
기안부서 (발신자)	내무국 토목과	기안일자	1933-05-08
중간결재			
최종결재 (수신자)	총독 (정무총감 전결)	결재일자 (접수일자)	1933-05-10
		시행일자 (발송일자)	1933-05-11
첨부문서	1. 소화 8년도 성진항만 수축공사비 실시계획 승인신청의 건(청진토목출장소장) - 소화 8년도 성진항 저수장 수축비 공사비 실시계획서 - 성진항 저수장 평면도		
문서내용	• 1933년 5월 4일 청진토목출장소의 섬진항 저수장 공사비 실시계획 인가 신청에 대한 내무국 토목과의 승인 문서		

16-10

기록건명	교량 개량공사 실시계획에 관한 건		
문서번호			
기안부서 (발신자)	내무국 토목과	기안일자	1933-05-08
중간결재			
최종결재 (수신자)	총독 (정무총감 전결)	결재일자 (접수일자)	1933-05-12
		시행일자 (발송일자)	1933-05-12
첨부문서	1. 교량 개량공사비 실시계획 승인신청(경상남도지사) - 섬진교 가설공사 실시계획서 - 섬진교 가설 위치도		
문서내용	• 1933년 5월 5일 경상남도지사의 섬진교 가설공사 실시계획 인가 신청에 대한 내무국 토목과의 승인 문서		

16-11

기록건명	소화 8년도 도로개수 개량비 실시계획 승인의 건		
문서번호			
기안부서 (발신자)	내무국 토목과	기안일자	1933-04-28
중간결재			
최종결재 (수신자)	총독 (정무총감 전결)	결재일자 (접수일자)	1933-05-19
		시행일자 (발송일자)	1933-05-19
첨부문서	1. 소화 8년도 도로수축비 실시계획에 관한 건(평양토목출장소장) - 소화 8년도 도로수축비 실시계획서		
문서내용	• 1933년 4월 26일 평양토목출장소의 도로수축 실시계획 인가 신청에 대한 내무국 토목과의 승인 문서		

16-12

기록건명	소화 8년도 항진유지 및 설비공사 실시계획 승인의 건
문서번호	

기안부서 (발신자)	내무국 토목과	기안일자	1933-05-17
중간결재			
최종결재 (수신자)	총독 (정무총감 전결)	결재일자 (접수일자)	1933-05-18
		시행일자 (발송일자)	1933-05-18
첨부문서	1. 소화 8년도 항진유지 및 설비공사비 실시계획 승인신청의 건(청진토목 출장소장) - 소화 8년도 항진유지 설비비 공사비 실시계획서		
문서내용	• 1933년 5월 11일 평양토목출장소의 도로수축 실시계획 인가 신청에 대 한 내무국 토목과의 승인 문서		

16-13

기록건명	소화 8년도 낙동강 개수공사 실시계획 승인의 건		
문서번호			
기안부서 (발신자)	내무국 토목과	기안일자	1933-04-15
중간결재			
최종결재 (수신자)	총독 (정무총감 전결)	결재일자 (접수일자)	1933-05-23
		시행일자 (발송일자)	1933-05-23
첨부문서	1. 소화 8년도 실시계획서 제출의 건(초량토목출장소장) - 소화 8년도 낙동강 개수공사 실시계획서 - 소화 8년도 낙동강 개수 실시계획도(1:50,000)		
문서내용	• 1933년 4월 2일 초량토목출장소의 낙동강 개수공사 실시계획 인가 신청 에 대한 내무국 토목과의 승인 문서		

16-14

기록건명	소화 8년도 재령강 개수공사 및 대동강 개수공사 실시계획 승인의 건		
문서번호	토 제225호		
기안부서 (발신자)	내무국 토목과	기안일자	1933-05
중간결재			

최종결재 (수신자)	총독 (정무총감 전결)	결재일자 (접수일자)	1933-05-27
		시행일자 (발송일자)	1933-05-29
첨부문서	1. 실시계획 승인의 건 신청(평양토목출장소장) - 소화 8년도 치수사업비 재령강 개수 실시계획서 - 재령강 개수 계획도 - 소화 8년도 치수사업비 대동강 개수공사 실시계획서 - 대동강 개수 계획평면도		
문서내용	• 1933년 4월 28일 평양토목출장소의 재령강 개수공사 및 대동강 개수공사 실시계획 인가 신청에 대한 내무국 토목과의 승인 문서		

16-15

기록건명	소화 8년도 용흥강 개수공사 실시계획 승인의 건		
문서번호	토 제224호		
기안부서 (발신자)	내무국 토목과	기안일자	1933-05-20
중간결재			
최종결재 (수신자)	총독 (정무총감 전결)	결재일자 (접수일자)	1933-05-27
		시행일자 (발송일자)	1933-05-29
첨부문서	1. 소화 8년도 용흥강 개수공사 실시계획 승인의 건(원산토목출장소장) - 소화 8년도 용흥강 개수비 실시계획서 - 용흥강 개수 계획도		
문서내용	• 1933년 4월 26일 원산토목출장소의 용흥강 개수공사 실시계획 인가 신청에 대한 내무국 토목과의 승인 문서		

16-16

기록건명	소화 8년도 진남포항만 수축공사 실시계획에 관한 건		
문서번호	토 제236호		
기안부서 (발신자)	내무국 토목과	기안일자	1933-05-25
중간결재			

최종결재 (수신자)	총독 (정무총감 전결)	결재일자 (접수일자)	1933-06-02
		시행일자 (발송일자)	1933-06-03
첨부문서	1. 진남포항만 수축비 소화 8년도 실시계획 승인신청의 건(진남포토목출 장소장) - 진남포항만 수축비 소화 8년도 실시계획 예산내역서 - 진남포항만 수축공사 계획평면도		
문서내용	• 1933년 5월 23일 진남포토목출장소의 진남포항만 수축공사 실시계획 인 가 신청에 대한 내무국 토목과의 승인 문서		

16-17

기록건명	소화 8년도 치수사업비 실시계획 승인의 건		
문서번호	토 제238호		
기안부서 (발신자)	내무국 토목과	기안일자	1933-05-23
중간결재			
최종결재 (수신자)	총독 (정무총감 전결)	결재일자 (접수일자)	1933-06-05
		시행일자 (발송일자)	1933-06-05
첨부문서	1. 소화 8년도 치수사업비 실시계획 승인의 건 부신(경성토목출장소장) - 치수사업비 실시계획서		
문서내용	• 1933년 5월 11일 경성토목출장소의 치수사업공사 실시계획 인가 신청에 대한 내무국 토목과의 승인 문서		

16-18

기록건명	소화 8년도 치수사업비 실시계획 승인의 건		
문서번호	토 제245호		
기안부서 (발신자)	내무국 토목과	기안일자	1933-06-14
중간결재			
최종결재 (수신자)	총독 (정무총감 전결)	결재일자 (접수일자)	1933-06-19
		시행일자 (발송일자)	1933-06-20

첨부문서	1. 공사실시계획서에 관한 건(이리토목출장소장) - 소화 8년도 치수사업비 공사실시계획서 2. 공사실시계획 승인신청(이리토목출장소장) - 소화 8년도 치수사업비 공사실시계획서 - 만경강 개수 계획도
문서내용	• 1933년 5월 30일 이리토목출장소의 치수사업공사 실시계획 인가 신청에 대한 내무국 토목과의 승인 문서

16-19

기록건명	소화 8년도 항진유지 및 설비공사 실시계획 변경에 관한 건		
문서번호			
기안부서 (발신자)	내무국 토목과	기안일자	1933-09-04
중간결재			
최종결재 (수신자)	총독 (정무총감 전결)	결재일자 (접수일자)	1933-09-05
		시행일자 (발송일자)	1933-09-05
첨부문서	1. 항진유지 및 설비공사 실시계획 변경에 관한 건(초량토목출장소장) - 소화 8년도 항진유지 및 설비공사 실시계획 변경서 - 부산 부두 평면도		
문서내용	• 1933년 8월 26일 초량토목출장소의 부산 부두공사 실시계획변경 인가 신청에 대한 내무국 토목과의 승인 문서		

16-20

기록건명	소화 8년도 대동강 개수공사 실시계획변경에 관한 건		
문서번호			
기안부서 (발신자)	내무국 토목과	기안일자	1933-09-16
중간결재			
최종결재 (수신자)	총독 (정무총감 전결)	결재일자 (접수일자)	1933-09-18
		시행일자 (발송일자)	1933-09-18
첨부문서	1. 연도내 변경실시계획 승인의 건 부신(평양토목출장소장) - 실시계획변경 이유서		

	- 소화 8년도 치수사업비 대동강 개수공사 변경실시계획서
	- 대동강 개수계획 평면도
문서내용	• 1933년 9월 05일 평양토목출장소의 대동강 개수공사 실시계획변경 인가 신청에 대한 내무국 토목과의 승인 문서

16-21

기록건명	소화 8년도 항진유지 및 설비공사 실시계획변경에 관한 건		
문서번호			
기안부서 (발신자)	내무국 토목과	기안일자	1933-09-21
중간결재			
최종결재 (수신자)	총독 (정무총감 전결)	결재일자 (접수일자)	1933-09-25
		시행일자 (발송일자)	1933-09-25
첨부문서	1. 항진유지 및 설비비 소화 8년도 실시계획변경 승인신청의 건(진남포토목출장소장)		
문서내용	• 1933년 9월 13일 진남포토목출장소의 항진유지 및 설비공사 실시계획변경 인가 신청에 대한 내무국 토목과의 승인 문서		

16-22

기록건명	소화 8년도 진남포항 수축공사 실시계획 변경의 건		
문서번호			
기안부서 (발신자)	내무국 토목과	기안일자	1933-10-25
중간결재			
최종결재 (수신자)	총독 (정무총감 전결)	결재일자 (접수일자)	1933-10-30
		시행일자 (발송일자)	1933-10-30
첨부문서	1. 진남포항만 수축비 소화 8년도 변경실시계획 승인신청의 건(진남포토목출장소장)		
	- 진남포항만 수축비 소화 8년도 실시계획변경 예산내역서		
문서내용	• 1933년 10월 23일 진남포토목출장소의 진남포항만 수축공사 실시계획변경 인가 신청에 대한 내무국 토목과의 승인 문서		

16-23

기록건명	소화 8년도 항진유지 및 설비공사 실시계획변경에 관한 건		
문서번호			
기안부서 (발신자)	내무국 토목과	기안일자	1933-11-16
중간결재			
최종결재 (수신자)	총독 (정무총감 전결)	결재일자 (접수일자)	1933-11-17
		시행일자 (발송일자)	1933-11-17
첨부문서	1. 항진유지 및 설비비 공사비 소화 8년도 변경실시계획 승인신청의 건 (진남포토목출장소장) - 항진유지 및 설비비 공사비 소화 8년도 실시계획 제2회 변경예산내 역서		
문서내용	• 1933년 11월 14일 진남포토목출장소의 항진유지 및 설비.공사 실시계획 변경 인가 신청에 대한 내무국 토목과의 승인 문서		

16-24

기록건명	소화 8년도 청진항 개수공사 실시계획 변경에 관한 건		
문서번호			
기안부서 (발신자)	내무국 토목과	기안일자	1934-01
중간결재			
최종결재 (수신자)	총독 (정무총감 전결)	결재일자 (접수일자)	1934-01-13
		시행일자 (발송일자)	1934-01-13
첨부문서	1. 청진항만 수축비 공사비 실시계획 변경의 건(청진토목출장소장) - 소화 8년도 청진항만 개수비 공사비 변경실시계획서 - 청진항 수축계획 평면도 2. 실시계획 변경신청서 재제출의 건(청진토목출장소장) - 소화 8년도 청진항만 개수비 공사비 변경실시계획서 - 청진항 수축계획 평면도		
문서내용	• 1933년 10월 12일 청진토목출장소의 청진항 개수공사 실시계획변경 인 가 신청에 대한 내무국 토목과의 승인 문서		

16-25

기록건명	소화 8년도 청진항 수축공사 기타 실시계획 변경에 관한 건		
문서번호			
기안부서 (발신자)	내무국 토목과	기안일자	1933-11-11
중간결재			
최종결재 (수신자)	총독 (정무총감 전결)	결재일자 (접수일자)	1933-11-14
		시행일자 (발송일자)	1933-11-14
첨부문서	1. 실시계획 변경에 관한 건(청진토목출장소장)		
문서내용	• 1933년 11월 6일 청진토목출장소의 청진항 수축공사 실시계획변경 인가 신청에 대한 내무국 토목과의 승인 문서		

16-26

기록건명	실시계획 변경에 관한 건		
문서번호			
기안부서 (발신자)	내무국 토목과	기안일자	1933-10-19
중간결재			
최종결재 (수신자)	총독 (정무총감 전결)	결재일자 (접수일자)	1933-10-20
		시행일자 (발송일자)	1933-10-20
첨부문서			
문서내용			

16-27

기록건명	소화 8년도 항만수축 공사 실시계획 변경에 관한 건		
문서번호			
기안부서 (발신자)	내무국 토목과	기안일자	1933-09-12
중간결재			
최종결재 (수신자)	총독 (정무총감 전결)	결재일자 (접수일자)	1933-09-14
		시행일자 (발송일자)	1933-09-14

첨부문서	1. 실시계획 변경에 관한 건(청진토목출장소장)
문서내용	• 1933년 9월 5일 청진토목출장소의 청진항 수축공사, 청진항만 수축공사, 청진 저수장 수축공사에 관한 실시계획변경 인가 신청에 대한 내무국 토목과의 승인 문서

16-28

기록건명	소화 8년도 대동강 개수공사 실시계획 변경 승인의 건		
문서번호			
기안부서 (발신자)	내무국 토목과	기안일자	1934-02-15
중간결재			
최종결재 (수신자)	총독 (정무총감 전결)	결재일자 (접수일자)	1934-02-17
		시행일자 (발송일자)	1934-02-17
첨부문서	1. 연도내 변경 실시계획 승인의 건 부신(평양토목출장소장) - 실시계획 변경이유서 - 소화 8년도 치수사업비 대동강 개수공사 제2회 변경 실시계획서 - 대동강 개수계획 평면도		
문서내용	• 1934년 2월 1일 평양토목출장소의 대동강 개수공사에 관한 실시계획변경 인가 신청에 대한 내무국 토목과의 승인 문서		

16-29

기록건명	소화 8년도 항진유지 및 설비공사 실시계획 변경에 관한 건		
문서번호			
기안부서 (발신자)	내무국 토목과	기안일자	1934-02-26
중간결재			
최종결재 (수신자)	총독 (정무총감 전결)	결재일자 (접수일자)	1934-02-28
		시행일자 (발송일자)	1934-02-28
첨부문서	1. 소화 8년도 항진유지 및 설비공사 실시계획 변경의 건(초량토목출장소장) - 소화 8년도 항진유지 및 설비공사 실시계획 변경서		

문서내용	• 1934년 2월 1일 초량토목출장소의 항진유지 및 설비공사에 관한 실시계획변경 인가 신청에 대한 내무국 토목과의 승인 문서

16-30

기록건명	소화 8년도 항진유지 및 설비공사 실시계획 변경에 관한 건		
문서번호			
기안부서 (발신자)	내무국 토목과	기안일자	1934-03-02
중간결재			
최종결재 (수신자)	총독 (정무총감 전결)	결재일자 (접수일자)	1934-03-09
		시행일자 (발송일자)	1934-03-09
첨부문서	1. 항진유지 및 설비공사비 소화 8년도 실시계획 변경승인의 건(진남포토목출장소장) - 항진유지 및 설비공사비 소화 8년도 실시계획 제3회 변경예산내역서		
문서내용	• 1934년 3월 2일 진남포토목출장소의 항진유지 및 설비공사에 관한 실시계획변경 인가 신청에 대한 내무국 토목과의 승인 문서		

16-31

기록건명	소화 8년도 재령강 개수공사 실시계획 변경에 관한 건		
문서번호			
기안부서 (발신자)	내무국 토목과	기안일자	1934-03-03
중간결재			
최종결재 (수신자)	총독 (정무총감 전결)	결재일자 (접수일자)	1934-03-13
		시행일자 (발송일자)	1934-03-13
첨부문서	1. 연도내 실시계획 변경승인의 건 부신(평양토목출장소장) - 실시계획 변경 이유서 - 소화 8년도 치수사업비 재령강 개수공사 변경실시계획서 - 재령강 개수계획도(1:12,000)		
문서내용	• 1934년 2월 13일 평양토목출장소의 재령강 개수공사에 관한 실시계획변경 인가 신청에 대한 내무국 토목과의 승인 문서		

16-32

기록건명	소화 8년도 진남포항 수축공사 실시계획 변경에 관한 건		
문서번호			
기안부서 (발신자)	내무국 토목과	기안일자	1934-03-12
중간결재			
최종결재 (수신자)	총독 (정무총감 전결)	결재일자 (접수일자)	1934-03-23
		시행일자 (발송일자)	1934-03-23
첨부문서	1. 진남포항만 수축비 소화 8년도 변경실시계획 승인신청의 건(진남포토목출장소장) - 진남포항만 수축비 소화 8년도 실시계획 제2회 변경예산 내역서		
문서내용	• 1934년 3월 11일 진남포토목출장소의 진남포항 수축공사에 관한 실시계획변경 인가 신청에 대한 내무국 토목과의 승인 문서		

16-33

기록건명	소화 8년도 용흥강 개수공사 실시계획변경에 관한 건		
문서번호			
기안부서 (발신자)	내무국 토목과	기안일자	1934-03-20
중간결재			
최종결재 (수신자)	총독 (정무총감 전결)	결재일자 (접수일자)	1934-03-23
		시행일자 (발송일자)	1934-03-23
첨부문서	1. 실시계획 변경 승인의 건(원산토목출장소장) - 소화 8년도 용흥강 개수비 변경실시계획서 - 용흥강 개수 계획도		
문서내용	• 1934년 3월 7일 원산토목출장소의 용흥강 개수공사에 관한 실시계획변경 인가 신청에 대한 내무국 토목과의 승인 문서		

16-34

기록건명	소화 8년도 낙동강 개수공사 실시계획변경에 관한 건
문서번호	

기안부서 (발신자)	내무국 토목과	기안일자	1934-04-07
중간결재			
최종결재 (수신자)	총독 (정무총감 전결)	결재일자 (접수일자)	1934-04-12
		시행일자 (발송일자)	1934-04-12

첨부문서	1. 낙동강 개수공사 소화 8년도 실시계획 변경에 관한 건(초량토목출장소장)
	  - 소화 8년도 낙동강 개수 공사비 변경실시계획서
	  - 낙동강 개수 계획도		

문서내용	• 1934년 3월 31일 초량토목출장소의 낙동강 개수공사에 관한 실시계획변경 인가 신청에 대한 내무국 토목과의 승인 문서		

16-35

기록건명	소화 8년도 만경강 개수공사 실시계획변경의 건		
문서번호			
기안부서 (발신자)	내무국 토목과	기안일자	1934-04-11
중간결재			
최종결재 (수신자)	총독 (정무총감 전결)	결재일자 (접수일자)	1934-04-16
		시행일자 (발송일자)	1934-04-16

첨부문서	1. 공사실시계획 변경의 건 승인 부신(이리토목출장소장)
	  - 소화 8년도 치수사업비 공사실시 변경계획서
	  - 만경강 개수 계획도		

문서내용	• 1934년 3월 22일 이리토목출장소의 낙동강 개수공사에 관한 실시계획변경 인가 신청에 대한 내무국 토목과의 승인 문서		

4. 토지수용 기록 시리즈

공공의 이익을 위한 사회기반 시설 확충을 위한 토목사업은 행정 권력에 의한 개인 소유토지의 수용과정을 필요로 한다. 도시계획 과정에서도 개인 소유토지에 대한 수용은 매우 중요한 부분이었다. 이것은 토지를 소유하거나 점유하여 그곳에서 살아가고 있는 사람들의 이해관계와 직접적인 관련을 갖는 것이므로 이를 둘러싼 논의와 분쟁은 발생할 수밖에 없었기 때문이다. 특히 토지수용 관련 문서는 개인의 권리를 증명할 수 있는 토지대장이나 토지조서 등의 문서를 포함하고 있다. 현재 국가기록원 소장 공문서 중 토목사업 관련 토지수용 문서는 총 70철이 보존되어 있고, 이 평가서에서는 그 중 12철을 평가했다.

가. 평가서 목록

기록철명	생산년도	생산기관	분류	관리기호
소화8년도 이래 토지수용 관계서류 (각도)	1933-1936	내무부 토목과	토목	CJA0015179
토지수용(1928)	1928-1928	내무부 토목과	토목	CJA0013158
토지수용	1928-1928	내무부 토목과	토목	CJA0013158
토지수용 재정관계서류	1928-1928	내무부 토목과	토목	CJA0013191
토지수용 재정관계철	1933-1934	내무부 토목과	토목	CJA0014733
토지수용관계서	1927-1927	내무부 토목과	토목	CJA0013066
토지수용사업 인정	1927-1927	내무부 토목과	토목	CJA0013056
토지수용사업 인정관계서류	1930-1931	내무부 토목과	토목	CJA0013663
토지수용사업 인정서류	1932-1932	내무부 토목과	토목	CJA0013882
토지수용사업 인정서류	1932-1932	내무부 토목과	토목	CJA0013884
토지수용에 관한 건	1935-1936	내무부 토목과	각도 (경남)	CJA0019947
토지수용재정실시조사복명서	1933-1934	내무부 토목과	토목	CJA0014732

나. 기록철·건별 평가서

1) 소화8년도 이래 토지수용 관계서류 (각도) (1933-1936)

기록철명	원철명	昭和8년도 以降 토지수용 관계
	정리철명	소화8년도 이래 토지수용 관계서류 (각도) (1933-1936)
생산년도	1933-1936년	
생산기관	내무국 토목과	
보존기간	갑종(영구)	
소장기호	CJA0015179	

<table>
<tr><td colspan="5" align="center">Item</td></tr>
<tr><td>일련
번호</td><td>건명</td><td>결재(발송)일</td><td>기안(발신)부서</td><td>첨부
문서</td></tr>
<tr><td>1</td><td>토지수용 재결 청구의 건</td><td>1933-08-21</td><td>내무국 토목과</td><td>3건</td></tr>
<tr><td>2</td><td>토지수용 재결서 송부의 건</td><td>1933-10-11</td><td>내무국 토목과</td><td>1건</td></tr>
<tr><td>3</td><td>토지수용 재결 청구의 건</td><td>1934-03-09</td><td>내무국 토목과</td><td>1건</td></tr>
<tr><td>4</td><td>금호강 개수공사 용지 사무시찰에 관한 건</td><td>1935-01-11</td><td>내무국 토목과</td><td></td></tr>
<tr><td>5</td><td>토지수용사업 인정에 관한 건</td><td>1935-01-08</td><td>내무국 토목과</td><td></td></tr>
<tr><td>6</td><td>토지수용사업 인정에 관한 건</td><td>1935-01-18</td><td>내무국 토목과</td><td>1건</td></tr>
<tr><td>7</td><td>토지수용 재결 청구에 관한 건</td><td>1935-01-26</td><td>내무국 토목과</td><td>9건</td></tr>
<tr><td>8</td><td>토지수용 재결 청구의 건</td><td>1935-01-14</td><td>내무국 토목과</td><td>7건</td></tr>
<tr><td>9</td><td>토지수용 재결 청구에 관한 건</td><td>1934-11-23</td><td>내무국 토목과</td><td>1건</td></tr>
<tr><td>10</td><td>토지수용 재결 청구에 관한 건</td><td>1935-02-26</td><td>내무국 토목과</td><td></td></tr>
<tr><td>11</td><td>대동강 개수용지 매수에 관한 건</td><td></td><td>내무국 토목과</td><td>1건</td></tr>
<tr><td>12</td><td>토지수용에 의한 보상금 지불에 관한 건</td><td>1935-02-26</td><td>내무국 토목과</td><td></td></tr>
<tr><td>13</td><td>토지수용 재결 청구서 첨부서류의 일부 반송의 건</td><td>1935-03-01</td><td>경상북도지사</td><td>1건</td></tr>
<tr><td>14</td><td>토지수용 재결 청구의 건</td><td>1935-03-13</td><td>내무국 토목과</td><td>11건</td></tr>
<tr><td>15</td><td>사업 인정에 관한 건</td><td>1934-09-27</td><td>내무국 토목과</td><td>1건</td></tr>
</table>

16	대동강 개수공사 용지에 관한 건	1934-04-05	내무국 토목과	1건
17	토지수용 재결서 등본 송부의 건	1935-05-17	내무국 토목과	1건
18	토지수용 裁定書 보관에 관한 건	1935-04-20	청진토목출장소장	1건
19	재령강 개수공사용 토지수용 재정에 관한 건	1935-05-03	내무국 토목과	4건
20	토지수용 재결서 송부에 관한 건	1936-09-11	평양토목출장소장	3건
21	토지수용 재결 청구의 건	1936-07-11	내무국 토목과	3건

기록철명	원철명	昭和8년도 以降 토지수용 관계		
	정리철명	소화8년도 이래 토지수용 관계서류 (각도) (1933-1936)		
생산부서	내무국 토목과			
생산년도	1933-1936년	분류기호	1933-36년 토목 갑 기록 1,351호	
쪽수	981면	조선총독부 보존기간	갑종(영구)	
소장처	국가기록원	소장기호	CJA0015179	

1-1

기록건명	토지수용 재결 청구의 건		
문서번호	土 제358호		
기안부서 (발신자)	내무국 토목과	기안일자	1933-08-07
중간결재	항만계		
최종결재 (수신자)	총독, 정무총감	결재일자 (접수일자)	1933-08-21
		시행일자 (발송일자)	1933-08-23
첨부문서	1. 토지수용 재결 청구方 신청의 건(淸土 제894호, 청진토목출장소장→내무국장, 1933-08-02) - 사업계획서 - 토지수용사업 인정 공고 - 청진어항 수축계획 평면도(1/5,000) 2. 청진어항 수축공사용지 토지수용 재결 청구의 건(내무국장→청진토목출장소장, 1933-08-14)		

3. 토지수용 재결 청구의 건 통지(조선총독부→대판시 서성구 천본통 5
정목 飯田要藏, 1933-09-05)

문서내용	• 1933년 청진항 수축을 위한 토지수용계획을 알 수 있는 정보 제공.

1-2

기록건명	토지수용 재결서 송부의 건		
문서번호			
기안부서 (발신자)	내무국 토목과	기안일자	1933-10-09
중간결재			
최종결재 (수신자)	청진토목출장소장	결재일자 (접수일자)	1933-10-11
		시행일자 (발송일자)	1933-10-11
첨부문서	1. 토지수용 재결서		
문서내용	• 1933년 청진의 토지수용 재결서들이 각 수용대상토지 소유자들에게 송부된 상황을 알 수 있는 정보 제공.		

1-3

기록건명	토지수용 재결 청구의 건		
문서번호	土 제49호		
기안부서 (발신자)	내무국 토목과	기안일자	1934-03-06
중간결재	하천계		
최종결재 (수신자)	총독	결재일자 (접수일자)	
		시행일자 (발송일자)	1934-03-09
첨부문서	1. 토지수용 재결 청구方 신청의 건(草土 제163호, 초량토목출장소장→ 내무국장, 1934-03-02) 　- 사업계획서 　- 토지대장 등본寫 　- 토지매수 교섭 시말서 　- 토지수용사업 인정 공고寫 　- 낙동강 개수용지도(1/1,200)		

| | - 토지수용세목 보상견적금액 및 수용시기 조서 (附記 지장물건 보상액조서)
- 토지매수가격 산정 조서
- 토지대장 등본 및 지적도 |
| 문서내용 | • 1934년 낙동강 개수를 위한 토지수용계획을 상세히 알 수 있는 정보 제공. |

1-4

기록건명	금호강 개수공사 용지 사무시찰에 관한 건		
문서번호			
기안부서 (발신자)	내무국 토목과	기안일자	1935-01-11
중간결재			
최종결재 (수신자)	동경시 조선총독부 출장원사무소 山本留五郎	결재일자 (접수일자)	1935-01-11
		시행일자 (발송일자)	1935-01-11
첨부문서	1. 전보(안)		
문서내용	• 동경시 조선총독부 출장원사무소 山本留五郎에게 금호강 개수공사 관련 시찰에 참가할 것을 요청하는 문서		

1-5

기록건명	토지수용사업 인정에 관한 건		
문서번호			
기안부서 (발신자)	내무국 토목과	기안일자	1934-12-26
중간결재			
최종결재 (수신자)	평양토목출장소장	결재일자 (접수일자)	
		시행일자 (발송일자)	1935-01-08
첨부문서			
문서내용	• 토지수용 인정 문서		

1-6

기록건명	토지수용사업 인정에 관한 건		
문서번호			
기안부서 (발신자)	내무국 토목과	기안일자	1935-01-18
중간결재			
최종결재 (수신자)	원산토목출장소 내 함경 남도치수사무소장	결재일자 (접수일자)	
		시행일자 (발송일자)	1935-01-18
첨부문서	1. 토지수용사업 인정에 관한 건(咸南治 제45호, 함경남도치수사무소장 →내무국장, 1935-01-11)		
문서내용	• 성천강 및 안변 남대천 개수공사용지 수용에 관한 문서		

1-7

기록건명	토지수용 재결 청구에 관한 건		
문서번호			
기안부서 (발신자)	내무국 토목과	기안일자	1935-01-19
중간결재	하천계		
최종결재 (수신자)	전라북도지사	결재일자 (접수일자)	
		시행일자 (발송일자)	1935-01-26
첨부문서	1. 토지수용 재결 신청 취소의 건(裡土제 제1,252호, 이리토목출장소장→ 내무국장, 1935-01-17) 2. 토지수용 재결 청구의 건(土 제352호, 총독→전라북도지사, 1934-12-06) 3. 토지수용 재결에 관한 건 신청(이리토목출장소장→총독, 1934-11-13) 　- 토지수용조서 　- 토지수용 재결 청구 사유서 　- 토지수용령 제8조에 의한 협의 전말서 　- 매수가격 및 이전보상 산정 조서 　- 사업계획서 　- 만경강 개수공사 일반도		

	4. 토지매수 실례에 관한 건
	5. 용지 매수 협의에 관한 건
	6. 토지수용 공고
	7. 토지수용에 관한 건
	- 분묘지 매수가격 및 분묘보상가 산정 기초 설명서
	8. 토지매수 실례에 관한 건(裡土 제1297호)
	- 임야 反步 開田費 개산서
	9. 토지수용 재결 신청에 관한 건(내무국장→이리토목출장소장, 1934-11-17)
문서내용	• 1934-35년 만경강 개수공사를 위한 전라북도 이리 부근 토지수용을 둘러싼 상황을 알 수 있는 정보 제공.

1-8

기록건명	토지수용 재결 청구의 건		
문서번호	土 제4호		
기안부서 (발신자)	내무국 토목과	기안일자	1935-01-09
중간결재	하천계		
최종결재 (수신자)	총독, 정무총감	결재일자 (접수일자)	1935-01-14
		시행일자 (발송일자)	1935-01-14
첨부문서	1. 사업계획서 2. 용지매수가격 산정 조서 3. 지상물건 보상액 산정 조서 4. 토지대장 등본寫 5. 용지매수 교섭 경과서 6. 수용토지에 대한 채권액 調 7. 토지수용사업 인정 공고 寫		
문서내용	• 1935년 금호강 개수공사를 위한 경상북도 달성군 일대 토지수용을 둘러싼 상황을 알 수 있는 정보 제공.		

1-9

기록건명	토지수용 재결 청구에 관한 건
문서번호	

기안부서 (발신자)	내무국 토목과	기안일자	1934-11-22
중간결재			
최종결재 (수신자)	초량토목출장소장	결재일자 (접수일자)	
		시행일자 (발송일자)	1934-11-23

첨부문서	1. 토지수용 재결 청구에 관한 건(草土 제2,106호, 초량토목출장소장→내무국장, 1934-11-07)
	  - 토지수용세목 보상견적금액 및 수용시기 조서
	  - 지상물건 보상액 산정 조서		

문서내용	• 1935년 금호강 개수공사를 위한 경상북도 달성군 일대 토지수용을 둘러싼 상황을 알 수 있는 정보 제공.		

1-10

기록건명	토지수용 재결 청구에 관한 건		
문서번호			
기안부서 (발신자)	내무국 토목과	기안일자	1935-02-22
중간결재			
최종결재 (수신자)	경상북도지사	결재일자 (접수일자)	1935-02-26
		시행일자 (발송일자)	1935-02-26
첨부문서	1. 토지수용 재결에 관한 건 - 桑園 보상 액 사정 표준		
문서내용	• 1935년 금호강 개수공사를 위한 경상북도 달성군 오현영 외 10명의 토지수용을 둘러싼 상황을 알 수 있는 정보 제공.		

1-11

기록건명	대동강 개수용지 매수에 관한 건		
문서번호			
기안부서 (발신자)	내무국 토목과	기안일자	1934-10-03
중간결재			

최종결재 (수신자)	외사과장	결재일자 (접수일자)	
		시행일자 (발송일자)	
첨부문서	1. 桑園 보상 액 사정 표준		
문서내용	• 대동강 주변 상원 보상관련 정보 제공		

1-12

기록건명	토지수용에 의한 보상금 지불에 관한 건		
문서번호			
기안부서 (발신자)	내무국 토목과	기안일자	1935-02-26
중간결재			
최종결재 (수신자)	초량토목출장소장	결재일자 (접수일자)	
		시행일자 (발송일자)	1935-02-26
첨부문서	1. 채권 가차압 결정		
문서내용	• 금호강 개수공사 관련 토지수용 보상금 차압에 관한 정보 제공		

1-13

기록건명	토지수용 재결 청구서 첨부서류의 일부 반송의 건		
문서번호			
기안부서 (발신자)	경상북도지사	기안일자	
중간결재			
최종결재 (수신자)	내무국장	결재일자 (접수일자)	
		시행일자 (발송일자)	1935-03-01
첨부문서	1. 기성 상원 보상액 표준		
문서내용	• 금호강 개수공사 토지수용 관련 정보 제공		

1-14

기록건명	토지수용 재결 청구의 건
문서번호	土 제116호

기안부서 (발신자)	내무국 토목과	기안일자	1935-03-06
중간결재			
최종결재 (수신자)	총독	결재일자 (접수일자)	1935-03-13
		시행일자 (발송일자)	1935-03-13

첨부문서	1. 토지수용 재결 청구에 관한 건(平土 제57호, 평양토목출장소장→내무국장, 1935-03-01)
	  - 사업계획서
	  - 수용토지 조서
	  - 교섭시말서
	2. 대동강 개수공사 용지수용에 관한 건(1935-01-23)
	3. 대동강 개수공사 용지수용에 관한 건(1935-02-18)
	4. 대동강 개수공사 용지에 관한 건(平土 제867호, 평양토목출장소장→내무국장, 1934-09-27)
	5. 대동강 개수공사 용지에 관한 건(내무국장→평양토목출장소장, 1934-09-12)
	6. 대동강 개수용지 매수에 관한 건(외사과장→내무국장, 1934-09-07)
	  - 재경성 영국총영사대리→외사과장(1934-08-06)
	7. 대동강 개수공사 용지에 관한 건(平土 제280호, 평양토목출장소장→내무국장, 1934-04-01)
	8. 대동강 개수공사 용지 매수 및 지장물건 이전 협의에 관한 건
	9. 용지 매수 협의에 관한 건
	10. 토지매수 협의에 관한 건
	11. 토지매수에 관한 건		

문서내용	• 1934-35년 대동강 개수공사를 위한 토지수용을 둘러싼 상황을 알 수 있는 정보 제공. 수용예정지 가운데 외국인 소유지가 포함되어 있어, 토지수용과정에서 외사과의 업무에 관한 정보 제공.		

1-15

기록건명	사업 인정에 관한 건		
문서번호			
기안부서 (발신자)	내무국 토목과	기안일자	1934-09-25
중간결재			

최종결재 (수신자)	이리토목출장소장	결재일자 (접수일자)	
		시행일자 (발송일자)	1934-09-27
첨부문서	1. 토지수용 재결 신청에 관한 건 (裡土 제1,252호)		
문서내용	• 만경강 개수공사를 위한 박명옥의 토지수용 관련 정보 제공		

1-16

기록건명	대동강 개수공사 용지에 관한 건		
문서번호			
기안부서 (발신자)	내무국 토목과	기안일자	1934-04-04
중간결재			
최종결재 (수신자)	평양토목출장소장	결재일자 (접수일자)	
		시행일자 (발송일자)	1934-04-05
첨부문서	1. 대동강 개수용지에 관한 건(平土 제280호, 평양토목출장소장→내무국장, 1934-03-30) - 대동강 개수 계획도(1/50,000)		
문서내용	• 대동강 개수용지 관련 토지수용에 관한 정보 제공		

1-17

기록건명	토지수용 재결서 등본 송부의 건		
문서번호			
기안부서 (발신자)	내무국 토목과	기안일자	1935-05-16
중간결재			
최종결재 (수신자)	평양토목출장소장	결재일자 (접수일자)	1935-05-17
		시행일자 (발송일자)	1935-05-17
첨부문서	1. 재결서 등본 송달의 건(土 제532호, 평안남도→총독부, 1935-05-14) - 재결서		
문서내용	• 대동강 개수용지 관련 토지수용에 관한 정보 제공		

1-18

기록건명	토지수용 裁定書 보관에 관한 건		
문서번호	淸土 제463호		
기안부서 (발신자)	청진토목출장소장	기안일자	
중간결재			
최종결재 (수신자)	내무국장	결재일자 (접수일자)	
		시행일자 (발송일자)	1935-04-20
첨부문서	1. 재정서		
문서내용	• 청진 어항수축공사 용지 관련자에 대한 재정서 포함		

1-19

기록건명	재령강 개수공사용 토지수용 재정에 관한 건		
문서번호			
기안부서 (발신자)	내무국 토목과	기안일자	1935-05-02
중간결재			
최종결재 (수신자)	평양토목출장소장	결재일자 (접수일자)	1935-05-03
		시행일자 (발송일자)	1935-05-03
첨부문서	1. 토지수용 재정의 건(土 제86호, 황해도지사→내무국장, 1935-04-30) - 재정서 2. 토지수용 재정에 관한 건(내무국장→평양토목출장소장, 1935-04-25) 3. 토지수용 재정의 건(황해도지사→조선총독) 4. 재정서		
문서내용	• 재령강 개수공사를 위한 토지수용 관련 정보 제공		

1-20

기록건명	토지수용 재결서 송부에 관한 건		
문서번호	平土 제1,371호		
기안부서 (발신자)	평양토목출장소장	기안일자	
중간결재			

최종결재 (수신자)	내무국장	결재일자 (접수일자)	
		시행일자 (발송일자)	1936-09-11
첨부문서	1. 재결서 2. 토지수용 재결서 訂正의 건(평안남도지사→총독, 1936-09-03) 3. 토지수용 재결서 訂正의 건(평안남도지사→총독, 1936-09-04)		
문서내용	• 대동강 개수공사를 위한 토지수용 관련 정보 제공		

1-21

기록건명	토지수용 재결 청구의 건		
문서번호	土 제268호		
기안부서 (발신자)	내무국 토목과	기안일자	1936-07-01
중간결재			
최종결재 (수신자)	총독	결재일자 (접수일자)	1936-07-11
		시행일자 (발송일자)	1936-07-13
첨부문서	1. 토지수용 재결方 신청의 건(平土 제733호, 평양토목출장소장→내무국장, 1936-06-16) - 사업계획서 - 교섭시말서 - 토지수용 공고 2. 대동강 개수공사용지 토지수용 재결 청구에 관한 건(平土 제733호, 평양토목출장소장→내무국장, 1936-06-27) 3. 대동강 개수공사용지 토지수용 재결 청구에 관한 건(내무국장→평양토목출장소장, 1936-06-23)		
문서내용	• 대동강 개수공사 용지 토지수용에 관한 정보 제공		

2) 토지수용(1928)

기록철명	원철명	昭和3년도 토지수용
	정리철명	토지수용(1928)
생산년도	1928년	

생산기관	내무국 토목과
보존기간	갑종(영구)
소장기호	CJA0013158

Item				
일련 번호	건명	결재(발송)일	기안(발신)부서	첨부 문서
1	토지수용 사업 인정의 건	1928-08-22	내무국 토목과	2건
2	토지수용사업 인정의 건	1928-08-22	내무국 토목과	1건
3	토지수용사업 인정의 건	1928-08	내무국 토목과	2건
4	토지수용사업 인정의 건	1928-08-28	내무국 토목과	2건

기록철명	원철명	昭和3년도 토지수용	
	정리철명	토지수용(1928)	
생산부서	내무국 토목과		
생산년도	1928년	분류기호	1928년 토목 갑 기록 제200-2호
쪽수		조선총독부 보존기간	갑종 (영구)
소장처	국가기록원	소장기호	CJA0013158

2-1

기록건명	토지수용 사업 인정의 건		
문서번호	토 제317호		
기안부서 (발신자)	내무국 토목과	기안일자	1928-08-14
중간결재			
최종결재 (수신자)	총독 (정무총감 전결)	결재일자 (접수일자)	1928-08-22
		시행일자 (발송일자)	
첨부문서	1. 토지수용사업 인정의 건 부신(평안남도지사) 　- 토지수용사업 인가신청(평안수리조합) 2. 토지수용사업 인정의 건(평안남도지사) 　- 수용토지세목조서		

	- 사업계획서 - 공사계획서 - 기 매수지 조서
문서내용	• 토지수용사업 인가 신청 목적 및 조선총독부의 인가 사유에 대한 정보, 토지소유자 및 토지소재지별 수용토지에 관한 상세 내역을 제공.

2-2

기록건명	토지수용사업 인정의 건		
문서번호	토 제236호		
기안부서 (발신자)	내무국 토목과	기안일자	1928-07-13
중간결재			
최종결재 (수신자)	총독 (정무총감 전결)	결재일자 (접수일자)	1928-08-22
		시행일자 (발송일자)	
첨부문서	1. 토지수용사업 인정의 건 회답(충청남도지사) - 수용토지세목조서 - 교섭 전말서 - 수용토지지적도(우성수리조합)		
문서내용	• 토지소유자 및 토지소재지별 수용토지에 관한 상세 내역을 제공, 토지수용 과정에서의 교섭 전말에 관한 정보를 제공		

2-3

기록건명	토지수용사업 인정의 건		
문서번호	토 제312호		
기안부서 (발신자)	내무국 토목과	기안일자	1928-08-03
중간결재			
최종결재 (수신자)	총독 (정무총감 전결)	결재일자 (접수일자)	1928-08
		시행일자 (발송일자)	
첨부문서	1. 토지수용사업 인정 신청의 건(황해도지사) 2. 사업인정 신청서(재신수리조합장)		

	- 수용토지명세서 - 수용토지부속표 - 수용토지평가표 - 사업계획대요 - 평가방법 및 가격표 - 사업계획일반도 - 사업계획 평면도 - 수용토지적도
문서내용	• 토지수용사업 인가 신청 목적 및 조선총독부의 인가 사유에 대한 정보 제공, 토지소유자 및 토지소재지별 수용토지에 관한 상세 내역을 포함한 당시 토지수용사업의 실상 및 방식에 관한 정보 제공.

2-4

기록건명	토지수용사업 인정의 건		
문서번호	토 제291호		
기안부서 (발신자)	내무국 토목과	기안일자	1928-07-13
중간결재	지방과장		
최종결재 (수신자)	총독 (정무총감 전결)	결재일자 (접수일자)	1928-08-28
		시행일자 (발송일자)	

첨부문서	1. 토지수용사업 인정의 건 부신(충청북도지사)
	2. 토지수용사업 인정 신청(조선철도주식회사)
	  - 사업계획서
	  - 수용토지세목조서
	  - 일반도
	  - 철도건설 평면도
	  - 수용지목도
	  - 수용인정 신청 사유서		

문서내용	• 토지수용사업 인가신청 목적 및 조선총독부의 인가 사유에 대한 정보 제공, 토지소유자 및 토지소재지별 수용토지에 관한 상세 내역을 제공.		

3) 토지수용

기록철명	원철명	昭和3년도 토지수용			
	정리철명	토지수용			
생산년도	1928년				
생산기관	내무국 토목과				
보존기간	갑종(영구)				
소장기호	CJA0013158				

Item				
일련 번호	건명	결재(발송)일	기안(발신)부서	첨부 문서
1	토지수용사업 인정의 건	1928-03-09	내무국 토목과	2건
2	토지수용사업 인정의 건	1928-03-29	내무국 토목과	3건
3	평양부 시구개정공사에 따른 토지수용 재결에 관한 건	1928-03-31	내무국 토목과	
4	토지수용사업 인정의 건	1928-03-31	내무국 토목과	2건
5	토지수용사업 인정의 건	1928-04-12	내무국 토목과	3건
6	토지수용사업 인정의 건	1928-04-17	내무국 토목과	3건
7	토지수용사업 인정의 건	1928-05-03	내무국 토목과	3건
8	토지수용사업 인정의 건	1928-05-04	내무국 토목과	3건
9	토지수용 개결기간 연장의 건	1928-10-23	내무국 토목과	1건
10	토지수용사업 인정의 건	1928-05-09	내무국 토목과	2건
11	토지수용령에 따른 사업인정에 관한 건	1928-03-16	내무국 토목과	2건
12	토지수용사업 인정의 건	1928-05-18	내무국 토목과	2건

기록철명	원철명	昭和3년도 토지수용		
	정리철명	토지수용		
생산부서	내무국 토목과			
생산년도	1928년	분류기호	1928년 토목 갑 기록 제200-1	

쪽수		조선총독부 보존기간	갑종 (영구)
소장처	국가기록원	소장기호	CJA0013158

3-1

기록건명	토지수용사업 인정의 건		
문서번호	토 제48호		
기안부서 (발신자)	내무국 토목과	기안일자	1928-02-21
중간결재			
최종결재 (수신자)	총독 (정무총감 전결)	결재일자 (접수일자)	1928-03-09
		시행일자 (발송일자)	1928-03-14

첨부문서	1. 토지수용사업 인정 신청의 건 부신(충청북도지사)
	2. 토지수용사업 인정 신청(경성부윤, 조선철도주식회사사장)
	  - 사업계획서
	  - 수용토지 세목조서
	  - 일반도
	  - 철도건설평면도
	  - 수용지목도
	  - 수용인정신청사유서		

문서내용	• 조선철도주식회사가 면허를 얻은 충북선 천안-음성간 철도공사를 위한 토지수용 허가신청 관계문서들로 구성		

3-2

기록건명	토지수용사업 인정의 건		
문서번호	토 제49호		
기안부서 (발신자)	내무국 토목과	기안일자	1928-03-16
중간결재			
최종결재 (수신자)	총독 (정무총감 전결)	결재일자 (접수일자)	1928-03-29
		시행일자 (발송일자)	1928-03-31
첨부문서	1. 토지수용공고(조선총독)		

	2. 토지수용사업 인정 신청의 건(함경남도지사)
	3. 토지수용사업 인정의 건(조선질소비료주식회사사장)
	  - 이유서
	  - 교섭전말서
	  - 사업계획서
	  - 수용토지 세목조서
	  - 일반도
	  - 계획평면도
	  - 수용지목도
	  - 사업설비 개요 및 설계도

문서내용	• 조선질소비료주식회사의 함경남도지역 철도부설을 위한 함흥군 운전면 호남리 일대의 토지수용 허가와 관련된 관계서류들로 구성. 당시 철도부설과 관련된 사업설비 내역 및 설계에 관한 정보 제공

3-3

기록건명	평양부 시구개정공사에 따른 토지수용 재결에 관한 건		
문서번호			
기안부서 (발신자)	내무국 토목과	기안일자	1928-03-31
중간결재			
최종결재 (수신자)	총독 (정무총감 전결)	결재일자 (접수일자)	
		시행일자 (발송일자)	1928-03-31
첨부문서			
문서내용	• 전보로 접수된 문서의 사본. 평양부 시구개정공사에 따른 토지수용을 인가한 조선총독부 내무국이 생산한 인가문서		

3-4

기록건명	토지수용사업 인정의 건		
문서번호	토 제38호		
기안부서 (발신자)	내무국 토목과	기안일자	1928-03-20
중간결재			

최종결재 (수신자)	총독 (정무총감 전결)	결재일자 (접수일자)	1928-03-31
		시행일자 (발송일자)	1928-04-07

첨부문서	1. 토지수용공고(조선총독)
	2. 토지수용사업 인정 신청서(평안남도지사)
	  - 평양부 시구개정 도로개수공사 사업계획서
	  - 도로개수공사 설계서
	  - 수용토지 세목조서
	  - 교섭전말서		

문서내용	• 평양부내의 도로축조 용지수용 허가와 관련된 문서들로 구성		

3-5

기록건명	토지수용사업 인정의 건		
문서번호	토 제133호		
기안부서 (발신자)	내무국 토목과	기안일자	1928-04-09
중간결재			
최종결재 (수신자)	총독 (정무총감 전결)	결재일자 (접수일자)	1928-04-12
		시행일자 (발송일자)	1928-04-14

첨부문서	1. 토지수용공고(조선총독)
	2. 토지수용사업 인정방의 건(전라북도지사)
	  - 토지 세목조서
	  - 교섭전말서
	  - 사업계획서
	3. 만경강 개수설계도		

문서내용	• 만경강 개수공사에 따른 전라북도 전주군내의 도로축조 용지수용 허가와 관련된 문서들로 구성		

3-6

기록건명	토지수용사업 인정의 건		
문서번호	토 제40호		
기안부서 (발신자)	내무국 토목과	기안일자	1928-03-31

중간결재			
최종결재 (수신자)	총독 (정무총감 전결)	결재일자 (접수일자)	1928-04-17
		시행일자 (발송일자)	1928-04-19
첨부문서	1. 토지수용공고(조선총독) 2. 토지수용사업 인정 신청에 관한 건(경기도지사) 3. 토지수용사업 인정방 신청(경성부윤) 　- 사업계획서 　- 도로개수공사 설계서 　- 수용토지 세목조서 　- 교섭전말서		
문서내용	• 경성부 남산정으로부터 동양척식주식회사 경성지점에 이르는 도로 및 하천 개수공사를 위한 용지수용 허가와 관련된 문서들로 구성		

3-7

기록건명	토지수용사업 인정의 건		
문서번호	토 제94호		
기안부서 (발신자)	내무국 토목과	기안일자	1928-03-09
중간결재			
최종결재 (수신자)	총독 (정무총감 전결)	결재일자 (접수일자)	1928-05-03
		시행일자 (발송일자)	1928-05-05
첨부문서	1. 토지수용공고(조선총독) 2. 토지수용령에 따른 사업 인정 신청의 건(경기도지사) 3. 토지수용령에 따른 사업 인정 신청(개성군 송도면장) 　- 사업계획서 　- 수용토지 세목조서		
문서내용	• 조선총독부의 토지수용령에 따른 개성군 송도면의 용지수용사업 허가와 관련된 문서들로 구성		

3-8

기록건명	토지수용사업 인정의 건		
문서번호	토 제153호		
기안부서 (발신자)	내무국 토목과	기안일자	1928-03-26
중간결재			
최종결재 (수신자)	총독 (정무총감 전결)	결재일자 (접수일자)	1928-05-04
		시행일자 (발송일자)	1928-05-07
첨부문서	1. 토지수용공고(조선총독) 2. 토지수용사업 인정의 건 부신(평안남도지사) 3. 토지수용사업 인정 신청(대동군 용산면장) 　- 이유서 　- 사업계획서 　- 소요경비조서 　- 토지세목조서 　- 용지매수가격표 　- 도로개수공사 설계서 　- 일위 대가표 　- 도로 및 하수개수공사계획 평면도		
문서내용	• 평안진 남포선 보통교로부터 대타령리 방면에 이르는 도로 축조를 위한 용지수용 허가와 관련된 문서들로 구성		

3-9

기록건명	토지수용 재결기간 연장의 건		
문서번호	토 제389호		
기안부서 (발신자)	내무국 토목과	기안일자	1928-10-19
중간결재			
최종결재 (수신자)	총독 (정무총감 전결)	결재일자 (접수일자)	1928-10-23
		시행일자 (발송일자)	1928-10-25
첨부문서	1. 토지수용 재결기간 연기의 건 신청(경기도지사)		
문서내용	• 송도면 개수공사 용지수용과 관련된 재결기간 연장신청 관련 문서		

3-10

기록건명	토지수용사업 인정의 건		
문서번호	토 제96호		
기안부서 (발신자)	내무국 토목과	기안일자	
중간결재			
최종결재 (수신자)	총독 (정무총감 전결)	결재일자 (접수일자)	1928-05-09
		시행일자 (발송일자)	1928-05-11

첨부문서	1. 토지수용공고(조선총독)
	2. 토지수용령에 따른 사업인정에 관한 건(전라북도지사)
	  - 교섭전말서
	  - 토지조서
	  - 계획평면도(1:1,200)		

문서내용	• 전라북도 부안 및 정읍군 수리조합지역 내 수해 예방을 위한 하천개수공사에 따른 용지수용 허가와 관련된 문서들로 구성		

3-11

기록건명	토지수용령에 따른 사업 인정에 관한 건		
문서번호	토 제96호		
기안부서 (발신자)	내무국 토목과	기안일자	1928-03-13
중간결재			
최종결재 (수신자)	총독 (정무총감 전결)	결재일자 (접수일자)	1928-03-16
		시행일자 (발송일자)	1928-03-17

첨부문서	1. 토지수용령에 따른 사업 인정의 건(전라북도지사)
	2. 토지수용령에 따른 사업 인정 신청(고부수리조합장)
	  - 이유서
	  - 계획서
	  - 토지세목조서
	  - 사업총괄표
	  - 고부수리조합 사업평면도		

문서내용	• 토지수용령에 따른 고부수리조합지내 용지수용 허가와 관련된 문서들로 구성

3-12

기록건명	토지수용사업 인정의 건		
문서번호	토 제162호		
기안부서 (발신자)	내무국 토목과	기안일자	1928-05
중간결재			
최종결재 (수신자)	총독 (정무총감 전결)	결재일자 (접수일자)	1928-05-18
		시행일자 (발송일자)	1928-05-21

첨부문서	1. 토지수용사업 인정 신청에 관한 건 부신(경상북도지사)
	2. 토지수용사업 인정 신청
	  - 사업계획서
	  - 수용신청사유서
	  - 토지수용 세목조서
	  - 토지수용 세목조서 설명서
	  - 서악불국사간 선로평면도		

문서내용	• 조선철도주식회사의 대구-포항간 및 경주-마산간 철도 부설을 위한 토지수용 허가 신청과 관련된 문서들로 구성		

4) 토지수용 재정관계 서류

기록철명	원철명	昭和3년도 토지수용 裁定
	정리철명	토지수용 재정관계 서류
생산년도	1924-1928년	
생산기관	내무국 토목과	
보존기간	갑종(영구)	
소장기호	CJA0013191	

<table>
<tr><td colspan="5" align="center">Item</td></tr>
<tr><td>일련
번호</td><td>건명</td><td>결재(발송)일</td><td>기안(발신)부서</td><td>첨부
문서</td></tr>
<tr><td>1</td><td>토지수용 재정의 건</td><td>1928-02</td><td>내무국 토목과</td><td></td></tr>
<tr><td>2</td><td>토지수용 재정의 건</td><td></td><td>내무국 토목과</td><td></td></tr>
<tr><td>3</td><td>토지수용 재정의 건</td><td>1928-02-22</td><td>내무국 토목과</td><td></td></tr>
<tr><td>4</td><td>토지수용 재정의 건</td><td>1928-02-22</td><td>내무국 토목과</td><td>2건</td></tr>
<tr><td>5</td><td>토지수용 재정신청의 건</td><td>1924-12</td><td>내무국 토목과</td><td>2건</td></tr>
<tr><td>6</td><td>토지매수가격에 관한 건</td><td>1925-10-20</td><td>내무국 토목과</td><td></td></tr>
<tr><td>7</td><td>토지수용 재정의 건</td><td></td><td>내무국 토목과</td><td></td></tr>
<tr><td>8</td><td>용산방수제 2공구 축제공사 용지매수 가격에 관한 건</td><td>1928–2-16</td><td>내무국 토목과</td><td></td></tr>
<tr><td>9</td><td>토지수용 재정의 건</td><td></td><td>내무국 토목과</td><td></td></tr>
<tr><td>10</td><td>토지수용 재정의 건</td><td></td><td>내무국 토목과</td><td></td></tr>
<tr><td>11</td><td>토지수용 재정의 건</td><td>1928-02-27</td><td>내무국 토목과</td><td>3건</td></tr>
</table>

<table>
<tr><td rowspan="2">기록철명</td><td>원철명</td><td colspan="2">昭和3년도 토지수용 裁定</td></tr>
<tr><td>정리철명</td><td colspan="2">토지수용 재정관계 서류</td></tr>
<tr><td>생산부서</td><td colspan="3">내무국 토목과</td></tr>
<tr><td>생산년도</td><td>1924-1928년</td><td>분류기호</td><td>1928년 토목 갑 기록 제224호</td></tr>
<tr><td>쪽수</td><td></td><td>조선총독부
보존기간</td><td>갑종 (영구)</td></tr>
<tr><td>소장처</td><td>국가기록원</td><td>소장기호</td><td>CJA0013191</td></tr>
</table>

4-1

<table>
<tr><td>기록건명</td><td colspan="3">토지수용 재정의 건</td></tr>
<tr><td>문서번호</td><td colspan="3">토 제74호</td></tr>
<tr><td>기안부서
(발신자)</td><td>내무국 토목과</td><td>기안일자</td><td>1927-02-23</td></tr>
<tr><td>중간결재</td><td colspan="3"></td></tr>
</table>

최종결재 (수신자)	총독 (정무총감 전결)	결재일자 (접수일자)	1928-02
		시행일자 (발송일자)	1928-02-25
첨부문서			
문서내용	• 경기도 고양군 일대 석탄 운송을 위해 경성전기주식회사에서 신청한 철도부설용지 수용 신청을 거부한 재정 신청자에 대한 裁定書 및 판결 사유서에 관한 내용 수록. 수용지 보상에 관한 상세 내역 및 당시 수용지 소작·임대가격에 대한 정보 제공, 조선총독부의 裁決書 및 사유서와 더불어 수용토지 심사재결 신청에 대한 의견서 포함		

4-2

기록건명	토지수용 재정의 건		
문서번호			
기안부서 (발신지)	내무국 토목과	기안일자	1925-08-17
중간결재			
최종결재 (수신자)	총독 (정무총감 전결)	결재일자 (접수일자)	
		시행일자 (발송일자)	
첨부문서			
문서내용	• 경기도 고양군 일대 석탄운송을 위해 경성전기주식회사에서 신청한 철도부설용지 수용 신청을 거부한 재정 신청자에 대한 裁定書 내용 수록. 수용지의 가격결정에 관한 통지문 및 경기도지사에 대한 조선총독부 내무국장의 통첩안·수용지 보상에 관한 상세 내역·당시 최근 매매 사례에 대한 상세 정보 제공.		

4-3

기록건명	토지수용 재정의 건		
문서번호	토 제76호		
기안부서 (발신자)	내무국 토목과	기안일자	1927-05-16
중간결재			
최종결재 (수신자)	총독 (정무총감 전결)	결재일자 (접수일자)	1928-02-22
		시행일자 (발송일자)	1928-02-24

첨부문서	
문서내용	• 용산방수제 축조공사에 소요되는 토지수용에 대한 경기도지사의 재결을 거부한 피수용자의 재정신청에 대한 裁定書 및 판결 사유 내용 수록. 보상금 결정자료·감정가격 등 당시 지가에 관한 정보를 제공하는 통계자료 수록. 피수용자의 위임장·공탁서·피수용자의 토지수용 재결청구 의견진술서와 더불어 당시의 토지거래 내역을 파악할 수 있는 최근의 매매사례 조사서 등의 정보를 포함

4-4

기록건명	토지수용 재정의 건		
문서번호	토 제75호		
기안부서 (발신자)	내무국 토목과	기안일자	1927-02-23
중간결재			
최종결재 (수신자)	총독 (정무총감 전결)	결재일자 (접수일자)	1928-02-22
		시행일자 (발송일자)	1928-02-25
첨부문서	1. 토지수용 재정 신청에 관한 건(경기도지사) 2. 토지수용 재정 신청에 관한 건(경기도지사)		
문서내용	• 경기도 고양군 일대 석탄운송을 위해 경성전기주식회사에서 신청한 철도부설용지 수용 신청을 거부한 재정 신청자에 대한 裁定書 및 판결 사유서에 관한 내용 수록. 수용지 보상에 관한 상세 내역 및 당시 수용지 소작·임대가격에 대한 정보 제공, 조선총독부의 裁決書 및 사유서와 더불어 수용토지 심사재결 신청에 대한 의견서 포함. 피수용자의 의견서 및 경성전기주식회사가 제출한 토지수용 재결신청서·사업계획서 등 소송과 관련된 관계서류 포함		

4-5

기록건명	토지수용 재정 신청의 건		
문서번호			
기안부서 (발신자)	내무국 토목과	기안일자	1924-11-19
중간결재			

최종결재 (수신자)	총독 (정무총감 전결)	결재일자 (접수일자)	1924-12
		시행일자 (발송일자)	1924-12-24
첨부문서	1. 토지수용 재정에 관한 건(경기도지사) 2. 토지매수가격에 관한 건(경성전기주식회사)		
문서내용	• 경기도 고양군 일대 석탄 운송을 위해 경성전기주식회사에서 신청한 철도부설용지 수용 신청을 거부한 재정 신청자에 대한 裁定書에 관한 내용 수록. 조선총독부의 裁決書 및 사유서와 더불어 수용토지 심사 재결 신청에 대한 의견서 포함. 피수용자와 경성전기주식회사가 제출한 토지수용과 관련된 관계서류 및 조선총독 앞으로 보낸 편지봉투 원본 포함		

4-6

기록건명	토지매수가격에 관한 건		
문서번호			
기안부서 (발신자)	내무국 토목과	기안일자	1925-10-10
중간결재			
최종결재 (수신자)	총독 (정무총감 전결)	결재일자 (접수일자)	1925-10-20
		시행일자 (발송일자)	1925-10-20
첨부문서			
문서내용	• 경성전기 전용선 용지도 포함		

4-7

기록건명	토지수용 재정의 건		
문서번호			
기안부서 (발신자)	내무국 토목과	기안일자	1925-08-06
중간결재			
최종결재 (수신자)	총독 (정무총감 전결)	결재일자 (접수일자)	
		시행일자 (발송일자)	
첨부문서			

문서내용	• 용산방수제 축조공사에 소요되는 토지 수용에 대한 경기도지사의 재결을 거부한 피수용자의 재정 신청에 대한 裁定書 및 판결 사유 내용 수록. 신용산 방수공사용지 실측도 및 신용산 방수공사용지 수용지목도 등 지도 정보 제공.

4-8

기록건명	용산방수제 2공구 축제공사 용지매수 가격에 관한 건		
문서번호	토 제366호		
기안부서 (발신자)	내무국 토목과	기안일자	1928-01-16
중간결재			
최종결재 (수신자)	총독 (정무총감 전결)	결재일자 (접수일자)	
		시행일자 (발송일자)	1928--2-16
첨부문서			
문서내용	• 내무국장이 경성토목출장소장 앞으로 보낸 용산방수제 2공구 축제공사 용지매수 가격에 관한 문서		

4-9

기록건명	토지수용 재정의 건		
문서번호	토 제366호		
기안부서 (발신자)	내무국 토목과	기안일자	1927-02-20
중간결재			
최종결재 (수신자)	총독 (정무총감 전결)	결재일자 (접수일자)	
		시행일자 (발송일자)	
첨부문서			
문서내용	• 용산방수제 축조공사에 소요되는 토지 수용에 대한 경기도지사의 재결을 거부한 피수용자의 재정 신청에 대한 裁定書 및 판결 사유 내용 수록.		

4-10

기록건명	토지수용 재정의 건		
문서번호	토 제41호		
기안부서 (발신자)	내무국 토목과	기안일자	1926-06-11
중간결재			
최종결재 (수신자)	총독 (정무총감 전결)	결재일자 (접수일자)	
		시행일자 (발송일자)	
첨부문서			
문서내용	• 경기도 고양군 일대 석탄 운송을 위해 경성전기주식회사에서 신청한 철도부설용지 수용 신청을 거부한 재정 신청자에 대한 裁定書 및 판결 사유서에 관한 내용 수록. 보상비교표, 최근 토지매매 사례 등을 통해 당시 토지가격 및 매매 정황에 대한 정부 제공.		

4-11

기록건명	토지수용 재정의 건		
문서번호	토 제88호		
기안부서 (발신자)	내무국 토목과	기안일자	1927-02-20
중간결재			
최종결재 (수신자)	총독 (정무총감 전결)	결재일자 (접수일자)	1928-02-27
		시행일자 (발송일자)	1928-03-02
첨부문서	1. 토지수용 재정 신청에 관한 건(경기도지사) 2. 토지수용 재정의 건(경성토목출장소장) 3. 용산방수공사 용지 매수의 건(경성토목출장소장)		
문서내용	• 용산방수제 축조공사에 소요되는 토지수용에 대한 경기도지사의 재결을 거부한 피수용자의 재정 신청에 대한 裁定書 및 판결 사유 내용 수록. 보상금 결정자료로서 경기도 토목과 조사에 의한 매매사례를 통해 당시 이 지역 일대의 지가를 가늠할 수 있는 정보를 제공. 공탁서, 토지평가감정서, 피수용자의 토지수용에 관한 의견서, 용산방수제 축조공사 사업계획서, 수용토지 세목조서, 경성토목출장소와 피수용자가 주고받은 토지수용에 관련된 문서 포함		

5) 토지수용 財政관계철

기록철명	원철명	토지수용 裁定관계서		
	정리철명	토지수용 財政관계철		
생산년도	1933-1934년			
생산기관	내무국 토목과			
보존기간	갑종(영구)			
소장기호	CJA0014733			
Item				
일련 번호	건명	결재(발송)일	기안(발신)부서	첨부 문서
1	나진 토지수용 裁定관계서철			1건

기록철명	원철명	토지수용 裁定관계서		
	정리철명	토지수용 財政관계철	··	
생산부서	내무국 토목과			
생산년도	1933-1934년	분류기호	1933-1934년 토목 갑 기록 제1110-1호	
쪽수	696면	조선총독부 보존기간	갑종(영구)	
소장처	국가기록원	소장기호	CJA0014733	

5-1

기록건명	나진 토지수용 裁定관계서철		
문서번호			
기안부서 (발신자)		기안일자	
중간결재			
최종결재 (수신자)		결재일자 (접수일자)	
		시행일자 (발송일자)	
첨부문서	1. 토지수용 裁決書 등본		

	- 토지수용裁決書
	- 토지수용재정에 관한 보충의견서
	- 탄원서
	- 토지수용재정신청 추진서
	- 토지수용재정신청서
	- 토지수용에 관한 진정서
	- 토지수용 재결에 관한 의견서
	- '起業者의 의견에 대한 견해
	- 의견서 제출 이후에 있어서 상황안내
문서내용	• 기안문서나 수발신 문서는 없음. 토지수용裁決書에는 신청인, 피신청인, 재결신청이유 등이 기록되어 있음. 토지수용과 관련한 정책내용, 정책집행과정 등을 확인할 수 있는 정보 제공.

6) 토지수용 관계서

기록철명	원철명	昭和2년도 토지수용 관계서			
	정리철명	토지수용 관계서			
생산년도	1927년				
생산기관	내무국 토목과				
보존기간	갑종(영구)				
소장기호	CJA0013066				
Item					
일련번호	건명		결재(발송)일	기안(발신)부서	첨부문서
1	토지수용 재결청구의 건		1927-12-28	내무국 토목과 행정계	10건

기록철명	원철명	昭和2년도 토지수용 관계서
	정리철명	토지수용 관계서
생산부서	내무국 토목과	

생산년도	1927년	분류기호	1927년 토목 갑 기록 제134호
쪽수		조선총독부 보존기간	갑종 (영구)
소장처	국가기록원	소장기호	CJA0013066

6-1

기록건명	토지수용 재결청구의 건		
문서번호	토 제452호		
기안부서 (발신자)	내무국 토목과 행정계	기안일자	1927-11-31
중간결재			
최종결재 (수신자)	총독 (정무총감 전결)	결재일자 (접수일자)	1927-12-28
		시행일자 (발송일자)	1927-12-28
첨부문서	1. 사업계획서 2. 수용토지조서 3. 수용재결청구 사유서 4. 수용토지보상비 산출서 5. 토지수용 재결청구에 관한 건(부산토목출장소장) 6. 일반도 7. 계획평면도 8. 용지목도 9. 토지수용 재결의 건(부산토목출장소장) 10. 토지수용 재결의 건(경상남도지사) - 재결서		
문서내용	• 경성부산선 구간 중 대구-부산간 1등도로 제2~3공구 및 부산경주선 2등도로 제1~2구간 건설에 따른 토지수용에 대한 부산토목출장소장의 재결청구에 관련된 문서들로 구성. 토지평정가격조서 등의 자료에서 당시 이 일대의 토지가격에 대한 상세정보 제공.		

7) 토지수용사업 인정

기록철명	원철명	토지수용사업 인정서류			
	정리철명	토지수용사업 인정			
생산년도	1926-1927년				
생산기관	내무국 토목과				
보존기간	갑종(영구)				
소장기호	CJA0013056				
Item					
일련 번호	건명		결재(발송)일	기안(발신)부서	첨부 문서
1	토지수용사업 인정의 건		1926-06-05	내무국 토목과	2건
2	토지수용사업 인정의 건		1927-08-15	내무국 토목과	3건
3	토지수용공고 중 정정의 건		1927-09-01	내무국 토목과	2건
4	토지수용사업 인정의 건		1927-04-13	내무국 토목과	3건
5	토지수용공고 추가 및 삭제의 건		1927-11-22	내무국 토목과	1건
6	토지수용사업 인정의 건		1927-08-12	내무국 토목과	1건
7	토지수용사업 인정의 건		1927-08-24	내무국 토목과	1건
8	토지수용사업 인정의 건		1927-08-24	내무국 토목과	1건
9	토지수용사업 인정의 건		1927-08-22	내무국 토목과	2건

기록철명	원철명	토지수용사업 인정서류	
	정리철명	토지수용사업 인정	
생산부서	내무국 토목과		
생산년도	1926-1927년	분류기호	1927년 토목 갑 기록 제125-1호
쪽수		조선총독부 보존기간	갑종 (영구)
소장처	국가기록원	소장기호	CJA0013056

7-1

기록건명	토지수용사업 인정의 건		
문서번호	토 제263호		
기안부서 (발신자)	내무국 토목과	기안일자	1926-05-27
중간결재			
최종결재 (수신자)	총독 (정무총감 전결)	결재일자 (접수일자)	
		시행일자 (발송일자)	1926-06-05

첨부문서	1. 토지수용사업 인정 신청의 건(전라남도지사)
	2. 토지수용사업 인정의 건 신청(평동수리조합장)
	  - 사업계획서
	  - 사업계획개설서
	  - 수용가능 토지세목조서
	  - 개인간 최근 토지매매상황
	  - 평동수리조합 평의회 회의록 등본
	  - 대정14년도 평동수리조합 세입세출설명서		

문서내용	• 전라남도 나주군 평동면 및 광주군 동곡면 일대 366정보의 토지에 대해 평동수리조합의 축조사업 목적으로 평동수리조합에 토지수용을 인정하는 문서		

7-2

기록건명	토지수용사업 인정의 건		
문서번호	토 제324호		
기안부서 (발신자)	내무국 토목과	기안일자	1927-08-01
중간결재			
최종결재 (수신자)	총독 (정무총감 전결)	결재일자 (접수일자)	1927-08-15
		시행일자 (발송일자)	1927-08-18
첨부문서	1. 토지수용사업 인정 신청의 건(황해도지사) 2. 사업인정신청서(연해수리조합장) - 수용토지 세목조서		

	- 수용토지 부속조서
	- 사업계획서
	- 이유서
	- 사업계획평면도
	- 사업일반도
	- 수용지목도
	- 연해수리조합 사업예정도(1:24,000)
	3. 토지수용사업 인정에 관한 건(황해도지사)
문서내용	• 황해도 연백군 서부 및 해주군 동부의 경지와 간석지 9,508 정보의 토지를 관개 목적으로 연해수리조합에 토지수용하는 것을 인정하는 문서. 용지매수 보합표, 수용토지 세목조서, 용지매수 가격표 등 당시 황해도 일대의 지가 추이를 파악할 수 있는 정보를 제공하고, 수용토지 세목별 상세지도 포함

7-3

기록건명	토지수용공고 중 정정의 건		
문서번호	토 제202호		
기안부서 (발신자)	내무국 토목과	기안일자	1927-08-31
중간결재			
최종결재 (수신자)	총독 (정무총감 전결)	결재일자 (접수일자)	1927-09-01
		시행일자 (발송일자)	
첨부문서	1. 토지수용사업 인정신청서 중 오자 정정의 건(황해도지사) 2. 사업인정신청서 중 오자 정정에 관한 건(연해수리조합장)		
문서내용	• 황해도 연해수리조합에 대한 토지수용 인정공고 중 일부 사항에 대한 정정을 공지하는 문서		

7-4

기록건명	토지수용사업 인정의 건		
문서번호	토 제20호		
기안부서 (발신자)	내무국 토목과	기안일자	1927-01-25

중간결재			
최종결재 (수신자)	총독 (정무총감 전결)	결재일자 (접수일자)	1927-04-13
		시행일자 (발송일자)	1927-04-19
첨부문서	1. 토지수용사업 인정 신청에 관한 건(경기도지사) 2. 토지수용사업 인정신청의 건(경성부윤) 3. 경성수도수원지부근 평면도		
문서내용	• 경기도 고양군 일대 방수제 공사를 위해 경성부에 토지수용령에 의거, 토지수용을 인정하는 문서		

7-5

기록건명	토지수용공고 추가 및 삭제의 건		
문서번호	토 제325호		
기안부서 (발신자)	내무국 토목과	기안일자	1927-10-24
중간결재			
최종결재 (수신자)	총독 (정무총감 전결)	결재일자 (접수일자)	1927-11-22
		시행일자 (발송일자)	1927-11-24
첨부문서	1. 토지수용사업 인정 중 토지표시 정오의 건(부산토목출장소장)		
문서내용	• 부산경주선 중 동래-마산간 도로개수와 관련하여 일부 도로공사 사항을 삭제함과 더불어 추가사항을 공고하는 문서		

7-6

기록건명	토지수용사업 인정의 건		
문서번호	토 제325호		
기안부서 (발신자)	내무국 토목과	기안일자	1927-07-23
중간결재			
최종결재 (수신자)	총독 (정무총감 전결)	결재일자 (접수일자)	1927-08-12
		시행일자 (발송일자)	1927-08-17
첨부문서	1. 토지수용사업 인정의 건 신청(부산토목출장소장)		

	- 토지수용사업 인정신청사유서
	- 사업계획서
	- 수용토지세목조서
문서내용	• 경성부산선 중 대구-부산간 및 부산경주선 중 동래-마산간 도로 축조를 위해 토지수용령에 의거, 토지수용을 인정하는 문서

7-7

기록건명	토지수용사업 인정의 건		
문서번호	토 제1986호		
기안부서 (발신자)	내무국 토목과	기안일자	1927-08-24
중간결재			
최종결재 (수신자)	총독 (정무총감 전결)	결재일자 (접수일자)	1927-08-24
		시행일자 (발송일자)	1927-08-24
첨부문서	1. 토지수용사업 인정의 건 지급(부산부윤)		
문서내용	• 토지수용사업 인정의 건 전보(안)과 전보 원본 포함		

7-8

기록건명	토지수용사업 인정의 건		
문서번호	토 제1986호		
기안부서 (발신자)	내무국 토목과	기안일자	1927-08-24
중간결재			
최종결재 (수신자)	총독 (정무총감 전결)	결재일자 (접수일자)	1927-08-24
		시행일자 (발송일자)	1927-08-24
첨부문서	1. 토지수용사업 인정의 건 지급(부산부윤)		
문서내용	• 토지수용사업 인정의 건 전보(안)		

7-9

기록건명	토지수용사업 인정의 건		
문서번호	토 제346호		
기안부서 (발신자)	내무국 토목과	기안일자	1927-08-09
중간결재			
최종결재 (수신자)	총독 (정무총감 전결)	결재일자 (접수일자)	1927-08-22
		시행일자 (발송일자)	1927-08-25
첨부문서	1. 토지수용사업 인정 신청의 건(경상남도지사) 2. 토지수용사업 인정의 건 신청(부산부윤) 　- 수용토지 세목조서 　- 공설운동장 계획서		
문서내용	• 부산부의 공설운동장 신설에 따른 토지수용을 인정하는 문서		

8) 토지수용사업 인정관계서류

기록철명	원철명	토지수용사업 인정관계서류		
	정리철명	토지수용사업 인정관계서류		
생산년도	1930-1931년			
생산기관	내무국 토목과			
보존기간	갑종(영구)			
소장기호	CJA0013663			

		Item		
일련 번호	건명	결재(발송)일	기안(발신)부서	첨부 문서
1	토지수용사업 인정의 건	1930-03-17	내무국 토목과	2건
2	토지수용사업 인정의 건	1931-04-02	내무국 토목과	2건
3	토지수용사업 인정의 건	1931-05-05	내무국 토목과	2건
4	토지수용사업 인정의 건	1931-05-22	내무국 토목과	1건
5	수용 및 사용가능한 토지 추가의 건	1931-05-25	내무국 토목과	2건

6	토지수용사업 인정의 건	1931-06-18	내무국 토목과	1건
7	토지수용사업 인정의 건	1931-05-23	내무국 토목과	1건
8	토지수용사업 인정의 건	1931-06-22	내무국 토목과	1건
9	토지수용사업 인정의 건	1931-06-18	내무국 토목과	3건
10	토지수용사업 인정의 건	1931-08-18	내무국 토목과	3건
11	토지수용사업 인정의 건	1931-08-18	내무국 토목과	2건
12	토지수용사업 인정의 건	1931-09-21	내무국 토목과	2건
13	토지수용사업 인정의 건	1931-10-02	내무국 토목과	2건
14	토지수용사업 인정의 건	1931-10-02	내무국 토목과	2건
15	토지수용사업 인정의 건	1931-11-30	내무국 토목과	2건

기록철명	원철명	토지수용사업 인정관계서류		
	정리철명	토지수용사업 인정관계서류		
생산부서	내무국 토목과			
생산년도	1930-1931년	분류기호	1930-1931년 토목 갑 기록 제569호	
쪽수		조선총독부 보존기간	갑종 (영구)	
소장처	국가기록원	소장기호	CJA0013663	

8-1

기록건명	토지수용사업 인정의 건		
문서번호	토 제46호		
기안부서 (발신자)	내무국 토목과	기안일자	1930-03-01
중간결재			
최종결재 (수신자)	총독 (정무총감 전결)	결재일자 (접수일자)	1930-03-17
		시행일자 (발송일자)	1930-03-19
첨부문서	1. 토지수용사업 인정의 건(평안남도지사) 2. 토지수용사업 인정신청(평안수리조합장)		

	- 사업계획서
	- 수용토지 세목조서
	- 매수교섭 전말서
	- 평안수리조합 공사용지 보상단가조정표
	- 사업계획일반도
	- 수용토지세목도
문서내용	• 1926년 수리 제16호로 인정을 받은 평안수리조합의 공사사업을 위해 토지수용을 인정 신청하는데 관련된 문서

8-2

기록건명	토지수용사업 인정의 건		
문서번호	토 제47호		
기안부서 (발신자)	내무국 토목과	기안일자	1931-03-24
중간결재			
최종결재 (수신자)	총독 (정무총감 전결)	결재일자 (접수일자)	1931-04-02
		시행일자 (발송일자)	1931-04-07
첨부문서	1. 토지수용사업 인정 신청의 건(황해도지사) 2. 토지수용사업 인정 신청(조선철도주식회사장) 　- 수용토지 세목조서 　- 수용사업 인정신청 사유서 　- 사업계획서 　- 일반도 　- 철도선로 건설평면도 　- 정차장 평면도 　- 수용토지세목도		
문서내용	• 조선철도주식회사 철도사업에 관계된 해주선의 일부인 연안-백천간 철도공사에 따른 토지수용 인정을 신청하는 문서. 토지대장등본을 통해 당시 이 지역의 지가 추이를 가늠할 수 있는 정보 제공		

8-3

기록건명	토지수용사업 인정의 건		
문서번호	토 제127호		
기안부서 (발신자)	내무국 토목과	기안일자	1931-04-30
중간결재			
최종결재 (수신자)	총독 (정무총감 전결)	결재일자 (접수일자)	1931-05-05
		시행일자 (발송일자)	1931-05-06

첨부문서	1. 토지수용사업 인정신청의 건(황해도지사)
	2. 사업인정의 건 신청(신천수리조합장)
	  - 사업계획개요
	  - 수용토지 세목조서
	  - 교섭전말서
	  - 평가결정액 일람표
	  - 신천수리조합 사업계획 일반도
	  - 신천수리조합 사업계획개요		

문서내용	• 황해도 신천군 내 경지의 관개 및 배수·방수공사를 위해 신천수리조합에서 조선총독부 내무국 토목과에 신청한 토지수용 인정 관계서류들로 구성. 토지대장등본을 통해 당시 이 지역의 지가 추이를 알 수 있는 정보 제공		

8-4

기록건명	토지수용사업 인정의 건		
문서번호	토 제130호		
기안부서 (발신자)	내무국 토목과	기안일자	1931-05-04
중간결재			
최종결재 (수신자)	총독 (정무총감 전결)	결재일자 (접수일자)	1931-05-22
		시행일자 (발송일자)	

첨부문서	1. 토지수용사업 인정의 건(조선총독부 철도국장)
	  - 사업계획서
	  - 수용토지 세목조서		

	- 교섭전말서
	- 토지매수가격 사정조서
	- 토지매수 실례조서
	- 계획평면도
	- 수용지목도
문서내용	• 조선총독부 철도국 동해선의 일부인 부산진-기장간 철도부설에 따른 토지수용 인정을 신청하는 문서

8-5

기록건명	수용 및 사용가능한 토지 추가의 건		
문서번호	토 제145호		
기안부서 (발신자)	내무국 토목과	기안일자	1931-05-13
중간결재			
최종결재 (수신자)	총독 (정무총감 전결)	결재일자 (접수일자)	1931-05-25
		시행일자 (발송일자)	1931-05-27

첨부문서	1. 토지수용 및 사용사업 인정 신청에 관한 건(경기도지사)
	2. 토지수용사업 인정 신청(풍덕수리조합장)
	  - 교섭전말서
	  - 사업계획개요
	  - 토지수용 세목조서
	  - 수용지목도
	  - 일반도
	  - 계획평면도		

문서내용	• 풍덕수리조합의 용수로 축조사업 및 토사장 설치를 위해 토지의 추가 수용 인정을 신청하는 문서		

8-6

기록건명	토지수용사업 인정의 건		
문서번호	토 제168호		
기안부서 (발신자)	내무국 토목과	기안일자	1931-06-02

중간결재			
최종결재 (수신자)	총독 (정무총감 전결)	결재일자 (접수일자)	1931-06-18
		시행일자 (발송일자)	
첨부문서	1. 토지수용인정신청(경상북도지사) 　- 사업계획서 　- 수용토지 세목조서 　- 이전물건조서 　- 교섭전말서 　- 토지매수가격 산정의 기초 　- 토지매수 실례조서 　- 토지수용 지목도 　- 사업계획도 　- 일반도 　- 용지 및 이전물건도 　- 토지매매실례지 위치도		
문서내용	• 경상북도 대구부에서 시행한 시가도로 축조사업 및 하수도 개수공사 수용토지 중 별지 조서의 토지수용 인정을 신청하는 문서		

8-7

기록건명	토지수용사업 인정의 건		
문서번호	토 제168호		
기안부서 (발신자)	내무국 토목과	기안일자	1931-05
중간결재			
최종결재 (수신자)	총독 (정무총감 전결)	결재일자 (접수일자)	1931-05-23
		시행일자 (발송일자)	1931-05-23
첨부문서	1. 토지수용사업 인정의 건(경상북도지사) 　- 토지수용 인정 신청에 따른 이해관계자에 대한 교섭전말서		
문서내용	• 경상북도 대구부에서 시행한 토지수용사업 중 동성정 3정목 56번의 토지소유자와의 교섭 전말서 상신을 요청하는 문서		

8-8

기록건명	토지수용사업 인정의 건		
문서번호			
기안부서 (발신자)	내무국 토목과	기안일자	1931-06-22
중간결재			
최종결재 (수신자)	총독 (정무총감 전결)	결재일자 (접수일자)	
		시행일자 (발송일자)	1931-06-22
첨부문서	1. 전보 원본		
문서내용	• 경상북도 대구부에서 신청한 토지수용 인정의 건 전보(안)		

8-9

기록건명	토지수용사업 인정의 건		
문서번호	토 제227호		
기안부서 (발신자)	내무국 토목과	기안일자	1931-06-15
중간결재			
최종결재 (수신자)	총독 (정무총감 전결)	결재일자 (접수일자)	1931-06-18
		시행일자 (발송일자)	1931-06-20
첨부문서	1. 토지수용사업 인정의 건(전라남도지사) 2. 토지수용사업 인정의 건 신청(다시(多侍)수리조합장) 　- 사업계획서 　- 사업계획 개요설명 　- 수용 가능한 토지 세목조서 　- 저수지부근 임야실지 매매상황 조서 　- 제3회 다시수리조합 평의회회의록등본 　- 다시수리조합 지구 현형 및 계획평면도(1:6,000) 3. 전보 원문		
문서내용	• 다시수리조합에서 시행한 저수지·용수로 축조공사 및 도로신설공사 등에 따른 토지수용 인정을 신청하는 문서. 나주군 일대 임야실지에 대한 매매상황 조서를 통해 당시의 임야 실지 가격 추이를 파악할 수 있는 정보 제공		

8-10

기록건명	토지수용사업 인정의 건		
문서번호	토 제243호		
기안부서 (발신자)	내무국 토목과	기안일자	1931-06-30
중간결재			
최종결재 (수신자)	총독 (정무총감 전결)	결재일자 (접수일자)	1931-08-18
		시행일자 (발송일자)	1931-08-20

첨부문서	1. 토지수용사업 인정의 건 부신(평안남도지사)
	2. 토지수용사업 인정신청에 관한 건 부신(순남수리조합장)
	3. 토지수용사업 인정신청서
	  - 매매교섭 전말서
	  - 수용토지 세목조서
	  - 기 매수토지조서
	  - 조합 사정가격 및 소유자 요구 가격조서
	  - 수용신청토지 인접지에 걸친 매수지조서
	  - 사업계획서
	  - 저수지공사 계획서
	  - 순남수리조합 사업 일람도
	  - 수용토지목도		

문서내용	• 평안남도 순남수리조합에서 시행한 저수지 축조공사에 소요되는 토지수용을 인정해 줄 것을 조선총독부 내무국 토목과에 신청하는 문서 포함. 순남수리조합에서 제시한 가격과 소유자 요구 가격을 비교할 수 있는 조서를 통해 당시 토지수용사업을 둘러싼 사회적 정황을 파악할 수 있는 정보 제공		

8-11

기록건명	토지수용사업 인정의 건		
문서번호	토 제255호		
기안부서 (발신자)	내무국 토목과	기안일자	1931-07-13
중간결재			

| 최종결재
(수신자) | 총독 (정무총감 전결) | 결재일자 (접수일자) | 1931-08-18 |
| | | 시행일자 (발송일자) | 1931-08-20 |

첨부문서	1. 토지수용사업 인정의 건(전라남도지사) 2. 토지수용사업 인정 신청 　- 수용토지 세목조서 　- 사업계획서 　- 임야대장등본 　- 토지대장등본 　- 보성간척사업 계획 일반도
문서내용	• 전라남도 보성군 득량면 해평리 일대의 저수지 및 제방, 방수로, 배수로, 도로 축조공사를 위해 토지수용을 인정해 줄 것을 조선총독부 내무국 토목과에 신청하는 문서 포함

8-12

기록건명	토지수용사업 인정의 건		
문서번호	토 제285호		
기안부서 (발신자)	내무국 토목과	기안일자	1931-08-22
중간결재			
최종결재 (수신자)	총독 (정무총감 전결)	결재일자 (접수일자)	1931-09-21
		시행일자 (발송일자)	1931-09-23
첨부문서	1. 토지수용사업 인정의 건(평안남도지사) 2. 토지수용사업 인정신청(진남포부윤) 　- 사업계획서 　- 설계서 　- 수용토지 세목조서 　- 토지대장등본 　- 매수 교섭 전말서 　- 토지가격 평가표 　- 부 사정가격 및 소유자 요구 가격 조서 　- 수용신청토지 인접지에 걸친 기 매수지 조서 　- 용지보상액조서		

	- 지장물건 이전보상비 조서 - 진남포부 관내도
문서내용	• 진남포부에서 시행하는 도로확장공사 및 하수축조공사를 위한 토지수용 인정을 조선총독부 내무국 토목과에 신청하는 문서. 진남포부에서 제시한 가격과 소유자 요구 가격을 비교할 수 있는 조서를 통해 당시 토지수용사업을 둘러싼 사회적 정황을 파악할 수 있는 정보 제공

8-13

기록건명	토지수용사업 인정의 건		
문서번호	토 제319호		
기안부서 (발신자)	내무국 토목과	기안일자	1931-09-23
중간결재			
최종결재 (수신자)	총독 (정무총감 전결)	결재일자 (접수일자)	1931-10-02
		시행일자 (발송일자)	1931-10-05

첨부문서	1. 토지수용사업 인정 신청의 건(황해도지사)
	2. 토지수용사업 인정 신청서(조선철도주식회사장)
	  - 수용토지 세목조서
	  - 수용사업 인정신청 사유서
	  - 사업계획서
	  - 일반도
	  - 철도선로건설 평면도
	  - 정차장평면도
	  - 수용토지세목도		

문서내용	• 조선철도주식회사에서 시행하는 철도부설, 정차장 설치 및 부대사업을 위해 토지수용 인정을 조선총독부 내무국 토목과에 신청하는 문서		

8-14

기록건명	토지수용사업 인정의 건		
문서번호	토 제313호		
기안부서 (발신자)	내무국 토목과	기안일자	1931-09-18
중간결재			
최종결재 (수신자)	총독 (정무총감 전결)	결재일자 (접수일자)	1931-10-02
		시행일자 (발송일자)	1931-10-05
첨부문서	1. 토지수용사업 인정신청의 건 부신(강원도지사) 2. 토지수용사업 인정신청(이인용) - 수용토지 세목조서 - 사업계획서 - 토지수용신청 사유 - 토지개량사업 계획서 - 강원도 평강군 남면 용전제방평면도(1:1,200) - 강원도 평강군 남면 토지개량사업 예정 평면도(1:2,400)		
문서내용	• 이인용이 시행한 토지개량사업 용지 가운데 별지조서의 토지수용 인정을 조선총독부 내무국 토목과에 신청하는 문서		

8-15

기록건명	토지수용사업 인정의 건		
문서번호	토 제328호		
기안부서 (발신자)	내무국 토목과	기안일자	1931-10-12
중간결재			
최종결재 (수신자)	총독 (정무총감 전결)	결재일자 (접수일자)	1931-11-30
		시행일자 (발송일자)	1931-12-02
첨부문서	1. 토지수용사업 인정의 건(철도국장) - 사업계획서 - 수용토지 세목조서 - 수용토지 명세조서		

	- 교섭전말서 - 토지매수가격 사정조서 - 토지매수 실례조서 - 계획평면도 - 수용지목도 - 일반도 2. 토지수용에 관한 협의서 중 삭제의 건(철도국장)
문서내용	• 조선총독부 철도국에서 시행하는 순천선 동간 철도부설 및 정차장 신설을 위한 토지수용을 조선총독부 내무국 토목과에 신청하는 문서

9) 토지수용사업 인정서류(1932)

기록철명	원철명	토지수용사업 인정서류		
	정리철명	토지수용사업 인정서류(1932)		
생산년도	1931-1932년			
생산기관	내무국 토목과			
보존기간				
소장기호	CJA0013882			

<table>
<tr><td colspan="5" align="center">Item</td></tr>
<tr><td>일련
번호</td><td>건명</td><td>결재(발송)일</td><td>기안(발신)부서</td><td>첨부
문서</td></tr>
<tr><td>1</td><td>수용해야 할 토지 추가의 건</td><td>1932-03-09</td><td>내무국 토목과</td><td>3건</td></tr>
<tr><td>2</td><td>토지수용사업 인정의 건</td><td>1932-03-11</td><td>내무국 토목과</td><td>3건</td></tr>
<tr><td>3</td><td>토지수용사업 인정신청에 관한 건</td><td>1931-11-??</td><td>내무국장</td><td>2건</td></tr>
<tr><td>4</td><td>수용해야 할 토지 추가의 건</td><td></td><td>내무국 토목과</td><td>1건</td></tr>
<tr><td>5</td><td>토지수용 裁決에 관한 申報</td><td>1932-07-04</td><td>충청도지사</td><td>1건</td></tr>
<tr><td>6</td><td>토지수용사업 인정의 건</td><td>1932-03-09</td><td>내무국 토목과</td><td>2건</td></tr>
<tr><td>7</td><td>토지수용사업 인정신청에 관한 건</td><td>1931-09-04</td><td>내무국장</td><td>3건</td></tr>
<tr><td>8</td><td>토지수용사업 인정의 건</td><td>1932-03-09</td><td>내무국 토목과</td><td>4건</td></tr>
</table>

9	토지수용사업 인정 신청에 관한 건	1931-09-??	내무국장	5건
10	토지수용사업 인정의 건	1932-03-09	내무국 토목과	2건
11	토지수용사업 인정의 건	1932-03-15	내무국 토목과	2건
12	토지수용 공고 세목 추가의 건	1932-03-24	내무국 토목과	2건
13	토지수용사업 인정의 건	1932-03-12	내무국 토목과	4건
14	토지수용사업 인정신청에 관한 건	1931-11-25	내무국장	1건

기록철명	원철명	토지수용사업 인정서류		
	정리철명	토지수용사업 인정서류(1932)		
생산부서	내무국 토목과			
생산년도	1931-1932년		분류기호	1932년 토목 기록 제666-1호
쪽수	326면		조선총독부 보존기간	
소장처	국가기록원		소장기호	CJA0013882

9-1

기록건명	수용해야 할 토지 추가의 건		
문서번호			
기안부서 (발신자)	내무국 토목과	기안일자	1932-02-02
중간결재	내무국장		
최종결재 (수신자)	총독(정무총감)	결재일자 (접수일자)	1932-03-09
		시행일자 (발송일자)	1932-03-11
첨부문서	1. 토지수용공고안 2. 토지수용사업 인정신청의 건(황해도지사) 3. 토지수용사업인정신청(조선철도주식회사) - 수용토지세목조서, 수용사업인정신청사유서, 토지대장등본, 분묘이전보상내역표, 보상승낙서 등. - 첨부도(일반도, 철도선로건설평면도, 정차장평면도, 수용토지세목도)		
문서내용	• 토지수용에 관한 여러 문서들이 다양하게 첨부되어 있어 토지수용 과정 등을 알수 있는 정보 제공.		

9-2

기록건명	토지수용사업 인정의 건		
문서번호	토 제22호		
기안부서 (발신자)	내무국 토목과	기안일자	1932-03-04
중간결재			
최종결재 (수신자)	총독(정무총감)	결재일자 (접수일자)	1932-03-11
		시행일자 (발송일자)	1932-03-13

첨부문서	1. 토지세목 公告신청의 건(경기도지사)
	2. 토지세목 공고신청의 건(조선京東철도주식회사)
	  - 토지세목조서
	  - 교섭전말서
	  - 계획평면도(조선경동철도 수원이천간 선로평면도(지도, 1/25,000),
	    이천정차장평면도(지도, 1/1,000))
	  - 수용지목록
	  - 건물배치도
	3. 이천정차장 용지 중 사택에 관한 건(조선경동철도주식회사)		

문서내용	• 조선경동철도주식회사의 철도부지 수용관련 정보 제공		

9-3

기록건명	토지수용사업 인정신청에 관한 건		
문서번호	토 350호		
기안부서 (발신자)	내무국장	기안일자	1931-11-21
중간결재			
최종결재 (수신자)	경기도지사	결재일자 (접수일자)	1931-11-??
		시행일자 (발송일자)	
첨부문서	1. 토지수용사업인정신청에 관한 건(경기도지사) 2. 토지수용신청에 관한 건(조선경동철도주식회사)		
문서내용	• 조선경동철도주식회사의 철도부지 수용관련 정보 제공		

9-4

기록건명	수용해야 할 토지 추가의 건		
문서번호			
기안부서 (발신자)	내무국 토목과	기안일자	1932-01-08
중간결재			
최종결재 (수신자)		결재일자 (접수일자)	
		시행일자 (발송일자)	
첨부문서	1. (안) 토지수용 공고		
문서내용	• 조선경동철도주식회사의 철도부지 수용관련 정보 제공		

9-5

기록건명	토지수용 裁決에 관한 申報		
문서번호			
기안부서 (발신자)	충청도지사	기안일자	
중간결재			
최종결재 (수신자)	총독	결재일자 (접수일자)	
		시행일자 (발송일자)	1932-07-04
첨부문서	재결서		
문서내용	• 조선경남철도주식회사의 철도부지 수용관련 정보 제공		

9-6

기록건명	토지수용사업 인정의 건		
문서번호	토 제41호		
기안부서 (발신자)	내무국 토목과	기안일자	1931-10-12
중간결재			
최종결재 (수신자)	총독(정무총감)	결재일자 (접수일자)	1932-03-09
		시행일자 (발송일자)	1932-03-11
첨부문서	1. 토지수용사업 인정 신청에 관한 건(충청남도지사)		

	2. 토지수용지사업 인정 신청(조선경남철도주식회사)
	- 사업계획서
	- 토지수용세목조서
	- 증명원
	- 지도(일반도, 평면도 다수)
문서내용	• 조선경남철도주식회사의 사업계획서, 토지수용세목조서 등 토지수용 사업의 시행과정을 보여주는 정보제공.

9-7

기록건명	토지수용사업 인정신청에 관한 건		
문서번호	토 제287호		
기안부서 (발신자)	내무국장	기안일자	1931-08-27
중간결재			
최종결재 (수신자)	충청도지사	결재일자 (접수일자)	1931-09-04
		시행일자 (발송일자)	1931-09-04

첨부문서	1. 토지수용지 사업 인정 신청
	  - 사업계획서
	  - 수용토지 상세 조서
	  - 이유서
	  - 수용지목도, 계획평면도, 일반도
	2. 토지수용사업 인정 신청에 관한 건
	3. 토지수용령에 의한 사업 인정 신청의 건 副申(충청남도지사)		

문서내용	• 조선경남철도주식회사의 사업계획서, 토지수용세목조서 등 토지수용 사업의 시행과정을 보여주는 정보제공.		

9-8

기록건명	토지수용사업 인정의 건		
문서번호	토 제42호		
기안부서 (발신자)	내무국 토목과	기안일자	1931-12-23
중간결재			

최종결재 (수신자)	총독(정무총감)	결재일자 (접수일자)	1932-03-09
		시행일자 (발송일자)	1932-03-11

첨부문서	1. 토지수용사업 인정에 관한 건(강원도지사)
	2. 토지수용사업 인정에 관한 건(금강산전기철도주식회사)
	3. 토지수용사업 인정 신청에 관한 건(강원도지사)
	4. 토지수용령 적용사업 인정 신청(금강산전기철도주식회사)
	  - 교섭전말서
	  - 사업계획서
	  - 이유서
	  - 인가년월일조
	  - 세목조서
	  - 일반도
	  - 계획평면도
	  - 收用地目圖		

문서내용	• 금강산전기철도주식회사의 사업계획서, 교섭전말서 등 토지수용사업 시행과정에 관한 전반적인 상황을 보여주는 자료로서, 토지수용사업 과정을 확인할 수 있는 정보 제공		

9-9

기록건명	토지수용사업 인정 신청에 관한 건		
문서번호	토 제 247호		
기안부서 (발신자)	내무국장	기안일자	1931-09-029
중간결재			
최종결재 (수신자)	강원도지사	결재일자 (접수일자)	1931-09-??
		시행일자 (발송일자)	1931-09-??
첨부문서	1. 토지수용사업 인정 신청에 관한 건(강원도지사) 2. 토지수용사업 인정 신청에 관한 건(강원도지사) 3. 토지수용사업 인정 신청에 관한 건(내무국장) 4. 토지수용사업 인정 신청의 건(내무국장) 5. 토지수용사업 인정 신청의 건(강원도지사)		
문서내용	• 강원도지사와 내무국장 사이의 수발신 문서 포함.		

9-10

기록건명	토지수용사업 인정의 건		
문서번호	토 제 43호		
기안부서 (발신자)	내무국 토목과	기안일자	1932-01-06
중간결재			
최종결재 (수신자)	총독(정무총감)	결재일자 (접수일자)	1932-03-09
		시행일자 (발송일자)	1932-03-11

첨부문서	1. 토지수용사업 인정의 건(함경남도지사)
	2. 토지수용사업 인정 신청(조선질소비료주식회사)
	  - 사업계획서
	  - 具申書
	  - 貸供교섭요금 내역서
	  - 교섭전말서
	  - 용지세목조서
	  - 조선질소비료주식회사 정관
	  - 복명서
	  - 토지대장등본
	  - 조선총독부 御申
	  - 지적도(풍상송전선용지도(지도, 1/1,200))
	  - 임야도(풍상송전선용지도(지도, 1/6,000)
	  - 풍상 송전선로 실측평면도(지도, 1/2,000)		

문서내용	• 조선질소비료주식회사의 수용토지 세목조서, 사업계획서, 교섭전말서 등 토지수용사업의 시행과정을 보여주는 자세한 자료로 토지수용사업 과정을 확인할 수 있는 정보 제공.		

9-11

기록건명	토지수용사업 인정의 건		
문서번호	토 제39호		
기안부서 (발신자)	내무국 토목과	기안일자	1932-03-04
중간결재	심의실사무관		

| 최종결재
(수신자) | 총독(정무총감) | 결재일자 (접수일자) | 1932-03-15 |
| | | 시행일자 (발송일자) | 1932-03-22 |

첨부문서	1. 토지수용사업 인정의 건 부신(평안남도지사)
	2. 토지수용사업 인정 신청(동양척식주식회사 조선지사)
	   - 수용토지세목조서
	   - 교섭전말서
	   - 소화6년말 임야가격조서
	   - 사업계획서
	   - 수용지목도(지도)

문서내용	• 동양척식주식회사의 수용토지 세목조서, 사업계획서, 교섭전말서 등 토지수용사업의 시행과정을 보여주는 자세한 자료로 토지수용 사업을 확인할 수 있는 정보 제공.

9-12

기록건명	토지수용 공고 세목 추가의 건		
문서번호	토·제45호		
기안부서 (발신자)	내무국 토목과	기안일자	1932-03-17
중간결재	심의실 사무관		
최종결재 (수신자)	총독(정무총감)	결재일자 (접수일자)	1932-03-24
		시행일자 (발송일자)	1932-03-28

첨부문서	1. 토지수용사업 인정 신청의 건(경상남도지사)
	2. 토지수용사업 인정 신청의 건(고성수리조합장)
	   - 토지세목조서
	   - 고성수리조합 사업계획서
	   - 토지소유자와의 매매 교섭 전말
	   - 부근토지매매 실례조서
	   - 일반평면도(지도, 1/50,000)		

문서내용	• 고성수리조합의 사업계획서, 매매 교섭전말 등 토지수용사업의 시행과정에 대한 자세한 자료로 토지수용 사업을 확인할 수 있는 정보 제공.		

9-13

기록건명	토지수용사업 인정의 건		
문서번호	토 제48호		
기안부서 (발신자)	내무국 토목과	기안일자	1932-01-09
중간결재	심의실사무관		
최종결재 (수신자)	총독(정무총감)	결재일자 (접수일자)	1932-03-12
		시행일자 (발송일자)	1932-03-16

첨부문서	1. 토지수용사업 인정 신청에 관한 건(조선경동철도주식회사)
	2. 토지수용사업 인정 신청에 관한 건(경기도지사)
	3. 토지수용사업 인정 신청에 관한 건(조선경동철도주식회사)
	4. 토지수용사업 인정신청서(조선경동철도주식회사)
	  - 사업계획서
	  - 수용토지세목조서
	  - 교섭전말서
	  - 도면(계획평면도,.일반평면도, 수용지지적도 등)		

문서내용	• 조선경동철도주식회사의 토지수용에 관한 풍부한 지리적 정보 제공		

9-14

기록건명	토지수용사업 인정신청에 관한 건		
문서번호	토 제350호		
기안부서 (발신자)	내무국장	기안일자	1931-11-21
중간결재			
최종결재 (수신자)	경기도지사	결재일자 (접수일자)	1931-11-25
		시행일자 (발송일자)	1931-11-26
첨부문서	1. 토지수용사업 인정 신청에 관한 건(경기도지사) - 이천여주간 철도용지도(지도, 1/12,00) - 여주정차장 건물배치도(지도 1/1,000) - 이천여주간 선로 평면도(지도 1/1,000)		
문서내용	• 조선경동철도주식회사의 토지수용에 관한 정보 제공		

10) 토지수용사업 인정 서류

기록철명	원철명	토지수용사업 인정			
	정리철명	토지수용사업 인정 서류			
생산년도	1931-1932년				
생산기관	내무국 토목과				
보존기간	갑종(영구)				
소장기호	CJA0013884				
Item					
일련 번호	건명		결재(발송)일	기안(발신)부서	첨부 문서
1	토지수용사업 인정의 건		1932-01-20	내무국 토목과	2건
2	토지수용사업 인정의 건		1932-01-20	내무국 토목과	2건
3	토지수용사업 인정의 건		1932-01-20	내무국 토목과	2건
4	토지수용사업 인정신청에 관한 건		1931-10-07	내무국장	1건
5	토지수용사업 인정의 건		1932-01-22	내무국 토목과	2건
6	토지수용사업인정의 건		1932-02-04	내무국 토목과	1건
7	토지수용사업 인정의 건		1932-02-20	내무국 토목과	2건

기록철명	원철명	토지수용사업 인정	
	정리철명	토지수용사업 인정 서류	
생산부서	내무국 토목과		
생산년도	1931-1932년	분류기호	1932년 토목 갑 기록 제666-2호
쪽수	259면	조선총독부 보존기간	갑종(영구)
소장처	국가기록원	소장기호	CJA0013884

10-1

기록건명	토지수용사업 인정의 건		
문서번호	토 제11호		
기안부서 (발신자)	내무국 토목과	기안일자	1931-11-16
중간결재	심의실 사무관		
최종결재 (수신자)	총독(정무총감)	결재일자 (접수일자)	1932-01-20
		시행일자 (발송일자)	1932-01-23
첨부문서	1. 토지수용사업 인정신청의 건(경상남도지사) 2. 토지수용사업 인정신청의 건(고성수리조합) 　- 토지세목조서 　- 부근토지매매실례조서 　- 고싱수리조협 사업계획서 　- 소화8년도 차입금 　- 토지소유자와의 매매교섭 전말서 　- 일반평면도(지도, 1/50,000) 　- 고성수리조합사업계획평면도(지도, 1/50,000)		
문서내용	• 고성수리조합의 토지수용 사업에 관한 정보 제공		

10-2

기록건명	토지수용사업 인정의 건		
문서번호	토 제12호		
기안부서 (발신자)	내무국 토목과	기안일자	1931-11-26
중간결재	심의실사무관		
최종결재 (수신자)	총독(정무총감)	결재일자 (접수일자)	1932-01-20
		시행일자 (발송일자)	1932-01-26
첨부문서	1. 토지수용사업 인정 신청에 관한 건(경기도지사) 2. 토지수용사업 인정의 건 신청서 ① 토지수용사업 인정의 건 신청 - 이유서		

	- 수용토지세목조서
	- 사업계획서
	- 관계도면(일반위치도, 일반계획평면도, 세목도)
문서내용	• 경기도 연천군 토지개량사업 관련 토지수용에 관한 정보 제공

10-3

기록건명	토지수용사업 인정의 건		
문서번호	토 제13호		
기안부서 (발신자)	내무국 토목과	기안일자	1931-12-18
중간결재	심의실 심의관		
최종결재 (수신자)	총독(정무총감)	결재일자 (접수일자)	1932-01-20
		시행일자 (발송일자)	1932-01-23
첨부문서	1. 토지수용사업 인정신청에 관한 건(경기도지사) - 조서 - 사업인정 신청서 - 통지서 - 수용토지조서 - 연천군 영근면 은대리 수용토지평면도(지도, 1/1,200) 2. 경기도 연천군 영근면 은대리 토지개량사업 계획서 - 토지개량사업 보조신청서 - 권리자명부 - 실시계획서 - 실시계획서 일람 - 토지개량사업 실시계획서 - 사업예산서 - 경기도 연천군 영근면 은대리 사업지구 예정도(지도, 1/3,000)		
문서내용	• 경기도 연천군 토지개량사업 관련 사업신청서, 수용토지조서, 계획서, 권리자 명부 등 정책의 내용과 집행과정을 알려주는 정보 제공. 다수의 지도 포함.		

10-4

기록건명	토지수용사업 인정신청에 관한 건		
문서번호	토 325호		
기안부서 (발신자)	내무국장	기안일자	1931-10-06
중간결재			
최종결재 (수신자)	경기도지사	결재일자 (접수일자)	1931-10-07
		시행일자 (발송일자)	1931-10-08
첨부문서	1. 토지수용사업 인정신청의 건(경기도지사) - 진정서		
문서내용	• 경기도 연천군 토지개량사업 관련 토지수용에 관한 정보 제공		

10-5

기록건명	토지수용사업 인정의 건		
문서번호	토 제14호		
기안부서 (발신자)	내무국 토목과	기안일자	1932-01-12
중간결재	심의실 사무관		
최종결재 (수신자)	총독(정무총감)	결재일자 (접수일자)	1932-01-22
		시행일자 (발송일자)	1932-01-26
첨부문서	1. 토지수용사업 인정의 건(전라남도지사) 2. 토지수용사업 인정의 건 신청(전라남도 무안군 삼향수리조합장) - 수용할 토지세목 조서 - 교섭전말조서 - 사업계획서(수리조합사업계획서) - 수용지 실측도(삼향수리조합) - 수용지 평면도 - 토지대장 등본 - 공사사양서 - 수리조합 인가지령서 사본 - 수리조합계획평면도 - 저수지 용수로 부지 매수상황 조서		

문서내용	• 전남 무안군 삼향수리조합의 토지수용과 관련한 교섭전말서, 사업계획서, 공사 사양서, 도면 등 정책의 내용과 집행과정에 대한 정보 제공. 다수의 지도 포함.

10-6

기록건명	토지수용사업인정의 건		
문서번호	토 제10호		
기안부서 (발신자)	내무국 토목과	기안일자	1932-01-27
중간결재	심의실사무관		
최종결재 (수신자)	총독(정무총감)	결재일자 (접수일자)	1932-02-04
		시행일자 (발송일자)	1932-02-06
첨부문서	1. 토지수용사업 인정의 건(전라남도지사) 　① 토지수용사업 인정신청서 　② 토지수용사업 인정신청 　　- 수용할 토지 세목조서 　　- 교섭전말서 　　- 매매가격조서 　　- 기공승낙서 　　- 사업계획서 　　- 저수지 堰堤 사양서 　　- 도면(사업지 소재 5만분의 1지도, 사업계획평면도, 저수지 침수 구역 상세도)		
문서내용	• 전남 무안군 삼향수리조합의 토지수용과 관련한 교섭전말서, 사업계획서, 공사 사양서, 도면 등 정책의 집행과정을 알려주는 정보 제공. 다수의 지도 포함.		

10-7

기록건명	토지수용사업 인정의 건		
문서번호	토 제29호		
기안부서 (발신자)	내무국 토목과	기안일자	1932-02-13

중간결재	심의실 사무관		
최종결재 (수신자)	총독(정무총감)	결재일자 (접수일자)	1932-02-20
		시행일자 (발송일자)	1932-02-25

첨부문서	1. 토지수용령에 의한 사업 인정 방법의 건(전라남도지사)
	2. 토지수용령에 의한 사업 인정 신청
	  - 교섭전말서
	  - 진정서 사본
	  - 기공승낙서 사본
	  - 우편 내용 통지서 사본
	  - 거절통지서 사본
	  - 공사실시계획설명서
	  - 시설공사 目論見書
	  - 기부승낙을 얻은 토지명세서
	  - 매수승낙을 얻은 토지명세서
	  - 수용토지 세목조서
	  - 이전분묘 세목조서
	  - 기공승낙을 얻은 토지명세서
	  - 가옥이전 보상조서
	  - 묘지이전 보상조서
	  - 보상액 내역서
	  - 일반도
	  - 계획평면도
	  - 수용지목도		

문서내용	• 전남 무안군 삼향수리조합의 토지수용과 관련한 교섭전말서, 진정서, 사업계획서, 토지명세서, 보상조서 등 토지수용 집행에 대한 풍부한 정보 제공. 특히 기부·승낙·매수 승낙과 관련된 토지명세서에는 토지소유지, 지번, 지목, 면적, 소유자명 등이 자세히 수록되어 있음.		

11) 토지수용에 관한 건

기록철명	원철명	自昭和10년 至昭和11년 토지수용에 관한 건		
	정리철명	토지수용에 관한 건		
생산년도	1935-1936년			
생산기관	통영군 통영읍			
보존기간				
소장기호	CJA0019947			

Item

일련 번호	건명	결재(발송)일	기안(발신)부서	첨부 문서
1	토지수용사업 인정신청		통영읍	2건
2	토지수용에 관한 건		통영읍	4건
3	토지수용사업 인정 추가신청		통영읍	5건
4	토지수용사업 인정신청의 건		통영읍	5건
5	토지수용에 관한 건		통영읍	2건
6	토지수용사업 인정에 관한 건	1935-10-26	통영읍	1건
7	토지수용사업에 관한 건	1935-11-08	통영읍	
8	토지수용사업 재결 신청의 건		통영읍	3건
9	토지수용사업 재결 신청의 건		통영읍	1건
10	토지수용사업에 관한 건		통영읍	2건
11	토지수용에 관한 건		통영읍	1건
12	토지수용사업 재결 신청의 건	1935-12-08	통영읍	1건
13	토지수용사업 표시 변경에 관한 건		통영읍	
14	토지수용에 관한 건		통영읍	2건
15	서류 송달에 관한 건		경상남도 토목과	
16	토지수용 재결에 따른 공탁에 관한 건		통영읍	1건
17	토지 및 물건 보상금 공탁에 관한 건		통영읍	1건
18	토지 및 물건 보상금 공탁에 관한 건		통영읍	1건

19	토지수용 재결에 따른 토지 및 물건 보상금 공탁의 건		경상남도 토목과	
20	토지수용 재결에 따른 공탁에 관한 건		경상남도 토목과	1건
21	토지수용 재결자에 대한 관계인 진정방의 건	1936-03-07	통영읍	2건
22	토지수용 의무집행 취소에 관한 건		통영읍	1건
23	토지수용 재결 지번수정에 관한 건	1936-06-25	통영읍	

기록철명	원철명	自昭和10년 至昭和11년 토지수용에 관한 건	
	정리철명	토지수용에 관한 건	
생산부서	통영군 통영읍		
생산년도	1935-1936년	분류기호	
쪽수		조선총독부 보존기간	
소장처	국가기록원	소장기호	CJA0019947

11-1

기록건명	토지수용사업 인정신청		
문서번호	제883호		
기안부서 (발신자)	통영읍	기안일자	1935-05-20
중간결재			
최종결재 (수신자)	통영읍장	결재일자 (접수일자)	
		시행일자 (발송일자)	
첨부문서	1. 사업계획서 2. 수용가능토지 세목조서		
문서내용	• 통영 시구개정공사에 따른 토지수용 인정을 조선총독부 내무국 토목과에 상신하는 문서		

11-2

기록건명	토지수용에 관한 건		
문서번호	제883호		
기안부서 (발신자)	통영읍	기안일자	1935-02-07
중간결재			
최종결재 (수신자)	통영읍장	결재일자 (접수일자)	
		시행일자 (발송일자)	
첨부문서	1. 수용지 세목 2. 수용지의 가격 3. 수용지 최근 경지의 매매사례 4. 통영 시구개정 건물이전 보상 표준가격표		
문서내용	• 통영 시구개정공사에 따른 토지수용 인정을 도지사에게 상신하는 문서		

11-3

기록건명	토지수용사업 인정 추가신청		
문서번호	제883호		
기안부서 (발신자)	통영읍	기안일자	1935-07-03
중간결재			
최종결재 (수신자)	통영읍장	결재일자 (접수일자)	
		시행일자 (발송일자)	
첨부문서	1. 조서 2. 수용가능토지 세목조서 3. 수용가능토지 정착물 세목조서 4. 토지수용사업 인정 추가신청(통영읍장) 5. 토지수용에 관한 건(통영읍장)		
문서내용	• 통영 시구개정공사의 도로 축조에 따른 토지수용 추가 인정을 조선총독부 내무국 토목과에 상신하는 문서		

11-4

기록건명	토지수용사업 인정신청의 건		
문서번호	제883호		
기안부서 (발신자)	통영읍	기안일자	1935-09-18
중간결재			
최종결재 (수신자)	통영읍장	결재일자 (접수일자)	
		시행일자 (발송일자)	
첨부문서	1. 수용토지의 정착물 도시 2. 교섭전말의 개요 3. 수용지의 가격 및 요구기타 4. 수용가능토지의 세목조서 5. 토지수용사업 인정신청의 건(통영읍장)		
문서내용	• 통영 시구개정공사에 따른 토지수용 인정을 조선총독부 내무국 토목과에 상신하는 문서		

11-5

기록건명	토지수용에 관한 건		
문서번호	제883호		
기안부서 (발신자)	통영읍	기안일자	1935-10-07
중간결재			
최종결재 (수신자)	통영읍장	결재일자 (접수일자)	
		시행일자 (발송일자)	
첨부문서	1. 토지수용에 관한 건(내무국장 발) 2. 토지수용에 관한 건(경상남도 내무부장 발)		
문서내용	• 통영 시구개정공사에 따른 토지수용 인정을 조선총독부 내무국 토목과에 상신하는 문서		

11-6

기록건명	토지수용사업 인정에 관한 건		
문서번호	제883호		
기안부서 (발신자)	통영읍	기안일자	1935-10-26
중간결재			
최종결재 (수신자)	통영읍장	결재일자 (접수일자)	
		시행일자 (발송일자)	1935-10-26
첨부문서	1. 토지수용사업 인정에 관한 건(통영읍장)		
문서내용	• 통영군 통영읍내 도로축조 공사에 따른 이순식 등 개인 소유의 토지 수용에 관련된 문서		

11-7

기록건명	토지수용사업에 관한 건		
문서번호	제2002호		
기안부서 (발신자)	통영읍	기안일자	1935-11-07
중간결재			
최종결재 (수신자)	통영읍장	결재일자 (접수일자)	
		시행일자 (발송일자)	1935-11-08
첨부문서			
문서내용	• 통영군 통영읍내 도로축조 공사에 따른 토지 수용에 관해 개인 토지 소유자에게 발송한 공문		

11-8

기록건명	토지수용사업 재결 신청의 건		
문서번호	제2001호		
기안부서 (발신자)	통영읍	기안일자	1935-11-07
중간결재			

최종결재 (수신자)	통영읍장	결재일자 (접수일자)	
		시행일자 (발송일자)	
첨부문서	1. 토지수용사업 재결 신청의 건(통영읍장) 2. 토지수용사업 재결 신청의 건(통영읍장) 3. 토지수용사업 재결 신청의 건(통영군수)		
문서내용	• 통영군 통영읍내 도로축조 공사에 따른 이순식 등의 개인토지 수용에 관해 경상남도지사에게 재결 신청을 하는 문서. 이순식 등의 개인 소유 토지에 대한 통영읍의 수용토지 면적, 지장물건 내역 등에 관한 정보 제공		

11-9

기록건명	토지수용사업 재결 신청의 건		
문서번호	제2001호		
기안부서 (발신자)	통영읍	기안일자	1935-12-06
중간결재			
최종결재 (수신자)	통영읍장	결재일자 (접수일자)	
		시행일자 (발송일자)	
첨부문서	1. 토지수용사업 재결 신청의 건(통영읍장)		
문서내용	• 통영군 통영읍내 도로축조 공사에 따른 이순식 등의 개인토지 수용에 관해 경상남도지사에게 재결 신청을 하는 문서. 이순식 등의 개인 소유 토지에 대한 통영읍의 수용토지 면적, 지장물건 내역 등에 관한 정보 제공		

11-10

기록건명	토지수용사업에 관한 건		
문서번호	제2213호		
기안부서 (발신자)	통영읍	기안일자	1935-12-10
중간결재			
최종결재 (수신자)	통영읍장	결재일자 (접수일자)	
		시행일자 (발송일자)	

첨부문서	1. 토지수용사업에 관한 건(통영읍장) 2. 토지수용사업 재결신청의 건(통영읍장)
문서내용	• 통영군 통영읍내 도로축조 공사에 따른 개인소유 토지의 수용 인정을 신청하는 문서. 이순식 등의 개인소유 토지에 대한 통영읍의 수용 토지 면적, 지장물건 내역 등에 관한 정보 제공

11-11

기록건명	토지수용에 관한 건		
문서번호	제2001호		
기안부서 (발신자)	통영읍	기안일자	1935-12-16
중간결재			
최종결재 (수신자)	통영읍장	결재일자 (접수일자)	
		시행일자 (발송일자)	
첨부문서	1. 토지수용에 관한 건(통영읍장)		
문서내용	• 통영군 통영읍내 도로축조 공사에 따른 추가 개인소유 토지의 수용 인정을 신청하는 문서. 문장회 개인소유 토지에 대한 통영읍의 도로용지 면적에 관한 정보 제공		

11-12

기록건명	토지수용사업 재결 신청의 건		
문서번호	제2001호		
기안부서 (발신자)	통영읍	기안일자	1935-12-13
중간결재			
최종결재 (수신자)	통영읍장	결재일자 (접수일자)	
		시행일자 (발송일자)	1935-12-08
첨부문서	1. 토지수용사업 재결신청의 건(통영읍장)		
문서내용	• 통영군 통영읍내 도로축조 공사에 따른 성재관 등의 개인토지 수용에 관해 경상남도지사에게 재결 신청을 하는 문서. 성재관 등의 개인소유 토지에 대한 통영읍의 수용토지 면적, 지장물건 내역 등에 관한 정보 제공		

11-13

기록건명	토지수용사업 표시 변경에 관한 건		
문서번호	제2001호		
기안부서 (발신자)	통영읍	기안일자	1935-12-27
중간결재			
최종결재 (수신자)	통영읍장	결재일자 (접수일자)	
		시행일자 (발송일자)	
첨부문서			
문서내용	• 통영군 통영읍내 도로축조 공사에 따른 개인토지 수용의 변경 사항에 관한 정보 제공		

11-14

기록건명	토지수용에 관한 건		
문서번호	제2001호		
기안부서 (발신자)	통영읍	기안일자	1935-12-27
중간결재			
최종결재 (수신자)	통영읍장	결재일자 (접수일자)	
		시행일자 (발송일자)	
첨부문서	1. 토지수용사업 표시 변경에 관한 건(통영읍장) 2. 서류 송달방의 건(경상남도 토목과)		
문서내용	• 통영군 통영읍내 도로축조 공사에 따른 개인토지 수용의 변경 사항에 관한 정보 제공. 서류 송달에 활용된 우편봉투 원본 포함		

11-15

기록건명	서류 송달에 관한 건		
문서번호			
기안부서 (발신자)	경상남도 토목과	기안일자	1936-01-21
중간결재			

최종결재 (수신자)		결재일자 (접수일자)	
		시행일자 (발송일자)	
첨부문서			
문서내용	• 토지수용과 관련하여 경상남도 토목과에서 통영읍장에게 급송한 문서송부 관련 문서. 통영읍에서 신청한 토지수용에 관한 최종 공고문 포함		

11-16

기록건명	토지수용 재결에 따른 공탁에 관한 건		
문서번호	제497호		
기안부서 (발신자)	통영읍	기안일자	1936-03-10
중간결재			
최종결재 (수신자)	통영읍장	결재일자 (접수일자)	
		시행일자 (발송일자)	
첨부문서	1. 토지수용 재결에 따른 공탁에 관한 건		
문서내용	• 통영군 통영읍내 도로축조 공사를 위한 개인토지 수용 재결에 따른 공탁을 경상남도지사에게 청구하는 문서		

11-17

기록건명	토지 및 물건 보상금 공탁에 관한 건		
문서번호	제468호		
기안부서 (발신자)	통영읍	기안일자	1936-03-10
중간결재			
최종결재 (수신자)	통영읍장	결재일자 (접수일자)	
		시행일자 (발송일자)	
첨부문서	1. 토지 및 물건 보상금 공탁에 관한 건		
문서내용	• 통영군 통영읍내 도로축조 공사를 위한 개인토지 수용 재결에 따른 보상금 공탁을 경상남도지사에게 청구하는 문서		

11-18

기록건명	토지 및 물건 보상금 공탁에 관한 건		
문서번호	제499호		
기안부서 (발신자)	통영읍	기안일자	1936-03-10
중간결재			
최종결재 (수신자)	통영읍장	결재일자 (접수일자)	
		시행일자 (발송일자)	
첨부문서	1. 토지 및 물건 보상금 공탁에 관한 건 - 공탁서 - 재결서 - 공탁통지서		
문서내용	• 통영군 통영읍내 도로축조 공사를 위한 개인토지 수용 새결에 따른 보상금 공탁을 경상남도지사에게 청구하는 문서. 개인 토지소유자별 공탁서 및 재결서, 공탁통지서 포함		

11-19

기록건명	토지수용 재결에 따른 토지 및 물건 보상금 공탁의 건		
문서번호			
기안부서 (발신자)	경상남도 토목과	기안일자	1936-03-10
중간결재			
최종결재 (수신자)		결재일자 (접수일자)	
		시행일자 (발송일자)	
첨부문서			
문서내용	• 통영군 통영읍내 도로축조 공사를 위한 김성우 개인토지 수용 재결에 따른 보상금 공탁을 경상남도지사에게 청구하는 문서에서 대한 경상남도 토목과의 답신문서		

11-20

기록건명	토지수용 재결에 따른 공탁에 관한 건		
문서번호			
기안부서 (발신자)	경상남도 토목과	기안일자	1936-03-10
중간결재			
최종결재 (수신자)		결재일자 (접수일자)	
		시행일자 (발송일자)	
첨부문서	1. 토지수용 재결에 따른 토지 및 물건 보상금 공탁의 건		
문서내용	• 통영군 통영읍내 도로축조 공사를 위한 김덕보 개인토지 수용 재결에 따른 보상금 공탁을 경상남도지사에게 청구하는 문서에서 대한 경상남도 토목과의 답신문서		

11-21

기록건명	토지수용 재결자에 대한 관계인 진정방의 건		
문서번호			
기안부서 (발신자)	통영읍	기안일자	1936-03-07
중간결재			
최종결재 (수신자)	통영읍장	결재일자 (접수일자)	
		시행일자 (발송일자)	1936-03-07
첨부문서	1. 토지수용 재결자에 대한 관계인 진정방의 건 　- 토지수용에 관한 의무집행신청서 2. 우편물 접수 거부에 관한 건(통영우편국장)		
문서내용	• 통영군 통영읍내 도로축조 공사를 위한 김덕보 개인토지 수용 재결 결과에 따라 김덕보 개인 소유토지에 대해 의무집행 신청을 청원하는 문서		

11-22

기록건명	토지수용 의무집행 취소에 관한 건		
문서번호			
기안부서 (발신자)	통영읍	기안일자	1936-04-01
중간결재			
최종결재 (수신자)	통영읍장	결재일자 (접수일자)	
		시행일자 (발송일자)	
첨부문서	1. 토지수용 의무집행 취소에 관한 건		
문서내용	• 통영군 통영읍내 도로축조 공사를 위한 김덕보 개인토지 수용 재결 결과에 따라 김덕보 개인 소유토지에 대해 의무집행 신청을 취소하는 문서		

11-23

기록건명	토지수용 재결 지번수정에 관한 건		
문서번호	제1177호		
기안부서 (발신자)	통영읍	기안일자	1936-06-24
중간결재			
최종결재 (수신자)	통영읍장	결재일자 (접수일자)	
		시행일자 (발송일자)	1936-06-25
첨부문서			
문서내용	• 통영군 통영읍내 도로축조 공사를 위한 개인 소유토지 수용지의 지번 변경을 공지하는 문서		

12) 토지수용 재정실시조사 복명서

기록철명	원철명	토지수용 裁定實地調査 복명서			
	정리철명	토지수용 재정실시조사 복명서			
생산년도	1933-1934년				
생산기관	내무국 토목과				
보존기간	갑종(영구)				
소장기호	CJA0014732				

Item				
일련 번호	건명	결재(발송)일	기안(발신)부서	첨부 문서
1	토지수용 재정관계 복명서	1934-03-01	내무국 토목과	9건

기록 철명	원철명	토지수용 裁定實地調査 복명서		
	정리철명	토지수용 재정실시조사 복명서		
생산부서	내무국 토목과			
생산년도	1933-1934년	분류기호	1933-1934년 토목 갑 기록 제210-1호	
쪽수		조선총독부 보존기간	갑종 (영구)	
소장처	국가기록원	소장기호	CJA0014732	

12-1

기록건명	토지수용 재정관계 복명서		
문서번호			
기안부서 (발신자)	내무국 토목과	기안일자	1933-11-01
중간결재			
최종결재 (수신자)	총독 (정무총감 전결)	결재일자 (접수일자)	
		시행일자 (발송일자)	1934-03-01
첨부문서	1. 복명서		

	2. 나진항 부두 및 철도용지매수 문제
	  - 재정신청 토지조서
	  - 매매사례조서
	3. 本田儀助 매수사례
	4. 경흥군 신안면에 등기된 매매사례
	5. 토지수용 재결에 관한 관계인의 의견서
	6. 재정신청 토지소유자 매수시기 및 매수가격표
	7. 함경북도지사의 나진 토지수용 보상액 산정조서
	  - 나진 토지수용보상액 산정조서
	8. 토지수용 재결에 관한 기업자의 의견서
	9. 토지수용 재정신청에 관한 건(함경북도지사)
	  - 토지수용 재결신청서 수리공공(사본)
	  - 나진 토지수용보상액 산정조서
	  - 수용지조사시
	  - 수용지 취득시기조
	  - 토지매매사례 조사서(부: 1평당 평균가격표)
	  - 사실참조인 공술서(사본)
	  - 보상급불도 및 공탁연월일조(부: 보상금수령증 사본)
	  - 재결서 등본교부 및 재정신청서 제출 연월일조
	  - 토지수용재결신청서
	  - 교섭전말서
	  - 재결서(사본)
	  - 재결신청에 대한 관계인의 의견서(사본)
	  - 재결신청서 44통
	  - 재정안 관계도면

문서내용	• 나진항만 설비, 철도부설 및 부대공사 용지 수용에 관한 복명서. 토지 수용지에 대한 사업자 산정 가격 및 신청인 요구액에 관한 지목별 상세 가격비교 정보 제공. 당시 토지 수용을 둘러싼 토지소유자의 지목별 재정신청 면적에 관한 상세 정보 제공. 지역별 실제 매매사례에 관한 상세 정보를 통해 당시의 매매관행 및 토지가격에 대한 상세 정보 제공. 남만주철도주식회사의 시행사례에 따른 항만설비 및 철도부설, 부대공사용지의 가격에 대한 부근 금융업자의 의견서와 더불어, 웅기금융조합 이사 등 토지수용과 관련된 전문가들의 의견서 포함

조선총독부 도시계획 기록의 이해

초판1쇄 인쇄	2008. 4. 8
초판1쇄 발행	2008. 4. 15

엮은이	한국 국가 기록 연구원
펴낸이	방 은 순
펴낸곳	도서출판 진리탐구

등록번호:	제 10-898
등록일자:	1993년 11월 17일

경기도 고양시 일산서구 구산동 199-1
전화번호   031) 925-5366~7
전송번호   031) 925-5368

ISBN : 978-89-8485-456-6
ISBN : 978-89-8485-122-3

※ 잘못된 책은 바꿔 드립니다
　가격은 표지에 있습니다.

※ 이 연구는 2008년도 한국학습 진흥재단의 지원을 받았습니다.